读《资本论》

（完整版）

路易·阿尔都塞
雅克·朗西埃
埃蒂安·巴里巴尔
皮埃尔·马舍莱
罗杰·埃斯塔布雷
著

李其庆 冯文光 刘冰菁 刘文玲 译

中央编译出版社
Central Compilation & Translation Press

图书在版编目(CIP)数据

读《资本论》/(法)路易·阿尔都塞等著；李其庆等译. --3版. —北京：中央编译出版社，2024.4（2024.9重印）

ISBN 978-7-5117-4695-5

Ⅰ.①读… Ⅱ.①路… ②李… Ⅲ.①《资本论》-马克思著作研究 Ⅳ.①A811.23

中国国家版本馆 CIP 数据核字（2024）第 050842 号

著作权合同登记号：图字 01-2024-0181 号

ⓒ Editions La Découverte, Paris, 1965, 1967, 1973, updated edition 1996-Simplified Chinese edition arranged through Dakai L'agence

读《资本论》

责任编辑	李媛媛　高冀蒙
责任印制	李　颖
出版发行	中央编译出版社
网　　址	www.cctpcm.com
地　　址	北京市海淀区北四环西路 69 号（100080）
电　　话	（010）55627391（总编室）　　（010）55627310（编辑室） （010）55627320（发行部）　　（010）55627377（新技术部）
经　　销	全国新华书店
印　　刷	北京文昌阁彩色印刷有限责任公司
开　　本	889 毫米×1194 毫米　1/32
字　　数	500 千字
印　　张	24
版　　次	2024 年 4 月第 1 版
印　　次	2024 年 9 月第 2 次印刷
定　　价	158.00 元

新浪微博	@中央编译出版社
微　　信	中央编译出版社（ID：cctphome）
淘宝店铺	中央编译出版社直销店（http://shop108367160.taobao.com） （010）55627331

本社常年法律顾问　北京市吴栾赵阎律师事务所律师　闫军　梁勤
凡有印装质量问题，本社负责调换。电话：（010）55627320

译　序[①]

　　阿尔都塞、巴里巴尔等法国学者合著的《读〈资本论〉》一书发表于1965年。该书在1968年再版时，只保留了阿尔都塞和巴里巴尔的著作。这个版本在国际学术界有很大影响。该书的英译本和德译本都以这个版本为原版本。我们这个中译本也是根据这个版本翻译的。

　　《读〈资本论〉》第二版的第一部分即主要部分是阿尔都塞于1965年初在巴黎高等师范学校举办的《资本论》研究会上所作的几篇哲学报告。这些哲学论文是阿尔都塞在特定的意识形态和理论斗争中构思、写作和发表的。阿尔都塞本人在1970年5月《读〈资本论〉》英文版正文前面的按语中写道："关于这部著作写作时（1965年）的形势，关于它作为对这种形势的理论和意识形态干预的性质，以及关于它在理论上的局限、缺陷和错误，读者应该读读《保卫

　　[①] 该译序首次出现在2001年中文版《读〈资本论〉》中（中央编译出版社），2008年、2017年再版时被沿用。本次出版略有改动。——编者注

马克思》中的介绍——《致我的英语读者》。"阿尔都塞这里所说的形势就是指苏共"二十大"以后在国际共产主义运动中以及在法国共产党内和法国哲学界出现的意识形态和理论的形势。阿尔都塞这一时期的重要理论著作《保卫马克思》和《读〈资本论〉》就是对这种形势所作的"干预"和"反应"。

阿尔都塞著作涉及的不是这种形势的政治方面，而是在这种政治形势下产生和发展起来的意识形态和理论问题。这些问题主要集中在以下两个方面：一、关于马克思的早期著作与成熟期著作之间关系的争论；二、关于"斯大林主义"问题的争论。阿尔都塞进行"干预"的目的就是要在马克思主义的科学理论与非马克思主义的意识形态之间划清界限。

关于马克思早期著作和成熟期著作关系的争论发端于20世纪二三十年代，而在五六十年代则形成了高潮。这场争论涉及的范围很广，主要集中于马克思早期著作《1844年经济学哲学手稿》（以下简称《手稿》）在马克思思想发展史中的地位、异化理论、人道主义等问题。

《手稿》是马克思早期的一部重要著作，它标志着马克思从唯心主义和革命民主主义向唯物主义和共产主义的转变，因而在马克思主义哲学的历史形成过程中占有特殊的地位。《手稿》首先反映了马克思当时在哲学、经济学和共产主义理论方面的研究成果。这些成果是在直接继承19世纪马克思以前的哲学、经济学和社会主义的先进理论，同时对这些理论进行革命改造而取得的。但是，《手稿》是马克思未完成的著作。它无论在观点上还是在术语上都反映了马克思思想发展的这个阶段的历史特点。这个特点主要表现在《手稿》的内容和表达形式之间的矛盾上，同时也反映在某些人本主义的模糊不清的论述中。这说明马克思在《手稿》中已经作为唯物主义者和共产主义者出现，但是这些新的唯物主义和共产主义观点还没有得到适当的明确表述，还没有采取与内容相符合的论述形式，同时也说明新的马克思主义哲学还没有同它脱胎而来的旧的哲学学说完全划清界限。

《手稿》与马克思以前的各种学说之间的这种批判和继承的复杂关系遭到了某些西方学者和马克思主义者的歪曲和误解。他们夸大马克思继承德国古典哲学的因素，抹杀马克思异化观和黑格尔唯心主义异化观以及费尔巴哈人本主义异化观的本质区别，否定马克思主义人道主义和资产阶级人道主义的根本界限，把《手稿》的中心思想归结为人本主义，提出"异化"是马克思主义的基本理论，异化劳动学说是马克思主义人道主义的出发点，消除异化是共产主义的实质和最终目的等等。与此同时，他们把青年马克思同"成熟的"马克思，马克思的早期著作同成熟著作对立起来，把青年马克思的思想说成是马克思思想的顶峰，把马克思在哲学、经济学和共产主义方面的经典著作说成是这一学说的退化。他们制造这种对立的实质就是要否定马克思主义唯物史观、剩余价值学说，否认阶级斗争和无产阶级革命学说，用他们所歪曲了的马克思早期著作的观点来取代马克思主义。这就是所谓的用人道主义重新解释马克思主义的思潮。阿尔都塞的

3

《读〈资本论〉》就是对这种用《手稿》中的异化、人道主义、人的本质去解释和统一《资本论》和马克思思想的错误观点的回答。

阿尔都塞的另一个"干预"是指由苏共"二十大"所引起的关于"斯大林主义"问题的争论。

苏共"二十大"的召开是50年代国际共产主义运动史上的重大事件。赫鲁晓夫在会上发起的"非斯大林化运动",不仅在政治方面,而且在意识形态等方面都产生了深刻的影响。阿尔都塞在《保卫马克思》英文版《致我的英语读者》一文中描述这种情况时写道:"对斯大林'教条主义'的批判,普遍地被共产党人知识分子当做一种'解放'。这种'解放'产生了一种具有深远意义的意识形态反应,即'自由'和'伦理'倾向,它自发地重新发现了'自由'、'人','属于人的人'和'异化'等陈旧的哲学论题。这种意识形态的倾向在马克思的早期著作中寻找理论根据,而马克思的早期著作也确实包含了一种关于人、人的异化和人的解放哲学的全部论点。这些情况自相矛盾地改变了马克思主义哲学的局面。自30年代以来,马克思的早期著作成了小资产阶级知识分子用以反对马克思主义的'工具'。这些早期著作,开始是一点一点地、以后又是大规模地被用来对马克思主义作一种新的解释。今天,许许多多被苏共'二十大'从斯大林'教条主义'中'解放'出来的共产党人知识分子,正公开地发展这种新的解释,'马克思主义的人道主义'的论题和对马克思著作所作的'人道主义'解释,正逐步地不可抗拒地把自己的影响强加给当代的马克思主义哲学,甚至在苏联和西方的共产党内部也不例外。"

阿尔都塞认为,苏共"二十大"批判斯大林后在国际共产主义运动中出现的人道主义思潮是对"非斯大林化运动"的一种反动,是马克思、列宁早已批判过的资产阶级意识形态在新的历史条件下的复活。阿尔都塞反对对"斯大林主义"采取简单的、全盘否定的态度,他认为斯大林虽然犯有"偏向"的毛病,但对马克思主义仍然作出了贡献。他称赞斯大林的《列宁主义问题》是一部"在许多方面很出色的"著作,并高度评价斯大林拒绝黑格尔的"否定之否定"的理论观点。他也曾批评过斯大林的"教条主义",他不赞成斯大林主义的"经济决定论",认为这是一种简单的决定论,而主张政治和意识形态有相对的自主性。他认为,从人道主义出发来批判斯大林的错误并没有击中问题的要害,而是找错了原因。批判这些错误,首先必须分析产生这些错误的政治条件、意识形态条件和理论条件,从而划清马克思主义科学和资产阶级意识形态的界限,分清理论是非,为马克思主义的发展开辟新的道路。为此,阿尔都塞给自己规定了两项理论任务:

一、维护马克思主义的革命纯洁性,反对在批判斯大林教条主义、"个人迷信"、机械主义、形而上学的口号下,复活人道主义、黑格尔主义等资产阶级意识形态。他明确指出:"要是没有苏共'二十大'和赫鲁晓夫批评斯大林以及后来的自由化,我永远不会写任何东西……因此,我的靶子是很清楚的,就是这些人道主义的胡言乱语,这些关于自由、劳动或异化的苍白论述。"①他认为，共产主义运动"在理论方面的决定性任务之一，是反对时刻威胁着马克思主义理论、并且今天在深深浸透着它的资产阶级和小资产阶级世界观，这种世界观的一般形式是：经济主义（今天的'技术统治'）及其'精神补充'伦理唯心主义（今天的'人道主义'）"。②

二、从理论上建立马克思主义哲学。阿尔都塞认为，要想彻底地清除斯大林的教条主义就必须对马克思主义学说作出科学的解释。因为教条主义所产生的种种理论问题并不是偶然的、人为的现象，它们的产生在很大程度上是由于马克思主义哲学还处在不完善状态。那些在马克思早期著作中公开以哲学面目出现的思想并不是马克思主义的哲学，对于这些意识形态的著作，应该用辩证唯物主义去批判，决不能把意识形态论题同科学的论题混淆起来，而人们从教条主义那里解放出来的东西恰恰是马克思后来与之决裂的意识形态（人道主义、历史主义等）。哲学教条主义的结束并没有使人们能够完整地恢复马克思主义哲学。马克思主义理论工作者的任务就在于重建马克思主义哲学。这种哲学以理论实践的形式存在于马克思的科学著作《资本论》中，只有把马克思的实践的哲学上升到理论，才能找到真正的马克思哲学，从而"打开被斯大林的教条主义

---

① 转引自美国《激进哲学》1975年冬季号第12页。
② 阿尔都塞：《哲学是革命的武器》，见《马克思研究资料》1983年第5辑。

所堵塞的马克思主义哲学的道路"。阿尔都塞就是本着这样的目的去研读《资本论》的。

阿尔都塞的论著主要有两方面的理论内容：一、从《资本论》到马克思的哲学。这是全书的序言。阿尔都塞主要论述了对《资本论》进行哲学阅读的含义、重要性和方法，从而阐明《资本论》与马克思主义哲学的关系。二、《资本论》的对象。这一部分主要是通过对《资本论》对象同古典经济学对象的比较分析，阐明了马克思主义哲学的基本特点。

1.《资本论》与马克思主义哲学的关系

《读〈资本论〉》是阿尔都塞研读《资本论》心得体会的记录，他认为每个人"都以各自不同的方式在《资本论》这个茫茫森林中为自己开辟道路"。他是作为哲学家来阅读《资本论》的。为什么要对《资本论》进行哲学的阅读呢？在回答这个问题以前，阿尔都塞首先对科学与哲学的关系问题作了说明。阿尔都塞认为马克思主义理论包括科学（历史唯物主义）和哲学（辩证唯物主义），马克思主义理论代表着人类认识史上空前的革命。继泰勒斯创建数学，伽利略创建物理学之后，马克思创立了一门新的科学：历史科学。这一"新大陆"的开拓必将在哲学中引起革命，因为哲学同科学是联系在一起的，"哲学改造总是伟大科学发现的回声"。马克思在创立历史唯物主义的同时，打破了他从前的意识形态哲学，并建立了一种新的哲学：辩证唯物主义。但是总的来看，在马克思主义理论中，哲学落后于科学。因为历史理论已为马克思的成熟著作所记载，并为阶级斗争实践所丰富，而由马克思在创立他的历史理论的实践中所创立的马克思主义哲学却多半还要加以制定。阿尔都塞认为：马克思的哲学主要体现在《资本论》中，只有在《资本论》中，才可以读到马克思真正的哲学。他提出："应该赋予马克思的哲学的**实践**的存在以一种对这种实践的存在和对我们来说都是**不可缺少的理论的存在形式**，因为马克思主义哲学实践的存在本身只是以实践的状态存在于分析资本主义生产方式的科学实践即《资本论》中"。① 阿尔都塞对《资本论》进行哲学阅读的目的就是要把尚未完全理论化的辩证唯物主义上升为科学理论，从而完成制定辩证唯物主义哲学的任务。另一方面，阿尔都塞认为，只有少数哲学家意识到了马克思主义哲学同《资本论》的关系，对《资本论》的对象进行了真正认识论的研究。但是"只有更严格、更充分地说明**马克思主义哲学**才能深刻理解《资本论》的理论结果。换句话说，或者用经典的术语来说，历史唯物主义的理论前景在今天还取决于辩证唯物主义的深化，而辩证唯物主义的深化本身又取决于对《资本论》的严格的批判性研究"②。因此，他认为，对《资本论》的哲学阅读是理解《资本论》内容的理论前提。"《资本论》的对象问题不仅仅是一个哲学问题。如果从科学阅读

---

① 参见《读〈资本论〉》，北京：中央编译出版社 2001 年版，第 26 页。——编者注
② 参见《读〈资本论〉》，北京：中央编译出版社 2001 年版，第 82—83 页。——编者注

角度所作的阐述有充分根据，那么对《资本论》对象的特点的说明就会提供深刻理解《资本论》的经济内容和历史内容的手段"。① 这就是阿尔都塞对《资本论》进行哲学阅读的双重目的。

那么，什么是对《资本论》的哲学的阅读呢？阿尔都塞认为，对《资本论》的哲学阅读就是提出《资本论》同它的对象的关系问题，同时提出它的对象的特殊性问题以及它同这个对象的关系的特殊性问题，从而提出它的认识论和方法论的特殊性问题。哲学的阅读不同于其他形式的阅读。其他形式的阅读只是就《资本论》某一特定领域的内容进行阅读。无论是经济学的阅读、历史的阅读还是逻辑学的阅读，都只是对《资本论》的有关论述同在它以外就确定了的对象加以比较，而并不对这个对象提出问题。而哲学的阅读恰恰是要对《资本论》这种特殊论述的特殊对象以及这种论述同它的对象的特殊关系提出问题。这就是要对《资本论》的论述—对象的统一提出认识论问题。《资本论》的这一认识论上的统一与经验主义、思辨主义等意识形态的论述—对象统一完全不同。对《资本论》进行哲学的阅读就是要把《资本论》的科学认识论同种种意识形态的认识论区分开来，从这个意义上说对《资本论》的哲学阅读也就是对《资本论》的认识论的阅读。具体地说，对《资本论》的哲学阅读就是要明确，"《资本论》的对象究竟在哪些方面不仅区别于古典

---

① 参见《读〈资本论〉》，北京：中央编译出版社2001年版，第83页。——编者注

(甚至是现代)经济学的对象,而且也区别于青年马克思的著作特别是《1844年手稿》的对象"①,"《资本论》是否是某种单纯的意识形态的产物,一种黑格尔形式的古典经济学,是否是青年马克思哲学著作中制定的人类学范畴生硬地搬用于经济现实领域,是否是《犹太人问题》和《1844年手稿》中理想主义愿望的'实现'?《资本论》是否是古典经济学的简单的继续和完成,而马克思则继承了它的对象和概念?《资本论》同古典经济学的区别是否仅仅表现在方法,即从黑格尔那里借用的辩证法上,而没有表现在它的对象上,或者完全相反,《资本论》在其对象、理论和方法上构成了认识论的根本变革?……这就是我们由于对《资本论》进行哲学阅读而对它提出的认识论问题的含义。"②

如何对《资本论》进行哲学的阅读呢?为此阿尔都塞提出一种新的阅读方法即征候读法。征候读法是同直接读法相对立的。直接读法以经验主义认识论为基础。这种认识论认为文章的意义可以直接理解,即只需阅读就可以理解。例如,既然"异化"这个词在《手稿》和在《资本论》中都出现过,那就是说,这个词所指的概念在两部著作中是一样的。阿尔都塞认为对科学的阅读起决定作用的不是读者和文章的这种直接关系,而是支配阅读的理论原则和文章中所包含的理论之间的辩证关系。对马克思主义著作的理解必须以马克

---

① 参见《读〈资本论〉》,北京:中央编译出版社2001年版,第3页。——编者注

② 参见《读〈资本论〉》,北京:中央编译出版社2001年版,第3—4页。——编者注

思主义哲学为前提，在这里，阿尔都塞提出了双重阅读和循环阅读的概念，他指出对《资本论》的哲学的阅读只有在应用我们正在寻找的对象本身即马克思的哲学的情况下才有可能。这个循环只有通过马克思主义的著作中所包含的马克思的哲学才有可能在认识论上完成。"因此，这里涉及的是本来意义上的生产。生产这个词表面上意味着把隐藏的东西表现出来，而实际上意味着改变在某种意义上说已经存在的东西，以便赋予已经存在的基本材料以某种符合目的的对象形式。这种生产在其双重意义上说使生产过程具有循环的必然形式"。① 对《资本论》的哲学阅读要求把马克思主义哲学应用于马克思本人的著作，而马克思主义哲学的发展又要求深入阅读《资本论》，"不借助马克思主义哲学就不能真正阅读《资本论》，而我们同时也应该在《资本论》中读出马克思主义哲学。如果这种双重的阅读，也就是不断从科学的阅读回复到哲学的阅读，再从哲学的阅读回复到科学的阅读"。② 通过这种循环的阅读把没有在字面上写明的马克思主义哲学和《资本论》的对象、理论和方法读出来，这就是征候阅读的目的。

阿尔都塞认为征候读法的关键在于找出在某一篇著作中起决定作用的理论问题体系即理论结构。任何科学或意识形态都有自己的问题体系，这种问题体系决定了它们所能提出

---

① 参见《读〈资本论〉》，北京：中央编译出版社2001年版，第29页。——编者注

② 参见《读〈资本论〉》，北京：中央编译出版社2001年版，第80—81页。——编者注

的问题、提出问题的形式以及解决问题的方法。"看"不过是问题体系对它的对象的反思。可以看得见的东西是在一定基础上和范围内，即在某一理论问题体系所决定的结构领域内的一切对象和问题，同样，看不见的东西，作为被排除的东西，也是由问题体系固有的存在和结构决定的。新的对象和问题在现有的问题体系中是看不见的，例如氧气在燃素说化学理论中或剩余价值概念在古典经济学中都是看不见的，因为它们不是旧的问题体系的对象，因而必然是与这个问题体系所规定的看得见的领域没有必然联系的对象和问题，"看不见的东西就是理论问题体系不看自己的非对象，看不见的东西就是黑暗，就是理论总问题自身反思的失明，因为理论总问题对自己的非对象，对自己的非问题视而不见，**不屑一顾**"。① 这些新的对象和问题在旧的问题体系中只是在特定的征候条件下，以空白、空缺、沉默、不出现的形式出现的。征候读法就是要把这些概念空缺所包含和规定的问题揭示出来。马克思正是运用了这种阅读方法，看到了古典经济学家看不到的东西。例如，马克思建立了劳动力的概念，这一概念实际上已经作为空缺存在于古典经济学所作出的什么是劳动的价值的回答之中。马克思揭示了以隐蔽的形式存在于回答的空白中的这个概念，并用劳动力概念的表述重新建立了回答同问题之间的联系，从而提出了他以前没有被提出过的问题。因此，"马克思的理论革命不是在于回答的改变

---

① 参见《读〈资本论〉》，北京：中央编译出版社2001年版，第18页。——编者注

而是在于问题的改变。"① 阿尔都塞主张把征候读法也运用到马克思的著作上。因为在马克思的著作中同样存在着概念的空缺、空白和不出现，或者说存在着没有相应问题的回答。例如，马克思在表述自己的辩证法同黑格尔辩证法的关系时使用的"颠倒"一词就代表了一个空缺，运用征候读法就可以恢复这个空缺，即这个回答的相应的问题。他指出，在《工资篇》中可以看到这个"颠倒"实际上就是"场所的变换"或者问题体系的变换。马克思的沉默或空白表明他当时还"没有掌握一个使他能够思考他带来的结果的概念，即一个结构对它的各个要素的作用这个概念"。阿尔都塞认为，马克思的哲学意识尚未使他能够在严格意义上思考他所做的事情，他有时把对问题体系起着变革作用的关键概念的不出现仅仅看做是术语的不出现，同时，马克思也不可能一下子完成自己的批判，他对自身的判断也是逐步加深的。因此在马克思的著作中，不可避免地会出现沉默和空白。其中有些沉默和空白可以在马克思著作的其他地方，甚至在恩格斯的著作中找到答案。例如，恩格斯在《资本论》第二卷序言中，就把对黑格尔辩证法的"颠倒"明确地解释为问题体系的革命。因此阿尔都塞认为，对马克思著作决不能从字面上阅读，而必须"进行**'征候'阅读**，即系统地不断地生产出总问题对它的对象的反思，这些对象只有通过这种反思才能够被**看得见**。对最

---

① 参见《读〈资本论〉》，北京：中央编译出版社2001年版，第74页。——编者注

深刻的总问题的揭示和生产使我们能够**看到**在其他情况下只是以暗示的形式和实践形式存在的东西"①。

2. 马克思主义哲学的理论特征

阿尔都塞认为《资本论》包含了马克思主义哲学，通过对《资本论》的哲学阅读，可以把马克思主义哲学即辩证唯物主义提炼出来。那么，什么是马克思主义哲学呢？它的基本特征又是什么呢？阿尔都塞认为，马克思主义哲学及其特征就体现在《资本论》的对象与古典经济学对象的差别之中，因为"从来的定义都不过是事物的区别"。阿尔都塞通过对二者的比较分析，为马克思主义哲学归纳出以下特征：（1）反经验主义；（2）反还原主义；（3）反历史主义；（4）反人道主义。

（1）反经验主义 阿尔都塞认为，经验主义的范畴是古典哲学问题的中心。古典哲学认识论的主要特点，就是把认识对象和现实对象混为一谈。阿尔都塞认为，马克思主义哲学是一种理论实践的理论。在马克思那里，理论实践像生产实践、政治实践一样，也是一种实践。它同样具有原料、加工、产品这三个要素。它是以理论材料为原料，经过加工，生产出产品的过程。而经验主义的错误就在于把理论实践的最初的对象或原料当做实在本身。在这种错误认识论指导下，

---

① 参见《读〈资本论〉》，北京：中央编译出版社2001年版，第26页。——编者注

政治经济学以"经济事实"领域作为自己的对象，实际上把这种既定存在当做自己的对象。因此，政治经济学不过是它的既定对象的镜子式的反映。阿尔都塞认为，古典经济学家从配第、重农学派、斯密到李嘉图都没有能摆脱经验主义的认识论。而那些对《资本论》的攻击，如指责马克思的基本概念是非经济的，指责价值规定是理论的虚构，指责马克思的剩余价值概念是不可计量的等等，这些都同经验主义的认识论有关。阿尔都塞认为，马克思在《资本论》中所作的全部哲学批判，既针对古典经济学的对象，同时也针对经验主义认识论。

（2）反还原主义　阿尔都塞认为，黑格尔的辩证法是一元决定的辩证法。它在社会科学方面的应用，就是把社会整体的各个要素的作用还原为一种内在本质的表现。因为黑格尔认为，社会整体是理念的一种简单的原始的统一。在这种统一中，不同的社会现实只是理念发展的外在化。根据这种一元决定的辩证法，政治经济学把资本主义生产过程还原为一般生产过程，把生产关系和社会关系还原为主体间的关系。

阿尔都塞认为，马克思的辩证法和一元决定的辩证法相反，是多元决定的辩证法。马克思的整体是一个复杂性结构，它包含着许多不可还原的、各不相同的要素。这些要素或层次之间的关系受制于一种特殊的"结构因果性"，其前提既是整体各要素的相对独立，也是各个要素对整体的共同依存。这就既保持了整体结构对局部结构的决定作用、局部结构对其组成要素的决定作用，又坚持局部结构对整体结构、局部结构各组成要素对局部结构的相对自主性。阿尔都塞认为，按照马克思的整体观念，经济现象是一个复杂而深刻的空间，而这个空间又是另一个复杂而深刻的空间的组成部分。用经济现象的概念来说明经济现象，就是用这种复杂性或多元性来说明经济现象。"只有明确经济领域在整体结构中所占的**位置**，明确存在于这一领域和其他领域（法和政治的以及意识形态的上层建筑）之间的联系……我们才能理解经济的实质。"①

（3）反历史主义 阿尔都塞认为，历史主义虽有各种不同表现，但有一个基本原则，就是把历史解释为时间上连续发生的同质过程，把历史变化的原因归结为一种内在发展逻辑的逐渐显露。用历史主义看问题，就改变了马克思主义的整体结构，取消了它的各个层次之间的差别。在生产力和生产关系统一的基础上，也就是在经济结构的基础上，把上层建筑各个领域同一化，把哲学还原为政治，还原为现实历史，把理论还原为实践。

阿尔都塞认为，马克思主义不是这样。马克思历史观的核心是结构。马克思解释历史的依据是把社会整体看做一个结构，这个结构"由某种**复杂性**构成，是一个被构成的**整体**的统一性，因此包含着人们所说的不同的和'相对独立性'的层次。这些层次按照各种特殊的、最终由经济层次决定的规定，相互联系，共同存在于这种复杂的、构

---

① 参见《读〈资本论〉》，北京：中央编译出版社2001年版，第208页。——编者注

成的统一性中。"① 社会整体的每一个层次都有自己相对独立的历史，不仅有经济结构的历史，而且还有上层建筑的历史，意识形态的历史，科学的历史，等等，这些历史都有自己的断裂、节拍和韵律。因此不能在同一历史时代中思考整体的不同层次的发展过程。"本质的切割"即横断历史过程的断面，"不可能产生出同整体的表现统一和思辨统一相一致的现实存在"②，"只有确定了每一个历史的特殊的历史时间性概念以及它的节拍划分（连续发展、革命、断裂等等），这种历史才能够被认识。"③ 此外，社会整体的各个环节和各种关系在整体中的共同存在，受到占统治地位的结构的支配，这种占统治地位的结构以特殊的方式把各个环节和各种关系联系在一起，因此必须首先思考整体的特殊结构，才能够理解结构的各个环节和构成关系的共同存在形式，从而理解历史的结构本身。

（4）反人道主义　阿尔都塞认为，人本学是古典经济学、资产阶级自由派经济学、各庸俗社会主义流派以及现代经济学的理论基础。意识形态人本学的特点就是把它的空间的各种现象的经济性质建立在人即有需要的主体的基础上。它的逻辑是：经济是主体需要的结果，正是人的主体的需要

---

① 参见《读〈资本论〉》，北京：中央编译出版社2001年版，第107—108页。——编者注

② 参见《读〈资本论〉》，北京：中央编译出版社2001年版，第116页。——编者注

③ 参见《读〈资本论〉》，北京：中央编译出版社2001年版，第111页。——编者注

决定了经济学中的经济。既然所有的主体都是有需要的主体，那么人们在考虑主体的作用时，就可以把主体的整体排除在外，因为这些主体的普遍性反映在主体需要的普遍性中，在这种情况下，政治经济学就完全有理由把过去的、现在的和未来的一切社会形式都看做是绝对的、永恒的东西。正是这种意识形态的人本学决定了政治经济学对象的结构。在这种结构中，"**既定现象的同质空间与那种把它的空间的各种现象的经济性质建立在人即有需要的主体（经济人的既定存在）基础上的意识形态人本学直接联系在一起了**"。①

阿尔都塞认为，马克思在《资本论》中批判了这一理论结构，从根本上动摇了人本学的基础。马克思的批判取得了这样一些理论成果：（1）马克思把消费划分为生产消费和个人消费，在此基础上作出了对于资本主义生产方式具有决定性意义的区分，即区分出不变资本和可变资本以及生产的第一部类和第二部类，从而规定了生产的物质性，摆脱了人本学关于"需要"的经济唯心主义的规定；（2）马克思证明了生产是经济的真正规定，生产支配消费和分配；（3）马克思明确指出了劳动过程条件的物质性和生产资料在劳动过程中的支配作用，批判了关于人的劳动是纯粹的创造的人道主义观点；（4）马克思指出了生产关系是生产当事人和生产过程的物质条件的特殊结合，批判了古典经济学关于生产关系是主体间相互关系的观点；（5）马克思

---

① 参见《读〈资本论〉》，北京：中央编译出版社2001年版，第188页。——编者注

用生产关系和生产力的统一的经济学对象结构代替了古典经济学关于经济现象的同质的"平面空间"的对象结构。

阿尔都塞认为，马克思在建立《资本论》对象的同时，彻底抛弃了人道主义的论题。《资本论》的最大成就是把资本主义理解为"没有主体的过程"。在马克思那里真正的主体不是人类学的"既定存在"的"事实"，不是"具体的个性"，"现实的人"，而是生产关系。马克思分析社会时的着眼点是生产关系，他用社会发展规律而不是用人的需要来说明历史的变化，这就是把人概念化为他们身处其中的社会结构关系的"承担者"，这种理论的反人道主义从根本上否定了从"人的需要"和"人的本质"出发去解释社会发展的人道主义观点。

《读〈资本论〉》第二版的第二部分是阿尔都塞的亲密朋友和学生巴里巴尔关于历史唯物主义的基本概念的论文。这篇论文具有相对独立性，但同第一部分阿尔都塞的论著又有着紧密的内在联系。这种联系主要表现在以下两个方面：一、巴里巴尔深化和具体化了阿尔都塞的论题；论述了马克思在创立历史唯物论时所实现的认识论的飞跃和革命；指出了历史唯物主义同马克思以前的唯物主义和唯心主义意识形态诸如"人本主义"、"经济决定论"等的根本分界线。二、巴里巴尔运用"征候读法"对历史唯物主义基本概念——生产力、生产关系、生产方式、结构、规律等作了解读，并赋予这些概念以新的含义。这是对阿尔都塞提出的独特的阅读方法的实际尝试。

《读〈资本论〉》是阿尔都塞的代表作之一，包含了他许多重要的理论研究成果,特别是他关于马克思主义经济学和哲学之间联系的研究,是他的独特贡献。这部著作的译介对于我们了解阿尔都塞的思想和国外马克思主义研究将有所裨益。但是由于这部著作涉及面广,跳跃性大,语言艰深,而我们的水平又十分有限,译文一定会有不当之处,希望得到读者的批评指正。

本书的出版得到中央编译出版社的大力支持,王淑静女士誊写了全部书稿,在此一并致谢。

李其庆

2000年10月

* * * *

马克思主义哲学的批判精神[①]

如前所述,阿尔都塞从马克思主义哲学归纳出以下理论特征:(1)反经验主义;(2)反还原主义;(3)反历史主义;(4)反人道主义。他认为,这些特征体现了马克思主义哲学的批判精神,并使其成为批判国际工人运动中产生的各种错误思潮的强大武器。

---

① 这部分内容是译者李其庆为中国社会科学院世界社会主义研究中心选编的"国外马克思主义和社会主义研究丛书"版的《读〈资本论〉》做译序时,对2001版译序的最后两个自然段所做的修改。——编者注

译 序

20世纪70年代中期，在欧洲共产主义国家，如法国、意大利、西班牙等出现了一股否定无产阶级专政的思潮，有些共产党员甚至党的领导人认为，资本主义经过战后30年的发展，出现了人道化和民主化的趋势，因此，实行无产阶级专政已无必要。无产阶级专政已被历史超越。相反，在苏联和中国等主要社会主义国家，无产阶级专政的实践并不成功，如苏联1968年出兵布拉格干涉捷克内政、中国搞无产阶级专政条件下的文化革命等等，社会主义国家的无产阶级专政的经验并不适用于发达资本主义国家。这一思潮的发展最终导致法共在1976年2月召开的第22届全国代表大会上由法共总书记乔治·马歇公开宣布抛弃无产阶级专政概念。在保留或是抛弃无产阶级专政这一重要的原理性概念的问题上，法共党内意见分歧很大。相关提案原本并未纳入大会议程。实际上，这个议案首先在政治局就很难通过，为了绕过政治局，乔治·马歇会前在电视台发表了有关讲话，造成了既成事实。"当1500名会议代表走进会议大厅的时候，他们并不知道将要宣布这样一个重要决定"①。法共的做法造成了国际共产主义运动新的分歧。苏共在《真理报》公开撰文批评，中共则没有像往常一样派代表团参加会议。

在这种情况下，阿尔都塞挺身而出，捍卫马克思无产阶级专政学说。他在1976年7月6日巴塞罗那召开的关于无产阶级专政问题的研讨会上发表了题为"重读无产阶级

---

① 《法共22大或抛弃无产阶级专政》，载于《人道报》2016年2月12日。

专政"的长篇演讲。他指出，法共及其领导人陷入了历史主义的泥坑。历史主义是资产阶级哲学意识形态的一种最危险的形式，因为它使人们怀疑马克思为工人运动建立的科学理论的科学性质。当前，历史主义同新实证主义一起，对工人运动构成了最严重的威胁，而这两者都属于经验主义。

阿尔都塞认为，首先必须明确无产阶级专政概念的理论地位。无产阶级专政是马克思创立的历史唯物主义的一个核心概念。而历史唯物主义的研究对象则是人类社会的发展规律。人类社会沿着阶级和阶级斗争、无产阶级专政、资本主义向共产主义过渡，直至国家消亡的轨迹前进，这是一个完整的结构。我们必须从整体上去把握它。无产阶级专政仅仅是其中的一个链条。但作为规律的一个环节，它反映了客观需要，不能任意取消，"我们不能像抛弃一条狗一样地抛弃无产阶级专政"①。马克思在《哥达纲领批判》中明确指出："在资本主义社会和共产主义社会之间，有一个从前者变为后者的革命转变时期。同这个时期相适应的也有一个政治上的过渡时期，这个时期的国家只能是无产阶级的革命专政。"②

其次，必须明确无产阶级专政对区分资产阶级阶级斗争理论和马克思主义阶级斗争理论的决定性作用。马克思在

---

① 《法共22大或抛弃无产阶级专政》，载于《人道报》2016年2月12日。

② 《马克思恩格斯文集》第3卷，北京：人民出版社2009年版，第445页。

1852年3月5日致魏德迈的信中写道："至于讲到我，无论是发现现代社会中有阶级存在或发现各阶级间的斗争，都不是我的功劳。在我以前很久，资产阶级历史编纂学家就已经叙述过阶级斗争的历史发展，资产阶级经济学家也已经对各个阶级作过经济上的分析。我所加上的新内容就是证明了下列几点：（1）阶级的存在仅仅同生产发展的一定历史阶段相联系；（2）阶级斗争必然导致无产阶级专政；（3）这个专政不过是达到消灭一切阶级和进入无阶级社会的过渡。"① 从这段话中可以看出，无产阶级专政是区分资产阶级阶级斗争理论和马克思阶级斗争理论的分水岭和试金石。社会民主主义者也是承认阶级斗争的。但是他们不承认无产阶级专政，他们主张搞阶级调和和阶级合作，到头来，他们实行的仍然是资产阶级专政。承认或不承认无产阶级专政是关系到法国共产党的道路和方向问题。

最后，必须弄清无产阶级专政与无产阶级专政的实现形式的联系和区别。无产阶级专政就是大多数人民群众的权力，是绝大多数人的民主，它比资产阶级议会民主要自由一千倍。无产阶级专政的一般原则是普遍适用的，但是无产阶级的实现形式又是千差万别的。它们随着时间、地点和条件的变化而变化。无产阶级专政的实现形式是暴力的还是非暴力的，这并不取决于无产阶级专政本身，而取决于资产阶级专政和阶级力量的对比。已经取得政权的社会主义国家的无产阶级

---

① 《马克思恩格斯文集》第10卷，北京：人民出版社2009年版，第106页。

专政的实现形式与尚未取得政权的发达资本主义国家的无产阶级专政实现形式肯定是不同的。把不同国家、不同历史时期的无产阶级专政的具体实现形式还原成先验的无产阶级专政概念，从而取消它们之间的一切差别，必然会陷入历史唯心主义和历史虚无主义。

《读〈资本论〉》第二版的第二部分是阿尔都塞的亲密朋友和学生巴里巴尔关于历史唯物主义的基本概念的论文。这篇论文具有相对独立性，但同第一部分阿尔都塞的论著又有着紧密的内在联系。这种联系主要表现在以下两个方面：（1）巴里巴尔深化和具体化了阿尔都塞的论题；论述了马克思在创立历史唯物论时所实现的认识论的飞跃和革命；指出了历史唯物主义同马克思以前的唯物主义和唯心主义意识形态诸如"人本主义"、"经济决定论"等的根本分界线。（2）巴里巴尔运用"征候读法"对历史唯物主义基本概念——生产力、生产关系、生产方式、结构、规律等作了解读，并赋予这些概念以新的含义。这是对阿尔都塞提出的独特的阅读方法的实际尝试。此外，巴里巴尔还撰写了一部专著《论无产阶级专政》，系统地阐述了无产阶级专政原理的历史唯物主义基础。

《读〈资本论〉》是阿尔都塞的代表作之一，包含了他许多重要的理论研究成果，特别是他关于马克思主义经济学和哲学之间联系的研究，是他的独特贡献。他对历史主义的深刻批判对我们认识历史虚无主义产生的根源和危害有一定的启发意义。当然，这部书也存在一定的缺陷。阿尔都塞在西方学术界普遍被看作是一个结构主义的马克思主义者，虽然他自己并不承认这一点。结构主义是上个世纪60年代西方风行一时的形式主义的方法论。其创始人是瑞士语言学家索绪尔。这种方法论对于研究语言学有一定价值，但对于解读《资本论》这样的百科全书式的理论巨著却难免有牵强附会之处。阿尔都塞自己也承认，"同结构主义的'调情'超过了所能允许的限度"，让"结构主义这只小狗……趁虚而入"①。在本书中，阿尔都塞往往进行纯思辨的推理，这正是结构主义带来的必然后果。

《读〈资本论〉》的译介对于我们了解阿尔都塞的思想和国外马克思主义研究将有所裨益。这部著作涉及面广，跳跃性大，语言艰深，而我们的水平又十分有限，译文一定会有不当之处，希望得到读者的批评指正。

---

① 《保卫马克思》，北京：商务印书馆1984年版，第6页。

目 录

绪 言 ··· I

从《资本论》到马克思的哲学

 路易·阿尔都塞 ································ 1

批判的概念和政治经济学批判

 ——从《1844年经济学哲学手稿》到《资本论》

 雅克·朗西埃 ···································· 94

关于《资本论》的阐述过程

 皮埃尔·马舍莱 ································ 251

《资本论》的对象

 路易·阿尔都塞 ································ 300

关于历史唯物主义的基本概念

 艾蒂安·巴里巴尔 ······························ 492

《资本论》大纲介绍

 罗杰·埃斯塔布雷 ······························ 661

绪 言

今天呈现给读者的是《读〈资本论〉》的新版本，由路易·阿尔都塞等人合著的《读〈资本论〉》多年来早已售完，很难购到。尽管如此，这部著作依然是阐释马克思思想（甚至包括各种"马克思主义"思潮）、（介于"国际主义"和"外部主义"之间的）认识论的客体和地位以及"主体"范畴批评（尽管存在我们后面会提到的一些不确定性，但结构主义观念曾有段时间充当了它的信号）引起的政治哲学和历史理论等问题讨论和研究的坐标和参照读本。

以上三个理论背景是20世纪60年代典型的知识分子运动，今天依然能够感受到它们的影响。《读〈资本论〉》是三个理论背景相互关联的典型代表。事实上，这部著作是各种研究规划相互交融（以及彼此张力相互交融）的产物。在后面的文章中我们会发现，这些规划往往相互交错，每个项目的作者都力图阐述自己的观念，强调自己的关注点。第一项规划重新批判地解读马克思的科学著作，将他的各种观念应用到人文科学的各个领域；第二项规划以"结构因果性"思想为依据重建辩证法的范畴和修辞格。反过来，"结构因果性"与弗洛伊德精神分析法的概念意义思考有着密不可分的关系，这种反思已经超越了纯粹意义上的临床界线，与以文本"征候阅读""理论实践"以及"认识效果"物质性生产的或然判断替代所有认知理论（也就是它的基础和标准）的哲学企图有着密不可分的关系。而第三项规划，至少主观地引导了其他所有作者，是汲取了斯宾诺莎思想的共产主义政治研究（或者就像阿尔都塞那个时期所说，"理论上反人道主义者"），认为它是自由的必然结果，而不是"必然王国的出路"（这是马克思在《资本论》第三卷中提出的著名的黑格尔思想的概念，恩格斯在《反杜林论》中重新引用了这一概念）。

鉴于以上原因，《读〈资本论〉》一直在引起各种讨论或者争论，在很多人眼中，无论在法国还是在国外，这部著作最终成为了一部经典读物。然而，起初这只是在乌尔姆街巴黎高等师范学校上的研讨班的讲稿。那是由路易·阿尔都塞在1964—1965学年主持的研讨课，当时他是学校的"助教"，任文学系秘书①。我们先简单回顾一下开展研讨课的背景，随后对新版本进行必要的说明并指出它与以往版本的区别。

最终形成《读〈资本论〉》著作的研讨课是在高等师范学校的老师的建议下，应学校学生的要求（往往是在同学生协商之后）组织起来的一个研究培训课。原则上，这些培训课是面向一定专业的学生（主要是哲学系的学生），但同时

---

① 路易·阿尔都塞于1948年至1980年在巴黎高等师范学校任职。参见巴里巴尔：《阿尔都塞简介》，载《巴黎高等师范学校校友会通报》，1993年，45，以及雅安·莫里耶-布当：《路易·阿尔都塞传记》，巴黎：格拉塞出版社。

绪 言

也向其他专业学生（科学、文学专业）以及为数不少的校外旁听者开放。前几年由路易·阿尔都塞组织的研讨课分别讨论了"年轻的马克思"（1961—1962年），"结构主义起源"（1962—1963年），"拉康与精神分析法"（1963—1964年）。1964—1965学年的研讨课以集体的方式重新阅读了马克思的《资本论》，阐述它的普遍哲学意义，对以往的知识进行了回顾总结和重新思考。

这是一项延续的工作，首先隐含地或明确地（但不是绝对地）参考了阿尔都塞早期的理论论述（后来收录在由弗朗索瓦·马斯佩罗出版社于1965年出版的《保卫马克思》① 和由社会出版社1976年出版的《立场》② 两部文集中），接着与1958年及以后的几位高等师范学校的学者一起合作，尽管他们没有形成真正意义的学术团队，但却有共同的志趣和担当。"读《资本论》"的研讨课是在前一学年结束时规划的，由阿尔都塞、埃蒂安·巴里巴尔（Etienne Balibar）、伊夫·杜鲁（Yves Duroux）和雅克·朗西埃（Jacques Rancière）（他们那时还是高师五年级的学生）共同准备的。伊夫·杜鲁和让-克洛德·梅尼（Jean-Claude Milner）事先完成了马克思的《资本生产模式的早期形式》③ 的文本翻译。罗贝尔·黎纳（Rober Linhart）从阿尔及利亚留学回来之后，加入了筹备

---

① 发现出版社1986年再版，巴黎（*Fondations*丛书）。

② 是1964年发表的一篇题为《弗洛伊德和拉康》的文章，现载入路易·阿尔都塞的《论精神分析法：弗洛伊德和拉康》，由Olivier Corpet和François Matheron收集整理，巴黎Stock/IMEC出版社1993年出版。

③ "Formen, die der kapitalistischen Produktionsweise vorhergehen", 取自 *Grundrisse der Kritik der politischen Ökonomie*（《1857—1858年经济学手稿》）。

工作的讨论。皮埃尔·马舍莱（Pierre Macherey）虽已毕业，但又回校参加讨论。罗杰·埃斯塔布雷（Roger Establet）曾经也是哲学系的学生，事后撰写论文作为本书的结尾。

与此同时，在其他理论领域自然流传着一些尚未得到公认但却坚挺有力的观点。首先我们要指出的是乔治·康吉莱姆（Georges Canguilhem）在巴黎大学科学史学院开设的研讨课，每一年都有很多阿尔都塞的学生参加①；还有拉康的研讨课，从1964年1月开始，这门课就转移到高等师范学校②。在这里我们仅限于《读〈资本论〉》中提到的主题，与其他团队也有思想和问题的交流。比如当《野性的思维》出版时，克洛德·列维-斯特劳斯（Claude Lévi-Strauss）来高师就他的关于萨特的辩证法和历史观念的批判展开讨论，当时出席的还有吕西安·戈德曼（Lucien Goldmann）和吕西安·塞巴戈（Lucien Sebag）。另外还有查理·贝特海姆在高等研究实践学院（第六分部）开设的社会主义计划理论问题的研讨课，以及克洛德·梅拉苏在乔治·巴拉迪尔主持的高

---

① 参见皮埃尔·马舍莱：《乔治·康吉莱姆的科学哲学》，路易·阿尔都塞推荐，载《思想》杂志第113期，1964年1—2月。

② 关于1960年初阿尔都塞和拉康的相遇，参见伊丽莎白·卢迪内斯库：《百年战争：法国精神分析学史》，2卷，巴黎瑟伊出版社1986年版，第386页及以下。正因为这篇文章，拉康才阅读了阿尔都塞发表在《哲学教育》杂志中的文章《哲学与人文科学》（1963年6—7月，第5期，13周年期刊）。在建立"结构主义"理论形势下，决定在《新批评》杂志发表《弗洛伊德和拉康》这篇文章（1964年12月—1965年1月，第161—162期）。后面尤其是朗西埃的论著中，参考了很多拉康在《精神分析法》杂志上的论文（法国大学出版社，1956年至1964年8期），后来收录在《写作集》中（1966年由瑟伊出版社出版），由雅克-阿兰·米勒系统地编辑了索引。

绪 言

等研究实践学院非洲研究中心展开的研究①。

"读《资本论》"研讨课在（乌尔姆街）高师的阿克斯教室（Salle des Actes）进行，从1965年1月底到4月初共十来场，相比平时上课人数来说，参加的人数扩大了不少，但不超过三十几人。研讨课由阿尔都塞开课，随后第一场研讨是莫里斯·郭德烈做的报告，报告的内容围绕他几年前在《经济与政治》②杂志中发表的三篇论文的主题展开。随后按照顺序分别由朗西埃、马舍莱、朗西埃（结束他的报告）、阿尔都塞以及巴里巴尔做报告。每次报告结束之后，都有听课学生参加讨论③。

研讨课结束之后，阿尔都塞请每位报告人（除郭德烈之外）撰写并重新审阅他们的报告。他本人也在6月份用了几天的时间撰写了马克思《资本论》哲学思想的序言。罗杰·埃斯塔布雷通过通讯方式参加研讨课，课后也寄来了他自己的

---

① 1960年12月，梅拉苏早已在《非洲研究》杂志上发表了他的文章《论传统自给自足社会中经济现象解释》，预示着他后来出版的《科特迪瓦古罗人的经济人类学》（巴黎—海牙，Mouton & Co. 出版社，1964年）。几年之后，E. 泰雷重新研究这些问题，将这些研究与《读〈资本论〉》的论点进行对比，参见《血亲和分阔社会的历史唯物主义》，载《"原始"社会马克思主义：两个研究》，理论丛书 V.，弗朗索瓦·马斯佩罗出版社1969年版。

② 莫里斯·郭德烈，《卡尔·马克思〈资本论〉的方法结构》，载《经济与政治》杂志（1960年5—6月，第70和71期）；《〈资本论〉的几个方法问题》，同上，1961年3月第80期（这些文章后来都收编在《经济理性与非理性》，弗朗索瓦·马斯佩罗出版社1969年版）。

③ 研讨课的录音都由阿尔都塞保存，现今收藏在当代出版物记忆资料所（Institut Mémoire de l'édition contemporaine），可以查阅。该资料所保存的阿尔都塞的资料还包括研讨课的筹备记录和手稿，以及由几册由阿尔都塞注疏和修改的第一版《读〈资本论〉》（IMEC, 25 Rue de Lille, 75007 Paris）。

论文《〈资本论〉大纲介绍》。这些报告和论文被编辑成两卷册，成为阿尔都塞主编、弗朗索瓦·马斯佩罗出版社出版的"理论"新系列丛书的前两本书，同时出版的还有《保卫马克思》。它们分别构成1965年11月出版的第2卷和第3卷。①

第一版两卷册（第一卷由阿尔都塞、朗西埃、马舍莱主编；第二卷由阿尔都塞、巴里巴尔、埃斯塔布雷主编）在阿尔都塞的序言之后还包括以下"致读者"：

致读者

本书收录的论文是按照论文报告演讲的顺序组织安排的。有一个特例，即：马舍莱的论著放在朗西埃的论文之后，而实际上他的演讲是穿插在朗西埃两次演讲之间进行的。

埃斯塔布雷的文章以及序言（一卷的第一章）是研讨课之后撰写的。

在关于《资本论》研究的第二卷末尾增加一系列有关马克思著作的写作大纲的注释，似乎有些荒谬。我们决定这样安排是出于两个原因：首先因为只有通过对《资本论》进行批判性阅读并把它的提纲看作是问题的索引的时候，《资本论》的提纲本身才能成为思考的对象；其次是因为对提纲进行"正确阅读"也即对批判性阅读的高度概括，是与马克思的文本建立直接关系的最佳引子。

---

① 下面一卷，标号Ⅳ.，是皮埃尔·马舍莱的著作《文学生产理论》（1966年）。1965年至1981年间由弗朗索瓦·马斯佩罗出版社出版的"理论"系列丛书的几卷册封面上有个装饰图案，画的是一只跛脚的鹅，象征理论，是由建筑师雅克·勒尼奥（Jacques Regnault）根据意大利拉文纳港的一块镶嵌瓷砖上的图案绘制的。

绪 言

读者将能够比我们本人更好地理解我们这几篇论述的异同或分歧。如果说，我们每个人都以自己的方式在马克思的文本中开凿出一条道路的话，那么无论我们多么随心所欲，多么执拗于自己的想法，我们都会自然而然地拾起前人做过的研究，甚至在我们还没有与之产生交集的时候，我们已经在利用它们作参照了。因此，有些在其他情况下发展出来的重要概念成为我们的参考标准，出现在这些文本当中，比如一些关于"借代因果关系"（causalité métonymique）概念产生的基本知识，而"借代因果关系"这个概念，是雅克-阿兰·米勒在以前一次关于拉康对弗洛伊德的解读研讨课上提出的。

书中引用的《资本论》是社会出版社的译本（八卷）。用罗马数字指明卷数；用阿拉伯数字指明页数，比如 Capital, IV, 105 表示：《资本论》，社会出版社，第4卷，第105页。①

---

① 阿尔都塞这里引证的八卷册版本是1953年至1957年间由社会出版社在"卡尔·马克思全集"丛书中出版的。第一本书（卷1—3）是约瑟夫·鲁瓦（Joseph Roy，1873年）的历史译本，"由作者亲自重新审校"；第二本（卷4—5）是埃尔娜·柯涅奥（Erna Cogniot）的译本；第三本（卷6—8）是柯安索拉尔（C. Cohen-Solal）和吉贝尔·巴第亚（Gilbert Badia）的译本。所以应该注意不要将《读〈资本论〉》的作者们所指的"卷"和《资本论》三本"书"的参考相混淆。同样的译本后来再版分三卷册（每本书一卷册）出版，一方面由（莫斯科）进步出版社出版，另一方面由社会出版社以口袋书小版面出版。只有鲁瓦翻译的第一本由卡尼尔-弗拉马利翁出版社于1969年以口袋书小版面出版，由阿尔都塞撰写了"简介"。由让-皮埃尔·勒费弗尔（Jean-Pierre Lefebvre）主持的翻译团队"根据德文第4版"翻译了《资本论》第一本书，这一版法语新译本于1983年由获月/社会出版社出版，法国大学出版社"Quadrige"丛书1993年再版。还需要指出的是，在这一版中，马克思亲自修订的版本的章节编号与根据鲁瓦的译本出版的各种版本的编号不同。——原书编者注

《剩余价值理论》由莫里托（考斯特斯出版社出版）翻译成法文，题目为《经济学说史》（Histoire des doctrines économiques），分八卷册出版。我们采用与《资本论》（卷数，页码）同样的参考标示。①

我们订正多处法文译本，包括鲁瓦翻译的第一本《资本论》，目的是使译文更加贴近德文原文，尤其是一些内容紧凑或者理论思想密集的段落。在我们的阅读过程中，我们往往参考迪茨出版社（柏林）的德文版本，在那个版本当中，《资本论》和《剩余价值理论》分别由三卷册构成。②

路易·阿尔都塞

---

① 阿尔都塞在这里引证的莫里托尔的译文于1924—1925年由艾尔弗雷德·科斯特出版社出版，1946—1947年再版。第一篇（直到亚当·斯密）分编为第1和2卷，第二篇（李嘉图）为第3到5卷，第三篇（李嘉图之后）为第6到8卷。社会出版社1974—1978年出版了由吉贝尔·巴第亚主编的三卷册新译本，题目从此通称为《剩余价值理论》（《资本论》第4本书）。——原书编者注

② 阿尔都塞参考的迪茨出版社出版的德文版本（《Das Kapital》）或者是Dietz Verlag（柏林）出版社1955年出版的，或者是Dietz Verlag出版社1962年出版的。这两个版本有很多区别。关于《剩余价值理论》（Theorien über den Mehrwert），是Dietz Verlag出版社1962年出版的版本（I: 1956; II: 1959; III: 1962）；关于《政治经济学批判导言》（《1857—1858年手稿》）参考的是Dietz Verlag出版社1953年出版的版本。还有一些参考马克思和恩格斯1955年于迪茨出版社出版的《浅议经济学》（Kleine Ökonomische Schriften），其中尤其是《价值形式》（Die Wertform）的论述，是《资本论》第一本书第一章的论著。另外，书中提到的很多通讯，均出自卡尔·马克思文集《〈资本论〉通讯》，由吉贝尔·巴第亚整理注释，1964年社会出版社出版。——原书编者注

绪 言

1968年初，第一版已经重印多次，但每次都一销而空，在这种情况下，人们开始考虑以"口袋书"的形式再版，这样可以保障大量的销售量。弗朗索瓦·马斯佩罗出版社提议缩减成两卷册。在阿尔都塞的建议下，最终只收录他和巴里巴尔的文章（第一卷：阿尔都塞：《从〈资本论〉到马克思的哲学》；阿尔都塞：《〈资本论〉的对象》，第一章到第五章；第二卷：阿尔都塞：《〈资本论〉的对象》（续），第六章到第九章，附录；巴里巴尔：《关于历史唯物主义的基本概念》）①。再版的时候，他们重新审阅、校对、修改了自己的文章，并在卷末附有各点的详细校对情况。这个"完全改版"（entièrement refondue，借用封面护封上的说法）的新版本在1968年底出版。这个版本成为各种译本的基础，包括第一个外文版意大利语版本（菲尔特瑞奈利出版社，1968年），随后西班牙语（二十一世纪出版社，1969年）和英语（新左派书籍出版社，1970年）版本相继出版。②

新版本的第一卷包括以下"致读者"（"小马斯佩罗丛书"，第5—6页）：

1.《读〈资本论〉》的这个版本同第一版相比有许多不同之处。

一方面，这个版本的内容缩减了。因为要以小开本出版，所以我们删掉了好几篇重要著作（朗西埃、马舍

---

① 该书的中文版由中央编译出版社2001年出版。——编者注
② 其他论著的翻译分别发表于不同刊物，但是没有一部完整的《读〈资本论〉》外文译本。

莱和埃斯塔布雷的论著)。

另一方面,这个版本经过重新校阅和修订,因此就某些部分来说是一个新版本,特别是巴里巴尔文章中的某些章节是第一次用法文发表。

但是我们对原文所作的修订(删节和增补)并不涉及我们使用的术语、范畴和概念,不涉及它们之间的内在联系,因此也不涉及我们对马克思著作总的解释。

所以,《读〈资本论〉》的这个版本不同于第一版,它作了某些压缩和改善,但是严格地表达和再现了原版本的理论立场。

2. 这后一点说明是十分必要的。实际上,出于对读者的尊重和单纯诚实态度,我们完全沿用原来的术语并坚持原来的哲学立场。当然,我们现在认为这一哲学立场有两个具体方面必须加以修正。

我们十分注意同"结构主义"的意识形态区别开来[我们极其明确地指出,马克思著作中的"结合"(combinaison)与"组合"(combinatoire)毫不相干],我们断然地使用了同"结构主义"格格不入的范畴(最终决定、统摄、超决定、生产过程等),虽然如此,我们使用的术语同"结构主义"的术语在许多方面仍然十分相近,因此不可避免地造成了含混不清的情况。我们对马克思的解释,除极少数例外(某些敏锐的批判把我们的解释和结构主义的解释作了区分),普遍被目前流行的说法看做和判断为"结构主义"的解释。

我们认为,我们的著作虽然在术语上有些含混不清,但是它的内在倾向性与"结构主义"的意识形态并没有联系。我们希望读者牢记并证实和接受这一论断。

相反，我们现在完全有理由认为，虽然我作了许多具体说明，但是我对哲学的本质提出的一个论点仍然具有确定无疑的"理论主义"倾向。确切地说，就是我所作出（在《保卫马克思》中提出，之后在《读〈资本论〉》序言中再次提到）的关于哲学是理论实践的理论的定义是片面的，因而是不确切的。在这种情况下，问题就不在于单纯的术语的含混不清，而是概念本身的错误。给哲学片面地下定义，把它规定为理论实践的理论（从而规定为各种实践的差别的理论），这种提法必然要产生或者是"思辨的"或者是"实证主义"的理论和政治的后果和反应。

人们可以在《读〈资本论〉》的序言的某些地方发现并明确指出这个和哲学的定义有关的错误所引起的后果。但是除了某些细小地方以外，这些后果并没有损害我们对《资本论》所作的分析（见《〈资本论〉的对象》一章以及巴里巴尔的论文）。

我们将在以后的一系列论文中，对术语作出更正并修正关于哲学的定义。

路易·阿尔都塞

1973年，阿尔都塞和弗朗索瓦·马斯佩罗出版社希望找齐全部的原始文章，将这两卷册补充完整。此时，雅克·朗西埃要求在他自己的论文前面增补一篇自我批评式的前言，题目为《使用说明》。但是由于其他作者没有达成一致意见，出版社没有接受这个提议。这篇文章后来刊登在1973年11月《现代杂志》第328期上。因此，朗西埃的文章没加任何调整，构成"小马斯佩罗丛书"的《读〈资本论〉》第三卷。第四卷是皮埃尔·马舍莱（经审校修改后出版）和罗杰·埃斯塔布雷（未经改动）的论著。所谓"第二版"《读〈资本论〉》就这样补充完整为四卷册（1968年和1973年），并经过多次重印。第三卷和第四卷前面都有如下出版说明：

> 应"小马斯佩罗丛书"《读〈资本论〉》两卷册读者的需求，我们决定出版《读〈资本论〉》卷三和卷四。与1965年路易·阿尔都塞主编"理论"系列丛书的前两卷构成完整套书。
>
> 出版人

> 目前的版本（实际上是《读〈资本论〉》的第三版）（经在世的几位作者和阿尔都塞的继承人同意）按照以下原则编辑：用摄影制版保留复印了第二版（因此也包含了作者的修改，没有加以修订）；另一方面，论文的顺序按照第一版的排序，目的是重建原书和研讨课的大纲。
>
> 第三版是在埃蒂安·巴里巴尔、皮埃尔·布拉沃-盖拉在伊夫·杜鲁的协助下修订的。
>
> 出版人①

---

① 上述"出版人"均指费朗索瓦·马斯佩罗出版社。——编者注

从《资本论》到马克思的哲学

路易·阿尔都塞 著　李其庆　冯文光 译

这里发表的是 1965 年头几个月我在高等师范学校的《资本论》研究班专题讲座会上作的几次报告。下面刊出的文章显示了当时的情况，这不仅表现在文章的结构、节拍、教学用语或口语的风格上，尤其还表现在文体的不一致、重复、含混不清以及对问题的探索性研究上。当然，后来我们可以有充分时间逐一修改各篇文章，加强它们之间的连贯性，尽可能使文章中的术语、问题的前提和结论一致起来并把它们使用的材料系统加工成一篇演说，总之使它们成为一部**完整的**著作。但是我们并没有那样做。我们宁愿按照它们的本来面貌，即以未完成的著作，也就是仅仅以**阅读**的开端的形式发表。

1

毫无疑问，我们都读过《资本论》，而且仍在继续阅读这部著作。近一个世纪以来，我们每天都可以透过人类历史的灾难和理想，论战和冲突，透过我们唯一的希望和命运所系的工人运动的失败和胜利,十分清楚地阅读它。可以说,自从我们"来到这个世界上",我们从未停止透过那些为我们阅读《资本论》的人的著作和演说来阅读《资本论》。他们为我们所作的阅读有好有坏,他们中间有些人已经死去,有些人还活着。这些人有恩格斯、考茨基、普列汉诺夫、列宁、罗莎·卢森堡、托洛茨基、斯大林、葛兰西、各工人组织的领导人、他们的追随者或者他们的论敌:哲学家、经济学家和政治家。我们阅读了形势为我们"选择"的《资本论》的片断和章节。我们都或多或少地读过《资本论》第一卷,从《商品》一章开始,直到最后一章《剥夺者被剥夺》。

但是,我们最终应该逐字逐句地阅读《资本论》,逐行逐行地阅读全书四卷,反复多次地阅读头几章或简单再生产和扩大再生产的公式,这样我们才能从有如荒芜贫瘠高原的第二卷进入利润、利息、地租的福地。我还要进一步指出,我们不仅要阅读《资本论》法译本(虽然只是第一卷,即由鲁瓦翻译、马克思不仅校订而且改写过的法文版《资本论》第一卷),还要阅读德文原著,至少是包含基本理论的各章和马克思的关键性概念比较集中的所有段落。

我们就是主张这样来阅读《资本论》的。我们的报告就是从这种设想中产生的。它们不过是这种阅读的个人的不同记录:每篇报告都以各自不同的方式在《资本论》这个茫茫森林中为自己开辟道路。我们不加修改地把它们原原本本地呈现在读者面前,就是为了把我们在阅读过程中遇到的一切艰难曲折和得到的收获都奉献给读者。读者可以从中得到初始状态的阅读经验。而这第一次阅读又会吸引读者进行第二次阅读,从而把我们引向深入。

2

既然不存在无辜的阅读,那么我们就来谈一谈我们属于哪一种有罪的阅读。

我们都是哲学家。我们没有作为经济学家、历史学家或文学家阅读《资本论》。我们没有就《资本论》的经济内容或历史内容,也没有就它的单纯的内在"逻辑"对《资本论》提出问题。我们是作为哲学家来阅读《资本论》的,因此我们提出的是另一类性质的问题。直截了当地说,我们对《资本论》提出的是**它同它的对象的关系**问题,因而同时也就提出了**它的对象**的特殊性问题。这就是说,我们提出了研究这个对象所使用的论述型式的性质问题,即科学的论述的问题。因为从来的定义都不过是事物的区别,所以我们对《资本论》提出了它的对象及其论述的特殊区别问题。我们在阅读过程的每一步都提出这样的问题:《资本论》的对象究竟在哪些方面不仅区别于古典(甚至是现代)经济学的对象,而且也区别于青年马克思的著作特别是《1844年经济学哲学手稿》的对象,进而提出这样的问题:《资本论》的论述究竟在哪些方面不仅同古典经济学的论述相区别,而且也同青年马克思的哲学的(意识形态的)论述相区别。

作为经济学家阅读《资本论》,就是在阅读的时候对《资本论》提出它的分析及其图式的经济内容和意义问题,从而把《资本论》的论述同一个在它以外就已经确定了的对象加以比较，而并不对这个对象提出疑问。作为历史学家阅读《资本论》，就是在阅读时对《资本论》提出它的历史的分析同在它以外就已经确定了的历史对象的关系问题，而并不对这个对象提出疑问。作为逻辑学家来阅读《资本论》，就是对《资本论》提出它的表述方法和论证方法问题，不过是抽象地提出问题，同样没有对同这种论述方法相关联的对象提出疑问。

作为哲学家阅读《资本论》，恰恰是要对一种特殊论述的特殊对象以及这种论述同它的对象的特殊关系提出疑问。这就是说要对论述—对象的统一提出认识论根据问题。正是这种认识论根据使这个统一区别于其他形式的论述—对象的统一。只有这种阅读才能对《资本论》在知识史中占有何种地位的问题作出回答。这个问题可以归结如下：《资本论》是否是某种单纯的意识形态的产物，一种黑格尔形式的古典经济学，是否是青年马克思哲学著作中制定的人类学范畴生硬地搬用于经济现实领域，是否是《论犹太人问题》和《1844年经济学哲学手稿》中理想主义愿望的"实现"？《资本论》是否是古典政治经济学的简单的继续和完成，而马克思则继承了它的对象和概念？《资本论》同古典经济学的区别是否仅仅表现在**方法**，即从黑格尔那里借用的辩证法上，而没有表现在它的对象上？或者完全相反，《资本论》在其对象、理论和方法上构成了认识论的根本变革？《资本论》是否在实际上建立了一门新的学科，一门新的科学，从而是一个既摒弃了古典政治经济学，同时又摒弃了它的前史中的黑格尔和费尔巴哈的意识形态的真正事件和理论革命，即一门科学的历史的绝对开端。既然这门新的科学是**历史**的理论，那么反过来它是不是可以使我们能够认识它自己的**前史**，从而使我们能够看清古典经济学和青年马克思的哲学著作？这就是我们由于对《资本论》进行哲学阅读而对它提出的认识论问题的含义。

因此，从哲学角度阅读《资本论》和无辜的阅读完全不同，这是一种有罪的阅读，不过它并不想通过坦白来赦免自己的罪过，相反，它要求这种罪过，把它当做"有道理的罪过"，并且还要证明它的必然性，以此来捍卫它。因此这是一种特殊的阅读，它向一切有罪的阅读就它的无罪提出了一个简单的问题，即"**什么叫阅读**？"正是这个问题撕掉了它无罪的面纱，而特殊的阅读却通过提出这个问题证明自身是合理的阅读。

3

不管这个词表面上看有多少矛盾，我们可以断言：在人类文化史上，我们的时代总有一天会表现为这样的时代，这个时代的标志是人们作出最富戏剧性的和艰难困苦的尝试，发现和领会最简单的生存行为如看、听、说、读的含义。这些行为使人们同他们的著作发生关系，而这些著作返回到人们自身，成为他们的"没有出现的著作"。同一切尚处于统治地位的表象相反，我们并不是通过没有以这些行为概念为基础的心理学，而是通过马克思、尼采和弗洛伊德这几个人

5

才获得这种变革性认识的。我们只是从弗洛伊德开始才对听、说（或沉默）的**含义**产生怀疑；这种听、说的"**含义**"在无辜的听和说的后面揭示了完全不同的另一种语言即无意识的语言的明确的深刻含义。[1]现在我敢说，我们只是从马克思开始，至少是在理论上，才对**读**和写的含义产生怀疑。毫无疑问，我们把在《1844年经济学哲学手稿》中起决定作用并在《资本论》中仍然暗暗诱使人们返回历史主义的全部意识形态的要求归结为一种明确的无辜的阅读，这绝不是偶然的。对青年马克思来说，认识事物的本质，认识人类历史及其经济、政治、美学和宗教产物的本质，无非就是要透过本质的"具体"存在**读出**（在这个词的真正意义上）"抽象"的本质。黑格尔的绝对知识，这个历史的终点，表现为从存在中直接读出本质，在这个模式中，天幕洞开，概念最终成为可以看得见的东西亲自出现在我们中间，我们可以感觉到它的物质存在。在这个模式中，**这个**面包，**这个躯体**，**这副**面孔以及**这个**人都成为精神。这就使我们懂得，对直接阅读以及对伽利略意义上的《世界大全》的渴望要比任何科学都古老。这种渴望又悄然引出主显和耶稣降临的宗教幻想和《圣经》中令人向往的神话。真理在这些幻想和神话中披上了字和词的外衣，具体化为《圣经》。这也使我们产生了这样的看法，那就是我们必须具有某种**阅读**的思想，即把书面的语言变成直接、明显的真理，把现实变成有声的语言，才能把自然和现实当做一本书。在这本书中，按照伽利略的说法，"由正方形，长方形和圆构成的"语言在进行无声的叙述。

斯宾诺莎是第一个对**读**，因而对**写**提出问题的人，他也是世界上第一个同时提出历史理论和直接物的不可知性的哲学的人。他在世界上第一次用想象与真实的差别的理论把阅读的本质同历史的本质联系起来。这一切使我们理解了，马克思之所以成为马克思就是因为他建立了历史理论以及意识形态和科学之间的历史差别的哲学，而这一切归根结蒂是在破除**阅读**的宗教神话的过程中完成的：《1844年经济学哲学手稿》时的青年马克思一下子就透过人的本质的异化直接读出了人的本质。相反，《资本论》却保持着恰当的距离，即现实固有的间隔。这些距离和间隔体现在《资本论》的**结构**中。这些距离和间隔使它们自身的效果阅读不出来并使对它们进行的直接阅读的幻想达到其效果的顶点：**拜物教**。我们必须转向历史，才能把这种读的神话消灭在它的巢穴中，因为正是从历史（在历史中，距离和间隔赋予神话以宗教和哲学的形式）出发，人们把这种神话反映到自然界，以便不使自己由于过于大胆的认识自然界的计划而毁灭。只有从被思维的历史，从历史的理论出发，才能够说明阅读的历史宗教：人们发现，在许多本书中包含的人的历史，并不是一本书中所写下的文字，而历史的真实也不可能从它的公开的语言中阅读出来，因为历史的文字并不是一种声音（le Logos）在说话，而是诸结构中某种结构的作用的听不出来、阅读不出来的自我表白。如果人们读过我们的某些论著，那么就可以确信，我在这里使用的远非任何隐晦曲折的语言，我是在确切意义上使用我所采用的术语的。同阅读的宗教神话决裂，这种理论的必然性在马克思著作中采用了同黑格尔把整体看做是"思辨的"总体,确切地说,看做是**表现**总体的概念相决裂的形式。绝非偶然,当我们揭开阅读理论的薄薄的面纱时会发现**表现**理论,发现总体(在表现总体中,每一个部分是**整体的一个部分**,这个部分直接表现出它本来就包含着的总体)的理论是这样一种理论:在黑格尔的著作中,最终在历史的基础上,集中了在一系列叙述中说话的一种声音(le Logos)的一切互相补充的宗教神话;黑格尔著作中所包含的绝对真理的神话;听这些叙述的耳朵的神话,读这些叙述的眼睛的神话,而耳朵听和眼睛读是为了在这些叙述中发现(只要耳朵和眼睛是单纯的)他的每一句话中本来就包含着的绝对真理。我们是否还应该补充一个问题:在理性和存在之间,在本身曾经是整个世界的这一宏伟著作和对世界的认识的表述之间,在事物的本质和对本质的阅读之间的宗教联系一旦割断的情况下,在默默达成的条约——在这些条约中,一个尚不稳定的时代的人们用神奇的联盟来战胜历史的不稳定性以及战胜由于大胆而产生的胆怯——破裂的情况下,在所有这些联系都割断的情况下,关于**表述**的新的概念最终是否能够出现呢?

4

如果我们回到马克思,我们就可以发现,我们不仅通过他说的话,而且通过他做的事,可以准确地把握他的最初的阅读观念和阅读实践向新的阅读实践以及向本身会向我们提供一种新的**阅读**理论的历史理论的过渡。

当我们阅读马克思著作的时候，在我们面前立刻出现一位**读者**，他在我们面前大声**朗读**。马克思是一位令人惊叹的读者，这是重要的事实，但对我们更为重要的是，马克思感到必须用大声朗读来丰富自己的著作。我们这样说并不只是因为他喜好借助引文和严密的论据来说明问题（他在这方面的精确性是令人折服的，就连他的论敌也因为受到了教训而明白了这一点），也不仅仅是因为他思想上的诚实使他始终充分地承认他所欠下的债务（他是深知什么叫债务的），而是由于深深植根于他的发现工作的理论条件的那些原因。马克思在我们面前大声朗读，不仅在《剩余价值理论》[2]（这部书基本上是以笔记形式保存下来的）中，而且在《资本论》中，他都在大声朗读。他阅读了魁奈、斯密、李嘉图等人的著作。他阅读这些人的著作的方法是极为明确的：正确的论述引以为据，错误的论述则加以批判。总之，这样做是为了**把自己放在**著名的政治经济学大师中间，同他们进行对照比较。但是在马克思对斯密和李嘉图的阅读中只有某种阅读，也就是直接的阅读是明确的。这种直接的阅读并不对它所阅读的东西提出问题，而是把所阅读的著作的论证当做现成的东西。实际上，若把马克思对斯密和李嘉图（我在这里只是举例）的阅读**仔细加以研究**，就会发现它是相当奇特的。这是一种双重阅读，或者更确切地说，这种阅读体现了两种完全不同的阅读原则。

在**第一种阅读**中，马克思是通过他自己的论述来阅读他的先驱者（例如斯密）的著作的。这种阅读就像是通过栅栏来阅读一样。在这种阅读的过程中，斯密的著作通过马克思的著作被看到并且以马克思著作为尺度。这种阅读的结果无非是一致性和不一致性的记录,是对斯密的发现和空白、功绩和缺陷、他的出现和不出现的总结。实际上,这是一种回顾式的理论的阅读。在这种阅读中,斯密没有看到和理解的东西仅仅表现为完全的空缺。某些空缺会追溯到另一些空缺,而这些空缺最终又会归结到最初的空缺。但是对我们来说,这种归纳就是出现和不出现的证明。至于空缺本身,这种阅读并未说明其原因,因为对这些空缺的证明已经把这些空缺填补上了。马克思叙述的连续性透过斯密叙述的表面的连续性指出了斯密著作中为斯密所看不见的空缺。马克思往往用斯密的不注意,确切地说,就是斯密的**不出现**来解释这些空缺:斯密没有**看到**在他面前已经清楚地呈现出来的东西,他没有把握已经在身边的东西。这些"小的疏忽"或多或少是同支配整个古典经济学的"令人难以置信的"失误,即把不变资本和可变资本混为一谈这样一种"大的疏忽"联系在一起的。这样,认识借以完成的概念体系的任何缺陷都可以归结为"看"的心理学上的缺陷。如果说"看"的空缺造成了"疏忽",那么同样必然的是,看的存在和目光敏锐的看就会说明**被看到的东西**:全部被看出的认识。

这种疏忽与看见的统一的逻辑在我们面前表现为这样一种认识论的逻辑:这种认识论从根本上把全部认识工作归结为**看**的简单的关系的再认识;把认识对象的全部本质归结为**客观存在**的简单条件。由于看的缺陷斯密不能看到的东西,马克思看到了。斯密没有看到的东西是完全可以清楚地看到的,并且只是因为它可以被看到,斯密才视而不见,而马克思却能够看到。我们在兜圈子，因为我们又陷入了认识的自映的神话，也就是把认识当做对某一对象的看或对某一著作的阅读，而这种对某一对象的看和对某一著作的阅读从来都是明明白白的事情（由于盲目而造成的全部罪恶以及明察秋毫的美德，理所当然都归因于看，归因于人的眼睛）。但是，因为你怎样看待别人，别人就怎样看待你，所以在这种情况下，马克思就变成了斯密，当然斯密的近视被排除在外，而马克思力图**克服**所谓斯密的近视的全部艰巨努力就化为乌有，化为看的简单差别。所有的牛不再都是黑的了。马克思借以思考他在理论上始终与斯密不同的那种历史距离和理论距离也就消失了。我们最终只能屈服于同一种看的命运：我们注定在马克思的著作中只能看到马克思已经**看到**的东西。

5

然而在马克思那里还有**第二种完全不同的阅读方法**。因为刚才描述的那种阅读的基础就在于一种双重的、联系在一起的确证：既确定出现又确定不出现，既确定看又确定忽视，所以本身犯了一个明显的过失：这种阅读方法**看**不到在同一个作家身上看和忽视的同时存在所提出的问题，即看和忽视的**相互联系**的问题。这种阅读方法看不到这个问题，恰恰是因为这个问题只是作为看不到的东西才能被看到，只是因为它所涉及的完全不是既定的客体，对这些既定的客体来说，要看到它们只需要有明亮的眼睛就足够了。这个问题涉及的是可见领域和不可见领域之间的必然的却是看不见的关系。

这种关系把黑暗的不可见领域的必然性规定为可见领域结构的必然结果。

为了更好地理解我在这里所说的意思,我暂时不解释这个使人们感到意外的问题。我首先分析我们在马克思那里发现的**第二种阅读方法**,然后再回过头来分析第一种阅读方法。我只举一个例子:我们通过恩格斯在《资本论》第二卷序言中所作的非凡的理论说明,可以看到《资本论》中令人叹为观止的第19章即论工资的那一章所反映的第二种阅读方法。

现在我引用马克思这位古典经济学家的**读者**的话:

> 古典政治经济学事先丝毫不加检验就天真地从日常生活中借用了"劳动的价格"这一范畴,然后问自己:这一价格是怎样决定的?它马上认识到,供求关系对于劳动也像对于一切其他商品一样,无非是说明市场价格围绕着一定的量上下波动。假定供求相抵,供求所引起的价格波动就会停止。这时,供求也就不起任何作用了。在供求相抵时,劳动的价格就不再取决于供求的作用,因此必然会像不存在供求时那样被决定。因此,这个价格,市场价格的这个引力中心,就表现为科学分析的真正对象。
>
> 如果考察数年的时期,比较上升和下降的交替运动由于不断抵消而达到的平均数,也可以得出同样的结果。这样就发现了平均价格,即在市场价格的波动本身中显示出来并成为市场价格的内在调节因素的比较固定的量。

因此，这个平均价格，重农主义者的"必要价格"，亚当·斯密的"自然价格"，对劳动来说（对一切其他商品也一样）只是用货币来表现的劳动的**价值**。亚当·斯密说："商品在这种场合被卖掉的**正是它的所值**。"

古典经济学以为用这种办法，就已经从劳动的偶然价格进到劳动的实际价值。然后，它用维持和再生产劳动者所必需的生活资料的价值来决定劳动的实际价值。这样，它就不知不觉地变换了场所，用劳动力的价值代替了迄今为止一直是它研究的明显对象的劳动的价值。劳动力只存在于劳动者的身体内，它不同于它的职能即劳动，正如机器不同于机器的运转一样。因此，分析的进程不仅不可避免地从劳动的市场价格推导出劳动的必要价格或劳动的价值，而且把所谓的劳动的价值化为劳动力的价值，从而劳动的价值今后只应该被看做是劳动力的价值的现象形态。因此，这种分析得出的结果不是解决了在出发点上提出的问题，而是完全改变了它的用语。

古典经济学从来没有能发现这种混乱，它只是把全副精力用于研究劳动的市价和劳动的价值之间的区别，研究这种价值同商品的价值、同利润率的关系等等。它越是深入分析价值一般，所谓的劳动的价值就越是使它陷入无法摆脱的矛盾。①

---

① 〔德〕马克思：《资本论》（根据作者修订的法文版第一卷翻译），北京：中国社会科学出版社1983年版，第556—557页。

我忠实地引用这段绝妙的话。这段话就是马克思**阅读**古典经济学的记录。我在这里不得不再次认为我们受到了看和忽视互相对立这种阅读观念的束缚。古典政治经济学看到了……但是它又没有看到……它"从来没有"看到……看和忽视这种对照在这里也好像是通过栅栏,也就是通过马克思主义的出现所揭示出来的古典经济学的空缺完成的。但是这里有一个我们**不能忽视**的细微的差别,我马上就要向读者指出。这个差别就是:古典政治经济学没有看到的东西不是它没有看到的东西,而是它**看到的东西**;不是没有出现在它面前的东西,而恰恰是**出现在它面前的东西**;不是它疏忽的东西,而恰恰是**它没有疏忽的东西**。因此,疏忽是没有看人们看到的东西。疏忽与对象无关,而**与看**本身有关。疏忽是与**看**相关而言的疏忽,而没有看是看所固有的,是看的一种形式,因此同看必然联系在一起。

现在我们已经接近我们的本题了。这个问题**存在于**没有看和看的这种有机融合所产生的实实在在的同一性中,并且是**通过**这种同一性被提出来的。进一步讲,当我们确定没有看和疏忽的含义时,我们所涉及的就不再是仅仅通过马克思理论的栅栏对古典政治经济学的阅读,不再是古典理论同后来作为古典理论尺度的马克思主义理论的比较。因为我们实际上只是把古典理论同**它自身**相比较,把古典理论的没有看同它的看相比较。我们在这里要涉及的只是我们的在纯粹形态上的问题。这个问题是在一个无须返回到无限的唯一领域里被说明的。在看本身中理解看和没有看之间的这种必然的但又是自相矛盾的同一性,意味着极其确切地提出我们的问题（可以看到的东西和不可以看到的东西之间的必然的联系问题）。正确地提出这个问题，意味着找到了解决这个问题的机会。

6

那么，在看本身中怎么能有没有看和看的同一性呢？让我们再一次仔细阅读我们的引文。在古典经济学对"劳动的价值"提出问题的过程中，有一点是非常值得注意的。古典政治经济学（正如恩格斯在第二卷序言中谈到"生产"氧气的燃素说化学以及"生产"剩余价值的古典经济学所说的那样）"**生产**"出正确的答案，这个答案就是："劳动"的价值等于再生产"劳动"所必需的生活资料的价值。正确的回答就是正确的回答。用第一种方法阅读的读者认为斯密和李嘉图的回答是圆满的，因而忽视了其他的论证。马克思没有这样做。因为他独具慧眼，所以作出了与众不同的回答：**这就是对唯一的缺点在于从来没有被提出来的问题的正确回答。**

最初的问题，用古典经济学的话来说就是：什么是劳动的价值？古典经济学生产这一回答的那一段文字，就其严格的、完全站得住脚的内容来说，可以表述为："**劳动（……）的价值等于维持和再生产劳动（……）所必需的生活资料的价值。**"在这一回答中有两个**空白**，两个空缺。马克思**指出**了古典经济学的回答中的这两个空白，但是马克思由此向我们指出的只是古典著作本身在沉默时已经表述出来，而在表述中没有说出的东西。因此不是马克思告诉我们古典著作没有说出的东西，不是马克思从外部干预；给古典著作附上一种语言，使古典著作的沉默得到揭示，相反，**古典著作本身告诉了我们它所沉默的东西**：它的沉默是它**特有的话**。实际上，如果我们把那段文字中的删节号即空白去掉，在我们面前始终是同样的表述，同样的表面上"完整"的句子："**劳动的价值等于维持和再生产劳动所必需的生活资料的价值**。"但是这句话没有任何意义，什么是维持"劳动"？什么是"劳动"的再生产？现在我们只要设想在回答的结尾用"劳动者"一词来代替"劳动"一词，问题就解决了。那么，这个回答就成为："**劳动的价值等于维持和再生产劳动者的价值**。"但是，因为劳动者并不等于劳动，所以句子末尾的术语"劳动者"和句子开头的术语"劳动"就互相矛盾。它们具有不相同的内容，因此，句子中的等式就不成立了，因为工资购买的不是劳动者，而是他的"劳动"。那么如何把第一个概念"劳动"同第二个概念"劳动者"联系起来呢？在句子本身的表述中，确切地说是就"劳动"这一术语而言，在回答的开头和结尾的"劳动"术语，存在着某种缺陷。这个缺陷在整个句子中通过术语本身的作用完全表现出来了。如果把我们的删节号——我们的空白——去掉，我们就重新建立起一个句子，这个句子本身如果从字面上来看，在自身中表现了这些**空白的地方**，从而把删节号删掉的东西作为由"完整的"表述本身所产生的空缺表述出来。

这个在**回答**本身中通过**回答**表现出来的、紧靠着"**劳动**"一词的空缺，无非就是在回答中出现的该问题的空缺，即和这个回答相对应的**问题**中的空缺。因为提出的问题显然并不包含在它自身中体现这个空缺的东西。"什么是劳动的价值？"这个句子等同于一个概念，一个只满足于**表述**"劳动的价值"概念的概念句，一个在本身中并不表示出空缺的陈述句，除非整个句子本身作为概念是有缺陷的问题，是有缺陷的概念，即一个概念的空缺。正是问题的答案向我们作出回答，因为问题的空缺仅仅在于"劳动"概念本身，这一概念通过答案被表明是**空缺的地方**。正是答案告诉我们，问题就是**它的空缺本身**，仅此而已。

如果说回答，包括它的空缺，是正确的，如果说**它的**问题不过是它的概念的空缺，那么这是因为回答是对**另一个问题**的回答，而这另一个问题的特点是它并没有在古典经济学的回答中通过删节号被表述出来，确切地说也就是没有在古典经济学的**回答的删节号中被**表述出来。所以马克思写道：

> 因此，这种分析得出的结果不是解决了在出发点上提出的问题，而是完全改变了它的用语。

因此，马克思能够提出没有表述出来的**问题**。在仅仅表述以未表述出来的形式存在于**回答**的空白中的概念的同时，这一概念存在于这一回答中，因而马克思在回答中把这些空白本身当做一种存在的空白生产出来，并且表现出来。马克思建立起表述的联系，他在这种表述中引入和重新建立了**劳动力**的概念，而这种劳动力的概念已经存在于古典经济学所作出的回答的空缺中；当他通过劳动力概念的表述建立和重新建立回答的连续性时,他同时也就生产出迄今没有提出的**问题**,而对这个问题的回答是迄今没有相应问题的回答。

这样,回答就成为:"**劳动力的价值等于维持和再生产劳动力所必需的生活资料的价值**",而它的问题则以下列形式被生产出来:"什么是劳动力的价值?"

从修复先前有空缺的表述以及根据回答生产出的**相应的问题**出发,现在就有可能说明古典经济学对它所看的东西视而不见的原因,就有可能说明古典经济学的看所固有的看不到的原因。更清楚地说就是,使马克思能够看到古典经济学视而不见的东西的机制,也就是使马克思看到古典经济学所没有看到的东西的机制。这种机制至少就其原则来说,就是我们在阅读本身就是对古典经济学著作的阅读的马克思的著作时,对看到视而不见的东西的这种活动进行思考的机制。

7

如果人们想要揭示与**看**有关的**忽视**的原因,那么必须达到这样一点:必须彻底改变关于认识的观念,摒弃看和直接阅读的反映的神话并把认识看做是生产。

使政治经济学产生误解的可能性实际上是同它的忽视的**对象的转移**联系在一起的。政治经济学没有看到的东西不是它本来应该看到却没有看到的、先前已经存在的对象,而是它在自己的认识过程中生产的对象,因此不是在它之前就已经存在的,这个生产本身恰恰是同这个对象同一的。政治经济学没有看到的东西正是它**做**的东西:它生产了一个新的、没有相应问题的回答，同时生产了一个新的、隐藏在这个新的回答中的问题。在政治经济学的新的回答所使用的有缺陷的术语中，它生产了一个新的问题，但是这是在"**它不知道**"的情况下发生的。它**完全改变了开始问题的用语**，从而生产了一个新的问题，但是它不知道这个问题。它不仅不知道，而且它还深信，它仍然停留在原来问题的领域。实际上它在"自己完全不知道"的情况下已经"变换了场所"。它的盲目性，它的"忽视"在于误解了它所生产的和它所看到的，在于马克思在另一些地方称之为"**文字游戏**"的"**误解**"。这种文字游戏对于表述它的人来说必然是神秘莫测的。

为什么政治经济学无论对它的产品还是对它的生产过程本身来说都必然是盲目的。这是因为它总是死抱着**它的旧的问题**，并且总是把它的新的回答同旧的问题联系起来，因为它总是局限于它的旧的"**视野**"。从这个视野出发，新问题是"**看不见的**"。马克思在思考这种必然的"误解"时所运用的比喻，向我们展示了领域的变化以及相应的视野变化的图景。这种比喻提供了一个重要说明，使我们没有把"忽视"或者"不知道"还原为心理学范畴。在这种不知不觉地包含在新的回答中的新问题的生产中，实际上出现的东西并不是某种特殊的新的对象，这种新的对象并不是像家庭聚会中突然出现的不速之客那样出现在其他已经确定的对象之中：相反，这里所发生的事情是把作为新问题产生的基础的**全部领域和视野的变化**当做一个有争议的问题提出来。这个新的重要问题的出现无非就是可能出现的重要变化，即可能的潜在变化的特殊标志。这种变化涉及全部领域的现实，直至它的"视野"的极限。用我使用过的语言[3]来说明这个事实就是,具有如此**重要**(我是在重要情况这个意义上使用这个词的)特征的新问题的产生是新的理论**总问题**可能产生的不稳定的标志,而这个问题只不过是这个理论总问题的一个征候形式。恩格斯在《资本论》第二卷序言中明确地指出了这一点:燃素说化学单纯"生产"氧气或者古典经济学单纯"生产"剩余价值本身不仅包含着旧理论**在其某一点上**的变化,而且还包含着"**整个**"化学和经济学的"变革"。因此,这种尚不稳定的表面上是局部的事件中的不稳定的东西,正是旧理论,从而旧的总问题**在总体上**可能发生的变革。由此我们遇到了科学的存在本身所固有的事实:科学只能在一定的理论结构即科学的总问题的场所和视野内提出问题。这个总问题就是一定的可能性的绝对条件,因此就是在科学的一定阶段**整个问题借以提出的诸形式**的绝对规定。[4]

这样我们就理解了把看得见的东西当做看得见的东西以及把看不见的东西当做看不见的东西的规定,同时也就理解了把看不见的东西同看得见的东西联系起来的有机纽带。可以看得见的东西是在一定场所和范围内,即在某一理论学科的理论总问题的一定结构领域内的一切对象和问题。这些字词必须在其文字的本来意义上理解。这样,看就不再是具有"看"的能力并且在注意或者不注意的情况下运用这种能力的个别主体的行为。看就是看的结构条件的行为,就是总问题领域所内在的对**它**的对象和问题的反思关系。[5]在这种情况下,看就失去了它的神圣阅读的宗教特权。看就不过是把对象和问题同它们的存在条件联结起来的内在必然性的反思,而对象和问题的存在条件又同它们的产生条件联系在一起。严格地说，不再是主体的眼睛（精神的眼睛）去**看**理论总问题所决定的领域中存在的东西，而是这个领域本身在它所决定的对象或问题中**自己看自己**，因为看不过是领域对它的对象的必然反思（由此也就可以理解古典哲学对看的"误解"，古典哲学陷入了窘境，**不得不同时说**，看的光是来自眼睛又来自对象）。

决定看得见的东西的这种关系也决定着看不见的东西，把它看做是看得见的东西的影子。总问题领域把看不见的东西规定并结构化为某种特定的被排除的东西即从可见领域**被排除的东西**，而作为被排除的东西，它是由总问题领域所固有的存在和结构**决定的**。看不见的东西禁止和压制了某种领域对它自己对象的反思即总问题对它的对象之一的内在的必然关系。燃素说化学理论中的氧气或者古典经济学中的剩余价值或"劳动价值"的规定也是如此。这些新的对象和问题在现存理论领域内必然是**看不见的**，因为它们不是这一理论的对象，因为它们是**被理论拒绝的东西**，因而必然是与这个总问题所规定的看得见的领域没有必然联系的对象和问题。它们是看不见的东西，因为它们理所当然地从看得见的领域被排挤出来。因此，这些新的对象和问题在这一领域的瞬时的出现（就它们在完全特定的征候条件下可能出现而言）**不知不觉地消失**，并且在真正意义上成为不可觉察的空缺，因为领域的全部职能恰恰就在于不看到这些对象和问题，阻止看到它们。在这里，看不见的东西和看得见的东西一样也不再是**主体的看**的职能。

看不见的东西就是理论问题体系不看自己的非对象,看不见的东西就是黑暗,就是理论问题体系自身反思的失明,因为理论问题体系对自己的非对象,对自己的非问题视而不见,**不屑一顾**。

因为,借用米歇尔·福柯《疯癫与文明》[6]序言中某些著名段落的话来说,由此产生了看得见的东西和看不见的东西的可能条件,产生了决定着看得见的东西的那个理论领域的内在方面和外在方面的条件,所以我们也许能够深入一步并指出,在这样确定的看得见的东西和看不见的东西之间可能存在着**某种必然的关系**。看得见的领域中的看不见的东西在理论的发展中一般来说不是**某种外在的**、与这个领域决定的看得见的东西格格不入的东西。看不见的东西由看得见的东西规定为**它的**看不见的东西,规定为**它的**被看所排斥的东西。因此,用空间比喻的话来说,看不见的东西不是简单地处在看得见的东西之外的东西,不是排斥物的外在的黑暗,而恰恰是看得见的东西本身固有的**排斥物的内在黑暗**,因为排斥物是由看得见的东西的结构决定的。换句话来说,如果我们在严格的空间比喻[7]的意义上把这个领域理解为**另一个空间在它之外**所限定的空间,那么,关于场所、视野这些诱惑人的比喻,从而还有既定总问题所决定的可见领域的界限的比喻很容易使我们对这种领域的性质产生错误的观念。这另一个空间包含在第一个空间中,第一个空间把另一个空间作为自身的否定包含在自身之中。这另一个空间就是第一个空间本身。第一个空间只有通过它在自身界限内排斥的那个东西的否定才能够确定自己。我们也可以说,它只有**内在的**

界限，在自身中承载着它的外在物。因此，如果我们坚持用空间比喻，理论领域的悖论就在于某个空间由限定而成为**没有限定**的空间，也就是没有界限的空间，没有把它同无相隔开的**外在的**界限的空间。这恰恰因为它是在它自身内部被**决定**和被限定的，它在自身中包含着它的规定的界限，这种界限排斥了它所不是的东西，使它变成了它所是的东西。这样，它的**规定**（这是真正的科学过程）使它在它的类中成为**无限的**，与此同时，在它自身内部，在它的一切规定中，通过它的规定本身在它的自身中排斥出来的东西成为有限的。如果在某些重要的特殊情况下，总问题所产生的许多问题的发展（在这里是政治经济学关于"劳动价值"问题的发展）**导致**现有总问题的可见领域内**不可见方面的瞬时的出现**，那么这种瞬时的出现本身也只是**不可见的**，因为领域的光盲目地掠过空间而没有对空间进行反思。在这种情况下，这种看不见的东西作为理论上的失误，不出现，空缺或征候隐匿了。看不见的东西表现为它所是的东西，即理论所看不见的东西。这正是造成斯密"忽视"的原因。

为了看到这种看不见的东西，为了看到这些"忽视"，为了在完整的文章中证明这些空缺，在细心写作的文章中证明这些空白，我们所需要的不是敏锐和注意的目光，而是另一种**有教养**的新的目光，这种目光本身是马克思借以说明总问题转换的"场所变换"对看的行为进行思考的产物。我在这里把这种转换看做是事实，不再详细分析引起这种转换并促使其完成的机制。我们在这里不能研究这样一些问题：这种引起目光改变的**"场所变换"**本身只是在极为特殊、极为复杂而且常常是戏剧性的场合下完成的;这种"场所的变换"绝对不可以归结为关于改变"看的角度"的精神决定这种唯心主义的神话;"场所的变换"开始了一个不是由主体的看引起、而是主体在它所处的场所进行反思的过程;在认识的生产资料的实际变换过程中,无论是"构成主体"还是看的主体都无权对可以看得见的东西的生产提出承认自己的作用的要求;所有这一切都是在理论结构变化的辩证危机中发生的,在这种变化中,主体所起的作用并不是它自认为起到的作用而是过程的机制赋予它的作用。我们在这里只满足于作出这样的论断:主体必须在新的场所占领它的新的位置[8],换句话说,主体必须,部分地说是不知不觉地,置身于新的场所,才能够把使它能够看见看不见的东西的有教养的目光转向以前没有看到的东西上。如果说马克思能够看见斯密所看不见的东西,那么这是因为他已经占领了新的场所。这个场所是旧的总问题在生产出新的回答时同样不知不觉地生产出来的。

8

这就是马克思的第二种阅读方法。我们姑且把它称作**"征候读法"**。所谓征候读法就是在同一运动中,把所读的文章本身中被掩盖的东西揭示出来并且使之与**另一篇文章**发生联系,而这另一篇文章作为必然的不出现存在于前一篇文章中。正如马克思的第一种阅读方法一样,他的第二种阅读方法也是以**两篇文章**存在为前提,而且以第二篇文章作为第一篇文章的尺度。但是在新的阅读方法和旧的阅读方法之间存在着区别,也就是说,在新的阅读方法中,**第二篇文章**从第一篇文章的"失误"中表现出来。此外,至少在理论文章(我在这里只是涉及理论文章阅读方法的分析)的场合,存在着**两种意义上的**同时阅读的必然性和可能性。

在我们即将**读**到的下述并没有离开我们所表述的规律的论述(这些论述至少在目前有理由被看做是具有理论意义的论述)中,我们只是力图把那种"**征候读法**"也运用到马克思的阅读上。这种方法使马克思在斯密著作中读出读不出来的东西,因为马克思用**没有相应问题的回答**这一悖论所包含的看不见的总问题来衡量他开始就看见的总问题。在这些论述中我们还将看到,使斯密和马克思之间保持很大距离,因而也是使我们同马克思的关系和马克思同斯密的关系之间保持很大距离的就是这一根本区别:斯密在他的著作中生产出的回答不仅没有回答我们在前面提到的任何一个问题,而且也没有回答他在他的著作的任何地方提出的其他**任何**一个问题;相反,在马克思的著作中,在马克思要表述**没有相应问题的回答**的地方,只要有很少的耐心和稍许的洞察力就可以在**另一个地方**,二十或一百页之后,或者在另一个对象上,或者在另一种材料的形式上找到相应的**问题本身**,这种情况也偶尔地出现在马克思的机智的、生动的解释者恩格斯的著作中。[9]如果我们大胆推测,在马克思的著作中或许存在着对**一个在任何地方都没有提出的问题**的重要回答(马克思只是在积累了表述这一回答所必要的大量图像时，才能够表述出这一回答，即通过"**表述**"和各种表述形式作出的回答），那么这是因为马克思在他那个时代并没有掌握一个使他能够思考他带来的结果的**概念**，即**结构对它的各个要素的作用的概念**。当然，人们会说这只不过是一个词的问题，只不过是少一个词而已，因为与这个词相应的**对象**是完全存在的。事情固然是这样，但是这个词是一个**概念**，而结构缺乏这个概念会在马克思的某些特定的表述**形式**以及某些与特定表述形式相一致的**叙述**中表现为某些理论结果，而这种理论结果又产生其后果。由此，《资本论》叙述中某些黑格尔的形式和对黑格尔的援引的**现实存在**也许可以得到说明。但是这一次是从**内在方面**得到说明，也就是说，它们不再被看做过去的遗物或残存的东西，不再被看做典雅的"调情"（众所周知的"卖弄"），或者说不再被看做为蠢人设下的陷阱（"相反地，这种方法有一种好处，它可以到处给那些家伙**设下陷阱**，迫使他们过早地暴露出他们的**愚蠢**"①）。**从内在方面**得到说明，就是把它们看做精确的尺度，用以衡量使人们不可避免地陷入窘迫境地的空缺即**一种结构对它的各个要素的作用**这一概念（以及它的所有亚概念）的空缺。而这一概念正是马克思全部著作中既看不见又看得见，既没有出现又现实存在的关键性概念。我们或许可以这样认为，马克思在他的著作的某些段落中，成功地"卖弄"了黑格尔的公式，这不仅是为了装饰和自得其乐，而且在这个词的真正意义上也是演出了一场**真正的戏**

---

① 《马克思恩格斯全集》（第31卷），北京：人民出版社1970年版，第318页。

剧。在这场戏剧中,旧概念顽强地扮演着空缺概念的角色,而这个概念在舞台上却没有自己的名称。这些旧概念由于模糊不清以及人和角色的距离而"生产出"这个空缺概念的出现。

如果证明和确定这种具有**哲学性质**的空缺也会把我们引导到马克思哲学的入口,那么我们由此也可以在历史理论本身中期望获得其他一些好处。一个有空缺的概念未被揭示出来,反而又被奉为非空缺的和宣布为完整的概念,这在某些情况下会阻碍一门科学或者它的若干分支的发展。为了证实这一点,只需指出,一门科学的进步或者说它的**生存**只是由于把注意力完全集中在它的理论的弱点上。由此看来,科学的生命不在于它所知道的东西,而在于它所**不知道**的东西。当然,绝对的条件是要捕捉这种不知道的东西并在问题的严格意义上把它提出来。一门科学不知道的东西并不是经验主义意识形态所认为的东西,即这门科学从自身中排除的"残留物",这门科学不能理解和解决的东西;而是这门科学在充分"论证"的外表下包含在自身中的弱点,是它的表述中的沉默,某些概念的空缺,它的论证的严格性的空白,总之,虽然这门科学表面上很充实,但是,只要我们悉心倾听,就会听到从它那里发出的"空洞的声音"。[10]如果说一门科学的发展和存在就在于能够听出它所发出的"空洞的声音",那么,马克思主义历史理论的生命的某些部分也许就在于马克思用各种方法说明在他的表述中没有出现的、却是他自己的思想的基本概念的存在。

9

我们在对《资本论》进行哲学的阅读时所犯的错误是，我们用马克思阅读古典政治经济学时给予我们深刻印象的那种方法来阅读马克思的著作。我们要承认的错误就是，固执地囿于这些方法，在这些方法中停滞不前，死死地抓住它们并希望有朝一日完全依靠这些方法来认识马克思著作的狭小的空间中所包含的无限领域即马克思的**哲学**领域。

我们都在追求这种哲学。《德意志意识形态》这一哲学断裂的记录并没有给我们提供这种哲学本身。在此之前的《关于费尔巴哈的提纲》也没有给我们提供这种哲学本身，虽然《关于费尔巴哈的提纲》像耀眼的闪电划破了哲学人类学的夜空，在一瞬间使人们通过第一个世界反射在视网膜上的图像感知到了另一个世界。《反杜林论》的批判（至少在它的直接形式上，虽然它的临床诊断是天才的），也没有给我们提供这种哲学。在这一批判中，恩格斯必须跟着杜林先生进入一个广阔的领域，在这个领域中，他谈到了所有各种东西，而且还谈到一些更广泛的东西。这一领域就是以"**体系**"形式出现的哲学意识形态领域或世界观的领域。如果认为整个马克思的哲学包含在《关于费尔巴哈的提纲》中的几个短短的命题中，或者包含在《德意志意识形态》的否定的论述中，也就是包含在断裂[11]的著作中，那么就严重误解了一个全新的理论思想生长所必不可少的条件，而这种思想的成熟、界定和发展是需要一定时间的。正如恩格斯所说的那样："**我们这一世界观，首先在马克思的《哲学的贫困》和《共产党宣言》中问世，经过了二十余年的潜伏时间，到《资本论》出版以后……**"① 如果认为马克思的整个哲学包含在一部著作的论战性叙述中，而这部著作就像我们在《反杜林论》以及后来的《唯物主义和经验批判主义》中经常看到的那样，是在论战对方的领域，即在哲学**意识形态**领域进行战斗，那么就是误解了意识形态斗争的规律，误解了作为这场不可避免的斗争的舞台的**意识形态**的性质，也就是误解了哲学意识形态与马克思主义哲学的必然的区别。在哲学意识形态领域进行的是意识形态的战斗，而马克思主义哲学理论在同一场所出现是为了战斗。仅仅坚持断裂的著作或者仅仅坚持后来的意识形态斗争的论据，这实际上就是陷入了"**忽视**"。这种忽视就在于看不到我们可以**读到**马克思真正哲学的地方是他的主要著作《资本论》。当然，我们早就知道了这一点。自从恩格斯在《资本论》第二卷杰出的序言（人们迟早有一天会把它作为教科书来学习）中明确指出这一点以后，自从列宁反复指出，马克思哲学完全包含在马克思当时"**没有时间**"写出的《〈资本论〉的逻辑》中以后，我们就知道了这一点。

人们可能会反驳我们说，我们是生活在另一个世纪，时间就像桥下的流水一样流逝了，我们面临着完全不同的问题。但是我们要说，我们这里所谈的是还没有流逝的活

---

① 《马克思恩格斯全集》（第 20 卷），北京：人民出版社 1971 年版，第 11 页。

水。我们已经知道了许多历史上的例子。拿斯宾诺莎的例子来说，人们拼命地把他们用以解渴的水源永远堵死，深深地埋起来，因为他们对水感到无法忍受的恐惧。一个多世纪以来，大学哲学用埋葬尸体的沉默的沙土掩埋了马克思。与此同时，马克思的战友和后继者经历了最富有戏剧性和最激烈的冲突，马克思的哲学完全进入了他们历史的事业，进入了他们的经济的、政治的和意识形态的实践，进入了指导这种实践所必不可少的著作。在这个长时期的斗争中，**马克思的哲学观念**以及对这一观念的特殊的存在和职能的**意识**（它们对于作为一切行动的基础的认识的纯洁性和严格性是必不可少的）得到了捍卫，没有受到任何诱惑和攻击。可以证明这一点的是作为科学意识的呐喊的《唯物主义和经验批判主义》以及列宁的全部著作。他的全部著作都是**认识**、科学理论以及**"哲学的党性"**的永存的革命宣言。这种高于一切的哲学党性原则就是对旗帜鲜明和毫不妥协的科学性的最高的意识。在我们面前并决定我们任务的是这样一些**著作**，这些著作中，有些（首先是《资本论》）产生于一门科学的理论实践，有些产生于经济和政治实践（工人运动历史在世界引起的一切变革）或者对这些实践的思考（最伟大的马克思主义者的经济、政治、意识形态著作）。在这些著作中，我们不仅可以看到包含在资本主义生产方式理论以及革命行动的一切成果中的马克思主义历史理论，而且也可以看到马克思的**哲学**理论。马克思的哲学理论深深地影响了这些著作，有时是不知不觉地影响到这些著作，以至于它们不可避免地、近似地成为马克思主义哲学理论的**实践**的表述。

不久前[12]我曾经提出，应该赋予马克思主义哲学的**实践**的存在以一种对这种实践的存在和对我们来说都是**不可缺少的理论的存在形式**，因为马克思主义哲学实践的存在本身只是以实践的状态存在于分析资本主义生产方式的科学实践即《资本论》中，存在于工人运动史上的经济实践和政治实践中。我的要求无非就是进行一项批判性的研究工作。这项工作就是依照这种存在的各个**阶段**所固有的形态的性质来逐一地分析这些不同阶段即不同的**著作**，而这些著作正是我们思考的材料。我的要求无非就是对马克思以及马克思主义的著作逐一地进行"**征候**"阅读，即系统地不断地生产出总问题对它的对象的反思，这些对象只有通过这种反思才能够被**看得见**。对最深刻的总问题的揭示和生产使我们能够**看到**在其他情况下只是以暗示的形式和实践的形式存在的东西。正是根据这种要求，我提出要在马克思主义辩证法的直接的政治存在（和在它的积极的政治存在，即全身心投入革命的革命领袖列宁的政治存在）中来**阅读**马克思主义辩证法的特殊的理论形式。正是根据这一原则，我提出要把毛泽东于1937年写的《矛盾论》看做政治实践中的马克思主义辩证法结构的反思描述。但是这种**阅读**不是，也不可能是直接的阅读，或是单纯的"**概念化**"（马克思主义哲学往往被说成是这种概念化）的阅读，这种概念化的阅读不过是在**抽象**一词的外衣下确认了关于阅读的宗教的和经验主义的神话，因为这种阅读所概括的具体阅读的总和一刻也没有使我们摆脱这种神话。这种阅读原则上是一种产生于另外一种"征候阅读"的**双重**

的阅读，这种阅读把一个没有相应问题的回答在**问题**中表现出来了。

明确地说，只有从一个同**问题**没有直接联系的**回答**出发，也就是从我们所掌握的马克思主义著作的**另一个地方**可以找到的回答出发，才能对列宁关于1917年革命爆发条件的实践政治分析提出马克思主义辩证法**特点**问题。更确切地说，上面所说的**回答**是这样一个回答，马克思在这个回答中断言，他"**颠倒了**"黑格尔的辩证法。颠倒黑格尔辩证法的回答是对马克思的辩证法和黑格尔的辩证法之间的特殊区别问题（未出现的问题）的回答。颠倒黑格尔辩证法的回答和古典政治经济学的"劳动价值"的回答一样是值得注意的，因为这两种回答都包含了内在的缺陷：人们只要对颠倒这一比喻提出问题就可以认识到，这种比喻不能思考自身，它指出了它自身之外的一个现实问题，一个现实的但又是未出现的问题，同时指出了自身中的与这种不出现相应的概念的空虚或模糊，也就是指出了**在词后面的概念的空缺**。正是因为我把这个词的存在后面的概念的空缺当做一个征候，我才能够表述出这个概念的空缺所包含和规定的问题。我对列宁著作的"阅读"尽管不完整、不系统，但是这种阅读也只有在对这些著作提出理论问题的前提下才有可能，因为这些著作是对理论问题的实践的回答，虽然它们的存在层次与纯理论著作完全不同（因为这些著作出于实践的目标描述了苏维埃革命爆发的条件的结构）。这种"阅读"可以使问题更明确化，可以使问题以改变了的形式适用于其他存在于不同层次的类似的征候性著作：例如适用于毛泽东的著作或者适用于马克思的1857年《〈政治经济学批判〉导言》这一方法论著作。从第一个回答出发提出的问题在问题形成过程结束时以改变了的形式出现，从而使得有可能阅读另一些著作。我们在这里指《资本论》的阅读。而我们在阅读《资本论》的时候也使用了一系列的双重阅读即"征候阅读"：我们阅读《资本论》，看到了《资本论》中可能仍然以看不到的东西的形式存在的东西；而这种"阅读"的后退通过同时完成的第二种阅读占领了我们所能赋予它的全部领域。这里所说的第二种阅读是对马克思青年时代的著作，特别是对1844年手稿从而对作为马克思著作底蕴的总问题即费尔巴哈的人本主义总问题和黑格尔的绝对唯心主义总问题的阅读。

如果说马克思的哲学问题，也就是马克思哲学的不同的特殊性在对《资本论》的第一种阅读之后（哪怕是或多或少以改变了的和明确化的形式）出现，那么这种阅读也会使我们能够进行其他"阅读"，首先是对《资本论》本身的其他阅读。从这些其他的阅读中产生出新的不同的说明以及对马克思主义其他著作的阅读：例如对马克思主义哲学著作的有教益的阅读（但是这些阅读是以不可避免的意识形态斗争形式出现的），例如对恩格斯的《反杜林论》和《自然辩证法》或列宁的《唯物主义和经验批判主义》（以及《哲学笔记》）的阅读，此外还有其他的马克思主义实践著作的"阅读"。在当今世界上，马克思主义实践著作是非常丰富的，它们存在于社会主义的历史现实中以及那些迈向社会主义的刚刚获得解放的国家中。我有意识地稍后谈到这些古典著作，仅仅是因为在最终说明马克思主义哲学的基本原则之前，也就是说，在人们能够建立对马克思主义哲学的整体存在来说是必不可少的、使之与任何哲学意识形态相区别的最低标准之前，我们不能**阅读**这些古典著作，因为这些古典著作不是研究著作而是论战性著作，否则就只能在这些古典著作的哑谜般的**意识形态**表述形式上来阅读它们，而不能指出为什么这种表述必然具有意识形态的**形式**，从而不能把这种表现形式与其固有的本质分开。这种情况也同样适用于对工人运动史上那些在理论上还混沌不清的著作的"阅读"，例如对"个人崇拜"的阅读或者对当前正在发生的极其严重的冲突的阅读。对这些冲突的"阅读"或许总有一天是可能的，但是前提是，我们必须首先很好地鉴别马克思主义理性著作中那样一些论述，这些论述使我们能够生产出理解这种非理性中的理性所不可缺少的概念。[13]

请允许我用一句话来概括上面所说的内容。这句话标志着一个循环：只有应用马克思的哲学才能对《资本论》进行哲学的阅读，而马克思的哲学又是我们的研究对象本身。这个循环之所以可能，只是因为马克思的哲学存在于马克思主义的著作之中。因此，这里涉及的是本来意义上的生产。生产这个词表面上意味着把隐藏的东西表现出来，而实际上意味着改变以便赋予已经存在的基本材料以某种符合目的的对象形式，在某种意义上说**已经存在**的东西，这种生产在其双重意义上说使生产过程具有循环的必然形式。它是一种**认识的生产**。因此，在其特殊性上来理解马克思的哲学就是理解生产出对马克思哲学的认识借以完成的运动本身的本质，也就是说把认识理解为**生产**。

10

　　这里涉及的要求仅仅是**确定**我们阅读《资本论》所获得的东西的理论意义。我们在这里发表的这些文章仅仅是**第一种阅读**的产物，因此人们可以理解为什么我们在这里发表的这些论述具有含混不清的形式，同样，我们在这里所作的说明也不过是一幅草图的轮廓。

　　我认为我们达到了一个基本点。如果说不存在无罪的阅读，那么这是因为每一种阅读就其教益和规则而言只是反映了真正负有罪责的阅读：认识的概念使阅读成为它们是的东西，因为认识的概念是阅读对象的基础。我们从"表现的"阅读即在存在中一目了然地读出本质的阅读就已经发现了这一点：在一切模糊性都化为乌有的这种全部出现的东西背后，我们已经隐约感觉到了关于耶稣显灵的宗教幻想的黑暗以及这种黑暗的享有特权的固定模式：逻各斯及其经典著作。由于我们摒弃了这种神话的令人得到安慰的诱惑，我们认识了另一种联系，从这种联系中必然产生出马克思提出的建立在**新的认识概念**基础上的新的阅读。

　　为了更清楚地看到这种阅读，让我们采用迂回的方式来阐述。我们不愿意在同一个概念下来思考其历史关系尚未得到研究、更不用说得到阐明的各种认识概念，但是我们仍然应该把作为我们所摒弃的宗教阅读基础的那个概念与一个同样生动的、就其全部外观来说无非是上述概念的世俗变体即**经验主义的认识概念**作比较。我们在最广泛的意义上使用这个术语，因为它既包含着理性的经验主义，也包含着感性的经验主义，因为我们可以在黑格尔的思想中找到这个现成的术语，而我们从这一角度就完全有理由（甚至这也是黑格尔的本意）把黑格尔的思想看做宗教同它的世俗真理的调和[14]。

经验认识论在特殊的形式上是我们所遇到的神话的复活。为了正确地理解这一点，我们必须确定作为这一认识论基础的理论总问题的基本原则。经验认识论显示了一个在某一对象和某一主体之间进行的过程。在这一过程中，无论是主体（可以是心理学的、历史的或其他某种主体）还是客体（可以是连续的或非连续的，活动的或固定的）的状况都是次要的。主体和客体的这种状况只涉及作为基础的总问题的各种**变形**的确切规定，而我们在这里感兴趣的只是总问题本身。主体和客体是既定的，因而在认识过程以前就已存在，它们已经确定了某种基本的理论领域，但是这一领域在这一阶段还不能被断定为**经验**领域。把这一领域确定为经验领域的正是认识过程的性质，或者说正是某种关系，即根据认识所应该认识的**现实对象**来规定认识本身的某种关系。

整个经验认识过程实际上就是所谓的主体的**抽象**活动。认识就是把现实对象的本质抽象出来。因此，主体对本质的占有就是认识。这种抽象概念尽管可以有各种特殊的形式，但是它始终表示着一个不变的结构，这个结构就是经验主义的特殊标志。从一定**现实**对象抽象出本质的经验抽象是**现实的抽象**，这种抽象使主体占有**现实**本质。我们马上可以看到，**现实**范畴在过程的每一个环节的重复出现是经验论的特点。那么，**现实抽象**是什么意思呢？它说明了一个被称为现实的事实的东西：从现实对象中抽出本质就是真正意义的**开采**，就像人们所说的，从含金的矿脉或沙里开采（提取或分离）出金。正像金在开采之前作为尚未同它的外壳分离的金存在于外壳本身中一样，现实的本质作为现实本质存在于包含这一本质的现实之中。认识在本来意义上是抽象，也就是说，把现实的本质从包含它的现实中开采出来，从包含它、掩盖它、隐藏它的现实中分离出来。使这种开采成为可能的过程是次要的（无论是对象的比较还是对象的互相撞击以便剥离矿石等都是次要的）；现实的原型也是次要的（无论是由具有多样性而又包含同一本质的各个离散的个体组成，还是由单一的个体组成都是次要的）。但是无论如何，现实的本质在现实本身中同包含这一本质的地壳的**分离**，把现实和对现实的认识的这种极其特殊的表述作为认识活动的前提条件强加给我们了。

现实：现实的结构像内部包含着纯金颗粒的地壳一样；也就是说现实由两个现实本质构成：纯粹的本质和非纯粹的本质，金和外壳，或者我们不如用黑格尔的术语来说，本质的东西和非本质的东西。非本质的东西可以是个体的形式（这个果实，这些特殊的果实），质料（即既不是"形式"也不是本质的一切东西），或是"虚无"或是任何某种别的东西，这都不重要。事实是现实对象实际上在自身中包含着两个不同的现实组成部分：本质的东西和非本质的东西。这样，我们得到的第一个结果是：认识（认识无非是本质的本质）实际上包含在作为现实的一个组成部分的现实中，**也包含在**

现实的另一个部分即非本质的部分中。**认识**：它的唯一职能是用特殊的手段在对象中把对象所包含的两个部分即本质的东西和非本质的东西区分开来。使用这些特殊手段的目的是**消除非本质的现实**（通过整个连续的挑选、筛选、剥离、摩擦过程），以便使认识的主体只是面对现实的第二个部分即本身是现实的现实本质。我们得到的第二个结果是：抽象的活动。它的全部清理过程不过是净化过程，剔除**现实的一部分**，**提炼另一部分**的过程。因此，这些过程在提炼出来的部分中没有留下任何痕迹，它们的活动的每一个痕迹随着这些过程要消除的现实部分的消失而消失了。

但是这种剔除过程的现实仍有某些东西会重新出现，当然不是像人们认为的那样，出现在这种活动的**结果**中，因为这种结果只是纯粹的、完美的现实本质，而是出现在这一活动的条件中，确切地说，出现在**现实对象的结构**中，而认识活动的任务就是要从这种现实的对象中提炼出现实的本质。现实对象为此要具备非常特殊的结构。我们在分析中已经遇到了这种结构，但是现在必须作进一步说明。确切地说，这个结构所涉及的是现实的两个组成部分即非本质的部分和本质的部分在现实中的**互相设定**。非本质的部分包括对象的全部**外在面**即它的可以看得见的**表面**；而本质的部分包括现实对象的**内在面**即它的**看不见的**内核。因此，看得见的东西和看不见的东西之间的关系就是外在面同内在面之间的关系，就是外壳同内核之间的关系。如果说本质不是可以直接**看到的**，那是因为它被掩盖起来，更具体地说，**被非本质的外壳**完全掩盖和包裹起来。这就是认识活动的全部痕迹，不过是通过非本质的东西和本质的东西在现实对象本身中互相设定**体现出来**的。这样，我们也就同时证明了现实的提炼活动以及为揭示本质所必不可少的暴露过程的必要。"揭示"在这里要从本来的意义上来理解：去掉包裹某物的东西，就像剥开包裹杏仁的外壳，削掉水果的外皮和揭开遮盖少女、真理、上帝、塑像[15]等等的面纱一样。我并不想通过这些具体的例子来寻求这个结构的根源，而是把它们作为镜子反映出一切看的哲学的自我满足。难道我们还需要证明经验认识论总问题和在透明的存在中看到本质的宗教幻影的总问题是孪生兄弟吗？经验论可以被认为是幻影论的另一种形式，区别仅仅在于**透明性**在其中不是直接存在，而恰恰是被一层面纱掩盖着，被那个掩盖本质、但要被抽象用其分离和剥离技术所**剔除**的不纯的和非本质的外壳掩盖着。经过这种剔除，我们就可以获得单纯的、赤裸裸的本质的现实存在，于是对这种本质的认识不过是简单的看。

现在我们来批判地考察这种经验认识**结构**的起源。我们可以把这种结构表述为一个概念，这个概念把对这个现实对象的认识本身思考为需要认识的现实对象的**现实部分**。这个部分尽管被称为本质的、内在的、隐蔽的因而乍一看是看不见的部分，但是它却恰恰因为具有这些特性而被看做现实部分，而这个现实部分和非本质部分一起构成现实对象的现实。**认识**的体现是针对需要认识的现实对象所进行的极为特殊的活动。这种活动并非是虚无，恰恰相反，它给现存的现实对象增加了**一个新的存在**，即对它的认识的存在（例如至少是以信息形式宣布的这种认识的口头的或书面的概念表述，因此，这种认识的体现是在客体之外完成的，因为它是行动主体的结果）。认识的体现以本质和非本质，表层和深层，内在和外在的差别形式完全**表现在现实对象的结构中**！因此，认识**实际**上已经存在于它要认识的现实对象中，已经存在于这一现实对象的两个现实部分的互相支配的形式之中！实际上，整个认识都存在于现实对象中：不仅是认识的对象，也就是被称作本质的现实部分，而且还有认识的活动，也就是现实对象的两个部分之间实际存在的区别和互相设定，其中一个组成部分（非本质部分）是隐藏和包裹着另一个部分（本质或内在部分）的外在部分。

把被理解为现实对象的现实组成部分的认识纳入这一现实对象的现实结构，这就构成了经验认识论的特殊的总问题。只要从概念上牢牢把握这个总问题，就可以得出重要的结论。这些结论当然超出了这个概念所**表达**的东西，因为我们从这个概念得到了它只是在否定自己所**做**的事情的时候才真正承认的它所**做**的事情。我在这里不去探讨这些结论。这些结论，特别是涉及看得见的东西和看不见的东西的结构时，是很容易阐明的。关于这种结构，我们已经预感到了它的某些重要性。我只想顺便指出，经验主义的范畴是古典哲学总问题的中心。在总问题的各种变化形式上，包括在它的无声的和否定的变化形式上对总问题的再认识，会给哲学史的草图提供一个基本原则，这个原则对于这一时期概念的建立是重要的。这个被18世纪洛克和孔狄亚克所**承认**的总问题，尽管极其矛盾，却深深植根于黑格尔的哲学之中。基于我们在这里所分析的理由，马克思**不得不使用这个总问题**来思考他已经生产出其结果的那个概念的空缺，以便提出问题即这个概念，而马克思在《资本论》的分析中已经对这个概念作出了回答。马克思在利用这个总问题的术语（现象和本质，内在和外在，事物的**内在**本质，表面的运动和现实的运动等等）的同时颠倒、改变并**在事实上**改造了这一总问题，不过这一总问题在马克思之后仍然存在着。我们在恩格斯、列宁著作的若干地方看到了这个总问题。他们有充分的理由在意识形态争论中使用这个总问题。在这些争论中，关键问题是：处于论敌的猛烈攻击下，而且是在他们所选择的"场所"内，必须首先要应付一切紧急的情况，然后再用论敌自己的武器，也就是说，用论敌的**意识形态**论据和概念给予还击。

现在我只想强调下述一点：这是作为这个概念基础的、**同现实**概念有关的**文字游戏**。事实上，人们通过这种"现实"概念的**文字游戏**，一下子就可以看清楚经验主义认识论的特点。我们刚才看到，全部认识，也就是它自身的对象（现实对象的本质）以及认识活动所针对的现实对象和这个认识活动之间的区别（这个区别是认识活动完成的**场所**），我们刚才还看到，对象和认识活动（认识活动的目的是要生产出对现实对象的认识，因而与现实对象不同）理所当然地被设定和思考为属于现实对象的现实结构。因此，对于经验主义认识论来说，全部认识同**现实**结合在一起，认识始终表现为认识的**现实对象的内在的关系，这一现实对象的各个实际上不同的组成部分之间的关系**。如果我们完全清楚地理解了这一基本结构，那么这一结构在许多场合就可以当做钥匙，使我们对以无辜的**模式理论**[16]出现的现代经验主义的理论作出评价。我希望我已经讲清楚，这些理论同马克思是格格不入的。这个结构虽然离我们较远，但是离马克思却较近，它出现在费尔巴哈的著作和马克思的断裂著作（《关于费尔巴哈的提纲》和《德意志意识形态》）中，因此它有助于我们理解经常出现的关于"现实"和"具体"概念的**文字游戏**。这种文字游戏引起了一系列歧义，我们今天已经尝到了它们带来的后果[17]。这里我不想走这条富有成果的批判道路。我不去谈这个文字游戏的后果，也不去批判它，这些事留给我们时代日益警惕起来的人们去做。这里我只谈**文字游戏**本身。

这个游戏玩弄差别，杀死差别并肢解其尸体。现在我们来看一看这种巧妙谋杀的牺牲者的名字。当经验主义把本质看做认识对象时，它就是肯定了某种在同一时刻又加以否定的重要东西：它肯定认识对象和现实对象不是同一的东西，因为它把认识对象只看做现实对象的组成部分。他同时又否定了这种肯定，因为它把认识对象和现实对象这两个对象之间的差别归结为唯一对象即现实对象的不同组成部分之间的简单差别。在肯定的分析中，有两个不同的对象："在主体之外，独立于认识过程"（马克思语）的现实对象；完全不同于现实对象的认识对象（现实对象的本质）。在否定的分析中，只有一个**唯一的对象**即现实对象。因此，我们完全有理由得出这样的结论：这种真正的文字游戏使我们对它的场所、它的承担者、包含着模棱两可的文字游戏的用词感到迷惑不解。真正的文字游戏不在于**现实**一词，现实一词只是这种文字游戏的假面具，而在于**对象**一词。上述谋杀不能归罪于**现实**一词，而应归罪于**对象**一词。我们必须在对象概念中生产出**差别**，以便使这种差别摆脱它同**对象**一词的容易引起误解的联系。

11

现在我们走上了历史上的两位哲学家即斯宾诺莎和马克思为我们开辟的道路。我要说，我们**几乎是**不自觉地走上这条道路的，因为我们没有真正思考过这条道路。斯宾诺莎反对应该称之为笛卡儿唯心主义的潜在教条经验主义的东西，他提醒我们说，认识**对象**或本质，就其本身来说，是与现实对象绝对不同的。用他的著名的话来说，就是不能混淆以下两种对象：作为认识**对象**的整体的**理念**和作为**现实对象**的整体。马克思在1857年《〈政治经济学批判〉导言》第三节中也明确地谈到了这种区别。

马克思摒弃了黑格尔把现实对象同认识对象、现实过程同认识过程混为一谈的做法。他指出："黑格尔陷入幻觉，把实在理解为自我综合、自我深化和自我运动的思维的结果，其实，从抽象上升到具体的方法，只是思维用来掌握具体并把它当做一个精神上的具体再现出来的方式。"① 黑格尔赋予绝对的历史唯心主义形式的这种混同，本质上不过是经验主义总问题所固有的混同的另一种形式。马克思反对这种混同，**坚持把现实对象**（现实具体，即**在现实具体的认识的生产前**

---

① 《马克思恩格斯全集》（第12卷），北京：人民出版社1962年版，第751页。

后"**始终独立地存在于头脑之外的**"现实整体)同**认识对象**区别开来。而认识对象则是思维的产物,思维在自身中把它作为思维具体、思维整体生产出来,也就是说,把它作为与现实对象、现实具体、现实整体绝对不同的**思维对象**生产出来。思维具体、思维整体恰恰生产了对现实对象、现实具体、现实整体的认识。马克思进一步指出,这种区别不仅涉及这两种对象,而且还涉及它们本身的生产过程。这种现实对象,这种现实的具体整体(例如历史上一定的民族)的生产过程完全是在现实中进行的,是按照**现实**发生过程的现实顺序(**历史**发生过程各环节的顺序)完成的。相反,认识对象的生产过程却完全是在认识中进行的,是按照**另一种顺序**完成的。"再现""现实"范畴的思维范畴在这种顺序中的位置**不是**现实历史发生过程顺序中的位置,它们在认识对象的生产过程中的作用使它们获得了完全不同的位置。

现在我们来研究所有这些论点。

马克思告诉我们,认识的生产过程从而认识的对象不同于认识恰恰按照认识"方法"要把握的现实对象,——这一生产过程完全是在认识中,在"头脑"中或者说在思维中进行的。马克思这样说,丝毫也没有陷入意识唯心主义、精神唯心主义或思维唯心主义,因为这里谈到的"**思维**"并不是同作为**物质**的现实世界相对立的超验的主体或绝对意识的能力,这种思维也不是心理主体的能力,虽然人的个体是这种能力的承担者。这种思维是历史地在自然现实和社会现实中产生和形成的**思维器官**所构成的体系。思维由现实条件的体系来规定,正是这些现实条件使思维,恕我冒昧地这样说，成为认识的特定的**生产方式**。思维本身是由一种结构建立起来的。这种结构把思维所要加工的对象（原料）、思维所掌握的理论**生产资料**（思维的理论、方法、经验的或其他的技术）同思维借以生产的历史关系（以及理论关系、意识形态关系、社会关系）结合起来。正是理论实践条件的这一体系赋予思维着的主体（个体）在认识生产中的地位和作用。这种理论生产体系既是物质的也是"精神"的体系，它的实践是在现有的经济的、政治的和意识形态的实践基础上产生和形成的。正是这些实践直接或间接地为它提供了"原料"。这种一定的现实性决定着单个个体的"思维"的地位和作用。单个个体只能"思考"已经提出或者可能提出的"问题"。因此，这种一定的现实性就像经济生产方式结构推动直接生产者的劳动力一样**推动**直接生产者的"思维力"，不过它是按照自己特有的方式推动的。思维远不是与物质世界相对立的本质，远非是"纯"超验主体的能力或"绝对意识"的能力，或者说，这是唯心主义为了确认和确立自身而生产出来的神话，"思维"是特有的现实体系，它是在同自然保持着一定关系的一定历史社会的现实世界中产生和形成的，它是一种**特殊的体系**，它是由它的存在条件和它的实践条件所规定的，也就是说是由**特有的结构**规定的。它是它的特有的原料（理论实践对象）、它特有的生产资料和它同其他社会结构的关系之间的特定的"结合"。

如果我们认为人们必须这样规定"思维"这个马克思在我们分析过的那段话中所使用的非常普遍的术语，那么就完全有理由说，理论实践所固有的认识的生产是**完全在思维中进行的过程**，同样我们也可以说，经济生产过程完全是在经济中进行的，虽然它恰恰包含在它的结构的特殊规定中，即包含在同自然和其他结构（法的、政治的和意识形态的结构）的必然的关系中，这些关系在总体上构成了属于一定生产方式的社会形态的总结构。于是我们完全有理由（正确地）像马克思那样说：**"具体总体作为思维总体、作为思维具体，事实上是思维的、理解的产物"**。① 我们完全有理由把理论实践，也就是思维对它的原料（思维加工的对象）的加工看做是"**把直观和表象加工成概念这一过程**"。②

我在另一个地方[18]试图证明，认识的生产方式所加工的这种**原料**，也就是马克思在这里所说的直观和表象的材料，按照认识在其历史上发展的程度采取极其不同的形式。例如亚里士多德所加工的原料和伽利略、牛顿或爱因斯坦所加工的原料是极不相同的，但是，**从形式上看，这种原料是整个认识生产的条件的组成部分**。我也试图证明，如果说这种原料随着一个认识领域的发展受到的**加工越来越多**，如果说一门发展了的科学的原料显然与"纯粹的"可感知的直观或单纯的"表象"无关（反过来，如果回溯认识领域的过去，也是如此），那么，这里涉及的从来就不是"纯粹的"可感知的直观或表象，而是**早已综合了的原料**，是"直观"或"表

---

① 《马克思恩格斯全集》（第12卷），北京：人民出版社1962年版，第751页。

② 《马克思恩格斯全集》（第12卷），北京：人民出版社1962年版，第751、752页。

象"的结构,这个结构在特有的"联系"中,同时把可感知的要素、技术要素和意识形态结合在一起。因此我要证明,认识从来就不像经验主义所渴望的那样,面临着与**现实对象**(对现实对象的认识恰恰要由认识来生产)同一的**纯粹对象**。认识加工它的"对象",但不是加工**现实**对象,而是加工它自己的原料。这个原料从严格意义上说就是**它的**"**对象**"(**认识的对象**),是从认识的最初级的形式来看就已经是不同于**现实对象**的对象,因为这种原料就是马克思在《资本论》中所说的**原料**,即综合的结构(感觉的、技术的、意识形态的结构)强力加工和改变形态的原料。这种结构把原料变成了**认识的对象**,即使是最粗糙的认识的对象,变成它将要在自己的发展过程中改变其**形式**的对象,以便生产出不断**变化**的认识,而这种认识也从来没有停止过对结构的**对象**即认识意义上的对象发生影响。

12

如果我们现在深入下去,那就有些冒进了。仅仅有理论实践生产条件的形式概念,我们还不能得到使我们能够建立理论实践**历史**的特殊概念,更不必说那些使我们能够建立其他领域(数学、物理、化学、生物、历史以及其他"人文科学")的理论实践历史的特殊概念了。为了超越简单的**理论实践结构即认识的生产的结构**这一形式概念,必须制定认识史的**概念**,建立各种理论生产**方式**的概念(主要是意识形态的和科学的理论生产方式的概念),还必须制定各个理论生产**部门**及其相互关系（各门学科和它们互相依附、互相独立、互相联系的特殊类型）的特殊概念。这个理论制定工作要以长期的研究为前提，而这种研究必须以古典科学史和认识史领域中已经存在的有价值的著作为基础，因而这一研究必须占有全部已经搜集到的或有待搜集的全部"事实"材料，必须占有这些领域已经获得的初步理论结果。但是仅仅搜集这些"事实"，搜集这些"经验"材料并不足以使我们建立认识的历史，因为这些"事实"和"经验"材料（某些非常杰出的著作[19]例外）一般来说，即使不是以先验的历史哲学的形式，也是以简单的顺序或编年史的形式向我们提供的，也就是说，是以意识形态的历史概念形式向我们提供的。仅仅收集材料是不能建立起认识史的，首先要**建立**认识史**概念**，至少是暂时的概念，然后才能做这一工作。我们在下面的叙述中，注意到了马克思思考**经济生产**一般条件的那些概念，注意到了马克思主义思想借以思考它的**历史**理论的那些概念，这不仅是为了彻底弄清楚马克思主义关于资本主义生产方式的**经济**领域的理论，而且也是为了尽可能弄清楚一些基本概念（**生产**概念、生产方式**结构**的概念、**历史**概念等）。从形式上制定出这些概念，对于马克思主义的认识生产理论及其历史是必不可少的。

现在我们来看一看我们进行或即将进行这种研究的道路。这条道路把我们引向科学史传统概念的革命，这种传统概念至今仍然深深地打着启蒙时期哲学意识形态的烙印，也就是神学唯理主义从而唯心主义的唯理主义的烙印。我们已经隐约地感觉到甚至可以根据已经研究过的一定数量的例子证明，理性的历史既不是连续发展的直线性的历史，也不是理性在其连续性中不断表现或是被意识到的历史；这种理性在历史的最初的萌芽形式中就已经完全存在，而只是由理性的历史把它揭示出来。我们知道，这种类型的历史和理性不过是对一定历史结果的虚幻的回溯所产生的结果，这种虚幻的回溯用"先将来时"来描述这种历史结果的历史，因而把这种历史结果的起源看做是它的终结的提前。黑格尔曾经赋予启蒙时期的哲学理性以概念发展的体系形式，而这种哲学理性无非是意识形态概念，既是理性的意识形态概念，也是它的历史的意识形态概念。认识发展的现实历史今天在我们看来要受到与神学关于理性宗教的胜利的这种愿望完全不同的规律的支配。我们现在开始把这种历史理解为具有彻底的非连续性（例如当一门新的科学在先前的意识形态基础上脱颖而出的时候）和深刻的变化的历史。这些彻底的非连续性和深刻的变化，虽然承认各认识领域的存在的连续性（并非总是如此），但是在这些认识领域断裂的时候却开创出新逻辑的统治，这种新逻辑远不是旧逻辑的简单发展、"真理"或颠倒，而是**真正取代了旧逻辑的位置**。

因此我们必须摒弃全部理性神学，把结果同它的条件的历史关系理解为生产关系而不是术语关系，从而可以把这种关系称之为**它的偶然性的必然性**。这个术语同古典范畴体系完全不相容，它要求**取代**这些范畴本身。为了理解这种必然性，我们必须理解导致这种**生产**的极为特殊和极为矛盾的逻辑，也就是认识的生产条件的逻辑，无论这些条件属于仍然是意识形态的认识部门的历史，还是属于正在形成的科学或者已经形成为科学的认识部门。在这方面，我们会看到许多令人惊异的事情。例如 G.康吉莱姆关于反思概念产生的历史的著作告诉我们，反思概念并不是像一切现象（实际上就是占支配地位的意识形态观点）使我们以为的那样，产生于机械哲学，而是完全产生于生机论哲学[20]。又例如 M.福柯，他研究这样一种复杂的文化形态的令人困惑不解的形成过程。这种文化形态围绕着 17 世纪、18 世纪"精神病"这一超决定术语，把医学、法律、宗教、伦理和政治的全部实践和意识形态组成为一个复合体。在时代的经济、政治、法律和意识形态结构的最普遍的联系中，这个复合体的内在的排列次序和内容随着这些术语的场所和作用的变化而发生变化[21]。我们还以 M.福柯为例，他向我们指出，表面上异质的全部条件通过辛勤的"实在劳动"实际上共同促进了在我们看来是明显的事实的生产：通过临床医学的"看"来观察病人[22]。

正是由于在科学和意识形态之间存在着理论上重要的、实践上具有决定意义的差别，所以才有可能避免直接威胁它的教条主义或科学主义的诱惑，——因为我们必须在这种研究和制定概念的工作中学会不把这种差别当做恢复启蒙时代的哲学意识形态的工具，而相反必须学会把构成例如科学前史的意识形态当做具有自己规律的现实历史，当做这样一种现实的前史，这种前史同其他的技术实践以及意识形态或科学的其他成就的现实汇合，会在特殊的理论环境中导致并非作为现实历史的终结而是作为它的新的开端的科学的产生。

我们不得不因此而提出开创一切科学的"认识论断裂"的条件问题，用古典术语来说，就是科学发现的条件问题，同时我们**也**不得不提出**涉及马克思**的这方面的问题。这就使我们的任务更加繁重了。在研究这个问题的时候，我们不得不以一种全新的方式思考科学和意识形态的关系，这种科学从意识形态中产生，而意识形态在它的历史上始终以某种程度悄悄地伴随着科学。我们通过这一研究可以看到，一切科学在它同产生它的意识形态的关系中只能被思考为"意识形态的科学"[23]。如果我们没有预先了解认识**对象**的性质，这一切就会使我们困惑不解，因为这种认识对象在科学的形成过程中只能以意识形态的形式存在。这种科学将以它的特殊方式生产出对认识对象的认识。如果说这些例子给我们提供了我们应该创造的关于认识史的新概念的最初思想，那么，它们也给我们提供了我们所面临的历史研究工作和理论制定工作的尺度。

13

现在我来谈谈马克思的第二个具有决定意义的意见。1857年《〈政治经济学批判〉导言》严格地区别了现实对象和认识对象，同时也区别了它们的过程，而最重要的则是说明了这两个过程在发生**顺序**上的差别。马克思在《资本论》中经常用另一种说法来表述，他指出，认识过程中**思维**范畴的顺序与现实历史发生过程中**现实**范畴的顺序是不一致的。这一区分显然涉及关于《资本论》的最有争议的问题之一，也就是在所谓的"**逻辑**"**顺序**（即《资本论》中的范畴"**演绎**"顺序）和**现实**"**历史**"**顺序**之间是否存在着同一性的问题。大多数解释者不能从这个问题中真正地"走出来"，因为他们不同意用这个问题的恰当的术语来**提出**这个问题，也就是不同意在这个问题所要求的**总问题**领域内**提出**这个问题。让我们用已经熟悉的另一种形式来表示同一事物：《资本论》向我们提供了关于"**逻辑**"顺序和"**历史**"顺序的同一性和非同一性的一系列**回答**。这些回答是没有明确问题的回答，因此，这些回答向我们提出了关于它们的问题的问题，也就是说，要求我们提出这些答案所回答的那个没有提出的问题。这个问题显然涉及逻辑顺序和历史顺序的关系，但是我们这样说，只不过是重复这些回答：最终决定问题的提出（因而生产）的，是总问题领域的规定，在这个总问题领域中，这个问题必然会被提出。但是，大部分解释者是在经验总问题领域或者是在它的严格意义上的"颠倒"，即**黑格尔总问题领域**中提出这个问题的。他们在第一种场合下力图证明，"逻辑"顺序在本质上是和现实顺序同一的，逻辑顺序**存在于**现实顺序的现实中，是现实顺序的本质，它只能跟随现实顺序。他们在第二种场合力图证明，现实顺序在本质上是同"逻辑"顺序一致的，因此现实顺序只不过是逻辑顺序的现实存在，它必须跟随逻辑顺序。在这两种场合，解释者都必然会粗暴地歪曲马克思的某些回答，而这些回答显然是同他们的假设相矛盾的。我建议不要在意识形态总问题领域内提出这一问题，而是要在马克思主义的理论总问题内提出这一问题,即区分现实对象和认识对象的问题,同时说明对象的这种区分会导致"范畴"在认识中出现的顺序同"范畴"在历史现实中出现的顺序之间的根本区别。我们只要在这个总问题领域(这两个顺序之间的根本区分),提出现实历史发生顺序和概念在科学表述中的发展顺序之间的**所谓关系**问题,就可以得出结论,我们所涉及的是一个**虚幻**的问题。

这个前提使我们能够接受马克思给我们提供的不同回答,也就是说,使我们能够同时接受"逻辑"顺序和"现实"顺序之间的一致关系和非一致关系,即使在这两种场合不存在这两种不同顺序的不同环节的**对应一致**。当我说现实对象和认识对象之间的区别会消除关于这两种顺序的各个环节之间的对应一致的意识形态(经验的或绝对唯心主义的)神话时,我指的是这两种顺序的各个环节之间的**一切形式**的对应一致,**甚至是相反的形式**,因为相反的一致仍然是在共同顺序(只不过是它的记号改变了)下的对应一致。我之所以谈到上述前提是因为德拉沃尔佩及其学派坚持认为这一前提不仅对于理解《资本论》的理论,而且对于理解马克思主义的"认识论理论"来说是十分重要的。

这种解释是以马克思的若干论述为基础的,其中最清楚的一段话见1857年《〈政治经济学批判〉导言》:

> 因此,把经济范畴按它们在历史上起决定作用的先后次序来安排是不行的,错误的。它们的次序倒是由它们在现代资产阶级社会中的相互关系决定的,这种关系

同看来是它们的合乎自然的次序或者同符合历史发展次序的东西恰好**相反**。①

正是在这种方向"颠倒"的基础上,逻辑顺序可以被看做是同历史顺序完全相反。关于这一点,我请读者注意朗西埃的评论。[24]不过,马克思接下去的论述就已经十分明确了,因为我们知道,关于这两种顺序的正向一致和反向一致的争论与所分析的问题毫不相干:"问题不在于各种经济关系在不同社会形式的相继更替的序列中在历史上占有什么地位……而在于它们在现代资产阶级社会内部的结构"。② 在认识中作为认识对象生产出来的恰恰是这种**结构**,这种被思维的具有各个相互联结部分的总体。只有生产出这种结构,这种思维的整体,我们才能认识构成资产阶级社会的现实结构,现实的具有各个相互联结部分的总体。思维结构的顺序是一种特殊的顺序,是马克思在《资本论》中所作的理论**分析**的顺序本身,是作为《资本论》理论的被思维的整体和被思维的具体的生产必不可少的各个概念联系、"综合"的顺序。

概念在分析中出现的顺序就是马克思科学论证的顺序:这个顺序与某一范畴在历史上出现的顺序之间没有任何直接的、对应的关系。逻辑顺序和历史顺序可能会出现巧合,某些前后联系似乎遵循着同一顺序。但是这种情况远远不能证

---

① 《马克思恩格斯全集》(第12卷),北京:人民出版社1962年版,第758页。

② 《马克思恩格斯全集》(第12卷),北京:人民出版社1962年版,第758页。

明这种一致的存在，远远不是对关于一致问题的回答，它提出的是**另一个问题**。我们必须用区分两种顺序的理论来考察提出这一问题是否合理（这一点完全没有把握，**因为这个问题可能没有任何意义，而且我们完全有理由认为它没有任何意义**）。完全相反，马克思不无机智地花费笔墨来论证现实顺序和逻辑顺序是矛盾的。有时他甚至**说**在两种顺序之间存在着"**相反的**"关系。我们不能机械地把这个用语理解为概念，也就是说理解为一种严格的论证，其意义不在于已经表述出来的文字，而是完全从属于特定的理论领域。相反，朗西埃的论证表明，"相反"这一术语在这一场合同在其他场合一样，在《资本论》中是一种**类比**使用，并没有理论的严格性，也就是说，没有作为马克思全部分析的基础的理论总问题向我们**提出**的严格性，而我们必须预先证明和确定这种严格性才能判断一个**术语**甚至一句话是否合理。我们并不需要花费力气就可以成功地把这一论证运用到所有使人能够作出这两种顺序之间存在着**相反对应一致**关系解释的一切段落。

14

现在我来谈谈马克思的分析性论述即他的**论证**中的概念的顺序所固有的特点。这种概念的顺序（即"逻辑的"顺序）和历史的顺序之间不存在逐项的对应关系，这种顺序是一种**特殊的**顺序，这是问题的一个方面。另一方面，我们还应该说明这种特殊性，也就是说，说明这种作为顺序的顺序的性质。显然，提出这个问题就是提出现有的科学性类型，或者不如说，科学在其自身的实践中确认为**科学的**理论正确性标准，在认识史的一定时刻所要求的**顺序的形式**问题。这是一个具有重要意义的非常复杂的问题。它要求说明一定数量的预备性的理论问题。作为现有的论证类型问题的前提的主要问题是理论实践（它生产认识，无论是"意识形态的"认识，还是"科学的"认识）借以确认它的正确性所必不可少的标准的**各种形式**的产生史问题。我建议把这种历史称为**总理论**本身的历史或者是在认识史的一定时刻，构成理论总问题的东西产生（和演变）的历史，而与这个理论总问题联系在一起的则是现有理论正确性的一切标准，从而理论叙述顺序为了获得论证的效力和意义所必不可少的**形式**。这种总**理论史**即理论性结构和理论必然性形式的历史是需要建立的，而且正如马克思在他的著作一开头所说的那样，在这方面"我们掌握大量文献"。但是我们掌握了往往具有重要意义的材料（特别是被看做是"认识论"史的哲学史）是一回事，而把这些材料用理论形式表现出来是另一回事，因为把这些材料用理论形式表现出来恰恰要以这种理论的形成和产生为前提。

我迂回曲折地谈到这些，只是为了回到马克思那里去，只是为了说明马克思的理论叙述顺序（或者说《资本论》的范畴"逻辑"顺序）的必然性只能在**总理论史**的理论的基础上被思考，因为这种理论表现了《资本论》理论叙述的论证形式与《资本论》同时代的或者同《资本论》相接近的理论论证形式之间的实际关系。从这方面说，把马克思和黑格尔加以比较研究被再次证明是不可缺少的。但是这种比较研究并没有终结我们的论题，因为我们从马克思不断援引不同于哲学叙述形式[25]的其他论证形式中可以看出，马克思也使用**从数学、物理学、化学、天文学**等科学那里借用来的论证形式。因此，我们通过马克思的著作本身可以不断地看到马克思在政治经济学中所开创的论证顺序的复杂性和独特性。

马克思在致拉沙特尔的信中说："**我所使用的分析方法至今还没有人在经济问题上运用过，这就使前几章读起来相当困难。**"① 马克思所说的这种**分析方法**同他在德文第二版跋中提到并且严格地把它同"**研究方法**"加以区分的"**叙述方法**"是一致的。"研究方法"是指马克思在若干年内对现有的资料和确证的事实所进行的具体研究。这一研究所走过的道路消失在它的结果中，消失在对他的对象即资本主义生产方式的认识中。马克思这种"研究"的记录部分包含在他的读书笔记中。但在《资本论》中，我们所涉及的方法完全不同于全部研究所包含的复杂多变的方法即"试错法"。这些复杂多变的方法在发明者的理论实践中表现了他的发现过程自身的逻辑。在《资本论》中，我们所涉及的是系统的叙述，也就是通过马克思称为"**分析**"的论证叙述的形式本身表现出来的概念的必然顺序。既然马克思要求把这种"**分析**"运用于政治经济学，他必然认为这种"分析"是先在的。那么这种分析是怎么来的呢？我们提出的这个问题对于理解马克思是不可缺少的，但是我们还不能够对这个问题作出详细的回答。

---

① 〔德〕马克思：《资本论》（根据作者修订的法文版第一卷翻译），北京：中国社会科学出版社 1983 年版，第 1 页。

我们的论述涉及这种**分析**，涉及这种分析所应用的推理形式和论证形式，而且首先涉及马舍莱在《资本论》开头这几句话中所研究的这些几乎听不见的、表面上没有意义的词句，而我们曾经力图听出这些词句的含义。从字面上看，这些词句在《资本论》的实际叙述中涉及《资本论》的**论证**中的有时是半无声的叙述。如果我们已经在某些微妙的地方，甚至不管马克思的意思如何，恢复无声叙述自身的序列和逻辑；如果我们已经认识和填补这些空白；如果我们用其他比较严格的术语代替了马克思的某些仍然是模糊不清的词句，那么我们就仍然没有前进。如果我们有足够的证据确认，马克思的叙述基本上不同于黑格尔的叙述，马克思的辩证法（德文第二版跋把这种辩证法同我们所说的叙述方法看做是一回事）完全不同于黑格尔的辩证法，那么我们就仍然没有前进。我们以前没有研究马克思在什么地方采用了被他看做是先在的这种**分析方法**，我们没有给自己提出这样一个问题，即马克思怎么会既没有借用也没有自己**创造**他认为只是加以应用的分析方法，他怎么会确实**创造了**辩证法，而他又在轻率的解释者经常提到的若干段著名论述中宣布是从黑格尔那里借用了这种辩证法。**如果这种分析和这种辩证法像我们所认为的那样，只是同一个东西**，那么为了说明它们的来源，仅仅指出它们只是由于同黑格尔断裂才成为可能是不够的，还必须说明这种起源的积极条件，说明在马克思的一生所达到的个人理论环境中表现出来的各种积极的可能模式，因为正是这些可能模式在他的思想中生产出了这种辩证法。不过，这一点我们还做不到。当然，我们已经说明的这些区别会成为我们从事这一新的研究的路标和理论指导,但是这些区别不能取代这一新的研究。

我们可以比较有把握地说,如果马克思像我们在初步的哲学阅读之后可以认为的那样,真正创立了新的论证分析**顺序**,那么他的情况就同**总理论**史上大多数大发明家的情况一样,他们的发现首先要得到承认,然后进入日常科学实践,这是需要时间的。**在总理论**中创立新的顺序、新的必然性形式、新的科学性形式的思想家和建立新科学的思想家所遭受的命运完全不同,这种思想家可能长期受到误解,不为人们所理解。对马克思来说,情况尤其是这样,因为在同一个人身上,总理论的革命发明者被科学领域(这里指历史科学)里的革命发明者掩盖了。他只是**部分地思考了**他在总理论中所创立的革命概念,这种状况使他吃了更多的苦头。如果说通过发现新科学来影响理论的革命在概念表述上所受到的限制,其原因不仅仅在于个人方面的状况或者是"没有时间",而首先在于支配概念**表述**可能性的客观理论条件的实现程度,那么使他受到误解的危险就更大了。必要的理论概念不会按照人们在需要它们的时候所发出的指令而奇迹般地出现。相反,科学和伟大哲学开始创立时的全部历史表明,新概念并不是全部整齐地排成一行通过检阅,有些概念会姗姗来迟,有些概念则要穿上借来的衣服通过检阅,它们只有在稍后才能穿上合体的衣服,因为历史还没有产生裁缝和布匹。在此期间,概念已经存在于著作中,但是它是以完全不同于概念形式的形式出现的。我们只能从已经表述的现有概念或令人炫目的概念的所有者那里**"借来的"**形式中找到这一形式。

这里的论述只是为了使我们清楚地看到，下述矛盾的事实并不是不可理解的：马克思在发明独创的分析方法的时候，就把他的这一方法看做是已经存在的方法；他在切断他同黑格尔的联系的同时，却认为他是从黑格尔那里借用了这一方法。这个简单的矛盾的事实所要求做的全部工作在这里还仅仅是个开始，这件工作必将给我们带来意外的收获。

15

我们已经做了充分的工作，现在可以回到认识对象和现实对象的顺序的差别问题上来，从而研究以这一差别为**标志**的问题，也就是说这两个对象（认识对象和现实对象）之间的关系，即构成**认识**的存在本身的关系的问题。

我必须预先指出，我们将要进入一个**很难**达到的领域，这有两方面的原因。首先，我们掌握的马克思主义**依据**很少，还不能划定这一领域的空间，从而决定我们在这一领域中的前进方向。我们实际上面临着一个我们不仅要解决而且首先要**提出**的问题，因为这个问题还没有**真正**被提出，也就是说，还没有**真正**在所要求的总问题的基础上并且用这一总问题所要求的严格的概念被阐述出来。其次（这是最为严重的、充满矛盾的困难），我们简直可以说被关于这一问题的大量**解答**所淹没，而这一问题却尚未真正在其全部严格性上被提出。我们被这些解答所淹没并被这些解答的"**论证**"搞得眼花缭乱。这些解答并不是我们在谈到马克思时所说的那种答案，即对未出现的问题的答案（我们只有提出这些未出现的问题才能说明答案所包含的理论革命），相反，是对**已经完全提出来的**问题和题目的答案和解答，因为这些问题和题目是按照这些答案和解答来剪裁的。

确切地说，我在这里指的是意识形态哲学史上以"认识问题"或者"认识论"的名义提出的问题。我认为这里涉及的是意识形态的**哲学**，因为正是"认识问题"的这种意识形态的提法决定了与西方唯心主义哲学（从笛卡儿经过康德和黑格尔到胡塞尔）完全一致的传统。我之所以说认识"问题"的这种提法是**意识形态的**，是因为这个问题是从它的"答案"出发的，是作为它的答案的确切的**反映**提出的，也就是说，这个问题不是现实问题，而是按照人们的愿望为了**使意识形态的**解答成为这个问题的解答而不得不提出的问题。我在这里不研究这个在意识形态上决定意识形态的本质并且在原则上把意识形态的**认识**（即意识形态以认识问题形式和认识论形式思考认识时所涉及的认识）归结为**再认识现象的**问题。在意识形态的理论生产方式（在这一方面与科学的理论生产方式完全不同）中，**问题**的提出只是这样一些条件的理论表述，这些条件使得在认识过程之外有可能存在着已经生产出来的**解答**，因为这种解答是超理论的要求（即宗教的、伦理的、政治的等等的"利益"）所强加的，以便在人为的问题中得到**再认识**，而这一问题被制造出来，就是为了充当这个解答的理论反映，同时充当它在实践上的合理性的证明。全部现代西方哲学被"认识问题"所支配，因而实际上是被使用已经生产出来的术语并在已经生产出来的理论基础上提出的问题的表述所支配。而这些术语和理论基础之所以被**生产出来**，是为了（有些人是有意识的，有些人是无意识的，这一点在这里无关紧要）从这种**镜子式的再认识**中得到人们所期待的理论实践结果。同样也可以说，全部西方哲学史不是被"认识问题"所支配，而是被这一问题**不得不接受的意识形态的解答**所支配，也就是说，受到与认识现实格格不入的实践的、宗教的、伦理的和政治的"利益"预先强加的解答的支配。马克思从《德意志意识形态》开始就深刻地指出："**神秘化不仅在答案中，而且也在问题本身之中。**"

这里我们遇到了最严重的困难，因为我们在这里做的是前人没有做过的工作，即必须批驳由于人们不仅**重复错误的答案**，而且首先**重复错误的问题**而在人们思想中产生的古老的"毫无疑问的事实"。我们必须走出意识形态的问题所决定的意识形态的空间，走出这一**必然是封闭的**空间（因为这是作为意识形态的理论生产方式的特点的**再认识结构**的重要结果之一：必然的封闭的圆圈，拉康在另一个场合并出于另一些目的把它称为"**二元的镜子式的联系**"），以便在另一个地方开辟一个新的空间，这个空间是**由正确提出的而不是由自身的解答预先决定的问题所要求**的空间。西方哲学"认识理论"的全部历史，从著名的"笛卡儿圆圈"到黑格尔或胡塞尔的理性的目的论的圆圈，**使我们看到**"认识问题"的这一空间是封闭的空间，也就是说，是坏的圆圈（甚至是意识形态的再认识的镜子式联系的圆圈）。胡塞尔从理论上承认**这一圆圈**的必然存在，也就是把圆圈的必然存在看做是他的意识形态工作的重要部分。尽管他的哲学达到了意识和诚实的最高点，但是他并没有因此而走出这个圆圈，并没有因此而摆脱**意识形态**的束缚。同样，海德格尔也没有走出这一圆圈，他曾经试图在"开放"（这种开放表面上只不过是封闭的意识形态的非封闭）中思考这种"封闭"，即在西方形而上学中"重复"这种封闭的封闭的历史之所以可能的绝对条件。如果我们仅仅置身封闭领域的**外部**，无论是外表还是深层，我们仍然不能走出这一封闭的领域，因为这种外部或者这种深层仍然是**封闭领域**的外部和深层，它们仍然属于**这一圆圈**，仍然属于**这一**封闭的领域，它们是封闭领域**在其他在中**的"重复"。只有通过这一领域的非重复而不是重复，才能摆脱这一圆圈，只有通过理论上有根据的逃遁，——确切地说不是**逃遁**（逃遁始终是由逃遁的对象所决定的）而是彻底建立新的领域，建立新的总问题，才能够提出被意识形态的提法的再认识结构所歪曲的现实**问题**。

16

现在我要对这一问题的提法进行初步的探讨，直言不讳地说，我的这些想法确实是不成熟的但又是必要的。

在 1857 年《〈政治经济学批判〉导言》中，马克思写道："**整体，当它在头脑中作为被思维的整体而出现时，是思维着的头脑的产物，这个头脑用它所专有的方式掌握世界，而这种方式是不同于对世界的艺术的、宗教的、实践—精神的掌握的。**"[1] 这里涉及的不是揭开**掌握**这一概念的秘密。马

---

[1] 《马克思恩格斯全集》（第 12 卷），北京：人民出版社 1962 年版，第 751、752 页。

克思用这一术语表述了这样一种基本关系的本质,认识、艺术、宗教、实践—精神活动(实践—精神活动本身有待说明,但是看起来它包括伦理的、政治的、历史的活动)表现为这种基本关系的各种不同的特殊方式。这段话实际上强调了理论掌握(认识)方式与上述一切不同于它的其他掌握方式相比而言的特殊性。但是这种差别通过它的术语恰恰显示了对**现实世界**的共同关系,而这种共同关系又是这一差别得以产生的基础。由此我们可以清楚地看到,认识通过它对现实世界的特殊掌握方式同现实世界有关。由此恰恰提出了认识掌握现实世界的职能的完成方式问题,从而提出了保证认识的这一职能能够完成的**机制**问题。认识对现实世界的掌握也就是认识发生过程对现实世界的掌握。认识发生过程**虽然**或者不如说**因为完全发生在思维**(我们已经说明了它的含义)中,所以它产生了对**现实**世界的这种概念的占有,而这种占有被称为对现实世界的掌握。由此认识发生理论的问题在其真正领域内被提出来了。这种认识作为对它的对象(我们已经阐明的认识对象)的认识是对**现实**对象、现实世界的占有、掌握。

难道还要指出这个问题和"认识问题"的意识形态问题完全不同吗?难道还要指出问题不在于从外部思考那些先验地**保证**认识可能性的可能条件吗?难道还要指出问题不在于把这出戏即哲学意识所必不可少的角色推上舞台吗?哲学意识(它竭力避免提出它的理由、场所和职能的问题,因为这个问题在哲学意识看来是理性本身,而这个理性一开始就存在于它的对象中,在它的问题本身中只同自身有关,也就是说,这个理性提出了问题,但它本身预先就是这个问题的必要的回答)对科学意识提出了它同它的**对象**的认识关系的可能条件问题。难道还需要指出下述事实吗?这些事实是:被这出意识形态的戏搬上舞台的理论角色一方面是哲学主体(进行哲学思维的意识)、科学主体(进行科学思维的意识)和经验主体(进行感知活动的意识),另一方面同这三个主体相对的客体是超验的或绝对的客体、科学的纯粹原则和感知的纯粹形式。这三个主体都被归入同一本质,三个客体也被归入同一本质(例如我们在康德、黑格尔和胡塞尔的著作中都可以清楚地看到,三个对象的这种同一是以被感知的客体和被认识的客体始终同一为基础的)。上述各项的平行排列使主体和客体相互对立起来,这样一来,从客体方面来说就抹杀了认识客体和现实客体之间的差别,从主体方面来说则抹杀了进行哲学思维的主体和进行科学思维的主体之间的差别,抹杀了进行科学思维的主体和经验主体之间的差别;这样一来,被思考的唯一关系就是神秘的主体和神秘的客体之间的内在关系和同时性关系,这些主体和客体的使命是**承担**发生认识史的现实条件即这一发生史的现实机制,在必要的时候甚至歪曲这些条件,从而使这些条件服从于宗教的、伦理的、政治的目的(拯救"信仰"、"道德"和"自由",也就是说拯救社会价值)。

我们所提出的问题并不是为了提出一个由认识本身之外的其他什么东西预先规定的回答:这不是一个由回答预先封闭了的问题,也不是一个有**保证**的问题,相反,这是一个开放的问题(它是它所开辟的领域本身),而这个问题为了成为开放的问题，为了避免意识形态圆圈预先建立的封闭性，必须拒绝那些作用仅仅在于保证意识形态的这种封闭性的理论角色的帮助，必须拒绝各种主体和客体的角色以及它们为了完成这些角色而必须在主体和客体的最高层（由于受到西方"人的自由"的启发）之间所缔结的意识形态密约中承担的职责。这个问题从根本上说是一个**开放**的问题，这就是说，就其**开放的结构**而言，它是与科学的认识提出的一切实际问题同质的问题。这是一个必须在其形式上表现出这一开放结构的问题，从而必须在要求这种开放结构的理论总问题的领域内并用这一总问题的术语把它提出来，换句话说，我们必须提出认识掌握**现实**对象的**特殊方式**问题。

（1）必须使用这样一些术语，这些术语拒绝采用主体和客体这些意识形态角色以及镜子式相互反映的认识结构所包含的意识形态解决；这些角色和认识结构就是在这种解决的封闭圆圈中运动的。

（2）必须使用这样一些术语，这些术语构成认识结构概念即特殊的开放结构，这些术语同时是问题本身向认识提出的**问题**的概念，这就是说，这个问题的场所和作用是在问题本身的提出中被思考的。

这后一个要求对于区别发生认识史理论（哲学）和认识的现存内容（各门科学）是必不可少的，但并不因此要把哲学变成一个在"各门认识理论"中以它自以为占有的权利的名义对科学发号施令的法律机构。这种权利无非是镜子式的再认识的**既成事实**，而这种既成事实赋予哲学意识形态以这样一种保证，即它为之服务的"上层"利益的既成事实获得

法律上的承认。

我们**在这些严格条件下**提出的这一为我们所关心的问题可以表述如下：**完全在思维中进行的认识过程以何种机制在认识上掌握存在于思维之外，现实世界之中的它的现实对象？**或者说，**认识对象的产生以何种机制在认识上掌握存在于思维之外，现实世界之中的现实对象？**只要用通过认识对象在认识上掌握现实对象的**机制**问题来代替关于认识可能性的保障的意识形态问题，就意味着总问题发生了转换，而这种转换会使我们从意识形态的封闭领域中解脱出来，并在我们面前开辟出我们所追求的哲学理论的开放领域。

17

在研究我们的问题之前，让我们简略地回顾一下那些恰恰使我们重新陷入意识形态的坏的圆圈的古典的误解。

当人们立即对我们的问题作出回答时总是用漂亮的实践主义的"斩钉截铁的"语言对我们说：认识对象的产生借以在认识上掌握现实对象的机制是什么？……是实践！这是在玩弄实践标准！如果这道菜没有解除我们的饥饿，人们就会乐意变换菜单或者乐意给我们上更多的菜，直到把我们填饱。人们会对我们说：实践就是试金石，实践就是科学实验的实践！实践就是经济的、政治的、技术的实践，就是具体的实践！或者人们会用具有"马克思主义的"性质的回答来说服我们：这是**社会**实践！或者为了"加重分量"，说这是在几千年里几十亿次重复的人类的社会实践！或者人们会不幸地给我们上一道恩格斯的布丁,曼彻斯特似乎已经给恩格斯提供了这道菜可食性的证明:"**吃布丁就是对布丁的证明**"。

我首先要指出,这类回答可能有其效用,因而在意识形态领域内同意识形态斗争时,从而在涉及严格意义上的意识形态斗争时,必须使用这类回答:因为这恰恰是在对手的意识形态领域内的**意识形态的**回答。在许多重要的历史场合已经出现并且今后还会出现下述情况:当人们不能把意识形态的对手吸引到自己的领域,或者说还没有成熟到在对手的领域内建立自己的基地,或者说不得不降低到对手的领域时,人们就不得不在意识形态的对手的领域内进行战斗。但是这种实践以及与这场斗争相适应的意识形态论据的使用方式必须把某种**理论**作为对象,以便意识形态领域中的意识形态斗争不至于成为一种受对手的规律和意志所支配的斗争,以便这场斗争不至于使我们成为我们所反对的单纯的意识形态主体。但我要同时补充说明,这类**实践主义**的回答并不能解除我们对理论问题的饥饿,这一点是毫不奇怪的。我们可以用建立在同一原则基础上的一般的和特殊的理由来证明这一点。

实践主义在其本质上会使我们的问题陷入意识形态,因为它赋予这一问题以意识形态的回答。实践主义同唯心主义的"认识理论"的意识形态完全一样,只是追求一种**保证**。它们之间的唯一区别就在于古典唯心主义并不满足于**事实上的保证**,它要求**法的保证**(我们知道法的保证无非就是给事实披上法的外衣),这就是古典唯心主义的要求,而实践主义则追求**事实上的**保证:实践的**成功**,这样,实践的成功往往成为人们称之为"实践标准"的唯一内容。总之,人们给我们提供了一种明显标志着**意识形态**回答和问题的**保证**,而我们追求的则是一种**机制**。吃布丁,就是对布丁的证明,这是多么绝妙的论据!而我们关心的却是**机制**,它在我们早餐想要吃布丁的时候,保证我们吃的是布丁而不是稀奇古怪的食物。用人类在几百或几千年(在这个长夜中,一切实践都是黑暗的)内的社会实践的重复来证明,这又是多么绝妙的证明!但是在几百或几千年内的这种"重复"却产生了这样一些"真理",诸如基督的复活、圣母玛丽亚的圣洁、宗教的一切"真理"、人类的一切"盲目"偏见等等,也就是说,产生了一切最受意识形态尊崇和鄙视的**既成**的"毫无疑问的事实",且不说唯心主义和实践主义在它们共同玩弄的受**同一些规则**支配的把戏中还要互设陷阱。唯心主义对实践主义说,你有什么**理由**认为实践就是法?实践主义回答说,你的法不过是伪装的事实。我们这是在意识形态问题的封闭圆圈里兜圈子。在所有这些场合,支配这一把戏的共同规律实际上是**保证认识**(主体)和它的现实对象(客体)之间的一致性问题即**意识形态**问题本身。

现在我们把这种一般理由放在一边,转而研究直接涉及**我们对象**的特殊理由。因为只要说出**实践**一词,就可以揭示出这一词所包含的文字游戏。实践一词就其意识形态(唯心主义的或经验主义的)的含义来说,只不过是镜子中的映象、**理论**的对立概念(实践和理论这组"对立"的概念构成反映领域的两个项)。必须承认不存在一般的实践,只有**特殊的实践**。这些特殊的实践同理论之间的关系并不是一种摩

69

尼教的关系，按照摩尼教的关系，理论同这些特殊的实践是完全对立和格格不入的。一方面不存在仅仅是没有躯体和物质性的纯精神观点的理论，另一方面也不存在那种"干就是一切"的纯物质的实践。这种二分法只是意识形态的神话，按照这种意识形态的神话，"认识理论"反映的"利益"完全不同于理性的利益即社会分工的利益，确切地说，权力（政治的、宗教的、意识形态的权力）和压迫（执行者同时也就是被执行者）之间的分工的利益。甚至当这种二分法被革命观点用来不加区分地宣布实践第一，从而颂扬劳动者的事业、他们的劳动、痛苦、斗争、经历的革命观点时，它也仍然是意识形态的，正像**平均**共产主义始终是关于工人运动目的的意识形态观点一样。**实践的平均主义**观点（这里需要指出，所有的马克思主义者由于人的经历和牺牲而非常崇尚这一观点，正是人的劳动、痛苦和斗争哺育和维持着我们的现在和我们的将来，哺育和维持着我们的生存和希望）就其本来意义来说，同辩证唯物主义的关系就是平均共产主义和科学共产主义的关系，这种观点必须予以批判和克服，以便建立一种科学的实践观点来代替它。

但是，如果没有确切区分不同的实践，如果没有理论和实践关系的新概念，那就不会有科学的实践观。我们在理论上肯定**实践的首要地位**，同时指出，社会存在的一切层次都是不同实践的领域：经济的实践、政治的实践、意识形态的实践、技术的实践和科学的实践（或者理论的实践）。我们在思考这些不同实践的内容的时候，同时要思考它们固有的结构，这种结构在所有这些场合都是生产的结构；同时要思考区分这些不同结构的东西，即这些结构的对象、这些结构的生产资料、这些结构借以产生的关系的不同性质（当人们从经济实践转向政治实践，尔后转向科学实践和理论哲学实践时，这些不同的要素和它们的结合显然会发生变化）。我们在思考这些建立和表现不同实践的关系时，同时要思考这些关系的**独立程度**、它们的"相对的"**独立**型式，而这种独立的程度和独立的型式本身都是由它们对"最终起决定作用的"实践即经济实践的**依附型式**所决定的。但是我们还要深入一步，我们并不满足于消除实践的平均主义的神话，我们要在全新的基础上理解被唯心主义和经验主义观点神秘化了的理论和实践之间的关系。我们认为，在人们从最"原始的"社会的维持生存的实践阶段开始就可以观察到的最初的实践阶段上，"认识"的要素业已存在，虽然这种要素以极其粗糙的形式出现并且打着意识形态的深深的印记。从实践史的另一端来考察，我们认为，被人们共同称之为**理论**的东西，在其最"纯粹的"形式即表现为仅仅推动思维力（例如数学和哲学）与"具体实践"没有任何直接联系的形式上，是严格意义上的**一种实践**，即科学的和理论的实践，而这种实践本身又划分为若干分支（不同的科学、数学、哲学）。这种实践是**理论的**，它在它所加工的对象**型式**（原料）、它所推动的生产资料**型式**、它借以在其中进行生产的社会历史关系的**型式**方面，最后，在它生产的对象（认识）型式方面，不同于其他的实践，不同于非理论的实践。

因此，正像所有其他实践的标准一样，与理论有关的实践的标准问题也是有意义的。因为**理论实践**就是它自身的标准，它本身包含着**确证**它的产品质量合格的明确记录，也就是说，包含着科学实践的产品的科学性标准。在科学的现实实践中，情况也只能是这样：科学一旦获得真正确立和发展，它就不需要通过外部实践来证明它所生产的**认识**是否"正确"。世上任何一个数学家都不会期待应用了数学的各个部分的物理学来**检验**定理，从而宣布它得到了证明：数学家定理的"正确性"百分之百地产生于纯粹是数学论证的实践所**固有的**标准，产生于数学**实践的标准**，也就是产生于现有的数学科学性所要求的形式。这些论述适用于一切学科，至少最发达的学科在它们完全占领的认识领域内为自己的认识提供了确实性的标准（这个标准与所考察的科学实践的严格形式完全融合为一体）。各门"实验"学科的情况也是这样，它们的理论标准是它们的构成它们的理论实践形式的**经验**。我们最感兴趣的学科即历史唯物主义也是如此。正因为马克思的理论是"正确的"，所以它才能够得到成功的应用，但它并不是因为得到成功的应用才是正确的。实践主义的标准完全适用于某种只看到自己实践领域的技术，但是不适用于科学认识。我们应该继续进行严格的研究，反对用某种隐蔽的方式把马克思主义的历史理论与经验主义的任意"前提"模式等同起来，而任意前提只有通过历史的政治实践的**检验**才能证明是否"正确"。赋予马克思所生产的**认识**以认识**根据**的不是以后的历史实践。马克思的理论实践所生产的认识的"真理"标准是由它的理论实践本身提供的，也就是说，是由它的可检验性提供的，由保证这些认识产生的**形式**的科学性提供的。马克思的理论实践是马克思所生产的认识的"真理性"标准:正因为涉及的是认识而不是任意前提,马克思所生产的认识才产生出众所周知的结果。在这些结果中不仅有成功而且也有失败,成功和失败一起构成对理论的自身反思以及理论的内在发展具有重要意义的"经验"。

在实践标准完全适用的那些学科中,实践标准内在于科学实践的性质,并不排除同其他实践的有机联系,这些其他的实践为这些学科提供它们的大部分原料,有时甚至会在这些学科的理论结构中引起相当深刻的变化。我在其他地方已经充分地论述了这一点,因而人们不会对我刚才讲过的话产生误解。至于在正在形成的学科中,尤其是在仍然受意识形态"认识"支配的领域,其他实践的干预往往起着极其重要的、决定性的、甚至是革命的作用,我已经明确地指出了这一点。但是在正在形成的学科中,我们也不能把理论实践(仍然是意识形态的或者在将来是科学的)领域中某种实践的特殊干预方式,这种干预的明确职能,尤其是这一干预的(理论)**形式**淹没在平均主义的实践概念中。我们清楚地知道,以马克思本人为例,他的最直接的、纯个人的实践经验("不得不就实际问题"在《莱茵报》上进行论战的经验,他关于巴黎无产阶级的最初战斗组织的直接经验,他的1848年革命经验)在他的理论实践中,在使他从意识形态理论实践转向科学理论实践的变革过程中起到了**干预作用**:但是这些经验是以**经验的对象即实验的对象**形式,也就是以新的思维对象、"**观念**"**对象**、尔后以概念对象的形式在他的理论实践中起干预作用的。这些新的对象出现在它们同其他的概念结果（这些结果产生于德国哲学和英国政治经济学）的结合中，促成了仍然是意识形态的理论基础的变革，而在此之前，马克思一直是在这一基础上生活（即思考）的。

18

我不想请读者原谅我的迂回的论述，我以后还会这样做。我们必须消除对我们的问题作出意识形态回答这种障碍。为了达到这一目的，我们必须弄清楚意识形态的实践概念。马克思主义本身不是始终都摆脱了这种意识形态概念，而且每个人都承认它支配着，也许还要在长时间内支配着现代哲学及其最诚实的、博学多识的代表，例如萨特。我们取得了胜利（我们避免了走入平均主义实践的歧途），我们承认在我们面前只有一条道路，这条道路虽然是狭窄的，但却是一条通途，或者至少可以打开。现在我们回到我们的问题：**认识对象**的生产通过何种**机制**生产出对存在于思维之外、现实世界之中的**现实对象**的认识论的掌握？我们谈到的是机制，而这个机制应该能够向我们说明一个特殊事实：通过特殊的认识实践掌握世界的方式所涉及的完全是它的**对象**（认识对象），它不是它所认识的**现实对象**。我在这里遇到了最大的风险。人们会明白，我只能以最明确的保留形式对所提出的问题的精确性作出初步论证，而不能对这一问题给予回答。

为了精确地提出问题，我们必须从一个十分重要的区别开始。当我们提出认识**对象**借以从认识上掌握**现实对象**的**机**

制问题时，我们提出的问题与认识**产生**的条件问题是截然不同的。这后一个问题属于理论实践史理论。这一理论，正如我们已经看到的那样，只有在使用那些使我们有可能思考这一实践的结构以及这一结构变化的历史的概念时才是可能的。我们提出的问题是一个新问题，而这个问题却被另一个问题掩盖了。认识史理论或理论实践史理论使我们懂得，人的认识在不同生产方式更替史上是**如何**首先以意识形态形式然后以科学形式产生的。这种理论使我们看到认识的出现、发展、分化，使我们看到支配认识产生的总问题内部的理论断裂和变革，使我们看到认识领域中在意识形态认识和科学认识之间不断发生的分割，等等。这个历史在认识史的每一时刻把认识当做**它所是的东西**，不管它是否表现为知识，不管它是意识形态的知识还是科学的知识，都**当做认识**。这一历史把认识仅仅看做是**产物**、结果。这一历史使我们清楚地懂得认识产生的机制，但是并没有使我们懂得在认识产生史过程的一定时刻存在的认识，代表把它当做认识的人，通过它的被思维的对象从认识论上掌握现实对象的**机制**。但是，我们感兴趣的正是这种**机制**。

我们还需要进一步明确我们的问题吗？认识发生史理论只是给我们提供了一个证明：认识靠何种机制产生出来。但是，这个证明把认识**当做事实**，认识发生史理论只是研究这一认识的演变，把认识当做发生认识史理论所生产的理论实践结构的结果，当做产物即认识，——这个证明从来没有考虑这样一个事实，即**这些产物不是任何的产物，而恰恰是认识**。因此，发生认识史理论并没有说明我建议称为"认识的作用"的东西。这种"认识的作用"是认识这种特殊产物的本质。我们的新问题所涉及的恰恰是**这种认识的作用**（马克思把这种作用称作认识掌握世界的特殊方式）。我们要说明的**机制**就是在我们称为**认识**的完全特殊的产物中产生这种**认识作用**的机制。

我们在这里又面临着应该予以克服和消除的幻想（因为我们为了开辟我们的研究领域必须不断地排除假象）。我们在实际上可能会把我们要揭示的机制和起源联系起来，说在某种严格科学的纯粹形式上发生的这种认识的作用是通过无数**中介**从现实本身中产生出来的。假如人们在数学中可以把某种极其抽象的公式的认识的作用看做是某种**现实**的极其纯粹的、形式化的反映，不管这种现实是具体的空间还是人类实践的最初的具体的操作和活动。人们假定在某一时刻在测量员的具体实践和毕达哥拉斯、欧几里得的抽象之间出现了"距离"，但是人们认为这种距离是先前实践的具体形式和动作在"观念"中的移印。人们用以说明迦勒底数学家和埃及布尔巴吉的测量员之间很大距离所使用的一切概念从来只是这样一些概念，人们通过这些概念，力图在应该予以思考的无可辩驳的差别中建立起感觉的连续性，这种感觉的连续性在原则上把现代数学对象的**认识作用**同最初的感觉作用联系起来，而这种最初的感觉作用是同最初的现实对象、具体实践、具体动作联系在一起的。在这种情况下也许可以说存在着认识作用的"故土"和"家乡"：它可以是现实对象本身，关于这种现实对象，经验主义认为，认识从来只是抽出它的一部分即本质；它可以是胡塞尔的"先验的生命"世界即预先存在的消极的综合；最后它可以是最基本的具体的行为和动作，一切儿童心理学（遗传学派或其他学派）利用这些行为和动作毫不费力地建立起他们的"认识理论"。在所有这些场合，现实的、具体的、生动的起始因素的任务始终是担负认识作用的全部责任。而各门科学在它们的全部历史上以及在今天都只是解释认识作用的遗传，也就是继承认识作用。正如在基督教神学中，人类只是生活在原罪中一样，存在着**初始的认识作用**，这种认识作用产生于现实、生命、实践的最具体的形式，也就是和这些形式融为一体，和它们等同起来；"最抽象的"科学对象在今天仍然带着这种初始认识作用的不可磨灭的痕迹，它们受到初始认识作用的支配，因此注定要被认识。难道我们还要明确说出作为这个"模式"的前提的总问题吗？人们意识到为了这个模式的存在，需要求助于**起源**的神话；求助于**主体和客体**、现实和对现实的认识之间的不可分割的原始统一的神话（它们有相同的起源，认识就像一个进入戏剧效果的人所说的那样是同时产生的）；求助于**发生**的神话，一切**抽象**、尤其是一切不可缺少的**中介**的神话。我们在这里可以看到18世纪哲学广为传播的一系列典型的概念，这些概念几乎到处可见，在马克思主义专家的著作中也可以看到。但是我们可以断定，由于这些概念是按照人们期望的意识形态职能的需要剪裁过的，它们与马克思毫不相干。

现在我们要明确地说，马克思主义完全不能在经验主义的道路上确立或重新确立，不管这种经验主义宣称自己是唯物主义的还是以所谓"故土"或"实践"的先验唯心主义（以及它为了在它的舞台上扮演最初的角色而制造的概念）的形式出现。起源、"故土"、发生、中介这些概念必须先验地被认为是可疑的，这不仅因为它们始终在某种程度上引导出创造它们的意识形态，而且还因为它们被创造出来只是为这种意识形态所用。它们是这种意识形态的游民，始终在某种程度上反映着这种意识形态。萨特以及那些没有他的天才但却需要填补各个"**抽象**"范畴和"**具体**"范畴之间空白的人都在滥用**起源**、**发生**和**中介**，这并不是偶然的。起源这一概念的作用像在原罪中一样，就是用一个词来表示人们为了能够思考想要思考的东西而不应该思考的东西。发生这个概念的任务就是掩盖产生和演变，而对产生和演变的认识会威胁到经验主义的历史公式的生动的连续性。中介概念起着最后的作用：在一个空的空间魔术般地保证理论原理和"具体"之间的联系，就像泥瓦匠排成一行传递砖瓦一样。在所有这些场合，涉及的是伪装和理论欺骗的作用，——起源、发生、中介的这些作用显然既是一种现实的障碍，又是一种现实的善良愿望，也是一种希望，即希望不要失去对事件的理论控制，然而在最好的情况下，这些作用也只是危险的理论虚构。如果把这些概念应用于我们的问题，那么它们随时都会向我们提供最廉价的解答：它们把原始的认识作用和现实的认识作用联结起来，这就是把简单地提出问题或者毋宁说不提出问题作为解答。

19

现在让我们在我们刚刚开辟的领域继续前进。

我们已经看到，求助于原始的现实对象并不能使我们不去思考认识对象（它使我们得到认识）和现实对象之间的区别，同样，我们刚才看到，我们并不能借口原始的"认识作用"而不去思考这种现实认识作用的机制。事实上我们知道，这两个问题只是一个问题，因为向我们提供我们所寻求的回答的不是原始作用的神话而是现实认识作用的现实本身。在这方面我们和马克思的处境相同，他说过这样的话：为了理解先前的形式从而理解最原始的形式，需要说明的是对**现实**社会的"结构"（具有许多层次并成为一个体系的结构）的认识。"人体解剖对于猴体解剖是一把钥匙"这句名言无非体现了1857年《〈政治经济学批判〉导言》中的一段话：使我们能够理解范畴的不是范畴的历史起源，也不是它们在先前形式中的结合，而是它们在现实社会中的结合体系，这种体系赋予我们这种结合的**变化**的概念，从而也使我们能够理解过去的形态。同样，只有对**现实**认识作用机制的说明才能使我们理解先前的作用。因此，与拒绝援引起源相关联的是这样一个极其深刻的理论要求，按照这一理论要求，对最原始的形式的说明要取决于那些部分地再现在先前的形式中的范畴的**现实的**体系的结合方式。

在历史理论领域，我们也应该把这个要求看做是马克思理论的组成部分。现在我来说明这一点。马克思在研究现代资产阶级社会时，采取了矛盾的态度。首先他把这一现存社会理解为历史的**结果**，从而理解为历史创造的结果。显然在这里我们介入了黑格尔的概念。按照这一概念，结果被理解为同它的起源不可分割的结果，甚至应该把它理解为"结果的生成的结果"。实际上，马克思同时还采取了另一种完全不同的态度。"问题不在于各种经济关系在不同社会形式的相继更替的序列中在历史上占有什么地位，更不在于它们在'观念上'（蒲鲁东）（在历史运动的一个模糊表象中）的次序。而在于它们在现代资产阶级社会内部的结构。"① 马克思在《哲学的贫困》中也完全表达了同样的思想："其实，单凭运动、顺序和时间的逻辑公式怎能向我们说明一切关系同时存在而又互相依存的社会机体呢？"② 因此，马克思的研究对象是被思考为历史**结果**的现实资产阶级社会。但是我们不能通过这一结果的起源理论来理解这个社会，而只能通过**"机体"**理论即**社会现实结构**理论来理解这一社会。在这里不允许起源以任何理由起干预作用。这种矛盾的、马克思却断然肯定的态度，作为马克思历史理论的绝对条件，说明了**两个**不同的、处在对立统一中的**问题**。第一个需要提出和解决的理论问题是阐明历史借以把现实资本主义生产方式作为结果生产出来的机制。第二个需要提出和解决的理论问题则完全不同，这个问题就是要理解这种结果是**社会**生产方式，

---

① 《马克思恩格斯全集》（第12卷），北京：人民出版社1962年版，第758页。

② 《马克思恩格斯全集》（第4卷），北京：人民出版社1958年版，第145页。

是**社会**存在形式而不是任何一种存在形式。这第二个问题恰恰是《资本论》的理论对象。我们在任何情况下都不能把它同第一个问题混同起来。

我们可以说，这种区别是理解马克思的绝对基础，因为马克思把现实社会（以及以往的一切社会形式）既看作**结果**又看作**社会**。提出和解决**结果**问题，即某一生产方式、某一社会形态的历史产生问题的，应该是一种生产方式向另一种生产方式转化的机制理论，也就是一种生产方式和相继的另一种生产方式之间的过渡形式的理论。但是，现实社会不仅仅是结果、产物，它是一种特殊的**结果**、**产物**，它作为**社会**起作用，它不同于其他的结果、产物，因为它们起着完全不同的作用。对第二个问题作出回答的是生产方式结构理论，是《资本论》的理论。在这一理论中，社会被理解为"机体"，不是任何一种机体，而是**作为社会起作用的机体**。这种理论完全抽象掉了作为结果的社会，所以马克思断言，用运动、顺序、时间和起源所作的一切说明都理所当然地完全不适用于这个完全不同的问题。为了用更恰当的语言来表述同一个事物，我建议采用下列术语：马克思在《资本论》中研究的，是使历史产生的结果**作为社会**而存在的机制，因而也就是赋予这种历史产物即马克思所研究的社会产物以产生"**社会作用**"属性的机制，是使这一结果作为**社会**而存在，而不是作为一盘散沙、一群蚂蚁、工具的堆砌、人的简单集合而存在的机制。马克思告诉我们，人们在用社会的起源说明社会时忽略了恰恰应该说明的社会的"**机体**"，他把自己的理论注意力放到说明使这类结果**作为社会**发生作用的机制的任务上,从而放到说明产生资本主义生产方式所固有的"**社会作用**"的机制上。产生这种"社会作用"的机制只有在机制的一切作用表现出来,直至表现为构成个人同作为社会的社会之间的有意识的或无意识的具体关系的作用,也就是表现为意识形态(或者说"**社会**意识形式"。——《导言》序言)的拜物教作用时,才能够完成。在意识形态拜物教的作用中,人们有意识地或无意识地感受到他们的思想、计划、行动、行为和作用是**社会的**。从这个角度来看,《资本论》应该被看做是资本主义生产世界中产生**社会作用**的机制理论。生产方式不同,**这种社会作用**也不同,我们通过现代人类学著作和历史著作开始觉察到这一点。生产方式不同,产生这些不同社会作用的**机制**也不相同,从理论上讲,我们完全有理由这样认为。准确地意识到《资本论》理论中所包含的确切问题为我们开辟了新的领域,向我们提出了新的问题,这一点也越来越明显了。但我们同时应该懂得,《哲学的贫困》和 1857 年《〈政治经济学批判〉导言》中那些富有远见卓识的话是具有绝对重要意义的。马克思通过这些话告诉我们,他所追求的完全不是理解作为历史的**结果**的社会的产生机制,而是理解这种结果即现存的现实**社会**产生**社会作用**的机制。

马克思通过严格的区分说明它的对象,从而使我们有可能提出我们所关心的问题,即通过认识对象,从认识论上掌握现实对象的问题。这种掌握是通过不同的实践即理论实践、美学实践、宗教实践、伦理学实践、技术实践等等掌握现实世界的一种特殊方式。这些掌握方式中的每一种都提出了**它的特殊"作用"**（即理论实践的认识作用、美学实践的美学作用、伦理学实践的伦理学作用等等）的产生机制问题。在所有这些场合，涉及的问题都不是像用安眠药代替鸦片一样，用一个词来代替另一个词。对所有这些特殊"作用"的研究，要求说明产生这些作用的**机制**，而不是要求用语的重复。我们不打算预先提出对这些不同作用的研究会使我们得出的结论，我们只是想谈一谈在这里使我们感兴趣的作用，即作为认识的这种理论对象所产生的**认识作用**。**认识作用**这一术语表示一般的对象，这些对象至少可以细分为两种：**意识形态**认识作用和**科学**认识作用。**意识形态**认识作用不同于科学认识作用（它通过镜子式的联系进行再认识和错误认识）。但是，就意识形态认识作用（它取决于起支配作用的其他社会职能）确实具有特殊的认识作用而言，它属于我们感兴趣的一般范畴。我在这里说这些话是为了避免对下面即将进行的仅仅围绕科学认识的认识作用而展开的最初的分析产生误解。

　　如何说明这种认识作用的机制呢？现在我们可以援引最新的认识成果："实践的标准"内在于我们所考察的科学实践之中。我们面临的问题就是同这种内在性联系在一起的。我们实际上已经指出，作为认识的科学命题的确实性是在一定的科学实践中通过特殊的**形式**得到保证的，这些形式保证了认识产生过程中的科学性的**存在**。换句话说，这种确实性是通过这样一些特殊形式得到保证的，这些形式赋予认识以（"真正的"）认识的特性。我在这里谈到科学性的形式，但同时也想到了在意识形态的"认识"中，例如在一切**知性**形式中起相同作用（即保证不同的却是相一致的效果）的形式。这些**形式**不同于认识通过认识史过程作为结果借以产生出来的形式。我再次指出，这些形式涉及的是已经由这一历史作为认识生产出来的认识。换句话说，我们考察的是**没有生成过程**的结果，这样，我们就避免了亵渎黑格尔主义或者发生论的罪行。其实这双重的罪行不过是一件好事，这就是使我们从历史的经验主义的意识形态中解脱出来。正是针对这一结果，我们提出了认识作用的产生机制问题，这里提出问题的方法同马克思考察一定社会的方法完全一样，马克思把一定的社会看做是**结果**，对它提出它的"社会作用"的问题或者说把这一结果的存在**作为社会**生产出来的机制的问题。

我们看到，这些特殊形式在科学论证的表述中，也就是说，在迫使被思维的范畴（或概念）**按照顺序出现或消失**的现象中起着作用。因此我们说，认识作用的产生机制就是作为顺序形式在论证的科学表述中发生作用的基础的机制。我们说，这种机制不仅**支配**这些形式的作用，而且是这些形式发生作用的**基础**，其理由如下：实际上，这些顺序形式只是作为其他形式才表现为概念在科学表述中出现的顺序形式，这些其他形式本身不是顺序形式，但却是顺序形式的没有出现的原则。用我们使用过的语言来说，顺序形式（科学表述中的论证形式）是作为基础的"同时性"的"历时性"。我们在这里使用的术语的意义，以后将详加说明。我们把这两个术语看做是认识对象的两个存在形式的概念，因而是纯粹内在于认识的两个形式。同时性表示概念在被思维的整体或**体系**（或马克思所说的"综合"）中的组织结构，历时性表示概念在论证的有序的表述中相继出现的运动。论证表述的顺序形式只是"结构"的发展，只是概念在**体系**本身中的有层次的结合的发展。如果我们说，这样理解的"同时性"是首要的和起支配作用的，我们是想说明以下两个方面：

（1）概念结合而成的有层次的体系按照每一个概念在体系中的地位和作用决定着这一概念的定义。如果我们把这个概念同它的现实范畴对应起来，那么，这个关于概念在体系整体中的地位和作用的定义就表现为这个概念固有的**含义**。

（2）概念的有层次的体系决定着概念在论证表述中出现的"历时性"顺序。马克思正是在这一意义上谈到价值、剩余价值等（概念）的**形式的发展**。这种"形式的发展"在科学论证的表述中，表现了使概念在被思维的整体体系中联结起来的有系统的**依存关系**。

认识作用首先是论证表述的顺序形式领域的产物，其次是某一个孤立的概念领域的产物，因此只有在**体系的系统性**前提下才是可能的，因为**体系的系统性**既是概念的基础，又是概念在科学表述中出现的顺序的基础。在这种情况下，认识作用就表现为两个方面：一方面是**体系的存在**，也就是这一体系在科学表述中的"展开"，另一方面是表述的**顺序形式的存在**，确切地说，就是使体系和表述**既分离又统一**的"作用"（在机械意义上理解的作用）。认识作用是作为科学表述作用的产物。这种科学的表述仅仅是**体系**

的表述，也就是关于具有复杂构成的结构的对象的表述。如果这种分析具有意义，它会使我们提出下述新的问题：作为表述的科学**表述**有何种特点？科学表述和其他表述形式有什么区别？其他表述通过何种途径产生出不同于作为科学表述的产物的认识作用的作用（美学作用、意识形态作用、无意识作用）？

20

这个问题暂时就谈到这里。我只是想提出它的术语。我们并不像意识形态哲学的"认识理论"那样，力求说明法的（或事实的）**保证**，即使我们能够清楚地认识我们所认识的东西，以及使我们能够把这种一致性归结为主体和客体，意识和世界之间的某种联系的保证。我们力求说明这样一种**机制**，这种机制使我们了解到一种事实结果，认识史的产物即一定的认识是如何**作为认识**而不是作为其他结果（例如锤子、交响乐、誓言、政治标语等等）起作用的。因此，我们力求通过理解认识的**机制**，来说明认识的特殊作用：认识作用。如果我们正确地提出了这个问题，摆脱了一切仍然禁锢我们的意识形态，从而置身于人们借以一致提出"认识问题"的意识形态概念领域之外，那么这个问题就会把我们引向机制问题，即现有认识对象体系所决定的顺序形式通过它们同这种体系的关系的作用产生出上述认识作用的机制问题。这后一问题最终使我们面临**科学表述的特殊性质**。这种科学表述作为表述，只有在同时考虑到在每一表述时刻的作为空缺的存在才是可能的：它的对象的构成体系，为了作为体系存在，要求科学表述（它是体系的"展开"）的作为空缺的存在。

如果我们就像在一道必须跨越的门槛面前一样止步不前，那么我们就会想到，科学表述的特点是**可以用文字记载下来的**，从而也就提出了科学表述的**文字形式**问题。然而，人们也许还记得，我们以前是从**阅读**科学表述出发的。

因此，我们没有从唯一的同一问题的圆圈中走出来：如果我们能够不走出圆圈而又不在圆圈中兜圈子，这是因为这个圆圈不是意识形态的封闭的圆圈，而是在其封闭性中永远开放的圆圈，即有根据的认识的圆圈。

注　释

［1］ 正是由于J.拉康长年累月进行的单独的、坚持不懈的和富有洞察力的理论努力，我们对弗洛伊德著作的**阅读**才发生了根本的变革。在J.拉康的全新的见解开始进入公众意识，并且每人都以自己的方式使用和利用这些见解的时候，我认为在这样一种典范的阅读方法面前，我们应该承认我们的不足，因为人们会看到这种阅读在某些方面超越了它原来的对象。我认为应该**公开**承认这种不足，以便不要像马克思所说的那样，"裁缝的劳动消失在衣服中"，即使这里说的是我们自己的衣服。同样，我认为应该承认我们同那些阅读科学著作的大师相比之下的公开或隐蔽的不足。这些大

师过去有 G. 巴什拉尔和 J. 卡瓦埃斯，现在有 G. 康吉莱姆和 M. 福柯。

〔2〕该书法文版译名为"经济理论史"（Histoire des Doctrines Economiques），莫利特（Molitor）译，科斯塔（Costes）编。

〔3〕《保卫马克思》马斯佩罗出版社 1973 年巴黎版，第 40、63—66 页。（参见〔法〕路易·阿尔都塞：《保卫马克思》，北京：商务印书馆 2010 年版，第 30、53—57 页。——编者注）

〔4〕A. 孔德有时不仅猜测到了这一点。

〔5〕《内在的反思关系》：这种"反思"本身提出的理论问题，我不能在这里说明，而将在本序言的末尾（第 19 节）加以概述。

〔6〕巴黎普隆出版社，1961 年版。

〔7〕本文所使用的空间的比喻（领域、场所、空间、地点、位置、方位等等）提出了一个理论问题，即它们在科学的论述中的存在**理由**的问题。这个问题可以表述如下：**为什么**某种科学的论述形式必然要借用非科学论述的比喻。

〔8〕我保留了空间比喻的说法。实际上场所的变换是在**原地**进行的。从严格意义上讲，应该说理论生产**方式**的变换或者说由这种方式变换而引起的主体的职能的变换。

〔9〕请允许我在这里谈谈我个人的经验。我想举两个确切的例子来说明马克思和恩格斯的著作中的**另一个地方**所出现的只有回答而没有问题的情况。我经历了可以

说是相当艰巨的思考（作为这种思考的记录的著作《保卫马克思》带有这种努力的痕迹），才通过马克思把黑格尔辩证法"颠倒"过来这一术语证明了相应的不出现：概念的不出现，因而也就是相应的问题的不出现。我付出了极大的努力，终于恢复了相应的**问题**。我指出，马克思所说的颠倒实际上包含着总问题的革命。但是后来我在阅读恩格斯为《资本论》第二卷所写的序言时惊奇地发现，我绞尽脑汁才表述出来的问题早就明明白白地写在那里了。因为恩格斯明确地把颠倒，也就是原来头足倒立的化学和政治经济学的重新建立与它们的理论因而它们的总问题体系的变革等同起来。另外一个例子。在我的最早的著作之一中，我提出了这样一个论断：马克思的理论革命不是在于回答的改变而是在于问题的改变。马克思在历史理论中进行的革命在于**"要素的改变"**，这种改变使他从意识形态的场所转到了科学的场所。最近我在读《资本论》的《工资篇》时惊奇地发现，马克思为了表示理论问题体系的变化使用了他自己的术语**"场所的变换"**。此外，在马克思著作中没有相应问题的地方，我从这种**空缺**出发，费尽力气恢复了问题（和它的概念）。但是马克思在他的著作的**另一个地方**却明明白白地给我指出了这个问题。

〔10〕P.马舍莱《关于断裂》。载于《新批判》，1965 年 5 月号第 139 页。

〔11〕《保卫马克思》马斯佩罗出版社 1973 年巴黎版，第

26—27页。（参见《保卫马克思》，商务印书馆2010年版，第17—18页。——编者注）

〔12〕《保卫马克思》马斯佩罗出版社1973年巴黎版，第165页。（参见《保卫马克思》，商务印书馆2010年版，第155页。——编者注）

〔13〕对那些有时是以令人意想不到的形式包含着对社会主义的未来具有重大意义的新的马克思主义著作的阅读也是如此。这些马克思主义著作产生于第三世界的先锋队国家。这些国家从越南的丛林到古巴都在为自己的解放而斗争。我们及时地阅读这些著作是十分重要的。

〔14〕我们只有在这种普遍的意义上理解经验主义，才能够在这一概念中包括进18世纪的感性的经验主义。如果这种感性的经验主义不能总是按照下面谈到的方式**实现**对它的现实对象的认识，如果它在某些方面把认识思考为历史的产物，那么它所**实现的**就是对历史现实的认识，而这种历史现实不过是它原来就包含的内容的发展。从这个意义上说，我们在下面关于认识和现实对象之间的现实关系**结构**所要谈到的东西同样适用于18世纪意识形态中认识同现实历史之间的关系。

〔15〕这并不是我的杜撰或文字游戏。米开朗琪罗发展了艺术创造的全部美学，这种美学的基础不是根据大理石的质料生产本质的形式，而是**破坏**未成形的东西，即雕琢前在石头中包含着即将**展开**的形式的东西。在这

里我们看到了包含在**提炼**的经验现实主义中的美学创造实践。

[16] 请注意，我在这里只是把模式理论当做**认识的意识形态**来加以批判。模式理论就我们在这里所考察的方面来说，始终是经验主义认识论的变种，而不管它由于当代新实证主义而达到何种发展程度。这种对模式理论的批判并不意味着摒弃"模式"范畴的其他意义和使用。我在这里指的是"模式"在真正意义的技术上的使用，正如我们可以在社会主义各国的计划技术**实践**中经常看到的那样。在这里模式是指为了达到一定的目标而把不同的存在结合起来的**技术手段**。因此，"模式"经验主义清楚地存在着，不是存在于认识的理论中，而是存在于实践应用中，也就是说，存在于根据一定的条件、在政治经济学科学所提供的一定认识的基础上为了实现和达到一定的目标而采用的技术的领域中。斯大林在一句著名的话（遗憾的是，这句话在实践中没有获得它应该得到的反响）中提出，不要把政治经济学同经济政策，理论同理论的技术应用混为一谈。由于把技术手段（真正意义上的模式）同认识概念混为一谈，经验主义的模式论作为认识的意识形态就获得了为了欺骗所必须具备的外观。

[17] 波利策《心理学基础批判》一书的天才错误主要是以未加批判的"具体"概念的意识形态作用为基础的。并非偶然的是，波利策宣布了"具体心理学"的问

世，但是并没有写出任何著作来。虽然波利策在他的批判应用中，充分发挥了"具体"这一术语的作用，但是他仍然不能建立任何认识，因为认识仅仅存在于概念的抽象中。我们在费尔巴哈那里已经看到了这种情况，他竭尽全力摆脱意识形态，但是却乞灵于"具体"这一把认识同存在混合在一起的意识形态概念。显然，意识形态不能摆脱意识形态。我们在所有马克思的解释者那里都可以看到这种模糊不清的说法和文字游戏。他们以马克思青年时期的著作为依据，求助于"现实的"人道主义、"具体的"人道主义或者"实证的"人道主义，在他们看来，这种人道主义是马克思思想的理论基础。诚然，这些解释者有为自己辩护的一定理由，因为马克思本人在断裂著作（《关于费尔巴哈的提纲》和《德意志意识形态》）中，使用了具体、现实、"具体的、现实的人"等术语。但是，这些断裂著作仍然囿于模糊不清的**否定**中，因为这种否定仍然坚持它要摒弃的全部概念，而没有以恰当的形式，提出它本身所包含的新的、积极的概念。（参见《保卫马克思》马斯佩罗出版社1973年巴黎版，第28、29页；商务印书馆2010年版，第19—20页。）

[18]《保卫马克思》马斯佩罗出版社1973年巴黎版，第194、195页。（参见〔法〕路易·阿尔都塞：《保卫马克思》，北京：商务印书馆2010年版，第183—185页。——编者注）

〔19〕在法国，有库瓦雷、巴什拉尔、卡瓦埃斯、康吉莱姆和福柯的著作。

〔20〕G.康吉莱姆：《17世纪和18世纪反思概念的形成》1955年。

〔21〕M.福柯：《古典时代的精神病史》1961年布隆出版社。

〔22〕M.福柯：《临床医学的产生》1964年布隆出版社。

〔23〕P.马舍莱:《关于断裂》，载《新批判》1965年5月号第136—140页。

〔24〕见本书后文。

〔25〕笛卡儿所开创的叙述。他明确意识到哲学和科学中"理性顺序"的重要意义，同样也意识到认识顺序同存在顺序之间的区别，虽然他陷入了教条的经验主义。

批判的概念和政治经济学批判

——从《1844年经济学哲学手稿》到《资本论》

雅克·朗西埃 著 刘冰菁 译

前 言

这个文本是从《资本论》的副标题"政治经济学批判"而来。

这个副标题要求我们思考两个问题:

第一,"批判"(critique)是一个贯穿了马克思所有作品的概念。在马克思思想演变的所有阶段,他都采用这一概念来指认他的特定活动。

此外,虽然这个概念一直出现在马克思的著作中,但我们知道在1842—1845年这一特定的时期内,马克思曾明确地以"批判"为主题进行论述。"批判"一度成为马克思思想的核心概念。于是,问题随之而来:我们所说的《资本论》的副标题"政治经济学批判"和马克思在青年时期的作品中以批判概念为主题进行论述,这两者之间是何种关系?

第二,让我们具体展开这一问题。马克思在1844年第一次制定出批判政治经济学的计划。从此直至马克思生命的最

后，这一计划都在他的工作中占据了主导地位，并接连带来了

——专为了批判政治经济学的《1844年经济学哲学手稿》(*Munuscrits de 1844*)

——1859年的《政治经济学批判 第一分册》(*Contribution à la critique de l'économie politique*)

——《资本论》(*Capital*)

于是，问题就是：马克思的《资本论》和他1844年的批判计划之间是何种关系？

自然，我不会回顾马克思这一计划发展的全部进程及其相应的阐述。我只打算把以下两个文本进行对照：一方面是《资本论》，另一方面是严格按照青年马克思的**批判理论**（théorie critique）而来的、第一次对政治经济学进行批判的《1844年经济学哲学手稿》。

在本文的第一部分中，我将尝试定义手稿中呈现出来的批判理论的总体图景图像（la figure d'ensemble）。随后，我将给出一系列相关的参照点（point de repère）（比如经济主体的问题）。在第二部分中，虽然毫无疑问也可以给出一个理论的总体图像，但我将指出《资本论》中的两三个问题，并尝试将它们与第一部分中提出的参照点联系起来，以展示这些概念以及概念之间的关系的移位（déplacement）。概念之间的关系构成了向马克思主义科学性的过渡，即从青年马克思的意识形态话语（discours idéologie）向《资本论》科学话语（discours scientifique）的过渡。

在这次研究中，我将参考从路易·阿尔都塞的工作中得

来的既有理论知识[1]和 J. A. 米勒（J. A. Miller）在 1964 年发表的报告（未出版）中——这一报告是针对雅克·拉康（J. Lacan）的理论，也有对乔治·普利策（G. Politzer）心理学的批判——辨识和制定的概念。其中，米勒引入了阅读《资本论》所需的概念的决定性特征："理论训练的功能"（Fonction de la formation théorique）[2]。

一、《1844 年经济学哲学手稿》中的政治经济学批判

引　言

《1844 年经济学哲学手稿》是马克思在 1843—1844 年之间所写的、基于费尔巴哈人本主义（anthropologie）的文本，其中所展开的批判是马克思最为系统的人本主义批判。（由于我们的目标仅仅是描绘出这一批判的梗概，不言而喻，费尔巴哈和马克思的关系问题就不在我们的研究范围之内。）

让我们尝试通过回答三个问题来定义这一批判。

这一批判的客体，即对象是什么？

这一批判的主体是什么，即谁来批判？

这一批判的方法（méthode）是什么？

我们可以在马克思 1843 年 9 月写给卢格的信的最后一段找到这些问题的答案。

这样，我们（nous）就能用一句话表明我们杂志的

倾向：对当代的斗争和愿望作出当代的自我阐明（批判的哲学）。这是一项既为了世界，也为了我们的工作。它只能是联合起来的力量的事业。问题在于**忏悔**，而不是别的。人类（humanité）要使自己的罪过得到宽恕，就只有说明这些罪过的真相（um sich ihre Sünden vergeben zu lassen, braucht die Menschheit sie nur für das zu erklären, was sie sind）。①

这全部的批判都系于我所指出的这三个术语，即主体、客体和方法，在马克思的这段话中相互联结在一起。

首先谈谈客体：它指什么？它是指一种以人类（humanité）为主体的**经验**（expérience）。它在很长的一段时间里由人类盲目地率领着，但是现在我们已经来到了这样一个时刻：人类能够了解它自己。

这个**我们**（nous），即主体，代表批判的意识。它第一次意识到，人的经验来到了自我认知的时刻。这种批判的意识是具有优先性的知识（la connaissance privilégiée），因为人的经验在其中能清晰地了解自己，或者更准确地说，批判的意识是一种言语（parole），是人的经验最终认识自身的真理并在语言（langage）中表述出来而形成的言语。

全部的方法都包含在"*erklären*"②中。它同时表示了**宣告**

---

① 〔德〕马克思：《马克思恩格斯全集》（第47卷），北京：人民出版社2004年版，第67页。

② 朗西埃原文使用的是德语词"erklären"，动词，表示说明、解释或宣告、声明。——译者注

(*déclarer*) 和**解释**（*expliquer*）两个意思。这意味着，关于"它们是什么"（für das was sie sind）的事实陈述、人类经验的陈述，正如它显示的那样，这已经是它们的解释。关于这些事实的言语已然是对这些事实的解释（这被马克思称为是人类的**罪过**）。关于这些事实的陈述也已经是对它们的认识，并且这些认识把它们当作罪过而取消了，这是因为使它们成为罪过的仍是未可知的、盲目的经验。

"*Erklären*"最重要的地方在于，本质上，解释（explication）与说明（énoncé）、陈述（constat）的次序是完全一致的。

我们可以通过另一个隐喻来解释：批判即是阅读（la critique est lecture）。批判所交涉的文本，正是以人类为主体的经验。但是什么构成了这个文本、这个说明呢？它是由各种矛盾组成的。人所认识到的人类经验的发展过程，正是处在这种矛盾的形式之下。人类经验的各个领域（政治的、宗教的、道德的、经济的等）都展示出一定数量的矛盾。这些矛盾在马克思所说的"当代的斗争和愿望"中为个体所感知。

大写的批判（Critique）的作用就是说出或是读出——按照我们选择的隐喻——矛盾，即说明矛盾是什么。是什么构成了大写的批判与一般的说明之间的差异、使批判得以成为批判的呢？

这是因为批判在矛盾背后感知到了更根本的矛盾，即由**异化**（*aliénation*）概念表示的矛盾。

关于异化概念的一般性描述大家都很熟悉：主体，人，将异己的对象作为揭示其本质的谓语（prédicats）。在异化的阶段中，这个对象对它自己来说是异己的。人的本质就是在异己的存在（être étranger）中实现自己。反过来，这个异己的存在——它仅仅由人的异化本质构成——把自己当做真正的主体，而把人当成它的对象。

在异化中，人类自身通过异己的存在形式存在；人通过非人的（inhumain）形式存在，理性通过无理性（la non-raison）的形式存在。

正是人的本质等同于他异己的存在（identité），才构成了矛盾的情境（situation）。这就是说，矛盾建立在主体和他自己的分化的基础上。矛盾的**分化**（scission），这对于理解批判话语的全部逻辑是极其关键的。

然而在经验之中，矛盾的这一框架并不是如此展开的，它通过一种特殊的形式呈现。实际上，人从他的本质中的分化导致隔离。人类经验的不同领域——不同的领域与人的本质的不同的谓语相对应——各自表现为一个独立的现实。由此，矛盾总是表现为某个特殊领域内在的矛盾。任何关于把自己限制在特定形式中的矛盾的说明，都是**单方面的**（unilatéral）、局部的。批判的工作就是将特殊的矛盾提升至它**一般的形式**（forme générale）。

不同的概念可以表示出这种程度的变化。马克思就提到过**一般的形式**（forme générale）、**抽象的原则**（hauteur des principes）和**真正的意义**（signification vraie）。这些术语都是用来描述 Vermenschlichung（字面意思是：人化 humanisation）的一般概念。赋予矛盾以一般的形式，就是赋予它以人的意

99

义；即人和他的本质的分离。批判，就是在矛盾的一般形式中发现人的意义（人的意义表现在特殊的矛盾之中）。这两者之间的关系就处在矛盾之中。

让我们看一个具体的例子。在《论犹太人问题》（*Question Juive*）中，马克思批判了鲍威尔关于犹太人解放的提问方式。对鲍威尔来说，问题被归结为基督教国家和犹太人宗教之间的关系。由此，他并不考虑处于一般形式（forme générale）中的国家，而只关注了国家的特殊形态（état particulier）。此外，他只从宗教方面观察犹太教，也不赋予它一般的人类意义。

马克思却在一般的形式中实现了这一转变。从国家/宗教的特殊矛盾，马克思转而关注国家/国家的前提，这就导向了国家/私有制的矛盾。

在这个层面上，根本的矛盾就显示了出来。事实就是人的本质存在于人之外的国家之中。

通过这个例子，我们看到了《1844年经济学哲学手稿》中的批判话语是：

—关于矛盾的根本含义的说明

—对原初的统一体（unité）的重新发现

这个原初的统一体，是指主体及其本质的统一体。而且作为主体的**人**（*homme*）及其本质的统一体，在费尔巴哈的批判中构成了**真理**（*vérité*）的概念。

这个真理的概念使我们能够理解与批判话语相对立的**思辨话语**（*le discours spéculatif*），后者可被定性为一种抽象话语。**抽象**（*abstraction*）的概念在人本主义批判中构成了一个重要的歧义（équivoque）：因为它同时指涉了发生在现实中的过程和某种类型的话语所独有的思维方式。

其实在这里，抽象是在**分离**（séparé）的意义上被理解的。抽象（分离）产生于人的本质和人相分离之际，且它的谓语是在异己的存在中实现。思辨从这种抽象出发，从原初统一体的分化出发。在这个情况下，谓语存在于主体之外。但是，由于主体的本质异化于异己的存在中，所以这个原初统一体分化的同时也构成了一个新的统一体。这才使得谓语能够成为真正的主体。神学家们也是如此。他们从人和人异化在上帝中的本质之间的分化出发，使上帝成为真正的主体。同样地，思辨的哲学——黑格尔哲学——从与人、主体相分离的思维出发，使抽象的理念成为经验的真正的主体。

下面，我们再来看下费尔巴哈的《未来哲学原理》(*Philosophie de l'avenir*)：

> 在黑格尔哲学中，上帝的本质事实上不是别的，就是思维的本质，或从'自我'，从思维的人抽象出来的**思维**（*séparée par abstraction du moi pensant*）。因此黑格尔哲学是将思维，亦即将那被思维作为无主体的，异于主体的主观本质，当成了神圣的，绝对的本质。①

重要的是，在费尔巴哈这里，作为思维工具的抽象本身是没有资格的。所有想要进行科学抽象［在马克思的 1857 年

---

① 〔德〕费尔巴哈：《未来哲学原理》，洪谦译，北京：生活·读书·新知三联书店 1957 年版，第 39 页。

《〈政治经济学批判〉导言》（*Introduction générale*）中所解释的意义上］的思想是有罪的，因为它坚持了从人的经验中分离出来的抽象阶段。

所以，在《关于哲学改造的临时纲要》（*Thèses provisoires pour la réforme de la philosophie*）中，费尔巴哈将抽象描述为异化：

> 抽象就是假定**自然以外**的自然**本质**，**人以外的人的本质**，**思维活动以外的思维本质**。黑格尔哲学使**人与自己**（*l'homme à lui-même*）**异化**，从而在这种抽象活动的基础上建立起它的整个体系。它诚然将它分离开的东西重新等同起来，但是用的只是一种本身又可以分离的间接方式。①

在这里，我们可以预先说明一下，抽象理论令人迷惑的地方在于，马克思在 1857 年《〈政治经济学批判〉导言》中区分的**思维的过程**（*procès de pensée*）和**现实的过程**（*procès réel*）。

为了总结关于批判概念的初步思考，我们可以从中区分出话语的三种可能形态。

——**现象**（*phénomène*）层面的一种话语，只抓住矛盾的一个特殊方面的、单向的话语

---

① 〔德〕费尔巴哈：《关于哲学改造的临时纲要》，洪潜译，北京：生活·读书·新知三联书店 1958 年版，第 5 页。引文中的黑体字表示加重，其中法文版引用的加重情况皆会标出相应的法文原文，除此之外的是根据中文版的加重情况添加。以下皆是如此，不再重复。——译者注

——**本质**（*essence*）层面的两种话语：批判的话语或是真正的本质的发展，思辨的话语或是错误的本质的发展。

现在，我们就能够开始讨论在《1844年经济学哲学手稿》中的批判理论了。

1. 政治经济学层面

我们并不会讨论手稿整个的问题式（*problématique*）。我们倾向于间接地通过文本提出以下的问题：在《1844年经济学哲学手稿》中政治经济学的**地位**（*place*）如何？

马克思并没有在序言中给出政治经济学的概念。政治经济学似乎更像是目录中的标题之一。马克思称，他会对不同**内容**（*matière*）（法律、道德、政治等）进行批判，并且展示出各部分之间的关系，最后再说明思辨哲学是如何使用这些内容来展开自身的。这里并没有对政治经济学的**定位**（*localisation*）。实际上，我们不得不弄清楚两件事情：**经济现实**（*réalité économique*）和**经济话语**（*discours économique*）。

（1）经济现实的无定位

经济并没有作为基础或是关键在这里出场，它并不是处在马克思从《德意志意识形态》（*Idéologie Allemande*）开始所指认的社会经济结构（*structure économique de la société*）的层面上。

经济，也不是由其他异化所产生的根本异化（我指的是卡尔威兹的纲要①）。这些异化从一开始就处在相同的层

---

① 法文见 Jean-Yves Clavez, *La pensée de Karl Marx*, Paris: Éditions du Seuil, 1956。——译者注

面上。

在第一次定位中，政治经济学是和法律、道德、政治一起被视为是人类经验的不同**领域**（sphère）。（在这里我们要强调黑格尔特有的"经验"概念的重要性。这个概念并不是马克思在理论上提出的，但它却使马克思的理论成为可能。在马克思第三个笔记本中关于黑格尔的批判性说明里，经验就是没有被批判的内容。也正是因为这个不被熟识、不被批判的概念隐隐的出现，构成了使青年马克思的批判话语成为可能、使他的科学话语成为不可能的条件。）所以，经济现实只是众多领域中的一个，并且各领域都通过各自的方式表现人的本质的发展和异化。

可是，马克思对经济的第一次定位与第二次定位是背道而驰的。在第三个笔记本中，马克思称，经济异化是真正的生命的异化［与只发生在**意识**（conscience）之中的宗教异化相反］。所以，经济异化的扬弃（suppression）牵涉了其他所有异化的扬弃。

那么这种过渡是如何可能的呢？因为我们看到了经济概念的延伸，它包含了人与自然的一切关系（在生产和消费的概念中）以及人与人之间的一切关系（在交换的概念中）。经济由此覆盖了人的经验的全部领域，它是被经验概念所采纳的形式。

经济现实的定位因此而越界（pêche）了，因为它在这里缺席（défaut）、却在别处过度（excès）。但是，这两方面所产生的结果却是一样的：马克思并没有形成一个独立的政治经济学**领域**（domaine）。

(2) 经济话语的无定位

在《1844年经济学哲学手稿》中,显而易见的是:声称是科学话语的政治经济学问题并没有真正被提出。马克思在第二个笔记本中确实谈及了政治经济学的进展,但却是以犬儒主义、愤世嫉俗的方式:那就是认为经济学家们越来越坦率地承认政治经济学的非人化。

实际上,对于马克思来说,话语只有达及本质,才能成为具有优越性的话语(无论是发现了错误本质的思辨话语,还是发现了真正本质的批判话语)。在我们的认知水平上,经济学家的话语只是对事实(faits)的反思。经济事实和经济科学之间是没有差距(décalage)的。马克思在谈到**政治经济学层面**(niveau de l'économie politique)之时,就没有区分出经济事实和经济科学之间的差距。在马克思的讨论中,**政治经济学层面**(niveau de l'économie politique)一方面是指以竞争、贫困化等现象的人类发展阶段。但另一方面,它也指经济学家话语发生所在的概念阶段。反思的意识对应着的正是现象的次序。换言之,对现象进行反思的认识,也就是马克思在《资本论》中所说的"只是表面运动在意识中的表现"①,古典经济学的概念只是对这种认识的反映。

让我们来看看在第一个笔记本中马克思所说的**经济学规律**(les lois de l'économie)。经济学规律反映了特定的事实情况,后者对应的是特定的政治经济学阶段,也是特定的人类发展阶段。

---

① 〔德〕马克思:《马克思恩格斯全集》(第46卷),北京:人民出版社2003年版,第348页。

就在几个月前恩格斯写作的《国民经济学批判大纲》（*Umrisse zu einer Kritik der Nationaloeknomie*）中，恩格斯的处理方式略有不同：他尝试对政治经济学的**诸概念**（*concepts*）进行批判（比如对价值概念）。他将这些概念的内部矛盾看作是对与私有制相联系的、更根本的矛盾的反映。相反，在马克思的这些手稿中，没有一个经济学概念是这样被批判的。所有的概念在**政治经济学层面**（*niveau de l'économie politique*）上都是成立的。它们确实恰当地表述了事实，只是没有**理解**（*comprennent*）事实。

所以，政治经济学就像是一面反映经济现实的镜子。马克思是在《黑格尔法哲学批判》（*Critique de la philosophie du droit de Hegel*）中明确使用了镜子的比喻：国家是一面反映了市民社会矛盾的真正的意义的镜子。这也同样出现在后来他写给卢格的信中。马克思在其中解释，虽然批判的出发点是无足轻重的，但是有一些特殊的领域能够反映这些矛盾：国家和宗教。正是政治经济学承担起了镜子的功能。

现在，我们就可以理解《1844年经济学哲学手稿》序言的这一句话了：

"我的结论是通过完全经验的、以对国民经济学进行认真的批判研究为基础的分析得出的。"[1]

正是因为政治经济学的话语是这样的一面镜子，所以可

---

[1] 〔德〕马克思：《1844年经济学哲学手稿》，北京：人民出版社2000年版，第3页。

以从阅读经济学家的作品而进入经验的事实分析，继而批判才能够成为对经济现实中存在的诸矛盾的批判。

2. 批判的制订

批判并没有落在政治经济学**术语**（*termes*）的层次上。实际上，它毫无批判地使用了全部政治经济学的概念，尤其是亚当·斯密的概念，来描述经济现象。

批判，更根本地来说，是把文本当作总体进行批判。一旦经济话语的陈述形成了，批判就开始介入。我们将要**超出政治经济学层面**（*au-dessus du niveau de l'économie politique*），从经济学家话语中的矛盾提炼出它的一般形式。

马克思在关于异化劳动的文本开头就已经清楚地解释了这种不同层面的转换，而且这是以"fassen"（表示，解释）和"begreifen"（理解）两个动词之间①的对比为标志的。

> 国民经济学从私有财产的事实出发。它没有给我们说明这个事实。它把**表示**（*fassen*）私有财产在现实中所经历的**物质**（*matériel*）过程，放进一般的、抽象的公式，然后把这些公式当作**规律**（*lois*）。它不**理解**（*begreifen*）这些规律，就是说，它没有指明这些规律是怎样

---

① 在朗西埃引用的法文版《1844年经济学哲学手稿》这一段引文中，fassen 和 begreifen 这两个德语动词分别是对应了法文引文中的"exprimer"（表示）和"comprendre"（理解）。这是朗西埃强调的这两个动词之间的区别。在马克思著作的中文译本中这个区别不是很直接。——译者注

从私有财产的本质中产生出来的。①

政治经济学抓住了表示私有财产运动的规律。但它既没有从规律的内部联系中**理解**（comprendre）这些规律，也没有把它们理解为是对私有财产本质运动的表述。

这一**理解**（compréhension）正是批判本身的任务。它是如何运作的呢？这就要提出关于**出发点**（point du départ）的问题。出发点不可能是一种**抽象**（abstraction），它应该是关于现象的范畴。从另一方面来看，现象在原则上是无关紧要的。这个出发点就是马克思所说的"**当前的经济事实**"（fait économique actuel）。马克思将阐明这一事实，随后再明确提出事实的**概念**（concept）。

> 我们从**当前的**（actuel）经济事实出发。工人生产的财富越多，他的产品的力量和数量越大，他就越贫穷。工人创造的商品越多，他就越变成廉价的商品。物的世界的**增值**（Verwertung）同人的世界的**贬值**（Entwertung）成正比。劳动生产的不仅是商品，它生产作为**商品**（marchandise）的劳动自身和工人，而且是按它一般生产商品的比例生产的。

---

① 〔德〕马克思：《1844年经济学哲学手稿》，北京：人民出版社2000年版，第50页。为方便理解朗西埃所说的 fassen 和 begreifen 这两个德语动词的区别，这段引文的中间一句可译为"它将私有财产在现实中所经历的**物质**（matériel）过程，表示为（fassen）一般的、抽象的公式，然后把这些公式当作**规律**（lois）。"——译者注

这一事实无非是表明：劳动所生产的对象，即劳动的产品，作为一种异己的存在物，作为**不依赖于生产者的力量**（puissance indépendante du producteur），同劳动相对立。劳动的产品是固定在某个对象中的、物化的劳动，这就是劳动的**对象化**。劳动的现实化就是劳动的对象化。在国民经济学假定的状况中，劳动的这种现实化（Verwirklichung）表现为工人的**非现实化**（Entwirklichung），对象化表现为**对象的丧失和被对象奴役**（l'objet et l'asservissement à celui-ci），占有表现为**异化**（Entfremdung）、**外化**（Entäusserung）。①

马克思所出发的经济事实就是贫困化：工人生产的财富越多，他就越贫穷。马克思对这一事实进行了本质的分析。这种事实**展现了**（exprime）某些事情，这种现象展现了一种本质。贫困化反映出了特定的过程，其中**一般的**（générale）和**人类的**（humaine）形式都是异化。

经济事实就这样被制订（élaboration）了出来，使马克思能够揭示其意义。在这两个段落中，我们看到了从一个结构（structure）到另一个结构的转换。在关于经济事实的陈述中，可以看到被加入了新的文本，即描述了异化过程的人本主义批判的文本。贫困化——经济学的——成为了异化（aliénation）——人本主义的（anthropologique）。

所有这些都是发生在我所总结的两层话语范围之内。

---

① 〔德〕马克思：《1844年经济学哲学手稿》，北京：人民出版社2000年版，第51—52页。

—人生产上帝
—工人生产物

人生产上帝，这就是说，人将构成其本质的诸谓语都客观化在上帝之中。现在，当我们说工人**生产**（*produit*）物，这是从生产的庸俗概念出发的。但是这两层话语之间的转化（glissement）都是由于这个概念：它使我们能够在宗教意义上的上帝和人之间的关系模式中，思考工人和他的产品之间的关系。如此，生产的活动就与类活动（activité génétique）等同了起来（人类的活动作为他对自己本质的确认），被生产出来的物就与人的类存在（être génétique）的对象化等同了起来。所以，产品增加资本的力量的事实就表现为异化的最后阶段，其中人变成了他的客体的对象（l'objet de son objet）。

这样，宗教异化的图表（schéma）就投射（projeté）到了工人—产品的关系之上。事实上，在宗教异化中确实存在着人及其产品之间的一致性。上帝只是人的谓语。所以，上帝是完全透明的对象，在其中人能够辨识出自己，而且异化的结果必然是人重新占有他投射到上帝之中的对象化。主—客体之间的透明关系——这既是宗教批判的基础，也被物的本质所证明——就被马克思引入至工人及其产品之间的关系之中了。工人的产品就被看作是：工人理应通过这些产品辨识出他自己。

这种转换之所以是可能的，正是因为在"生产"的概念、"**物/对象**"（*objet*）的概念上玩的是**双关的文字游戏**（*jeu de mots*）。工人生产物的说法看似是无辜的，但在物的概念上引入了费尔巴哈的对象的概念。费尔巴哈在《基督教的本质》(*L'Essence du Christianisme*) 中说过:

> "人之对象,不外就是他的**成为对象的本质**。"①
> "主体**必然**与其发生**本质**关系的那个对象,不外是这个主体**固**有而又**客观**的本质。"②

工人所生产的物就像是费尔巴哈的对象,是主体固有的本质的对象化。

批判之所以能够成立,是由于**生产**(*production*)、**物/对象**(*objet*)这些术语,完成了从经济学含义向人本主义含义的转换,由此这两个概念就颠覆了引文原本的话语。

我们称这使得经济学规律转变成人本主义规律(矛盾的一般形式)的过程为:**句构歧义**(*amphibologie*)。

3. 句构歧义③及其基础

一方面,是前面提及的异化的结构。

颠倒(inversion)就发生在异化之中:人的类生命成为

---

① 〔德〕费尔巴哈:《基督教的本质》,荣震华译,北京:商务印书馆1984年版,第42页。

② 〔德〕费尔巴哈:《基督教的本质》,荣震华译,北京:商务印书馆1984年版,第33页。

③ 句构歧义(amphibologies),原义是指语句在表达的意义上的含混、模棱两可,和所谓的双关语有相似之意。但在这里,朗西埃更明确的是指马克思在早期的人本主义阶段中,在对政治经济学进行批判的过程中,赋予了关键范畴双重的内涵,以便完成其人本主义批判。——译者注

个体生命的手段，人的本质成为生存的手段。所以，在《论犹太人问题》中，马克思说明了《人权宣言》是如何构成了政治生活，后者既象征着人的类生活，也是仅仅用于保护资产阶级社会成员的利己利益的手段。

另一方面，是一个经济概念，即**生活资料**（*moyens de subsistance*）的概念。我们知道，根据古典经济学，劳动价值等于工人所必需的生活资料的价值。同时，我们也知道在《资本论》中，马克思对劳动价值概念本身进行了批判，认为这只是对**劳动力**（*force de travail*）价值的不合理的表达。但在现在我们所处的文本中，并没有发生这样的批判。相反地，提出了下列等式：

工人的劳动 = 工人为获取生活资料的活动

可是，在青年马克思的人本主义思想中，劳动是人的类生活的表现。所以，

工人的劳动 = 工人的类活动的表现

因此：

工人的类活动的表现 = 工人为获取生活资料的活动

或者：

> 类活动的表现 = 维持个体生存的手段

我们看到了异化的特征之一，手段/目的的相互颠倒（renversement）。作为手段的生活资料的概念，就有效地帮助人本主义结构（structure anthropologique）对经济规律进行覆盖。

在这里，我们还可以指出这样操作的一个例子——虽然马克思自己并没有明确说明这个例子，但以它为基础，仍然展现了马克思话语的可能性。我们需要借助手稿中的其他概念进行类似的说明。现在，我们就可以列出一张关于句构歧义的表格，从中我们可以看到古典经济学的术语及术语之间的关联（规律）是如何直接移植到批判话语（人本主义的）之中的。

句构歧义的表格（*Tableau des amphibologies*）

经济学（*Economie*）	批判（*Critique*）
工人	人
劳动	类活动
产品	对象
资本	异己的存在（fremdes Wesen）
生活资料	食物（Lebensmittel）
价值	价值（Wert）= 尊严（Würde）
交换	共同体
贸易	交往（Verkehr）
财富	财富（费尔巴哈的感性 Sinnlichkeit）

相关的对立概念的表格（*Tableau des oppositions pertinentes*）

人 手段	物 目的

对句构歧义表格的评注

（1）第一种句构歧义是工人/人的意义含混。

这一过程的主体最初是工人。所以，我们可以认为最初是从阶级斗争的观点出发的。事实上并非如此。在文本的第二段，工人成为了**生产者**（*producteur*）。随后，生产者仅仅变为了人。

重新回到文本的开头：

"工人生产的财富越多，他的产品的力量和数量越大，他就越贫穷。"[1]

现在将这句话与第三笔记本的文本相对比：

"人作为人更加贫穷，他为了夺取敌对的存在物，更加需要**货币**，而他的**货币**的力量恰恰同产品数量成反比，就是说，他的需求程度随着货币的**力量**的增加而日

---

[1] 〔德〕马克思：《1844年经济学哲学手稿》，北京：人民出版社2000年版，第51页。

益增长。"[1]

异化就成为了普遍的人的异化。

（2）价值范畴的句构歧义在文本中提及的增值/贬值（Verwertung／Entwertung）这一对范畴中清晰可见。古典经济学的价值概念，隐隐受到了价值的道德概念的影响，后者实际上回到了（康德的）**尊严**（*dignité*）的概念。

（3）交换范畴的句构歧义主要集中在马克思的阅读笔记中，其中马克思评论了他写作《1844年经济学哲学手稿》前就已读过的经济学家们。交换在人本主义中被理解为主体间性（intersubjectivité）。在政治经济学中，交换看似是人的共同体（Gemeinwesen）的异化形式。交往（Verkehr）的概念也是保留着主体间共鸣的内涵［即使在《德意志意识形态》中，**交往形式**（*Verkehrsform*），作为与**生产关系**（*rapports de production*）相等同的概念，本身还保留了人本主义的内容］。

（4）除了**财富**（*richesse*），其他的句构歧义我们都已经给出了解释。所以，财富是我们必须回到的概念。

现在，我们能够定义作为批判特征的**理解**（*begreifen*）概念了。它就是指一种特殊的解决方法，即替代等式中的各个术语，而且矛盾就是在这里被提出的。

举个例子来看，这些等式就是：

物的世界的增值 = 人的世界的贬值

---

[1]〔德〕马克思：《1844年经济学哲学手稿》，北京：人民出版社2000年版，第120页。

或者是：

> 劳动的价值 = 生活资料的价值

当我们获得了以下的根本的等式时，我们就找到了解决的方法：

> 人的本质 = 异化的存在

这个等式实际上向我们展示了矛盾的原则，即人的本质与作为主体的人的分离。这种分离在《1844年经济学哲学手稿》中是通过**异化劳动**（*travail aliéné*）的概念表现出来的。而且，异化劳动是作为所有等式的解决方法的**概念**（*concept*）（Begriff）① 被提出的。

从这个概念的规定性出发，如何可能构建起对政治经济学的批判话语呢？马克思是这样告诉我们的：

> 正如我们通过**分析**（*analyse*）从异化的、**外化的劳动**（*travail aliéné*）的概念得出**私有财产**（*propriété privée*）的概念一样，我们也可以借助这两个因素来阐明国民经济学的一切**范畴**（*catégories*），而且我们将重新发现，每一个范畴，例如买卖、竞争、资本、货币，不过是这两个基本因素的**特定的、展开了的表现**（*expression*

---

① 并列的括号分别列出该词汇对应的法语与德语，后同。——编者注

determinée et développée）而已。①

这意味着，我们可以从已经提到的所有经济政治学概念中找到上面所说的结构。这并不会让我们惊讶：因为对句构歧义过程的研究指示着我们，可以从任一个概念出发，都可以发现根本矛盾的表现形式：本质和主体的分化。

我们可以用另一种方式来阐述**理解**（*begreifen*）的概念，即回到我们最初的关于语言的比喻：**理解**揭示出了埋藏在经济学陈述之下的、更为根本的语言。**理解**的运动——它涵盖了众事实之间的关联——是人在其中表述人的经验的语言。

或者，如果愿意，也可以这样说：批判是翻译，而我们的句构歧义图表则是字典。但是，这是一部非常特殊的字典。我们在其中找到了术语与术语之间的对称性，而且不仅是关于术语的，还有相互对应的描述本身。

这只可能出现在特殊的相遇中：清晰的人本主义话语和古典政治经济学中隐含的人本主义话语之间的相遇。事实上，我们此时关注的政治经济学是"前批判"（pré-critique）的经济学，因为它并没有经受过马克思在《资本论》中发起的根本性的批判。此时的政治经济学，虽然谈及了生产一般，却并没有形成关于生产方式（un mode de production）的特殊性（spécificité）的概念；它是从经济主体的活动出发构想经济的发展。

具体来说，可以以古典经济学的资本是劳动的积累的定

---

① 〔德〕马克思：《1844年经济学哲学手稿》，北京：人民出版社2000年版，第63页。

义为例。我们可以很清楚地看到：此处显示出来的人本主义纲要，直到马克思在《资本论》中将资本定义为**生产关系**（rapport de production）才被彻底根除、以此实现了经济学话语越过人本主义领域、进入科学领域的根本转变。同样地，在布阿吉尔贝尔（Boisguillebert）著名的文本中，货币本应是人的奴仆、却成为了人的主人，这就走向了人本主义式的批判。因此，马克思所关心的政治经济学就是这样担负着一种隐含的人本主义。在各种具体的情况下，它总是在**社会理论**（théorie de la société）的框架内或多或少地展现自己。这种社会理论回到的是人的主体性的理论（可以表现为需要的理论、利益的理论、情感的理论），主体间性的——作为主体的人之间的关系——理论，以及人与自然之间的关系的理论。像是**交换**（échange）、**工业**（industrie）等支撑该讨论域的概念，很大程度上受到了心理学或人本主义的影响。所以，青年马克思的人本主义理论，是人与自然、人与人之间的关系的一般理论。同样地，在古典经济学中也隐含着关于自然秩序及其堕落的理论（我们已经在文中提到过的关于布阿吉尔贝尔的例子）。而异化理论正是对这一堕落的理论的系统化。所以，人本主义批判就表现为是对古典经济学中隐含着的人本主义话语的阐述和系统化。

（我仅仅只是以极其概括的方式提出了这一问题。自然，本应对此做更深入的研究。可能可以提出不同的双重关系的问题，或许也能达到相同的效果，如：手稿中的劳动、异化等概念和黑格尔关于这些概念的理论之间的关系，以及黑格尔和政治经济学的关系。）

现在让我们更确切地指出，是什么使得这人本主义话语和古典政治经济学话语能够重叠。回想下句构歧义的表格，是什么使得表格中从一栏向另一栏的对应翻译成为可能，这就是因为共同的**承担者**（support）的存在。

句构歧义的承担者是**主体**（sujet），主体的**人**（homme）。

为了考察承担者是如何运作的，我们先要考察下以下的文字：

"我们的出发点是经济事实即工人及其产品的异化。我们表述了这一事实的概念：**异化的、外化的**（rendu étranger, aliéné）劳动。"①

批判得以转化的条件是，主体—谓语—客体这一结构能够运作，而这多亏了主有概念的引进：**他的**（sa）生产。可是，我们很少关注这一点，认为这种从属关系——关于大工业中的工人——仅仅浮于表面，并不具有重要的意义。不过，正是这一关系的引入，经济现象的领域才能以主体为中心。主体并不定位在**工人**（ouvrier）之中，而是在**他的生产**（sa production）之中。换言之，正是谓语的显现决定了主体。

那么，这个"他的"，即主体/谓语的从属关系，是如何被引入的呢？这就是从自身引出的**生产**（production）概念。由于生产概念并没有像在《资本论》中那样被科学地定义［即科学地将它放入**过程**（procès）之中］，在这里它仅仅是

---

① ［德］马克思：《1844 年经济学哲学手稿》，北京：人民出版社 2000 年版，第 59 页。

指发生在主体的活动层面（la sphere d'activité d'un sujet）上的、处于主/客体关系之中的行动。概而论之，由于古典经济学的概念（社会、产品、财富、收入等）并没有被批判，所以正是这些概念才决定了主体的地位。

如果我们像在《资本论》中那样预估和处理这里所说的**生产**概念，将它与**生产过程**（procès de production）的概念相联系，我们就可以看到，在《资本论》中正是生产关系的概念通过对经济范畴的去主体化（désubjectivation）才取消了这种句构歧义性。而此时，由于生产关系概念的缺席，使得主体/人成为了经济范畴的必要的承担者。

现在，我们知道了为什么对政治经济学术语的无批判正是批判政治经济学的前提条件，政治经济学**领域**（domaine）的无规定性（non-détermination），作为人本主义过程的表现，是如何成为经济现象的规定性（détermination）的前提条件。

这就意味着，提出"在《1844年经济学哲学手稿》中是什么代表了政治经济学"的问题，并不是无关紧要的。如果参照马克思在第一笔记本中引用的文本，我们会发现，政治经济学的代表可以归为两类：大多数都是引自亚当·斯密，其他的则是引自比雷（Buret）和西斯蒙第（即揭露李嘉图的"厚颜无耻"的人本主义批判）。在这些文本中，马克思引出了**政治经济学的规律**（lois de l'économie politique），并且将其移植到人本主义的理论中。另一方面，在第一笔记本引用的文本中存在着一个全—不在场（quais-absence）的现象：那就是完全没有提到李嘉图。毫无疑问，李嘉图主要在第二笔记本中被多次提及，他无耻地提出了政治经济学所有非人的后果。但是，马克思并没有在这里反思，是什么造就了处在古典经济学中心的李嘉图的独创性。李嘉图是在**政治经济学内部**（*l'intérieur de l'économie politique*）揭示了本质和现象的差别。可是，对于青年马克思来说，这种差别是发生在经济学话语之外的。这就决定了经济学话语和揭示其**意义**（*sens*）的批判话语之间的差别。

在《资本论》中，马克思把握住了李嘉图的独创性，并且在这个基础之上，指出他与代表了古典经济学之根本的李嘉图概念之间的差别。而在《1844年经济学哲学手稿》中，李嘉图看似是抽象的人，因为他将竞争看作是偶然发生的事，他否认表面的经济现象只为了提出他的抽象概念（这正是马克思在他的阅读笔记中批评李嘉图的内容）。

通过这种方式，李嘉图降低了经济学中主观因素的重要性。但青年马克思只把它看作是对政治经济学规律的非人性的表达。

说马克思并没有在真实的层面上理解李嘉图的重要性，这是因为，我们在手稿中看到的主要不是对**政治经济学原则**（*principes de l'économie politique*）的批判，而是真实的**财富理论**（*théorie de la richesse*）（随后我们将看到这是我们必须要理解的内容）。

对相关的对应概念表格的评注

我在句构歧义的表格下已经提到，我称之为**相关的对立概念的表格**：人/物，手段/目的。正是这些对比为人本主义话语提供了意义。同时，经由它们，我们被引入了这些对立的概念所在的康德哲学的道德领域。

这里，我只想建议大家注意一个问题：虽然已经有了非常丰富的关于马克思和黑格尔关系问题的专题研究，但是还没有人研究过康德和马克思的关系，它可能对了解青年马克思的批判和成熟马克思的批判之间的断裂具有关键的作用。

我们可能会质疑，青年马克思所在的阵地并不是由康德哲学的概念（他律/自律、人/物、手段/目的）划定的。这就需要研究在《资本论》中这些成对的概念的位移、转换情况，比如人和物的对立就被**承担者**（*support*）和**人格化**（*personnification*）所替换。同样地，我们也会讨论，在何种程度上，资本主义生产方式的手段和目的的概念导致了上述的去主体化（désubjectivation）。

这些评注有助于解释为什么在第三笔记本中发生的对第一笔记本的问题式的超越，是黑格尔主义式的超越。

4. 矛盾的发展：历史和主观性，或，动力和动机

关于批判的讨论让我们能定义根本的矛盾：人在他对象中的丧失，人与他自己的分离，人的本质在私有财产运动中的异化。

我们知道《1844年经济学哲学手稿》的问题式的理论方法是如何发展的：异化劳动首先表现为私有财产的结果，但是这一分析透露出私有财产本身是异化劳动的结果。异化劳动的**起源**（*origine*）问题就此提出：要么是，异化劳动是个偶然，我们就回到坏的历史的起源的问题式，与启蒙哲学的问题式相似；或者是，异化是个必然的过程，为人性的发展

所固有。而马克思在第三笔记本中正是选择了第二种解决方法，认为人的本质的异化是人类世界实现的前提。

再一次，我们并不打算走到马克思明确的问题式的中心去。我们的目的是回答以下的问题：主体的经济活动和私有财产的历史发展——后者使得政治经济学领域的建立成为可能——之间的关系是什么？

这个问题的提出是一个特殊的不幸的人物，也是我们讨论《资本论》时会再次遇上的人物，那就是资本家。

所以，我们将从马克思引用的亚当·斯密的话开始：

"最重要的劳动操作是按照投资者的规划和盘算来调节和指挥的。"①

我们可以看到，马克思多次回到了资本家主观性——它作为经济发展的动力——的规定，认为经济活动是由资本家的规划所调节的。有两个概念都表达了资本家主观性的作用：兴致（Laune）和计算（Berechnung）。在第三笔记本名为"在私有财产制度和社会主义之下的人的需要的意义"② 一章中，这种主观性和计算的理论就十分明显。这就引入了关于政治经济学的新的规定：**计算**（calcul）的科学。比如，劳动价值的规律反映出，政治经济学为工人精打细算出了尽可能

---

① 〔德〕马克思：《1844年经济学哲学手稿》，北京：人民出版社2000年版，第25页。

② 中文版对应处为［私有财产和需要］一章，详见《1844年经济学哲学手稿》，北京：人民出版社2000年版，第120页。下同。——译者注

紧密的生活。政治经济学在此处被认为是——在恩格斯的文章中这已经被提及了——资本家主观性的直接表达。**政治经济学的规律**（lois de l'économie politique）就成为了表露资本家意愿的指令。而这些规律之所以反映了经济现象，是因为它们决定了私有财产的发展。

这就是文本中所说的"遵从经济规律"①"按经济学的命令行事"②。因此，工人遵循经济规律的同时，也遵循着资本家计算的指令，并且经济学家只是后者的代言人。

但是，资本家的主观性——我们已经研究过它的功能——就会这样在私有财产的运动中、在政治经济学的发展阶段中逐渐消失吗？这又是怎么发生的呢？

第一个引起马克思这样思考的是亚当·斯密的**竞争**（concurrence）模型，它解释了主观行为之间的平衡和作为利己利益结果的社会和谐的形成。马克思在手稿中回顾了这个模型③。我们可以评价一下：《1844年经济学哲学手稿》中竞争的重要性——甚至在恩格斯的作品中——显示出了此时政治经济学批判的意识形态性质，即在真正的运动和表象的运动之间（马克思在《资本论》中才把它们区分开来）的混淆。但是，在手稿中马克思并没有保留斯密的模式，他批评了斯密竞争导致利润下降的观点。

---

① 〔德〕马克思：《1844年经济学哲学手稿》，北京：人民出版社2000年版，第125页。

② "按经济学的命令行事"是法文版《1844年经济学哲学手稿》中添的小节标题：se conformer aux enseignements de l'économie. ——译者注

③ 〔德〕马克思：《1844年经济学哲学手稿》，北京：人民出版社2000年版，第26页［VIII］。

另外，马克思在"人的需要的意义"一节中采用了第二种模型，即马克思发展了从挥霍的财富向工业的财富转变的理论。其中，辩证的第一阶段就是资本家享受挥霍财富。这一阶段逐渐消失、进入第二阶段，也就是**计算**（calcul）阶段。这个阶段里，精打细算的资本家是产业资本家，他从享受挥霍财富转而享受计算财富，他所处的阶段也是私有财产发展的最后阶段。

> 享受服从于资本，享受的个人服从于资本化的个人，而以前的情况恰恰相反。因此，利息的减少只有当它是资本的统治正在完成的征兆，也即当它是异化正在完成因而加速其扬弃的征兆的时候，才是资本的扬弃的征兆。①

那么，为什么计算的资本主义会先于资本家的扬弃呢？这是因为资本家的主观性（计算）创造出了一种对象性，资本家的主观性正是消失在这种对象性中。而且，该对象性还使得终结异化成为可能：通过所谓的**财富**（la richesse）。

让我们清楚地说明这里出现的句构歧义。财富，作为精打细算的结果，显示了人的力量。它代表了通过异化才得以实现的感性世界的人化，这个运动的结果就是，这个世界的自然物变成了**人的**（humain）自然物，并且构成了这样的一个世界，其中人能够发现和认识他自己的本质。而异化的本

---

① 〔德〕马克思：《1844年经济学哲学手稿》，北京：人民出版社2000年版，第132页。

质在异化劳动的形式下构成了财富。

所以，句构歧义就在于：包含在财富概念（经济的）之中的是**感性**（*Sinnlichkeit*）的概念。在费尔巴哈那里，感性是可感知的外在，人在其中认识他自己。而对马克思来说，这种认识，这种感性（感性现实）和**人**（*humain*）的同一性只是一个结果，只是创造财富的异化劳动的结果。

> "只是由于人的本质客观地展开的丰富性，主体的、**人的**（*homme*）感性的丰富性，如有音乐感的耳朵、能感受形式美的眼睛，总之，那些能成为人的享受的感觉，即确认自己是**人的本质力量的感觉**"①。

在这里，我们可以看到私有财产的发展中的**经济主体**（*sujet économique*）的消失。正是在经济主体消失的过程中，运动的真正主体，**人类**（*humanité*）才显现。在资本主义的**动机**（*motif*）中，是人的本质的发展。它为自己开辟道路，并起到了动力（*moteur*）的作用。

这里关联着的是《哲学史讲演录》（*Leçons sur la philosophie de l'histoire*）前言中的黑格尔的模型。历史的真正的主体为了实现它的规律而利用了虚假的主体性。历史的真正动力（*moteur*）是人的本质。并且，财富的阶段就是，人类可以在感性的世界中重新占有和重新认识自己。

那么，现在我们就能够确认什么是**政治经济学层面**了。

---

① 〔德〕马克思：《1844年经济学哲学手稿》，北京：人民出版社2000年版，第87页。

政治经济学的阶段是财富的主体本质——劳动——显现的地方。政治经济学的话语将人的本质看作是财富的本质，但它并不知道这是本质的异化，也不知道作为财富源泉的劳动是**异化劳动**（*travail aliéné*）。经济学所认识的人的本质其实是人异化了的本质。

同时我们也理解了我们在第一部分中强调的——在**政治经济学层面**中**经济现实**（*réalité économique*）和**经济话语**（*discours économique*）之间的差距的不在场（即并没有区分这两者）：政治经济学层面这一概念指向的是**人的经验**（*expérience humaine*）发展的特定阶段，这一点我们在一开始就已经提到了，它是人类特定的**自我意识**（*conscience de soi*）。但是，这种自我意识是对自我的间接认识：人类只是在异化的形式中了解他的本质，或者说，它只是通过诸规定性中的一种了解他的本质（马克思说，政治经济学只把人看作是资本家或是工人，只把劳动看作是以获利为目的的活动）。因此，通过把经济学的历史处理为人和自然、人和人之间关系的人本主义的历史，通过把经济的对象性放到**主体间性**（*intersubjectivity*）和**感性**（*sensibilité*）（Sinnlichkeit）的形式中去理解，马克思就成功地说明了对象性是如何消失在人的经验的辩证法中，而这种辩证法最终只是**自我意识**（*conscience de soi*）的辩证法。

5. 批判的话语和科学的话语

如果我们将批判话语的所有要素都集中在一起，我们就会发现，它们都描述了一种特定的形象，那就是科学话语之所以**不可能的条件**（*conditions d'impossibilité*）。

批判话语的出发点是对**抽象**（*abstraction*）的拒绝。它所涉及的实际上是**主体的历史**（*histoire d'un sujet*）。因为思维的抽象是与现实要素的分离，所以抽象只能思考从主体的历史中分离出来的阶段，它并不可能全面理解主体的历史。

但是，批判话语通过它关于具体的理论，认定它的话语只是一种**覆盖**（*redoublement*）。它是对自己的开端的覆盖，也就是说，是对从日常经验和既成话语得来的内容的覆盖。

为了说明这一点，我们打算使用阿尔都塞提出的**理论实践**（*pratique théorique*）[3]的框架。

我们知道，理论实践是生产出具体对象——认识——的加工过程。在"理论"或是一般Ⅱ的概念群的中介下，它加工已被给出的、也就是已被先前的理论实践（一般Ⅰ）加工的诸一般，从而生产出新的概念群，新的认识（一般Ⅲ）。

在这里，一般Ⅰ代表的是古典政治经济学的**经济学概念**（*concepts économiques*）。一般Ⅱ是人本主义理论，其中劳动——它由如**说明**（*Erklärung*）、**人化**（*Vermenschlichung*）、**理解**（*begreifen*）等术语所指示——生产出了生产、劳动、财富、异化的存在等人本主义概念。我们可以通过两个角度来说明这一转变的加工过程。

1. 从一般Ⅰ和一般Ⅲ之间的关系的角度。我们已经看到，人本主义的概念是对经济学概念的**翻译**（*traduction*）。所有的加工都是基于这种翻译的活动。并没有生产出任何一个新的**经济学**（*économique*）概念。

2. 从一般Ⅱ和一般Ⅲ之间关系的角度。"理论"的概念群（一般 II），如本质、异化、类活动等概念，只是在一般 III 的人本主义概念群中再现、重复而已。

如此，批判的加工过程就只是理论实践的漫画、**无概念的形式**（*begriffslose Form*）。在这个加工过程的特殊结构中，它没有加工出任何其他东西，而只透露出了青年马克思的**意识形态话语**（*discours idéologique*）。

我们可以看到隐藏在青年马克思的抽象理论中的所有预兆。在 1857 年《〈政治经济学批判〉导言》中，将科学从意识形态中区分开来的试金石也是关于抽象的理论，这就不是一种巧合。大部分曲解马克思主义理论的共同之处在于，它们都基于关于具体的某种意识形态，这也不是一种巧合。

同样地，我们可以看到，抽象的理论/主体的理论是如何使得青年马克思关于政治经济学领域的问题、不可能在**对象性的领域**（*un domaine d'objectivité*）中被提出。

实际上，在青年马克思的文本中：

1. 对象性的建构变成了主体的历史的发展。

潜在的**经验**（*expérience*）概念消除了建构科学**领域**（*domaine*）的可能性。

2. 另一方面，如果只关心人的本质的历史，那就不可能形成**特殊的对象性**（*objectivités spécifiques*）——只有特殊的对象性才会带来特殊的**科学话语**（*discours scientifiques*）。实际上，我们到处可见的是相同的历史，都是人的本质的历史。

这就是费尔巴哈在《关于哲学改造的临时纲要》中所说的：

"从语言上说,'人'这个名称既然是一个具体的名称,然而从实际上说,却是一切名称的名称。'多名'这个宾词当然是属于人的。人经常所称呼的、所说出的东西,也经常说出了他自己的本质。"①

人的名称(*nom d'homme*),不仅是我们应该在每个对象中去挖掘的内容,也是我们应该在青年马克思批判理论的每条论点中去重新挖掘的**关于人的理论**(*théorie de l'homme*)。

我们可以把它们划入以下的表格中:

批判的理论——出发点无差别的论点
　　　　　——镜子的论点
　　　　　——非抽象的论点
矛盾的理论——矛盾的概念,就像是主体和他的本质之
　　　　　　间的分离,以及主体和行为之间的颠倒。
对象性的理论——在主体的历史发展中形成的对象性。
　　　　　　　它并没有涉及关于特殊的对象性的
　　　　　　　领域。

所有这些批判理论的论点互相映衬,展现了同一个关于人的理论。

而人的理论在《1844年经济学哲学手稿》中完成了自身:在第三笔记本中关于共产主义的段落里,我们可以看到它的完成形式。

在马克思描述黑格尔辩证法的文本中——马克思定义共

---

① 〔德〕费尔巴哈:《关于哲学改造的临时纲要》,洪潜译,北京:生活·读书·新知三联书店1958年版,第18页。

产主义所用的正是黑格尔用来定义**绝对认知**（savoir absolu）的相同的术语——我们看到的是极具逻辑的严谨性、同时也不堪一击的话语体系（这种薄弱体现在提出了实际的革命行动的理论框架）。

另外，这种讨论并没有下文。批判发现的新的对象——政治经济学——看似已被批判全部吸纳了。实际上，正是这个新的对象，即将带来批判模式的爆裂和马克思问题式的整体重构。

二、《资本论》中的批判和科学

引　言

这里将介绍的是马克思理论视野的重组，也就是从青年马克思的意识形态话语向马克思的科学话语的过渡。实际上，毋庸置疑，这样系统的论述已经假设了马克思主义的科学性概念能够被充分把握，并且可以在统一的话语中被叙述出来。所以，我将使用从不同的观点、不同的地方出发的方法，逐次逼近《资本论》中马克思话语的特殊性。

总体上，马克思不再称这种特殊性为批判，而是称为**科学**（science）。在马克思1862年写给库格曼的信中，他将《资本论》看做是"使一门科学革命化的科学尝试"[①]。这个革命化现有的科学领域的计划，完全不同于青年马克思人本

[①] 〔德〕马克思：《马克思恩格斯全集》（第30卷），北京：人民出版社1974年版，第637页。

主义批判中读出隐性话语（sous-discours）的做法。不过，从《资本论》的副标题就可以看到，马克思仍然使用了"批判"这一术语来标记这个新的计划。他在1858年2月22日写给拉萨尔的信中就这样说道：

> "应当首先出版的著作是对**经济学范畴的批判**（critique des catégories économiques），或者，也可以说是对资产阶级经济学体系的批判。这同时也是对上述体系的叙述和在叙述过程中对它进行的批判。"①

在讨论科学的革命化计划中这些问题的时候，我将假定以下的观点是被熟知的，它们主要是：

1. 关于马克思在1859年的《政治经济学批判 第一分册》序言中给出的**社会的经济结构**（structure économique de la société）中的**经济现实**（réalité économique）的定位。也就是假定，历史唯物主义的概念群是被熟知的。

2. 关于马克思在1857年《〈政治经济学批判〉导言》中提出的方法论的问题式（la problématique de la méthode）。

而我将提出的问题就是：

如果马克思革命化了科学、建立起一种新的科学领域，那么这一领域的布局如何？如何理解它所面对的各种对象以及这些对象之间的关系？

---

① 〔德〕马克思：《马克思恩格斯全集》（第29卷），北京：人民出版社1972年版，第531页。

如果马克思通过批判经济学范畴建立起了新的科学,那么新的科学与古典经济学的本质区别是什么呢?更深入地说,在马克思的理论中是什么使得他能够理解被他驳斥的——古典经济学和一般经济学的——经济学话语?同时如前所说,我也将提出另一个问题:《1844年经济学哲学手稿》的人本主义问题式在《资本论》中变成了什么?

最后的这个问题也可以参考对马克思的另一种阐释,那就是德拉·沃尔佩(Della Volpe)学派的阐释。根据该学派的解读,为了批判古典经济学,马克思在《资本论》中使用了他在1843年的《黑格尔法哲学批判》(*Kritik des hegelschen Staatsrechts*)(*Critique de la philosophie de l'Etat de Hegel*)手稿中就已建立的批判模式。

在这个文本中,马克思运用了费尔巴哈的批判模型,即主体/谓语的颠倒(renversement),来批判黑格尔的法哲学,力图揭示出黑格尔一贯的做法是将自主的谓语变为真正的主体。

为此,马克思举了关于主权(souveraineté)概念的例子。他认为,主权就只是国家的诸主体的精神。所以,主权就是实体性的主体的**谓语**(*prédicat*)(马克思将主语看作是主体ὑποκείμενον、实体)。在异化中,这个谓语,即国家诸主体的精神,是从它的主体中分化而来的,它表现为国家的本质。黑格尔通过这一外化于主体和谓语之外的存在展开了思辨:通过一个新的分离,他将主权从现实的国家中分离出来,并将其化为理念、一种**自主的**(*autonome*)存在。

这种自主的存在理应有其**承担者**(*support*)。而这个承担者是由黑格尔的理念（Idée）提供的，也就是马克思所说的神秘的理念（Idée mystique）。主权就成为了神秘理念的一种规定性。

一旦抽象运动完成了，黑格尔就开始相反的运动，再下降到具体之中。抽象的理念和具体的经验现实之间的联系，就只能通过**化身/道成肉身**（incarnation）这种神秘的方式实现。通过这个化身的过程，抽象的规定性就得以在具体中实现。神秘的理念将在具体的个人之中化身为：君主。在黑格尔看来，君主就是主权的直接存在。

我将在下面的图表中概括这个运动。

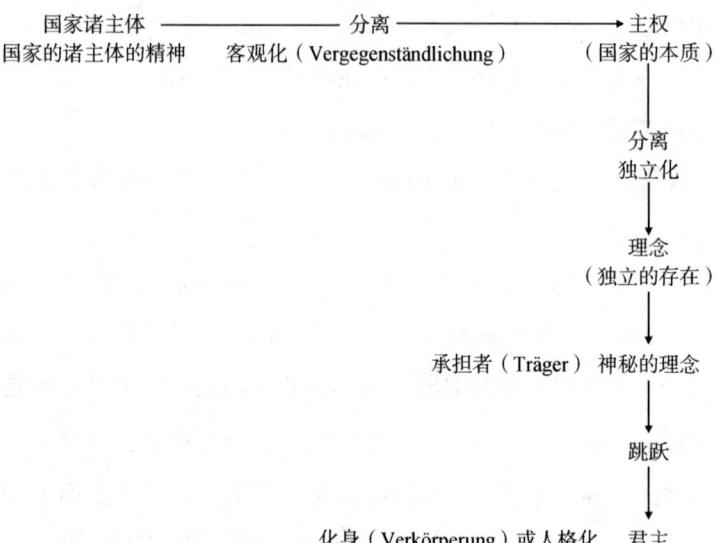

马克思把这个运动称做**实体化**（hypostatisation）。它在于，将谓语从主体中分离出来，并将其实体化为一个抽象的范畴，这个抽象范畴随后化身为任意一个经验的存在。马克思也解释道，我们面对的是从经验向思辨（抽象和独立化）、从思辨到经验（化身）的颠倒。所以，这个批判模型是由两组对比主导的：主体/客体和经验/思辨。

根据德拉·沃尔佩的说法，马克思后来在《政治经济学批判 第一分册》和《资本论》中批判古典政治经济学时也使用了该模型。古典政治经济学将经济范畴从它们的主体——即特定的社会——中分离出来，将其实体化为一般条件，即生产的永恒的规律。随后，它将资本主义生产方式的特定的、历史的经济范畴看作是一般范畴的化身，就从思辨转向了经验。

另外，还可以从马克思1857年《〈政治经济学批判〉导言》中对斯图亚特·穆勒（Stuart Mill）的批判里，清楚地看到他对这个模型的运用。在穆勒看来，私有财产是"占有"这一抽象范畴的经验存在。穆勒说，对人类来说，不存在不**占有**（appropriation）自然的生产。所以，**所有权**（propriété）是所有生产的一般条件。占有这个抽象范畴也就化身为所有权的一种特殊形态，即资本主义的私有财产。

从马克思的这些文本以及1857年《〈政治经济学批判〉导言》中的"特定的抽象"（l'abstraction déterminée）出发，德拉·沃尔佩总结了马克思的批判工作：马克思用特定的（历史的）抽象取代不确定的、一般的抽象或实体，来反对古典经济学。

这样的解释似乎忽略了一个关键的问题：那就是使1843年《黑格尔法哲学批判》手稿的模式能够发挥作用的**必要的理论条件**（conditions théorique nécessaire）。如果沃尔佩的判断是成立的，那就意味着主体/客体、经验/思辨这两组对比，即《黑格尔法哲学批判》的理论模型，必须内生于《资本论》的理论场域（champ théorique）。

这就首要要解决主体的问题。为了证明这个模式能够在《资本论》中发挥作用，**社会**（*société*）就应该像人类在人本主义话语中那样承担起主体的角色。在1857年《〈政治经济学批判〉导言》的两篇文章中，马克思确实是将社会当作是主体。但是，马克思在别处批评过将社会当作主体的做法，而且我们还会看到，这与马克思在《资本论》中使用的概念群也是不相容的。

第二，由于经验/思辨模型的应用必须以经济现实和经济话语之间的特定关系为前提，所以如果这种关系在《资本论》中不再存在，那么这一组模型将不再起作用。

正是在这个问题式的基础之上，我将尝试勾勒出《资本论》中马克思"政治经济学批判"的特殊性。而这也将告诉我们，这里是否确确实实发生了一场理论场域的改变。

1. 起点的问题和批判的问题

（1）价值和价值形式

我们都知道马克思在1857年《〈政治经济学批判〉导言》中提及的关于科学**起点**（*point du départ*）[①] 问题的重要

[①] 关于"point du départ"的翻译，为了方便读者对应马克思著作的中文译本，前文中按照《1844年经济学哲学手稿》中文译本翻译为"出发点"，这里按照《1857—1858年经济学手稿》中文译本翻译为"起点"，其实含义是一致的。——译者注

性。这个问题的基本特征是在《资本论》中确定的。比如，马克思在《资本论》第二卷中批评斯密时，就指出斯密的错误和矛盾的源泉应该在他的"科学的起点"① 中寻找。所以，应该从这个角度来定位马克思和古典经济学的区别。

那么，对马克思来说，古典经济学的科学性是什么呢？

> 古典政治经济学力求通过分析，把各种固定的和彼此异化的财富形式还原为它们的内在的统一性，并从它们身上剥去那种使它们漠不相关地相互并存的形式；它想了解（begreifen）与表现形式（Erscheinungsformen）的多样性不同的内在联系（innere Zusammenhang）。②

在《资本论》第三卷中，马克思使用"auflösen"（瓦解）③ 这一德语动词来标注古典经济学的工作。古典经济学瓦解了财富的固定形式，而在同一个文本中，马克思将古典经济学的这一活动描述为具有**批判**（critique）性质的活动。这种瓦解回到的是一种内在的统一性，即由劳动时间决定的价值。

因此，古典政治经济学像科学那样，建立起了现象形式

---

① 〔德〕马克思：《马克思恩格斯全集》（第45卷），北京：人民出版社2003年版，第415页。

② 〔德〕马克思：《马克思恩格斯全集》（第26卷·第3册），北京：人民出版社1974年版，第555页。

③ 〔德〕马克思：《马克思恩格斯全集》（第46卷），北京：人民出版社2003年版，第675页："只是因为它会破坏和瓦解这样一些所有制形式"。——译者注

的多样性和内在统一的本质之间的差异。但是，它并不反思"差异"这一**概念**（concept）。

让我们来看看李嘉图对此的做法。

> "李嘉图是从商品的相对价值（或交换价值）决定于'**劳动量**'这一论点出发的……它们按其实体来说是劳动，所以它们是'价值'，根据它们各自包含的这种实体是多还是少，它们的量是不相同的。"①

李嘉图确定了两件事情：劳动这一价值**实体**（substance），和由劳动时间衡量的价值**量**（grandeur）。但是，他忽略了还有第三个术语：

> "而这种劳动形式——作为创造交换价值或表现为交换价值的劳动的特殊规定，——这种劳动的**性质**，李嘉图并没有研究。"②

所以，在对价值——它是李嘉图科学的起点——的分析中，有一个术语是不在场的。马克思在《资本论》的第一章中，重建了这个不在场的术语：

---

① 〔德〕马克思：《马克思恩格斯全集》（第26卷·第2册），北京：人民出版社1973年版，第180—181页。

② 〔德〕马克思：《马克思恩格斯全集》（第26卷·第2册），北京：人民出版社1973年版，第181页。

> "现在，价值实体和价值量已经被规定，剩下的事情就是要分析价值形式。"①

这就是李嘉图没有做的工作。他满足于回到这个统一性，财富的固定形式的瓦解对他来说是对价值问题的解答（Lösung）。而相反地，马克思的做法——正如恩格斯在《资本论》第二卷的序言中所说的那样——是在这个解答中看到**问题**（*problème*）。我们可以说，马克思提出的这个问题是一个批判的问题：为什么价值的这一内容采取了价值的这种形式呢？

> 诚然，政治经济学曾经分了价值和价值量（虽然不充分），揭示了这些形式所掩盖的内容。但它甚至从来也没有提出过这样的问题：为什么这一内容采取这种形式呢？为什么劳动表现为价值，用劳动时间计算的劳动量表现为劳动产品的价值量呢？②

这个批判的问题，其实是将内容—形式的关系问题化。对李嘉图来说，**价值即是劳动**（*c'est du travail*）。至于实体采取何种形式，这并不重要。而对马克思来说，劳动**表现为**（*se représente*）价值，它**采取了**商品的价值的**形式**（*revêt la forme*）。

---

① 〔德〕马克思：《资本论》（根据作者修订的法文版第一卷翻译），北京：中国社会科学出版社1983年版，第23—24页。此段为法文版《资本论》第一卷所独有的内容。——译者注

② 〔德〕马克思：《马克思恩格斯全集》（第44卷），北京：人民出版社2001年版，第98页。

列出等式是：x 个商品 A = y 个商品 B，李嘉图简单地认为，A 的价值实体与 B 的价值实体是等同的。而马克思表示，这个等式是由特定的术语构成的。其中一方代表了**使用价值**（*valeur d'usage*），另一方则代表了交换价值或**价值形式**（*forme de la valeur*）。

所以：

A 的价值形式 = B 的自然形式

B 用它的身体、它的自然形式阐释了 A 的价值。因此，A 的价值是在 B 的自然形式中实现了它的存在形式。

所以，不应满足于 A 和 B 内容的同一。这一点我们可以从马克思在剩余价值理论中对贝利（Bailey）的批判中看到。在贝利看来，价值只是两个物之间的关系，就像距离是两个物体在空间中的关系那样。

"一物如果不同另一物发生关系，其**本身**就不能**有距离**，同样，一物如果不同另一物（同商品的价值有关的社会劳动不是另一物吗？）发生关系，其本身就不能有价值。"[①]（马克思引用贝利的文字）

让我们来看看马克思是如何驳斥贝利的：

一物和另一物有距离，这个距离的确是该物和另一物之间的关系；但是距离同时又是跟两物之间的这

[①] 〔德〕马克思：《马克思恩格斯全集》（第 26 卷·第 3 册），北京：人民出版社 1973 年版，第 154 页。

种关系不同的关系。这是空间的一维,一定的长度,它除了能够表示我们的例子中两物的距离外,同样能够表示其他两物的距离。但是还不止于此。当我们说距离是两物之间的关系时,我们是以物本身的某种'内在的'东西,某种能使物互相存在距离的'属性'为前提的。语音 A 和桌子之间有什么距离呢?这个问题是没有意义的。当我们说两物的距离时,我们说的是它们空间位置的差异。因此,我们假定,它们二者都存在于空间,是空间的两个点,也就是说,我们把它们统一为一个范畴,都作为空间的存在物,并且只有在空间的观点上把它们统一以后,才能把它们作为空间的不同点加以区别。它们同属于空间,这是它们的统一体。①

在我看来,可以对这段文字进行两重解读。第一层是,马克思通过对价值**实体**(substance)的肯定,支持了李嘉图同时驳斥了贝利的批评。如果说价值实体的存在,是等式两边的术语都共有的对象,这就意味着这里并没有涉及 A = 桌子的关系。A = 桌子这种关系是极其荒谬和不合理的。正是通过价值实体,李嘉图才在这一层面上防止陷入不合理性(irrationalité)。但是,由于他并没有得出价值形式的概念,当遇到比商品形式更复杂、更发展的形式时,他谴责自己陷入了矛盾和不合理之中。

---

① 〔德〕马克思:《马克思恩格斯全集》(第 26 卷·第 3 册),北京:人民出版社 1973 年版,第 154 页。

李嘉图疏忽的就是马克思提出的批判的问题，符号"="的问题。我们已经看到，当把两个词语——它们分处在绝对异质的不同形式之中——连接起来时，这个符号就是可疑的。我们面对的，一方面是纯粹的**物**（chose），另一方面是纯粹的**价值的化身**（incarnation de la valeur）。

"更仔细地考察一下 A 在 B 中的价值表现，就会知道，在这一关系中商品 A 的自然形式只是充当使用价值的形态，而商品 B 的自然形式只是充当价值形态。"①

因此，"="表现出的统一性取消了更为根本的差异：它是对立物的统一性。

"相对形式和等价形式是同一价值表现的互相联系、不可分离的两个方面，同时又是同一价值表现的**互相排斥的对立的两端即两极**（extrêmes opposées, exclusifs l'un de l'autre）。"②

对立物的统一性之所以可能，只是因为形式（B 的自然形式）变成了另一方的价值的**表现形式**（la forme de manifestation）。

---

① 〔德〕马克思：《资本论》（根据作者修订的法文版第一卷翻译），北京：中国社会科学出版社 1983 年版，第 39 页。
② 〔德〕马克思：《资本论》（根据作者修订的法文版第一卷翻译），北京：中国社会科学出版社 1983 年版，第 25 页。

所以，关于贝利的段落的第二层解读是，商品只在**表象**（*représentation*）（Darstellung）这一极其特殊的机制中才互相等同。它们之所以可以互相对等，既不是因为都是简单的物，也不是因为都是由相同的物质构成的物品；它们只在特定形式的条件下——这种条件是由关系实现时所处的结构所赋予的——才互相等同。

在马克思没有明确说明的空间（espace）问题上，我们可以多说一点。这些形式——其中物在价值**维度**（*dimension*）上互相联系起来——是被特定的空间的结构决定的。商品在等式中所取得的性质，是由表象（Darstellung）展开时所处的空间的性质决定的。这个使本不可能成立的等式成为可能的空间，表现为一系列形式层面上的活动：表象、表现、所采取的形式、在这样或那样的形式中展现的外表。

让我们具体看看其中的一种情况："价值采取了物的形式"。这将让我们更清楚地看到内容/形式的关系，其实是内在规定性和**存在方式**（*mode d'existence*）之间的关系，而存在方式是内在规定性的**显现形式**（*forme d'apparition*）（Erscheinungsform）。

实际上，这意味着价值是在等价商品的自然形式中实现了它的存在方式、表现（或表象）形式。但悖论是，价值既无法出现、也无法存在。价值表现为商品的自然形式，它采取了物的形式并作为价值消失。

所以，价值只在没有直接展现自身的交换关系中才采取了特定的表象形式。这是与《1844年经济学哲学手稿》完全不同的因果形式。在《1844年经济学哲学手稿》中，表示矛盾的各种等式（比如，物的世界的增值 = 人的世界的贬值 = 生活资料的价值）都指向了一个等式：人的本质 = 人的异己的存在；这就是说，它们都指向了自己的原因、指向了人的主体和他的本质之间的分离。等式的解决方法就藏在它自身之中。正是从人的主体分离出来的人的本质，提供了解析矛盾的原因和解决等式的方法。最终，原因就指向了从自身中分离出来的主体性行为。

但是在这里，原因并不在于 x 个商品 A = y 个商品 B 这个矛盾的等式之中。这个等式展现了物之间的关系、由原因的不在场所决定的诸效果之间的关系。这个原因就在于创造使用价值的劳动和创造交换价值的劳动的统一、具体劳动和抽象劳动的统一。我们知道，马克思在 1868 年 6 月 8 日写给恩格斯的信中，称劳动的二重性（具体劳动和抽象劳动）的发现是"批判地理解问题的全部秘密"[①]。这一区分实际上提出了两种规定性的**统一性**问题。古典经济学未对此做出区分，全盘接受了劳动概念。所以，它就无法理解抽象劳动/具体劳动统一的特殊性质，陷入了错综复杂的困难之中。而只有在马克思做出了这一区分之后，才得以思考这个统一性，后者就是**社会**（*social*）过程的结果。而我们所说的不在场的原因，就是**生产的社会关系**（*les rapports sociaux de production*）。

由此，形式层面上的活动——其特征在于处在经济物互相联系在一起的空间——既展现、也掩盖了社会过程。我们

---

① 〔德〕马克思：《马克思恩格斯全集》（第 32 卷），北京：人民出版社 1974 年版，第 12 页。

看到的不再是指向主体性行为的人本主义因果性，而是一种全新的因果性，我们可以称之为换喻的因果性（causalité métonymique）。这是从雅克-阿兰·米勒（Jaques-Alain Miller）那里借来的术语，而米勒是在批判乔治·普利策（G. Politzer）时形成这个概念的。此时，我们就可以说：正是不在场的原因（生产的社会关系），才决定了效果之间的关系（商品中的关系）。这个原因不是作为主体的劳动，而是抽象劳动和具体劳动的统一性。而该统一性的普遍存在，标志着特定生产方式的结构的存在：资本主义生产方式[①]。

换句话说，我们已经看到，x 个商品 A = y 个商品 B 是一个不可能相等的等式。马克思所做的、使他同古典经济学家从根本上区分开来的，就是将这个不可能的等式的可能性理论化。而古典经济学由于缺少这个理论，就无法准确描述资本主义生产的体系；也由于不了解这个不在场的原因，古典经济学无法将商品的形式看作是特定的**生产方式的**——即资本主义生产方式——"**最简单的和最一般的形式**"（simple et la plus générale d'un mode de production）。虽然它在对商品的分析中了解了**实体**（substance）劳动，但是它错在没有理解资本主义生产过程的更发达的形式。

总之，在对古典经济学**起点**（point du départ）的批判中，马克思发现了一个问题，那就是在异质的空间（un espace qui ne lui est pas homogène）的特定结构中的表象方式的问题。现在，我们要具体阐释这个问题中的相关术语。

[①] 关于提出这些问题的观点，可以参见本文"（5）附录：商品关系和资本主义关系"。

(2) 经济对象的问题

让我们看看商品。马克思的三条论述可以帮助我们来把握它的特质。

第一,"劳动产品采取了商品的形式。"

我们可以看到,严格地说并不存在物—商品,而是**形式—商品**(forme-marchandise)。

第二,"劳动产品成了商品,成了可感觉而又超感觉的物或社会的物。"[1] (sinnliche - übersinnliche oder gesellschaftliche Dinge)

第三,"商品只有作为同一的社会单位即人类劳动的表象才具有价值对象性(Wergegenständlichkeit)"[2]。

这就要定义商品的**对象性**(Gegenständlichkeit),也就是商品作为物的现实[4],一种十分特殊的现实。商品的**物性**(chošeité)是社会的物性,商品的对象性是价值的对象性。马克思还在别处提到了它有一种**幽灵般的对象性**(objectivité fantomatique)。这种对象性只作为是社会的同一体,即人类劳动的表现而存在。

这样我们就不会再遇到与《1844年经济学哲学手稿》类似的主体—客体组合。在手稿中,Gegenstand 一词是在感觉主义的意义上使用的。而在这里,它只是一个幽灵,是用来展现结构的性质的表象。取得了物的形式的不是作为主体活

---

[1] 〔德〕马克思:《马克思恩格斯全集》(第44卷),北京:人民出版社2001年版,第89页。

[2] 〔德〕马克思:《马克思恩格斯全集》(第44卷),北京:人民出版社2001年版,第61页。

动的劳动，而是**劳动的社会性质**（*caractère social du travail*）。而且，这里的**人类劳动**（*travail humain*）并不是任意一个构成的主体性，它承载着特定的社会结构的痕迹：

> "只是历史上一定的发展时代，也就是使生产一个使用物所耗费的劳动表象为（darstellt）该物的'对象的'（gegenständliche）属性即它的价值的时代，才使劳动产品转化为商品。"①[5]

所以，正是"历史上一定的发展时代"，即一定的**生产方式**（*mode de production*），才在商品幽灵般的对象性中实现了劳动的**表象**（*Darstellung*）。

当马克思谈到"对象的外观"（gegenständliche Schein）时，**对象性**的地位就更加明确了：

> 科学发现，劳动产品作为价值，只是生产它们时所耗费的人类劳动的物的表现，这一发现在人类发展史上划了一个时代，但它决没有消除劳动的社会性质的对象的外观（den gegenständlichen Schein der gessellschaftlichen Charaktere der Arbeit）。②

---

① 〔德〕马克思：《马克思恩格斯全集》（第44卷），北京：人民出版社2001年版，第77页。
② 〔德〕马克思：《马克思恩格斯全集》（第44卷），北京：人民出版社2001年版，第91页。

对象性的性质只有在科学中——在结构的换喻式的表现（une manifestation métonymique de la structure）中——才成立。在一般的认知中，它只被看作是物的属性。劳动产品的社会性质看似是作为物的产品的自然属性。

这个可感觉而又超感觉的物的理论，将《资本论》和《1844年经济学哲学手稿》的问题式区别开来了。在《1844年经济学哲学手稿》中，因为关于财富的理论是被费尔巴哈的感性（sensible）的理论所覆盖，因而经济学的对象是被马克思用句构歧义的方式来处理的。劳动产品的**感性**（sensible）特征，指向的是它们的**人的**（humain）特征，是它们作为具有建构能力的主体性所生产的对象的地位。而在《资本论》这里，对象不再是人的-感性的，而是**可感觉而又超感觉的**（sensibles-supra-sensibles）。这种表现方式中可感又超感的矛盾，取决于它们所属的对象性的特定类型。它们可感觉而又超感觉的矛盾特质，就是它们所采取的社会性质的表现形式。

这种替代，从可感觉/超感觉的关系 → 到社会的，人的/感性的关系，对理解马克思所说的商品拜物教是十分关键的。

为了说明这一点，让我们仔细看下《资本论》第一章开头的内容：商品的拜物教性质及其秘密。

"最初一看，商品好像是一种简单而平凡的东西。对商品的分析表明，它确实是一种很古怪的东西，充满形而上学的微妙和神学的怪诞。"①

我认为**一字一句地**（*au pied du la lettre*）分析最后一句话是很有教益的。因为它点明了，商品是神学的，这个说法是随着费尔巴哈和青年马克思的人本主义理论中的神学概念而来。

让我们跟着这条线索来看下这段关于商品的分析。

"在上衣的生产上，人类劳动力的确是以缝的形式被耗费的，因此，上衣中积累了人类劳动。从这方面看，上衣是'价值承担者'（Wertträger），虽然它的这种属性即使把它穿破了也是看不出来的。"②

对象不再是透明的。所有与人的主体相关的的感性理论和对象理论都轰然倒塌了。上衣的属性不再源于主体的行为、是一种超自然的属性。它是某物的承担者，是与自己毫无关系的物的**承担者**（*support*）（Träger）。

在这里，我们看到了之前在对思辨进行的人本主义批判的"主体/谓语"图表中出现过的承担者的概念。而且，伴随这个概念，我们还看到了与图表里的**化身**（*incarnation*）功能相对应的功能。经验之物（上衣）变成了**价值**这一超自

---

① 〔德〕马克思：《马克思恩格斯全集》（第44卷），北京：人民出版社2001年版，第88页。

② 〔德〕马克思：《马克思恩格斯全集》（第44卷），北京：人民出版社2001年版，第66页。

然的抽象的承担者,就像是君主的经验存在黑格尔那里是**主权**(*souveraineté*)这一抽象范畴的化身。

"如果对麻布来说,价值不同时采取上衣的形式,上衣在麻布面前就不能表示价值。例如,如果在 A 看来,陛下不具有 B 的仪表,因而不随着国王的每次更换而改变容貌、头发等等,A 就不会把 B 当作陛下。"①

这不仅仅是因为,这里提到了国王的问题,和《黑格尔法哲学批判》中关于主权的问题之间的相似性,可以确认价值表现的结构和 1843 年《黑格尔法哲学批判》的"化身"的结构(化身,作为思辨的一般结构的构成要素)这两者之间的同源性(homologie)。而是,价值化身在上衣的经验存在中,就像君主化身在 A 的经验存在中,就像主权化身在黑格尔所说的君主的经验存在中。

所以,我们就看到了与 1843 年《黑格尔法哲学批判》手稿相同的形式。但是,它既没有对思辨进行的人本主义批判的**批判**(*critique*)功能,也没有德拉·沃尔佩学派所期望的对古典政治经济学的思辨进行批判的功能。感性和超感性的统一,说明的是**价值本身的显现形式**(*la forme meme d'apparition de la valeur*),而不是思辨活动。但在 1843 年《黑格尔法哲学批判》的手稿中,这种统一性就被理解为是思辨活动的结果。黑格尔改造了他在起点就发现的感性(经验),

---

① 〔德〕马克思:《马克思恩格斯全集》(第44卷),北京:人民出版社 2001 年版,第66页。

以便从中提炼出超感性的抽象，随后又将抽象化身在感性存在之中，感性存在就只是承担了超感性的抽象的肉身而已。

这就说明，之前在人本主义批判中用来表示思辨**进程**（*procédé*）的图像，在这里是用来指认发生在现实领域中的**过程**（*processus*）。现实的概念，必须被理解为是结构的规定性表现自己的空间（幽灵般的对象性的空间）。所以，我们必须仔细区分，感知层面上真实发生的**现实**（*Wirklichkeit*）和科学研究层面上的**真正的运动**（*Wirkliche Bewegung*）。

现在，我们看到了现实——即经济结构的诸规定性的显现空间（espace d'apparition）——的这些特征，也是对青年马克思来说那些属于思辨哲学的特征。商品是神学的，换言之，现实本身就是思辨的，现实是在神秘的形式中展现自身。

在马克思的文本中"化身"的结构所具有的功能的变化，还可以在《资本论》第一章初稿的"价值形式"（*Die Wertform*）一节中找到另一起例子。

> 这种颠倒是价值表现的特征，它使可感觉的具体的东西只充当抽象的一般的东西的表现形式，而不是相反地使抽象的一般的东西充当具体的东西的属性。这种颠倒同时使价值表现难于理解。如果我说罗马法和德意志法都是法，这是不言而喻的。相反，如果我说法这种抽象实物现在罗马法和德意志法这种具体的法种，那么，这种联系就神秘起来了。①

---

① 〔德〕马克思：《马克思恩格斯全集》（第49卷），北京：人民出版社1982年版，第158页。

这里提到的标志价值的存在方式的特有过程,也是对青年马克思来说标志着思辨的黑格尔主义的展开过程,即马克思在《神圣家族》中提到的抽象的水果在具体的梨和扁桃中实现自身的辩证法过程。

如果现实是思辨的,那么随之而来的必然结果就是:所有声称**如其所是**(comme elles sont)地去谈它们、去读它们的批判性阅读——根据马克思致卢格的信——都是无效的。马克思在这封信中的野心,被下面一句话所驳斥:"价值没有在额上写明它是什么。"① (Es steht daher dem Werte nicht auf der Stirn geschrieben was er ist)

我们关心的不再是要求被读出言下之意的**文本**(texte),而是必须被破译的**象形文字**(hiéroglyphe)。破译就是发掘科学的工作。这个科学的结构,在使批判性阅读(人本主义批判)成为不可能的同时,也打开了科学的维度。这种科学不会像李嘉图那样,满足于将劳动看作是价值的实体、嘲笑重商主义者的商品拜物教(重商主义者认为价值依附于特定商品的物质实体)。科学将通过关于结构——在该结构中,劳动的社会性质必然采取物的形式——的理论,来揭秘拜物教。

①评注1

在讨论经济对象的问题式中起作用的概念群时,我们看到了关键问题之一在于康德**先验辩证法**(Dialectique transcendantale)。在这里,我们也看到了对象(Gegenstand)的问题式,以及现象/外观(Erscheinung/Schein)、可感觉的/超感

---

① 〔德〕马克思:《马克思恩格斯全集》(第44卷),北京:人民出版社2001年版,第91页。

觉的（sinnlich/übersinnlich）这两组对子。在康德那里，以**主体性的能力**（*facultés d'une subjectivité*）为界限可以划分出两大领域：

对象（Gegenstand）	
可感觉的（sinnlich）	超感觉的（übersinnlich）
现象（Erscheinung）	外观（Schein）

马克思却提供了完全不同的结构：

对象（Gegenstand）= 表现形式（Erscheinungsform）
可感觉的（sinnlich）- 超感觉的（übersinnlich）⟶ 社会的（gesellschaftlich）
↓
外观（表象或是幻象）（Schein）

商品是作为价值表现形式（Erscheinungsform）的对象（Gegenstand）。这个对象既是可感觉而又超感觉的客体，同时它的各种属性也只是社会关系的表现形式。正是对这种超感觉性质的误认，即对特定社会结构中劳动的表现这一特征的误认，为**外观**（*apparence*）（Schein）的确立提供了基础。

在马克思那里，特别是在第一章中，我们确实看到了**分析**（*analytique*）和**辩证法**（*dialectique*）之间的关系，但是这种关系是以要素的全新排列——概念群的理论空间的重新改组——为前提的。我们把它称做马克思的反哥白尼的革命（是在康德的意义上的反哥白尼，即真正的哥白尼主义）。现象不再围绕着构成性的主体而存在。在**现象构成**（*constitution*）的问题中，主体的概念不再被涉及。相反地，马克思真正关心的是现象和**先验之物**（*l'objet transcendantal*）= X 之间的关系。现象、对象是不在场的 X——X 虽不为人所知、却能解决所有的等

153

式——的表现形式。但是，X 并不是物，而是马克思所说的社会关系。事实上，社会关系必须通过完全异己的某物**表现自己**（se représenter），而且社会关系赋予了物可感觉而又超感觉的性质。

决定了物的**外观**（apparence）的特征的，就是以下的事实：物只表现为可感觉的物，它的性质也只表现地看似是自然属性。

所以，对象的构成并不是主体性的问题，感知（perception）才属于主观性的讨论范围。而对象的构成条件和对对象的感知的构成条件之间的差别（écart），才决定了外观。

②评注 2

将马克思与古典经济学根本地区分开来的，是马克思关于商品的价值形式的分析（或者是劳动产品的商品形式）。这也是关于抽象和分析的经典概念、与马克思主义概念之间的区别。《资本论》中特有的关于形式的理论，从理论实践的角度，回答了 1857 年《〈政治经济学批判〉导言》中**特定的抽象**（abstraction déterminée）[6]概念所提出的问题。

关于特定的抽象的历史主义解释——特别是在德拉·沃尔佩学派中的解释——依赖于一种非相关的（non-pertinent）关系：思想的抽象和现实的具体之间的关系。特定的抽象就好像稳固地保存了现实具体的丰富性。

另一方面，马克思将商品的价值形式（劳动产品的商品形式）看作是思想进程内在的科学的出发点。从这个角度来看，价值形式就是最一般的、最简单的、最抽象的和最不发展（最不发达）的形式。这里，我们并不是在讨论哪一个

(一般、简单、抽象、不发展）是首要的规定性——这种讨论方式会导致解释上的困难。简单和抽象，其实是指规定了1857年《〈政治经济学批判〉导言》思想域的抽象/具体、简单/复杂这两组对立。但是，只有在**发展**（développement）的概念中，我们才可以更准确地把握这两组对立的具体含义。因为这种形式是最不发展（最不发达）的，科学的工作——这种工作在马克思之前从未被涉及——就是为了发展这种简单的形式：

> 但是在这里，我们要做资产阶级经济学从来没有打算做的事情；指明这种货币形式的起源，就是说，探讨商品价值关系中包含的价值表现，怎样从最简单的最不显眼的样子一直发展到炫目的货币形式。①

李嘉图没有能力这么做。他无法从他的价值理论中推导出货币形式。这是因为他没有抓住价值表现、价值形式的概念。

他所忽视的是经济范畴发展的动力，正是在这种发展中才能形成政治经济学的**体系**（système）。而这种动力，就是矛盾。

这就带来了如何定位矛盾概念的问题，也就是要了解矛盾的理论有效性（validité théorique）的规定性。

那么，马克思在《资本论》第一章中，有时称为矛盾

---

① 〔德〕马克思：《马克思恩格斯全集》（第44卷），北京：人民出版社2001年版，第62页。

(Widerspruch)、有时又只称为对立（Gegensatz）究竟是指什么？

给出一个最终答案是不可能的，我们只可能列出一些既在的内容，以指出研究可能的方向。

比如 x 个商品 A＝y 个商品 B 的关系。我们可以认为它们是互相矛盾的，因为其中的一个是表示使用价值、而另一个只表示交换价值。这就指向了商品的内部矛盾、指向了使用价值和交换价值的二重性，并且在这里，我们遇到了对立物的统一——它是凝聚在商品的价值形式中的劳动的特征——即具体劳动和抽象劳动的统一。

对此，我们可以做出三点评论。

第一，这里提到的具体劳动和抽象劳动的矛盾不能被还原为表象和思想的顺序，后者是贝利曾说过的、商品内在的交换价值概念中**自相矛盾的**（*in adjecto*）[①] 的伪矛盾（pseudo-contradiction）。正相反，具体劳动和抽象劳动的矛盾只可能出现在科学的话语中。并且，对于从事交换的主体来说，xA＝yB 完全是自然而然的，所以他们并不能辨认出这个内在矛盾。

第二，该矛盾并不是一种**分化**（*scission*）。在《1844 年经济学哲学手稿》里用来表示矛盾的等式中，矛盾是原初统一体的分裂，它依赖于互相补充的术语之间的分裂。而这里

---

① "contradictio in adjecto" 在马克思原著中的中文翻译为"一个定义中的矛盾"或"一个形容语的矛盾"，但是在拉丁文中它表示的是指用与名词相对立的形容词来展现一种内在的矛盾，这是一种修辞手法。所以，在这里将"in adjecto"翻译为"自相矛盾的"。——译者注

的矛盾则相反，它在于两个互相排斥的术语之间的统一。并且，这个新的统一揭示了被隐藏了的第三个术语，正是凭借第三个术语，新的统一才可能发生。比如说，**社会的**（*social*）这个术语就支撑着可感觉的—超感觉的这一组矛盾。

第三，该矛盾不再基于具体劳动颠倒为抽象劳动的事实，就像黑格尔所说的"有"颠倒为"无"或具体的"这个"颠倒为抽象的"一般"。

具体劳动和抽象劳动的矛盾的统一，并不是由术语变化之中的辩证法——从两个概念到一个概念的变化过程内在的辩证法——所决定。它展现的是劳动在特定的生产方式中所获得的特定的形式。

实际上，马克思指明了，所有的生产都必然由社会劳动时间、根据不同的需要区分的社会劳动的分工决定的规律[7]。在生产的所有形式中，这个规律都通过各种方式发挥作用；但也是在生产的不同形式中，规律采取了不同的性质。这就是马克思在《资本论》第一章关于拜物教理论的文中所说的，在不同的生产形式（formes de production）中（鲁滨逊的、中世纪的、农村家长制的和最后共产主义社会的生产形式），这种自然规律是如何依据不同的社会结构所决定的特殊形式来发挥作用的。在资本主义生产方式之中，商品生产是占统治地位的生产形式，调节劳动时间及其分配的规律采取了一种十分特殊的形式，即具体劳动和抽象劳动矛盾的统一体的特殊形式，而且后者正表现为商品交换所固有的矛盾。

所以，"矛盾"恰恰能够充分地表示结构自身的有效模式。我们已经看到了，结构的表象（Darstellung）得以展开的空间，是一个充满矛盾的空间：其中，对象（objets）不再是物，本毫无关系的诸物（choses）却互相关联起来……于是，矛盾的存在就表现为结构的存在。这样，我们或许可以认为，矛盾所具有的是纯粹**标志性的**（indicielle）价值（正如马克思在《资本论》第一章中使用矛盾概念的情况）：相比于黑格尔式的"矛盾"和"矛盾的发展"的概念，马克思思考的是一个全新的、他自己都没有完成的矛盾概念，即矛盾是结构的作用方式（le mode d'action），是决定该结构的生产关系的作用方式。

因此，对矛盾的认识就是对结构的认识。这是一定的生产方式的结构（la structure d'un mode de produciton déterminé）；在该结构的内部，经济对象及其相互之间的关系发挥作用。马克思在分析商品形式之时发现了矛盾，换言之，他发现了经济对象必定是特定的结构展开的表象。诸形式的发展也就是矛盾的发展。所以，矛盾的解决方法（Lösung）就发生在马克思所说的矛盾运动的诸形式中。形式越是复杂、越是发展，就越是矛盾能发展和解决自身所依赖的最简单的形式——这就是发生在商品形式所固有的矛盾的交换形式、也就是简单商品生产的资本主义生产形式之中的情况。

> 我们看到，商品的交换只有包含着矛盾的和互相排斥的关系才能实现。商品的发展使商品表现为二重性的东西，即使用价值和交换价值。这种发展并没有扬弃这些矛盾，而是创造这些矛盾能在其中运动的形式。这就

是解决实际矛盾的唯一方法,例如,一个物体不断落向另一个物体而又不断离开这一物体,这是一个矛盾。椭圆便是这个矛盾借以实现和解决的运动形式之一。①

商品包含的使用价值和价值的矛盾,私人劳动同时必须表现为社会劳动的矛盾,具体的劳动只是当作抽象的劳动的矛盾,商品性质的这些内在的矛盾在流通中取得了它们的运动形式。②

因此,资产阶级生产形式的发展——它构成了《资本论》自己的对象——就提供了最原始的矛盾的运动形式的发展,即抽象劳动和具体劳动的对立。对此,我们当然也可以再问一遍,马克思使用的概念(矛盾、发展、矛盾的解决)是否充分地表达了它们所被赋予的内涵。

但是,让我们先搁置这个问题,来看看从价值形式的分析中得出的两个关键点:

第一,通过上面的分析和关于形式的理论,使我们确认了生产关系的构成结构(la structure constituante)及其在**现实**(*Wirklichkeit*)层面上的作用方式。

第二,这也让我们形成了关于资本主义生产方式诸形式之间的联系和链接(la connexion et l´articulation)的系统知识。古典经济学无法解释这种形式的变化。(比如,李嘉图

---

① 〔德〕马克思:《资本论》(根据作者修订的法文版第一卷翻译),北京:中国社会科学出版社1983年版,第84页。
② 〔德〕马克思:《资本论》(根据作者修订的法文版第一卷翻译),北京:中国社会科学出版社1983年版,第95页。

无法从对商品的分析中推演出货币，或是揭示出剩余价值和一般利润率之间的联系）

我们将在对雇佣劳动（le travail salarié）这一特殊商品的研究中具体地展开这两点。

（3）雇佣劳动和不合理（irrationnel）[①] 的理论

众所周知，雇佣劳动的范畴向古典经济学提出了一个不可解决的难题：在资本家和工人的交换中到底发生了什么？

资本家以一定的报酬购买了一定的劳动量，即工人一天的劳动时间，而这笔报酬只代表了社会劳动的一个较小的量。所以，我们就看到了：两个代表着不相等的社会劳动时间的商品，却可以等价交换，这就违背了劳动价值规律。

同时，我们发现了一个循环：工资看似就是劳动的价值，但劳动却是价值的创造者，那么如何确定创造价值的劳动的价值？

上面提出的与劳动价值规律相违背以及循环的问题，其答案就在于一个被引入的新的范畴，一个在古典经济学中不在场的范畴，即劳动力的范畴。

工资代表的是**劳动力**（force de travail）的价值。根据价值规律，劳动力的价值代表了维持劳动力再生产所必要的生活资料的价值。古典政治经济学确实提出了劳动力价值的决定机制，却是在**劳动价值**（valeur du travail）中实现的。这

[①] "irrationnel"在法文版《资本论》和中文版的《资本论》中分别被翻为"不合理的"和"虚幻的"，译者采用了前一种翻译。下面的引文中由于引用出处不同，这个词会有不同的译法，但都是同一个法文词。——译者注

就是古典政治经济学的**张冠李戴**（*quiproquo*）。

在《1844年经济学哲学手稿》中，马克思对劳动价值概念和劳动概念的无批判（non-critique）态度，表明了马克思也存在这种误解。在《资本论》中却相反，马克思批判了劳动本身，并且通过**形式**（*forme*）和**关系**（*rapport*）概念，使之成为劳动力这一全新的概念，由此劳动价值的概念才能在它的不一致（inadéquation）中被理解。

马克思抓住了劳动力的交换价值（为了满足自身再生产的社会必要劳动的量，体现在工资中）和特殊的使用价值（使用价值是为了创造价值）之间的区别。

所以，我们可以这样回答上面的两个问题：

第一，**劳动力**（*la force de travail*）既有交换价值，交换价值是由满足了其自身再生产的劳动时间来衡量的；劳动力也有使用价值，使用价值是**价值的创造者**（*créatrice de valeur*），它生产出了比自己的价值更多量的交换价值（不适用于任何其他的商品）。

第二，劳动是价值的创造者。**劳动并不具有价值**（*Il n'a pas de valeur*）。

这两种表述中，我们可以读出剩余价值的内容。这要归功于对劳动二重性的分析和对有用劳动和创造价值创造的劳动之间的区分，这使得我们能够识破资本主义生产方式的表象。

> 从一切表面现象来看，资本家所支付的是工人给予资本家的使用价值的价值，劳动的价值，而不是工人在表现

上没有让渡的劳动力的价值。仅仅靠实际生活经验并不能清楚地看到劳动的双重有用性,即满足需要的属性和创造价值的属性。前一种属性为劳动与一切商品所共有,后一种属性使劳动区别于一切商品并使劳动成为价值形式要素,从而排除了劳动不具有任何价值的可能性。①

在这里,我们遇到了这样的矛盾:尽管劳动从不可能是商品,现在却看似是商品。这就意味着,我们面对的是这样一种结构:**不可能**(*impossible*)实现的东西却在**现实**(*Wirklichkeit*)中存在。这种实现了不可能性的可能性暗示了不在场的原因的存在,即生产关系。原始积累的过程使直接生产者同他的生产资料相分离,其结果是直接生产者只能像出售商品那样出售自己的劳动力。直接生产者的劳动就成为了雇佣劳动,而现实中的表象就成了:资本家购买的是劳动本身、而非劳动力。

揭露了隐藏在**劳动价值**(*valeur du travail*)背后的**劳动力价值**(*valeur de la force du travail*),揭露的正是资本主义生产关系的决定性功能。

李嘉图,由于没有对劳动价值作为劳动力价值的**显现形式**(*forme d'apparition*)提出质疑,所以他没有揭示出支撑整个机制的内容,即生产关系、**资本**(*capital*)和**雇佣劳动**(*travail salarié*)。

---

① 〔德〕马克思:《资本论》(根据作者修订的法文版第一卷翻译),北京:中国社会科学出版社 1983 年版,第 560 页。此段为马克思法文版的《资本论》所独有的内容。——译者注

李嘉图本来应该讲**劳动能力**，而不是讲**劳动**。而这样一来，**资本**也就会表现为那种作为独立的力量与工人对立的劳动的物质条件了，而且资本就会立刻表现为**一定的社会关系**了。可是，在李嘉图看来，资本仅仅是不同于"直接劳动"的"积累劳动"，它仅仅被当作一种纯粹物质的东西，纯粹是**劳动过程**的要素，而从这个劳动过程决不可能引出劳动和资本、工资和利润的关系来的。①

马克思则是对劳动价值范畴提出了问题。劳动价值本身就是一个**不合理的**（irrationnelle）用语。在马克思来看，这个不合理的范畴指向的是一种不可能的关系，它掩盖了真正具有决定性的关系。

关于劳动价值范畴的不合理性质，还有另一种天真的看法，那就是把它仅仅看作是对语言的谬用。蒲普鲁就认为：

"人们认为劳动由价值并不因为它本身是商品，而是指人们认定劳动中所隐含的价值。劳动的价值是一种……比喻说法。"②

根据蒲普鲁的看法，资本主义生产的整个世界都是建立在一种"比喻说法"（expression figurée）、诗意的破格之上。

---

① 〔德〕马克思：《马克思恩格斯全集》（第26卷·第2册），北京：人民出版社1973年版，第455—456页。

② 〔德〕马克思：《马克思恩格斯全集》（第44卷），北京：人民出版社2001年版，第616页，注释26，马克思引用蒲普鲁的话。

这是一种非常典型的解释：关于资本主义生产的——关于它的本质的、结构的规定性——**神秘**（*mystère*）的用语，它们只是一种比喻的说法或是主观的区分。在《资本论》中，马克思多次提到这种随意的、主观的解释（比如提到，李嘉图认为固定资本和流通资本之间的区别完全是一种主观性的划分）。

但对马克思来说，正相反，这些不合理的说法决不是主观任意而为的。它们揭露了一种严密的必要性：那就是生产关系的作用方式。

> 在"**劳动的价值**"（*valeur du travail*）这个用语中，价值概念不但完全消失，而且转化为它的反面。这是一个虚幻的用语，就像**土地的价值**（*valeur de la terre*）一样。但是这类虚幻的用语是从生产关系本身中产生的。它们是本质关系的表现形式的范畴（Sie sind Kategorien für Erscheinungsform wesentlicher Verhältnisse）。[①]

这就是关于形式和形式发展的理论。劳动价值的表述，是以形式的变化为前提：劳动力价值的出现，是以劳动价值为其表现形式（Erscheinungsform）。而作为劳动力价值的表现形式，劳动价值是资本主义生产方式本质的、雇佣劳动的

---

① 〔德〕马克思：《马克思恩格斯全集》（第44卷），北京：人民出版社2001年版，第616页。法文版《资本论》第一卷版，第555页："在劳动的价值这个用语中，价值概念完全消失了。这是一个不合理的用语，就象说土地的价值一样。但是这类不合理的用语却根源于生产关系本身，它们是这些生产关系的现象形态的反映。"从朗西埃引用的法文原文对应来看，中文版《资本论》的翻译更精准。——译者注

生产关系（rapport de production）的表现形式。所以，这些形式的转化机制就是被生产关系所决定的，而生产关系在这些**表现形式**（Erscheinungsformen）中既表现自己、也掩盖自己。而用语的不合理，正是透露出生产关系自身的"表现/隐藏"（manifestation/dissimulation）的效果。

> 因此可以懂得，为什么劳动力的价值和价格转化为工资形式，即转化为劳动本身的价值和价格，具有决定性的重要意义。这种表现形式掩盖了现实关系，正好显示出它的反面。工人和资本家的一切的法的观念，资本主义生产方式的一切神秘性，这一生产方式所产生的一切自有幻觉，庸俗经济学的一切辩护遁词，都是以这个表现形式为依据的。①

（4）过程的概念

在对商品幽灵般的对象性以及**劳动价值**（valeur du travail）这一不合理用语的研究中，一个特定的结构呼之欲出。我们发现，现实（Wirklichkeit）的诸形式正是生产的社会关系的表现形式，而生产的社会关系自身并没有在现实（Wirklichkeit）中直接显现，而是将一定的结构赋予了现实（Wirklichkeit）中的关系。同时我们发现，所有的表现形式

---

① 〔德〕马克思：《马克思恩格斯全集》（第44卷），北京：人民出版社2001年版，第619页。对应《资本论》（根据作者修订的法文版第一卷翻译）第559页，两者没有根本差异，译者选取了翻译上更精简的一个版本，有兴趣的可自行查阅。——译者注

都是隐藏的形式。这正是古典经济学忽略的结构。由于缺少了关于形式的理论，古典经济学误认了自己的研究对象。它并没有辨别出科学所关注的特殊的对象性：是属于特定的生产过程的对象性。

为了理解"过程"这一概念，我们先回顾一下马克思给出的定义：

"'procès'这个词表示一种从其全部现实条件上来考察的发展过程"①

我们可以加上以下两点关于过程的本质特征，来完成这个定义：

第一，过程的发展总是不断地重新生产出它的出发点。

第二，过程的诸要素，不仅取决于这些要素的**性质**（nature），而且取决于它们所处的**地位**（place）、所起的**作用**（fonction）。

这些特征也适用于马克思关于最简单的过程——即一般劳动过程——的研究。马克思向我们展示了，相同的物质要素，无论是产品、原料还是劳动资料，是如何在劳动过程中发挥作用。

"可见，一个使用价值究竟表现为原料、劳动资料

---

① 〔德〕马克思：《资本论》（根据作者修订的法文版第一卷翻译），北京：中国社会科学出版社1983年版，第166页，注释1。此段为法文版《资本论》所独有。——译者注

还是产品，完全取决于它在劳动过程中所起的特定的作用，取决于它在劳动过程中所处的地位，随着地位的改变，它的规定也就改变。"①

这里很容易混淆生产要素的物理性质和它作用的规定性。但是实际上，我们知道，生产过程总是发生在特定的社会形式之中，所以它总是一种特定的生产过程。这就意味着，由生产过程所决定的这些地位、形式和作用，必须能够成为生产关系——生产关系规定了生产方式的特征——所决定的内容的承担者。这些生产关系实际上赋予了劳动过程诸要素以特殊的形式，从而决定了它们新的地位和职能。在现实（Wirklichkeit）的层面上，诸形式表现为承担着形式的物质要素的自然性质，然而形式就是显现形式，就是隐藏在发展过程中的动力的现实存在方式。商品形式、劳动价值的形式也是如此。比如，在拜物教的幻象中，商品形式就像是从决定它的社会关系中独立出来一样；比如，"劳动价值"形式背后隐藏着的是劳动力价值，即资本主义生产关系。

作为科学研究对象的过程的结构，揭示的是科学的诸概念的特殊性质。马克思通过一组对立说明了这个问题，因为这组对立，一方面决定了科学性的真正的形式，另一方面决定了古典经济学错误的根源。

"这里的问题并不在于把各种物品加以归类的定义。

---

① 〔德〕马克思：《马克思恩格斯全集》（第44卷），北京：人民出版社2001年版，第213页。

问题在于表现为一定范畴的一定职能。"①

物品（Dinge）—— 职能
归类 —— 表现
定义 —— 范畴

古典经济学由于坚信它所研究的是固定物品之间的自然关系，所以它理所当然地忽视了资本主义生产过程的特殊结构。事实上，资本主义的生产过程得以构成，本来就是通过它掩盖一般生产过程、商品生产的形式和资本主义过程在不同层面上（生产、再生产和总过程的不同层面）发展自身所表现出来的各种形式。古典经济学将这个复杂的结构归整到一个单一的平面上，从而陷入了一系列的混乱之中：生产要素的物质规定性与它的资本主义形式的规定性之间的混淆，简单商品生产的形式与资本主义形式之间的混淆，生产过程和流通过程中资本的不同形式之间的混淆……马克思在《资本论》第二卷中批评的斯密对固定资本和流通资本的理解，正是这些混乱的集大成者。斯密将固定资本和流通资本的规定性、将流通过程中出现的资本形式的规定性，统一归为**资本**（*Capital*）的物质要素的流动性和固定性。

如此，我们可以看到，以**资本**为出发点的研究是如何带领我们，认识科学所研究的特定的对象性、理解古典经济学错误的根源。

（5）附录：商品关系和资本主义关系

---

① 〔德〕马克思：《马克思恩格斯全集》（第45卷），北京：人民出版社2003年版，第252页。

我们关于价值形式的分析招致了如下的质疑：为了解释决定商品价值形式的抽象劳动/具体劳动的统一性，我们引入了资本主义生产关系的讨论。现在很明显的是，商品形式早在资本主义生产方式之前就已经存在了，而且似乎《资本论》第一篇①中展开的关于商品的讨论只涉及了一般商品生产的特征，而撇开了该**生产形式**（forme de production）在不同的**生产方式**（modes de production）中所发挥的作用。

首先，明确一下这类质疑的讨论范围：它完全没有触及在我看来非常关键的一点，即经济现实（Wirklichkeit）的现象只在它所表现出来的范围内才是可被认识的，即只在特殊的歪曲（distorsion）中、在生产关系的作用之内才是可被认识的。可是，要弄明白的是马克思的商品分析在资本主义生产过程理论中所起的具体功能和意义，也就是出发点的意义。

实际上，《资本论》第一卷第一部分似乎只涉及了一般商品生产的问题，因为一般商品生产是资本主义生产方式的必要前提。所以，我们关注的是一般商品、而非作为资本—商品要素之一的商品。有用劳动和**创造价值**（créateur de valeur）的劳动之间的统一性只规定了商品生产，而资本主义生产是由有用劳动和**创造剩余价值**（créateur de plus-valeur）的劳动之间的统一性来规定的。

因此，在《资本论》第一卷第一部分中，我们理应（理论地和历史地）立足于先于资本主义生产方式特殊规定性的阶段。如此，一种历史主义的解读就应运而生了。在第一篇

---

① 这是指《资本论》的第一篇"商品和货币"，下文同是如此。——译者注

中，我们看到的是历史遗传式的分析：从交换的原始形式、经由商品的中介、发展到交换的资本主义形式。而且，根据马克思的说法，作为中介的商品是在先于资本主义生产方式的诸社会的间隙（intervalles）中发展起来的。

但同时，马克思告诉我们，"劳动产品的价值形式是现实生产方式的最抽象、最一般的形式，这就使现实的生产方式获得了历史的性质"①，并且他在1867年6月22日写给恩格斯的信中肯定了，商品的最简单的形式"包含着**货币形式的全部秘密**（tout le secret de la forme-argent），因此也就包含着萌芽状态中的**劳动产品的一切资产阶级形式的**（toutes les forms bourgeoises du produit du travail）全部秘密"②。**萌芽**（cellule）的比喻，就像是德文《资本论》的第一版序言中提到的细胞的比喻那样，是在提醒我们，资本主义生产方式自身的规定性并不是对商品和商品交换的规定性的简单叠加，而是通过后者已经呈现出来的某种方式实现自身的结果。如此一来，在《资本论》的第一章中，我们不仅应该看到关于所有商品的一般特性的分析，而且还应有关于商品形式——**作为**（en tant que）资本主义这一特定生产方式的最简单的形式——的分析。

马克思在《政治经济学批判·第一分册》第一章中对斯

---

① 〔德〕马克思：《资本论》（根据作者修订的法文版第一卷翻译），北京：中国社会科学出版社1983年版，第50页，注释24。MEGA2中文版的对应翻译略有改动，所以选取了最符合法文原文的法文版翻译。——译者注

② 〔德〕马克思：《马克思恩格斯全集》（第31卷），北京：人民出版社1998年版，第311页。

图亚特的赞扬,可以有力地支持我们的分析。

> 斯图亚特当然很清楚,在资产阶级以前的时代,产品就采取过商品的形式,商品也采取过货币的形式,但是他详细地证明,只是在资产阶级生产时期,商品才采取了财富的基本要素的形式,转让才采取了占有的主导形式,因此,生产交换价值的劳动只能是资产阶级性质的。①

但是,我们必须避开对《资本论》进行黑格尔主义式解读的陷阱:在黑格尔主义话语的必然逻辑下,商品形式内部包含着萌芽,即所有资本主义生产方式的矛盾,**资本**也只是其发展的结果;出发点就是其终点的自我反思,相应地,商品必然是以资本主义生产的整个发展过程为根本前提。

我们注意到,这种黑格尔主义式的解读,与历史主义的解读一样,可以在马克思那里找到很多内容根据,但让我提出我认为的正确提出问题的方式。为此,我先引用马克思在《资本论》第三卷的"生产关系和分配关系"一章中的几段描述。

> 资本主义生产方式……生产的产品是商品。使它和其他生产方式相区别的,不在于生产商品,而在于,成为商品是它的产品的占统治地位的、决定的性质。这首

---

① 〔德〕马克思:《马克思恩格斯全集》(第47卷),北京:人民出版社2004年版,第452—453页。

先意味着，工人自己也只是表现为商品的出售者，因而表现为自由的雇佣工人，这样，劳动就表现为雇佣劳动。①

在商品中，特别是在作为资本产品的商品中，已经包含着作为整个资本主义生产方式的特征的社会生产规定的物化和生产的物质基础的主体化。②

社会劳动时间在商品价值上作为决定要素起作用的一定形式，从下述意义上来说是同劳动作为雇佣劳动的形式，以及生产资料作为资本这一相应形式联系在一起的，就是说，只有在这个基础上，商品生产才成为生产的一般形式。③

只有在资本主义生产关系的基础上，商品生产的形式才成为起决定作用的生产形式，商品才会表现为一般的形式，并且同时具备所有作为劳动产品形式的社会规定性。或者换句话说，有用劳动和创造价值的劳动的统一，只可能在有用劳动和创造剩余价值的劳动的统一的基础上，才能决定社会生产的总体。

这就肯定了资本主义生产关系所起的决定性作用的特性。由于资本主义生产方式的形成过程（原始积累）中发生

---

① 〔德〕马克思：《马克思恩格斯全集》（第46卷），北京：人民出版社2003年版，第995—996页。
② 〔德〕马克思：《马克思恩格斯全集》（第46卷），北京：人民出版社2003年版，第996—997页。
③ 〔德〕马克思：《马克思恩格斯全集》（第46卷），北京：人民出版社2003年版，第998页。

的直接生产者和生产资料的分离、生产资料向资本的转变，作为直接生产者的工人的有用劳动，就只能表现为创造价值的劳动了。这就创造了条件，使得有用劳动和创造价值的劳动的同一性成为生产的一般规律。正是因为这样才能说，资本主义生产方式的特征早已包含在（eingeschlossen）劳动产品的简单商品形式之中。

2. 过程的结构和对过程的感知

（1）形式的发展和颠倒（inversion）

我们已经提到过第一个关键概念，即**隐藏**（*dissimulation*）概念，用来揭示过程的内在规定性和它的表现形式（或者表象形式）之间的关系。这样做的同时，让我们暂时忽略了第二个关键概念：**颠倒**（*inversion*）（Verkehrung）。

对于将劳动力价值转化为劳动价值的形式变化，马克思说道：

> "这种表现形式掩盖了现实关系，正好显示出它的反面。"[①]
>
> "在'劳动的价值'这个用语中，价值概念不但完全消失，而且转化为它的反面。"[②]

[①] 〔德〕马克思：《马克思恩格斯全集》（第44卷），北京：人民出版社2001年版，第619页。

[②] 〔德〕马克思：《马克思恩格斯全集》（第44卷），北京：人民出版社2001年版，第616页。

是什么构成了"颠倒"呢？在工资的形式中**显现**（*apparaît*）出来的，是工人由于他付出整个的工作日而被无区别地支付工资的事实。但实际上，工资对应着的是劳动力的价值，也因此对应着工人将自己的劳动力再生产出来所需的劳动时间，即整个工作日的一部分时间而已。所以，在工资的形式中，我们理解剩余价值（工作日的划分）的基础就被颠倒了过来。

马克思在政治经济学中引起的革命的要点之一就在于，他揭示了科学的规定性和现象的形式之间的颠倒关系，对他而言这就是科学的一般规律。

> "事物在其现象上往往颠倒地（inversée）表现出来，这是几乎所有的科学都承认的，只有政治经济学例外。"①

结构性的内在规定性——结构性的内在规定性指向的是生产关系的构成性特征——在表现形式中的颠倒，显示了这一过程的根本特征。正是这个规律决定了形式的发展。

我们在简单货币流通上，已经看到了相应的例证。实际上，货币是商品价值的存在形式，而货币流通是商品中的矛盾的运动形式。但是，当我们检视日常经验中的货币流通时，这些情况会呈现出不同的形态。

---

① 〔德〕马克思：《马克思恩格斯全集》（第44卷），北京：人民出版社2001年版，第616页。

货币流通是同一个运动的不断的、单调的重复。商品总是在卖者方面，货币总是作为**购买手段**（moyen d'achat）在买者方面。货币作为购买手段，它的职能就是实现商品的价格。而货币在实现商品的价格的时候，把商品从卖者手里转到买者手里，同时自己也从买者手里离开，到了卖者手里，以便再去同另一种商品重复同样的过程。

乍一看，货币的单方面的运动不是表现为起源于商品的两方面的运动。流通本身造成了相反的假象……似乎正是货币使本身不能运动的商品流通起来，使商品从把它们当作非使用价值的人手里转到把它们当作使用价值的人手里，并且总是朝着同货币本身运动相反的方向运动。货币不断使商品离开流通领域，同时不断去占据商品的位置，并离开自己的位置。因此，虽然货币运动只是商品流通的表现，但看起来商品流通反而只是货币运动的结果。[1]

马克思在这里区分了两种运动：价值的**真正的**（réel）运动，它隐藏在流通过程的重复背后；日常经验中的**表面的**（apparent）运动，它与真正的运动相反。

当我们从资本主义过程最抽象、最不发达的形式到它最发达、最具体的形式时，我们就看到了这种颠倒的关系。颠

---

[1] 〔德〕马克思：《资本论》（根据作者修订的法文版第一卷翻译），北京：中国社会科学出版社 1983 年版，第 96—97 页。MEGA2 中文版的对应翻译略有改动，所以选取了最符合法文原文的法文版翻译。——译者注

倒，是"资本运动过程作为整体考察时所产生的各种具体形式"①的发展，是资本总过程中生产过程和流通过程的统一性（这是《资本论》第三卷的研究对象）决定的形式的发展。这些形式发展的结果是，在资本主义生产的表面上将自己表现出来。在这些表象形式的背后，是不同的资本在竞争过程中互相碰撞；经济过程的主体——马克思将该主体称为**生产的当事人**（agents de la production）——也是在日常经验中感知到这些形式。

所以，过程的各种形式的发展遵循的是颠倒的规律：即在资本主义生产过程中表现出来的各种形式，严格地与其内在的规定性构成了颠倒的关系。这就是，表现出来的**事物的关系**（connexion des choses）（Zusammenhang der Sache）与**内在的关联**（connexion interne）（innere Zusammenhang）相颠倒，**表面的运动**（apparent mouvement）与资本主义生产的**真正的运动**（mouvement réel）相颠倒。而生产当事人感知到的就是表面运动的形式或事物的关系的形式。[8]

我们可以在马克思《资本论》第三卷中提出的"补偿的原因"的理论中具体认识这一规律。不过，在这之前我们有必要注意以下两个前提。

第一个前提：马克思对补偿原因的分析是对《资本论》第一卷相应内容的应用。该内容如下：

> 必须把资本的一般的、必然的趋势同这种趋势的表

---

① 〔德〕马克思：《马克思恩格斯全集》（第46卷），北京：人民出版社2003年版，第29页。

现形式区别开来。

我们在这里不考察资本主义生产的内在规律怎样表现为个别资本的运动,怎样作为竞争的强制规律发生作用,从而怎样迫使资本家把它当作自己行动的动机。

实际上,对资本的内在本性的分析是对竞争进行科学分析的前提。同样,只有认识天体的实际运动的人,才能了解天体的表面运动。①

在资本主义生产的必然趋势(真正的运动)、个别资本的运动(表面的运动)和资本家的动机这三者之间的关系中,我们能够看到这里的资本家的主体性理论、动力和动机理论,已经完全不同于《1844年经济学哲学手稿》中的情况。不再是资本家的动机,在对象性的形式中转而反对资本家,而是**资本**内在的必然趋势,即资本主义生产方式的结构性规律,已经在竞争的现象中内化为资本家的动机。

在《资本论》第一卷中,这个问题只是被顺带提及。而在第三卷中,马克思已经能够脱离对竞争的分析,直接提出分析**资本**的内在本质的基础:真正的运动和表象的运动之间关系的规定性。

第二个前提:马克思对补偿原因的分析,是属于通过竞争去分析平均化的利润率的研究。所以,只有回顾剩余价值到利润的转移、平均利润率的建立,我们才能理解马克思的

---

① 〔德〕马克思:《资本论》(根据作者修订的法文版第一卷翻译),北京:中国社会科学出版社1983年版,第317页。MEGA2中文版的对应翻译略有改动,所以选取了最符合法文原文的法文版翻译。——译者注

补偿原因理论。

①剩余价值和利润。

让我们从揭示商品价值的 C（不变资本）+ V（可变资本）+ m（剩余价值）的公式开始。我们是从 m（剩余价值）/V（可变资本）中得到剩余价值率的，而 m（剩余价值）/V（可变资本）表达的其实就是马克思所说的**概念的联系**（*relation conceptuelle*）。它实际上揭示了剩余价值的起源（origine），就是无酬劳动和有酬劳动的比率。

在**资本**的总体过程的现象中，剩余价值并没有出现，出现的是剩余价值的**显现形式**（*forme d'apparition*）——**利润**（*profit*）。就像所有的表现形式那样，利润也是一种隐藏的形式。实际上，我们关注的不再是剩余价值和可变资本之间的概念关系，而是剩余价值与总体的资本之间的没有概念的（a-conceptuelle）（begriffslose）关系。在这种关系中，构成它的诸要素之间的区别消失了。所以，马克思说，"剩余价值的起源（origine）和它的存在的秘密"在这里消失了。

利润率的公式是：$p' = \dfrac{p（利润）}{c+v（生产费用）}$

其实，这个公式中的利润量（*masse*）p 就等于剩余价值量 m，C（不变资本）+ V（可变资本）决定了生产费用。

②平均利润率的确立。

与剩余价值率不同，利润率是由不变资本的变动情况决定的。与剩余价值率和利润量（*masse*）无关，利润率是随着不变资本相对于可变资本（只有它才产生了剩余价值）的数值的大小而变化的。

如果资本的有机构成成分低于平均情况，即其中的不变资本低于平均情况,那么利润率就会增长,反之亦然。

在假设的完全自由竞争情况下,资本自动流向利润率高于平均利润的各个部门。资本自由流动的这一趋势,还会带来相对于需求而言的供给的扩大;反之,在资本流出的部门中也成立。所以,这就构成了一种平衡状态:

> "通过这种不断的流出和流入,总之,通过资本在不同部门之间根据利润率的升降进行的分配,供求之间就会形成这样一种比例,使不同的生产部门都有相同的平均利润,因而价值也就转化为生产价格。"①[9]

结果是,不论资本的有机构成如何,等量的资本会带来等量的利润。价值规律被颠倒了过来,或者更准确地来说,价值规律是在相反的形式中实现了自己。但是,只有通过**科学**(*science*),才能认识到价值规律的这种规定性。在竞争的不同形式中,价值规律实现了自身,同时竞争的不同形式也隐藏了价值规律。这就是马克思在补偿的理由一章中所说的内容。

> "但是,竞争所**没有表明**(*ne montre pas*)的,是支配着生产运动的价值规定,是在生产价格背后的、归根到底决定生产价格的价值。"②

---

① 〔德〕马克思:《马克思恩格斯全集》(第46卷),北京:人民出版社2003年版,第218页。
② 〔德〕马克思:《马克思恩格斯全集》(第46卷),北京:人民出版社2003年版,第231页。

相反，竞争**表明**（*montre*）的是与价值规律相矛盾的三种现象：

——在不同的生产部门中，平均利润不以资本的有机构成为转移，所以，它也不以资本在一定部门中占有的活劳动量为转移。

——工资的变化引起了生产价格的涨落。

——市场价格的波动，围绕着的是和市场价值差别很大的市场生产价格。

所有这些现象，**似乎**（*semblent*）都和价值由劳动时间决定相矛盾，也和剩余价值由无酬的剩余劳动形成的性质相矛盾。**因此，在竞争中一切都颠倒地表现出来了**（*Donc dans la concurrence tout apparaît à l'envers*）。在表面上呈现出来的经济关系的完成形态（fertige gestalt），在这种关系的现实存在中，从而在这种关系的承担者和代理人试图借以说明这种关系的概念中，是和这种关系的内在的、本质的，但是隐藏着的核心形态（Kerngestalt）以及与之相适应的概念（Begriff）大不相同的，并且事实上是颠倒的和相反的。①

我们在这里看到了理论的构成要素：

——关于过程的结构

——结构中主体的地位

---

① 〔德〕马克思：《马克思恩格斯全集》（第46卷），北京：人民出版社2003年版，第231页。

—意识形态话语的可能性及其与它和科学的区别

我们可以把这些术语放在同一个概括的表格中：

颠倒（Verkehrung）（inversion）

完成形态(fertige gestalt)	核心形态(Kerngestalt)
表面	内在的
现实存在	本质的
|	|
承担者	概念(Begriff)
代理人—观念(Vorstellungen)	
说明(erklären)	

我们可以在表格中填入一些相同的词语。**完成形态**（*fertige gestalt*）是事物的关系、表面运动和现实（Wirklichkeit）的层面。**核心形态**（Kerngestalt）是内在关系和真正的运动的层面。

首先，这个表格能帮助我们详细地了解**科学**（*science*）的概念。为此，我们可以再次回顾下马克思将古典经济学定义为科学的段落。

> 古典政治经济学力求通过分析，把各种固定的和彼此异化的财富形式还原（zurückführen）为它们的内在的统一性（innere Einheit），并从它们身上剥去那种使它们漠不相关地相互并存的形式；它想了解（begreifen）与表现形式（Erscheinungsformen）的多样性（Mannigfaltigkeit）不同的内在联系。①

---

① 〔德〕马克思：《马克思恩格斯全集》（第26卷·第3册），北京：人民出版社1974年版，第555页。

可以看到，在古典政治经济学之中，是通过指出了从未被注意到过的差异性（différence），才建立起了科学的维度。对此，我们可以通过检视定义了**了解**（*begreifen*）① 和**概念**（*Begriff*）的术语体系，来进一步理解为什么说从没注意到过。

还原（zurückführen）　　多样性（Mannigfaltigkeit）
统一性（Einheit）　　表现形式（Erscheinungsformen）

这组术语是关于现象形式的多样性的统一性问题，这也是典型的康德主义问题。马克思使用了康德主义的词汇，来描述科学和它所研究的对象之间的关系的类型。并且，马克思还在剩余价值理论中将其区分为形式的抽象、错误的抽象和贫乏的（insuffisante）抽象。

如果仅仅看到内在统一性和**表现形式**（*Erscheinungsformen*）的多样性之间的外在关系，这种类型的抽象就会缺少关注形式的发展，而正是形式的发展使得**核心形态**（*Kerngestalt*）可以在与其相反的**完成形态**（*fertige gestalt*）中实现自己，使表面运动成为真正的运动的作用结果。这种缺失是因为，**统一性**（*unité*）的可能性条件没有被思考过，体系的动力也没有被发现。马克思正是在认真思考了这些可能性条件后，才指出了科学带来的差异性，准确地定位了科学的功能。如果在过程的诸形式发展中，内在的本质、核心形态消失了，被隐藏了起来，并且在发展的形式中颠倒地实现了自己；也就是如果内在的本质成为了**不可见的要素**（*élément invisible*）（剩

---

① 在前面一章中，引文里面将"begreifen"译为"理解"，此处的引文译为"了解"，两者均可。——译者注

余价值在利润的形式中就是如此),那么科学的工作就是要把看得见的运动还原为不可见的运动。因此,我们就可以重新定义科学的内涵(虽然初看这只是概括性的定义,但之后我们能够严格地解释清楚):

"既然把看得见的、只是表面的运动归结为内部的现实的运动是一种科学工作"①。

还原表面的运动,其实就是展现真正的运动。这就是为什么我们说代表科学工作的术语是**概念**(*Begriff*)。因为它意味着,要研究运动过程,要研究过程的内在规定性展现自身的运动。

我们还可以借鉴在《1844年经济学哲学手稿》中使用**概念**(*Begriff*)和**了解**(*begreifen*)这两个术语的情况。在手稿中,**了解**一词在文本中出现,标志的是转向人本主义的话语。由此,我们可以看到手稿中所有的政治经济学范畴,除了政治经济学的内涵,还都是用来表达同一个**概念**(*concept*)(异化劳动)的工具。具体地说,其中的任意一个范畴都只是马克思的异化劳动和私有财产构成的"一垒"(première base)的"特定的和发展的表达方式"。贸易、竞争、资本、货币都是这样的范畴。

在《1844年经济学哲学手稿》的"特定的和发展的表达方式"中,有一个非常接近《资本论》内容的表达。但实际

---

① 〔德〕马克思:《马克思恩格斯全集》(第46卷),北京:人民出版社2003年版,第348页。

上，它只是用于表示本质（人本主义）和现象——现象是本质的特定的表达——之间的简单关系。**了解**这一概念，只是用来表明本质和现象两个层面之间的区别，虽然本质和现象实质上都处在相同的层面上，都是本质的表达方式。在马克思列举的范畴（贸易、竞争、资本、货币）中，既没有被发展、也没有被确定的是货币和资本之间不同层面的差异、资本的运动和竞争的运动之间不同层面的差异，也就是资本主义生产**体系**（*système*）的诸范畴之间的链接关系（articulation）。

而在《资本论》中则相反，**了解**的出现标志的是：通过对诸形式的运动（资本主义生产过程在其中得以实现）的把握，来确认各个范畴的地位。概念的研究既抓住了形式之间的链接关系，也抓住了决定链接关系的社会关系。因此，通过剩余价值率的概念关系，我们就能够把握利润率所隐藏的社会关系。

通过这样的概念的研究，科学能够把握住结构的链接关系。因为科学能够指出话语形成的可能性条件，而这些可能性条件决定了维持这些话语的场所（lieu），决定了主体**再现**（*représentations*）（Vorstellungen）所活动的场所。

（2）主体性的作用

主体，即生产的代理人，在这里、且在文中很多地方都被看作是**承担者**（*support*）（Träger）。

主体这个概念是十分关键的。在《资本论》中，我们已经看到马克思用它来指示经济客体。这个概念同时用来指认主体和客体的事实，就清楚地显示出马克思前后期概念的变动。在《1844年经济学哲学手稿》中，核心概念就是主体/客体（或是人/物）。决定着经济现实的关系就发生在由主体/客体决定的层面上：主体施加在客体上的作用，主体/客体之间关系的颠倒，在客体中实现的对主体的认识。而在《资本论》中，正是生产关系的特殊位置，决定了主体和客体的地位。这样一来，主体/客体不再是决定经济现实场域形成的基质，主体只是构成经济对象性的生产关系的承担者。

因此，我们就得到了一种变化的序列：

主体——生产的承担者（代理人）

行为——过程

客体——可感觉而又超感觉的物（承担者）

在《1844年经济学哲学手稿》中主体是动力，但在《资本论》中生产关系才是动力。

这样，我们就能够弄清楚《资本论》中的主体性理论和青年马克思在1843年《黑格尔法哲学批判》手稿的图表中的主体性理论之间的差距。在前面列出的图表中，我们已经看到现实的、实体性的主体——马克思将其看作是希腊语中的ὑποκείμενον（hypokeimenon）（主体）——与作为自在神秘的理念的**承担者**（support）的神秘主体之间的不同。而现在，实体性的主体开始与**承担者**（support）趋于一致。承担者先前是用于表示主体与它的本质分离的思辨活动，而现在它代表了现实过程中主体的规定性。通过双向的运动，马克思抛弃了思辨的结构，同时打开了主体在其中实现自身的过程的结构。

一方面，主体失去了实体性的厚度——后者使主体成为所有的对象性、所有的实体性的构成原则——而只保留了少量作为承担者的现实内容。另一方面，就像我们之前所说的那样，思辨和神秘化不再是指在现实（Wirklichkeit）基础上、通过某种话语发生的变革，而只是表征一种模式：在其中，过程的结构在现实（Wirklichkeit）中**表现自身**（*se présente*），主体功能的本质内容就由"被神秘化"的过程所构成。

如果考察决定主体功能的第二个概念，即**人格化**（*personnification*）概念——人格化概念在1843年《黑格尔法哲学批判》手稿的模型中也有对应的部分——我们还会看到相同性质的变化序列。资本家和工人必定是生产关系的人格化，即资本和雇佣劳动的人格化。所以，马克思在另一个耐人寻味的段落中写道，我们重新发现了在新的基础上建立起来的**享乐**（*jouissance*）和**计算**（*calcul*）的问题式。

> 资本家只有作为人格化的资本执行职能，他才有历史的价值，才有历史存在权和社会意义。只有以这样的身份，他本身的暂时必然性才包含在资本主义生产方式的暂时必然性中。因此，他的活动的决定性的目的不是使用价值和享受，而是交换价值和交换价值的不断增殖……资本主义生产地发展，使投入企业地资本有不断增长地必要，而竞争使资本主义生产的内在规律作为外在的强制规律支配着每一个资本家。[①]

[①]〔德〕马克思：《资本论》（根据作者修订的法文版第一卷翻译），北京：中国社会科学出版社1983年版，第622—623页。MEGA2中文版的对应翻译略有改动，所以选取了最符合法文原文的法文版翻译。——译者注

所以，生产的代理人就是生产关系的人格化或承担者。他并不是具有构成力的（constituant）的主体，而是感知的主体，他试图**说明**（s'expliquer）他感知到的经济关系。青年马克思用于表示批判活动的 *erklären*（说明）一词，此时却成为资本主义主体在试图理解束缚他的（befangen）结构时必然被蒙蔽的方式。在马克思看来，他的意识其实只是"表面运动的有意识的表达"。认识的工具就是直觉和经验，特别是经验，与表面运动的规律性、完成形态（fertige gestalt）的稳定形式紧密相关，因为经验能够揭示一定的规律关系，比如，从工资和商品价格之间的关系中，可以凭经验得出工资的提高会带来价格的提高的结论。

现在可以来分析在补偿理由的理论中，上述《资本论》中关于主体性的体系是如何具体运作的。

> 一旦资本主义生产发展到一定的程度，各个部门的不同利润率平均化为一般利润率，也就决不只是通过市场价格对资本的吸引作用和排斥作用来实现了。在平均价格和与之相适应的市场价格确立一段时期之后，各个资本家**意识到**（conscience），在这种平均化中某些**差别**（différences）会互相抵消，因此，他们会立即把这些差别包括在他们的互相计算中。这些差别存在于资本家的观念中，并被他们作为补偿理由加入计算。
>
> 在这里，基本观念是平均利润本身，是等量资本必须在相同时间内提供等量利润。①

---

① 〔德〕马克思：《马克思恩格斯全集》（第46卷），北京：人民出版社2003年版，第232页。

资本家主体的幻象可以分为两个要素：

第一，表面活动的诸现象内化为主体的行为**动机**（*mobiles*），而且被主体忽略的真正的运动的规律就是通过这些现象实现的。因此，补偿理由就只是通过竞争——竞争内化为资本家决定**计算**（*calcul*）的动机——而来的利润率平均化的现象。

"资本家的计算是以这个观念为依据的。例如，一个资本，由于商品在生产过程中停留的时间较久，或者由于商品必须在很远的市场上出售，周转较慢，然而它还是会把由此失去的利润捞回，就是说，它会靠加价得到补偿。"①

第二，在这个基础上，资本主义自以为是补偿理由决定了利润，所以，他们只将在各个部门的总体中剥削所得的全部剩余劳动带来的利润量，按照单个资本的大小来**分配**（*répartition*）。

资本家只是忘记了，——或者不如说没有看到，因为竞争没有向他表明这一点，——他们在互相计算不同生产部门的商品价格时彼此提出的这一切补偿理由，只是基于这样一点：所有资本家都按照他们资本的比例，对共同的掠夺物即全部剩余价值，拥有同样大的权益。

---

① 〔德〕马克思：《马克思恩格斯全集》（第46卷），北京：人民出版社2003年版，第232页。

相反，因为他们收进的利润和他们榨取的剩余价值不相等，所以他们以为，这些补偿理由似乎并不是使全部的剩余价值的分享平均化，而是**创造利润本身**（créent le profit lui-même），因为利润**似乎**（semble）只是来自于根据这种或那种理由对商品成本价格的加价。①

我们可以从这段分析中提炼出三个要点：

首先，我们可以看到，在生产代理人的意识中，既有对表面运动的感知，也有对由表面运动构成的颠倒的确认。

在真正的运动中，利润基于剩余价值，即无酬劳动。正是剥削所得的剩余劳动总量才决定了剩余价值量，进而才决定了利润分配的内在界限。因此，劳动价值规律才是生产总体都遵循的规律。但是，利润的范畴关注的不是剩余价值的**生产**（production），而是剩余价值的**分配**（répartition）。表面的运动使剩余价值的分配看起来像是决定了剩余价值的构成。所以，资本家的主体性——它将诸现象内化为补偿理由的各个名目——将它的动机也看作是具有决定功能的构成力的（constituants）。

其次，我们可以看到生产代理人的观念（Vorstellungen）表现出的内容：关于他的实践的各种范畴。资本家没有任何理由会去关心资本主义过程的内在结构。他需要的范畴是定义着表面运动各形式的、用来实践和计算的各种范畴。从某种意义上来说，资本主义过程中具有构成力的范畴就是他账

---

① 〔德〕马克思：《马克思恩格斯全集》（第46卷），北京：人民出版社2003年版，第232—233页。

本上的各个名目。

因此，资本家幻象的体系就反映在数量的理论中。商品价值由劳动时间决定这一规律发生在资本主义的背后，剩余价值从未出现在资本家的账目上。为了实现他的计算，资本家只需要既定的、具有调节力的数量。他就在决定价值分配的要素中找到了工资、利润和地租这些量值。所以，在资本主义生产的表面上以及在资本家的经验中，工资、利润、地租就成为了**构成**（*constituant*）商品价值的要素。也正是如此，资本家才把它们当作价值的构成量列入他们的计算之中。

> **经验**（*expérience*）从理论方面，资本家的**利己盘算**（*calcul intéressé*）从实践方面表明：商品价格由工资、利息和地租决定，由劳动的价格、资本的价格和土地的价格决定；这些价格要素确实是起调节作用的价格形成要素。①

最后，我们能够确定**计算**（*calcul*）的概念相对于《1844年经济学哲学手稿》发生的变动。在《1844年经济学哲学手稿》中，计算的理论揭示的是颠倒的发生，即资本家的主体性的决定转而反对自己的过程。资本家为了自己忙于盘算，但他作为经济事务的代理人，并不是为了黑格尔主义的普遍精神，而是服务于人的本质的发展。在《资本论》这

---

① 〔德〕马克思：《马克思恩格斯全集》（第46卷），北京：人民出版社2003年版，第990页。

里，资本家的计算发生在结构的表面运动的层面上。资本家们相信他们的计算决定了价值运动，所以他自己才主导着价值运动。因此，计算理论对资本家来说——他是资本主义生产的代理人和资本主义关系的承担者——是不可缺少的幻象的理论。

在这里，我们再次看到了关于**外观/表象**（*apparence*）（*Schein*）的机制，即在各种形式的**构成**（*constitution*）和对形式的**感知**（*perception*）之间存在差距（*décalage*）的机制。资本家，作为感知的主体，能够意识到表面的运动呈现出来的特定关系。当主体将他的动机付诸行动时，他就将自己看作是一个具有构成力（constituant）的主体。他相信，**现象**（*Erscheinungen*）反映了他自己具有构成力（constituante）的活动的结果。因此，在主体将自己展现为具有构成力的方式中，我们看到了构成主体存在的神秘化的完成形式。

另一个例子是关于利润率的下降，也是由资本家的意愿决定的活动。

> 在劳动生产率提高时，单个商品或一定量商品的价格下降，商品数量增加，单个商品的利润量和商品总额的利润率下降，而商品总额的利润率却增加，这是从资本主义生产方式的性质产生的现象，这种现象在表面上只表现为：单个商品的利润量下降，它的价格也下降，社会总资本或单个资本家所生产的已经增加了的商品总量的利润量则增加。于是有人这样理解这个现象，似乎资本家心甘情愿地从单个商品取得较少的利润，然而会

从他所生产的商品数量的增加而得到补偿。①

这里我们又一次看到了三个术语之间的关系：资本的内在趋势、表面的运动和资本家的意识。

"在这里，利润率的下降好像是资本增加的**结果**（conséquence），好像是资本家由此考虑到利润率较低却会赚得较大的利润量的结果。"②

生产当事人在过程中的地位就决定了，他们实践所需的观念只是对资本的表面运动的表达，并与真正的运动完全相反。这就表明且确立了颠倒（inversion）（Verkehrung）的概念。其实，在《德意志意识形态》中，马克思就用颠倒的概念来定义意识形态，但因为他并没有确立**核心形态**（Kerngestalt）和**完成形态**（fertige gestalt）之间的区别，所以当时颠倒的概念是毫无根据的（infondé）。在《德意志意识形态》中，马克思仍被困在现实（Wirklichkeit）的意识形态概念之中。对他来说，科学是建立在现实（Wirklichkeit）的层面上的，科学只是从普通人的立场研究现实的活动。正是由于马克思当时还没有注意到**现实**（réalité）和真正的运动之间的区别，所以颠倒就只是主体性作用的结果——这也是作为小

---

① 〔德〕马克思：《马克思恩格斯全集》（第46卷），北京：人民出版社2003年版，第255—256页。

② 〔德〕马克思：《马克思恩格斯全集》（第46卷），北京：人民出版社2003年版，第250页。

资产阶级的主体性所提供的解释。施蒂纳和鲍威尔就是小资产阶级的代表，从小资产阶级主体性的本质出发，他们才无法**看到**（voir）现实、无法颠倒地反映现实。

在这里，一方面确立了基于过程本身的结构的颠倒（inversion）。同时，也确立了颠倒（inversion）这个概念和 Verkehrung（颠倒，对青年马克思来说，这个概念是用于表征思辨的活动）概念之间的区别。

因此，被如此定义的生产当事人的地位同时也决定了特定话语的场所：**庸俗经济学**（économie vulgaire）话语的场所。

"庸俗经济学所做的事情，实际上不过是对于局限在资本主义生产关系中的生产当事人的观念，当作教义来加以解释、系统化和辩护。"①

在第三笔记本中，政治经济学曾是资本家的主体性所掌控的话语。而在《资本论》中，不是政治经济学而是庸俗经济学局限在生产当事人的主体性之中。古典经济学，反而属于科学的领域，并且正是在这里，古典经济学与马克思的科学话语之间的差异才被真正确立起来。

（3）生产的价值和价格——回到抽象的问题

现在，我们找到了具体研究古典经济学与马克思的科学话语之间差异的方法。那么，我们也就可以由此讨论一个引

---

① 〔德〕马克思：《马克思恩格斯全集》（第46卷），北京：人民出版社2003年版，第925页。

起了不少争议的话题,即生产的价值和价格之间的关系的问题。

先来看下生产价格的定义:

> "因此,商品的生产价格,等于商品的成本价格加上依照一般利润率按百分比计算应加到这个成本价格上的利润,或者说,等于商品的成本价格加上平均利润。"①

在商品的生产价格中,我们看到了之前就分析过的的颠倒:与资本的有机构成无关,相等的资本带来了相等的利润率,这就似乎推翻了价值理论。

> "由于价值转化为费用价格,商品价值决定于商品中包含的劳动时间这种基础本身,似乎也被取消了。"②

自《资本论》第三卷出版以来,关于这个矛盾的讨论就甚嚣尘上,对此,恩格斯在第三卷的增补中还做出了回应。近来,我们在意大利经济学家彼得拉内拉(Pietranera)的《资本的逻辑结构》[10](*La struttura logical del Capitale*)中找到了关于这个矛盾的讨论,他尝试以德拉·沃尔佩提出的众

---

① 〔德〕马克思:《马克思恩格斯全集》(第46卷),北京:人民出版社2003年版,第177页。

② 〔德〕马克思:《马克思恩格斯全集》(第26卷·第3册),北京:人民出版社1974年版,第535—536页。

多概念为基础给出解释，来说明马克思主义的科学性。

首先，他批评了基于物理学的类比式解释。根据这种解释，劳动价值的规律只是一种理论的规律，只适用于真空的空间。但是在经济现象的现实中，我们面对的是一个实心的空间。在这里发生的是一系列偶然的、纷扰的现象，就好似物理学中所说现实空间中真实存在的摩擦现象。所以，生产的价值和价格之间的差别，其实是在真空中发生的规律和在实心的空间中发生的规律之间的差别。

在彼得拉内拉看来，这个真空/实心的对比属于非马克思主义的抽象理论。为了反对这种论调，他强调了特定的抽象的理论，即代表了**一定历史阶段发展**（stade de développement historique déterminé）的抽象的理论。

他引用了以下几段来支持他的观点：

第一，《资本论》第三卷中的片段：

"商品按照它们的价值或接近于它们的价值进行的交换，比那种按照它们的生产价格进行的交换，所要求的发展阶段要低得多。按照它们的生产价格进行的交换，则需要资本主义的发展达到一定的高度。"①

第二，恩格斯为了回应形形色色的反对和肆意解释而写作的《资本论》第三卷的增补。恩格斯想要驳斥的是这样的观点，认为价值规律只是一种"理论假设"（fiction théorique），

---

① 〔德〕马克思：《马克思恩格斯全集》（第46卷），北京：人民出版社2003年版，第197页。

或是与现实毫不对应的抽象。所以,恩格斯写道:

> 只要经济规律发生作用,马克思的价值规律对于整个简单商品生产时期来说便是普遍适用的,也就是说,直到简单商品生产由于资本主义生产形式的出现而发生变形之前是普遍适用的……因此,马克思的价值规律,从开始出现使商品转化为商品的那种交换时起,直到公元15世纪止这个时期内,在经济上是普遍适用的。①

如果恩格斯的评论是正确的,我们就得到了令人惊讶的结论:劳动价值的规律在**资本主义之前**(avant le capitalisme)是适用的,但是伴随着资本主义生产方式的发展,它就失去了效用。在发达资本主义阶段,占统治地位的范畴不再是价值,而是生产价格。

彼得拉内拉就是以恩格斯的评论为基础。他认为,价值是与早期资本主义发展阶段相对应的特定的抽象。另一方面,生产价格是以平均利润率为前提,假设了特定工业的不同部门的存在:这些部门是以资本的不同技术构成为特征的,所以,它们也是以资本的不同有机构成和不同的利润率为特征的部门。所以,此时的抽象,对应的是19世纪的资本主义的发展阶段。

据此,彼得拉内拉分析了德拉·沃尔佩一篇重要的文章。在其中德拉·沃尔佩认为,马克思主义的科学性的特征是建

---

① 〔德〕马克思:《马克思恩格斯全集》(第46卷),北京:人民出版社2003年版,第1018—1019页。

立在与表象形式的年代顺序相反的、范畴的逻辑顺序之上。这其实是根据马克思在1857年《〈政治经济学批判〉导言》中的著名片段：

> 把经济范畴按它们在历史上起决定作用的先后次序来排列是不行的，错误的。它们的次序倒是由它们在现代资产阶级社会中的相互关系决定的，这种关系同表现出来的它们的自然次序或者符合历史发展的次序恰好相反。①

这就涉及了**基本形式**（*Grundform*）（forme fundamentale）的理论。马克思在之前的段落里特别说明：

> "在一切社会形式中都有一种一定的生产决定其他一切生产的地位和影响，因而它的关系也决定其他一切关系的地位和影响。"②

在资本主义生产方式中，基本的形式就是指产业资本的形式，它在表象次序中排在末尾。与它相比，商业资本和金融资本的形式是过去的形式。也正是这些形式，才催生了产业资本的诞生。但随着产业资本成为资本主义生产方式的**基**

---

① 〔德〕马克思：《马克思恩格斯全集》（第30卷），北京：人民出版社1995版，第49页。
② 〔德〕马克思：《马克思恩格斯全集》（第30卷），北京：人民出版社1995版，第48页。

本形式（*forme fundamentale*），它征服了先前的形式，并且使这些形式成为它的过程中的特殊形式。

所以马克思认为，产业资本有其自己的方式，来征服生息资本。这就是创造出产业资本特有的形式，即信用体系。在信用的形式中，生息资本看似只是从属于产业资本的特殊形式。

这就是彼得拉内拉为了解释生产的价值/价格的关系而参考的理论分析，虽然他并没有考虑这些概念具体所在的不同层面。和马克思给出的生息资本和产业资本之间的关系一样，他也这样说明了生产价值和生产价格之间的关系。

这样，就出现了以下的按时间顺序先后划分的序列：

市场价格——价值——生产价格——（垄断价格）

或者，用另一种表达方式就是：

剩余——剩余价值——利润——（垄断收益）

将这个序列（范畴的历史表现顺序）倒过来，我们得到了根据范畴在资本主义社会中的从属关系而来的理论顺序。每个范畴都历史地从属于前一个范畴，而且这使我们从理论上理解它们。在马克思写作的那个时代里，起决定作用的范畴是**生产价格**（*prix de production*），而同时价值范畴，虽然在先前的历史阶段里起着决定作用，但无论在理论上还是在历史上，都变成了从属的范畴。再一次，我们遇到了一个另人惊讶的结论，一个很难与**表现形式**（*formes de manifestation*）的理论相协调的结论。

为什么此处对1857年《〈政治经济学批判〉导言》段落的应用是如此的不合理的呢？在第一种情况中，我们面对的是**价值存在的各种形式之间的关系**（*rapport entre des formes d'existence de la valeur*）。产业资本，作为资本主义生产方式中价值存在的基本形式，使商业资本和生息资本——即价值存在的两种形式——从属于它。第二种情况（生产的价值/价格的关系）则是关于**价值和它的存在形式之间的关系**（*rapport entre la valeur et ses formes d'existence*），是关于**核心形态**（*Kerngestalt*）（即过程的本质模式）和它的最发达、最具体的形式之间的关系。而利润，并不是与剩余价值相对的形式，也不是接替剩余价值的决定性形式；它只是剩余价值的表现形式而已。

价值和剩余价值才是系统的动力。但是同时，它们也是系统中被隐藏的要素。

> "剩余价值和剩余价值率相对地说是看不见的东西，是要进行研究的本质的东西，而利润率，从而剩余价值作为利润的形式，却会在现象的表面上显示出来。"[①]

同样地，马克思也说过生产价格是"商品价值的一个已经完全表面化的（*veräusserlichte*）、而且乍看起来是没有概念的（*begriffslose*）形式"[②]。

从剩余价值到利润，从价值到生产价格，我们并不是

---

① 〔德〕马克思：《马克思恩格斯全集》（第46卷），北京：人民出版社2003年版，第51页。

② 〔德〕马克思：《马克思恩格斯全集》（第46卷），北京：人民出版社2003年版，第221页。

来到了更加先进的**历史阶段**（*stade historique*），而是来到了**过程的另一层面**（*niveau du procès*）：我们转移到了**完成形态**（*fertige gestalt*）的现象层面，而不再是**核心形态**（*Kerngestalt*）的本质层面。但是，现象的颠倒是本质的规律的实现；对整个资本家阶级来说，决定剩余价值生产的是价值规律。利润和生产价格只是关于资本家阶级的各个成员之间剩余价值分配的范畴，也是剩余价值和价值在过程总体的层面上采取的形式而已。

所以，彼得拉内拉忽略的是一种根本的区别，这种区别使马克思能够解释清楚古典经济学所无法说明——由于缺乏关于抽象理论的认识——的问题：价值、剩余价值和它们变化了的形式之间的关系。古典经济学家面临的问题是：如何调和劳动价值规律和否认了劳动价值规律的资产阶级生产所呈现的现象？在马克思看来，这个问题已经向亚当·斯密提出：

> 诚然，斯密用商品中所包含的劳动时间来决定商品价值，但是，他又把这种价值规定的现实性推到亚当以前的时代。换句话说，从简单商品的观点来看他以为是真实的东西，一到资本、雇佣劳动、地租等等比较高级和比较复杂的形式代替了这种商品时，他就看不清了。例如，他这样说：在市民阶级的**失乐园**（*paradise lost*）中，人们还没有以资本家、雇佣工人、土地所有者、租地农场主、高利贷者等身份互相对立，而是以简单的商

品生产者和商品交换者的身份互相对立。①

现在让我们回顾下恩格斯所说的：马克思的价值规律普遍适用于"**整个简单商品生产时期**"（*pour toute la période de la production simple de marchandise*），在"资本主义生产形式的出现"发生的变形之前都是普遍适用的。但是，马克思批评斯密的就是这样的说法。简言之，恩格斯和彼得拉内拉是通过让马克思"接受"斯密的理论，来为马克思开脱关于李嘉图式的抽象的罪。至于马克思，他毫无疑问留给了我们他自己的理论：

> "价值规律的充分发展，要以大工业生产和自由竞争的社会，即现代资产阶级社会为前提。"②

事实上，商品各自以自己的价值进行交换，这是一件事，但价值规律是另一件事。通过过程的理论和形式发展的理论，我们可以理解，价值规律在充分发展之时，是在它的对立面中实现自己：商品是以生产价格进行交换。

很难说明恩格斯在阐释上所犯的错误，因为他曾在《资本论》第二卷前言的最后正确地**提出**（*posé*）过这个问题——如果不是理解为他对坏境做出的"现实"反应。但

---

① 〔德〕马克思：《马克思恩格斯全集》（第31卷），北京：人民出版社1998年版，第453页。
② 〔德〕马克思：《马克思恩格斯全集》（第31卷），北京：人民出版社1998年版，第454页。

是，我们可以很清楚地看到是什么导致了彼得拉内拉的错误。彼得拉内拉宣称，价值和生产价格对应了**抽象的**两个不同的**层面**（niveaux d'abstraction）——他说不应把这个和抽象的模型相混淆。这确实是涉及了抽象的不同层面，但是彼得拉内拉认为抽象的不同层面只是历史发展的**不同阶段**（stades différents）的表现，抽象只被看作是**从线性历史中分离出来的环节**（moment détaché d'une histoire linéaire）。

在这里，彼得拉内拉仍停留在《1844年经济学哲学手稿》的理论场域，把作为科学研究对象的过程结构等同于历史的发展。

如果说彼得拉内拉将过程发展的形式等同于历史发展的阶段，这是因为他和德拉·沃尔佩一样，是站在历史主义的立场，将抽象理论看作是一种分离。这就是说，他是站在《1844年经济学哲学手稿》的理论假设勾勒出的经验主义的立场。虽然反对抽象的辩证法，但彼得拉内拉并没有意识到，对象性的形成与历史的发展并不是完全一致的。

在这里，我们就看到了从历史主义的角度产生的对结构的误认。反过来说，只有通过对结构的规定性的分析，才能**间接地**（indirecttement）抓住经济形式和范畴的历史性。同样地，将商品看作是可感觉又超感觉的对象，才可能看到它其实是历史发展的特定阶段的社会关系的表现。

沿着这样的研究，我们就会重新认识我们的出发点：李嘉图对价值形式的误认。李嘉图把劳动看作是价值的实体，却没有考虑过劳动的特殊性质以及劳动总是在特殊的形式中**表现自己**（se représentait）的事实。他仍然满足于对价值规律的肯定。但我们知道，被感知到的现象与价值规律是相矛盾的。

这样就出现了两种可能性。一就是放弃价值规律，就是马克思所说的放弃"科学态度的全部基础"①。这就是庸俗经济学的解决方法；这也是亚当·斯密做的，把价值规律推广到亚当以前的时代，认为商品的价值由工资、利润和地租三种源泉决定的。第二，像李嘉图那样保留价值规律，但是必须人为强制地使价值规律能够符合于和它相矛盾的事实。比如在平均利润率的概念上，李嘉图就是通过双重的否定来强制干预的。

——否定剩余价值和利润之间的区别。对李嘉图来说，利润只是剩余价值的另一种表达，而生产价格——李嘉图称之为自然价格——只是价值的货币形式。

——否定颠倒（inversion）。平均利润看似是与价值规律相矛盾的，但是在李嘉图的眼中，这是对价值规律的肯定。一般来说，李嘉图认为表面的运动是对真正的运动的肯定。

这双重的否定就泄露了李嘉图的方法，即他借助的抽象类型：

> 李嘉图有意识地把竞争形式，把竞争造成的表面现象**抽象化**，以便考察**规律本身**。应该指责李嘉图的是，一方面，他的抽象还不够深刻，不够完全，因而当他，比如说，考察商品**价值**时，一开始就同样受到各种具体

---

① 〔德〕马克思：《马克思恩格斯全集》（第46卷），北京：人民出版社2003年版，第189页。

关系的限制；另一方面是，他把表现形式理解为普遍规律的**直接的**、**真正的**证实或表现；他根本没有揭示这种形式的**发展**。就第一点来说，他的抽象是极不完全的，就第二点来说，他的抽象是形式的，本身是虚假的。①

在第一点上，马克思反对通常对李嘉图的批评意见，后者也是青年马克思曾经提出的批评意见；现在，马克思认为，李嘉图不是太抽象了，而是不够抽象。

"如果说人们责备李嘉图过于抽象了，那末相反的责备倒是公正的，这就是：他缺乏抽象力，他在考察商品价值时无法忘掉利润这个从竞争领域来到他面前的事实。"②

实际上，马克思告诉我们，李嘉图在第一章（《价值论》）中本该只讨论商品价值是由劳动时间决定的内容，但他却引入了关于工资、资本、利润、一般利润率等范畴的讨论。与他的理论原则（财富的固定形式的**瓦解** dissolution）相反，李嘉图全盘接受了剩余价值的**特殊形式**（*formes particulières*），而没有将它和纯粹形式区别开来。所以，他在第一章中就以一般利润率为假设前提。马克思则相反，他彻

---

① 〔德〕马克思：《马克思恩格斯全集》（第26卷·第2册），北京：人民出版社1973年版，第112页。

② 〔德〕马克思：《马克思恩格斯全集》（第26卷·第2册），北京：人民出版社1973年版，第211页。

底瓦解了这一切。他在1868年1月8日写给恩格斯的信中就给出了《资本论》一书的"三个崭新的因素":

> 过去的一切经济学**一开始**就把表现为地租、利润、利息等固定形式的剩余价值特殊部分当作已知的东西来加以研究,于此相反,我首先研究剩余价值的一般形式,在这种形式中所有这一切都还没有区分开来,可以说还处于融合状态中。①

李嘉图没有区分**一般形式**(*forme générale*)和**特殊形式**(*formes particulières*),从根本上说是因为他对**形式规定性**(*Formbestimmungen*)(determinations de forme)的误认。

在这里,我们就来到了马克思提到的第二点:李嘉图的抽象本身就是流于形式的,是错误的。马克思为了进一步反对李嘉图的抽象,提出了真正的抽象(abstraction vraie),而且在别处,马克思把李嘉图的抽象称作是强制的抽象(abstraction forcée)②。他在《剩余价值理论》中研究李嘉图的开始部分,就分析了这种错误抽象的基础:

> 李嘉图的方法是这样的:李嘉图从商品的价值量决定于劳动时间这个规定出发,然后**研究**其他经济关系

---

① 〔德〕马克思:《马克思恩格斯全集》(第32卷),北京:人民出版社1974年版,第11页。
② 〔德〕马克思:《马克思恩格斯全集》(第26卷·第2册),北京:人民出版社1973年版,第497页。

(其他经济范畴)是否同这个价值规定相**矛盾**,或者说,它们在多大的程度上改变着这个价值规定。①

李嘉图的抽象并不是能够重建起具体的过程的简单要素。李嘉图一个个分开研究经济范畴,试图在其中找到劳动价值的规定性。所以,对他来说,在现象中发现抽象的本质是可能的。为此,排除一切干扰的因素就足够了。这其实是假设了现象是由以下两个方面构成的:

—本质

—多样的、非本质的偶然

所有在表面上看起来与规律相矛盾的都是偶然,非本质的偶然。其中唯一**不变的**(invariant)就是价值。一切不能再生产出不变的价值的都是非本质的因素。

李嘉图保留了传统的抽象概念,后者更多被合理地描述为冲突的理论,这也是很多人想要应用到马克思之上的。由于没有研究处于纯粹形式之下的剩余价值,李嘉图没有认识到,剩余价值表面上的冲突实际上是剩余价值的存在方式,是剩余价值在与它相反的形式中实现自身的方式。因此,他理所当然地排除了偶然的冲突,肯定了矛盾、颠倒的内容的一致性,并将与真正的运动相矛盾的表面运动看作是对前者的**直接的**(immédiate)肯定。马克思总结李嘉图时说道,他

---

① 〔德〕马克思:《马克思恩格斯全集》(第26卷·第2册),北京:人民出版社1973年版,第181页。

是想"在科学**之前**（*avant*）把科学提出来"①。因此，在李嘉图那里，我们看到科学规定性（价值规律）和财富的固定形式、价值的表现形式之间完全没有互相链接的关系，反而是互相比邻、独立存在。

如果继续在经济学家们的出发点中寻找他们错误的根源，我们会发现，之所以李嘉图会陷入这样的困境，就像马克思所说的，是由于他在出发点上的误认。李嘉图并不理解利润和剩余价值之间的真实关系，相应地，他也就无法理解商品的简单价值形式和货币形式之间的关系。在把劳动实体看作是不变的因素后，他将价值**形式**（*forme*）定义为非本质的存在，并且认为它是不言自明的。我们应该将这种形式问题化、提出批判性的质疑，并揭示出"批判性地理解问题的全部秘密"②：商品价值中显示的劳动的二重性。

至此，我们就能够理解资本主义生产的形式的发展。马克思在第一章的脚注中就提到了：劳动产品的价值形式是资本主义生产方式最抽象的形式。对它的分析可以帮助我们理解它的各种形式（货币形式、资本形式等）后来的发展。相反，如果没有这样的分析，如果关于形式的批判性问题没有被提出，那么本质形式和具体形式之间的关系问题就不可能被提出。前者关注现实存在的范畴和揭示了内在规定性的范畴之间的**对比**（*comparaison*）；后者则研究不可能发展的、错

---

① 〔德〕马克思：《马克思恩格斯全集》（第32卷），北京：人民出版社1974年版，第541页。

② 〔德〕马克思：《马克思恩格斯全集》（第32卷），北京：人民出版社1974年版，第12页。

误的抽象。

如果回想下我们之前引用的片段,那里认为古典经济学的方法就是把财富的各种不同形式归结为一个统一体,我们就能够抓住下面所说的马克思方法的独特之处:

> 在进行这种分析的时候,古典政治经济学有时也陷入矛盾;它往往试图不揭示中介环节(Mittelglieder)就直接进行这种还原和证明不同形式的源泉的同一性。但这是它的分析方法的必然结果,批判和理解必须从这一方法开始。它感兴趣的不是从起源来说明各种不同的形式,而是通过分析来把它们还原为它们的统一性,因为它是从把它们作为已知的前提出发的。但是,分析是说明起源,理解实际形成过程(Gestaltungsprozess)的不同阶段的必要前提。①

根据马克思这封信的内容,古典经济学是不完备的。它只关注了科学两大任务中的第一个任务——分析,**还原为统一性**(réduction à unité),而忽略了第二个任务,即**从起源说明形式的发展**(développement génétique)。实际上我们已经看到,马克思和李嘉图的根本区别是在分析本身,即研究统一体和决定它的存在方式的方法。只有凭借马克思**对形式的分析**(analyse de forme),才能成功地进入第二个阶段,即从起源来说明发展。

---

① 〔德〕马克思:《马克思恩格斯全集》(第26卷·第3册),北京:人民出版社1974年版,第556页。

从起源来说明发展的分析，使我们能够避开并列、比较和重复的方法——在李嘉图的理论中，这是用来分析经济范畴之间关系的方法——独独这一点就可能建构起政治经济学的**体系**（système）。但是，只有放弃把这种起源的分析当作是现实历史过程的——向前或向后地——再生产，这个体系的建构才有可能。

也就是要避免陷入历史主义的解读。在这种解读中，马克思的抽象概念是**可发展的**（développable），因为它是**历史的**（historique），是在历史中实现自己的运动。但实际上马克思的抽象概念的关键在于，它抓住了空间的形式特征和对象性的形成领域。正因为如此，马克思才能够从简单的范畴发展到复杂的范畴。

马克思和李嘉图的区别并不是永恒的体系和历史的体系——在历史的体系中这些范畴是带有"+"号的（它们的历史性的符号）——之间的区别。只有马克思成功地完成了康德意义上的**体系**（système）。也只有一种方法能使政治经济学成为体系，那就是采用马克思在《资本论》第一章中所说的全新的对象性。

所以，马克思的革命性并不在于历史地分析政治经济学的范畴，而是使这些范畴形成体系。而对体系的批判是基于对体系的科学叙述，即体系本身的结构只有在社会形态的发展理论中才能被理解。

相对地，李嘉图的"体系"是人为介入的理论。他用"强制的抽象"①，使所有原本与价值规律相矛盾的现象都与

---

① 〔德〕马克思：《马克思恩格斯全集》（第26卷·第2册），北京：人民出版社1973年版，第497页。

规律相符，而不是通过价值规律的发展来说明这些现象是**如何**（*comment*）成为价值规律的存在方式（在隐藏的形式和颠倒的形式中）。李嘉图想要在非科学的内部确认科学，所以他没有成功完成他的研究，没有从财富的固定性、彼此的漠不关心中找到财富的已知形式、并把它们同其内在本质联系起来。所以，对认为李嘉图代表着政治经济学巅峰的学者来说，拜物教的可能性是永远在场的。但李嘉图强制地驱除了拜物教，而没有真正理解它。

3. 外表化（Veräußerlichung）和拜物教的形成

引 言

面对《资本论》中的拜物教概念，最先可以提出一个稍显幼稚的问题：拜物教是什么？

众所周知，对那些基于青年马克思的人本主义来理解《资本论》的人来说，拜物教的概念是理论的立足点。在他们看来，拜物教只是异化的另一种说法。在拜物教中，人与人之间的关系变成了物与物之间的关系。所以，人的活动变为异己的存在，进而成为物的规定性，而人就被物与物之间的关系所决定。拜物教就是与异化相似的、**人本主义的过程**（*processus anthropologique*）。

另一种相反的解释则认为，拜物教根本不是现实过程的特征，而只是一个关于经济关系的概念，即**意识形态**（*idéologie*）。

事实上，只有把拜物教与我说过的过程的结构及其诸形式的发展联系起来研究，我们才能理解拜物教。

我们已经看到，伴随着进入资本主义生产过程越来越具体的形式，统治着它们的运动的内在规定性就消失了，即核心形态消失在完成形态中。正是这个运动过程才形成了拜物教，我们把过程的表面上表现出来的特定**连接**（*connexion*）称之为拜物教的结构。拜物教的话语就是基于具体的形式之间的关联而成——具体形式之间的关联表现在资本主义过程的表面上，并且反映在资本主义生产的代理人的意识之中。

马克思将拜物教的话语归纳为他说的**三位一体公式**（*formule trinitaire*）。后者是由以下三组范畴构成：

—资本／利润

—土地／地租

—劳动／工资

资本、土地和劳动三大因素看似就是各自能够带来收益的源泉。资本天然地产生利润，劳动天然地换来工资，土地自然地带来地租。这个三位一体的公式是系统化的结果，是将生产代理人对各种形式——他们的行动所属于的各种形式——的感知系统化。

评　注

马克思认为，最好将资本／利润换成资本／利息，因为事实上前者是归于后者。利润是剩余价值的表现形式，也就是剩余价值的隐藏形式。但这还只是停留在生产的层面，仍不是剩余价值最具体和最间接的形式。而利息，本身就是利润的表现／隐藏形式，也是剩余价值在第二层级上的表现／隐藏形式，所以它才是剩余价值最具体的和最间接的形式。利息表现在生产层面之外，其运转机制如下：先行投入的一定数目的货币 A，最后根据合同以 M′，即 M+dM 的形式回到货币所有者手中。这里没有任何关于生产过程的问题，只有在具备了两人之间成立的合同和一种神秘的力量的条件下，货币才会自行增长。

资本正是在这种形式下呈现在资本主义过程的表面上。因此，资本/利息才真正是三位一体的第一组公式。

为了弄清楚拜物教的形成，我将先研究三位一体公式中的资本/利润（就是资本/利息）的可能性前提，也就是马克思所说的资本主义关系的 *Veräußerlichung*。为了不提前透露这个概念的内涵，我先把它直接翻译成 *extériorisation*（外化）。

关于资本主义关系的 Veräußerlichung 问题——其中资本应该被理解为生产关系——马克思在《资本论》第三卷第二十四章的标题中特别指出，"资本关系在生息资本形式上的外表化"（*Extériorisation du rapport capitaliste dans la forme du capital porteur d' intérêt*）。

在这章中，生息资本的形式被看作是资本主义关系的最**表面的**（*äußerlichiste*）形式。从《资本论》第三、四卷的内容中，我们可以找到很多同义的表达方式——生息资本是最**具体的**（*concrète*）、最**间接的**（*médiatisée*）、最**具有拜物教性质的**（*fétichisée*）、最**异化的**（*aliénée*）（*entfremdetste*）形式。对此，我们有两个精彩的评论。一方面，拜物教的运动看似与外化（*extériorisation*）的运动是一致的；另一方面我们发现，人本主义批判中的核心概念——**异化**（*aliénation*）（*Entfremdung*）看起来就是 *Veräußerlichung* 概念的同义词。在

《资本论》第三、四卷中，我们看到的是异化（Entfremdung）/外表化（Veräußerlichung）这一组范畴，这让我们想起了《1844年经济学哲学手稿》中起决定作用的异化（Entfremdung）/外化（Entäusserung）这组范畴。为了了解这两组范畴是否具有相同的含义，我们有必要研究它们的具体内涵。

那么，什么才是 Veräußerlichung？为了弄清楚形成拜物教的 Veräußerlichung 的运动结构，我们要借助能够解释这一过程的结构的概念，它们分别是：

——**关系**（*rapport*），应该被理解为生产关系，也是支撑整个过程的关系。

——**形式**（*forme*），是关系在现实（Wirklichkeit）中借以呈现自己的形式。

——过程的**起源**（*origine*）和**界限**（*limite*）。

——各种形式的**运动**（*mouvement*）或**发展**（*développement*）。

——**结果**（*résultat*）。

我们可以通过展现这些因素的变化，来观察过程中发生的拜物教形式。

1. 形式的无概念（Begriffslosigkeit）

资本主义关系的外化（extériorisation）首先依赖于生息资本的形式是**无概念的形式**（*begriffslose Forme*），或者，也可以称它为被剥夺了概念的形式。这就是指 G-G′ 的形式，即 G′ = G + g（G + dG）形式。说它是**无概念**

(*Begriffslosigkeit*) 是因为, 在这种形式中, 使形式成为可能的过程本身消失了。

事实上, 只有在货币资本 G 进入生产过程, 即它能在价值形式中增殖, G-G′ 的运动才是 G 的自行增殖运动。正是在产业资本的再生产过程之内, dG 的价值增长才有可能。

在货币 G 的真实循环中, 重要的是在 G 和 G′ 之间发生的、货币资本的整个循环过程。这也是三类循环中的一种, 即马克思在《资本论》第二卷开头提出的产业资本的三种职能形式中的一种。

随后, 我们就看到:

$$G\text{-}G\text{-}W{<}^A_{P_m}\cdots\cdots P\cdots\cdots W'\,(W+w)\text{-}G'\text{-}G'\,(G+g)$$

单是这个过程就使原始的价值 G 增长为价值 G′, 即 G+d G[11]。

而我们感兴趣的是循环过程中的 G 和 G′ 之间的关系。这首先就要说明在 $G\text{-}W{<}^A_{P_m}$ 阶段上的 G′ 的特殊形式是什么。

对此, 马克思的回答是:

> 在第一阶段中, G 是作为货币流通的。它作为货币资本执行职能, 只是因为它只有在货币状态中才能够执行货币的职能, 才能够转化为作为商品和它相对立的 P 的要素, 即 A 和 Pm。在这个流通行为中, 它只是作为货币执行职能。①

---

① 〔德〕马克思:《马克思恩格斯全集》(第 45 卷), 北京: 人民出版社 2003 年版, 第 55 页。

这就是说，**G 本身**（*en soi*）并不是资本。它自己并不具有增殖的能力。它只是执行了货币职能（购买职能）而不是资本职能（自我增殖的职能）。那么，是什么使纯粹的货币职能转化为资本职能呢？这就是因为它与过程中的其他阶段之间的联系的特质。

"但是因为这个行为是处于过程中的资本价值的第一阶段，所以，由于所买商品 A 和 Pm 的使用形式，这个行为同时又是货币资本的职能。"①

这就意味着：

（1）$G-W<^A_{Pm}$ 是货币资本的职能，它在资本主义再生产的过程中发挥作用。由于 A 和 Pm 的特殊性质，就使价值增殖的阶段 P 成为可能。

（2）更具体地来说，在这里起决定作用的是商品 A（劳动力）的性质。G 的价值增殖过程之所以能够成立，是由于劳动力这个极其特殊的商品在市场上的出现。所以，这里的形式就掩盖了资本和雇佣劳动之间的对立；对形式的研究就揭示了作为循环的动力的资本主义生产关系。

整个这一循环是以生产过程本身的资本主义性质为前提的，因而是以这个生产过程以及由它决定的特殊的社会状态为基础的。$G-W=G-W<^A_{Pm}$；但 G-A 要以雇佣

---

① 〔德〕马克思：《马克思恩格斯全集》（第45卷），北京：人民出版社2003年版，第55页。

工人为前提，因而要以生产资料作为生产资本的一部分为前提，因而，要以劳动过程和价值增殖过程为前提，即要以已经作为资本职能的生产过程为前提。①

现在让我们来考虑下 G′。它既不是 G 的产品，也同样不是 P 的产品（除了在例如金子的生产的特殊情况中）。它其实是商品资本 W′的转化形式，它向货币形式的回归不是货币资本、而是商品资本 W′的职能。而差额 g，作为阶段 P 产生的 w 的货币形式，它并没有表现为是属于 G 自身的运动。

货币资本在产业资本的循环中，除执行货币职能外，不执行其他任何职能，并且这些货币职能只是由于它们和这种循环的其他阶段的联系，才同时具有资本职能的意义。

G′表现（Darstellung）为 g 对 G 的关系，表现为资本关系，直接地说，不是货币资本的职能，而是商品资本 W′的职能：商品资本 W′本身，作为 w 和 W 的关系，又只是表示生产过程的结果，只是表示资本价值在生产过程中自行增殖的结果。②

其实，在 G′=G+dG 这个体现了循环结果的公式中，G

---

① 〔德〕马克思：《马克思恩格斯全集》（第45卷），北京：人民出版社2003年版，第72页。

② 〔德〕马克思：《马克思恩格斯全集》（第45卷），北京：人民出版社2003年版，第90页。

和 G′ 之间并没有关联。这其实是一个不可能成立的等式。我们知道，马克思是在他的**不合理的**（*irrationnel*）概念里揭示过这种不可能成立的关系。

不合理的概念的**合理性**（*raison*）在描述货币资本循环总过程及其与其他循环的关系的概念公式之中。这个不合理的和没有概念的公式 G′=G+dG 植根于下面这个完整的公式：

$$G-W<^A_{P_m}\cdots\cdots\cdots P\cdots\cdots\cdots W'-G'$$

这个公式说明了如下的**概念的联系**（*relation conceptuelle*）：

（1）这个公式抓住了形式的各种变换；在资本再生产的总过程中，通过这些形式的变换，构成了循环过程，并且将它与其他循环过程相联系。

（2）这个公式展现了生产关系所起的决定性作用，因为后者支撑着价值自行增殖的整个过程。

G′ 和 G 之间的不可能的关系，只在支配着整个循环过程的资本之下才能成为可能——在作为**生产关系**（*rapport de production*）的资本及作为资本的补充（*complément*）的**雇佣劳动**（*travail salarié*）的条件下。

因此，货币资本的循环最能代表资本主义的过程。事实上，这个过程的特点就在于它具有价值自我增殖的原则，从 G 到 G′ 的循环清楚地展示了这个原则。但是，资本再生产过程——是因为资本和雇佣劳动的生产关系而产生的价值自行增殖的过程——中起着决定作用的形式，却在它的**结果**（*résultat*）中消失了。

> 因此，G′是一个内部分化了的、自身在职能上（概念上）区别开来的、表现着资本关系的价值额。
>
> 但是，这里表现的只是结果，而没有表现出造成这个结果的过程的中介。①

这个循环的特点就在于过程在结果中消失了。这看似自主的过程，就导致了对资本主义过程的误认。

在马克思《资本论》第二卷中关注的再生产的总体过程中，这种独立性是不可能产生的。因为货币资本循环所具有的独立性在商品资本循环中消失了。

> 资本价值的货币形式在它的循环的第一种形式（货币资本循环）中具有的独立性这种外观，在第二种形式中消失了，因此，这第二种形式就是对形式 I 的批判，并且把它归结为不过是一个特殊的形式。②

其实，正是整个再生产过程的发展才形成了对第一种形式的批判。不过，这种发展只可能在**科学**（*science*）中显现。

在现实中，随着资本主义过程的形式变得越来越具体和间接，这种独立性、概念的缺失（Begriffslosigkeit）和不合理性就会越清晰地呈现出来。

---

① 〔德〕马克思：《马克思恩格斯全集》（第45卷），北京：人民出版社2003年版，第53页。
② 〔德〕马克思：《马克思恩格斯全集》（第45卷），北京：人民出版社2003年版，第86页。

这在生息资本的形式中发展到了顶峰。生息资本的形式确实是资本最具体的、最中介的形式。它的前提条件不仅包括了剩余价值向利润的转变，还包含了利润分离为企业利润和利息。而预付了货币 G 的金融资本家一直处在整个生产和再生产的过程之外。他只是先行投入了一定量的货币 G，随后便从中收回了 G′的货币量。至于这两个行为之间发生了什么，他并不感兴趣。

因此，整个资本主义的过程在 G-G′ 的形式中消失了。Begriffslosigkeit 表示了所有构成 G-G′关系的中介性术语的消失。同样地，它也表示支撑这些联系的**资本主义生产关系**（*les rapports de production capitalistes*）的消失。而生产关系在没有概念的形式中的消失，构成了马克思所说的资本主义关系外表化（Veräußerlichung）的基础。

我们知道，正是由于形式的发展——发展到了最具体的、最中介的生息资本的形式——才最终导致了这种消失。最终，这些形式的发展及其中介链都自行在结果的形式中消失了。资本主义过程最间接的形式表现出一种纯粹的直接性，像是货币资本自身内部的纯粹关系。

由此，我们就能够理解 Veräußerlichung 的概念了。实际上，它描述的是**生产关系**（*rapport de production*）和**过程形式**（*forme du procès*）之间的关系。另一方面，我们也确认了**关系/形式**（*rapport/forme*）之间的联系的一般机制，将它定义为换喻的因果性的联系。在**无概念的形式**（*begriffslose Forme*）——它丧失了所有过程中形式的发展和形式的链接的所有特点——中，换喻的因果性产生了最根本的效应。

在具体研究这些效应之前，我们已经注意到，讨论问题所使用的各种术语，本身就排除了某些对 Veräußerlichung（以及 Entfremdung）概念的解释方式。因为这里出现的术语不是主体、谓语和对象，而是关系和形式。此时"变成异己的"的问题也不是指主体的谓语在异己存在中的外化，而是在探究是什么在过程最中介的形式中形成了资本关系。

2. 关系的外表化（Veräußerlichung）

Veräußerlichung 的概念一般都和其他三个概念一起出现：**荒诞**（*Verrücktheit*）、**事物化**（*Versachlichung*）和**颠倒**（*Verkehrung*）（renversement）。

我们先将第一个概念搁置起来，因为它自身并不具有严格的概念意义。但 Verkehrung 的概念确实带来了一些问题。一方面，它定义了过程在其最完满的形式中发生的内在规定性的**颠倒**（*inversion*），这一点我们已经研究过了。但是在这里，它又具有了新的内涵。这是我们稍后要关注的内容。

事物化（*Versachlichung*）的概念必须在一定的前提下才能被理解，那就是关于**对象性**（*Gegenständlichkeit*）的形成和**表象**（*Darstellung*）的机制。在对商品形式的分析中，我们已经看到，事物、物体都是关系的承担者，对物的可感觉而又超感觉的性质的误认，导致了社会关系的表象转化为物的**自然属性**（*propriété*）。

更准确地说，任何事物都处于**形式**（*forme*）的作用之下。形式，既是事物的形式（伪装），也是生产关系的表现形式。

我们就重新看到了表象（Darstellung）的机制，马克思是在作为**物**（chose）的资本（一定数目的货币或者一定的物质要素：原料、机器等）和作为生产关系的资本（物就成为了它的承担者）的关系中，发现了这一机制。

"而资本不是物，而是一定的、社会的、属于一定历史社会形态的生产关系，后者体现在（sich dartellt）一个物上，并赋予这个物以独特的社会性质。"①

我们还看到了关系—物（Verhältnis-Ding）的对立，且这组对立发生在表象（Darstellung）之中。对表象的误解其实是取消了这种对立，将资本看作是简单的物。

此处的三个关键术语分别是：

—作为生产关系的资本。

—**资本形式**（forme capital），即生息资本的无概念的形式。

—物（资本的物质要素），即以生息资本的形式为伪装的、资本关系的承担者。

现在，生息资本的形式已经失去了所有的记忆，即忘记了是什么使它成为资本的特殊的和起决定作用的形式。因此，它的形式规定性就与物的物质规定性相混淆了。

由于生息资本处在无概念（Begriffslosigkeit）的形式之中，因而它的形式不再发挥形式的功能。所以，生产关系的

---

① 〔德〕马克思：《马克思恩格斯全集》（第46卷），北京：人民出版社2003年版，第922页。

社会规定性最终会被归结为物的物质规定性，也就是马克思所说的**物质基础**（*bases matérielles*）（作为承担者的物）和社会规定性之间的混淆。这些都成为了生产的物质要素的自然**属性**（*propriétés*），而资本关系也就成为了**物**（*chose*）。

但是，这些物具有极其特殊的属性，其神秘性质体现在以下两点：

——如果 G 被视为一定数目的价值，G-G′ 的关系就会成为像 4=5 这样的**不可理解的**（*unbegreiflich*）形式，我们也会遇到神秘的增殖现象。

——这种神秘现象的答案藏在事物 G 的物质要素的使用价值上。我们可以把不可理解的关系替换为不可通约的（*incommensurable*）关系：**物**（*chose*）G 生产出剩余价值，换言之它生产出社会关系。为了揭开这神秘的面纱，我将指出这种不可通约的关系的真名：**不合理的**（*irrationnel*）关系。

由此，我们才有可能理解这种神秘现象及其解决途径。接下来，对 Verkehrung 概念内涵的澄清将会为我们提供解决该神秘现象的可能性。这个概念揭示的运动是：社会关系转化为物，同时也是物转化为社会关系。社会关系在物中消失，而物延续了社会关系所决定的运动。该运动在物中的化身，表现为物的自然或超自然（神秘）的性质。现在，我们就充分理解了马克思所说的生产关系的**隐藏**（*dissimulation*）的作用方式。

生产关系的这种作用方式首先体现在这样的事实中：物看起来是一个具有特定运动的自动机。4 等于 5 的等式成立是因为，物自身具有增殖的理性。马克思说，物之所以能够自行增殖，是因为它本身就包含着社会关系。所以，正是这种不合理的关系，才是导致了物的自行增殖的**理性**（raison）[12]。因此，不合理就都被证明是现实（Wirklichkeit）的理性。借助社会关系在物中的表现方式，我们就能解释以下两种神秘现象：一是神秘的增殖，二是仅仅凭借一个物就能实现的社会关系的生产这一神秘的现象。所以，资本的物能够以特定的方式（就像土地产生地租那样）自然地生产出利息。我们可以将这个运动归结为：物成为**自动的主体**（sujet autonome），即马克思所说的主体化（Versubjektivierung）概念。

现在，我们看到的是一个双重的运动：生产的社会规定性的物化（chosification）；生产的物质基础的主体化、物的主体化，它既在展现，也在隐藏着生产的社会规定性。马克思认为，已经在资本主义生产方式最简单的规定性中，即在劳动产品的商品形式中，感知到了这个双重的运动。

> "在商品中，特别是在作为资本产品的商品中，已经包含着作为整个资本主义生产方式的特征的社会生产规定的物化（Verdinglichung）和生产的物质基础的主体化（Versubjektivierung）。"①

正是双重的运动构成了 Verkehrung 概念——我将它翻译为**颠倒**（renversement）[13]——的第二种内涵。颠倒的结果就

---

① 〔德〕马克思:《马克思恩格斯全集》（第46卷），北京：人民出版社2003年版，第996—997页。

是"一个着了魔的、颠倒的（renversé）、倒立着的世界"①。

我认为，将Verkehrung概念的这两种功能区分开来是十分必要的。因为只有第一种功能（由形式的发展，从核心形态向完成形态的形式的发展，所决定的颠倒inversion功能）才能够接受严格的、概念的规定。第二种由Verkehrung履行的功能（社会关系的物化和物质承担者的主体化的双重运动）被人本主义的光环所环绕，是对先前的概念场域的一种无反思、无批判的注脚。

现在，我们不得不区分以下两者之间的关系：以资本关系的外表化（Veräußerlichung）为特征的颠倒（renversement），和在《1844年经济学哲学手稿》中的异化。其实，马克思在《资本论》中使用的所有术语都可以在《1844年经济学哲学手稿》中找到对应词。《资本论》中的结构是由异化（Entfremdung）/外表化（Veräußerlichung）这组同义词构成的，这对应着《1844年经济学哲学手稿》中由异化（Entfremdung）/外化（Entäusserung）构成的结构，《资本论》中的Verkehrung概念同样对应着出现在《1844年经济学哲学手稿》中的Verkehrung概念（手稿中的颠倒renversement概念是在人本主义的批判中，用来表示异化过程的完成。其中，主体成为了它的对象的客体，同时思辨的过程也肯定了分离和颠倒）。另外，在《1844年经济学哲学手稿》中，颠倒（renversement）处在人/物的关系领域中。

---

① 〔德〕马克思：《马克思恩格斯全集》（第46卷），北京：人民出版社2003年版，第940页。

因此，有必要澄清这些概念的内涵。首先，要考虑事物化或物化（Versachlichung 或 Verdinglichung）的运动。事物中所包含的不是主体性的本质，而是关系。而包含在外表化（Veräußerlichung）中的也不是从自身分离出来的、其谓语在异己存在中实现的主体；这是一种形式，它外化于决定自己的关系而成为一种物，这就导致了关系的物化。所以，可以说外表化的内涵同异化（Entfremdung）是一致的。

而在拜物教中丧失的是一种结构的蕴涵，即丧失的是结构造成的物同物自身之间的差距，也就是经济关系发挥作用所造成的差距。这种差距在拜物教中被隐藏了起来，但也有人会认为，这也同样发生在《1844 年经济学哲学手稿》中，其中的物被直接当作是主体性的对象。正是隐藏了这种差距，也是隐藏了能够指引人们发现结构的物的特殊性，才催生了青年马克思的**对象**（*objet*）和**产品**（*produit*）的句构歧义的思想。因此，只有在隐藏了资本决定经济关系的特殊性后，才可能使人们将资本关系的事物化（Versachlichung）理解为主体的谓语的客观化。

而关于**主体化**（*subjectivisation*），从字面上来看，它只不过是将实体性主体的谓语颠倒为主体。而马克思所说的主体化则是指，物获得了作为过程的**动力的功能**（*function de moteur*）。在过程中，物的这一功能既不属于主体，也不属于主体和客体的相互作用，而是来自于**生产关系**（*rapports de production*）。后者完全外在于主体和客体所处的空间，因为在那里我们只能找到关系的**承担者**（*supports*）。物所获得的属性并不是来自主体的性质，而是生产关系作为动力的力量。可以说，物延续了运动，并在其中将自己表现为主体。所以，这个主体的概念代表的是它在虚幻的运动中实现自己的功能。

我们可以这样总结：在《1844年经济学哲学手稿》的理论场域中，主体化、物化和颠倒的概念充分刻画了某种特定的概念内容。但在《资本论》的理论场域中，这些相同的概念只**指出**（désigner）了一种不同于之前的概念内容。它们不再是与客体保持一致性的描述性概念，而只是与客体保持**类比**（analogie）关系的概念。因而，物化、主体化、颠倒的术语将以下的内容都掩藏了起来：过程所具备的动力的功能和生产关系自身的效能。[14]

下面简单地描述下这两种运动的区别。在《1844年经济学哲学手稿》中，主体（工人）将自己的本质投射到对象之中，而这个对象则增加了异己存在（资本）的力量。这个异己的存在在颠倒的运动中像主体一样运作，并且将工人当作自己的对象。

在《资本论》中，外表化（Veräußerlichung）是由于在无概念的形式中，关系的规定性发展为物的物质特性（物化）；而关系在物中消失后，物则表现为自动的主体（主体化）。在这个运动中，工人和资本家都没有出现。所以，工人不是过程的原初主体，而是表现为生产关系或是雇佣劳动的承担者。异化的机制也与工人无关。

据此，我们可以确认两种不同的结构。但是，马克思一直将这两者相混同，比如他根据实体性的主体的异化模式来思考资本关系的异化，比如他认为 Verkehrung-inversion 就是 Verkehrung-renversement。

我将用《资本论》第三卷第二章中关于剩余价值向利润转换的例子来说明这种理论漂移。我们知道，利润是剩余价值的表现/隐藏形式，因为价值由劳动时间决定、剩余价值由剩余劳动决定在这些形式中消失。并且，这种形式是以资本主义生产的真正的运动发生的**颠倒**（*inversion*）为特征的。现在，我们在马克思的文本中看到的是，这种颠倒（inversion）是如何被引向人本主义的颠倒（renversement）的，相应地，关于异化的前后两个模型是如何在人本主义话语特有的不确定性中被混淆起来的。

> 剩余价值通过利润率而转化为利润形式的方式，只是生产过程中已经发生的主体和客体的颠倒的进一步发展。我们已经在生产过程中看到，劳动的全部主体生产力怎样表现为资本的生产力。
>
> 一方面，价值，即支配着活劳动的过去劳动，人格化为资本家；另一方面，工人反而仅仅表现为物质劳动力，表现为商品。①

这是我们从中看到的运动：

这里使用的理论图示仍是古典的人本主义图示：

---

① 〔德〕马克思：《马克思恩格斯全集》（第46卷），北京：人民出版社2003年版，第53页。

以颠倒（inversion）为特征的资本主义生产过程形式的发展，是对主体/客体的原初颠倒（renversement）的进一步发展。如果这个理论图示是完全连贯的，那么我所有的论证都将是失败的。但事实上，它并不是连贯的。实际上，对应着活劳动向商品的转化过程的是过去的劳动向**资本**（*capital*），而不是向资本家的转化。

严格分析起来看，《资本论》中的**人格化**（*personnification*）具有不同的含义：它指明了主体作为生产关系的承担者的功能。生产关系，一方面决定了主体的功能，另一方面决定了客体的功能。生产关系既实现了客体的**表象**（*Darstellung*），也实现了主体的**演出**（*mise en scène*）[15]——这是从雅克·拉康那里借来的术语。我们知道，这其实是使主体/客体不再可能成为过程的动力，也使过程的运动不再可能是主客体相互作用的结果。《资本论》中的人格化的这层含义，证明了马克思此处使用该概念其实是有问题的。

现在，我们的图表就会变成：

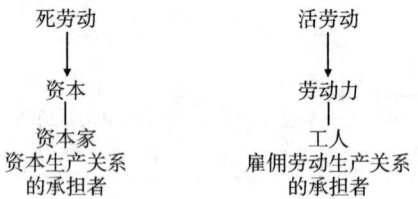

劳动力是与资本，而非与人（资本家）相联系。同样地，资本家是与另一个主体，即工人，而非与物相联系。主

体/客体的颠倒（inversion）在这里不再出现。

这就是说，在《资本论》中，人本主义并不存在，而只有在马克思话语故态复发的地方才看到人本主义的痕迹。在那里，马克思并没有成功地限定他使用的这些概念，这些概念之前都是围绕着人本主义的理论地标运作的。所以，在马克思话语的严密性减弱的地方，我们看到了人本主义模型的出现。由于马克思并没有严格地批判自己使用的词汇，所以必然会发生这样的理论漂移。《资本论》中用来表示很多新的概念的词汇，也是青年马克思用来表示人本主义概念的词汇。

所以，很有必要坚持这种区分：即我们已经关注过的不同的**概念**（cencepts）。比如说，《资本论》中的颠倒（Verkehrung）和异化（Entfremdung）概念，相较于《1844年经济学哲学手稿》中的使用情况，就是具有不同内涵的全新的概念。但是，正是这些相同的**词汇**（mots）同时表征了人本主义的概念群（我称之为概念群 I）和《资本论》的概念群（我称之为概念群 II）。

所以，也有必要强调，在这两种情况中，颠倒（Verkehrung）和异化（Entfremdung）的概念都具有关系的功能——即在特定的理论空间中，它们都串联起了术语之间的关系。在理论空间 I 中，颠倒和异化串联起来的术语是主体、谓语、客体、人、物、统治权、思辨等。在理论空间 II 中，这些术语则是简单形式、复杂形式、关系和形式，等等。

这两个理论空间具有不同的特点，相应地，关系形式 I 与关系形式 II 是不同的。根据理论的严密性要求，用来表述这些关系概念的词汇也应该是不同的。由于马克思没有完全遵循理论严密性的要求，所以，第一种人本主义形式总是侵入本没有它的位置的空间。一般而言，理论漂移发生在以下两种情况中：关系形式 I 与关系形式 II 之间建立起统一性；理论空间 I 通过进入理论空间 II 而得以重建。在理论空间 I 尝试侵入理论空间 II 中，我们看到了理论空间 II 为了抵抗所造成的一种**歪曲**（distorsion）。正是这种歪曲才导致了刚才我们研究的图表之间的不连贯性。

几乎每次马克思使用从人本主义批判中借来的图表时，我们就可以发现同一种歪曲。在这里，马克思采取了旧的宗教异化批判图表的文本就显得极为重要。每当马克思强调他正在研究的诸过程和宗教异化的**类比**（analogie）时（例如在《资本论》第一章中），他的分析都会显示出，这种类比并不是绝对严格的。

另一种值得注意的歪曲是在马克思用来标志拜物教的公式之中：人与人之间的关系变为物与物之间的关系。在这个公式中，这两个宾语偷偷地占据了主语的位置。

另外，还剩下理论漂移背后的深层原因。我认为，马克思并没有对自己使用的术语进行批判。批判的不在场并不是简单的疏忽。如果马克思认为并不需要确立术语之间的差异，那是因为他从来没有严密地思考过，他此时的话语和青年马克思的人本主义话语之间的差异。所以，在马克思的理论实践中，我们能够**确定**（déterminer）马克思自己从未**确认**（affirmer）的断裂。我们也能够找出这两种问题式之间的根本差别，但马克思自己从未真正地抓住这一差别并将其概念化。

3. 起源的移位和界限的僭越

对起源（Ursprung）、界限（Grenze）和过程的结果的研究，会向我们展现出过程的拜物教形式的完成。

起源（*origine*）并不是指时间上的起源，而是指资本主义过程的起源。

由于资本主义生产过程是资本价值的自我增殖的过程，所以，我们关注的起源其实就是剩余价值的起源——剩余劳动。

这个起源并不出现在资本主义过程的具体形式中，而是出现在过程的各种结果中，即在剩余价值总额所分解的部分——利润、利息和地租中。在关于补偿原因的研究中，我们已经看到了这些表示剩余价值分配的部分就表现为它的**构成要素**（*éléments constituants*）。

正是这个表象构成了庸俗经济学的基础，后者在亚当·斯密三种源泉的理论中找到了自己体系的源头。亚当·斯密是将工资、利润和地租当作是特定阶段生产出的价值的**分解**（*décomposition*）结果，即价值的构成要素。[16]

亚当·斯密的工作可以被划分为两个阶段。第一阶段是工资、利润和地租从它们的起源中分离出来（在价值中实现的社会总劳动时间的分解）。随后，它们独立起来，并表现为互不相关的各种形式。所以，找到每个要素——这些要素丧失了它们在过程的特定位置上时获得的形式规定性——各自的**起源**（*origine*）。三种源泉的理论正是在进行这个工作，将劳动、土地、资本分别看作是工资、地租、利润的源泉。

因此，这三种**源泉**（*sources*）占据了不为人知的**起源**（*origine*）的位置。我们在马克思那里发现**起源**（*Ursprung*）/**源泉**（*Quelle*）的对比，这并不是偶然的。这其实是标志了从社会决定的生产过程向某种自然过程的转变。从起源向源泉的移位，是对**事物化**（*Versachlichung*）的补充，即对社会生产关系转化为具有物质性质的物这一过程的补充。这使得关于过程的自然化理论更加完整了。

而且，起源的消失同时也是界限的消失。这个界限是由价值的起源（劳动时间）和剩余价值的起源（剩余劳动）决定的。剥削所得的剩余劳动总量才决定了剩余价值的界限。因此，价值规律表现为调节的规律，它勾画出了剩余价值分配为利润、利息和地租所依据的界限。由三种源泉理论产生的"三种源泉各自产生了一种收入"的幻象，就此崩塌。是质的、概念的界限决定了生产出来的价值总量和剩余价值总量。

相反，如果资本天然地生产出利润，像自动机一样发挥作用，那么每个质的界限就会被隐藏起来，并且利润的生产就好似遵循着几何级数的纯粹规律。这就是普赖斯博士相信能够解决所有的国家财政问题的巧计：

> 生复利的钱，起初增长得很慢。以后就不断加快，过了一段时期之后其速度就超出任何想像……一个先令，在耶稣降生那一年以6%的复利放出……会增长成一个比整个太阳系——假设它变成一个直径同土星轨道的直径相等的圆球——所能容纳的还要大的数目。因此，一

个国家从来不会陷入困境:因为它只要有最小的积蓄就能在它的利益所要求的短期限内清偿最大的债务。①

在这里,我们看到了资本主义最极端的**自动**(autonome)形式。按照几何级数的增长幻象之所以可能,是因为资本价值增殖的质的界限被误认了。

> 剩余价值和剩余劳动的同一,为资本的积累设置了一个质的界限:**总工作日**(la journée de travial globale)、生产力和人口(可以同时剥削的工作日数目由人口限定)在各个时期的发展。相反地,如果剩余价值在利息这个没有概念的形式上来理解,那么,界限就只是量的界限,并且会超出任何想像。②

所以,起源和界限的消失完成了资本主义过程的拜物教形式。在这个形式下,经济关系成为了生产代理人的感知:

> 在生息资本的形式上,资本拜物教的概念完成了。按照这个观念,积累的劳动产品,而且是作为货币固定下来的劳动产品,由于它天生的秘密性质,作为纯粹的

---

① 〔德〕马克思:《马克思恩格斯全集》(第46卷),北京:人民出版社2003年版,第444—445页,为马克思的引文。

② 〔德〕马克思:《马克思恩格斯全集》(第46卷),北京:人民出版社2003年版,第449页。

自动体，具有按几何级数生产剩余价值的能力（Kraft）。[①]

4. 着了魔的世界

我们已经描述了三位一体公式的三组范畴其中之一的形成过程，我们能从这一分析中归纳出两条重要结论：

（1）这一形成过程带来了另一种全新的结构，完全不同于《1844年经济学哲学手稿》的主体/谓语/客体的结构。

（2）拜物教的各种表现形式并不是由思辨歪曲的形式。这正是资本主义过程为生产代理人存在而采取的形式。

> 正是在利润的这种完全异化的形式上以及在利润的形式愈来愈掩盖自己的内核的情况下，资本愈来愈具有物的形态，愈来愈由一种关系转化为一种物，不过这种物是包含和吸收了社会关系的物，是获得了虚假生命和独立性而与自身发生关系的物，是一个可感觉而又超感觉的存在物；而且在资本和利润的这种形式上，资本表面上是作为现成的前提出现的。**这就是资本的现实性的形式，或者更确切地说，是资本的现实存在的形式**（*C'est la forme de sa réalité ou plutôt c'est sa forme d'existence réelle*）。资本也正是以这种形式存在于其

[①] 〔德〕马克思：《马克思恩格斯全集》（第46卷），北京：人民出版社2003年版，第449页。

承担者即资本家的意识中，反映在他们的观念中。① （此处加重内容为作者所加）

我们又一次回到了我们的出发点，即决定着资本主义体系的关系只可能存在于它们隐藏的形式中。正是在它们的现实性的形式中，它们的真实运动消失了。

对拜物教的分析确认的是，神秘化是结构的神秘化，但这就是结构的存在本身。在拜物教的"着了魔的世界"里，"资本先生和土地太太，作为社会的人物，同时又直接作为单纯的物，在兴妖作怪。"②这是由原因的不在场所导致的效果之间的关系的完成形态。在马克思看来，这种原因的不在场是一种简单的距离，而与中介的消失相关，与对过程的内在规定性的忘却相关。

但是，因为这里说的不再是似黑格尔的具有**回忆**（Erinnerung）能力的意识的发展，所以这种忘却本身就是构成性的。

因此，在距离和忘却的不充分的形象之外，我们又回到了基础的部分。那就是，过程的表现形式是由一些事物决定的，这些事物绝不可能在现实（Wirklichkeit）的场域中、毫

---

① 〔德〕马克思：《马克思恩格斯全集》（第26卷·第3册），北京：人民出版社1974年版，第536页。此处加重情况遵循本文作者的情况，与马克思原文略不同。并且，朗西埃引用的法文段落中并没有中文版本里面的"是获得了虚假生命和独立性而与自身发生关系的物"这一句，特此注明。——译者注

② 〔德〕马克思：《马克思恩格斯全集》（第46卷），北京：人民出版社2003年版，第940页。

无掩盖地直接呈现自己。这就是生产关系，见证的是——也就是没有见证——特定的生产方式的形成过程（Entstehungsprozess）：资本主义生产方式。

如此，拜物教表现的并不是人本主义的过程，而是特殊的差距——那就是资本主义生产方式的结构在现实（Wirklichkeit）、日常生活（Alltagsleben）的场域中展现自己，并且将自己提供给生产代理人（资本主义生产关系的承担者）的意识和行动。

从此，拜物教的这些形式就在庸俗经济学特殊的话语中被系统化了。

> "庸俗经济学所做的事情，实际上不过是对于局限在资产阶级生产关系中的生产当事人的观念，当作教义来加以解释、系统化和辩护。"[①]

庸俗经济学将现实（Wirklichkeit）、日常生活（Alltagsleben）中的各种异化的和不合理的形式——其中简单的事物（资本、土地的物质要素）生产出社会关系（剩余价值、地租）——系统化为三位一体公式的三组范畴。对于庸俗经济学来说，这些不可通约的关系代表了系统的合理内核。

> "对庸俗经济学家来说，只要他达到了这种不能通约的关系，一切就都清楚了，他就不感到还有进一步深

[①]〔德〕马克思：《马克思恩格斯全集》（第46卷），北京：人民出版社2003年版，第925页。

思的必要了。因为,他正好达到了资产阶级观念上的'合理'了。"①

从这个观点出发,我们可以尝试定义至今为止我们遇到的各种话语形态。出发点其实就是在感知中被给予的出发点,是"财富的固定形式",是生产代理人遭遇的现实(Wirklichkeit)的各种形式。

庸俗经济学家们满足于将这些形式系统化,并且赋予它们合理的内核。而这恰恰是**不合理的**(*irrationnelle*)。他们的话语是对表面运动的反映,同时是对内在本质和过程真正的运动的否定。

古典经济学则打算消解这些固定形式,将它们归结为内在的、本质的统一体。例如,它将地租归结为超额利润。但是,由于它不理解这些形式其实是过程的内在本质的**各种显现形式**(*formes d'apparition*),所以也就无法完成它的理论规划。因此,它通过对表象的教条式否定来肯定内在的本质,只不过是毫不理解地驱散了拜物教的各种形式而已。

马克思的理论,相反,就能够理解,这些异化的和不合理的形式是过程的内在本质的表现形式。这就同时建立了关于过程的和关于误认的理论。

现在,我们还可以加入第四种话语,即《1844年经济学哲学手稿》中的话语。它也将我们刚提到的"异化的和不合理的形式"当作是出发点。其中,第一笔记本就从三种源泉

---

① 〔德〕马克思:《马克思恩格斯全集》(第46卷),北京:人民出版社2003年版,第926页。

出发。并且，青年马克思拒绝了李嘉图式的分解，因为他认为后者是**抽象的**（*abstraite*）理论。马克思在对李嘉图的评论中这样写道：

> "国民经济学为了使自己的规律更严密和更确定，必需把现实（Wirklichkeit）当作偶然的、把抽象当作现实的。"①

因此，《1844年经济学哲学手稿》的话语是从异化的和不合理的各种形式出发，并且试图将自己固定在**现实**（*Wirklichkeit*）的层面上。这就意味着，这些不合理的形式会成为无理性的形式、异化的理性的形式、异己的人的形式。

或者说，在这个话语中，这些**异化的**（*aliénées*）形式——我们已经看到在这里这个术语的意义到底是什么——是在人本主义意义上的**异化形式**（*formes de l' aliénation*）。

所以，将财富的各种形式归结为异化劳动的规定性这一做法，并没有真正构成对经济学的对象性（Gegenständlichkeit）形式的批判，而只是保留了颠倒（renversement）的简单形式，其中都是用人的主体和主体间性的规定性来替代物与物之间的物质规定性和关系（最恰当的例子是财富和贸易的句构歧义）。因此，《1844年经济学哲学手稿》的话语仍然为现实（Wirklichkeit）的幻象所困。

---

① 北京图书馆马列著作研究室编：《马恩列斯研究资料汇编（1980年）》，北京：书目文献出版社1982年版，第34页。

三、结束语

我想以古典经济学话语的可能性的问题来结束讨论。

实际上，庸俗经济学话语的前提条件是被清晰地定义的，但古典经济学的问题略有不同。基本上，古典经济学并不依赖于生产代理人的观念，而只依赖于他们的缺点（比如亚当·斯密的理论）。那么，如何同时解答古典经济学话语的相对独立性（它能够驱散拜物教的表象）和它本质的局限性（它不能够理解资本主义生产的真正的运动）呢？

在赞扬了古典经济学驱散拜物教表象的行为后，马克思说道：

> "然后，甚至古典经济学的最优秀的代表，——从资产阶级的观点出发，只能是这样，——也还或多或少地被束缚在他们曾经批判给予揭穿的假象世界里。"①

这种不可能性是如何被马克思揭露的呢？我们可以反思两个特殊的要点，即古典经济学的话语中对结构的误认所造成的结果，古典经济学并没有看到这两件事情。

第一点，关于对价值形式的误认。这一点我们已经详细地考察过。下面是马克思叙述的古典经济学误认的必然性。

---

① 〔德〕马克思：《马克思恩格斯全集》（第46卷），北京：人民出版社2003年版，第940页。

古典政治经济学的根本缺点之一，就是它从来没有从商品的分析，特别是商品价值的分析中，发现那种正是使价值成为交换价值的价值形式。恰恰是古典政治经济学的最优秀的代表人物，像亚当·斯密和李嘉图，把价值形式看成一种完全无关紧要的东西或在商品本性之外存在的东西。这不仅仅因为价值量的分析把他们的注意力完全引住了。还有更深刻的原因。劳动产品的价值形式是资产阶级生产方式的最抽象的，但也是最一般的形式，这就是使资产阶级生产方式成为一种特殊的社会生产类型，因而同时具有历史的特征。因此，如果把资产阶级生产方式误认为使社会生产的永恒的自然形式，那就必然会忽略价值形式的特殊性，从而忽略商品形式及其进一步发展——货币形式、资本形式等等的特殊性。①

这就是古典政治经济学把价值形式看成无关紧要的东西时所误认的：资本主义生产方式的特殊的、**历史的**（historique）特征。

第二点，关于**剩余价值的起源**（l'origine de la plus-value）的分析也是如此。实际上，斯密和李嘉图所有的错误、所有他们得出的各种问题的错误公式，都有着相同的结果——在剩余价值形成上的含糊态度。

古典政治经济学的所有话语都缺少（absente）一种区分，

---

① 〔德〕马克思：《马克思恩格斯全集》（第46卷），北京：人民出版社2003年版，第98—99页，注释32。

即没有区分**可变资本**（*capital variable*）和**不变资本**（*capital constant*）。正是这种区分，解开了剩余价值的谜。它揭示了资本主义生产过程的动力是资本和雇佣劳动之间的对立。它揭示了资本主义生产是由历史的生产关系决定的。

因此，古典政治经济学话语中所有围绕这两点的疏忽和矛盾都在试图掩盖这个事实：资本主义生产就是被历史地决定的生产方式的存在。

在古典政治经济学的藏手绢游戏里，有一个是它差点就能赢得游戏的地方。这也是它**不能看到**（*ne peut pas voir*）的事情，并且是它们**理应看不到**（*doit ne pas voir*）的事情。

实际上，**理应看不到**（*devoir ne pas voir*）并不是马克思[17]提出的概念。他并没有从概念角度出发思考古典经济学话语特殊的可能性条件。他其实是通过类比的方式来说明古典经济学的内在的局限性。

这就引出了《资本论》第三卷的内容，马克思评价李嘉图对利润率下降问题的态度。

> 利润率是资本主义生产的推动力：那种而且只有那种生产出来能够提供利润的东西才会被生产。英国经济学家对利润率下降的担忧就是由此产生的。单是这种可能性就使李嘉图感到不安，这正好表明他对资本主义生产条件有深刻的理解。有人责难他，说他在考察资本主义生产时不注意'人'，只看到生产力的发展，而不管这种发展以人和资本**价值**（*valeurs*）的多大牺牲为代价。这正好是他的学说中的重要之处。发展社会劳动的生产

力，是资本的历史任务和存在理由。资本正是以此不自觉地创造着一种更高级的生产形式的物质条件。使李嘉图感到不安的是：利润率，资本主义生产的刺激，积累的条件和动力，会受到生产本身发展的威胁。而且在这里，数量关系就是一切。实际上，成为基础的还有某种更为深刻的东西，他只是模糊地意识（intuition）到了这一点。在这里，资本主义生产的限制，它的相对性，以纯粹经济学的方式，就是说，从资产阶级立场出发，在资本主义理解的界限以内，从资本主义生产本身的立场出发而表现出来，也就是说这里表明，资本主义生产不是绝对的生产方式，而只是一种历史的、和物质生产条件的某个有限的发展时期相适应的生产方式。①

让我们观察一下这里的概念。首先是李嘉图的"预感"②（intuition）（Ahnung）。这个概念的出现并不是无足轻重的。马克思每次使用它时，都想要指认李嘉图的预感，即他模糊地意识到了超出限制着他的立场的、资本主义生产方式的内在本性。此处，这个必然的限制通过三个词组来表达："**以纯粹经济学的方式**"（in rein *ökonomischer* Weise）、"**从资产阶级立场出发**"（im *bourgeois* Standpunkt）、"**在资本主义理解的界限以内**"（innerhalb der Grenzen des *kapitalistischen* Ver-

---

① 〔德〕马克思：《马克思恩格斯全集》（第46卷），北京：人民出版社2003年版，第288—289页。

② 朗西埃标注的德语"Ahnung"对应着法语"intuition"，在上一段的引文中该法文词对应着的中文翻译是"模糊地意识到"。但在单独讨论时译者采用了它的直译"预感"，更符合其讨论指向的语境。——译者注

standes)。

我们可以把它们同《资本论》第一卷中的相关内容——该内容位于关于工资的章节的最后——相比较：

"古典政治经济学几乎接触到事物的真实状况，但是没有自觉地把它表述出来。只要古典政治经济学附着资产阶级的皮上，它就不可能做到这一点。"[1]

我们从这两者的比较中清楚地看到，马克思用来思考古典政治经济学的局限性的类比模型。首先是关于**资本主义理解**（*entendement capitaliste*）（kapitalistischen Verstandes）的定义，决不能把它与资本主义主体的**观念**（*représentations*）（Vorstellungen）相混淆。马克思是在生产方式的发展的模型中来解释"资本主义理解"的。众所周知，在特定的生产方式下，生产力会发展到一定阶段、被生产关系所束缚。这就构成了生产方式特有的**界限**（*limite*）或是说障碍，它表现在阻碍生产力发展的表象中。现在，**资本主义理解**（*kapitalistischen Verstand*）就是指**理论的生产方式**（*mode de production théorique*），其中理论的生产力能够且只能够发展到一定阶段，停留在这种理论的生产方式的绝对界限之内。正是在这个未被说明的类比模型中，马克思考察了政治经济学话语内在的可能性和界限，认为它被限制在了"资产阶级的皮上"，就像是生产力受到资产阶级生产关系的限制那样。

---

[1] 〔德〕马克思：《马克思恩格斯全集》（第46卷），北京：人民出版社2003年版，第622页。

这样，我们就能够确认，马克思并没有给出政治经济学话语的可能性这个**概念**（*concept*）。但为了形成这个概念，我们必须思考古典政治经济学和马克思主义科学可以被区分开来的**共同场地**（*lieu commun*）。这就是说，为了理解古典政治经济学的可能性，我们必须提出马克思主义科学的可能性的问题，以及它与它的可能性的历史条件之间的关系问题。

马克思完全没有解决这个问题，而只是借助了一组对照，即资本主义生产方式内在的矛盾发展和对它的批判的发展之间的对照。我这是指马克思在他著名的段落里所说的，只有在系统本身处在危机之时，对资本主义生产方式的科学批判才有可能。

有人也许会怀疑，**危机**（*crise*）和**批判**（*critique*）之间的这种联系是否是《德意志意识形态》特有的历史主义意识形态的剩余。另外，在马克思那里这与另一种理解相矛盾，即对科学的纯粹性（*pureté*）的理解。科学的可能性是与某种历史的暂缓相关的。李嘉图之所以能够进行一种科学的话语，是因为他写作时正处于一个稳定的历史阶段，当时历史在某种意义上是中立化的。随着资本主义危机和阶级斗争的不断恶化，科学的话语就不再可能，李嘉图的追随者们也在辩护派和庸俗经济学之间摇摆。

一般说来，在马克思看来，伴随着批判概念而来的历史主义理解，是与另一种理解相对立的，那就是在与历史代理人的存在条件的根本断裂中开创的科学的理解。问题就是要思考这种断裂的可能性条件。如果说马克思在《资本论》中确定了科学的场地和科学性的诸形式，我们就可以提出疑问——马克思是否回答了这个问题：如何到达科学的场地？

在庸俗经济学中，我们看到这个问题是通过资本主义主体在现实（Wirklichkeit）中的地位的规定性才得到解决：如果有人能够到达庸俗经济学话语的场域，那是因为他已经身处其中。此外，再也没有回答如何通向科学的话语这一问题。而且，我并不认为1857年《〈政治经济学批判〉导言》的著名段落解决了这个问题。

我们知道，这个问题一般被视为是关于**"理论和历史"**（*théorie et historie*）的问题，尤其是在德拉·沃尔佩学派中更是如此。但是，无论是在"具体—抽象—具体"的循环理论，还是在"历史的—物质的"情况向"历史的—理性的"情况的过渡理论，德拉·沃尔佩学派给出的答案都落后于马克思在思想进程和现实进程之间建立的根本区别。一方面，他们将抽象和具体的规定性与思想和现实的规定性混淆（经验主义对事实的歪曲）。另一方面，他们提出的认识论模式，完全被过去、现在和未来的意识形态范畴所渗透，即他们把历史当做是庸俗的、意识形态的客体对象**无批判**（*sans critique*）地接受了。德拉·沃尔佩所采纳的对意识形态客体的意识形态特性的认识论理论，一方面体现在他所说的"具体—抽象—具体"的运动，另一方面体现在他用来定义科学性的形式的"前因—后果"的结构中。因此，他是从前因到后果的线性序列来规定经济范畴之间的关系。我们从彼得拉内拉的例子中已经看到，这种线性的理性理论（对历史的意识形态概念的性质的反思），是如何误解了科学和过程（科学的研究对象）的性质。

因此，答案引起的理论难点正是在于**问题**（question）被提出的方式。所以，我们必须继续完成马克思还只在具体事例中指出的运动，我们必须继续考察其中的各种术语，特别是历史的概念。如果我们没有能力解决这个难题，那我们起码要认识到，应在哪个**场域**（terrain）中才能解决这个难题：那就是应在历史的全新概念中去解决。

注　释

〔1〕《保卫马克思》，"理论"丛书，马斯佩罗出版社1965年巴黎版。
〔2〕参考《马列主义文献》第1期，法国"马列主义共产主义青年联盟"党报。
〔3〕参见《关于唯物辩证法》（*Sur la dialectique matérialiste*）（La pensée, n.110, août 1963）。
〔4〕问题在于要去了解我们现在面对的**对象的类型**（type d'objet）是什么，又是什么确立了它作为对象的性质。
〔5〕上面的引文参照的是德文版本，法文版相对应的翻译为："在社会的历史发展中，只是一定的时代，也就是生产使用物所耗费的劳动表现为这些物固有的性质即它的价值的时代，才使劳动产品普遍转化为商品。"（〔德〕马克思：《资本论》（根据作者修订的法文版第一卷翻译），北京：中国社会科学出版社1983年版，第39页。——译者注）

值得注意的是，马克思在法文版本里添加了副词

"普遍"（généralement）。这还和我们在"（5）附录：商品关系和资本主义关系"中强调的困难有关。

[6] 似乎，对于马克思来说，形式的分析（analyse de forme）界定了科学性的形式。读马克思对亚里士多德（Aristote）的赞美是一件十分值得玩味的事；亚里士多德被描述为"这位研究家最早分析了许多思维形式、社会形式和自然形式，也最早分析了价值形式"。（〔德〕马克思：《资本论》第一卷，《马克思恩格斯全集》（第44卷），北京：人民出版社2001年版，第74页。——译者注）

[7] 尤其可以参考1868年1月8日写给恩格斯的信和1868年7月11日写给库格曼的信。

[8] 在《理论形成的功能》（"Fonction de la formation théorique", *Cahiers marxistes-léninistes*, N.1）一书中，雅克-阿兰·米勒（J-A. Miller）揭示了决定主体的感知结构的颠倒（inversion）规律：

"在生产以特定方式联结起来的结构系统中，主体移位后的空场——它在现实的层面上维持着自身的运转，结构赋予了主体感知自己所处状态（表面的运动）的能力，同时也遮蔽了主体对体系的认识——被视为是幻象（illusion）。而幻象，由于主体反映着它、表述着它，概言之，主体重复着它，它就得以在意识形态（idéologie）的形式之下永久存续。如果在从'看'到'说'的连续性中来考察，假象和意识形态，对于嵌在社会构形结构中的主体来说是自然而然的要素。具体来说，这是因为经济是根本的决定因素（la dernière instance）。它是社会实践的各种表象的所指对象，但经济的行动根本上外在于现实的层面，它只有通过效果才得以显现。原因的不在场足够造成个体意识上的结构规定性的颠倒（inversion）。作为感知，颠倒就是幻象。作为话语，颠倒就是意识形态。"

〔9〕商品的生产价格等于它的生产费用、加上依据一般利润率计算而来的利润。后者代表了资本家榨取的剩余价值总量、和由它增加的总资本之间的比率。实际上要认识到，剩余价值的生产是为了整个资产阶级。竞争的运动平衡了各个部门间的利润率，它是为了实现"资本主义的共产主义"。

〔10〕società, 1955.

〔11〕货币资本能够转化为对商品的购买，即购买 A（劳动力）和 Pm（生产资料）。随后，它们都进入了生产循环（P）之中，其结果是增长的商品价值 W′，它最后转化为 G′。

〔12〕当普赖斯博士把这种理性当作是遵循几何级数规律的理性之后，我们会在看到他陷入的更大的理论困境。

〔13〕朗西埃将马克思使用的德语"Verkehrung"分为两种理论含义，一是指过程的内在规定性的颠倒，朗西埃用法语的"inversion"来标志，二是强调主客体之间的倒置，朗西埃则用法语的"renversement"来表示。这是他用来说明马克思在《资本论》中并未严格批判和定位所有他使用的概念的疏漏，致使马克思在后期仍然

残留了一些人本主义的概念和图示。但由于这两个法语词在中文版马克思的著作中都被统一翻译为了"颠倒",所以本文中都统一为"颠倒",但为表区分,译者在所有必要之处都注上了法文对应词,供大家理解。——译者注

〔14〕如果我们注意到物的"主体化"(物质承担者的自主化 autonomisation)对应的绝不是人的物化,那就会清楚地认识到,这个概念图示在描述拜物教机制上是十分不足的。相反,在生息资本的形式中,是两个自由个体之间、两个具有构成力的主体性之间签订的合同的形象,才对应着自主运动的物的形象。显而易见的是,拜物教并不关心主体和客体之间的关系,而只关心每个承担者和决定了承担者的生产关系之间的关心。

〔15〕Jaques Lacan:"Remarque sur le rapport de Daniel Lagache", Écrits, Édition du Seuil, Paris, 1966, p.649. 如果是这样,那当丹尼尔·拉加什(Daniel Lagache)从以下两者之间选择其一(他提供给我们的)作为出发点时——一个是表面上的某种结构(这意味对该结构的批判会是对结构天然所具备的特征的批判),另一个是与经验保持着一定距离的结构(这就是他在分析的元心理学中承认的"理论的模型"),这个二律背反就忽略了另一种、也是第三种结构模型,我们不应该排斥它:结构是能指的纯粹和简单的组合性在现实中决定的效果。那么,是否是结构主义才使我们能够将经验看作是本我(ça)言说的领域呢?如果

是，那么结构"与经验的距离"就不存在了，因为它并不是作为理论模型，而是作为原始机器使主体演出。（译者：mise en scène 在法文里指角色的演出、剧情的上演，在这里是指朗西埃所说的，主体扮演着生产关系的承担者、而非人本主义的实体主体、活动起来。）

[16] 让我们回顾下三种源泉的理论。亚当·斯密错认的是，生产出来的价值在现实中一部分分解为**资本**（*capital*），另一部分则分解为**各种收入**（*revenus*）（工资、利润、地租）。但是，在他的分析中，转化为资本的部分却消失了。换句话说，以下两种说法说的是一回事：工资、利润（企业利润+利息）和地租构成了价值，或者是，利润和地租构成了剩余价值。

[17] 说政治经济学无法看到这些事情，是因为铭刻在他们身上的是资本主义生产方式的历史特征。所以资本主义必然消亡，说资本主义无法在表面上看到自己的死亡，是不可能替代我们关于失明的**概念**（*concept*）的形成。

关于《资本论》的阐述过程

(概念研究)[1]

皮埃尔·马舍莱 著 刘文玲 译

"但是在科学的入口处,正像在地狱的入口处一样。"

——马克思《〈政治经济学批判〉序言》

阐述过程,就是按照知识严格的运动规律来组织安排话语(discours):这不是表象的运动,或者说描写知识在社会思想中产生的运动(马克思希望区别阐述过程和调查研究过程),而是与之不同的、进行知识表述的运动,它不等同于排序或分类的机械行为,它是自主运动[2],应该受制于它与特定规律的关系。

我们可以通过运动本身研究这一过程,因为当我们重塑阐述过程时,就有可能发现这一阐述是由什么条件决定的,客观上它依靠什么原则。

但是,这个问题依然过于宽泛,因为这是《资本论》大纲的传统问题。对《资本论》的整体布局有一个基本的理解,这似乎是阅读《资本论》的必要前提;然而,理解本身不是无前提的,因为存在一个悖论,那就是理解依赖于不同的阅读方式。在知道如何从一卷到下一卷,从一个章节到另一个章节阅读之前,还要知道如何从一个字到另一个字,也就是从一个概念到另一个概念(因为在科学论述当中,词语应该被看作是概念)的过渡。这种细读最初无法对文本的整体产生影响,而只能对文本的某一部分产生影响。开始部分阅读也不能什么都读,不可能随意选取一个样章学习如何阅读。原则上,我们应当**从头阅读**(lecture du commencement)。

提出阐述过程的问题,可以换种说法,即仔细阅读第一篇第一章第一节(I,1,1)文章开头(社会出版社法文版第51—56页①)。

我们需要对问题的这种对换说法加以合理的解释。这种对换方法遵循多个基本理由:为快速浏览这些理由的路径,我们可以归纳为:马克思赋予起点以决定性的重要性;这种**区分**(distinction)意味着科学阐述的某种观念和某种实践,需要一种写作方式,一种新颖的科学风格;这种写作要求一种与之相符的阅读,最后,这种阅读正好可以从开头学到。

起点的特权就是马克思方法论的特征之一。在解释说明这种特权之前,最简单的就是要**重新认识**(reconnaître)它。众所周知,马克思非常注重《资本论》的第一章,从《政治经济学批判》的早期手稿开始就能找到这篇论著的痕迹,这一章不断地重审、修订,一直修改到最后一版,以至于人们开始怀疑这一章是否真正完成了,仿佛马克思从来就没有写完第一章。但是,正如我们后面所见,科学话语的价值实际上来自于其未完成的状态,而不是它表面上已完成的内容。

---

① 该文中括号里提到的页码,均指社会出版社出版的法文版《资本论》一书的页码,后文不再赘述。——编者注

结束开头内容十分困难，这种困难不是因为应当在开头就给出一切内容（后面的阐述就如同一棵嫩芽徐徐生长一样）：这种**有机**（organique）的话语概念与马克思的知识体系理念完全不同。开始的价值在于**"筹备"**（mise en place），即概念的布局安排、（分析）方法的准备。这种开始具有双重的开创价值：它割断了与先前内容的联系（因为它带来了新的概念和新的方法），但它与后续内容又有所不同，即开头的问题完全是新颖独创的；它阐明了话语的整体结构，而这恰恰是因为它的优势地位，由于这种地位，一些方法问题可以从特定的角度被提出来。

这一切含有某种科学阐述观念，某种科学实践的意思。选择解释开头本身也是某种科学观念要求的，因为对第一篇第一章第一节（I，1，1）的解释是一种**认识论**的解释。应该从出发点抽离出来的东西，就像采用演绎法那样，不是马克思话语的续篇，而完全是另外的东西：在此之前叙述的内容，是马克思话语的先决条件[3]。因此，阅读这一段落时提出的问题看起来非常简单：为什么说马克思的论述是一种科学论述？是否可以在开头的时候就能读出痕迹？

这个问题非常棘手：实际上，不可能将《资本论》的阐述与某种自我决定的特定科学思想联系在一起。相反，阐述结构所依靠的科学思想的提出是一种新的观念，一个开始。马克思没有从一个已经被接受的观念出发展开阐述，他希望在树立某种科学观念的同时实现科学的话语：二者齐头并进，很明显，除此之外，别无他法。这就是为什么问题不在于研究阐述过程，就像不可能单独地从整体上阐述《资本论》的观念和整体结构以及马克思主义的科学理论。这些理论是与实践一起进行的，必须要进入实践路径才能够勾勒出理论路径，同时也只有理论路径才能理解实践。通过这种方法，我们已经看到马克思如何打破了这种对科学的经典表述：在科学的话语产生之前没有关于科学的话语，只能同时二者并肩齐行，这并不是说二者相互混淆。

起点的特殊价值很容易论证，恰恰在这一点上可以**区分**（但不是分离）必然在一起的两个"事物"：科学的理论和实践。

但是，解释开始是以阅读方法为前提。这就产生一个新问题：如何阅读科学话语？如何阅读话语中的科学？

所有科学语言都是通过它与有效性标准的关系来确定的，是这些标准决定了这种语言的阅读形式。与所有经济手段和思想体系不同，马克思自己将《资本论》呈现为一种理论工作：问题在于要了解根据什么标准这种理论被规定为科学理论，在于从这些标准演绎出一种或多种进入理论的方法。事实上，一部理论著作是以一种本身就是理论性的理解模式为前提：想要接受一种知识，就应该事先识别这种知识要解决的问题，确定这种知识的条件。

正如阿尔都塞解释的那样，这个规划与理解一种知识论（后者依靠真理问题的某一特殊领域）没有任何关系，目前应该由哲学家来完成。但是这项任务要求对哲学家的工作做出明确的定义："哲学是科学对象本身可以被理解的条件。"哲学只是对科学史的理解。今天的哲学家是做理论史的人，**同时**也在做这段历史的理论。因此哲学的问题具有不可分割的双重性：哲学化就是研究科学问题是**在什么条件下**、**以什么条件**提出的。对于一个唯物主义者来说，这些条件不是纯粹的理论：它们首先是客观的、实践的。

很明显，哲学的这种定义不是不言自明的。甚至，它似乎与传统哲学遗产背道而驰，这不仅仅是表象，而是表达权利的必然性（nécessité de droit）的事实状态。直到目前，在提出（不是解决）科学问题的问题方面，哲学到底为我们带来了什么？

在传统形式上，也就是说直到19世纪初，这个问题一直是以（理想的）合法性和（自然的）现实性的术语提出来的：完全是两个术语之间建立关系的问题，在将两个术语相互识别的方式（更确切地说是程度）当中。理性与现实的结合或者混合确定了论证的严密性。几何思想的理想模式正是通过建立符合**自然秩序**的命题秩序以符合这种严密性：从"原始"命题到精深定理，从简单到复杂。科学概念由它们的合理性和现实性决定的：所有秩序哲学皆由此发展而成的，它声称以正确的方式掌握科学理解的程序，却又无能解决科学问题。如果说在历史方面哲学具有意义的话，那是因为作为特定的困难，它可以以物质的形式决定矛盾。方法范畴的传统使用为这种哲学问题提供了一个典型事例，可以归纳为一个不应该提出的问题，因为在马克思的思想当中没有、恰恰也不能有单独提出的方法问题。

我们可以把黑格尔的逻辑看作是哲学逻辑最后完成的呈现：说是"完成的"，因为它从总体上把握了所有条件，同时也是因为它**解决**了所有问题，将这些困难变成答案。但是，在这个最终形式当中,思辨哲学产生了一种新的意思,即它成为了一种纯粹的科学意识形态。帕斯卡尔、笛卡尔、孔狄亚克、康德试图确定科学的某种状态4可以确定下来的条件:通过阐明这些必然不充分的条件,他们默许了让人看清不同条件的可能性。对黑格尔提出的冲突有了一致的解决方法,相反却使知识的某种状态[4]变成一种绝对体系:以这些矛盾本身为基础压制了矛盾[5]。自此,辩证法可以被当作矛盾的神圣的降临,当作矛盾的受难日。哲学只剩下一个功能,即建立最终的、完满的**形象**。

思辨哲学就这样结束了,就这样宏伟壮丽地被推向死亡,最终它也只是把科学伪装成意识形态和技术的一种悖论,或者更确切地说,以将科学知识转换为实践技能(科学被当作排列起来的结果和知识获取的集合)为基础,将这种技能曲解为认知。正是科学的意识形态(它自认为已经完成的必然企图)冒充了知识,替代了认知,科学恰恰指明了却又掩饰了认知的缺失。

这种颠覆将知识的困难变成解决方法,将问题变成答案,将匮乏呈现为充实,由于这种颠覆,所有的传统逻辑问题并没有解决,而是被压制:

(1)从概念中分裂出来的自然在分裂同时得到统一和调和:理性即为实在;严格的陈述过程即为陈述对象的产出。因此(但不是同时),实在即为理性;概念的演绎并不同时是实在的演绎。这种对称在本质上具有欺骗性:我们只能说所有概念基本上是从"概念"推演出来的,同时实在是从"概念"演绎出来的(在概念的发展过程中,实在总是以事例、具体说明的方式介入）。从概念理性（是概念的实在）推演出实在的理性。因为**在"概念"当中**，理性与实在性是一样的，**在"概念"之外**，实在是理性的。

（2）与此同时，起点的问题被压制了：实在过程和阐述过程被混淆。人们既可以从概念的最内部出发，也可以从最外部出发（感性经验），两者无任何区别：起点的充分性和非充分性是解决方法的同等条件，正是通过这种方式现象学才演变成逻辑学。

类似的传统问题，传统的一致性问题，即推理的正确性问题就是这样变成了辩证法；由于解决问题体系的有效性，无论何种秩序都是自然的。

●

随着马克思的出现，在科学史和科学史理论当中也发生了一些极为重要的事情[6]。一种新科学没有摈弃数学模式，反而为它指定了一个全新的地位〔有点类似于斯宾诺莎，他只是借用**几何学顺序**（*more geometrico*）赋予它新的含义〕，借这种新科学出现之际，科学的新问题、第一个名副其实的唯物主义科学问题的条件已经具备。事实上，《资本论》标志着科学本身地位变动的时刻。

马克思曾感觉到自己开启了经济科学一种新的阐述形式[7]，在他1872年3月18日给出版者拉沙特尔的信中（《资本论》法文版序言），他以"**分析方法**"来命名这种阐述形式：

> 我所使用的分析方法至今还没有人在经济问题上运用过，这就使前几章读起来相当困难。……在科学上没有平坦的大道，只有不畏劳苦沿着陡峭山路攀登的人，才有希望达到光辉的顶点。①

1857年《〈政治经济学批判〉导言》未完成的书稿至少为我们提供了这种方法的大纲，或者说基本原则。科学的严密性在于消除所有能够混淆实在和思想物的东西：建立一种科学阐述并不是在两者之间找到结合点，或者从其中一点演绎出另一点，或者说将两者混合在一起。从唯物主义观点看，认知是客观现实过程的**决定性影响**，不是客观现实的双重理想。因此，问题在于知道认知是如何产生的。

将经济现实变成一门科学，这就意味着以概念构建陈述；理论是将概念整理成命题，将命题以论证的形式整理成一系列的命题。因此，根本问题不是弄清楚是否从实在出发或者达到实在[8]，而是应该找到概念和论证形式，从而形成确切的命题；这是所有科学在踏上严密之路时提出的问题。所以，人们不再有必要思考概念是否是实在的，或者实在是否是理性的。黑格尔的格言没有被推翻，而是被另外一句格言所掩盖：

实在是实在的：这是辩证唯物主义
理性是理性的：这是唯物主义辩证法

---

① 〔德〕马克思：《马克思恩格斯全集》（第43卷），北京：人民出版社2016年版，第13页。

这两个命题不是隶属关系，它们是相同的，除此之外，它们同属不同范畴：后者严格地隶属于前者。

作为科学，它是一种思想过程。因此它规定了阐述形式，该形式既不与实在过程混淆，也不与它的调查过程混淆。这不是简单的颠覆，因为这样提出的问题从根本上说是新颖的（即使在某些科学实践当中它实际上已经得到解决），问题在于找到方法以思考概念理性与实在现实之间的物质关系。传统逻辑证明并提出了这个问题无法被提出的条件，黑格尔哲学的目的就是为了消除这个问题。这些关系应该在新的概念框架下进行思考。所有的问题在于弄清楚这些概念是真实出现在《资本论》当中，或者说它们是否开始在《资本论》中出现。

正是为了回答这个问题，我们应该学会阅读《资本论》。实际上，我们习惯于黑格尔式的阅读，直接以现实词汇的角度解读概念。这种阅读不是完全任意的，因为它以某种方式很好地解决了马克思撰写《资本论》时提出的问题：在很长一段时间内，甚至在1858年（参阅《政治经济学批判》的早期手稿），他都必须抵制黑格尔式写作的诱惑，甚至只能屈服于这种诱惑。如果说马克思真的找到跨越这一障碍的方法的话，那么这同时也为我们提供了一种新的阅读原则。那就是在马克思文本的文字中找到科学书写的条件：不仅是研究连续不断地修改〔这与修饰痕迹不同，因为它是严谨的研究过程〕，而且还要研究最终文本的安排。

黑格尔的思想体系当中，（悖论地）相关的事物是对科学文本进行**现实主义**解读：透过概念表现出来的是内容。阅读的时候，仿佛词汇就是纸张上的孔洞，现实通过这些孔洞显露出来；又或者像一个个天窗，思辨的窥淫者透过天窗研究实在过程。另外，这符合科学的自发态度，对它来说，概念只有作为事物替代物的时候才具有吸引力。

相反，为寻找概念正确的路径，应该强调言语当中不容易与现实混淆的东西，科学语言在反映现实的同时也排除了现实。它应该排除这种现实，但为了能够解释现实，并不是将其彻底取消或者废除。

因此，应该阅读被单纯简单的阅读搁置一旁当作糟粕的东西，这些东西因为不是直接的实在，也不代替实在，它只被当作合理性的工具。这些工具即便是在含混不清的情况下，也与理性本身有关；所以不要只读字面上的意思，只看到字面上抛驻的锚或字面泼洒的墨迹，而应该关注中间媒介，关注论证之处的链接，关注以这种方式实质性地决定推理形式的概念。意义和阐述的严密性是通过词汇展开的，那么这些词汇是否能够为我们提供密码呢？

在关注传统的注释和解释之外，还应该放弃那些一开始看起来是根本的东西——内容[9]，像近视眼的人一样仔细考察书写的每一个细节。这种方法并不新颖，但是可能还没有运用到《资本论》的阅读当中。它主要不是以新的视角来阅读，而是在于仿佛阅读另外一篇文章，跃入眼帘的，是坠落在传统眼光面前的残渣，或者它忽略的东西（然而这一传统却自认为已经完全掌握阅读技术）。这样的阅读是严谨的，也就是说，这种阅读不是任意的，但也不是唯一的。它既不是《资本论》唯一可能的阅读方法，也不是最好的阅读方法，这只是临时的一种技巧，从而指出文本当中马克思为**撰写**《资本论》而意欲解决的一些问题。

另外，与两种阅读（内容阅读和形式阅读）相呼应的是两种书写，既有区别又是相似的。马克思同时在两个层次上撰写《资本论》：一是经济阐述的层次上（在这一层面，概念非常严谨，符合明确的科学实践，思想适应实在）；二是阐述手段和写作方法层次，它们决定了推理的**过程**（la conduite du raisonnement）。后一层次拥有它自己的概念，即科学概念，没有这些科学概念什么也不能读，什么也不能写，它们与以往的科学实践理论相符（这一理论规定了第一个层次）。这不是说其中一种概念优于另一种概念（比如：内容的概念是阐述的材料，而在后一层次中，这些概念只有"操作"的价值，也就是说，它只是工具性的），应该看到，它们必然是相辅相成的。如果没有彼此间的协作或冲突，《资本论》将不复存在。

实际上，如果我们仔细研究从《政治经济学批判》的早期手稿到《资本论》文本的最后定稿的修改内容，我们就会发现，马克思不断地重拾自己的论述，赋予它从未确定的形式（因为它似乎看起来永远都可能重新调整），以"**书写页**"（page d'écriture）的视野做了一个科学作者的工作。我们应该懂得如何让"阅读页"（page de lecture）符合"书写页"：我们需要睁大眼睛，阅读一小段文章，不是为了阅读字里行间，而是为了阅读（我们不习惯读的）这几行字，试图看清楚不同层次、不同类型的概念是如何从物质角度上被整理安排的。然而，问题不在于研究任意一篇文章，了解这一片段的单独价值。我们的假设是，正是起点部分（在前面几页已经提出了）才最具有意义，因为正是在这一部分，科学阐述才遭遇它最艰辛的过程，即进入到科学当中。

正如我们所见，对《资本论》的第一篇第一章第一节部分作文本解释是很重要的，可以分成三个部分，彼此的重要性并不均等，但至始至终都用唯一的方法保证了整篇文章的统一；人们也许会问，这种统一是否简单或者复杂，方法是否如其所说的那样是唯一的。总的看来，我们说马克思着手进行了一项**分析**的工作，相继运用到三个主题上：财富分析，商品分析，价值分析。应该分别研究这三项分析，这必然会引导我们提出这样的问题，即如何从一个分析过渡到另一个分析。

一、起点及财富分析

1. 理论上说，起点是最困难的："在一切科学中，开头都是困难的。"[①] 为此，马克思本人多次提醒读者：阅读第一卷，尤其是第一章非常艰难，他尤其担心法国读者会面临这样的困难，也是因为这个原因，这一章不断地被重新修改校对。马克思尽一切所能让读者读懂这几页的内容。但是，他自己也承认，在不同程度上依然存在无法消除的困难。不可能将科学阐述放在后面，在它前面放一个通俗的（非严谨的）基础知识或介绍，或者方法论的预备性内容：因为我们

[①] 〔德〕马克思：《马克思恩格斯全集》（第43卷），北京：人民出版社2016年版，第16页。

知道，著名的《〈政治经济学批判〉导言》基本上没有完成，在《资本论》当中也没有继续。因此，没有关于主题的启蒙性内容，没有关于方法论的引介，只有鼓舞人心的序言。应该直接进入科学：从马克思所说的"要素分析"开始，从"微观分析"开始（德语版第一版序言）。这样的分析涉及更为普遍更为"抽象"的概念。这篇文章基本上与《〈政治经济学批判〉导言》相近，告诉我们科学的起点是艰涩的："抽象是唯一可以当做分析工具的力量。"[①] 这本书开启的不是一个**通路**（passage），而是一个断裂，应该打破理论实践才能够跳跃过去。

一旦确定了这些阐述原则，剩下就是要知道如何应用。一门确定的科学是由它的对象和方法决定的，两者相互限制。为了能够从最重要的抽象概念开始，就需要从一开始就做出规定。换句话说，科学研究的概念是什么？从何而来？

出发点应该是严谨的，但是它绝对不能高深莫测，令人捉摸不透。也就是说，它应该自我导入，或者说它不需要证明（否则的话，我们就有可能进入到一个无穷尽的倒退），又或者它仅仅是无根据的，不可证明的，任意的。实际上，马克思的阐述出发点非常令人惊奇：第一个概念，也就是引出其他所有概念的概念，是财富概念。很显然，这不是一个科学抽象概念，而是一个经验概念，不符合事实但具体的概念，与《〈政治经济学批判〉导言》中显示的那些概念相近（参见有关"人口"观念的批判）。财富是一个经验性的抽象

[①] 〔德〕马克思：《马克思恩格斯全集》（第43卷），北京：人民出版社2016年版，第17页。

概念；这是一种思想：不符合事实但很具体（经验论的），它本身是不完整的（它本身没有自主含义，只是相对于排斥它的概念而言才有意义）。财富是一个意识形态观念，**乍一看来，从中无法汲取任何内容**。从考察过程来看（科学研究工作），它是最糟糕的起点。但在阐述过程中显然并非如此，因为马克思正是从阐述出发介绍其理论的基本概念。应该如何看待这一起点呢？

回答这个问题有很多解释：

A）马克思对这个观念没有过多的要求。他将经验分析应用到经验概念当中：他将财富**分解**（从这个词的机械意义上说）成几个因素（商品是财富的"基本形式"，是细胞）；财富不是别的，只是商品的积累。这一观念是在它的范围内"开发"的，因为不可能让它说出它无法说的东西。

B）这个观念，当我们仅限于对它的描述，不增加任何东西，不赋予它某种诀窍（这恰恰是它早已排除的）时，它就不需要任何证明，除了它对不充分条件包含的内容以外，它什么也没有说。因此，它就算不是合法的出发点，至少是具有实践性的出发点：它是"经济科学"直接**给定**的经验对象。它恰恰以这个名义，比如为亚当·斯密的分析提供了一个**框架**。一切就如同它在承担着提醒的角色，我们习惯于将财富研究理解为政治经济学；如果从财富的观念来看，这个观念被分解了……但是显然这个概念本身没有价值，它完全可以**传递**，可以转移到另一个事物上，尤其是可以用于唤起科学研究与过去的联系。这种引起联想的功能说明，概念不是因为它的严谨性而占据重要地位，相反是因为它的任意性特征而具有重要地位。正是因为它明显的不稳定性，才有必要讨论其他事物，进入到这条艰难的路径，从忘记一切过往开始前行。

这个不确定的出发点只有几个词，三行字，却阐明了科学严谨性的基本条件：理性作用的概念与理解范畴上的概念不同；相反，它们必然是**异质**的，只有当它们彼此分裂的时候，它们才彼此呼应。我们后面会多次看到这种条件。

C) 财富观念的作用也可以通过对比来理解。事实上，在马克思的著作中这个起点并非新颖：马克思早在《1844年经济学哲学手稿》中就从这个起点开始思考经济学。那时，马克思借用经济学家的财富概念，因为这个概念**值得**批判——它从批判中提取自己的价值。因此，对这个概念的分析（不是像《资本论》中那种机械分析，而是批判分析）阐明了它内在的矛盾。财富同时也是贫穷：国家财富，也是国家贫穷。一旦批判明确阐明这个矛盾，这个概念就可以被看作具有**繁殖力**（fécond），通过解决这个矛盾，就有可能产生新的具有更多含义的概念。其实，在《手稿》当中，马克思通过对财富观念中**孕育**（contenue）的这种矛盾的分析，从而阐明"目前经济事实"：贫困化，以及随之而来的异化劳动，这样进行了辩证法的阐述。马克思通过黑格尔分析的传统路径〔《手稿》中的微小悖论就是手稿中强烈**谴责**（dénoncée）了黑格尔的方法〕，终于让财富的（空洞）概念产生一种知识：概念功能不表现在它的不确定性上，而在于它的本质性上，因为经济过程的所有实质均存在于此。

很显然，在《资本论》中，马克思对这个起点采用了不同的用法：它不再施用于解决（矛盾）问题的方法，因为这种解决办法显示了一种"表象"的现实，在根本上是最大的幻觉。这种解决办法产生一种似乎极富繁殖力的观念，而事实上，在这种观念当中什么都没有，至少说，除了人们赋予它的外，什么都没有。财富的"矛盾"就目前来说没有教会我们任何东西。马克思不再使用这个观念来解释他所谓的繁殖力，相反，而是用来解释贫瘠的概念。这让他明确指出人们**赋予这种观念的东西**，不是通过批判来寻找前提或条件，而是询问这种观念想要表达的东西，人们赋予它的含义。正是因为这个原因，他没有从外部应用批判分析，而仅仅使用了适合于它的机械分析，**按照它本身的思路**将其加以分割。就这样消除了对概念本身反思的幻想（它的解体却具有矛盾的关联性），消除了新知识在发展过程中的自发生产的幻觉。除了构建财富观念的人知道的东西，即：财富是商品的**聚集**以外，财富观念没有为我们提供任何其他东西，其他与马克思经常说的"常规"有关联的经验性知识。因此，起点是任意的，以至于人们不可能严肃地对待它；它是"直接"的，以至于人们不需要为它寻找任何理由，这使我们忘记将它遗忘。

这种贫瘠观念的产物、商品、"财富要素"，一开始就是与财富概念具有同一性质的概念。但它不再可能是一个经验性的划分：所以需要通过"抽象概念的力量"来研究，马克思称之为分析。这一分析不一定与以往的分析是同一类型，它不会是一种批判性分析（它同时拆解和谴责概念）：因为它将是条件研究，最终会遭遇矛盾，但这一矛盾与黑格尔的矛盾模式完全不同。因此,财富概念将会被放弃,与此同时,商品的概念将会随着恩格斯在英文版的序言中提出的大纲被改变。

关于起点的分析,在起点中的分析,还没有详尽阐述分析方法的含义。如同财富的概念,分析或者说分解,只有临时价值。财富分析(分解因素)不能为以后的分析提供任何模式。事实上,检验方法的不是事实(因为它在常规当中具有严谨性,即便不严谨,它也是惯例),而是其他概念:将**分析**的概念施用于商品概念(通过财富概念表现的,而不是从财富概念得出的,这个概念在另外一个层面上)当中,它会遭遇更多的变化。

2. 尽管如此,第一个分析最好还是就此打住,因为它没有告诉我们结论。事实上,根据第一个分析,出现了一系列词汇,这些词汇在后面的分析当中有部分修改,它表现了分析活动的详细特征。这一系列词汇,或者说概念索引也遭遇重大的改变。

这就是将分析"材料"和分析产物联系在一起的术语:"财富……**表现为**(s'annonce comme)是商品的巨大积累。"这一表达方式拥有很多对等物,整体来说,它们规定了同一个语意单位:

以……形式来到世间

表现为(erscheint als)

显示为

体现为

> 乍一看来
> 首先是（ist zunächst）
> 以……面貌呈现

  这些表达方式指的是同一概念，明确规定和表现了分析活动的特征。这是形式概念：商品是财富的**基本形式**。分析是关系的特殊类型，根据**形式关系**将术语加以对比。关于这种关系，我们可以做出一个简单的定义：

  如果 a 表现为 b，我们就可以规定说：

> b 是 a 的形式
> a 是 b 的内容

例如（参见后面文本）：

> 价值表现为两个商品之间的交换关系
> 交换关系是价值的形式
> 价值是交换关系的内容

  另外一些例子（说明形式不是简单的观念，而是综合复杂的概念，因为它不能以各种形式被特殊化）：

  —2—商品是财富的**元素形式**[①]

[①]〔德〕马克思：《马克思恩格斯全集》（第43卷），北京：人民出版社2016年版，第23页。

—3—使用价值是商品的**自然形式**①
—4—交换关系是价值的**表现形式**②

人们是否可以说,通过这三种用法,词语藏有唯一一个含义?词语指明的是同一分析过程,同一分析过程的不同语句还是不同过程?

形式概念就像开始所阐述的,或者说使用的那样(财富**表现为**商品),似乎指明:事物的经验性存在模式,它的出现、显示和表现方式。从这个意义上说,财富就是经济现实的模式。

在形式上和方法上,分析的出发点依靠经验形式的概念,这个概念与财富观念相符。有一个问题就是要弄清楚是否应该用表象术语来解释这种表现形式,也就是说,是否应该在表象—现实,本质—表现的关系内部来解释。目前来说,没有任何反对意见,但是人们立刻也会说,关于价值形式,情况却并非如此,因为规定价值的,正是价值没有显示出来的,没有表现出来的东西(正是在这一点上,它与福斯泰夫③的

---

① 〔德〕马克思:《马克思恩格斯全集》(第43卷),北京:人民出版社2016年版,第38页。
② 〔德〕马克思:《马克思恩格斯全集》(第43卷),北京:人民出版社2016年版,第27页。
③ 约翰·福斯泰夫爵士(Sir John Falstaff)在莎士比亚的剧本《亨利四世》和《温莎的风流娘儿们》中被首次提到的艺术形象。——编者注

朋友快嘴桂嫂①的观念相反),从经验上说,**价值**概念非常贫瘠,因为它是透明的。因此这就是困难之处:或者在起点的时候人们什么也不明白,或者形式的观念以及分析观念在发展过程当中接受了一种新的定义,需要再一次明确。事实上,就像我们刚刚意识到的那样,马克思使用了以明确含义规定推理形式的概念,但却没有说明这个含义,没有明确地做出规定,仿佛不需要定义一样。如果概念是均质的话,就不会产生这么多的困难;但是根据推理的不同程度,如果它们可以有不同的定义的话,那是因为这种变化也对它们的定义有帮助。形式概念也可能非常重要,因为这样一来,就可能约束普遍意义上的**概念地位**(statut du concept)在不同程度上的使用:从它的"自然形式"到最抽象的形式。

在英文版的序言中恩格斯指出了这种困难:

> 可是,有一个困难是我们无法为读者解除的。这就是:某些术语的应用,不仅同它们在日常生活中的含义不同,而且和它们在普通政治经济学中的含义也不同。但这是不可避免的。一门科学提出的每一种新见解都包含这门科学的术语的革命。……〔以下是化学词汇概念

---

① 莎士比亚的剧作《亨利四世》《亨利五世的一生》和《温莎的风流娘儿们》中的人物,酒店女店主。马克思用"快嘴桂嫂"来比喻商品价值对象性的特点。商品价值作为人类抽象劳动的凝结,是一定社会关系的产物。无论人们怎样看商品,还是看不见、摸不着价值。而快嘴桂嫂却不同,她从来不会隐藏自己,可清清楚楚地看到她的本来面目。——编者注

变化的例子]。①

这段文字显然应用于规定经济研究**内容**的概念；但也可以应用于推理形式的术语，不仅用于体现《资本论》中从传统话语到科学话语的过渡特征，而且在科学阐述当中，体现从一种话语层次到另一种话语层次的过渡，从一种推理类型到另一种类型的过渡。这种过渡同时也是一种错位，一种差异、一种断裂的侵入，这不是不充分条件的标示，而是科学表达的条件。

在分析内部明确指出分析差异特征时，分析还可以用什么术语来表现呢？这要通过商品分析我们才能够了解。

二、商品分析和矛盾的出现

正如这一段的标题所指，这一新的分析在于区别商品"内部"的两个**因素**（facteur）：使用价值和交换价值（第二个价值最后被简称为价值）。因素的观念是全新的，绝对不能将它与形式的观念相混淆：马克思在关于经济学家贝利的注释（第61页）中指出，经济学家犯的一个根本性错误就是混淆了价值和价值形式。然而，这两个因素是在分析形式内部关系时出现的："商品首先是……〔使用价值〕"②；

---

① 〔德〕马克思：《马克思恩格斯全集》（第44卷），北京：人民出版社2001年版，第32页。

② 〔德〕马克思：《马克思恩格斯全集》（第43卷），北京：人民出版社2016年版，第23页。

"交换价值首先表现为……"①。另外,是每个因素在形式关系中所占的位置将它们清晰地区别开的。

所以,分析不产生(商品的)物质的、经验性要素,而是因素。这种分析是否与以往的分析是同一类型?换句话说,这一次是否依然是分解?在这种情况下,对商品的分析可以用以下方式展现:

$$商品\begin{cases}因素1:使用价值\\因素2:交换价值\end{cases}$$

分析观念的意义取决于人们对这个问题的答案:正如马克思所说,如果他真是第一个将"分析方法"运用到研究对象上的话(但是这个对象在方法运用之前是否存在?),那么正是这个观念才能够规定科学阐述的性质和结构。

1. "商品首先是……物。"② 使用价值,或者说物,是商品的形式。这种形式可以是直接地、即时地被认知,因为它出现在规定的框架当中:在它身上"没有任何模糊和不明确的东西"。物在需求的自然**多样性**框架当中具有确定的位置。从两个不同的观点可以对物进行全面研究:

—质性观念解放了使用的"多样面",这是历史的工作;

—量性观念评估有用物的质量,这是"商业常规"[10]的作用。

因此可以完全了解使用价值,因为这是**物质**决定("无

---

① 〔德〕马克思:《马克思恩格斯全集》(第43卷),北京:人民出版社2016年版,第27页。

② 〔德〕马克思:《马克思恩格斯全集》(第43卷),北京:人民出版社2016年版,第23页。

论社会形式如何",也就是说物的分配方式)。确切地说,物只是因为自身而有价值,表现在它的个体性上和使用的纯粹多样性范围上。

然而,在"资本生产模式统治"的社会中,这一定义可以有两种不同的解释方式:物是财富的材料[德文原文称为"内容"(Inhalt)];但**同时**,物又与一个新术语保持联系,那就是第二个因素,交换价值,物是交换价值的"物质支撑"(Stoff)。

到目前为止,物的观念简单清晰,但却产生某种错位。使用价值是商品形式(不是交换价值),但它同时是财富和交换价值的材料。在资本主义社会中("我们要研究的社会"),物是一个**具有两个内容的形式**。或者说,要么词语不再有任何意义,要么这个谜必须解决。

物不是被双重决定的,因为在物本身,相对于它的物质特性,还有另外一个性质完全不同的特性,因为它同时是两个事物的材料;作为材料,它与两个基本不同的范畴有关:财富属于经验范畴,相反,交换价值却不是直接赋予的。这样第一次但不是最后一次出现**两面性**(chose à double face)的观念:根据它是否与经验范畴相关,物展现不同面孔。我们是否可以说,一副面孔是另一副面孔的面具?

在这个分析点上,我们可以用以下方式来回顾物的发展路径:

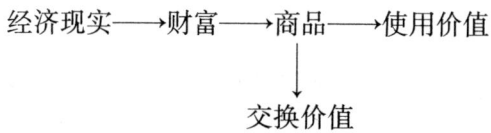

2. 交换价值

交换价值没有像财富和物这些纯粹的经验现实那样直接在它自己的框架中给出的。正如商品需要物的外形来显现一样，交换价值只是以特殊形式，即交换关系（同时两个商品）才表现出来。因此，要定义价值，需要引入一个传统经济学中新的观念，即**交换**观念。

——商品通过物的形式表现的，

——价值通过交换形式表现的。

所以，在形式的不同关系当中，商品的两个因素所处的位置是对立的。另外，形式的这两个关系表面上相似，实际上是不对称的：物赋予商品清晰的外形，没有表现任何不明确的东西（表面上，但目前也只是表象）；相反，通过交换，价值"好像是一种任意的、纯粹相对的东西"。[①]

商品也不能以价值形式表现；相反，是价值出现在商品交换的形式中。因此我们有了以下定义：

——物是商品的形式

——商品交换是价值的形式

——物是价值的物质支撑。

通过对比这些定义，价值观念变得**支离破碎**（éclatée）。价值首先表现为"商品的因素"：它与商品的关系应该意味着某种东西。但是商品（物：确定的）和价值（交换：任意的东西）的出现方式似乎排除了价值与商品之间所有的共同尺度："商品固有的、内在的交换价值似乎是……**形容语的**

[①]〔德〕马克思：《马克思恩格斯全集》（第43卷），北京：人民出版社2016年版，第27页。

矛盾（contradictio in adjecto）。"①② 商品不能表现为价值。

矛盾就是以这种方式出现在《资本论》中：它只是矛盾的表象。形成矛盾的同时（正是矛盾构成这种表达方式：商品价值），人们也要认识到矛盾是一种表象。分析的目的是超越矛盾：为此，它不会解决这个矛盾（表面的矛盾不一定需要解决），但是要**消除**（supprimer）矛盾。[11]

在我们所处的这个点，阐述明确表达了以下困难：存在两种不可调节的以经验的方式介绍商品的方式。正是这种困难推进分析的发展，必然引起商品概念的变化。

商品同时是两个事物：商品本身，在它本身的内在性上，在它的完满的外形上，称之为**物**；**面对它本身**或者**面对它的复本**的商品，在交换这个决定性经验当中，表现出自己被某种外在事物或奇特事物所**占据**（habitée），一种不属于商品、但商品**属于**的东西，称之为价值。当商品作为商品被废除，或至少废除它出现形式（通过交换，它如同被替换一样：它被一种奇怪的复本所代替）的时候，当商品因为失去其本身形式而消失的时候，它看起来就是另一个物的形式。这里，由于**形容词的矛盾**，又提出一句新的分析阶段：建立在价值和价值形式的区别之上的价值分析。所以价值不像商品那样是经验形式：同样需要以新的分析**形式**来替代商品分析。

总之，在这些定义规定的使用框架中，以经济概念（就像它们被"自主"规定的那样）为基础，似乎不可能讨论**商**

---

① 〔德〕马克思：《马克思恩格斯全集》（第43卷），北京：人民出版社2016年版，第27页。

② 形容词的矛盾，指圆形的方、木制的铁一类矛盾。——编者注

品价值；矛盾的是，这些话只能在荒谬的表述中才能说出来。概念的严谨使用阐明了它们的不充分性，应该消除的正是这种不充分性和形式上的矛盾，必须在新的分析阶段、新的分析当中加以消除。

这样以来，就可能回答开始提出的问题：商品因素分析不是一种机械分析，一种成分的分解。分析能够划分概念，只是因为分析在一个双重方面起作用：

因素2：商品——→因素1

人们可以讨论一个商品的使用价值，不能讨论一个商品的价值（目前来说）：根据商品概念与两个因素之间的关系，商品概念具有不同的意义；人们也许可以说，在一种情况下，这一概念是在内部性（商品本身，在它的外形上）之中发展起来的；在另一种情况下，它是外在性发展（在交换的框架下商品被划分）。所以矛盾不在概念当中，也不是从概念推演出来的。它是从处理概念的两种可能的方式中产生的，是从在不同层面对概念进行两种不同分析的可能性中产生的。在这里，矛盾是形式的，因为它属于概念的表现方式。术语间的矛盾，甚至都不是概念间的矛盾，而只是差异，是处理概念过程中的断裂，它本身属于阐述过程，不反映实际过程：**人们甚至可以说，它反映的是阐述过程排除实际过程的特殊方式**。因此，形式矛盾是概念不同形式之间的矛盾；这些形式是由概念化的不同程度所决定的。不应该因此总结说矛盾是**人为**的，它出自阐述的人为方法；相反，它指明了知识构建当中一个必然环节。[12]

这一分析就像前面的分析一样反映了支撑科学陈述的概

念不具有相同性质。它们不是直接从一个概念引出另一个概念，它们是彼此**摩擦**（frottés）产生的，而不是推演出来的。正因为这种差异性才使它们在知识当中发展，产生新的知识。如果存在阐述逻辑的话，那一定是这个逻辑指导这项概念的工作。阐述逻辑构成它自己的材料，导致不断地定义概念；阐述从一个概念过渡到另一个概念，新事物不仅表现在内容上，还表现在形式上。决定论述环节和分析的，是概念之间的冲突，是论证层次的断裂。这些"不足"引导阐述直到结束，直到最后的断裂，从而迫使重新在另一个层面上进行阐述，着手另一个新的分析。

这也是形式矛盾不需要解决的原因。在**重新阐述**当中，它被安置在矛盾场外的地方。人们会说：商品是一个二重的东西（两个因素），因为它同时是两个事物（在交换经验当中）。如果还有分析的话，它不可能关注作为抽象统一的商品，它最小的对象，现在也是**两个商品**。对象的这种变化说明，在黑格尔式的纯粹辩证运动当中不存在分析的深层连续性。不充分性的观点与另一种观点交换，后者与前者不可调和（也绝对不能作为前者的补充）：讨论两种商品，恰恰与人们讨论一种商品时所做的相反，因为它**没有考虑**使用价值（参见第53—54页："如果把商品的使用价值撇开"①）。我们看需要什么样的特殊条件才能**单独**（à part）研究商品两个因素中的一种。

---

① 〔德〕马克思：《马克思恩格斯全集》（第43卷），北京：人民出版社2016年版，第28—29页。

三、价值分析

"仔细考虑物。"

1. 分析的起点或对象现在看来是交换关系，是两个商品之间的平等关系，因此在规定价值的时候不需要考虑货币形式；货币形式是一种充分发展了的形式（对它的分析是从价值分析演绎而成的：这就是货币的起源），而交换是基础形式。

要理解这一新的起点，有必要参考有关亚里士多德的那段著名的论述①。众所周知，亚里士多德能够将商品的货币形式与交换关系的基本形式联系起来，因为他知道，在**平等关系**当中，价值以最纯粹的状态出现（如果价值的深层本质充分表现出来的话，我们几乎可以说那是价值"本来"状态）。这就是"亚里士多德的天才表现"。但是一些历史形势（这里我们不再赘述）妨碍他寻找"什么是这种关系的真正内容"，他清楚地看到价值的表现形式呈现普遍状态：a = b，他甚至为这种结构提供了一些模式，但是他却没能说明 a 和 b 代表什么，它们是如何形成的。或者确切地说，他以为已经知晓，因为他认为 a 和 b 就是在经验模式中出现的那样，它们是物。但他同时也发现，物之间不存在平等性。亚里士多德说："不可能真正存在相同的物。"因此，亚里士多德把

---

① 〔德〕马克思：《马克思恩格斯全集》（第43卷），北京：人民出版社2016年版，第51—52页。

握矛盾的两端,他在自己知识所能达到的范围内走到了尽头:一方面要肯定两个因素之间的平等性以显现价值,另一方面要推翻物的观念(引进商品的观念)从而肯定平等性。为了解决这个二律背反的问题,只需要知道平等性不是物与物之间的,而是商品之间的就可以了(为此,需要等到"商品形式成为劳动产物的一般形式")。形容词的矛盾,是亚里士多德知识的终点,价值分析也正是由此开始。

2. 我们必须开始一种新的分析,这一困难来自形式交换的表现:同时是两个**物**。这一表达方式是以经验术语表述的,从经验的角度看没有任何意义。因此分析不再需要经验的术语来表述。一物或者所有物,严格来说,具有一种意义,但什么也无法**区别**,或者说无法解释两物之间的关系,从经验的角度说,这种关系只有一种功能,就是产生错觉。在经验当中,人们可以设想,两个物是并排的,是并置的(如同商品在财富当中一样),但是它们没有明确地支撑任何关系;从经验的角度说,两个物和一个物之间存在量性差异,但绝对不是质性差异。

以"特殊商品"[①] 来说:它只有**进入**交换关系当中才具有价值。但随后一章又说它自己不会主动进入交换关系,需要有狡猾的商人鞭策它进入交换关系(参见市场描述,一切都有被推向市场的价值,甚至"为自己的躯体疯狂的女

[①] 〔德〕马克思:《马克思恩格斯全集》(第43卷),北京:人民出版社2016年版,第27页。

人"①）。因此两种商品之间没有任何自然的直接的关系：关系是生产出来的，是在实验的行为中通过物质实现的。

3.—这样产生的两种商品之间的关系被定义成**表述关系**。如果 a = b，那么 b 就是 a 的表述。不要混淆形式观念和表述观念：a = b 的关系是形式（价值表现的形式）；构成这一关系的术语不是形式的表述，而是其他待确定的物的表述。

由于关系的两个术语之间互相表述（如后面表现的那样，**不是相互对等**的方式），关系本身就是出现形式，因此从表述的直接意义来说，价值不存在于关系**当中**；它既不在 a 上也不在 b 上，由于 a 通过 b 表达出来，所以**揭示价值**的不是 a，而是**整体关系**："交换价值必定有一种与这些不同的表现相区别的内容。"② 因为有了关系，就有了表述，但是不应该将关系词汇看作是关系**内容**。

价值分析依靠物质逻辑，可以从一个概念转入到另一个概念（比如价值的演绎），但它与分析的经验性方法没有任何关系，与矛盾的形式方法也没有关系，两者在阐述的不同时刻能够承担类似的作用。

4. 关系不仅仅以质性形式 a = b（a 来自 b）实现的。它同时也是甚至尤其是量性关系：ax = by（a 是那么多的 b）。关系基本上是评估的表现场域，正是在这个时候，分析遭遇

---

① "femmes folles de leur corps" 出自法国中世纪诗人吉洛（Guillot）的诗句。——编者注

② 〔德〕马克思：《马克思恩格斯全集》（第 43 卷），北京：人民出版社 2016 年版，第 27 页。

决定性变化。

新的分析是从决定性选择开始的：拒绝把交换关系当作质性关系来研究，只考虑它本身的量性内容。要了解价值性质（理解它不是像在关系中表现的那样是任意事物），应该**走出表象**，摒弃价值表现形式，思考"与各种表述不同的"内容：经验模式。在构成关系直接材料的"两物"背后，应该寻找第三个物，"它本身与前两物都不同"，即关系结构。

关系的对等性（决定了它的实在）只能从一个尺度，或者说一个衡量的可能性起构建和决定与所有特殊关系（是尺度的应用，它的"物质支撑"）不同的自我。进入交换关系的"对象"只能在另一个"可以看到其侧面的不同"的对象的基础上进行衡量，也就是我们即将看到的计算。

因此，分析两个商品的交换关系并不意味着：从商品当中提取在进行经验对比的时候不直接在它身上表现出来的第二个因素。要解释关系，就要在另一种性质的评估标准中来衡量。

5. 根据这一点可以确立一个普遍的但不仅仅是为了经济分析的规则：为了以非经验的方式对对象进行比较，应该事先确定衡量的普遍形式。在这里，我们是第一次遇到这种要求，它是"《资本论》逻辑"的基本方面，但我们知道，马克思并没有撰写这一逻辑。所有的形式研究至少依据两个不同层面。如果只在经验现实中进行研究的话，不可能指出它在表述关系中表达的东西——表述的物质理论便是这样发展的，它批判了所有关于意义的描述（所有符号学的尝试），认为它们都是盲目的经验主义。要了解一种关系表达的内容，也应该（甚至首先）知道是什么在表达这种关系。换句话说，如果我们把这种关系想象成另一种表述关系，另一种性质的一个术语的话，只有这样我们才能理解一种意义（这里指平等性，后面我们会发现，它不是中性的，不是相互对等的，相反是极化的）在一种关系的词语当中是如何产生的。

6. 以上提出的关系分析不能生产任何知识，应该将其转化、解释、还原成一个**等式**（équation）；它意味着**另外一回事**，就是从"立刻表现的东西"过渡到表现的条件。

因此，价值只有在交换关系内部才表现它本来的样子（在其表现范围内），但不可能在它本身分析这种关系，除非像亚里士多德那样，停留在矛盾上。那是因为，价值不存在于关系**当中**，和果核在果子当中不一样。因此，只有遵循分裂，将一种形式与另一种形式分离的时候，才能从商品或者说两个商品转向价值。交换关系是唯一获得价值的方法，但它不能直接控制价值。关系是导向价值的唯一途径，但途径**只通过关系**发展。当终于实现价值概念的时候，应该离开关系考察价值出现的条件。**矛盾的是，交换关系只有在价值没有在交换关系中表现的时候才是价值的表现形式。**

是等式提供了摆脱交换关系的方法，发现价值的概念："**无论两个商品之间的交换关系如何，它总能够由一个等式来表达。**"从这开始，"通过对表现交换价值的等式分析演绎价值"（第二版序言）。因此，应该将关系**还原**成等式，然后才能够从等式中**演绎**出价值。问题不是从出现形式演绎出价值（正如我们所见，这种演绎是不可能的）；也不是将根据经验完成关系的对象还原成抽象的价值。关于这一点，马克思在1877年7月25日给恩格斯的信中非常乐观地说：

> 讲坛社会主义者的"锐利洞察力"的例子：
> 甚至具有马克思那样锐利的洞察力，也不能解决一个问题：把"使用价值"（这畜生忘记这里说的是"商品"），即享受等等的承担者"化为"其对立物即劳苦的数量、牺牲等等（这畜生认为我在价值等式中想想把使用价值"化为"价值）。这是异类东西的替换。不同种类的使用价值的彼此相等，只有把它们化为一个共同的使用价值才能解释。（为什么不干脆说——化为重量？）教授政治经济学的批判天才克尼斯先生是这样说的。……①

的确，这个天才如果了解《1844年经济学哲学手稿》的话，就应该好好学习如何评论，在这部手稿中，多处提到享受到劳苦的转化。在《资本论》的严谨阐述当中，没有这种辩证法的转化，也没有幼稚的还原，只有以严格的结合为代价的时候，还原和演绎才有价值，而结合的作用就是排除实在物和思想物之间的混淆[13]。从《神圣家族》那篇有关果实的论述开始经历了漫长的道路，在那篇论述中，黑格尔式的演绎被替换、颠倒，成为经验式的还原。这一过程通过等式的过渡，配置、转变了还原和演绎过程，将唯心主义认识的两个传统方法放在同一层面，在一次批判当中混合在一起：

---

① 〔德〕马克思：《马克思恩格斯全集》（第34卷），北京：人民出版社1972年版，第61页。

新规定的分析不仅脱离了经验主义，同时也脱离了逻辑唯灵论。

7. 根据还原—演绎复杂的程序，交换关系的观念已经不起任何作用，人们可以舍弃这个观念，如同对很多其他观念一样："两个对象与第三个对象是对等的，**而后者因为本身的原因，既不是第一个对象也不是第二个对象**。前两个对象作为交换价值都应该可以**独立地**还原成第三个对象。"如同价值以前不能由商品通过经验还原而获得一样，它也不能由交换通过经验还原而获得。交换分析的矛盾就是价值既不在交换术语当中，也不在它们的关系当中。价值不是给予的，不是揭示出来的，也不是阐述出来的。它是像概念一样建构出来的。正是这个原因，关系的中介在分析的某一时刻失去了它的意义。交换是唯一获取价值的方式（如同亚里士多德曾经见过的那样），但绝对不是用来定义价值的，价值没有把它的（概念）现实与研究过程混淆在一起。

另外，价值不能是两个对象的共同内容，除非同时在每一个对象当中；不过，价值独立于承载它的对象，它是额外存在的，"自我存在"。它也不是介于两者之间，就像另一个同类对象那样（这是亚里士多德的错觉）；这是一个**异类**的对象：概念。

价值分析不依赖"商品的辩证法"（概念中的同一性，对立，解决办法，一开始就以未发展的形式给出了），在这一点上，根据黑格尔对这个词的理解，价值分析不是辩证的。分析运动不是连续的，但是由于对阐述对象、方法及手段不断提出质疑，不断地被打断。

8. 没有阐述的内部分化就不会有严谨的分析，为理解这种分化，需要看一下基础几何学的例子。在马克思的论证当中，它起了关键作用，因为它的作用在于指出尤其适合分析最后过程的推理形式。

> 用一个初级几何的例子就可以说明这一点。为了测量和比较各种直线形的面积，就把它们分成三角形，再把三角形化成与它的外形完全不同的表现——底乘高的一半。各种商品的交换价值也同样要化成一种对它们来说是共同的东西，各自代表这种共同东西的多量或少量。①

这个例子应该阐明等式在概念规定中的作用。面积计算（因为它是基础的，不能像经验数据那样直接、自主地显现出来，需要通过认知工作来完成）是通过两个连续的分析完成的：第一个分析是经验分析，类似于指明商品的分析，产生第一个抽象概念，三角形，是所有组合的基础；这样就提出一个问题，即测量三角形。这一测量是通过第二个分析获取的，即将三角形化为面积等式的分析，一种"与它的外形完全不同的表现"。面积的测量不是从所有有面积的经验对照中表现出来的，也就是说，不是从数据中表现出来的。关于面积是大还是小的问题，这只是涉及面积观念基本问题的一个方面。**面积的表述**不是以具有面积的物的经验多样性为

---

① 〔德〕马克思：《马克思恩格斯全集》（第43卷），北京：人民出版社2016年版，第28页。

基础还原而来的，相反的，面积的大或小不是以面积观念为基础演绎出来的——概念就是这个可以阐明现实的特殊现实。这样，抽象表述最终从根本上与每个自取"对象"（也就是说独立于其他对象）有关：它不是对象间的关系概念，或者说，不是一个经验概念，而是**每一个特殊对象的概念**，由于关系的中介而被揭示出来，但不是由关系的中介产生的。这样，黑格尔学说的（隐性）批判同时也是经验主义的（显性）批判。

面积的等式如同交换的等式一样，是一种思想，也就是说，是另一种"对象"：不是一个现实内容，而是一个思想内容，目的是重拾早已使用过的分类，重拾概论 III[14]；至此，我们明白，当我们说分析将实在物化为第三个"对象"时，对象这个词被当作象征意义来使用的（但不是譬喻：概念确实是某种对象）。如同圆的概念既不是圆心也不是圆周一样，三角形的面积本身不是三角形的；同样，价值的观念也是不能被交换的。

因此，我们知道，在交换框架下词语之间转述的关系分析本身反映的是第三个"对象"，在必要情况下，分析揭示了第三个"对象"的缺失——**交换掩盖了而不是显示这个第三个新对象**。现实，也就是交换和市场实践不足以产生第三个对象，因为市场和交换可能已经以不同的形式存在了很长的时间，人们不知道价值概念对市场和交换的度量标准是什么。关于价值概念，马克思不是在随便任何一个市场中发现的，而是"在知识的招牌下"发现的：这个"店铺"没有任何要交换的材料，在市场之外的场地搭建它的帐篷。科学阐述的严谨性是唯一能够产生知识的,没有这种严谨性,价值的概念将不会有任何意义,也就是说,它将不会存在。[15]

因此,基本几何学的例子,尽管简单(或许正因为简单),但却非常重要:它规定了价值的性质,赋予它基本的性质,即科学概念的性质。应该指出随后起到类似作用的其他例子:化学例子①和物理特性的衡量②;它们也用于指明概念和它反映的现实之间的关系。

9. 阐述的方法既不是经验还原的方法,也不是概念演绎的方法(虽然马克思给人的印象是他遵循这样的辩证法运动——我们知道这仅仅是一种所谓"雅致"的说法——但恰恰是在说明辩证法是骗人的时候,表明辩证法没有描写一种真实的运动,而是一个错觉游戏):应该从经验抽象概念(引导指引经济实践和科学思想体系)开始建立思想内容,建立这个科学概念的**思想的具体内容**(concret-de-pensée),因为这个内容既不是绝对异化的也不是绝对演绎出来的,而是通过特殊的研究工作**产生**的。

目前,可以明确规定这个概念,这个"在规定两个对象关系特征之前属于每个对象特有的共同东西"(这是"固有的"属性③)。因为分析方法不是构建真实过程的反例,而是每一次都会做出的远离幻想的姿态(它只在隐藏的时候才表

---

① 参见〔德〕马克思:《马克思恩格斯全集》(第43卷),北京:人民出版社2016年版,第41页。

② 参见〔德〕马克思:《马克思恩格斯全集》(第43卷),北京:人民出版社2016年版,第47—48页。

③ 参见〔德〕马克思:《马克思恩格斯全集》(第43卷),北京:人民出版社2016年版,第42页。

现出来，正因为如此，人们可以说，它**含有**），在阅尽所有表象的旅途之中，概念规定首先是否定式："这个共同的东西**不是**……"。经验的表现模式因为这一否定方式而彻底被排除。

这个"共同的东西"不能根据自然性质或者使用价值来定义。在这里，最好将例子置于一旁：在基础几何当中，面积的观念不能直接从面积的多样性中演绎出来，因为恰恰是面积的观念规定了这样的多样性。使用价值和交换价值之间的关系从现在开始呈现不同的特征。只有在特殊情况下它才将概念和**它的**物联系在一起，这要求人们思考这一关系的"历史"结构，即关系是如何实现的。关于这一点，恩格斯在这一段的末尾（第56页）增加了一个非常重要的注释①。但是，有一点需要指出的是，观念与它的物之间的关系不是交换价值与使用价值之间的关系，而是价值与商品之间的关系，而且，正如面积的观念规定了面积的性质一样，价值的观念**规定**了商品的性质。

只有当交换行为"从使用价值中抽象出来（fait abstraction）"（使用价值是交换行为的**条件**）的时候，交换行为才表现价值；如果没有这种抽象概念的话，交换行为将毫无意义。"所有交换关系都具有这种抽象的特性"：亚里士多德早就明白这个命题的意义，但是他自己不能明确提出这个命题。交换首先表现为（尽管是间接地）消除所有品质，以此为基础促使比例的出现，因为价值只有在数量多样性（而不是质

---

① 参见〔德〕马克思：《马克思恩格斯全集》（第44卷），北京：人民出版社2001年版，第54页。

量多样性）的基础上才能够被划分。我们会发现，这依然只是分析最表面的现象：不应该将量性关系（比例）的抽象特征与分析还原的真实说法混淆起来。还用基础几何的例子，即面积计算的类似物，比例不是为了交换表现出最明显的先决条件，确切地说，先决条件的意义是为了还原、说明。比例以自己的方式指明（反映）一个概念：它与这个概念互不混淆。关系的**量**不规定价值本身，因为质性多样性规定使用（另外人们在变化过程中也发现存在使用价值的量性观点）。在量和质之间，不可能存在真正的区别，只有表面的对立；那只是以表现使用价值和交换价值之间区别的方式**展现**出来的临时分类。这种区别的真正形式需要在别处寻找。只有当我们不把量与质之间的对立当作表面文字区别的时候，这一对立才能告诉我们一些东西。

价值的否定规定〔"把……抽象化"（en faisant abstraction de）这是还原的特殊命名方式〕没有产生一种纯粹的（关于比例）量性研究，而是引起一种新"**性质**"的研究——正如我们所知，那就是**劳动产品**的性质。作为纯粹的物，"对象"因为使用，或者说因为它的不可还原性而有所区别。如果我们不考虑这个特性，当经验性质消失的时候，随之出现的不是它们的量性面，而是**另一个性质**（完全另外一种不能直接观察到的性质）："它们只剩下一种性质……"，确实地说，这将是能够规定其**实质**的价值。

10. 当价值实质上真正出现的时候，人们发现价值描绘其特征的对象自己"发生了变化"（两次采用这种表述）；如果我们寻找对象间关系带来的可能性，即只能通过物的特性的抽象概念化才能完成的事情，我们会发现，关系与亚里士多德等人认为的不是一回事。不仅价值是其他物，是第三个"对象"，而且我们还发现价值首先表现的关系也与我们认为的不一样。为理解关系的构成，就需要引入一个新的"因素"，一个完全改变关系的因素。这时，我们完全进入矛盾的另一面：因为此时幽灵也出现了。

对象变化了——从原有的物变成商品。很显然，这不是思辨性的转变，而是真实的变化：恩格斯在最后一篇关于物和商品的文章注释中明确指出，物可以不是商品，即使是劳动产品的物：它们变成了商品。一方面，人们从物的观念转变成商品的观念；另一方面，物实实在在变成商品。这是否就是说概念的阐述过程只遵循（或者按照相反的意思：追溯，但最终这都是一回事）建构过程？不是这么回事。真实的变化和我们看到变化时的认识是不一样的性质。看到变化，〔50〕是产生一个新的认识（同时规定价值的实质）：在真实运动的时候，无论在正面还是反面，都没有相应的概念运动，只有**错觉的消除**。我们试图了解的现实并不是它表现的那样，不是我们认为的那样，因为它不是由物构成的，而是由幽灵构成的。

这种认识既不来自对现实本身的研究，也不来自对思想本身的研究：

（1）价值不是这样的概念，即在忽略对象个体性的时候从"对象"中获取的概念，这是由于交换构成的优先状态产生的（因此，它是经验抽象概念）：概念不是交换状态直接**产生**的产物。价值概念是认识研究的产物，恰恰消除了关系当中具有明显特征的东西（能够区分它，让人看到的东西），从而驱散萦绕它的幽灵。

（2）概念只能从所有概念中产生出来（无视经验现实）：这能够让人相信思辨过程。在概念方面的确有变化，不是在概念内部发生的，而是在外部（从一种概念到另一种概念）；这种运动不是由概念产生的，而是在确定的物质条件下从概念产生的认识。实在不是直接因为新认识的出现而改变："实在主体仍然是在头脑之外保持着它的独立性。"①（《〈政治经济学批判〉导言》）物的观念不是一个思辨过程，就像一只手一样将我们引向商品的概念：它构成认识研究的概念物质的一个构成成分。同样，商品只有来自物才成其为商品，但是对物的思考没有让我们明白什么是商品，也没有让我们明白商品的概念有意义。物不是商品盲目的形式，严格地说，它是在商品出现的时候，表现我们轻率盲目的符号。我们对价值的认识，只有在从我们对物和交换产生的初始概念的**批判**的基础上才能获得。

因此，变化既不是凭经验的，也不是思辨的，它只存在于这样的事实当中，即我们在消除虚假矛盾的同时也从虚假矛盾当中走了出来。

11. "二重的东西"只是"第一印象"（另外"同时为两物"也是一样：矛盾的术语**消失**了）：商品不是一个被撕裂的、矛盾的、**与其自身**价值分离的现实。相反，商品是由它

---

① 〔德〕马克思:《马克思恩格斯全集》（第30卷），北京：人民出版社1995年版，第42页。

的基本性质（根据这个性质才有可能实现数量计算，如：价值的计算是根据劳动份额完成的）决定的，只是它没有像它表现的那样（反之亦然）。它真正的现实，就是成为幽灵（不是劳动产品，而是**一般劳动**）。幽灵是除所有从经验上可以观察到的东西之外应该被表达出来的东西。尽管如此，它依然是一个物质现实。

如果二重的东西只是一个不恰当的表现，使用价值和交换价值绝对不应该放在同一层面上。它们之间不能存在矛盾，除非因为无知或者错觉（这样的话，矛盾也只是错觉的矛盾）。这样以来，我们就可以回到以前提到的问题上：商品的"两个因素"不是因为概念内部差异化而获取的。

在交换当中，呈现的"对象"在这个时候也只是"被升华的物"："它们只表示一个物。"我们面临一个终极条件：沉淀、聚集、凝结、陷于商品中的一般劳动。这一劳动本身是因为"唯一力量"产生的："表现在**整体价值**当中的整个社会劳动力"。分析研究是从简单成分（价值）出发回溯到最终构成价值的复杂结构完整的整体上，价值的定义只与整体价值有关。它从根本上与使用价值区别开，后者只是通过它与物的关系而被确定下来的。我们可以这样说：商品**的**价值具有新意，因为它不再是分析的最终术语，而仅仅是其中一个过程；如果说价值的实质是一般劳动（不要将它与"与一切社会形式无关"的劳动相混淆，第 58 页①），那是因为

---

① 参见〔德〕马克思：《马克思恩格斯全集》（第 43 卷），北京：人民出版社 2016 年版，第 33 页。

价值的简单成分通过它与其它所有价值的关系只具有**区分意义**（diacritique）。简单成分的形式研究本身是不完整的。继表面的形式矛盾研究之后，是构成资本生产模式的真实矛盾的研究。

这一点非常重要，因为它能够清晰地阐明物与商品之间的不对称性。不仅仅是历史不对称性，因为它们之间的关系是连续关系，是不可逆的，没有相互对等性。在分析过程当中引入商品构成的实在过程的唯一意义在于，人们能够证明这段历史是沉淀在分析材料当中，人们从中可以在条件的不对称布局中重新找回这段历史：

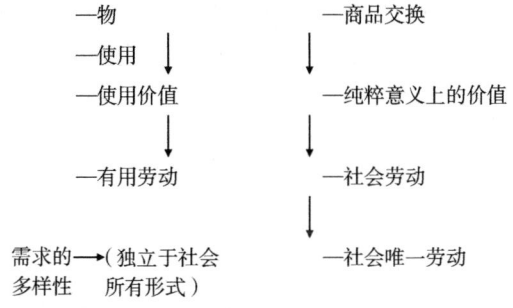

使用价值不是以辨别的形式被确定下来的，而是在它与物的直接关系中确定下来的。它不是从结构化的整体性中获取意义，而是在最基本的多样性当中取得意义。

因此，不可能以类似的形式表现使用价值和交换价值的不同特性，如同价值存在于商品当中一样，物的有用性存在于物之中。同样，使用价值和交换价值也不是对称或对等的：两个层次的区别不是抽象的（在理想的整体性内部，与其本身分离），而是真实的。只有分析方法才能意识到这种差异。

填充资本社会市场的"对象"**实际**上是被分化了的:一方面它们有用,另一方面它们相互交换。两个方面不能够产生思想冲突,只能产生真实的冲突。同时也能够产生对这种区别正确的认识。

通过对《资本论》前几页的阅读,我们可以得出以下结论:

1)经验论的批判和思辨观念论(l'idéalisme spéculatif)的批判是齐头并进的。

2)真实的过程(商品在经济历史中的出现)不是直接通过分析运动复制(反映)出来的。"历史"差异使我们在没有商品的时候设想物,而不是在没有物的时候设想商品,它重返阐述框架当中,布置概念的条件,在分析特有的这个教条秩序框架下,商品不能作为物的等同物或反面呈现。这表明我们需要掌握顺序(un ordre de succession),让我们能够思考从事物到商品的过渡,而不是相反。

价值之于商品,与使用之于物不同。因为这些术语只有在远离概念分析的程度上才具有意义。这种形式的不可能性规定了概念间的一种教条秩序,它也是解释历史秩序的最好方法。因此教条秩序与历史秩序的区别不在于思考区别于实在(在实在内部):教条秩序使人能够思考历史秩序。[16]

3)正如我们所注意到的那样,在分析过程中,概念没有保留永恒的意义。比如,商品概念开始的时候是一种类似"欧几里得"定律的东西:商品出现在具有清晰外形的形式(与图样一样)中;因此,它容易受到经验性定义的影响。

价值的概念却不是这样的，它不可能具有这样的定义（在开始的时候就排除了这种定义）：价值出现在一个未定义的形式中；它的概念应该由还原和演绎相互结合来构建。但是，以循环（récursivement）的方式，价值本质一旦显现出来，商品因为其定义（只是一种表现）表现出不完整的特征性；在经验的框架中，它不过是本身的幽灵：面对价值的真正概念，它发生了一次变化。概念如果不是从一些概念发展出另外一些概念的话，那么它们就不会在无差异的关系（rapport d´indifférence）当中并行提出，它们相互作用，相互转化。认识的过程也是（但不是单独的）物质过程。

这一过程使它们从来自科学（多多少少）理论的意识形态概念的原始状态（概论 I）过渡到科学概念状态（概论 III）。某些概念经历了这样的变化；另外一些概念，或者在过程当中有用，或者在开始时有用，在发展路径当中就被淘汰了。

这样变化也归因于不直接隶属历史科学范畴的概念作用。这些概念，描写推理形式，真正地从事分析工作（概论 III），它们来自不同的领域：

—科学普遍方法论	分析
	抽象概念
—逻辑和哲学传统	形式
	表述
	矛盾
——一般科学方法	方程式
	减法
	测量

概念的作用就是转化（在对概念进行分析时）为经济理论提供内容的概念。

在阐述过程中，这些概念自己似乎也发生了变化。它们完全改变了意思：正如我们所见，随着分析进入到不同层面，**分析**不断地被定义。同样，**形式**的观念至少被用于两个不能并存的用法当中，商品作为物出现（形式是为商品提供第一个清晰外形的显现形式）；价值出现在商品交换关系当中，或者确切地说，是为了这个关系而出现的，这种出现形式非常不稳定，因为它同时伴随着一个矛盾；正是这个原因，应该通过还原追溯另外一个术语，它是价值的真正形式，而不是直接的表面形式，那就是：价值等式。因此，形式概念完全改变了，与此同时，商品的概念也遭到质疑（为了使它出现在幽灵的外形中）。

"作用"其它概念的概念本身也被作用。人们可以思考它们是通过什么作用的：如果它们自己是概论 I，企图成为概论 III 的话，那么对于它们来说，什么概念在起概论 II 的作用呢？这个问题的答案非常简单：是另外一些概念，"内容概念"保持着形式概念的位置，检验早期概念。如此一来，认识的工作同时在两个意义上完成（关于这一点，它是真正的辩证法）。《资本论》的文章，正如我们一开始看到的那样，是在两个层次上撰写的：一是一般科学理论（推理形式）；二是某一特殊科学实践：随着我们的阅读视角不同，概念也具有不同的行为：

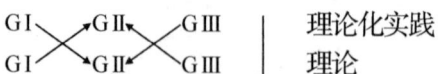

4）科学阐述是以系统的方式组织的，但是这不意味着它反映的是一个性质同一严密的秩序：观念之间的联系既不

明确，也不是对等的；它们是在不同层次上同时建立起来的。话语的词汇之间的关系也不严格一致：它们的价值首先在于某些不一致性所实现的有益的张力（比如：形容词的矛盾）。这样我们就明白：概念和命题之间的过渡是经过严格证明的，但却不遵循演绎的机械模式（等价的或者相同的成分之间的关系）。冲突使各种概念对立起来并使它们产生影响，也正是以这种冲突为基础**产生**新的认识。

此时，我们明白为什么把科学效能表述为组织安排是非常不够的。认识不在于以有序代替无序，不在于对原始无序状态的整理安排。这样的形象固然体现了自主科学实践的基本一面（分类学的理想），但它不符合科学工作的物质现实。认为科学直接对象是既定的杂乱的，这种思想是错误的，因为是知识构建科学的内容，或者说它的秩序；是知识为科学提供了起点和手段方法[17]。根本的问题是它制定的秩序，不再是它强制安置在"需要整理"的现实上的秩序，也不再是最终确定的事。相反，它一直是暂时的：它需要不断地被整理，面对其他类型的秩序；正是这个从秩序到秩序的过渡，由于连续的断裂，才规定了知识无限的过程。

有序—无序之间的对立过于贫瘠而无法解释这样一种活动，即在不断的冲突中，它们之间产生的不同秩序在其本身也是非常混乱的（不充分，不完善，暂时的）。知识真正的力量在于在现实的混乱之中（或者确切地说，别处）建立真正无序的位置，一个能够进行测定的**无序思想**（désordre de pensée）。真正的理性和真正的逻辑是多样和不平等的理性和逻辑。知识生产就是处理混乱，仿佛混乱就是秩序，就是利用混乱，如同利用秩序一样。正是因为如此，一门知识的结构从来都不是透明的，而是模糊的、分裂的、不完整的、具有物质性的。[18]

1965 年 6 月

注　释

[1] 因此，尽量避免说阐述**秩序**（ordre d'exposition）。
[2] 注意"自主"不是"独立"的同义词：理解的过程很特殊，它不是独立分离的。
[3] 问题是要赋予认识论观念一种新意：它作为对象的条件不仅仅是理性条件，同时也是客观条件。
[4] 黑格尔哲学中这个概念具有模糊性：自知本身也是了解万物。
[5] 一般来说，所有祛魅的工作本质上都是在赋魅。
[6] 当然，我们不能将马克思的著作简化为科学史中的一个事件或一个"纯粹的思想因素"：但是马克思引起的革命同样发生在这段历史当中，它摆脱了纯粹理论史的地位。
[7] 并不是在经济科学领域上，而是相对于经济科学来说，在生产模式问题的**新**框架下。
[8] 另外，很明显我们从实在"出发"；但这并不是说出发的**形式**是任意的：而且恰恰这就是根本问题。
[9] 是唯心主义将物质现实简化成只有**内容**。

〔10〕 应该指出的是，物不是纯粹的质性因素：它可以被量性处理。

〔11〕 很显然，马克思认为不应该说矛盾基本上一直是表面的，也就是说思想属性。相反，唯物主义辩证法是研究"事物本质上"（列宁语）的矛盾性。但是，在我们思考文本的时候，在价值分析开始的时候，矛盾像形式矛盾一样运作。我们至少可以从中提出这样的假设：《资本论》的分析说明并发展多种矛盾，如果它真的是唯物主义的话，它的"逻辑"就不能简化为普通的**矛盾逻辑**。

〔12〕 从这个意义上说，形式矛盾也是实际矛盾。

〔13〕 如何我们还存有这样的混淆思想的话，那我们不可能理解思想如何以实在本身为基础将实在化为己有。

〔14〕 参见路易·阿尔都塞，《保卫马克思》："关于唯物主义辩证法"。参见〔法〕路易·阿尔都塞：《保卫马克思》，顾良译，北京：商务印书馆2010年版，第153—214页。——编者注

〔15〕 知识既不机械地也不直接地反映现实。

〔16〕 这不意味着它构建了历史秩序。相反，这里"思考"充分体现了其意义。

〔17〕 但是这个认识过程既不是独立的，也不是主要的：它是由物质现实决定的（它是物质现实的反映，是客观条件的影响结果）。

〔18〕 原文参考文献引用以社会出版社出版的《资本论》（第1卷）法译本为基础。

《资本论》的对象

路易·阿尔都塞 著　李其庆　冯文光 译

一、引　言

我们这部对《资本论》的集体研究著作既是协商分工的结果，又是自发分工的产物。在这部著作的分工中，我的责任是谈谈**马克思同他的著作的关系**。我想在这个题目下谈谈下述问题：马克思想说明什么？他是否向我们说明了他的著作的性质？他用哪些概念来说明他的独创因而他与古典经济学家的区别是什么？他用什么概念体系来说明产生古典经济学的发现和他自己的发现的条件？我想以此向马克思本人请教，看看他从哪里又是怎样从理论上思考他的著作同产生他的著作的理论历史条件之间的关系的。这里我要向他直接提出一个作为马克思主义的哲学对象本身的基本的认识论问题，也就是说，我要尽可能准确地确定马克思在写作《资本论》期间所达到的明确的哲学意识的程度。确定这一点实际上就是在马克思通过他的科学论证本身所开辟的新的哲学领域中把他已经阐明的东西同尚未阐明的东西加以比较。在确定马克思已经完成的东西时，我想尽可能说明他本人也希望我们所做的事情，也就是确定这一领域，规定这一领域的范围，并使之同哲学的发现联系起来。总之就是要尽可能准确地确定马克思主义哲学研究面前的开放的理论领域。

这就是我的计划。乍一看，这个计划很简单，很容易完成。的确，马克思在《资本论》的正文和注释中给我们留下了许多对他的著作本身的评价，同他的先驱者（重农学派、斯密、李嘉图等）的批判性比较以及十分精确的方法论说明，这些方法论说明把他的**分析**方法同数学、物理学、生物学科学的方法以及黑格尔所确立的辩证法作了比较。另一方面，我们还有1857年《政治经济学批判导言》——这个导言极其深刻地阐明了最初在《哲学的贫困》（1847年）第二部分中所作出的理论说明和方法论说明，因此我们理所当然地认为所有这些著作实际上都包含着我们思考的对象。只要把已经制定的这些材料加以系统化，我刚才谈到的认识论的计划就可以得到实现。因此，我们自然会想到，马克思在谈到他的著作及其发现时，是在用恰当的哲学用语对他的创新以及他的对象的特点进行思考。这种恰当的哲学思考是在规定《资本论》的**科学对象**的过程中进行的，并在这一过程中用明确的术语表明了《资本论》的科学对象的特点。

然而，无论是我们在马克思主义解释史中所掌握的关于阅读《资本论》的笔记，还是我们自己在阅读《资本论》所获得的经验都使我们看到马克思著作本身固有的实际困难。我在本文中把这些困难归结为以下两个方面：

（1）和某些表面现象相反并且出乎我们的意料之外，马克思在《资本论》中的方法论思考并没有为我们提供完整的概念，甚至没有为我们提供**马克思主义哲学对象**的明确概念。但是，马克思的这些思考毕竟给我们提供了认识、鉴别、界定和最终思考马克思主义哲学对象的材料，不过往往要经过长期的研究才终于能够揭开某些术语的谜。因此，我们的问题要求我们不能简单地从字面上阅读，哪怕是仔细地阅读。我们应该进行真正的**批判性**阅读，也就是说，在阅读马克思的著作时应该应用我们在《资本论》中所寻求的这一马克思主义哲学的原则本身。这种批判性阅读似乎是一种循环，因为我们好像是从马克思主义哲学的应用中去寻求马克思主义哲学。因此，确切地说，我们是从马克思明确告诉我们的哲学原则（这些原则也可以从他的断裂时期和成熟时期的著作中得出）的**理论研究**中，从应用于《资本论》的这些原则的**理论研究**中，寻求这些原则的发展、丰富和完善的。这种表面的循环不会使我们感到奇怪，一切认识的"产生"在其过程中都包含着这种循环。

（2）然而这一哲学的研究遇到了另一个实际困难。现在这个困难所涉及的不再是马克思主义**哲学**的对象在《资本论》中的存在和特点，而是《资本论》**科学**对象本身的存在和特点。我在这里仅仅强调征候问题，因为对《资本论》的大部分解释和批判都是围绕着这一问题进行的。为此我们要问，既然《资本论》已经向我们提出了对象的理论，严格地说这个对象的**性质**又是什么呢？是经济还是历史？具体地说，如果《资本论》的对象是经济，那么这个对象在概念上同古典经济学的对象严格地讲有什么区别呢？如果《资本论》的对象是历史，那么这个历史是什么？经济在历史中又占有什么地位？等等。在这里我要再次指出，仅仅从字面上阅读，即使是很仔细地阅读马克思的著作也不能使我们解决问题，甚至会使我们**忽略这个问题**，使我们认为不必要提出这个对于理解马克思具有重要意义的问题，使我们不能确切地意识到马克思的发现所引起的理论革命及其结果的意义。马克思在《资本论》中也许已经以极其明确的方式告诉我们应该怎样鉴别和揭示《资本论》对象的概念。我认为马克思本人非常明确地说明了这一点。马克思虽然明确地表述了《资本论》对象的概念，但是他并没有用同样明确的语言说明他的对象的**特点**的概念，也就是说，同古典经济学对象的**特殊区别**的概念。毫无疑问，马克思明确意识到这一区别的**存在**，他对古典经济学的全部批判证明了这一点。但是马克思对这一特点即这一特殊区别的论述有时像我们看到的那样是令人困惑不解的。这些论述可以使我们认识这一特点，但是要经过长期研究并且要揭开他的某些表述的谜。但是如果我们不进行批判性的阅读和认识论的阅读，而这种阅读能够告诉我们马克思**在什么地方**同他的先驱者分道扬镳，并决定这种断裂的意义，那么我们怎么能够确定《资本论》对象的独特之处呢？但是如果我们不借助于用来说明马克思同他的前史的关系的发生认识史理论，因而，如果我们不借助于**马克思主义的哲学**原则，那么我们怎么能够达到这一结果呢？这是一个问题。除此之外，我们还看到第二个问题。马克思在用严格的概念思考他的对象同古典经济学的对象的区别时，似乎遇到了困难，而这一困难不正是他的发现的**性质**，也就是说，他的巨大的**独创**吗？这一困难不正是在于他的发现在理论上**远远超过**了当时所掌握的哲学概念吗？在这种情况下，马克思的科学发现不是必然会要求提出由他的**新的对象**的困惑不解的性质所决定的**新的**哲学问题吗？基于这个理由，哲学将要求深入阅读《资本论》，以便回答《资本论》本身向哲学提出的使人感到意外的问题。这些问题虽然没有写明，但对哲学本身的前途具有决定意义。

因此，这就是我们这一研究的双重对象，而这种研究只有通过不断的、双重的互为前提才有可能：在《资本论》中鉴别和认识马克思主义的哲学对象要以鉴别和认识《资本论》本身的对象的特点为前提，而后一种鉴别和认识又要依赖于马克思主义哲学并要求它不断发展。不借助马克思主义哲学就不能真正阅读《资本论》，而我们同时也应该在《资本论》中读出马克思主义哲学。如果这种双重的阅读，也就是不断从科学的阅读回复到哲学的阅读，再从哲学的阅读回复到科学的阅读是必要的和有成效的，那么我们就有可能在这种阅读中认识到马克思的科学发现所包含的这一哲学革命的本质：一次开创了全新的哲学思维方式的革命。

以往对《资本论》的简单的、直接的阅读所引起的困难和错误也**从反面**使我们确信这种双重的阅读是必不可少的。这些困难和错误都同对《资本论》的对象的特点不同程度的曲解有关。我们必须注意这一重要事实：直至最近一个时期，《资本论》还只是被"专家们"即经济学家和历史学家们阅读。他们中间有一些人，从自身实践的直接意义出发，往往认为《资本论》是一部经济学著作。另一些人也从他们自身实践的直接意义出发,认为《资本论》就某些部分来说是一部历史著作。成千上万的正在战斗的工人研究过这部著作,经济学家和历史学家阅读过它,但很少有**哲学家**[1],即能够对《资本论》提出关于它的对象的特殊性质这个先决性问题的"专家"阅读它。除了少数引人注目的例外情况,所有的经济学家和历史学家都不能对《资本论》提出这类问题。至少不能在严格的形式上提出这类问题,因而不能最终从概念上鉴别马克思的对象同其他对象的区别。这些其他对象无论是在马克思之前还是在马克思同时代提出的,从表面上看都有相似之处或者说有密切联系。这种区分工作只有哲学家或那些具有足够的哲学修养的专家才能完成,因为这件工作是同哲学的对象本身相联系的。

但是,有哪些能够对《资本论》提出它的对象问题以及区分马克思的对象同政治经济学(无论是古典的政治经济学还是现代政治经济学)的对象的特点问题的哲学家阅读了《资本论》并对《资本论》提出这个问题呢?如果我们了解到《资本论》八十年来遭到资产阶级经济学家和历史学家从意识形态方面和政治方面彻底的围剿,那么我们就可以想见《资本论》在大学哲学界的命运了!在很长时期内,只有马克思主义哲学家才认为对《资本论》值得进行哲学的研究。只是在近二三十年来,某些非马克思主义哲学家才越过了这一禁区。但是,无论是马克思主义哲学家还是非马克思主义哲学家都只能对《资本论》提出由他们的哲学所产生的问题。而这种哲学,即使不是固执地拒绝,一般来说也不能懂得对《资本论》的对象进行真正的认识论的研究。在马克思主义者中间，除了最杰出的列宁以外，还有拉布里奥拉、普列汉诺夫、"奥地利马克思主义者"、葛兰西以及近代的俄国的罗森塔尔和伊林科夫、意大利的德拉沃尔佩学派（德拉沃尔佩、科雷蒂、波德拉奈拉、罗西等）以及社会主义国家的许多研究者。"奥地利马克思主义者"不过是一些新康德派，他们给我们提供的只是他们的意识形态的概图。普列汉诺夫，特别是拉布里奥拉的重要著作值得专门研究。此外完全是另一方面的葛兰西关于马克思主义哲学的长篇论著也是如此。我们以后再谈这一点。我们认为罗森塔尔的著作（《〈资本论〉中的辩证法问题》）部分地已经离开了我们讨论的问题，因为他只是解释了马克思直接用来说明他的对象和理论活动的语言，而没有想到马克思的语言本身可能已经提出了问题。我们这样说并非是在诋毁他的著作。至于说到伊林科夫、德拉沃尔佩、科雷蒂、波德拉奈拉等人的著作，这是阅读了《资本论》并直接对《资本论》提出重要问题的哲学家的著作。这些著作博学、严谨而深刻，意识到了把马克思主义哲学同对《资本论》的理解结合起来的基本关系。但是我们将会看到，这些著作往往向我们提出一个值得讨论的马克思主义哲学概念的问题，总之，在当代马克思主义理论家的研究中，到处都提出同样的要求：只有更严格、更充分地说明**马克思主义哲学**才能深刻理解《资本论》的理论结果。换句话说，或者用经典的术语来说，历史唯物主义的理论前景在今天还有待于辩证唯物主义的深化，而辩证唯物主义的深化本身又取决于对《资本论》的严格的批判性研究。历史向我们提出这个巨大的任务。我们愿意以我们微薄的力量参加这项工作。

现在我想说明这样一个论点。这个论点不仅仅像人们会认为的那样，是一个认识论的、仅仅使那些提出区分马克思和古典经济学问题的哲学家感兴趣的论点。这个论点也是使经济学家和历史学家——当然，通过结果也会使政治活动家——总之使所有《资本论》的读者感兴趣的论点。这个论点提出了《资本论》的对象问题，因而直接涉及《资本论》中所包含的经济分析和历史分析的基础。这个论点势必能够解决某些阅读的困难，而马克思的论敌历来都是在这些阅读困难上向马克思提出武断的责难的。因此，《资本论》的对象问题不仅仅是一个哲学问题。如果从科学阅读角度所作的阐述有充分根据，那么对《资本论》对象的特点的说明就会提供深刻理解《资本论》的经济内容和历史内容的手段。

这里，我要结束我的前言并得出这样的结论：这篇论著本来要研究**马克思和他的著作的关系**，现在我用第二个计划代替了原来的计划，也就是说谈到了**《资本论》对象本身**，这样做是完全必要的。为了深刻理解马克思说明他同他的著作的关系的论述，就有必要透过这些论述的文字，深入到存在于所有这些论述、存在于所有包含这种关系的概念的本质方面，深入到**《资本论》对象的特点**的本质方面。这个本质方面既是可以看见的，又是隐蔽的，既是出现的，又是不出现的。它的不出现是由它的出现的性质本身决定的，是由马克思的革命的发现的令人困惑不解的独创性决定的。在某些场合下，这些理由最初可能是看不见的，这归根结底也许是由于这些理由就像一切全新的独创那样是**令人目眩**的。

二、马克思和他的发现

我现在进行直接阅读，并且让马克思来讲话。

马克思在 1867 年 8 月 24 日致恩格斯的信中写道：

> 我的书最好的地方是：（1）在**第一章**就着重指出了按不同情况表现为使用价值或交换价值的劳动的二重性（这是对事实的**全部**理解的基础）；（2）研究**剩余价值**时，**撇开了它的特殊**形态——利润、利息、地租等等。这一点将特别在第二卷中表现出来。古典经济学家总是把特殊形态和一般形态混淆起来，所以在这种经济学中对特殊形态的研究是乱七八糟的。①

马克思在 1883 年逝世前写的《评瓦格纳的〈政治经济学教科书〉》中谈到瓦格纳时写道：

> ……这个 vir obscurus〔瓦格纳〕忽略了，就在分析商品的时候，我并不限于考察商品所表现的二重形式，而是立即进一步论证了商品的这种二重存在体现着生产商品的**劳动的二重性**：**有用**劳动，即创造使用价值的劳动的具体形式，和抽象**劳动**，作为劳动力消耗的劳动，

---

① 《马克思恩格斯〈资本论〉书信集》，第 225 页。

不管它用何种"有用的"方式消耗（这是以后说明生产过程的基础）；论证了在**商品的价值形式**的发展、归根到底是货币形式即**货币**的发展中，一种商品的**价值**通过另一种商品的**使用价值**，即另一种商品的自然形式表现出来；论证了**剩余价值**本身是从**劳动力**特有的"特殊的"**使用价值**中产生的，如此等等，所以在我看来，使用价值起着一种与在以往的政治经济学中完全不同的重要作用，但是——这是必须指出的——使用价值始终只是在这样一种场合才予以注意，即这种研究是从分析一定的经济结构得出的，而不是从空谈"使用价值"和"价值"这些概念和词得出的。①

我之所以引用这两段话，是因为马克思在这两段话中明确地叙述了支配他的分析的基本概念。因此，马克思在这两段话中指出了他与他的先驱者的区别。他向我们说明了他的对象的特点。但是，更确切地说，他不是以他的对象的**概念**，而是以分析这个对象的概念来说明他的对象的特点。

马克思明确宣布他的发现远不止包含在这两段文字中。在阅读《资本论》的过程中，我们同样可以看到具有重大意义的发现。例如：古典经济学完全不能理解的货币的起源，斯密和李嘉图没有看到的资本的有机构成（C+V），资本主义积累的一般规律，和利润率趋向下降的规律，地租理论，等等。我在这里不一一列举这些发现。这些发现总是可以使

---

① 《马克思恩格斯全集》（第19卷），北京：人民出版社1963年版，第414页。

我们理解古典经济学家们或者保持沉默或者加以回避的那些经济事实和实践。他们之所以这样做，是因为这些经济事实和实践是与他们的前提不相容的。这些具体的发现实际上不过是马克思在他的著作中作为他的主要发现加以论证的那些新的基本概念的直接的或间接的结果。下面我们来考察这些具体的发现。

把利润、地租和利息这些不同的形式还原成剩余价值，这本身就是剩余价值之外的发现。因此，基本的发现可以归纳如下：

（1）价值和使用价值这组概念；从这组概念推论到另一组概念，即抽象劳动和具体劳动这组概念，而这种推论是经济学家所不能论证的；同古典经济学家相反，马克思特别重视使用价值和与之相应的具体劳动；根据使用价值和具体劳动起决定作用的战略要点，马克思区分了不变资本和可变资本，两个部类的生产（第一部类，即生产资料的生产；第二部类，即消费资料的生产）。

（2）剩余价值

我把导致马克思的基本发现的概念概括如下：**价值**和**使用价值**的概念，**抽象劳动**和**具体劳动**的概念，**剩余价值**的概念。

这是马克思告诉我们的。我们在表面上没有任何理由不相信他的话。在阅读《资本论》的过程中，我们确实可以证明，他的经济分析最终是建立在这些基本概念之上的。如果我们仔细阅读，就能够做到这一点。但是这种证明不是自发产生的，它要求作出艰巨的努力，尤其是为了完成这种证明并清楚地看到这种证明所产生的东西,——因为这种证明一开始就必然包含着在马克思宣布的发现中现实地存在着、但却以奇怪的未出现的形式现实地存在着的某种东西。

为了说明这种情况,为了从反面显示出这种未出现的东西,我们只要指出这样一点:马克思明确认为是他的发现以及他的全部经济分析的基础的那些概念,例如价值和剩余价值的概念,显然就是受到现代经济学家激烈批判的概念。弄清楚非马克思主义经济学家用哪些术语攻击这些概念是很有意义的。他们责备马克思,说马克思用这些概念来说明经济现实,但这些概念在实质上却是非经济的、"哲学的"和"形而上学"的概念。例如,十分明智的经济学家施密特在《资本论》第二卷出版后不久就作出贡献,从中归纳出利润率趋向下降的规律,而这一规律只是在《资本论》第三卷才得到论述。但是,他却指责马克思的价值规律是"理论的虚构",他认为这种虚构或许是必要的,但毕竟是个虚构。我并不是随意地引用这些批评意见。我引用这些意见是因为它们涉及马克思经济分析的基础,涉及价值和剩余价值的概念。现代经济学家指责这些概念是表现非经济现实的"无针对性的"概念,因为这些概念是不可计量的,没有数量的规定。这种指责暴露了他们从自己的对象及其相应的概念中得出的观点,这一点是确信无疑的。虽然我们在这种指责中看到了他们反对马克思已经达到了狂热的程度,但是我们并没有在这种指责中看到马克思的对象本身,因为他们把马克思的对象看做是"形而上学的"。我要指出这是一种**误解**。经济学家们在这里错误地理解了马克思的分析。正是错误地理解马克思的对象本身，才造成了这种错误的阅读。由于这种错误的阅读，经济学家们在马克思的著作中读出了自己的对象，而不是与他们自己的对象完全不同的对象。经济学家所指责的马克思理论上的缺陷和弱点恰恰是马克思的力量所在。同时，也正是这一点构成了马克思同他的批评者以及某些最亲近的拥护者的根本区别。

为了说明这种误解达到了何等荒唐的程度，我想引用恩格斯给施密特的信（1895年3月12日）。我们在这封信中可以听到施密特的反对意见的回音。恩格斯是这样回答施密特的：

> 我在这里发现了同一种陷入枝节问题的偏向，我把它归咎于1848年以来在德国大学中流行的抽象推论的折中主义方法，这种方法丢掉了事物的总的概貌，过于经常地陷入一种几乎是无休止、无结果的对枝节问题的玄想中。在古典作家中，您以前研究得最多的恰好就是康德，而康德由于他那个时代的德国哲学的状况，由于他和学究气十足的沃尔弗的莱布尼茨主义的对立，所以或多或少地被迫在形式方面对这种沃尔弗的玄想作一些表面的让步。我就是这样来解释您陷入枝节问题的偏向的，这种偏向也表现在您的来信中谈到价值规律的那些题外话里；在这些地方，我认为您没有经常注意总的联系，所以您把价值规律贬为一种虚构，一种必要的虚构，差不多就像康德把神的存在贬为实践理性的一种假定一样。

您对价值规律的责难涉及从现实观点来看的**一切**概念。思维和存在的同一（我用黑格尔的方式来表达）完全符合您举的圆和多边形的例子。换句话说，这两者，即一个事物的概念和它的现实，就像两条渐近线一样，一齐向前延伸，彼此不断接近，但是永远不会相交。两者的差别正好是这样一种差别，**这种差别使得概念并不无条件地就是现实，而现实也不直接就是它自己的概念**。由于概念都有概念的基本特性，因而它并不是直接地、明显地符合于它必须从中才能抽象出来的现实，因此，毕竟不能把它和虚构相提并论，除非您因为现实同一切思维成果的符合仅仅是非常间接的，而且也只是渐近线似地接近，就说这些思维成果都是虚构。①

这个令人吃惊的回答（其论证是平庸的）在某种意义上是对这种误解的善意的评论，而马克思的敌人对这种误解却作出恶意的解释。恩格斯用近似理论（这种理论以抽象的近似性质来说明概念作为概念与它的对象的不一致性）回避了施密特的"有针对性的"反对意见。这个回答并没有击中要害：实际上价值规律的概念在马克思的著作中是和他的对象完全一致的，因为这个概念是一个具有多种表现形式的概念，因而是一个具有各种不一致形式的一致的概念，而绝不是一个像原罪那样会影响由人的抽象所产生的一切概念的不一致的概念。因此，恩格斯根据经验主义的认识理论把恰恰表现出马克思的一致性概念的理论力量

---

① 《马克思恩格斯〈资本论〉书信集》，第576—577页。

的东西当做由概念产生的缺陷。只有借助这种意识形态的认识理论才能得出这一看法，这里所说的意识形态不仅指它的内容（经验主义），而且也指它的应用，因为这种意识形态的认识理论是为了对这一明显的理论误解作出回答而制定的。不仅《资本论》的理论受到了这种认识理论的影响（例如恩格斯在《资本论》第三卷增补中的论点：马克思的价值规律，"从开始出现把产品转化为商品的那种交换时起，直到公元15世纪止这个时期内"①，在经济上是普遍适用的。这是一个造成混乱的例子），甚至马克思主义的哲学理论也受到了影响，而且受到了很大影响。这就是认识的经验主义意识形态的影响。这种经验主义的意识形态既是施密特的反对意见的潜在的理论标准，也是恩格斯的反驳意见的潜在的理论标准。我之所以要谈到恩格斯的回答，就是为了说明，目前人们的误解不仅暴露了政治的或意识形态的恶意，而且也反映了理论盲目性的后果。如果不向马克思提出他的对象问题，就会陷入这种盲目性。

三、古典经济学的功绩

现在我们来考察一下我们面临的问题。我们要问，马克思怎样思考自身，不仅是怎样直接思考自身，也就是说怎样在自身中考察他同古典经济学家的区别，而且我们还要问，他是怎样间接思考自身，也就是说怎样通过古典经济学家，

---

① 《马克思恩格斯全集》（第25卷），北京：人民出版社1974年版，第1019页。

在他们的未发现中确定或预感到他的发现,从而通过他的最近的前史的盲目性来思考他的独到见解的。

我在这里不能谈到一切细节,虽然这些细节值得专门的、详尽的研究。我在这里只想谈谈某些要素,它们可以恰当地说明我们研究的问题。

马克思权衡了他从他的先驱者那里得到的东西。他以两种不同的形式高度评价了他的先驱者的思想(对他自己的发现来说)的积极的方面。这两种不同的形式在《剩余价值理论》即《经济学说史》中清楚地表现出来。

一方面,他赞扬并高度评价某些先驱者确立并分析了重要的概念,即使表述这一概念的术语含混不清或者会引起歧义。例如,他认为在配第的著作中就有了价值概念,在斯图亚特、重农主义者等的著作中就有了剩余价值的概念。他彻底澄清了这些已经确立的概念,把它们从往往是不恰当的术语的混乱中提炼出来。

另一方面,他强调古典经济学的另一个功绩,这个功绩涉及的不是某个具体的成果(例如某个概念),而是研究政治经济学的"科学的"方法。在这方面,他认为有两个不同的特点。第一个特点,从所谓伽利略式的经典意义上说,就是科学的态度,即把可感觉的现象当做次要的东西,也就是说,在政治经济学领域里把可以看见的一切现象以及经济世界所产生的实践经验概念(地租、利息、利润等),总之"日常生活"(马克思在《资本论》结尾部分把它说成是一种"宗教")的全部经济范畴当做次要的东西的方法。这种把现象当做次要东西的方法使我们能够揭示隐藏在现象后面的本质，现象的内在本质。经济科学对马克思来说就像其他科学一样取决于从现象到本质的归纳，或者像他用天文学作确切的比喻时所说的那样，"**从表面运动向现实运动**的归纳"。一切作出科学发现，哪怕作出细小的科学发现的经济学家都是由于采用这种归纳法才获得成功的。但是，这种局部的归纳不足以建立科学。因此出现了第二个特点：科学是这样一种系统的理论，它能够包括它的对象的整体并能够把握住将本质（归纳出来的本质）同**一切**经济现象联系起来的"内在联系"。这是重农学派的伟大功绩，首先是魁奈的功绩。他们在局部形式上（因为他们只限于研究农业生产）把各种不同的现象如工资、利润、地租、商业利润等归结为**唯一的**本源本质，即农业部门所生产的剩余价值。斯密的功绩在于他概括了这个系统理论，使之摆脱了重农主义者的农业的前提。但是他也半途而废了。斯密的不可原谅的错误就在于他试图把具有不同本质的对象归结为同一的起源，把真正的本质（已经归纳出来的）和尚未归纳出本质的纯粹现象看做是具有同一本源的。因此，他的理论就是两种理论，即**现象论**（没有归纳出本质的现象的集合）和唯一科学的**本质论**（本质的集合）的毫无必然性的结合。马克思的这个简单的说明具有重要的意义，因为它包含了这样的意思：仅是系统的形式并不能建立科学，只有"本质"（理论概念）的系统形式才能建立科学。无论是互相联系的纯粹现象（现实的要素）的系统，还是把"本质"和纯粹现象混合在一起的系统都不能建立科学。李嘉图的功绩在于他考察并克服了斯密的两种"理论"的矛盾。他真正地在具有科学性的形式上思考了政治经济学，也就是说把政治经济学看成是一个揭示其对象的内在本质的统一的概念体系：

> 李嘉图终于在这些人中间出现了，他向科学大喝一声："站住！"资产阶级制度的生理学——对这个制度的内在有机联系和生活过程的理解——的基础、出发点，是**价值**决定于**劳动时间**这一规定。李嘉图从这一点出发，迫使科学抛弃原来的陈规旧套，要科学讲清楚：它所阐明和提出的其余范畴——生产关系和交往关系——同这个基础、这个出发点适合或矛盾到什么程度；一般说来，只是反映、再现过程的表现形式的科学以及这些表现本身，同资产阶级社会的内在联系即现实生理学所依据的，或者说成为它的出发点的那个基础适合到什么程度；一般说来，这个制度的表面运动和它的实际运动之间的矛盾是怎么回事。李嘉图在科学上的巨大历史意义也就在这里。①

因此，在马克思看来，个别结论或一般理论具有科学性的条件是从现象到本质（从材料到概念）的归纳和本质的内在统一（把各个统一的概念系统化为它们的总概念）这两个积极的规定。但是这里应该说明，这两个规定对政治经济学来说只表达了现存科学即现存的总理论的合理性的一般条件：马克思只是从现存的科学状态中借用了这些规定，把它们作

---

① 《马克思恩格斯全集》（第 26 卷·第 2 册），北京：人民出版社 1973 年版，第 183 页。

为一般科学合理性的**形式**标准应用于政治经济学。马克思在评价重农主义者、斯密、李嘉图时就用这些形式标准去衡量他们，从而判断他们是尊重这些规定还是忽视这些规定，而不对他们的对象的**内容**抱有任何偏见。

但是，我们并不仅仅停留在纯粹形式的判断上。马克思不是在先前已经指出，被抽象掉了这些形式的内容在经济学家们的著作中就出现了吗？作为马克思自己的理论基础的那些概念，即价值和剩余价值不是在古典经济学家的理论著作中就已经作为从现象到本质的归纳，作为系统的理论出现了吗？这样一来，我们就会面临一种难以理解的局面。如果情况确实如此——即像马克思的现代批评家对他的事业所做的评价那样——那么马克思实际上就不过是古典经济学的继承者，而且是一个很富有的继承者，因为他从他的先辈那里得到了他的关键性概念（他的对象的内容）和归纳方法以及内在系统性的模式（他的对象的科学形式）。那么马克思自己的东西又是什么呢？他的历史功绩何在？马克思难道仅仅是推进和完善了几乎已经完成的工作吗？难道他只是填补空白，解决悬而未决的问题，在数量上增加古典经济学家的遗产，而这一切又是在他们的原理，从而在他们的总问题的基础上完成的吗？难道马克思在这样做的同时，不仅接受了他们的方法和理论，而且也接受了**他们的对象**的规定吗？难道除了马克思的某些细小的特点和发现以外，对什么是马克思的对象、《资本论》的对象这一问题的回答基本上已经体现在斯密、特别是李嘉图的著作中了吗？难道政治经济学的理论体系已经完备，只不过有些不足和缺陷，马克思只是作了某些补充，增加了某些内容，**完成**了整个工作，使之变得完美无缺吗？如果情况是这样，那就不可能产生对《资本论》的阅读的错误，因为马克思的对象不过就是李嘉图的对象。这样，政治经济学从李嘉图到马克思的历史就是没有断裂的连续性，这种连续性不会产生任何问题。如果说有错误的话，那是在别处，不是在李嘉图和马克思那里，也不是在李嘉图和马克思之间，而是在主张劳动价值论的古典经济学（马克思不过是它的卓越的"完成者"）和建立在完全不同的总问题基础上的现代边际学派以及新边际学派的政治经济学之间。

因此，当我们阅读葛兰西的某些评论文章（马克思主义哲学是对李嘉图的概括）、罗森塔尔的理论分析、德拉沃尔佩及其拥护者的另一种类型的批判性说明的时候，我们深深地感到，我们并没有摆脱这种**对象的连续性**。除了马克思对李嘉图的指责，即认为李嘉图忽视了"中介"的复杂性，直接把他的抽象同经验现实联系起来，除了马克思指责斯密进行思辨的抽象（用德拉沃尔佩、科雷蒂、波德拉奈拉的语言来说就是"本质化"），总之，除了某些错误以及在通常使用抽象方法时的"颠倒"以外，我们看不出斯密、李嘉图的对象和马克思的对象之间有什么区别。这种对象的无差别论在对马克思主义的庸俗解释中是以下列形式表现出来的：差别只在于方法。古典经济学家用于对象的方法实际上不过是**形而上学的**，相反，马克思的方法是**辩证的**。因此，一切问题就在于辩证法。而这种辩证法又被理解为从黑格尔那里引入并应用于李嘉图著作中已经存在的对象的方法。马克思只是由于他的伟大天才完成了这种幸运的结合，而且十分幸运的是这种结合又没有历史。但是不幸的是,我们知道这里存在着一个"小小"的困难:这就是"改造"这种辩证法的历史,必须让这种辩证法"重新用脚站立起来",以便把它建立在牢固的唯物主义基础之上。

这里我并没有采用简便的公式化的说明方法。这种方法或许有它的政治和历史理由。我这样做是为了保持距离。不仅马克思的反对者,而且马克思的拥护者都作出了关于古典经济学和马克思之间的**对象的连续性**的假设。在许多地方,马克思本人的明确的表述隐约地表现出这种连续性的假设,或者更确切地说,伴随着马克思的明确表述无意地出现的某些沉默包含着这种连续性的假设。在某些时候,在某些表现出征候的地方,这种沉默本身在论述中突然出现,并且迫使这种论述不自觉地像闪电一样产生出真正的但是在字面上却是看不见的理论上的缺陷:有些话虽然没有说出来,但似乎包含在思想的必然性之中,有些判断由于错误的论证,不可避免地使本来可以在理性面前开拓的领域消失了。单纯的字面上的阅读在论证中只能看到论述的连续性。只有采用"征候读法"才能使这些空白显示出来,才能从文字表述中辨别出沉默的表述,这种沉默的表述,由于突然出现在文字叙述中,因而使文字叙述出现了空白,也就是说丧失了它的严格性或者说它的表达能力达到了极限。一旦这种叙述的表达能力达到了极限,那么在其在自身所**开辟**的领域中必然会出现叙述的空缺。

我举两个例子:马克思从作为理论实践过程基础的抽象中得出的一个概念以及马克思对古典经济学提出的一个典型

的批评。

1857年《〈政治经济学批判〉导言》第三节完全可以被看做是马克思创立的新哲学**方法的表述**。马克思的这一节论述以分析政治经济学的范畴和方法的形式建立了科学的实践的理论基础,从而建立了作为马克思的哲学对象的认识过程条件论的基础。这是马克思关于这方面问题的唯一系统的论述。

作为这一节基础的理论总问题,清楚地把马克思哲学同一切思辨的或经验主义的意识形态区别开来了。马克思在这里的关键论点是把**现实**和**思维**区分开来的原则。现实及其各个不同方面即现实的具体、现实的过程、现实的整体等是一回事;现实的**思维**及其各个不同方面即思维的过程、思维的整体、思维的具体是另一回事。

这一区分原则包含两个基本论点:(1)现实先于思维的唯物主义观点,因为现实的思维要以不取决于这个思维的现实的存在为前提(现实"仍然是在头脑之外保持着它的独立性"[①])。(2)思维和思维过程取决于现实和现实过程的唯物主义论点。尤其是第二个论点构成了马克思在《导言》第三节思考的对象。现实的思维和现实的概念以及思考、理解现实的一切思维活动都属于思维的范围,思维的要素。我们不应该把思维的范围和思维的要素同现实的范围和现实的要素混为一谈。"**整体**,当它在头脑中作为思维整体而出现时,

---

[①] 《马克思恩格斯全集》(第12卷),北京:人民出版社1962年版,第752页。

是思维着的头脑的产物"①，同样，被思维的具体属于思维而不属于现实。认识过程，思维把直觉和最初的表象转化为认识或思维的具体的加工过程都完全是在思维中进行的。

毫无疑问，对现实的**思维**和这种**现实**之间存在着某种关系，但这是一种**认识**的关系，是认识的一致或不一致的关系，而不是现实的关系，也就是说，这是体现在**这样一种现实**中的关系，对这种现实的思维就是（一致或不一致的）认识。在对现实的认识和现实之间的这种认识关系并不是在这种关系中所认识的**现实**的关系。认识的关系和现实的关系的这种区别是根本的：如果我们不注意这一点，就必然会陷入思辨主义或者陷入经验唯心主义。如果我们像黑格尔那样把现实和思维混为一谈，把现实**归结为**思维，"**把现实理解为思维的结果**"②，那就会陷入思辨唯心主义；如果我们把思维和现实混为一谈，把对现实的思维归结为现实本身，那就会陷入经验唯心主义。在这两种场合，这两种双重的归纳方法就是把一种要素反映和实现在另一种要素上：把现实和对现实的思维的区别或者理解为思维本身内部的区别（思辨唯心主义），或者理解为现实内部本身的区别（经验唯心主义）。

这些论点必然会提出问题，但这些问题无疑已经包含在马克思的论述中。这正是我们关心的问题。马克思在考察政治经济学的方法时把它区分为两种：第一种"**从生动的整体**

---

① 《马克思恩格斯全集》（第12卷），北京：人民出版社1962年版，第752页。

② 《马克思恩格斯全集》（第12卷），北京：人民出版社1962年版，第751页。

（人口、民族、国家、若干国家）出发"；另一种"从单纯的**概念如分工、货币、价值等等出发**"。因此，这两种方法，一种从现实本身出发，另一种从**抽象**出发。但是这两种方法哪一种是正确的呢？"从现实和具体开始……似乎是正确的。**但是，更仔细地考察起来，这是错误的。**"① 第二种方法从单纯的抽象出发，是在"被思维的具体"中认识现实，这种方法"**显然是科学上正确的方法**"。这是古典政治经济学的方法，是斯密和李嘉图的方法。从形式上看，马克思的这一论述是十分明确的。

但是，这一十分明确的论述却包含和隐藏着**马克思的征候的沉默**。这种沉默在论述的整个过程中是听不到的，因为这一论述的目的在于证明认识的过程是一个劳动的过程和理论加工过程，而被思维的具体和对现实的认识是这种理论实践的产物。这种沉默只有在一个没有被人们看到的**确定点**上，即马克思在谈到作为这种加工基础的最初的**抽象**时，才能够被"听到"。那么，这些最初的抽象是什么呢？马克思为什么在这些最初的抽象中不加批判地接受斯密和李嘉图作为出发点的范畴，从而给人们一种印象，似乎马克思是在他们的对象的连续性中思考的，因而在他们和马克思之间没有任何对象的断裂？这两个问题不过是一个问题。对这个问题马克思没有作出回答，而马克思没有回答恰恰是因为他**没有提出这个问题**。这里就是马克思沉默的**地方**，这个空白的地方很容易被以经验主义形式出现的意识形态的"自然"论述所取

---

① 《马克思恩格斯全集》（第12卷），北京：人民出版社1962年版，第750页。

代。马克思写道:"17世纪的经济学家总是从生动的整体,从人口、民族、国家、若干国家等等开始;但是他们最后总是从分析中找出一些有决定意义的抽象的一般的关系,如分工、货币、价值等等。这些个别要素一旦多少确定下来和抽象出来,从劳动、分工、需要、交换价值等等这些简单的东西上升到国家、国际交换和世界市场的各种经济学体系就开始出现了……"① 马克思对这段话中的"分析"、"抽象"、"确定"的性质保持了沉默,或者不如说把"抽象"和借以"抽象"出这些抽象的现实联系起来了,把这些抽象同现实的"直觉和表象"联系起来了。这种现实的"直觉和表象"在其纯粹形态下似乎是这些抽象的原材料,而这种材料的性质(原材料或是原料?)却没有得到说明。在这种沉默中自然包含着现实同它的直觉和表象之间的**现实**的一致关系的意识形态,也就是出现了这样一种"抽象",这种对现实进行的抽象的目的是为了从现实中得出"抽象的一般关系",即抽象的经验主义意识形态。我们还可以用另一种形式提出问题,虽然这种形式的问题**从未出现过**:这些"抽象的一般关系"在哪方面可以说是"起决定作用"的? 所有这类抽象都是它的对象的科学概念吗? 难道不存在科学的抽象和意识形态的抽象,"好的"抽象和"坏的"抽象吗? ——沉默[2]。我们还可以用另一种方式提出同一个问题。在这种沉默中,古典经济学家的这些著名的抽象范畴,作为认识的出发点的这些抽象,对马克思来说是不成问题的。对他来说,这些抽

---

① 《马克思恩格斯全集》(第12卷),北京:人民出版社1962年版,第750、751页。

象是从预先的**抽象**过程产生的（他对这一过程保持沉默）。在这种情况下，抽象的范畴可以"反映"**现实**的抽象范畴即现实的抽象，这种现实的抽象作为抽掉这些范畴的个性的抽象寓于经济世界的经验现象之中。我们还可以再用一种方式提出这个问题：最初的范畴（经济学家的范畴）始终存在，这些范畴虽然产生了"具体的"认识，但是人们看不到范畴的**转化**，似乎它们不会发生转化，因为它们一开始就存在于同它们的对象相一致的形式中，因此，科学工作所产生的"被思维的具体"可以表现为这些范畴的纯粹的**具体化**，它们的纯粹的自我复杂化，它们的可以被暗含地看做是自我具体化的自我构成化。因此在明确的和不明确的论述中都可能存在着沉默。马克思所作的理论描述都是形式上的，因为这种理论描述没有提出这些最初抽象的性质问题，它们同它们的对象的一致性问题，总之，没有提出与这些抽象相关联的对象问题；因为这种理论描述没有提出这些抽象范畴在理论实践过程中的转化问题，从而没有提出包含在这些转化中的对象的性质问题。这不是对马克思提出责难，他不能在一部尚未发表的著作中把**一切**都表达出来，而且在任何情况下，谁都不能一下子把什么都说完。我们倒是可以指责他的操之过急的读者没有**听到这种沉默**[3]，从而陷入了经验主义。我们只有准确地确定马克思**沉默的地方**才能够提出这种沉默包含什么内容的问题，确切地说，也就是提出科学思维所加工的那些抽象的不同性质的问题。科学思维对这些抽象进行加工是为了在加工过程中得出与最初的抽象不同的抽象，而这些不同的抽象是在使马克思同古典经济学区别开来的认识论的断裂中得出的，因而这些不同的抽象也是全新的抽象。

如果说我以前试图说明思考这种差别的必要性，给予理论实践过程中产生的不同抽象以**不同的**名称，仔细地区分一般性Ⅰ（最初的抽象）和一般性Ⅲ（认识过程的产物），那么我这样做也许是给马克思的论述**增加**了某种东西。但是从另一个角度来看，我不过是**恢复**了，从而**坚持**了他自己的论述，而没有接受马克思的**沉默**的诱惑。我认为这种沉默是一种论述在另一种论述的压力和排斥作用下可能产生的缺陷。这另一种论述就是经验主义的论述，它利用了这种排斥作用，取代了前一种论述，在前一种论述沉默的地方作出了论述。我们做的工作不过是**消除第二种论述，让第一种论述中的这种沉默说话**。人们会说这是一个细节问题。确实如此。但是那些庸俗不堪的、会产生严重后果的论述就是在这一类缺乏严格性的细节问题上做文章的。这些论述完全使哲学家马克思倒退到他们反对和批驳的意识形态中去了。下面我们就要谈谈这方面的例子。这些例子表明，小小的沉默的非思维是非思维论述即意识形态论述的原因。

四、古典经济学的缺陷
——简论历史时代概念

现在我来谈第二个例子，在这里我们将用另一种方式来谈同一个问题：考察马克思批判古典经济学家的方式。他对他们提出了许多具体的批评和一个根本性的责难。

在这许多具体的批评中，我只列举一个涉及术语的责难。这个责难对表面上是无关紧要的事实提出了疑问：斯密和李嘉图总是**在利润、地租和利息的形式上分析"剩余价值"**，因而剩余价值总没有以**它自己的名称**而是以别的名称来称呼。剩余价值没有在与它的"存在形式"即利润、地租、利息不同的"一般性"上被理解。这种批评方式是有意思的。马克思似乎把剩余价值同它的存在形式的这种混淆仅仅看做是语言上的缺陷，这种缺陷很容易纠正。事实上，当他阅读斯密和李嘉图的著作时，他恢复了另一些术语所掩盖的未出现的术语。他把掩盖未出现的术语的另一些术语翻译出来，恢复了它们省略的内容，说出了这些术语没有表示出来的东西。他把李嘉图和斯密对地租和利润的分析读作一般剩余价值的分析，但是李嘉图和斯密从未把一般剩余价值称作地租和利润的内在本质。我们知道，马克思认为剩余价值**概念**是他的理论的两个关键性概念之一，即说明马克思和斯密以及李嘉图在总问题和对象方面固有的区别的概念之一。实际上，马克思把一个**概念**的未出现看做是一个**术语**的未出现，但这个概念不是一个任意的概念，人们会看到，如果我们不提出作为它的基础的关于总问题的问题，即总问题的区别以及把马克思同古典经济学区分开来的断裂的问题，那么它就不能成为严格意义上的概念。此外，当马克思强调这种批评的时候，他并不是在严格意义上思考他所做的事情，因为他把对总问题革命起"催化"（化学术语）作用的有机**概念**的未出现看做是**术语**的省略。如果不指出马克思所说的这种省略，那么，这个"省略"就会把马克思降低到他的先驱者的水平,而我们就会重新陷入对象的连续性。后面我们还会谈到这个问题。

马克思从《哲学的贫困》到《资本论》对古典经济学提出的根本的责难,是指古典经济学对资本主义经济范畴的**非历史的**、永恒的、固定不变的和抽象的概念。马克思认为,只有赋予这些范畴以历史的性质才能说明和理解它们的相对性和暂时性。他说,古典经济学家把资本主义生产的条件变成了一切生产的永恒的条件,他们没有看到这些范畴是由历史决定的,因而是历史的和暂时的。

> 经济学家们都把分工、信用、货币等资产阶级生产关系说成是固定不变的、永恒的范畴……经济学家们向我们解释了生产怎样在上述关系下进行,但是没有说明这些关系本身是怎样产生的,也就是说,没有说明产生这些关系的历史运动……这些观念、范畴也同它们所表现的关系一样,不是永恒的。它们是历史的暂时的产物。[①]

我们看到,这一批判不是马克思的最终的**真正的**批判。这个批判是肤浅的、含混不清的,而他的整个批判要远为深刻得多。马克思在表述出来的批判中往往不能一下子完成他的正直的批判,这一点绝不是偶然的。例如,他确定他同古

---

① 《马克思恩格斯全集》(第4卷),北京:人民出版社1958年版,第139页及以下各页。

典经济学家的全部区别就在于他们的概念的非历史性。这一判断不仅对于解释《资本论》、马克思主义政治经济学理论，而且对于解释马克思主义哲学都具有重要影响。现在我们面临的是马克思思想的一个战略要点，我甚至要说，这是马克思思想的第一个战略要点。在这里，马克思在理论上对自身的判断尚未完成，因而不仅在力图否定他、诋毁他的反对者那里，而且首先在他的拥护者那里引起了极其严重的误解。

我们把这些误解归结为这样一个主要的误解，即对于马克思主义同历史的理论关系的误解，归结为对于所谓的马克思主义的激进的历史主义的误解。现在我们来考察一下这一主要误解的不同表现形式的基础。

我们认为这个主要误解直接涉及马克思同黑格尔的关系，直接涉及辩证法和历史的概念。如果说，把马克思同古典经济学家区分开来的全部差别可以归结为经济范畴的历史性质，那么马克思只要赋予这些范畴以历史性质，不再把它们看做是固定的、绝对的、永恒的，相反，把它们看做是相对的、暂时的、转瞬即逝的，因而最终隶属于它们存在的历史时刻的范畴就行了。但是这样一来，马克思同斯密和李嘉图的关系就可以被看做是黑格尔同古典哲学的关系。正如人们说黑格尔是运动中的斯宾诺莎一样，人们也就可以说马克思是运动中的李嘉图了。这里说的运动就是指历史性。这样又可以说，马克思的全部功绩就在于使李嘉图黑格尔化、辩证化，也就是说按照黑格尔的辩证法来思考已经构成的内容，而这种内容仅仅由于历史相对性的薄薄的间隔就同真理分开了。在这种情况下，我们会再次陷入了整个传统提供的公式，这些公式的基础是作为方法自身的辩证概念，而这种辩证概念是内容的规律但与内容无关，与对象的特点无关但又必须为这种特点提供认识原则和客观规律。我不想深入地谈这个问题，这个问题至少在原则上已经说清楚了。

这里我想谈谈另一种既没有被揭示出来也没有得到说明的混淆。而这种混淆现在或许还会在更长时间支配对马克思主义的解释。很明显，**这种混淆就是与历史概念有关的混淆**。

如果说古典经济学的经济范畴概念不是历史的概念，而是永恒的概念，如果说为了使这些范畴同它们的对象相一致必须把它们看做是历史的范畴，那么，人们就是在提出**历史概念**，或者不如说，提出了通常所说的**某种**历史概念，而没有对这一概念本身提出问题。实际上，人们是把一个本身就提出理论问题的概念作为解决办法，因为这个概念正如人们所理解的那样是个非批判的概念。它像一切"明明白白的"概念一样，其全部理论内容也许仅仅是现有的或者说占支配地位的意识形态所赋予它的职能。这就是把一个内涵尚未考察清楚的概念作为理论的解决，而这个概念远远不是一种解决，它在实际上会提出理论问题。这就是认为人们可以从黑格尔或历史学家的经验实践那里借用这个历史概念，轻而易举地运用到马克思的著作中，也就是认为无须预先提出批判问题就可以知道这个概念的实际内容。人们天真地把这个概念"信手拈来"，好像它是自发产生的一样，而实际上我们首先应该提出这样一个问题：马克思的理论总问题所要求的历史概念的内容**究竟**是什么？

我不想提前说明后面要论述的东西，我只想说明某些要点。这里我举出一个恰当的反面的例子（我们将会看到，为什么这个例子是恰当的）。这就是黑格尔的历史概念，即黑格尔的**历史时代概念**。在黑格尔看来，历史本质在这种概念中反映着自身。

我们知道，黑格尔把时代规定为"定在的概念"，即在其直接的经验的存在中的概念。既然时代使我们返回到作为它的本质的**概念**，也就是说，既然黑格尔有意识地宣称历史时代只是体现概念（在这里是理念）发展的一个环节的历史整体的内在本质在时间连续性中的反映，那么我们根据黑格尔同样可以认为，历史时代只反映作为历史时代的**存在**的社会整体的本质。这就是说，历史时代的本质特征就像路标一样会使我们返回到这种社会整体的结构本身。

我们可以指出黑格尔的历史时代的两个基本特征：时代的同质的连续性和同时代性。

第一，时代的同质的连续性。

时代的同质的连续性是理念的辩证发展的连续性的反映。因此时代也可以被看做是一种表现理念发展过程的辩证连续性的连续的东西。从这个角度来说，历史科学的全部任务就在于按照与各个辩证整体的相继顺序相一致的**分期**来切割这种连续的东西。理念有多少个环节，时代的连续性就被精确地切割成多少个历史**时期**。在这里，黑格尔只是在他自己的理论总问题中来思考历史学家的实践的头号问题。例如，伏尔泰在区分路易十五和路易十四时代时就阐述过这个问题。这仍然是当代历史编纂学中最重要的问题。

第二，时代的同时代性或者历史的**现实存在**范畴。

这个范畴是第一个范畴成为可能的条件，我们从这个范畴中可以看到黑格尔的最深刻的思想。如果说历史时代就是社会整体的存在，那么就必须明确说明这个存在的结构是什么。社会整体同它的历史存在的关系就是它同**直接**存在的关系，这就意味着这种关系本身就是**直接的**。换句话说，历史存在的结构就是这样一个结构，整体的一切环节始终共同存在于同一时代，存在于同一现实存在之中，因而是在同一现实存在中的同时代的东西。这就是说，黑格尔的社会整体的历史存在结构可以像我所说的那样进行"**本质的切割**"，也就是进行这样一种精神加工，通过这种加工可以在任何一个历史时代环节上进行**垂直的切割**，即现实存在的切割，从而使这种切割所揭示的整体的一切环节都处于一种直接显示出它们的内在本质的直接关系中。我们说"本质的切割"，就是指使得这种切割成为可能的社会整体的特殊结构，在这种特殊结构中，整体的一切环节共存于一体，而这种共存体本身就是这些环节的本质的直接的现实存在，因此这种现实存在可以**在这些环节中直接阅读出来**。我们知道，正是社会整体的特殊结构使这种"本质的切割"成为可能，因为这种切割只是由于这种整体固有的统一性性质才成为可能。如果我们由此想确定表现整体的统一性类型，那么可以说这是一种"精神的"统一性。这种表现整体的所有的部分都是"**完整的部分**"，这些部分互相表现，又表现包含它们的社会整体，因为每个部分在其直接表现形式上自身又包含着整体的本质本身。我在这里指的是我曾经谈到的黑格尔的整体结构。黑格尔的整体具有这样一种统一性，就是说，整体的每一个环节，不管是何种物质的或经济的规定、何种政治制度、何种宗教形式、何种艺术形式或哲学形式，都不过是概念在一定的历史环节上在自身中的现实存在。正是在这个意义上，各个环节的共同存在以及它们在整体中的现实存在就都是以理所当然的预先存在为基础：概念在其全部存在规定中获得完全的现实存在。由此，时代的连续性，作为概念在其积极规定中的现实存在的连续性现象，就有可能存在。当我们谈到黑格尔的理念发展**环节**时，我们必须注意，理念这个术语会使我们回到**两种意义上的**统一性：回到作为发展环节的环节（它引起时代的连续性和分期的理论问题）；回到作为时代环节的环节，这个环节作为现实存在不过是概念自身在其一切具体规定中现实存在的现象。

正是整体的一切规定在概念的现实本质中的这种绝对的同质的现实存在，使我们能够进行我们刚才谈到的"本质的切割"。正是这种"本质的切割"从根本上说明了黑格尔的著名公式。这个公式适用于整体的一切规定，直至包括这个整体的自我意识，即对作为历史上现实**存在**的哲学的全部知识理解。这个著名的公式就是**任何事物都不能超越它的时代**。现实存在实际上就是全部知识的**绝对领域**，因为全部知识从来不过是整体的内在原则在知识中的存在。哲学无论走出多么远，都不能超出这种绝对领域的界限：哲学尽可以**在夜晚的睡梦中遨游**，但它仍然属于白天，属于今天。它不过是反映自身、反映自身概念的现实存在。哲学从本质上说不属于明天。

因此，现实存在的本体论范畴反对提前历史时代，反对提前关于概念未来发展的意识，反对一切关于**未来的知识**。这就说明了黑格尔在解释"伟大人物"的存在时所遇到的理论困难。这些伟大的人物在他看来扮演着有意识地对历史作出无法预见的预见的令人难以置信的见证人的角色。伟大人物不可能看见也不可能知道未来。他们只能凭预感猜测未来。他们不过是一些占卜家，他们只是预感而不能认识未来本质的临近、"外壳中的内核"、在现实存在中悄然孕育着的未来、在现实本质的异化中正在产生出来的未来本质。由于没有关于未来的知识，因此也就没有政治科学，没有关于现在现象的未来结果的知识。正因为如此，从严格意义上说，也就没有**黑格尔式的**可能的**政治**，从而没有黑格尔式的政治家。

我之所以强调黑格尔的历史时代的性质以及这一时代的理论条件，是因为这一历史概念以及历史同时代的关系的概念在我们中间仍然具有生命力。例如我们可以看到，同时性和历时性的区分在当代非常流行。同质的、连续的，而在自身中又是同时代的历史时代的概念是这种区分的基础。同时性就是同时代性本身，就是本质在其各个规定中的共同存在，现实存在可以被读作"本质切割"中的结构，因为现实存在就是本质结构的存在本身。因此，同时性就设定了这种关于同质的、连续时代的意识形态概念。历时性不过是这种现实存在在时代连续性的顺序中的生成。在这种连续性顺序中，"事件"或严格意义上的"历史"（参见莱维·施特劳斯）不过是时代的连续中依次出现的偶然的现实存在。因此，历时性以及作为首要概念的同时性都是以我们已经指出的黑格尔的时代概念即关于历史时代的意识形态概念的两个特征为前提的。

我们说意识形态，因为很清楚，这种历史时代概念只是反映了黑格尔从构成社会整体的所有环节即经济的、政治的、宗教的、美学的等环节之间的联系的统一性中得出的概念。因为黑格尔的整体是"思辨的整体"，是莱布尼茨所说的那种整体。这个整体的各部分彼此之间达成"默契"，其中每个部分都是整体的部分，所以历史时代的这两个方面即同质连续性和同时代性的统一就是可能和必要的了。

这就是我们说黑格尔的这个反面的例子是恰当的原因。正是因为黑格尔关于时代的观念是从最庸俗的经验主义那里借用来的，是从日常"实践"的错误事实的经验主义[4]那里借用来的，所以我们刚才确定的黑格尔的整体结构和黑格尔的历史时代的性质之间的关系被掩盖了。我们可以在大多数**历史学家**那里，尤其是在黑格尔熟知的历史学家那里看到这种经验主义的天真的形式。他们没有对历史时代的特殊结构提出任何问题。今天，某些历史学家开始提出问题，而且往往以引人注目的形式提出问题（参见L.费勃弗尔、拉布鲁斯、布罗代尔等人的著作），但是他们没有明确地根据他们所研究的**整体的**结构提出问题。他们没有在真正的概念的形式上提出问题。他们只是**证明**在历史上**有**不同的时代，有各种各样的时代，短期的、中期的、长期的。他们仅仅满足于记录各时代的相互关系，把这种关系看做是各时代相遇的产物。他们没有把各个时代作为**不**

同的时代同整体的结构联系起来，而整体的结构却直接支配着各个不同时代的产生。他们倒是宁愿把这些时代当做可以用**持续时间**来计量的不同时代同一般意义的时代联系起来，同我们已经说过的意识形态的连续时代联系起来。黑格尔的反面例子之所以是恰当的，是因为这个例子可以说明关于日常实践和历史学家的实践的粗糙的意识形态的虚构。这些历史学家不仅包括那些没有提出问题的人，而且也包括那些提出问题的人，因为这些问题一般没有同历史概念的基本问题联系起来，而是同时代的意识形态概念联系起来了。

但是，我们从黑格尔那里可以保留的恰恰就是这种经验主义所掩盖的东西，也就是黑格尔从他的关于历史的系统概念中升华出来的东西。从我们简短的分析批判中可以得出这样的结论：只有认真研究**社会整体的结构**，才能在其中发现历史概念的秘密，在这种历史概念中，社会整体的"生成"得到了思考；一旦认识了社会整体的结构，我们就能理解在历史时代概念中自身反映出来的历史概念同这个历史时代概念之间的表面上"毫无疑问"的关系。我们刚才所作的关于黑格尔的分析也同样适用于马克思。我们用来说明似乎是"自发产生"但实际上又是同社会整体的确切概念有机地联系在一起的历史概念的潜在理论前提的方法也可以应用于马克思，我们这样做的目的是为了从马克思主义关于社会整体的概念出发，**建立马克思主义的历史时代的概念**。

我们知道，马克思主义的整体同黑格尔的整体是根本不同的。马克思主义的整体的统一性完全不是莱布尼茨和黑格尔的表现出来的或"思辨"的统一性，而是由某种**复杂性**构成的、**被构成的整体**的统一性，因而包含着人们所说的不同的和"相对独立"的层次。这些层次按照各种特殊的、最终由经济层次决定的规定，相互联系，共同存在于这种复杂的、构成的统一性中。[5]

当然，我们必须确定这种整体的结构的性质。但是这种暂时的定义已经足以使我们从中推断出黑格尔的共同存在（这种共同存在使"本质的切割"成为可能）不适合于这种新的整体的存在。

马克思在《哲学的贫困》专门论述生产关系的一段话中，明确地指出了这种共同存在：

> 每一个社会中的生产关系都形成一个统一的整体。蒲鲁东先生把种种经济关系看做同等数量的社会阶段，认为这些阶段一个产生一个，一个来自一个，正如反题来自正题一样；认为这些阶段在自己的逻辑顺序中实现着人类的无人身的理性。
>
> 这个方法的唯一短处就是：蒲鲁东先生在考察其中任何一个阶段时，都不能不靠其他一些社会关系来说明，可是当时这些社会关系尚未被他用辩证运动产生出来。当蒲鲁东先生后来借助纯粹理性使其他阶段产生出来时，却又把它们当成初生的婴儿，**忘记它们和第一个阶段是同样年老了**。……谁用政治经济学的范畴构筑某种思想体系的大厦，谁就是**把社会体系的各个环节割裂开来**，就是把社会的各个环节变成同等数量的互相联结的单个

社会。其实，单凭**运动、顺序和时间的逻辑**公式怎能向**我们说明一切关系同时存在而又互相依存的社会机体呢？**①（着重号是我加的。——作者）

关键问题是：这种**共同存在**，"社会体系"的各个环节的这种联系，各个环节的互相依存关系不能在"运动、顺序、时间的逻辑"中来**考察**。如果我们记住马克思在《哲学的贫困》中说过的话，"逻辑"不过是"运动"和"时间"的抽象，而运动和时间在这里是作为蒲鲁东的神秘的起源被提出的，那么，我们就可以认识到，必须把思考的顺序颠倒过来，首先思考整体的特殊结构，才能够理解结构的各个环节和构成关系的**共同存在**的形式，理解历史的结构本身。

马克思在1857年《〈政治经济学批判〉导言》中谈到资本主义社会时，再一次明确指出，应该首先理解**整体的结构**，而不是时间的顺序：

> 问题不在于各种经济关系在不同社会形式的相继更替的序列中在历史上占有什么地位，更不在于它们在"观念上"（蒲鲁东）（在历史运动的一个模糊表象中）的次序。**而在于它们在现代资产阶级社会内部的结构。**②

---

① 《马克思恩格斯全集》（第4卷），北京：人民出版社1958年版，第144、145页。
② 《马克思恩格斯全集》（第12卷），北京：人民出版社1962年版，第758页。

由此说明了一个新的要点：整体的结构被表述为**分成层次的有机整体的结构**。各个环节和各种关系在整体中的共同存在受到占统治地位的结构次序的支配，而这种占统治地位的结构次序又在各个环节和各种关系的结构中引入了特殊的次序。

> 在一切社会形式中都有一种一定的生产支配着其他一切生产的地位和影响，因而它的关系也支配着其他一切关系的地位和影响。①

我们在这里指出了重要的一点：关于结构的这种支配作用，马克思在这里给我们提供了一个例子（一种生产形式的支配地位，例如工业生产对简单商品生产的支配地位等等），这种支配地位不能归结为**中心**的优先地位，也不能把各个环节同结构的关系归结为内在本质同它的现象的表现的统一。这种等级只是社会整体的各个不同"层面"或层次之间作用的等级。因为每个层次本身是有结构的，所以，这种等级便是整体中各个不同结构层次之间的作用的等级、程度和标志。这是起支配作用的结构对从属的结构和它们的各个环节的作用的等级。我在另一个地方曾经指出，为了便于理解，一种结构在结合的统一体中对其他结构的这种支配地位，可以归结为经济结构"最终决定"非经济结构的原则；这种"最终决定"是结构在作用等级中替位的必然性和可理解性的绝对

---

① 《马克思恩格斯全集》（第12卷），北京：人民出版社1962年版，757页。

条件，或者说是"支配地位"在整体的结构层次之间替位的必然性和可理解性的绝对条件。只有这种最终决定才能避免关于可以观察的替位的独断的相对论，并赋予这种替位以职能的必然性。

如果马克思主义的整体所固有的统一性就是这样，那么由此就可以得出重要的理论结论。

首先，不能在黑格尔的**现实存在**的同时代性范畴中来思考这个整体的存在。不同的结构层次、经济、政治和意识形态等等的共同存在，从而经济基础，法的和政治的上层建筑，意识形态和理论形式（哲学、科学）的共同存在不能再在黑格尔**现实存在**的共同存在中被思考。在这种意识形态的现实存在中，时间的存在和本质的存在与它们的现象是一致的。因此，**连续的和同质的时代**模式取代了直接的现实存在，从而成为这种连续存在的直接的存在，它不再被看做是历史的时代。

现在我们来谈谈这后一点，它使这些原则的结果变得更清楚了。我们通过最初的分析，可以从马克思主义的整体的特殊结构中得出结论：不能**在同一历史时代中**思考整体的不同层次的发展过程。这些不同"层次"的历史存在不属于同一类型。相反，我们必须赋予每一个层次以相对自主的，因而在它对其他层次的"时代"的依存性本身中相对独立的**特有的时代**。我们应该而且可以说：每一种生产方式都有自己固有的、以生产力的发展为特殊标志的时代和历史，都有自己固有的特殊的生产关系的时代和历史；都有自己固有的政治的上层建筑的历史……都有自己固有的哲学的时代和历史……都有一个自己固有的美学生产的时代和历史……都有一个自己固有的科学形态的时代和历史，等等。这些特有的历史都有自己的节拍。只有确定了每一个历史的特殊的历史时间性的概念以及它的节拍划分（连续发展、革命、断裂等等），这种历史才能够被认识。这些时代中的每一个时代以及这些历史中的每一个历史都是**相对自主的**。但是并不能由此产生出整体的同样多的**独立的**领域：这些时代中的每一个时代以及这些历史中的每一个历史的特殊性，或者说它们的相对的自主性和独立性是建立在整体的某种联系的基础之上的，因而是建立在对整体的某种**依存性**基础之上的。例如，哲学史并不像上帝的权利那样是独立的历史：这种历史作为特殊历史的存在权利是由整体内部的相连关系、因而相对作用关系所决定的。因此，这些时代和这些历史的特殊性是**有差异的**，因为它是建立在整体的不同层次之间的不同的关系基础上的。因此，每一个时代和每一个历史的**独立性**的方式和程度都必然是由每一个层次在整体的全部联系中的**依存性**的方式和程度所决定的，对一个历史和一个层次的"相对"独立性的理解，决不能归结为对空洞的独立性的积极的肯定，也不能归结为对自在的依存性的简单否定。理解这种"相对独立性"，也就是规定它的"相对性"，即这样一种**依存性**，它把这种"相对"独立的方式作为自身的必然结果产生并确定下来；也就是在整体的各部分的结构的联系中，决定这种产生相对独立性的依存性，我们将在不同"层次"的历史中来考察这种依存性的作用。

这一原则是与各自的"层次"相一致的不同**历史**的可能

性和必然性的基础。我们正是根据这个原则来谈经济史、政治史、宗教史、意识形态史、哲学史、艺术史、科学史。我们必须在特殊的依存性中思考这些历史中的每一个历史的相对独立性，因为这种特殊的依存性使社会整体的不同的层次相互联系在一起了。因此，如果我们有权利把仅仅有差异的历史确立为不同的历史，那么我们就不能像当代最优秀的历史学家通常所做的那样，满足于**确证**不同的时代以及不同的节拍的存在，而不把这些不同的历史时代和节拍同它们的差别的概念联系起来，也就是不把它们同那种在整体的各层次的联系中建立它们的典型的依存性联系起来。因此，仅仅像当代的历史学家所做的那样，说不同的时代**有**不同的分期，每个时代都有自己的节拍，有的慢些，有的长些，这还不够，我们还必须在不同时代的基础中，在把它们衔接起来的联系、替位和结合的形式中来思考节拍和韵律的这些差别。我甚至可以进一步说，不应该满足于思考**可见的**和可以衡量的时代，而且绝对有必要提出**不可见的**时代的存在方式的问题，提出必须揭示在每一个可见的时代的现象后面的不可见的节拍和韵律问题。只要读一读《资本论》，我们就可以看到，马克思深刻地感到了这个要求。例如，我们看到，经济生产时代作为特殊的时代（因生产方式的不同而不同）是复杂的、非线性的时代，是时代中的时代，是不能在生活和时钟的时间连续性中**读出来**的复杂的时代，是一个必须从生产的固有的结构出发来**建立**的复杂的时代。马克思所分析的资本主义经济生产时代，应该在它的概念中**建立起来**。这个时代的概念应该从构成生产、流通和分配这些不同活动的不同节拍这一现实出发建立起来：从这些不同活动的概念，例如生产的时间和劳动的时间的差别，生产的各种循环（固定资本的周转、流动资本的周转、可变资本的周转和货币周转、商业资本和金融资本的周转等）的差别的概念出发建立起来。因此，资本主义生产方式中的经济生产时代同日常实践的意识形态的时代没有丝毫的共同之处。诚然，经济生产时代在某些地方扎根于生物学时代（人类劳动力和牲畜劳动力的劳动和休息的更替的某些界限，农业生产的一定的节拍）。但是，经济生产时代在其本质上完全不同于生物学时代。经济生产时代完全不是一个可以直接在某一过程中**直接阅读出来**的时代。这是一个在本质上不可见的、不可阅读的时代，它同资本主义生产整个过程的现实本身一样是不可见的和不透明的。这个时代只有作为我们刚才谈到的不同时代、不同节拍、不同周转的复杂的"交织"才能**在其概念上**被理解。这种概念像一切概念一样，从来没有直接"存在"过，在其可见的现实中从来不能**阅读出来**。这个概念同一切概念一样，必须**被生产出来，被建立起来**。

政治时代、意识形态时代、理论（哲学）时代和科学时代也是如此，更不用说艺术时代了。我们举个例子。哲学史的时代同样是不能直接阅读出来的。当然，人们**看到**，在编年史中，哲学家**一个接着一个地出现**，于是就把这种顺序看做了历史本身。这里，我再次强调，必须摒弃由可以看得见的东西的依次出现而产生的意识形态的偏见并着手**建立哲学史时代的概念**。为了建立这个概念，完全有必要确定现存的文化形态（意识形态的文化形态和科学的文化形态）之间的特殊的哲学方面的差别；把哲学总体确定为从属于总**理论**本身的东西；确定总理论本身同现存的各种实践、意识形态以及最终同科学之间的有差别的关系。确定这些有差别的关系，这就是确定总理论（哲学总体）同这些其他现实之间所特有的联系类型，从而确定哲学史同各种实践的历史、意识形态的历史、各门科学的历史之间所特有的联系。但是这还不够，为了建立哲学史概念，必须在哲学本身中确定构成哲学形态本身的特殊现实，我们必须从这一特殊现实出发，才能思考**哲学事变**的可能性本身。这就是建立历史概念的全部理论工作的基本任务之一：对**历史实践**本身作出严格的定义。我不想提前进行这一研究，我在这里只想指出，我们可以把历史上出现的一切现象中**影响现存结构关系并使之发生变化的事实**确立为一般意义上的**历史**事实。在哲学史中，为把哲学史当做一种历史来说，同样必须确认在哲学史中存在**哲学事实**，存在着**具有历史意义的哲学事变**，也就是那些能够使**现存的哲学结构关系**即**现存的理论总问题**发生现实变化的**哲学事实**。当然，这些事实并不总是**能够看到的**，更有甚者，它们有时竟成为真正的倒退现象，成为较长时期内真正的历史退化现象。例如，洛克的经验主义改变了经典教条主义的总问题，这是一个具有历史意义的哲学事变。这一事变至今仍然支配着唯心主义批判哲学，正像它曾支配整个 18 世纪，支配康德、费希特甚至黑格尔一样。这一历史事实的长远意义（特别是它对于理解从康德到黑格尔的德国唯心主义思想所具有的首要的意义）虽然往往被意识到了，但却很少在其真正的深刻性上得到评价。这一事实对于说明马克思主义哲学起着绝对的、决定性作用。我们大多数人仍然受到它的束缚。另一个例子是，斯宾诺莎的哲学在哲学史上引起一场史无前例的理论革命，也许是一切时代以来的最大的一次哲学革命，以至于我们可以从哲学的意义上直接把斯宾诺莎看做是马克思的唯一祖先。但是这次彻底的革命在历史上受到了极其严重的压制。斯宾诺莎主义哲学的情况几乎同某些国家的马克思主义哲学过去甚至现在所遇到的情况一样：它成了恶毒咒骂"无神论"的用语。17世纪、18世纪的官方哲学对斯宾诺莎极端仇视；一切著作家都不可避免地同斯宾诺莎保持距离，以获得写作权利（参见孟德斯鸠），所有这些不仅表明他的思想的排斥力，而且也表明他的思想的异常的吸引力。哲学压制斯宾诺莎主义的历史是作为隐蔽的历史在**其他地方**即政治的、宗教的（有神论）意识形态以及各门科学中，而不是在看得见的哲学的明亮的舞台上进行的。当斯宾诺莎主义重新出现在这个舞台上的时候，先是在德国唯心主义的"无神论争论"中，接着在大学课堂的讲解中，斯宾诺莎主义多多少少受到了**误解**。我认为，关于历史概念在其不同领域中以何种方式构成，关于这个概念的构成无疑会产生出和编年史所记载的事件的可见的顺序毫无关系的现实，我已经谈得很充分了。

我们知道，自从弗洛伊德以来，无意识的时代同生物学的时代就不再混同一起了，相反，**必须建立无意识时代的概念**，才能理解生物学的某些特点，同样，还必须建立起在意识形态关于时间连续性的说明（只要通过正确的分期，恰当地切割时代就可以从中得出历史时代）中从来没有存在过的不同历史时代的概念，但是只有根据它们的对象在整体结构中的不同性质和不同联系，才能把它们建立起来。为了证明这一点，无须再举别的例子。我们只要读过米歇尔·福柯的《疯癫与文明》《诊所的起源》这些著名的著作就可以看到官方编年史的好的顺序同绝对意想不到的暂时性有多么大的差距。在官方的编年史中，一门学科和一个社会只能反映它们的好的方面，也就是说，只能反映它们的坏的意识的面具，而这种意想不到的暂时性才是这些文化形态的构成和发展过程的本质：真正的历史不能在只需分阶段和切割的线性时代的意识形态的连续中阅读出来；相反，它具有自己固有的、极为复杂的暂时性，显然，它对极其简单的意识形态的偏见来说是十分矛盾的。理解文化形态史，例如理解医学上的"精神病"史、"临床观察"史要求巨大的非抽象的，然而又是在抽象中进行的工作，以便建立和界定对象**本身**并由此建立和界定**对象史的概念**。在这里，我们同可见的经验史相反。在经验史中，一切历史的时代都是简单的连续性的时代，而"内容"则被抽去了在该时代中发生的事件，但人们在这些事件发生以后却试图根据对这种连续性进行"分期"的切割方法对它们作出规定。我们面临的不是那些概括一切历史的平庸的、神秘的连续和非连续的范畴，而是无限复杂，随着每个不同的历史而不同的范畴。在这些范畴中出现了新的逻辑，那些不过是"运动和时间的逻辑"范畴的升华的黑格尔图式显然只有极其近似的意义。而且只有在下述条件下才具有这种意义，那就是**根据黑格尔范畴的近似性近似性地（说明性地）应用这些范畴**，因为如果把黑格尔的范畴看做是合适的范畴，那么它们的应用在理论上就是荒唐的，在实践上则是毫无结果或灾难性的。

如果我们试图把"本质的切割"的实验即**同时代性**结构的重要实验应用于特殊的、复杂的时代，那么我们就会从由整体各层次所组成的复杂历史时代的特殊现实中得出荒唐的经验。即使把这种历史的断裂应用于那些由于政治或经济领域中具有重大变革意义的现象而引起的分期的断裂，这种历史的断裂也决不可能产生出任何所谓具有"同时代性"结构的"现实存在"，不可能产生出同整体的表现统一和思辨统一相一致的现实存在。人们在"本质的切割"中证明的共同存在并没有揭示出同时是每一个层次的现实存在本身的无所不在的本质。对一定的层次（无论是政治的还是经济的层次）"适用"的断裂，例如同政治的"本质的切割"相一致的断裂不能同任何其他的层次，经济的、意识形态的、美学的、哲学的、科学的层次相一致。这些层次存在于其他时代，它们有其他的断裂、其他的节拍、其他的停顿。一个层次的现实存在可以说是另一个层次的不存在。"存在"和不存在的这种共同存在只是既有联系性又有分散性的整体结构的结果。例如人们理解为确定的存在中的不存在恰恰是整体结构的非确定的存在，或者更确切地说，是整体结构所固有的、对它的"层次"（这些层次本身是有结构的）和对这些层次的"环节"所发生的作用。本质的这种不可能的切割所揭示的东西就是这种切割从反面表明的不存在中的历史存在形式。这种历史存在形式是同一定的生产方式相联系的社会形态所固有的。这种历史存在形式就是马克思所说的一定的生产方式的发展过程本身。这个过程又是马克思在《资本论》中谈到资本主义生产方式时所说的**不同时代的交叉**（而他只是满足于谈到经济层次），也就是马克思所说的由结构的不同层次所产生的不同的暂时性的"分隔"和结合，而结构的不同层次的复杂的结合则构成了过程发展中的特有的时代。

为了避免对前面所说的东西的误解，我认为有必要补充说明下述几点：

前面所描述的历史时代的理论使我们有可能在"相对"自主性中考察不同层次的历史。但是不能由此得出结论说，历史是"相对"独立的不同的历史的并列，是不同的历史的暂时性的并列，这些不同的历史的暂时性都或短或长地存在于同一个历史时代。换句话说，对连续的时代可以进行现实存在的本质的切割这种意识形态的模式一旦被抛弃，那么就必须注意避免用另一种想象来代替这种想象，这另一种想象实际上是在暗地里恢复关于时代的同一意识形态。因此，我们不能把不同的暂时性的差异同作为基础的同一意识形态的时代联系起来，不能用同一的连续时代序列作为标准来衡量不同的暂时性的**分隔**，并且把这种分隔看做是**时代**（作为标准的意识形态时代）的推迟或提前，如果我们试图用我们的新的概念来实现"本质的切割"，那么我们就会发现这种分割是不可能的。但是这并不是说我们在这种情况下面临着**不等的切割**，即多阶梯或多轮齿的切割，在这种切割中，一个时代在时间领域里对另一个时代的推迟或提前表现出来了，正如在法国国营铁路公司的时刻表中，火车的提前和推迟通过空间的提前和推迟表现出来一样。我们如果这样做，那么就会像我们最优秀的历史学家经常做的那样，陷入历史意识形态的陷阱，在那里，提前和推迟只不过是作为标准的连续性的各种变形而不是整体结构的结果。只有同这种意识形态的一切形式决裂，才能把历史学家所**看到**的现象同**现象的概念**联系起来，与所考察的生产方式的历史的概念联系起来，而不是与同质的和连续的意识形态时代联系起来。

这个结论对于确定一系列概念的地位具有头等重要的意义。这些概念在当代经济和政治思维语言中起着巨大的战略作用，例如，马克思主义本身中的**发展的不平衡概念**，**继续存在**的概念，**落后**（意识的落后）的概念或当前经济和政治实践中的"**不发达**"的概念。因此，在谈到这些在实践中具有重大后果的概念时，我们必须明确有差别的暂时性这一概念的意义。

为了回答这种要求，我们必须再次纯化我们的历史理论的概念，彻底清除经验历史所提供的明明白白的事实所造成的污染，因为我们知道，这种"经验历史"不过是历史的经验主义意识形态的表露。我们必须抵制经验主义的诱惑，这种诱惑的引力作用是巨大的，但是没有被一般人、甚至历史学家所感觉到，正像地球上的人们没有感觉到压在他们身上的厚厚的大气层的重力一样。我们必须清楚而毫不含糊地看到和理解，**历史概念**不能再是经验的，也就是不能再是庸俗意义上的**历史的概念**。正像斯宾诺莎说过的那样，**狗的概念是不会叫的**。我们必须在最严格的意义上来理解这样一种绝对的必要性，就是使历史理论摆脱同"经验"暂时性的任何妥协，摆脱同作为历史理论的基础并把它掩盖起来的意识形态时代概念的任何妥协，摆脱同这样一种意识形态观念的任何妥协，按照这种观念，历史理论**作为理论**可以从属于"历史时代"的"具体"规定，借口是，这种"历史时代"是历史理论的对象。

我们应该正确认识这种偏见的巨大力量，这种偏见至今还在支配着我们所有的人。它构成了当代历史主义的基础，并使我们有可能把认识的对象同现实的对象混为一谈，因为这种偏见把作为对现实对象的认识的认识对象的"性质"赋予现实对象。对历史的认识不再是历史的，正像对糖的认识不再是糖一样。但是在这个简单的原则在意识中为自己"开辟出道路"以前，也许还要经历一部真正的"历史"。因此，我们现在只满足于说明几点。我们实际上又陷入了关于连续的、同质的时代的意识形态，即自身同时代的时代的意识形态，因为我们把我们刚才谈到的不同的暂时性当做这种时代的连续性中的非连续性归属于唯一的同一时代，同时我们又把不同的暂时性看做是这个时代表现出来的推迟、提前、继续存在或发展的不平衡性。这样我们在实际上就会确立（虽然我们否定这一点）一个作为标准的时代，并在这个作为标准的时代的连续性中来衡量这些不平衡性。恰恰相反，我们应该把这些不同的时间结构看做并且**仅仅**看做总的整体结构中不同环节和不同结构的联系方式的客观标志。这就是说，我们不能在历史中进行"本质的切割"，而应该在总体的复杂结构的特殊统一性中来思考所谓的推迟、提前、继续存在、发展的不平衡概念，因为这些概念**共存于**现实历史存在的结构即**结合**的存在之中。如果我们在谈论不同的历史性时以衡量这些推迟和提前的基础时代作为标准，那么，谈论不同的历史性就毫无意义了。

我们还可以进一步说，推迟、提前等等这些比喻性语言的最终意义必须在整体的结构中，必须在整体的复杂性的某一环节和某一结构层次所固有的领域中去研究。因此，谈论不同的历史的暂时性，就绝对必须确定某一环节或某一层次在整体的现实共存形态中的**位置**并在其固有的联系中思考它的**职能**；就必须根据其他环节来确定这个环节的联系关系，根据其他结构来确定这一结构的联系关系；就必须根据整体的起决定作用的结构来说明所谓的**超决定**或**次决定**；换句话说，就必须确定所谓的**决定的标志，作用的标志**，而作为这种标志的环节和结构现在则被安置在整体的整个结构之中。这里所说的**作用的标志**是指一定的环节和结构在整体的现实机制中所体现的或多或少是统治的或从属的，从而或多或少总是"矛盾"的决定作用的性质。而这一切无非就是历史理论所不可缺少的结合理论。

我不想深入这种分析，因为几乎整个分析都有待于制定。我只局限于从这些原则中归纳出两点结论。其一涉及同时性和历时性概念，其二涉及历史的概念。

（1）如果上面的论述具有客观的意义，那么很清楚，同时性和历时性这组概念就是一种错误的认识。因为如果把它当做一种认识，那么我们就会陷入认识论的真空，也就是说陷入一种厌恶真空的意识形态，或者更确切地说，完全陷入关于历史的意识形态概念，从而把历史的时代看做既是同质连续的又是自身同时代的。如果这个关于历史及其对象的意识形态的概念不存在了，那么这组概念本身也就消失了。但是这组概念中的某些东西仍然保留下来，这个东西就是这组概念无意识地反映出来的认识活动的目的，确切地说就是扬弃了意识形态标准的认识活动本身。同时性的目的与作为**现实对象**的对象的**时间上的**现实存在无关，相反，它涉及的是**另一种类型**的现实存在和**另一个对象**的现实存在：不是具体对象的时间上的现实存在，不是历史对象的历史现实存在的历史时代，而是**理论分析本身的认识对象的现实存在**（或"时代"），是**认识的现实存在**。因此，同时性不过是整体结构中不同环节和不同结构之间的特殊关系的**概念**，不过是对这些把不同环节和不同结构组成一个有机整体、一个体系的依存关系和结构联系的**认识**。**同时性是斯宾诺沙意义上的永恒性**或是对某个复杂对象的正确的认识，而这一认识又是通过对这个对象复杂性的正确认识来完成的。同时性与具体现实的历史顺序是不同的，马克思明确指出：

> 其实，单凭运动、顺序和时间的逻辑公式怎能向我们说明一切关系同时存在而又互相依存的社会机体呢？[①]

既然同时性是这样，那么它就同单纯的具体的时间上的存在无关，而同整体成为整体的复杂联系的认识有关。同时性不是这种具体的共同存在，而是对认识对象的复杂性的认

[①]《马克思恩格斯全集》（第4卷），北京：人民出版社1958年版，第145页。

识，正是这种认识产生了对现实对象的认识。

从以上关于同时性的论述也可以得出有关历时性的类似的结论，因为同时性的意识形态概念（本质与自身的同时代性）是历时性的意识形态概念的基础。我们几乎没有必要去说明在那些赋予历时性以历史作用的思想家那里历时性概念是多么贫乏。历时性被归结为事件，被归结为事件对同时性结构的作用。这样，历史就成为在时间的虚无的连续中基于偶然的原因出现或消失的意外、巧合和孤立的事实。在这种情况下，关于"结构的历史"的设想就提出了一些可怕的问题。我们在莱维·施特劳斯论述这一设想的著作《结构人文学》的某些段落中就可以看到对这些问题的勤奋的思考。那么，通过什么奇迹，一个虚无的时代和转瞬即逝的事件可以引起同时性在结构上的解体和重建呢？一旦把同时性放到原来的位置上，历时性便失去了"具体"的含义。而剩下的只是它在认识论上的可能的用途。这种可能性的前提是要对它进行理论的改造并在其真正意义上把它看做是认识的范畴而不是看做具体的范畴。因此，历时性不过是**过程**或者马克思所说的**形式的发展**①的错误的名称。但是，这里我们仍然是**处在认识之中**，处在认识过程之中，而不是处在现实的具体的发展之中[6]。

（2）现在谈谈历史时代概念。为了在严格意义上说明这一概念，我们必须接受下述前提。历史时代概念只能建立在属于一定生产方式的社会形态所构成的社会整体的起主导作

---

① 参见《马克思恩格斯全集》（第23卷），北京：人民出版社1972年版，第1章第13节。

用并具有不同联系的复杂结构的基础之上,历史时代概念的内容只能被确定为或者作为整体或者在各个"层次"上被考察的这一社会整体的结构。特别需要指出的是,只有把历史时代看做我们所考察的社会整体存在的特殊形式,才能赋予历史时代概念以内容。在这种存在中,暂时性的各个结构层次互相发生冲突,因为整体的各个"层次"根据整体的总体结构彼此之间保持着一致、不一致、联系、分隔和结合的关系。应该说,正如没有生产一般一样,也没有历史一般,而只有最终建立在不同生产方式的特殊结构基础上的历史性的特殊结构。这些历史性的特殊结构只是作为各个整体互相联系起来的各个特定社会形态的存在(属于各个特殊的生产方式),因此只有从这些整体的本质,也就是说,从它们固有的复杂性的本质出发才是有意义的。

这个从**理论**概念出发对历史时代所作的说明直接关系到历史学家和他们的实践。因为它引起了历史学家对经验主义意识形态的注意。而经验主义的意识形态除少数例外,在所有各种历史(无论是广义的历史还是专门的历史如经济史、社会史、政治史、艺术史、文学史、哲学史、科学史等)中都占有压倒的优势。直截了当地说,历史沉湎于这样一种幻想之中:历史可以不要严格意义的理论,不要历史对象的理论,从而不要历史的理论对象的规定。在历史看来,可以作为理论,可以代替理论的,正是它的**方法论**,即制约着它的有效的实践即以材料的批判和史实的建立为中心的实践的规则。在它看来,"具体"对象可以代替理论对象,因此,历史把它的方法论当做它所缺少的理论,把关于意识形态时代的具体说明中的"具体"当做理论对象。这种双重的混淆是典型的经验主义意识形态。历史所缺少的东西，在于它不能有意识地、勇敢地正视一个对任何科学来说都是基本的问题：它的**理论**的性质以及它的**理论**的建立问题。这里所说的理论是指科学本身内在的理论，作为一切方法、一切实践（甚至实验的实践）的基础并同时规定这门科学的理论对象的理论概念体系。但是除了某些例外，所有的历史学家都没有提出对于历史来说是极其重要的和紧迫的问题，即**它的理论**问题。这样，科学理论留下的空白则不可避免地被意识形态的理论占据，我们可以说明，直至在细节方面说明意识形态理论给历史学家在方法论领域本身带来的灾难性影响。

马克思认为，作为科学的历史的对象，同政治经济学的对象一样，具有同一类型的理论存在，并且建立在同一理论层次之上。政治经济学理论（《资本论》就是一个例子）和作为科学的历史的理论的差别，就在于政治经济学理论只考察社会整体的相对独立的一个部分，而历史理论主要是把复杂的整体本身作为对象。除此之外，从理论的角度来看，政治经济科学和历史科学之间没有任何差别。

人们常说的《资本论》中的"抽象"性质同所谓的历史科学的"具体"性质之间的对立纯粹是一种误解。我们对这种误解稍加评论是必要的，因为它在统治我们的偏见的王国中占有举足轻重的地位。政治经济学理论是在研究最终由现实的具体的历史实践所提供的材料的基础上形成和发展的；它能够而且应该在所谓的"具体的"经济分析中实现，同某种经济形势，同社会形态的某个时期联系在一起；这一点同下述事实是完全一致的：历史理论也是在研究现实具体的历史提供的材料的基础上形成和发展的，它也同样在"具体情况"下的"具体分析"中得到实现。全部误解就在于历史只是以这第二种形式即作为一种理论的"应用"存在……这种理论就其严格意义上说并不存在，因此，历史理论的"应用"在某种意义上是在这种未出现的理论背后进行的，而这种应用很自然地被当做了理论……除非这种应用不是以某种程度的意识形态理论为基础（因为这种应用必须有最低限度的理论才能够存在）。我们必须认真看待这样的**事实：严格意义的历史理论对历史学家来说并不存在**或几乎不存在，因此，现存的历史概念大多是"经验的"概念，就其理论基础来说，在不同程度上都是"经验的"，也就是说，这些概念在很大成分上掺杂了一种意识形态，而这种意识形态恰恰隐藏在它自己的"明明白白的事实"后面。那些最优秀的历史学家同其他人的区别在于他们想到了理论，但是他们是在理论不可能存在的领域即历史**方法论**的领域来寻找理论，而历史方法论又不可能在作为它的基础的**理论**之外得到说明。

历史总有一天将作为我们刚才阐明的意义上的理论而存在。它作为理论科学和经验科学的双重存在同马克思主义政治经济学理论作为理论科学和经验科学的双重存在一样是没有任何问题的。到了这一天，作为抽象科学的政治经济学同作为所谓"具体"科学的历史科学这组不协调概念在理论上的不平衡将消失，与此同时，一切梦幻以及为所有亡灵和全体圣徒的复活而举行的宗教仪式也随之消失。而历史学家们在米什莱死后一百年仍然不惜花费时间来庆祝这些宗教典礼，而且不是在地下宫殿里,竟是在我们这个世纪的广场上。

关于这个问题,我还要补充说明一点。我们面前的这种作为历史理论的历史同所谓的"具体科学"的历史即具有经验主义对象的历史之间的混淆以及这种经验的"具体"历史同政治学的"抽象"理论之间的对立,产生了许多严重的概念上的混乱和错误。我们甚至可以说,这种误解本身**产生出**这样一些意识形态概念,这些意识形态概念的作用就是**消除**现存历史的理论部分同经验历史(往往是现存的历史)之间的**距离**,也就是说,填补它们之间的空白。我不想逐一地考察这些概念,这需要进行专门的研究,在这里我只举三个例子:传统的概念组本质—现象,必然—偶然以及个人在历史中的作用"问题"。

在经济学家或机械论者看来,本质—现象这组概念的任务就在于说明非经济的东西是经济的现象,经济是非经济的东西的本质。这种做法把理论(和"抽象")悄悄地划到了经济一边(理由是我们在《资本论》中可以看到经济理论),把经验,"具体"划到了非经济一边,也就是说划到了政治、意识形态等等一边。如果把现象看做是具体、经验,把本质看做是非经验、抽象,看做是现象的真理,那么,本质—现象这组概念就真正起到了这种作用。这样就出现了理论(经济)和经验(非经济)之间的荒谬关系,也就是一种交叉错位关系,即把关于某个对象的认识同另一个对象的存在加以比较,从而使我们陷入了无法解决的矛盾之中。

必然—偶然或必然—巧合这组概念也是如此,其使命也是消除一种对象(例如经济)的理论方面同另一种对象(经济在其中"为自己开辟道路"的非经济:"条件"、"个性"等等)的非理论方面即经验之间的差别。人们说必然性通过偶然的条件、不同的情况等,"为自己开辟道路",那就是提出一种令人惊异的机械论,就是把两种毫无关系的现实相提并论。在这种情况下,"必然"是一种**认识**(例如经济最终决定的规律),而条件是**未知的东西**。但是人们不是把认识与非认识进行对比,而是把非认识排除在外,代之以未知对象的**经验存在**(所谓的"情况",偶然条件等等)——这就使**术语交错**,发生短路,形成荒谬推理,于是人们把对特定对象的**认识**(经济的必然性)同另一个对象的经验存在("必然性"在其中为"自己开辟道路"的政治或其他"情况")混为一谈。

"个人在历史中的作用"的"问题"是这种荒谬推理的最著名的形式……这场悲剧性争论把某一对象(例如经济,这一对象表现本质,而其他对象如政治、意识形态等等则被认为是这一本质的现象)同(政治上!)非常重要的经验现实即个人的作用相提并论。这里我们同样遇到了由于术语的交错而引起的短路。这种术语上的相提并论是错误的,因为人们把对某一对象的认识同另一个对象的经验存在相提并论。关于这些概念给它们的创造者所带来的困难,我就不详加论述了。他们只有对在这种谬误中如鱼得水的黑格尔(或者从更广泛的意义上说,古典的)哲学概念提出批判性问题才有可能真正从这种困境中摆脱出来。不过,我要指出,这个关于"个人在历史中的作用"的错误的问题却标志着一个真正的、理所当然属于历史理论的问题,即关于**个性的历史存在**

形式的概念问题。《资本论》为我们提供了提出这一问题的必要原则，因为《资本论》根据个人在分工、结构的不同"层次"中所"承担"的职能，说明了资本主义生产方式所要求并产生出来的不同的个性形式。显然，个性在一定生产方式中的历史存在方式是不能从"历史"中直接阅读出来的，因此它的概念必须被**建立**起来。同一切概念一样，这个概念也包含着使人意想不到的东西，其中最明显的就是它根本不同于对那种不过是流行的意识形态面具的"既定的存在"的错误论证。只有从个性的不同历史存在方式出发，才能研究"**个人在历史中的作用**"这个"**问题**"的真正内容。这个问题就它的著名的形式来说是一个错误的问题，因为它是不协调的，在理论上是"混血儿"，因为在这个问题中，人们把一个对象的理论同另一个对象的经验存在混为一谈了。只要不提出真正的理论问题（个性的历史存在形式问题），人们就无法从混淆不清中摆脱出来，就像普列汉诺夫在路易十五的床上苦苦搜寻，以便发现那里是否隐藏着旧制度灭亡的秘密一样。就一般情况来讲，人们是无法在床上找到概念的。

在关于历史时代的马克思主义概念的特殊性得到说明，至少在其原则上得到说明以后，在压在"**历史**"这个词上的庸俗的意识形态的概念遭到批判以后，我们就可以更好地理解，这一关于历史的误解对解释马克思著作所带来的各种影响。如果我们明白了造成这种混淆不清的原因，那么我们**从这一事实本身出发**就可以发现，《资本论》用自己的术语所表述的某些重要的特殊性是十分恰当的，而这些特殊性往往遭到误解。

首先我们会懂得，仅仅把古典政治经济学"历史化"的设想会使我们走入荒谬推理的理论上的死胡同，因为这样做就根本不可能在历史的理论概念上来思考古典经济学的范畴，而只能用意识形态的历史概念把它们反映出来。这种方法只能给我们提供传统的解释并再次否定马克思的特殊性：马克思充其量不过是把古典经济学同黑格尔的辩证法（黑格尔历史观的理论核心）结合在一起。这样，我们又再次面临着这样一个事实：外在于对象的、预先存在的方法被强加于一个预先决定的对象上，即在理论上勉强地把某种与自己的对象无关的方法与它的对象结合起来，在它们之间建立起一致性，而这种一致性只有建立在一种意识形态的共同基础，即既标志着黑格尔的历史主义也标志着经济学家的永恒论的特征的误解的基础上才能实现。因此，既然黑格尔的"历史主义"不过是经济学家的"永恒论"的历史化的对应概念，那么，永恒—历史这组概念中的两个术语就属于同一个总问题。

其次，我们也就会理解关于《资本论》中经济理论同历史的关系所进行的一场尚未结束的争论的意义。这场争论一直延续到今天，很大部分是由于对经济**理论**本身的性质和历史的性质混淆不清所造成的结果。恩格斯在《反杜林论》中写道："政治经济学本质上是**一门历史的科学**。它所涉及的是**历史性的即经常变化的材料**"[①]。在这里，我们正好处在一个模棱两可的地方。如果"**历史的**"这个词表示历史理论的

---

① 《马克思恩格斯全集》（第20卷），北京：人民出版社1971年版，第160—161页。

认识对象，那就可以被理解为马克思主义的历史概念；相反，如果这个词表示这个理论使人们认识到的现实对象，那就可以被理解为意识形态的历史概念。我们完全有理由说，马克思主义政治经济学理论可以归结为马克思主义历史理论的一个领域，但是我们同样认为政治经济学理论，直至它的理论概念都受到了现实历史（它的"材料"是"**变化的**"）的固有的**性质**的影响。恩格斯的某些令人惊异的著作把我们引向这第二种解释，这些著作把历史（经验意识形态意义上的历史）引入了马克思的理论范畴。关于这一点，我想举个例子：恩格斯一再重复说，马克思在他的理论中不可能得出真正的**科学的定义**，这是由他的现实对象的特性以及**历史现实的运动的和变化的性质决定的。历史现实就其本质来说反对任何定义式的处理方法，而定义的固定的、"永恒的"形式只能葬送历史生成的不断地变动的性质。**

恩格斯在《资本论》第三卷序言中谈到法尔曼对马克思的论述的评论时写道：

> 这是出自他的**误解**，即认为马克思**进行阐述**的地方，就是马克思**要下的定义**，并认为人们可以到马克思的著作中去找一些不变的、现成的、永远适用的定义。但是，不言而喻，在事物及其互相关系不是被看做固定的东西，而是被看做可变的东西的时候，它们在思想上的反映，**概念，会同样发生变化和变形**；我们不能把它们限定在僵硬的定义中，而是要在它们的**历史的**或**逻辑的**形成过程中来**加以阐明**。在此之后，我们就会明白，为什么马

克思在第一卷的开头从他作为**历史**前提的简单商品生产出发,然后从这个基础进到资本……①

在《反杜林论》的一个注中他又表述了同样的思想:

定义对于科学来说是没有价值的,因为它们总是不充分的。**唯一真实的定义是事物本身的发展,而这已不再是定义了**。为了知道和指出什么是生命,我们必须研究生命的一切形式,并从它们的联系中加以阐述。可是对**日常的运用**来说,在所谓的定义中对最一般的同时也是最有特色的性质所作的简短解释,常常是有用的,甚至是必需的;只要不要求它表达比它所能表达的更多的东西。②(着重号是我加的。——作者)

很遗憾,这两段文字没有留下任何歧义,因为它们非常明确地指出了"误解"的地方并提出了有关的概念。在这里,关于误解的所有人物都出场了,每个人物都扮演着由人们期待的戏剧效果所规定的角色。我们只需改变这些人物的位置就可以使他们担任新的角色,放弃旧的角色,从而开始说出完全不同的台词。这一论断的全部误解实际上就在于这样一种荒谬推理,这种推理把概念的理论发展同现实历史的

---

① 《马克思恩格斯全集》(第25卷),北京:人民出版社1974年版,第17页。
② 《马克思恩格斯全集》(第20卷),北京:人民出版社1971年版,第667页。

起源混淆了。但是马克思却把这两种**次序**仔细地加以区别。他在1857年《〈政治经济学批判〉导言》中指出，在科学论证表述中出现的各个环节的次序同现实历史发展过程中出现的各个环节的次序之间不能建立任何对应关系。但是在这里，恩格斯提出了这种不可能的对应关系，他毫不迟疑地把"逻辑的"发展同"历史的"发展等同起来并且诚实地向我们指出了这种等同所要求的理论可能性的条件：这两种发展次序的同一性的确立就在于一切历史理论**所必须的概念**就其实体来说都是由**现实**对象的**特性**规定的。"在事物……被看做可变的东西的时候，它们在思想上的反映，**概念，会同样发生变化和变形**"。因此，为了把概念的发展和现实历史的发展等同化，就必须把认识的对象和现实的对象等同化，使概念从属于现实历史的现实规定。这样，恩格斯就给历史理论的概念加上了一个从具体的经验次序（历史的意识形态）中直接借来的**活动性的系数**，从而把"现实具体"变成了"被思维的具体"，把作为现实变化的历史变成了概念本身。在这样的前提下，上面谈到的推理自然而然地只能得出一切定义都具有非科学的性质的结论："**定义对于科学来说是没有价值的**"，因为"**唯一真实的定义是事物本身的发展，而这已不再是定义了**"。在这里，现实事物代替了概念，现实事物的发展（即具体的起源的现实历史）代替了"形式的发展"，而1857年《〈政治经济学批判〉导言》和《资本论》都明确地指出，形式的发展仅仅出现在认识中，仅仅同概念在科学论证的表述中出现和消失的必然次序有关。是否应该指出，在恩格斯的解释中又再次出现了我们在他给施密特的回答中就已经遇到的问题，即概念的最初缺陷问题？如果说"定义对于科学来说是没有价值的"，那是因为它们"**总是不充分的**"，换句话说，概念从本质上说是有缺陷的，而这个缺陷就体现在概念的性质本身中。正因为恩格斯意识到了这种原罪，所以他放弃了**规定**现实的任何企图，而现实则只能在其起源形式的历史生产中通过自身来获得这种"规定"了。从这一点出发，如果我们提出**定义**即概念的性质问题，那么我们就不得不赋予它以完全不同于它的理论要求的作用即适于"日常用途"的"实践的"作用，一种没有任何理论职能的一般的说明作用。但是，有意思的是，我们应该指出，由于恩格斯在开始时使他的问题中所包含的术语产生了交错，所以他在结论中得出的定义的含义也同样发生了交错，也就是说偏离了他所瞄准的目标，因为在这个关于科学概念的作用的纯粹实践性（日常性）定义中，他实际上为我们奠定了**意识形态**概念的一种职能的理论，这种职能就是实际上的暗示和标志的职能。

因此，否定马克思明确指出的认识对象和现实对象之间，认识中的概念的"形式发展"同具体历史中的现实范畴的发展之间的根本差别，会导致认识的经验意识形态，会导致《资本论》本身的**逻辑**和**历史**的等同化。这么多的解释者在等同化问题上兜圈子，找不到出路，是毫不奇怪的，因为实际上所有关于《资本论》中的逻辑和历史的关系问题都是以**一个并不存在的关系**为前提的。无论是把这种关系想象为两种发展（概念的发展；现实历史的发展）的**次序**的**正向的**对应关系，还是把这种关系想象为两种发展次序的**反向的**相应关系（根据朗西埃的分析，这是德拉沃尔佩和彼特纳拉论点的基础）都无法摆脱一种关系的假设，而**在这种关系中并不存在任何关系**。从这个误解中可以得出两个结论。第一个完全是实际的结论：在解决这个问题中所遇到的困难是严重的困难，可以说是不可克服的困难：人们尚且不能解决一个存在的问题，那么，可以肯定说，人们无论如何也无法解决**一个不存在的问题**。[7] 第二个是理论的结论：对一个想象的问题来说必须有一个想象的解答，而且不是任意一个想象的解答，必须是这个想象的问题的（想象的）提出所要求的想象的解答。一个问题（同样可以是想象的问题）的想象的（意识形态的）提出本身必然包含着规定这个问题提出的可能性和形式的特定的总问题。在意识形态想象所固有的反映作用（参见本书第1章）下，这个总问题像在镜子中一样**被反映**在这个问题的既定的解答中。即使这个问题本身没有直接反映在上述解答中，那么它也会在明确涉及它的时候以公开的形式出现在别的地方，例如出现在作为历史和逻辑等同化基础的潜在的"认识理论"即**经验**的认识意识形态中。因此，我们看到，恩格斯由于他所提出的**问题**完全陷入这种经验主义，而德拉沃尔佩及其学生则表现为另一种形式，他们以"历史抽象"这种最高形式的历史主义的经验主义理论来坚持他们关于《资本论》中历史和逻辑的次序**反向**等同化的观点，这两种情况都不是偶然的。

我再回过来谈《资本论》。我们刚才指出的关于不存在的关系的想象的存在的误解所产生的结果是，这**另一种关系**，即经济理论和历史理论之间存在着的、得到合理论证的理所当然的关系看不见了。如果说第一种关系（经济理论和具体历史之间的关系）是想象的，那么第二种关系（经济理论同历史理论之间的关系）则是一种真正的**理论**关系。为什么我们对于这一点始终视而不见，至少是模糊不清呢？这是因为第一种关系自身表现出"明显性"倾向，也就是历史学家的经验主义倾向。这些历史学家在《资本论》中阅读了有关"具体"历史的部分（为缩短工作日而进行的斗争，工场手工业向大工业的过渡，原始积累等等），他们感到似乎置身于"自己的领域"之中，于是根据这种"具体的"**历史**的存在提出经济理论问题，而没有感到必须提出这个理论的性质的问题。他们按照经验主义的方式来解释马克思的分析。这些分析远远不是严格意义的历史的分析即以历史概念的发展为基础的分析，与其说它们是**材料**的真正的历史的处理，毋宁说它们是**历史**的半成品材料（参见本书巴里巴尔的著作）。这些历史学家把这些半成品材料的存在当做历史的意识形态观念的论据，于是他们向政治经济学的"抽象"理论提出了这种"具体"历史的意识形态问题：这就是他们对《资本论》迷惑不解的原因，对某些在他们看来是"思辨的"部分的论述感到困惑的原因。经济学家们几乎总是作出同样的反应，他们总是在（"具体的"）经济史和（"抽象的"）经济理论之间无所适从。他们都认为在《资本论》中发现了他们所要寻找的东西，但是他们在《资本论》中也发现了某些他们无意"寻找"的东西，于是他们便想通过提出概念的抽象次序与历史的具体次序之间的对应关系或其他关系的想象的问题把这些东西**归纳出来**。他们**没有看到**，他们**发现**的东西并没有回答他们的问题，而是回答了另一个完全不同的问题，而这个问题则打破了体现在他们身上并在《资本论》的阅读中反映出来的关于历史概念的意识形态幻想。他们没有看到，政治经济学的"抽象"理论是这样一个区域的理论，这个区域层面或层次也是历史理论的对象本身的有机的组成部分。他们没有看到，历史在《资本论》中表现为理论的对象，而不是现实的对象，表现为"抽象的"（概念的）对象，而不是具体现实的对象。他们没有看到，马克思首先应用历史的考察方法的章节（关于缩短工作日的斗争、资本主义的原始积累）就其原则来说都可以归结为历史理论，归结为历史"概念"及其"发展形式"的建立，而资本主义生产方式的经济理论则是这种概念及其发展形式的特定的"区域"。

关于这个误解目前产生的影响，我再补充说明一点。我们认为这个误解是人们把《资本论》解释为"理论模式"的一个根源。这种"理论模式"即公式往往先天地表现为（就"临床"这个词的严格意义来说）对一定认识对象的经验主义误解的征候。这种把理论看做是"模式"的观点实际上只有在下述两个前提下才能够实现：第一个前提，这是纯粹意识形态的前提，就是在理论本身中**包含**着把理论与经验具体分隔开的距离；第二个前提，这也同样是意识形态的前提，就是把这个距离思考为**经验**的距离本身，从而把它思考为属于具体本身，因而人们就有特权（即可以庸俗地）把具体规定为"比理论更丰富更生动的"东西。毫无疑问，这些关于丰富多彩的"生命"和"具体"的激动人心的性质，对世界的想象以及充满活力的行动与贫乏、苍白的理论相比所具有的优越性的论述，对于那些听得懂的（独断的和教条的）人来说，具有教育他们谦虚的重要意义。但是这种具体和生命也容易成为夸夸其谈的口实，或者用来掩盖辩护论的企图（无论什么形式的上帝总是设法在"具体"和"生命"的极大丰富性即"超验性"的羽翼下藏身），或者用来掩盖纯粹思想上的懒惰，这一点我们也是清楚的。我们应该注意的恰恰是对这种关于具体的超验丰富性的老生常谈的利用。我们在作为"模式"的认识概念中看到，人们使用"现实"或"具体"就是为了不在恰恰由理论提供了认识的这个现实对象之外的现实中，而是在这个现实对象本身中，同时**在理论本身和现实本身中**把"具体"和理论的关系即**距离**思考为**部分**和整体、"局部"的部分和极其丰富的整体的关系（参见本书第 1 章第 10 节）。这种做法的必然结果就是把理论变成一种经验的工具，总之就是把作为模式的整个认识理论直接归结为它所是的那个东西：理论实践主义的形式。

因此，我们从这种误解的最后结果中得出理解和批判的明确原则：这就是在对象的现实中把理论整体（政治经济学理论）即对现实经验整体的认识，同**现实**经验整体（具体的历史）的关系看做是对应的一致的关系，而这种对应一致的关系是对《资本论》中"逻辑"和"历史"的"关系"产生误解的根源。这种误解的最严重的后果就在于它模糊了我们的视线，使我们有时不能看到，《资本论》完全**包含**了对我们理解经济理论来说是必不可少的历史理论。

五、马克思主义不是历史主义

现在我们面临的是最后一个性质相同但可能是更为严重的误解，因为这个误解不仅涉及《资本论》的阅读，不仅涉及马克思主义的哲学，而且也涉及《资本论》同马克思主义哲学之间的关系，因此涉及历史唯物主义和辩证唯物主义之间的关系，也就是说，涉及作为整体来看的马克思著作的意义问题，最终涉及现实历史和马克思主义理论之间的关系。这种误解在于这样一种"差错"，这种差错把马克思主义**看做是**历史主义，更为激进的是，把它看做是**"绝对历史主义"**。这一论断引起了关于历史科学同马克思主义哲学的关系，马克思主义理论同**现实历史**关系问题的争论。

我想预先说明，从理论的角度来看，马克思主义既不是历史主义，也不是人道主义（参见《保卫马克思》第225页及以下各页）；在许多情况下，人道主义和历史主义都是建立在同一意识形态总问题之上的；**从理论的角度来说**，马克思主义由于是在唯一的认识论的断裂的基础上建立起来的，所以同时既是反人道主义又是反历史主义的。严格地讲，我应该说马克思主义是非人道主义和非历史主义。我有意识地使用反人道主义和反历史主义是为了强调断裂的全部意义。这种断裂并不是自发产生的，相反，它的完成十分艰难。这种双重**否定的**表述方式（反人道主义，反历史主义）并不单纯是我个人采取的一种形式，因为不能靠这种禁令来阻止人道主义和历史主义的进攻，而四十年来，人道主义和历史主义在某些领域一直在威胁着马克思主义。

我们非常了解对马克思的人道主义和历史主义的解释是在怎样的条件下产生的，最近一次又是在怎样的条件下复活的。这种解释是在1917年革命前一个时期、特别是这一革命以后的年代里反对第二国际的机械论和经济主义的重要斗争中产生的。从这个意义上说，这种解释有其真正的历史功绩，就像在二十大揭露"个人迷信"的教条主义的罪行和错误前夕重新复活的这种解释具有某些历史意义一样，虽然它们的形式完全不同。如果这后一次复活仅仅是历史运动的重演，而且是往往显示了革命（尽管是"左的"）思想的反抗力量的历史运动的宽容的或巧妙的（然而却是"右的"）转变，那么这种复活决不能成为我们判断它的初始状态的历史意义的标准。正是在德国的左派中间，起先是罗莎·卢森堡、梅林，1917年革命以后又有许多理论家（其中一些人如科尔施后来变得默默无闻了，有些人如卢卡奇起了很大的作用，葛兰西则起过十分重大的作用），出现了革命的人道主义和历史主义的提法。我们知道，列宁评论了这一反对第二国际庸俗机械论者的"左的"运动：他一方面谴责了这一运动的理论神话、政治策略（参见《共产主义左派幼稚病》），另一方面又承认，在例如卢森堡、葛兰西的著作中包含着真正革命的东西。这一切过去的事情总有一天会得到说明。这种历史和理论的研究对我们是非常必要的。只有这样我们才能把现实存在本身中的现实的人同虚幻的人区别开来，才能使批判的结果具有坚实的基础，而这种批判在当时是一场模糊不清的战斗：反对第二国际机械论和宿命论的斗争不得不采取唤起人们的良心和意志的形式，以推动人们最终**完成**历史赋予他们的任务即革命。或许人们有一天会较好地理解葛兰西的一篇著名文章中的悖论。葛兰西在这篇文章中赞扬"**与《资本论》相左的革命**"。他断言，1917年反对资本主义的革命与马克思的《资本论》相反，是人、群众、布尔什维克党人的自觉自愿的行动来完成的，不是由一本书的力量来完成的，而第二国际把这本书当做圣经，从中**读出**了社会主义的必然到来。[8]

如果我们不对人道主义和历史主义的第一种形式即"左的"形式的产生条件进行科学研究，那么我们就会把当时在马克思的著作中可以为这种解释找到的论据，与马克思著作的当代读者所认为的、为证明这种解释的最新形式显然并不缺乏的论据混为一谈。我们可以毫不奇怪地发现，同一些模棱两可的论述既可以引起机械主义、进化主义的阅读，也可以引起历史主义的阅读。关于机会主义和左倾主义具有共同理论基础的问题，列宁已经给我们提供了不少例子，因此这种矛盾的现象并不使我们感到困惑。

现在我来谈一谈关于模棱两可的论述的问题。这里我们再一次遇到一个我们已经对其后果作过评价的现实：马克思在他的著作中完全**生产出**了他同自己先驱者的区别，但是他并没有（这是一切发现者的共同命运）以完全令人满意的明确性来思考这个区别的**概念**。他没有从理论的角度在适当的和展开的形式上思考这个概念以及他的理论变革过程的理论内含。有时，在没有更好的概念的情况下，他只能用部分是借来的概念,特别是黑格尔的概念来思考这个问题。这就产生了在被借用概念原来的语义领域与它们被应用的概念对象的领域之间有一种间隔的后果。有时,他思考这个差别本身,但这种思考是零碎的,或者说表现在泛泛的说明中,他执著地寻找等值的概念[9]而又找不到一个适当的概念来直接阐明他所生产的东西的原来的严格意义。这种只能通过批判性阅读才能够被揭示和消除的间隔**客观上是马克思论述本身的组成部分**。[10]

这就是除去一切带有倾向性的因素外,为什么这么多马克思的后继者和拥护者能够在不确切地解释马克思的思想的同时却手里拿着他的著作声称**严格地**忠实于原著的原因。

我想在这里比较详细地谈一谈,以便说明人们是在哪些著作中对马克思进行**历史主义**阅读的。我不谈马克思青年时期的著作,也不谈断裂时期的著作(参见《保卫马克思》第26页),因为用这些著作来证明这一点是非常容易的。例如在《关于费尔巴哈的提纲》和《德意志意识形态》这类著作中我们可以清楚地听到人道主义和历史主义的回声,我们无须费力就可以让它们说出我们期待它们说出的东西,它们会自动地把这些东西说出来。这里我只谈《资本论》和1857年《〈政治经济学批判〉导言》。

我们可以把作为马克思历史主义阅读依据的那些马克思的论述,分为两类。第一类是对产生全部历史科学对象的条件的说明。马克思在1857年《〈政治经济学批判〉导言》中写道:

在研究经济范畴的发展时，正如在研究任何历史科学、社会科学时一样，应当时刻把握住：**无论在现实中或在头脑中，主体——这里是现代资产阶级社会——都是既与的**；因而范畴表现这个社会的、这个主体的存在形式、存在规定，常常只是个别的侧面。①

我们可以把这段论述同《资本论》中的一段论述比较一下：

对人类生活形式的思索，从而对它的科学分析，总是采取同实际发展相反的道路。这种思索是从事后开始的，就是说，是从发展过程的**完成的结果**开始的。②

这两段论述不仅表明，全部社会科学和历史科学的对象是已经生成的对象，是结果，而且也表明，对这个对象的认识活动也是由这个既与的**现实存在**，即既与的现实要素所规定的。某些意大利的马克思主义解释者借用克罗齐的术语把这个既与的现实存在称为"历史现实存在"的"**同时代性**"范畴，这个范畴历史地规定着对历史对象的全部认识的条件，并且把这些条件规定为历史的条件。我们知道，同时代性这个术语可能包含歧义。

---

① 《马克思恩格斯全集》（第12卷），北京：人民出版社1962年版，第757页。

② 《马克思恩格斯全集》（第23卷），北京：人民出版社1972年版，第92页。

马克思本人在《导言》中似乎是承认这一绝对条件的,他在上述引文的几行之前指出:

> 所谓的历史发展总是建立在这样的基础上的:最后的形式总是把过去的形式看成是向着自己发展的各个阶段,并且因为它很少而且只是**在特定条件下才能够进行自我批判**,——这里当然不是指作为崩溃时期出现的那样的历史时期,——所以总是对过去的形式作片面的理解。基督教只有在它的自我批判在一定程度上,所谓在可能范围内准备好时,才有助于对早期神话作客观的理解。同样,资产阶级经济只有在**资产阶级社会的自我批判已经开始时**,才能理解封建社会、古代社会和东方社会……①

我把这一段文字的意思概括如下:关于历史对象的任何科学(特别是政治经济学)都涉及既与的历史对象,现实存在,已经成为过去历史的结果的对象。全部认识活动从现实存在出发,涉及已经生成的对象,因而只是现实存在对这个对象的过去的反映。因此,马克思在这里描述了黑格尔在"反思的"历史(《历史哲学导言》)中曾经批评过的回溯。这种必然的回溯只有在现实存在达到科学自身、批判自身、自我批判,也就是说,只有在现实存在是一种使本质变得**可见的**"本质切割"时,才是科学的。

---

① 《马克思恩格斯全集》(第12卷),北京:人民出版社1962年版,第756、757页。

第二类论述涉及所谓的马克思的历史主义这个关键问题,涉及马克思在前面所引的著作中说的**现实存在的"自我批判的特定条件"**。这个问题,我们可以这样理解:为了使现实存在的自我意识的回溯不再成为主观的,这个现实存在必须能进行自我批判,以便达到**科学自身**。但是我们在考察政治经济学史的时候又看到了什么呢?我们看到,思想家们只是局限于在**他们的现实存在的范围之内**进行思考,不能超越他们的时代。亚里士多德的天才只不过是描述了这样一个等式即 A 量商品 X = B 量 Y,并且声称,这个等式的共同实体是荒唐的,因而是不可思议的。但是,他碰到了他的时代界限,那么,使他不能越出时代界限的是什么呢?

> **亚里士多德不能**从价值形式本身**看出**,在商品价值形式中,一切劳动都表现为等同的人类劳动,因而是同等意义的劳动,这是因为希腊社会是建立在奴隶劳动的基础上的,因而是以人们之间以及他们的劳动力之间的不平等为自然基础的。①

现实存在使亚里士多德在阅读中作出这种天才的直观判断,同时又使他不能回答他提出的问题[11]。古典政治经济学的其他一切伟大的发现者也是这样。重商主义者只是思考他们的现实存在,从他们时代的货币政策中得出货币理论。重农主义者也只是思考他们自己的现实存在,从自然的剩余价

---

① 《马克思恩格斯全集》(第23卷),北京:人民出版社1972年版,第74页。

值即农业劳动的剩余价值中概括出剩余价值的天才理论。他们在农业劳动中**看到了**谷物的生长，**看到了**没有被生产谷物的农业工人消费掉的剩余产品流入租地农场主的谷仓中。但是，他们只是揭示了**他们的现实存在的本质本身**，揭示了马克思列举的，位于巴黎盆地肥沃平原上的诺曼底、庇卡底、巴黎大区等省份的农业资本主义的发展①。他们也没有能够超越他们的时代。他们只能认识他们的时代以**看得见**的形式提供的、为他们的意识生产出来的东西。他们充其量不过是描述了他们所**看到的**东西。斯密和李嘉图是否越出了这一点，描述了他们所没有**看到的**东西？他们是否超越了自己的时代？没有。如果说他们达到了科学，而不单纯是达到了他们的现实存在的**意识**，那是因为他们的意识包含着对这一现实存在的真正的**自我批判**。这种自我批判又是怎么成为可能的呢？按照这种基本上是黑格尔的解释逻辑，人们说：他们在他们的现实存在的意识中达到了科学本身，因为这种意识作为意识是**它自身的自我批判**，因而是**科学自身**。

换句话说，他们的当前的现实存在不同于（过去的）其他任何现实存在的特点，是第一次在自身中产生出**对自己的自我批判**，因而具有在自我意识的形式本身中产生出科学自身的历史特权。但是，这种现实存在有自己的名称，叫做**绝对知识的现实存在**。在这种现实存在中，意识与科学结为一体，科学存在于意识的直接形式中，真理通过现象公开地**被阅读出来**，即使不是直接地，至少也是不太费力就可以阅读

---

① 参见《马克思恩格斯全集》（第20卷），北京：人民出版社1971年版，第270页。

出来，因为作为全部被考察的历史社会科学基础的抽象实际上就存在于现象之中，存在于现实经验的存在之中。

> 价值表现的秘密（马克思紧接着亚里士多德的话说），即一切劳动由于而且只是由于都是一般人类劳动而具有的等同性和同等意义，只有在人类平等概念已经成为国民的牢固的成见的时候，才能揭示出来。而这只有**在这样的社会里**才有可能，**在那里，商品形式成为劳动产品的一般形式**，从而人们彼此作为商品所有者的关系成为占统治地位的社会关系。①

我们还可以看一看《资本论》中的另外两段论述：

> 要有十分发达的商品生产，才能从**经验本身得出科学的**认识，理解到彼此独立进行的、但作为自然形成的社会分工部分而互相全面依赖的私人劳动，不断地被化为它们的社会的比例尺度……②
>
> 后来科学发现，劳动产品作为价值，只是生产它们时所耗费的人类劳动的物的表现，这一发现在人类发展史上划了一个时代……③

---

① 《马克思恩格斯全集》（第23卷），北京：人民出版社1972年版，第74—75页。

② 《马克思恩格斯全集》（第23卷），北京：人民出版社1972年版，第92页。

③ 《马克思恩格斯全集》（第23卷），北京：人民出版社1972年版，第91页。

建立政治经济学科学的这个历史时代似乎完全同经验本身联系在一起了，也就是说，在现象中直接阅读本质，或者毋宁说，通过切割在现实存在的切片中阅读本质，似乎同人类历史上一个特殊时代的本质联系起来了。在这个时代，商品生产因而商品范畴的普遍化既是使经验的这种直接阅读成为可能的绝对条件，又是这种阅读的直接存在。因此，在《导言》和《资本论》中都谈到，劳动一般即抽象劳动的这种现实性，是由资本主义生产产生出来的一种现象的现实性。当历史在某种程度上达到这一点的时候，就产生出这种例外的特殊的现实存在，而在这种现实存在中，**科学抽象以经验现实状态存在**，科学和科学的概念则以经验的**可以看得见**的形式作为直接的真理存在于这种现实存在之中。

马克思在《导言》中说：

> ……**劳动一般这个抽象，不仅仅是**具体的劳动总体的**精神结果**。对任何种类劳动的同样看待，适合于这样一种社会形式，在这种社会形式中，个人很容易从一种劳动转到另一种劳动，一定种类的劳动对他们说来是偶然的，因而是无差别的。这里，劳动不仅在**范畴**上，而且在**现实**中都是创造财富一般的手段，它不再是**在一种特殊性上同个人结合在一起**的规定了。在资产阶级社会的最现代的存在形式——美国，这种情况最为发达。**所以，在这里，"劳动"、"劳动一般"、"直截了当的"劳动这个范畴的抽象，这个现代经济学的起点，才成为实**

际真实的东西。所以，这个被现代经济学提到首位的、表现出一种古老而适用于一切社会形式的关系的最简单的抽象，**只有作为最现代的社会的范畴，才在这种抽象性上表现为实际真实的东西**。①（着重号是我加的。——作者）

如果资本主义生产的现实存在在其可见的现实性上，在其自我意识中产生出科学真理本身，而如果它的自我意识，它自身的现象实际上又是它自身的自我批判，那么我们就可以完全明白，从现实存在向过去的回溯就不再是意识形态，而是真正的认识，同时可以理解，现实存在同过去相比在认识论上居于合法的优先地位：

> 资产阶级社会是历史上**最发达的和最复杂的生产组织**。因此，那些表现它的各种关系的范畴以及对于它的结构的理解，**同时也能使我们透视一切已经覆灭的社会形式的结构和生产关系**。资产阶级社会借这些社会形式的残片和因素建立起来，**其中一部分是还未克服的遗物，继续在这里存留着，一部分原来只是征兆的东西，发展到具有充分意义，等等**。**人体解剖对于猴体解剖是一把钥匙**。低等动物身上表露的高等动物的**征兆**，反而只有在高等动物本身已被认识之后才能理解。因此，资产阶

---

① 《马克思恩格斯全集》（第12卷），北京：人民出版社1962年版，第755页。

级经济为古代经济等等提供了钥匙。①

但是,只要沿着绝对知识的逻辑再向前迈进一步,思考以科学同意识相一致的现实存在为顶点和完成的历史发展,并在这一合理的回溯中思考这一结果,就会把全部经济史(或其他领域的历史)理解为黑格尔意义上的从简单的、原始的、初始的形式,例如直接存在于商品中的价值开始的发展,就会把《资本论》阅读为全部经济范畴从最初的范畴如价值范畴和**劳动**范畴开始的**逻辑—历史的演绎**。这样,《资本论》的叙述方法就同概念的思辨起源混在一起了。而且概念的这种思辨起源又同现实具体本身的起源,也就是经验历史的过程相一致。于是我们看到的就是黑格尔的本质。起点问题完全可能引起对第 1 卷第 1 章的错误的阅读,因此它具有十分重要的意义。同时,正是基于这个原因,一切批判性阅读,正如前面几篇文章指出的那样,都必须说明第 1 卷第 1 章各个概念和分析方法的地位,只有这样才能不陷入这种错误。

这种历史主义形式可以被看做是**有限的形式**,因为它在绝对知识的否定中达到了顶点并被废除。从这个意义上说,可以把这种形式看做是其他比较不那么武断、不那么明显、但有时又更为"激进"的历史主义形式的原型,因为这种形式可以引导我们去理解其他的形式。

我想以一些当代历史主义的形式来证明这一点。这些形

---

① 《马克思恩格斯全集》(第 12 卷),北京:人民出版社 1962 年版,第 755、756 页。

式有时是有意识地，有时是无意识地影响着某些马克思主义解释者，特别是意大利和法国的马克思主义解释者的著作。在意大利的马克思主义传统中，马克思主义被解释为"绝对的历史主义"，这种解释具有最鲜明的特点和最严密的形式，因此有必要作较详细的说明。

这个传统一直可以追溯到葛兰西，他的这种观点大部分是从拉布里奥拉和克罗齐那里承袭的。因此我要谈一谈葛兰西。但是我必须谨慎从事，因为我不仅担心会由于自己不得不采用的过于概括的叙述方式而歪曲一部细腻、机智的天才著作的精神，而且还担心无意中会把读者引向错误，也就是担心读者会把我在仅仅谈到葛兰西对**辩证唯物主义**的解释时所作的理论上的保留扩及他对**历史唯物主义**的富有成果的发现。因此我要求读者注意这个区别，否则，这个批判反思的努力将超越自己的界限。

首先我想说明一下我所注意的基本方面。我反对在任何情况下利用任何口实对葛兰西作直接的、字面上的解释；我只是在他的**话**起着"**有机**"**概念**的明确作用，从而真正成为他的最深刻的哲学总问题的组成部分的情况下理解他的话，而不是在它们仅仅起一种语言的作用，时而是论战的作用，时而是"实践"说明（说明一个问题，一个**现存**对象或者说明一个为了正确地提出和解决问题而需要明确的**方向**）的作用的情况下来理解他的话。例如仅仅根据他对克罗齐的著名评论这一论战性叙述就宣布他是"绝对的""人道主义者"和"历史主义者"，这种指责是极不公正的。

毫无疑问，黑格尔主义是我们的作者进行哲学议论的（相对地说）最重要的根据，同时并且特别是因为黑格尔主义曾试图超出唯心主义和唯物主义的传统概念，形成一个新的合题。这个合题无疑具有特别重要的意义，是哲学研究的具有世界历史意义的环节。因此，有时当克罗齐的论文中说"内在"这一术语在实践哲学中是在隐喻的意义上使用时，就什么也没有说。实际上，"内在"这一术语获得了特殊的意义，它不是"泛神论者"的内在，不具有任何传统的形而上学的意义，而是新的内在，应该确定下来。人们在很流行的说法（历史唯物主义）中忘记了，应该强调第一个词"历史"，而不是强调第二个词，因为第二个词是形而上学的根源。**实践哲学是绝对的"历史主义"，是思维的绝对的世俗化和"尘世化"，是绝对的历史人道主义**。正是应该在这个方向来开发新的世界概念的富源。[12]

很清楚，葛兰西的"绝对""人道主义"和"历史主义"的论断首先具有批判的和论战的意义，这些论断的首要的作用是：(1)根绝一切对马克思主义哲学的形而上学的解释；(2)以"实践"[13]概念的形式指明在何处和如何建立马克思主义的概念，以便割断同先前的形而上学的一切联系。马克思已经把"内在"即"此岸"同古典哲学的超在即"彼岸"对立起来。这个区别以其固有的术语出现在《关于费尔巴哈的提纲》第二条中。葛兰西把这两个概念结合为一个职能（人道主义、历史主义）。我们从这两个概念的"实践说明"性质中可以得出第一个本身固然有局限性、但是在理论上却是重要的结论：如果这些概念是论战性的和说明性的，那么它们指出了研究的方向，指出了提出马克思主义解释问题的领域，但是它们没有提出这种解释的**积极的概念**。为了对葛兰西的解释作出判断，我们首先要看一看那些表达他的解释的积极的概念。葛兰西的"绝对历史主义"是什么意思呢？

如果我们超越他的表述的批判意向，那么我们首先就可以发现第一个**积极的含义**。葛兰西在把马克思主义表述为历史主义的时候，强调了马克思主义理论的一个根本规定：它**在现实历史**中的实践作用。葛兰西始终关心的一个问题是他从克罗齐的宗教概念那里借来的被他称之为大的"关于世界的观念"或"意识形态"的历史实践作用：这些理论形态能够渗入人的实际生活，从而激发和推动了整个历史时代，因为它们向人，不仅是向"知识分子"，而且首先向"一般人"提供了关于世界进程的一般观点，**同时**又向他们提供了实践行为的准则。[14]从这一点来说，马克思主义的历史主义只是对这个任务和必然性的意识：马克思主义只有**在其理论本身中**思考这种对历史、对社会各个阶层乃至对人们日常行为的认识条件才能够成为历史的理论。由此我们就可以理解葛兰西的某些观点，例如哲学应该是具体的、现实的，应该是历史；现实的哲学家无非就是政治家；哲学、政治和历史最终是一回事[15]。从这个观点出发，我们就可以理解他的知识分子理论和意识形态理论。他把知识分子区分为个别的知识分子和"有组织的"知识分子，前者生产多少是主观的或独断的意识形态，后者即"集体的"知识分子或党则保证统治阶级的"领导"，把它的"世界观"（或有组织的意识形态）灌输进一切人的日常生活。同时我们也可以理解他对马基亚维利的"君主"的解释，当代的共产党在新的条件下继承了马基亚维利的君主的传统等等。在所有这些场合，葛兰西都不过是表述了这种不仅在实践上，而且在**意识上**、**理论上**内在于马克思主义的必然性。因此，马克思主义的历史主义不过是葛兰西自己精心设计的理论的**一个方面**和**一个结果**，不过是他的始终一贯的理论：正像其他的"世界观"已经进入了现实的历史一样，现实的历史理论也应该进入现实的历史。适合于大的宗教的东西更适合于马克思主义本身，这种情况的出现与马克思主义同这些意识形态之间存在着区别并不矛盾，恰恰相反，这种情况的出现正是由于这种区别，正是由于马克思主义哲学具有**新的特点**，因为这个新的特点就在于马克思主义的理论本身包含着实践的意义。[16]

但是，人们会说，刚才谈到的"历史主义"的含义使我们涉及了马克思主义理论内部的基本问题，这种含义上的"历史主义"在很大程度上是**批判性的说明**，其使命是谴责一切"书本"马克思主义者，这些马克思主义者试图使马克思主义重新陷入不与现实发生联系的"个人的哲学"，——或者是谴责如克罗齐那样的一切意识形态学家，他们继承了文艺复兴时期知识分子的坏传统，他们不愿意介入政治活动和现实历史，而是想"从上面"对人类进行教育。葛兰西的历史主义是对理论及其"思想家"的贵族统治的强烈抗议[17]。同时，在这种抗议中还可以听到过去对第二国际书本的虚伪说教的抗议（《与〈资本论〉相左的革命》）。这是向人们发出的投入"实践"、投入政治活动、投入"世界的改造"的直接呼吁，如果不这样做，那么马克思主义就只能成为图书馆的老鼠和毫无生气的政治官僚的牺牲品。

  这种抗议本身是否**必然**包含对马克思主义理论的新的理论解释呢？并非**必然**如此。因为它只是以一种绝对呼吁的实践形式发展了马克思理论的一个基本论点，即马克思**在其理论中**已经建立的"理论"和"实践"之间的新关系的论点。关于这个论点，马克思是从**两个方面**来思考的，一方面从历史唯物主义（关于意识形态的作用以及科学理论在现存意识形态改造中的作用的理论），另一方面从辩证唯物主义，即关于理论和实践以及它们之间的关系的理论，也就是人们习惯上说的"唯物主义的认识论"来思考的。在这两种场合，马克思充分强调的以及同我们的问题有关的正是马克思主义的**唯物主义**。葛兰西在我们刚才说明的确切意义上强调马克思主义的"历史主义"，**实际上**他是指马克思的概念的唯物主义（既包括历史唯物主义，也包括辩证唯物主义）性质。但是，这个**事实**却使我们看到了令人困惑不解的东西，这里有三点含混不清的地方。（1）虽然这里直接有关的是**唯物主义**，而葛兰西却说，在"历史唯物主义"这一术语中必须强调**第一个词"历史"，而不是第二个词**，他认为，**第二个词"起源于形而上学"**。（2）强调**唯物主义**不仅涉及历史唯物主义，而且也涉及辩证唯物主义，但葛兰西却只谈历史唯物主义，而且他提示说，"唯物主义"这个术语必然会使人们产生"形而上学"的联想，甚至产生比联想更糟的东西。（3）

显然，葛兰西赋予仅仅表示科学的历史理论的"**历史唯物主义**"这一术语以双重的意义：它**既**表示历史唯物主义，**又**表示马克思主义哲学。因此，葛兰西试图把历史的理论和辩证唯物主义这两个不同的学科混合成**一个东西即历史唯物主义**。当然，我不能仅仅根据刚才分析的那段话来说明这些看法和这后一个结论。我还可以引证葛兰西的许多论述，[18]它们毫不含糊地肯定了这一结论并赋予它以概念的意义。我认为在这里我们可以发现葛兰西"历史主义"的一个新的含义，但是这一次我们不能把这种含义归结为某个说明性、论战性或批判性概念的正统的运用，而应该把它看做是涉及马克思思想内容本身的**理论解释**，而我们对这种解释则持保留和批判的态度。

如果超越这一概念的论战性和实践性意义，我们确实可以在葛兰西那里看到真正的马克思的"历史主义"的概念，即关于**马克思的理论同现实历史关系的理论**的"历史主义"概念。完全并非偶然的是：葛兰西往往受到克罗齐宗教理论的困扰而不能自拔；他接受了克罗齐的宗教术语，把宗教理论从实际的宗教扩及新的"世界观"即马克思主义；因此他把宗教同马克思主义完全混同起来，把宗教和马克思主义划入"世界观"或"意识形态"这一同一概念；他轻易地把宗教、意识形态、哲学和马克思主义理论等同起来，看不到马克思主义同这些意识形态"世界观"的区别不在于马克思主义结束了一切超在的"彼岸性"这种形式上的区别（当然这一区别是非常重要的），而是在于这种绝对的内在性（它的"世俗性"）的特殊**形式即科学性**的形式。葛兰西并没有真正思考旧的宗教或意识形态即便是"有组织的"意识形态同马克思主义之间的"断裂",这种"断裂"由于葛兰西沉溺于"实践哲学"渗入现实历史的要求和实践条件而消失了,但是马克思主义则是一门科学,它将成为人类历史上的"有组织的"意识形态,在群众中产生出一种**新的**意识形态形式(这种意识形态将以科学为基础,**这是前所未有的**),葛兰西忽视了这种断裂的理论意义及其理论和实践后果,因此,葛兰西往往倾向于**用同一个术语**把历史科学理论(历史唯物主义)同马克思主义哲学(辩证唯物主义)**统一起来**,并把这种统一思考为一种"世界观"或一种总之能够同旧的宗教相比较的"意识形态"。同时,他也倾向于按照"有组织的"(即历史上居统治地位和起作用的)**意识形态**同现实历史的关系的模式来思考马克思主义科学同现实历史的关系并且最终按照能够说明"有组织的"意识形态同它的时代的关系的**直接表现**关系的模式来思考马克思主义的科学理论同现实历史的关系。在我看来,葛兰西的成问题的历史主义原则就在于此。同时,他也是在这里本能地找到了一切历史主义不可缺少的用语和理论总问题。

从以上前提出发,我们可以在理论上赋予我开头引用的论述以历史主义的意义(这些论述是以我刚才提到的整个背景为依托的,所以它们在葛兰西那里也具有这种意义),现在我尽可能用有限的篇幅对这些论述所包含的内容作精确的说明。我并不想对葛兰西进行指责(他的历史敏感性和理论敏感性太强,所以不能在必要时同历史主义的一切倾向划清界限),我只想让人们**看到**一个隐蔽的逻辑,对这个逻辑的认识可以使我们理解它的某些理论后果,否则这些后果无论是在葛兰西本人那里还是在受他影响或追随他的人那里则永远是一个谜。这里我仍然像对待《资本论》的某些叙述的历史主义阅读那样仅仅作一个**有限的说明**,我不想去说明某个个别的解释(葛兰西、德拉沃尔佩、科雷蒂、萨特等人的解释),我只想说明对他们的思考产生影响的总问题的**领域**,这个总问题领域不时出现在他们的某些概念、问题和解答之中。

出于这个目的和上述并非涉及文风的保留,现在我把马克思主义应该被理解为"**绝对的历史主义**"这一公式当做能够说明整个隐蔽的总问题的征候性论点。如何用我们现在的观点来理解这个论断呢?如果说马克思主义是绝对的历史主义,那么这是因为它使黑格尔的历史主义中纯粹是历史的理论否定和实践否定的东西,即历史的终结,不可超越的绝对知识的现实存在成为历史的东西。在绝对历史主义中不再有绝对知识,因而不再有历史的终结。

不再有享有特权的现实存在:在那里整体在"本质的切割"中是可见的和可以阅读的,在那里意识和科学互相一致。绝对知识不复存在(正是这一点使历史主义成为**绝对**历史主义),意味着绝对知识本身成为历史的东西。如果说享有特权的现实存在不复存在,那么基于同样的理由,一切现实存在就都成了享有特权的存在。因此,历史时代的每一个现实存在都具有一个可以对每一个现实存在进行同时代性"本质切割"的结构。但是,马克思主义的整体和黑格尔的整体具有不同的结构,特别是马克思主义的整体所包含的各个不同层面或层次并不是直接地互相表现,因此,必须把这些不同的层面或层次联系起来,使每一个现实存在同所有其他现实存在相互一致,从而成为"同时代的",才能够对马克思主义的整体进行"本质的切割"。各层次之间的相互关系经过这样处理之后,就可以消除扭曲和间隔的后果,而这种后果从真正的马克思主义观点来看是与同时代性的这种意识形态阅读相对立的。因此,把马克思主义设想为(绝对的)历史主义就会产生出一种必然的连锁反应,从而把马克思主义的整体降低为黑格尔的整体的变种。这种设想虽然也注意到作出某些具有不同程度说服力的区分,但最终仍不免要模糊、抹掉或取消各个层次之间的现实差别。

明显地表现出各层次之间差别消失的征候点(在这一点上,"论证"掩盖了这种消失,但是也暴露、背叛[①]了这种消失),我们可以在科学**认识**和哲学**认识**的性质中确切地说明。我们看到,葛兰西如此强调世界观同历史观在实践上的统一,以至于他忽视了马克思主义理论同先前的一切有组织的意识形态的区别。这个区别就是马克思主义理论的**科学**认识的性质。由于他没有把马克思主义哲学同历史理论明确地区分开来,马克思主义哲学也遭到了同样的命运:葛兰西把它同现实存在的历史直接联系在一起。这样,哲学就像黑格尔所希望的那样(克罗齐继承了这种观点)成为"哲学史",最终成为**历史**。一切科学,一切哲学就其现实基础来说都是现实历史,因此,现实历史本身也可以说是哲学和科学。

---

① 原文是 trahir,这个词兼有背叛和暴露的含义,阿尔都塞在这个词后面用括号注明他是在双重意义上使用这个词的。——译者注

但是怎么能够在马克思主义理论中设想这种双重的极端的论断，而提出这种论断的理论条件又是怎样被创造出来的呢？这一切是通过一系列的概念的位移来实现的，而这种位移的结果是，马克思已经作了区分的各层次之间的差别**被抹掉了**。因为人们没有注意到马克思的准确的概念所体现的理论的区别，所以也认识不到这种概念的位移。

因此，葛兰西总是说，科学理论或某一科学范畴是"**上层建筑**"[19]或者"**历史范畴**"，同时他又把上层建筑或历史范畴同"人的关系"[20]等同起来，这就超出了马克思赋予这一概念的内容，因为马克思的上层建筑的概念只是包括：(1) 法律的、政治的上层建筑，(2) 意识形态上层建筑（相应的"社会意识的形式"），马克思**从来没有**（除了青年时期的著作，特别是《1844年经济学哲学手稿》以外）把**科学认识**包括进上层建筑。科学同语言一样（斯大林已经指出了这一点）也不属于"上层建筑"的范畴。如果把科学变成一种上层建筑，那就是把它看做是一种"有组织的"意识形态，而这种意识形态同结构如此紧密地"结成联盟"，以致和结构有着同一个"历史"。但是，我们在马克思的理论中可以读到，意识形态能够比产生它的结构生存得更长（大部分意识形态都属于这种情况，例如宗教、伦理和意识形态哲学），法律的、政治的上层建筑的某些要素（例如罗马法！）也是如此。科学虽然产生于意识形态，从意识形态领域中分离出来形成科学，但是正是这种分离，这种"断裂"却建立了新的历史的存在形式和暂时性形式，从而使科学免于（至少是在某些保证它自己历史的现实连续性的历史条件下，但情况并非总是如此）遭到唯一的历史即结构和上层建筑统一在一起的"历史联盟"的共同命运。唯心主义意识形态地反映了科学固有的暂时性、它的发展的节拍、它的连续和停顿的型式，而这些暂时性、发展的节拍、连续和停顿在表面上使科学以反历史和非暂时性的形式出现并使科学免于经历政治史和经济史的发展变化过程。这样，唯心主义就把现实现象实体化了，而这种现实现象却需要完全不同的范畴才能够被思考，它**必须**在区分科学认识的相对独立的历史，和其他历史存在的形态（意识形态上层建筑的形态，法律的、政治的上层建筑的形态以及经济结构的形态）的基础上**才能够被思考**。

把科学自身的历史**归结为**有组织的意识形态的历史和政治经济的历史并使之**等同起来**，这最终就是把科学归结为历史，把历史当做科学的"本质"。在这里，科学向历史的跌落不过是表示一种理论的跌落即历史理论向**现实**历史的跌落，其结果就是把历史科学的（理论）对象归结为现实历史，从而把认识的对象同现实的对象混同起来。这种跌落也无非是向经验主义意识形态的跌落，在这里，哲学和现实历史则扮演了这种意识形态的角色。葛兰西虽然具有卓越的历史和政治天才，但是他在思考科学、特别是（因为他很少谈到科学）哲学的地位时，仍然没有克服这种经验主义的诱惑。他总是试图把现实历史和哲学的关系思考为表现统一的关系，而不顾实现这种关系的中介[21]。我们看到，对他来说，哲学家最终是"政治家"，对他来说，哲学是群众的活动和经验、经济的和政治的实践的直接（假定有了一切"必要的中介")产物。这种"常识性"哲学在职业哲学家以外就已经完成了，它通过历史实践来表达，职业哲学家只是为这种"常识性"哲学提供自己的语言和表达形式，而不能改变它的实质。葛兰西本能地在费尔巴哈1839年的一篇著名的著作中找到了为表达他的思想而不可缺少的对立。费尔巴哈在这篇著作中把现实历史生产的哲学同哲学家生产的哲学对立起来，把实践同思辨对立起来。葛兰西打算用费尔巴哈把思辨"颠倒"为"具体"哲学的相同的术语来对待克罗齐的历史主义。他要"颠倒"克罗齐的思辨的历史主义，使它重新用脚站立起来，成为马克思主义的历史主义，从而发现现实历史，"具体的"哲学。如果总问题的颠倒确实保存了这个总问题的结构，那么我们就可以毫不奇怪地看到，黑格尔或克罗齐所思考的现实历史和哲学之间的直接的（通过一切必要的"中介"）表现关系又重新出现在被颠倒的理论中，确切地说就是出现在葛兰西试图建立的政治（现实历史）和哲学之间的直接表现关系中。

但是仅仅最大限度地缩小社会结构中理论形式、哲学形式和科学形式的特殊场所与政治实践之间的距离，从而最大限度地缩小理论实践的场所与政治实践的场所之间的距离是不够的，还必须建立**理论实践**的概念，使已经宣布的哲学和政治之间的同一能够得到说明并被奉为经典。这个潜在的要求说明了某些新的概念的位移，而这种新的概念的位移的结果仍然是**取消各层次之间的区别**。

在这种解释中，理论实践会失去一切特点，从而被归结为一般的**历史实践**。各种不同的生产形式诸如经济实践、政治实践、意识形态实践、科学实践都在历史实践这个范畴下被思考。但是这种等同化却提出了微妙的问题：葛兰西本人也承认，绝对历史主义很容易陷入意识形态理论。但是他在比较《关于费尔巴哈的提纲》和恩格斯的一句话（历史就是"工业和实验"）的时候，提供了这个问题的解答，他提出了一种能够在他的概念中把所有这些不同的实践统一起来的实践的模式。绝对历史主义的总问题**要求**这个问题**得到解决**。因此，历史主义的总问题往往对于这个经验主义的问题提供经验主义的解答，这绝不是偶然的。例如，这种模式可以是**实验实践**的模式，这种模式与其说是从现代科学的现实，不如说是从现代科学的某种意识形态中借来的。科雷蒂继承了葛兰西的这个观点，他提出，历史就像现实本身一样具有"**实验的结构**"，因此，历史就其本质来说是作为实验被构成的。既然现实历史被宣布为"工业和实验"，一切科学实践被规定为实验的实践，那么历史实践和理论实践就只能有唯一的同一个结构。科雷蒂把类比推到了极端，他断言，历史就像科学一样在它自身的存在中包含着克洛德·伯尔纳图式意义上的实验结构的形成所必不可少的**假设**的要素。历史在活跃的政治活动中（通过一切活动必不可少的对未来的设想）总是不断地提前，因此，它就像实验科学的实践一样是假设并在行动中得到证明。由于这种基本结构的同一性，理论实践可以**直接**、**立即**、**恰当地**等同于历史实践。理论实践的场所归结为政治实践或社会实践的场所，因而也就可以建立在一切实践归结为一个唯一结构的基础之上了。

我引用葛兰西和科雷蒂为例，并不是说只有他们可以作为同一种不变理论即历史主义总问题的各种理论**变化形式**的例子。一种总问题并不要求穿越它的领域的各种思想绝对一致。人们可以通过极其不同的途径穿越一个领域，因为人们可以从不同的角度去接近它。但是涉足这个领域就意味着服从它的规律，其结果是有多少不同的思想涉足这个领域就会产生多少不同的后果。但是，这些后果都具有共同的特点，因为它们都是同一种结构即所涉及的总问题的结构产生的后果。在这里我举一个矛盾的例子。大家都知道，萨特的思想的来源与葛兰西对马克思主义的解释根本无关，它有完全不同的来源。但是当萨特涉及马克思主义的时候，基于一些对他来说是独特的原因，他立即对马克思主义提出了历史主义的解释（当然他拒绝赋予这种解释以这样的名称）。他声称，伟大的哲学（他提到洛克、康德—黑格尔的哲学，然后是马克思的哲学）是"**不可超越的，因为它所表现的历史环境没有被超越**"（《辩证理性批判》加利玛尔出版社第 17 页）。在这里，我们看到了以萨特所特有的形式出现的同时代性、表现和不可超越性（黑格尔的"虚无不能超越自己的时代"）的结构。**对于他来说**，这种结构体现了他的主要概念即**整体化**的特点，但是它却以萨特所特有的这个概念的特殊形式产生了必然的概念后果，使萨特同历史主义总问题的结构相遇了。这种后果并不是唯一的后果，我们毫不奇怪地看到，萨特以他特有的方式发现了在许多方面同葛兰西关于有组织的知识分子的理论[22]十分接近的"意识形态学家"的理论（同上书，第 17、18 页），（这种理论对一个伟大的哲学作了改造和评论并使它进入人们的实际生活）。我们更不会奇怪，在萨特那里，各种不同的实践（马克思已经作了区分的各个不同层次）也**必然被归结为**唯一的实践。在他那里，基于恰恰由他自己的哲学根源产生的原因，干脆就是"实践"的概念而不是实验实践的概念担负着通过无数"中介"（萨特是卓越的关于中介理论的哲学家，中介的职能恰恰就是在差别的否定中实现统一）实现各种不同实践诸如科学实践、经济实践或政治实践的统一。

　　这里，我不想展开这些极为概括的论述。但是这些论述使我们了解了一切对马克思主义的历史主义解释所必然包含的内容，并给我们提供了这种解释在回答自己提出的问题时**必然**产生的特殊概念（至少在这种解释力图提出理论要求并且成为理论上严肃的解释时情况是这样，例如在葛兰西、科雷蒂、萨特那里就是这种情况）。这种解释只有通过一系列的还原才能够被思考，而这些还原与概念产生的场合一样，是这种解释的经验主义性质的结果。例如，只有把一切实践还原为实验的实践或一般的"实践"，然后把这种本源的实践同政治实践等同起来，一切实践才能够作为"现实"历史的实践被思考，哲学乃至科学和马克思主义才能够作为现实历史的"表现"被思考。这样，科学认识本身或者哲学，总之，马克思主义理论则被降低为经济实践同政治实践的统一，降低为"历史"实践的中心，**降低为"现实"历史**。人们由此得出了把马克思主义解释成为它的理论条件本身的一切马克思主义的历史主义的解释所要求的结果：把马克思主义整体变成黑格尔整体的变种。

对马克思主义的历史主义解释会造成的最后结果是实践上否定历史科学（历史唯物主义）和马克思主义哲学（辩证唯物主义）之间的差别。在这一最后的还原中，为了历史理论，马克思主义哲学就失去了存在的理由：辩证唯物主义消失在历史唯物主义之中了[23]。我们在葛兰西和他的大多数追随者那里可以清楚地看到，他们不仅对辩证唯物主义这个**词**，而且对某一特定对象所规定的马克思主义哲学的概念都持有最大限度的保留。他们认为，关于理论上独立的（包括它的对象、理论和方法）、因而不同于历史科学的哲学的简单观念，会使马克思主义陷入形而上学，从而导致以恩格斯为宗师的自然哲学的复活。[24]因为全部哲学是历史，所以"实践哲学"作为哲学就只是哲学与历史相同一的哲学或历史科学。马克思主义哲学不再有自己的对象，因此就失去了作为一门独立学科的地位，按照葛兰西的说法（克罗齐承袭了这种说法），就归结为单纯的**"历史方法论"**，也就是说归结为单纯的历史的历史性自我意识，归结为在现实历史的现实存在的一切表现中对这一现实存在的反思：

> 同历史理论和政治理论相分离的哲学只是形而上学，而实践哲学所代表的现代思想史的伟大成就，恰恰是哲学的**具体的历史化**和哲学与历史的同一化。[25]

哲学的这种历史化把哲学降低到了历史方法论的地位：

把一个哲学论断看做在一定历史时期是真实的，也就是一定历史行动和一定实践的必然的和不可分离的表现，但是在后一个时期中却是过时的和"无内容的"表现，而在这样做的同时又不陷入怀疑主义和伦理的、意识形态的相对主义，这说明，把哲学**理解为历史的东西**，是一种困难的思维活动……作者（布哈林）没有能把实践哲学概念变成"**历史方法论**"，也没有能把后者变成哲学，变成唯一的**具体哲学**，也就是说，他没有能**从现实辩证法的角度提出并解决克罗齐从思辨的角度提出并试图解决的问题**。

这些话使我们回到了本源：被克罗齐"极端化"了的黑格尔历史主义，只要把它"颠倒位置"就可以从思辨哲学过渡到"具体哲学"，从思辨的辩证法过渡到现实的辩证法。从理论上把马克思主义解释为历史主义的做法并没有跳出从费尔巴哈以来思辨同实践、抽象同"具体"的这种"颠倒位置"借以进行的**绝对界限**：这些界限是由升华为黑格尔思辨的经验主义的总问题所规定的，任何"颠倒位置"都不可能使我们摆脱这些界限。[26]

我们从对马克思的历史主义的解释不可缺少的各种理论上的还原及其结果中，可以清楚地看到一切历史主义的基本结构：同时代性，这种同时代性提供了在本质切割中进行阅读的可能性。同样还可以看到，作为理论条件，这种结构被强加于马克思主义的整体结构，从而改变了马克思主义的整体结构，消除了它的不同层次之间的实际差别。马克思主义的历史就"重新变成"意识形态的历史概念,时代的现实存在范畴和连续性范畴;由于把科学、哲学和意识形态降低为生产关系和生产力的统一,即实际上降低为基础结构,马克思主义的历史就"重新变成"现实历史的政治经济实践。从**理论总问题**的角度、而不是从政治目的和政治色彩的角度来看,人道主义的和历史主义的唯物主义又回到了第二国际经济主义和机械论解释的基本理论原则上面。人们或许会批评我们作出这个矛盾的结论,但我们也只能得出这样的结论。如果说这同一个理论总问题可以成为具有不同色彩的(宿命论的和唯意志论的,消极的和有意识的、积极的)政治的基础,那么,这是因为这个意识形态的理论总问题像一切意识形态一样具有不同的理论"作用"领域。因此,历史主义只有把不同领域的东西互相替代,赋予基础以政治和意识形态上层建筑所具有的最积极的属性,才能在政治上同第二国际的论点相对立。这种属性的转换工作可以通过不同的形式进行:例如,赋予政治实践以哲学和理论(自发主义)的属性;使经济"实践"发挥政治上的各种积极的乃至爆炸性的作用(无政府的工会主义);赋予政治意识和政治决定以经济决定论(唯意志论)。概括地说,虽然把上层建筑同基础或者把意识和经济等同起来(一种就是在意识和政治中只看到经济,另一种则使经济充满政治和意识)有两种不同的方式,但是造成这种等同的起作用的**结构**只有一个,即总问题的结构,它消除了现实存在的各个层次之间的差别,从而使它们**在理论上**等同起来。只要我们不是研究机械论、经济主义以及人道主义、历史主义的理论**意向**和政治**意向**;而是研究它们的概念机制的内在逻辑，这个理论总问题的共同结构就显而易见了。

现在再谈一谈人道主义和历史主义之间的关系。很清楚，就像可以把历史主义理解为非人道主义一样，也可以把人道主义理解为非历史主义。当然，我在这里谈到的仅仅是**理论的**人道主义和历史主义，考察它们作为马克思主义的科学和哲学的**理论基础**所起的作用。人们只需根据道德、宗教或被称为社会民主主义的政治的、道德的意识形态就可以对马克思进行人道主义的、但却是非历史主义的解释。这就是仅仅根据宗教、伦理学或人本主义关于"人的本质"的理论来阅读马克思（参见加尔维、比果这些元老，吕贝尔先生以及马克思青年时期著作的最早的出版者、社会民主党人兰茨胡特和麦耶的著作）。把《资本论》归结为伦理学的构想是一种儿戏，因为这仅仅是以《1844年经济学哲学手稿》中的激进的人本主义作依据。但是，人们也可以反过来设想一种对马克思进行非人道主义的历史主义阅读的可能性。如果我的理解是正确的话，那么可以说科雷蒂正是在这方面作出了杰出的努力。而要进行这种非人道主义的历史主义的阅读，就必须像科雷蒂那样反对把作为历史的本质的生产力和生产关系的统一归结为人的本质（即使是历史化的本质）的简单现象。不过，现在我们不谈这两种可能性。

应该指出，正是人道主义和历史主义的结合具有最大的诱惑力，因为这种结合至少在表面上提供了最大的理论优越性。如果把全部认识还原为历史社会关系，那就会不知不觉地导入第二种还原，即把**生产关系**看做简单的**人的关系**[27]。

这第二种还原以下述"毫无疑问的事实"为基础：历史自始至终不是一种"人的"现象吗？马克思在引用维科的话时，不是也说过，人可以认识历史，因为人"创造"了整个历史吗？然而这个"毫无疑问的事实"又以一个独特的前提为基础：历史的"演员"正是历史文献的作者，历史生产的主体。这个前提本身也是一个有力的"毫无疑问的事实"，因为同舞台给我们的启示相反，在历史中，具体的人既是角色的扮演者又是脚本的作者。只要取消**导演**就可以使演员和作者合而为一，就像亚里士多德的古老的梦想一样：实现自我医疗，而本身是历史的导演的**生产关系**则归结为简单的**人的关系**。我们在《德意志意识形态》中不是到处都可以看到关于这些"足踏在地上的现实的人"、"具体的个体"是历史的真正主体的论述吗？《关于费尔巴哈的提纲》不是宣布对象性本身就是作为人的这些主体的"感性实践"活动的结果吗？只要赋予人的本质以"具体的"历史性的属性就可以摆脱神学的或道德的人本主义的抽象和固定化，就可以达到马克思的核心论点即历史唯物主义。因此，这种人的本质应该被理解为历史所产生的、随着历史的变化而变化的东西，理解为正如启蒙时期的哲学已经指出的那样，随着自己历史的变革而变化的人。这种变化着的人，包括他的内在能力（看、听、记忆、理智等）都受到客观历史的社会产物的影响。爱尔维修已经肯定了这一点，卢梭也是如此，他与狄德罗的观点相对立；这种思想在费尔巴哈的哲学中居重要地位。今天，大批文化人本主义者也运用这一思想。这样，历史就成了人的本质的转化形式，而人的本质则成为改变它的历史的真正主体。人们通过这种方式把历史引入人的本质,从而使人同以人作为主体的历史结果成为同时代的,这样(这一点是决定一切的),生产关系、政治的和意识形态的社会关系则被归结为历史化的"**人的关系**"即人与人之间的、主体与主体之间的关系。这就是历史主义的人道主义的理想场所,它的最大的利益就是使马克思倒退到在他之前的、产生于18世纪的意识形态潮流中去,从而抹杀他在理论上实行革命决裂的独特功绩,甚至往往使他变得可以为"文化的"或其他的人本主义的现代形式所利用。我们在提到这种历史主义的人道主义时,谁不相信自己是真正站在马克思一边呢?然而这种意识形态却把我们同马克思远远地隔开了。

然而事情并非总是如此,至少**从政治上说**是这样。我已经说过,为什么这种对马克思主义的历史主义—人道主义解释产生于对1917年革命的预感,也是追随这场革命的产物。因此,这种解释具有强烈反对第二国际的机械主义和机会主义的意义。这种解释直接诉诸人的意识和意愿,要求人们拒绝战争、打倒资本主义、进行革命。这种解释甚至在理论上一概拒绝对这种紧急号召的任何推迟或扼杀,要求现实的人们负起历史责任,投入革命。与此同时,这种解释要求**表达它的意愿的理论**。因此,它要求彻底转向黑格尔(青年卢卡奇、科尔施就提出过这种要求)并制定出一种使马克思的学说直接同工人阶级结成直接**表现**关系的理论。正是从这个时候开始出现了"资产阶级科学"和"无产阶级科学"之间的著名的对立,在这种对立中,对马克思主义的唯心主义和唯意志论的解释取得了胜利,按照这种解释,马克思主义是无产阶级实践的表现和独有的产物。这种"左派"人道主义认为无产阶级是人的本质的承担者和宣传者。因为无产阶级是人的本质的否定的绝对牺牲者,所以它注定要去完成把人从自身的"异化"中解放出来的历史使命。马克思青年时期的著作所宣布的哲学和无产阶级的联盟不再是两个外在部分彼此之间的联盟。无产阶级即对它的彻底否定进行反抗的人的本质成了人的本质的革命的肯定,因此无产阶级就成了**行动中的哲学**,无产阶级的政治实践就成了哲学本身。在这种情况下,马克思的作用也就被归结为赋予这种在自己的诞生地活动和存在的哲学以简单的**自我意识**的形式。因此,人们宣布马克思主义是"无产阶级的""科学"或"哲学",是人的本质通过它的唯一的历史行动者即无产阶级的直接表现、直接产物。于是,考茨基和列宁关于马克思主义是**在无产阶级的外部**进行的特殊的理论实践的产物以及马克思主义理论要被"引入"工人运动的论点就被完全否定了。而一切自发主义的论点通过这个缺口渗入马克思主义,从而形成了无产阶级的人道主义的普济主义。**从理论上说**,这种革命的"人道主义"和"历史主义"引自黑格尔和目前可以读到的马克思青年时期的著作。现在我不谈这种"人道主义"和"历史主义"的**政治**后果:罗莎·卢森堡关于帝国主义的若干论点,"政治经济学"的规律在社会主义制度中消亡的论点;对无产阶级的迷信;"工人反对派"的观点,等等;总之,"唯意志论",甚至以斯大林的教条主义的反常形式,深刻地体现了苏联无产阶级专政时期的特点。甚至在今天,这种"人道主义"和"历史主义"在第三世界人民争取和捍卫政治独立，走上社会主义道路的政治斗争中仍然产生着真正革命的影响。但是正如列宁令人惊叹地指出的那样，这些意识形态和政治的好处本身是以它们所带来的某些**逻辑的**后果为代价的。这些后果要么必然在经济和政治的概念和实践中产生唯心主义和唯意志论的倾向，要么则会由于矛盾的、但却是必然的颠倒，在形势有利的时候产生带有改良主义和机会主义或者干脆是修正主义色彩的概念。

一切**意识形态**概念的特点就是被外在于唯一的认识必然性的"利益"所驾驭。特别是当它利用某一科学的概念而同时又改变这个概念的含义的时候，更显示了这一点。从这个意义上说，也就是说，从赋予意识形态概念以它们谈到但却并不知道的对象的角度来看，历史主义并非没有理论意义：因为它很好地描述了一切**意识形态**的基本方面，即它从一切意识形态为之服务的现实利益中获得了自身的含义。如果说**意识形态**没有表现出它的时代的全部客观本质（历史的现实存在的本质），那么它至少通过内部重心的并不明显的位移而相当不错地表现了历史状况的现实变化。与科学不同的是，意识形态在理论上是封闭的，同时在政治上又是灵活的、可塑的。它可以适应时代的需要，但是它满足于通过自身内在关系的某些不明显的变化而不是通过表面的运动来**反映**它负责领会和掌握的历史变化。梵蒂冈二世进行的"教会改革"这个具有双重意义的例子就可以给我们提供有说服力的证明：一方面，它是一种无可辩驳的进化的结果和标志，另一方面，它又是对形势机智地利用和对历史的巧妙的把握。因此意识形态改变了，但这种改变是不知不觉地进行的，并且保留了意识形态自己的形式；意识形态死亡了，它死于一种不动的运动，这种运动把它**当场**固定住，固定在它自己的意识形态的场所和位置上。意识形态是不动的运动，正如黑格尔在谈到哲学本身时所说的那样，它反映和表现了历史中所发生的事情，但是它从未超越自己的时代，因为它不过是把人们引入歧途的镜子式的反映所**俘虏**的时代本身。基于这个根本原因，作为1917年革命回声的革命人道主义今天可以当做各种政治偏见或理论偏见的意识形态的反映。这些偏见，有的仍和历史主义的人道主义的根源联系着，有的则与这种根源有不同程度的分离。

例如，这种历史主义的人道主义可以作为资产阶级或小资产阶级知识分子的理论保险。他们提出，有时是以真正戏剧性的概念提出他们是否理所当然地是历史的积极成员的问题，而历史的发展，正像他们所知道或担心的那样，是不取决于他们的。这可能就是萨特提出的最深刻的问题。这个问题全部包含在他的下述双重意义的论点中：马克思主义是"我们时代不可超越的哲学"；任何文学和哲学作品都不能同帝国主义剥削下饥寒交迫的人们的一小时苦工相比。萨特宣称他一方面忠实于马克思主义的观念，另一方面也忠实于一切被压迫人们的事业，因此他断言，除了他所生产的、在他看来是微不足道的"文字"的作用外，他用"辩证理性"的理论可以在我们时代的非人道的历史中起到真正的作用，因为辩证理性理论认定（理论的）理性和（革命的）辩证法是人类的"计划"的唯一先验的根源。因此在萨特那里，历史主义的人道主义采取了提倡人的自由的形式，在这种形式中，他自由地投入被压迫者的战斗,与所有被压迫者的自由融为一体。而这些被压迫者自从漫长的、被人们淡忘的奴隶反抗时代以来,从来不过是为了一点人类的光明而斗争。

这种人道主义,只要稍许改变它所强调的东西,就可以根据形势和需要派作其他用场:例如反对"个人迷信"时期的错误和罪行,急切地期望解决这些问题,实现真正的社会主义民主等等。当这些政治情感需要理论根据的时候,它们总是到同一些著作和概念中,例如到1917年革命后伟大时期的某个理论家(这就是青年卢卡奇和科尔施的著作一版再版以及人们对葛兰西的某些模棱两可的提法感兴趣的原因)或马克思的人道主义的著作即马克思青年时期的著作,到"现实人道主义"、"异化"、"具体",到"具体的"历史、哲学或心理学中去寻找。[28]

只有批判地阅读马克思青年时期的著作,对《资本论》进行深入研究,我们才能够清楚地认识同马克思的总问题格格不入的**理论**人道主义和历史主义的含义和危害。

※　　※　　※

人们大概还记得我们分析这种对历史的误解的起点。我曾经指出,我们可以从马克思评价他的先驱者的功过所作的判断中看到马克思是如何思考自身的。我同时指出,我们必须对马克思的著作进行**"征候"阅读**而不是直接阅读才能够在他的论述的表面的连续性中辨别出在他的论述本身中出现的空缺、空白和严格性的缺陷,以及在马克思的论述中马克思仅仅没有说出他的沉默的地方。我已经指出了一个这样的理论上的征候，即马克思对他的先驱者的一个未出现的概念，也就是剩余价值概念的不出现所作的判断。正像恩格斯指出的那样，马克思把这种不出现"宽容地"看做是一个词的不出现。我们刚才看到了另一个**词即历史**这个词在马克思对他的先驱者的批判性论述中出现时所引出的东西。这个词看起来是实在的，但在理论上，在其论证的直接性上却是空洞的，或者更确切地说，它是充满意识形态的[29]，正是这种表面的东西掩盖了严格性的空缺。谁阅读《资本论》而没有批判地提出它的对象的问题，谁就不能识破这个向他"叙述"的词中包藏的诡诈：他径直地阅读着可能是以这个词开头的叙述即历史的意识形态的叙述，然后是历史主义的叙述。我们已经看到和理解，由此而带来的理论和实践的后果并非是无害的。相反，如果我们进行认识论的和批判的阅读，我们就不会听不到这个有声的词下面掩盖的沉默，就不会看不到几乎像闪电一样瞬间即逝的，因严格性的暂时中断而出现的空白。与此同时，我们就不会不从这种表面上是连续的、而实际上是间断的并且受到大量倒退的叙述威胁的叙述中听出真正叙述的沉默的声音，我们就不会不恢复真正的叙述，从而重新确立它的深刻的连续性。在这种情况下，发现马克思严格性缺陷的确切地方同确认这种严格性统一起来了：正是他的严格性向我们指出了他的缺陷；而在他暂时沉默的瞬间，我们要做的事情只是把他自己要说的话还原出来。

六、(马克思、恩格斯)《资本论》的认识论命题

我们讲了许多题外话,现在我们来确定分析的对象,即研究马克思的对象本身。

第一步,我们阅读了马克思论述**他自己的发现**的文章。我们已经确认价值和剩余价值的概念是这种发现的承担者。但是,我们必须指出,这些概念恰恰是对马克思主义政治经济学理论的对象本身产生误解的地方。不仅经济学家们有这种误解,甚至许多马克思主义者也有这种误解。

第二步,我们又阅读了马克思对于他的先驱者,古典政治经济学的创始人的评述,以期通过马克思对自己的科学的前史的判断来理解他自身。在这里,我们同样遇到了一些令人困惑不解的、不充分的定义。我们看到,马克思没有真正思考使他和古典经济学区别开来的差别概念。他是用内容的连续性概念来思考这个差别的,因此,他使我们时而陷入单纯形式上的区别,即辩证法,时而又陷入这个黑格尔的辩证法的基础,即某种意识形态的历史概念。我们分析了这些含混不清的地方在理论和实践上造成的后果。这些模糊不清的论述不仅对《资本论》的特殊对象的定义,而且也对马克思的理论实践的定义、他的理论同前人理论的关系,总之,对科学的理论和科学史的理论产生了影响。在这里,我们涉及的不再仅仅是政治经济学、历史或历史唯物主义的理论,而是科学、科学史或辩证唯物主义的理论。由此我们**看到**(即便是窥见一斑),马克思从历史理论中得出的东西同他从哲

学中得出的东西之间存在着本质的联系。我们至少可以从下述现象中**看到**这一点：只要在历史唯物主义概念的体系中出现真空，那么这个真空就会立刻被哲学的意识形态，即经验主义的意识形态填补上。我们只有把填满这一真空的意识形态哲学的论证排除出去，才能确认这个真空。我们只有在认识到那些占据马克思某些尚未完善的科学概念的位置的哲学概念的意识形态性质的绝对前提下，总之，只有在同时对马克思主义的哲学概念加以说明的绝对前提下，才能对这些尚未完善的科学概念作出严格规定，因为只有马克思主义的哲学概念才能够把那些掩盖科学概念的缺陷的哲学概念作为意识形态的概念识别和揭示出来。因此，我们在理论上必须采用这样的做法：在**阅读**马克思的科学表述的时候，必须同时根据他的指示写下另一种表述，这种表述与前一种表述不可分割但又不同于前一种表述，这就是马克思的**哲学**表述。

现在我们对这一问题进行第三步的考察。《资本论》、恩格斯的序言、某些书信、关于瓦格纳的评注包含的内容为我们开辟了广阔的道路。直至目前我们在马克思著作中不得不从反面去认识的东西，现在可以从正面去加以认识了。

我们首先要记住若干单纯**术语**方面的说明。我们知道，马克思责备斯密和李嘉图经常**混淆**了剩余价值和它的各种存在形式：利润、地租和利息。因此，在那些伟大的经济学家的分析中缺少一个**名词**。马克思在阅读他们的著作的时候，把这个空缺的名词，剩余价值恢复了。把未出现的**名词**恢复出来，这个表面看来微不足道的行动本身产生了巨大的理论后果：这个名词实际上并不是一个名词，而是一个概念，一个理论概念,它**代表**了一个与新的对象的出现相关连的新的概念体系。诚然,任何名词都是一个概念,但不能说,任何概念都是一个理论概念,也不能说任何理论概念都代表一个新的对象。如果说剩余价值这个名词处在这样一个重要地位上,这是因为它直接影响到对象的结构,而这个结构的命运则完全取决于这个简单的名称。马克思在指责斯密和李嘉图越过这个**名词**的时候,在他的头脑中,在他的笔下都没有出现由此而产生的后果,但是这一点是无关紧要的。同任何人一样,马克思不能被看做是一个能够同时说明一切的人。重要的是,马克思**在这里**叙述时没有说出来的东西,在**其他地方**得到了说明。不容怀疑的是,马克思感到首要的理论前提是必须建立一套恰当的科学**术语**,即建立有明确规定的术语的完整体系。这个体系所用的名词不仅必须是概念,而且新出现的名词也必须是能说明新的对象的概念。马克思在批判瓦格纳混淆使用价值和价值时写道:

> 这个德国人的全部蠢话的唯一的明显根据是,**价值**[Wert]或值[Würde]这两个词最初用于有用物本身,这种有用物在它们成为**商品**以前早就存在,甚至作为"劳动产品"而存在。但是这同商品"价值"的**科学定义**毫无共同之点,就像**盐**这个词古代的人最初用来指食盐,后来,从普林尼以来,**糖**和其他物也列入**盐类**……①

---

① 《马克思恩格斯全集》(第19卷),北京:人民出版社1963年版,第416页。

在前面不远的地方,他写道:

> 这使我们想起化学这门科学产生以前的古化学家。因为在日常生活(按照北方的习惯)中直截了当地称为奶油的烹调用奶油具有柔软的特点,他们就把**氯化物,如无水氯化锌、三氯化锑**等等也叫做什么奶油等等。①

十分清楚,这段论述把一个名词的"**字面上的意义**"同这个名词的科学的、建立在一门科学(化学)的对象的理论革命基础上的概念的意义区分开了。既然马克思提出了一个**新的对象**,那么他必然要建立一套相应的新的概念术语。[30]

恩格斯在《资本论》英文版序言(1886年)的一段话中特别指明了这一点:

> 可是,有一个困难是我们无法为读者解除的。这就是:某些术语的应用,不仅同它们在日常生活中的含义不同,而且和它们在**普通政治经济学中**的含义也不同。**但这是不可避免的**。一门科学提出的每一种新见解,都包含着这门科学的术语的革命。化学是最好的例证,它的全部术语大约每二十年就彻底变换一次,几乎很难找到一种有机化合物不是先后拥有一系列不同的名称的。政治经济学通常满足于照搬工商业生活上的术语并运用这些术语,完全看不到**这样做会使自己局限于这些术语**

---

① 《马克思恩格斯全集》(第19卷),北京:人民出版社1963年版,第415页。

所表达的观念的狭小范围。例如，古典政治经济学虽然完全知道，利润和地租都不过是工人必须向自己雇主提供的产品中无酬部分（雇主是这部分产品的第一个占有者，但不是它的最后的唯一的所有者）的一部分、一份，但即使这样，它也从来没有超出通常关于利润和地租的概念，从来没有把产品中这个无酬部分（马克思称它为剩余产品），就其总和即当做一个整体来研究过，因此，也从来没有对它的起源和性质，对制约着它的价值的以后分配的那些规律有一个清楚的理解。同样，一切产业，除了农业和手工业以外，都一概被包括在制造业这个术语中，这样，经济史上两个重大的本质不同的时期即以手工分工为基础的真正工场手工业时期和以使用机器为基础的现代工业时期的区别，就被抹杀了。不言而喻，把现代资本主义生产只看做是人类经济史上一个暂时阶段的理论所使用的术语，和把这种生产形式看做是永恒的最终阶段的那些作者所惯用的术语，必然是不同的。[31]

我们从这段话可以得出下列基本论断：

1. 一门科学的对象的每一次革命（一门科学的新见解）都必然会引起这门科学的术语的革命；

2. 任何术语都同一定的观念范围联系在一起，或者可以说：任何术语都是同作为这一术语基础的理论体系相联系的，任何术语自身都包含着特定的、有限的理论体系；

3. 古典政治经济学局限于由它的思想体系及其术语的同

一性所规定的范围中;

4. 马克思使古典经济理论发生了变革,因而必然使它的术语发生变革;

5. 这场革命的最明显的方面恰恰表现在**剩余价值**上。古典经济学家没有用一个同时是其对象的概念的名词来思考剩余价值,因此他们仍然留在黑暗之中,成为那些只是经济实践的意识形态概念或经验主义概念的俘虏;

6. 恩格斯最终把古典政治经济学和马克思之间的术语的区别归结为对象的概念的区别:古典学派把对象当做永恒的东西,而马克思则把它当做暂时的东西。我们知道应该怎样思考这个论点。

尽管最后一点有缺陷,这段论述是十分出色的,因为它阐明了一门特定的学科的**对象**和它的术语体系、概念体系之间的内在关系,从而阐明了对象和它的术语以及与之相应的概念体系之间的内在关系。这种关系表明,一旦对象改变了(一旦它的"新的见解"被把握),那么观念体系和概念术语也必然会发生相应的变化。

如果我们换一种意义相同的说法,那就是,恩格斯肯定了在**对象的性质**,**理论总问题的性质和概念术语的性质**之间存在着必然的作用关系。

恩格斯在他的另一篇引人注目的著作即《资本论》第二卷的序言中,更明确地阐述了这种关系。这篇著作可以直接同马克思对古典经济学家关于工资问题的模糊观点的分析直接联系起来。

恩格斯在这篇著作中明确地提出了问题:

资本主义制度下的人类生产剩余价值已经有几百年了，他们渐渐想到剩余价值起源的问题。最早的见解是从商人的直接实践中产生的：剩余价值产生于产品价值的追加。这种见解曾在重商主义者中间占统治地位，但是詹姆斯·斯图亚特已经看到，在这种情况下，一人之所得必然是他人之所失。尽管如此，在很长一段时间，特别是在社会主义者中间，这种见解仍然阴魂不散。然而，它被亚·斯密从古典科学中赶出去了。①

恩格斯在这里指出，斯密和李嘉图已经认识了资本主义剩余价值的起源。虽然他们"**并没有把剩余价值本身作为一个专门的范畴同它在利润和地租中所具有的特殊形式区别开来**"②，但是他们却"**生产**"了《资本论》中的马克思主义理论的基本原理：剩余价值。

这样就产生了一个从认识论角度来看是十分合理的问题：

那么，马克思关于剩余价值说了什么新东西呢？为什么马克思的剩余价值理论，好像晴天霹雳震动了一切文明国家，而所有他的包括洛贝尔图斯在内的社会主义前辈们的理论，却没有发生过什么作用呢？③

---

① 《马克思恩格斯全集》（第24卷），北京：人民出版社1972年版，第13页。

② 《马克思恩格斯全集》（第24卷），北京：人民出版社1972年版，第15页。

③ 《马克思恩格斯全集》（第24卷），北京：人民出版社1972年版，第20页。

恩格斯指出，马克思的新理论的出现犹如"晴天霹雳"产生了巨大影响，这个理论明显地标志着马克思的**独创性**。恩格斯的这个说明是很有意义的。这里涉及的不再是马克思力图说明他和经济学家关系的那些模糊不清的区别（固定不变的永恒论、运动的历史）。恩格斯毫不犹豫地**直接**提出了关于马克思同古典经济学认识论**断裂**的真正问题。恩格斯在最恰当的地方，同时也是最矛盾的地方提出了这个问题，即关于**剩余价值**的问题。剩余价值恰恰不是什么新的东西，因为它已经完全被古典经济学"**生产**"出来了。因此，恩格斯针对马克思著作中**并非是新的**现实提出了马克思的**独创性**问题。恩格斯以非凡的机智提出了**这个问题**，从而显示了他的天才。他寻根究底，抓住了最终的问题，他在问题以它的**答案**的绝对形式出现的地方抓住了问题，也就是说在答案以其绝对的论证理由使人们不能对答案有任何怀疑的地方抓住了问题。恩格斯敢于提出体现在**两种不同论述**中的没有独创性的"现实"中所包含的独创性问题，也就是说提出体现在两种理论叙述中的这个"现实"的**理论形态**问题。我们只要读一读这个问题的答案就可以明白，恩格斯并不是诡辩地、偶然地提出问题，他是在以科学史理论为基础的科学理论的领域中提出问题的。因此，他作了一个化学史上的类比，他利用这个类比提出了问题并对他的解答作了说明。

> 马克思关于剩余价值说了什么新东西呢？……
> 化学史上有一个例证可以说明这一点。
> 大家知道，直到前一世纪末，燃素说还处于支配

的地位。根据这种理论，一切燃烧的本质都在于从燃烧物体中分离出一种另外的、假想的物体，即称为燃素的绝对燃烧质。这种理论曾足以说明当时所知道的大多数化学现象，虽然在某些场合不免有些牵强附会。但到1774年普利斯特列析出了一种气体，"他发现这种气体是如此纯粹或如此不含燃素，以致普通空气和它相比显得污浊不堪"。他称这种气体为无燃素气体。过了不久，瑞典的舍勒也析出了这种气体，并且证明它存在于大气中。他还发现，当一种物体在这种气体或普通空气中燃烧时，这种气体就消失了。因此，他称这种气体为"火气"……

普利斯特列和舍勒**析出了氧气，但不知道**他们所析出的是什么。他们**为"既有的"**燃素说**"范畴所束缚"**。这种本来可以**推翻全部**燃素说观点并**使化学发生革命**的元素，在他们手中没有能结出果实。但是，普利斯特列立刻把他的发现告诉了在巴黎的拉瓦锡，拉瓦锡就根据**这个新事实研究了整个燃素说化学**。他第一个发现：这种新气体是一种新的化学元素；在燃烧的时候，并不是神秘的燃素从燃烧物体中**分离出来**，而是这种新元素**与燃烧物体化合**。这样，他最先使过去**在燃素说形式上倒立着的全部化学正立过来了**。即使不是像拉瓦锡后来硬说的那样，他与其他两人同时和不依赖他们而析出了氧气，然而**真正发现**氧气的还是他，而不是那两个人，因为他们**只是**析出了氧气，但甚至不知道自己所析出的是什么。

在剩余价值理论方面，马克思与他的前人的关系，正如拉瓦锡与普利斯特列和舍勒的关系一样。在马克思以前很久，人们就已经确定我们现在称为剩余价值的那部分产品价值的**存在**；同样也有人已经多少明确地说过，这部分价值是由什么构成的，也就是说，是由占有者不付等价物的那种劳动的产品构成的。但是到这里人们就止步不前了。其中有些人，即资产阶级古典经济学家，至多只研究了劳动产品在工人和生产资料所有者之间分配的数量比例。另一些人，即社会主义者，则发现这种分配不公平，并寻求乌托邦的手段来消除这种不公平现象。这两种人都为既有的经济范畴所束缚。

于是马克思发表意见了，**他的意见是和所有他的前人直接对立的**。在前人认为已有**答案**的地方，他却认为只是**问题**所在。他认为，这里摆在他面前的不是无燃素气体，也不是火气，而是氧气；这里的问题不是在于要简单地确认一种经济事实，也不是在于这种事实与永恒公平和真正道德相冲突，而是在于这样一种事实，这种事实必定要使全部经济学发生革命，并且把理解全部资本主义生产的钥匙交给那个知道怎样使用它的人。根据这种事实，他研究了全部既有的经济范畴，正像拉瓦锡根据氧气研究了燃素说化学的各种既有的范畴一样。要知道什么是剩余价值，他就必须知道什么是价值。李嘉图的价值理论本身必须首先加以批判。于是，马克思研究了劳动形成价值的特性，第一次确定了**什么样的**劳动形成价值，为什么形成价值以及怎样形成价值，并确定了价值不外就是这种劳动的凝固,而这一点是洛贝尔图斯始终没有理解的。马克思进而研究商品和货币的关系,并且论证了商品和商品交换怎样和为什么由于商品内在的价值属性必然要造成商品和货币的对立。他的建立在这个基础上的货币理论是第一个详尽无遗的货币理论,今天已为大家所默认了。他研究了货币向资本的转化,并证明这种转化是以劳动力的买卖为基础的。他以劳动力这一创造价值的属性**代替了**劳动,因而一下子就解决了使李嘉图学派破产的一个难题,也就是解决了资本和劳动的相互交换与李嘉图的劳动决定价值这一规律无法相容这个难题。他确定了资本分为不变资本和可变资本,这样他就能详尽地阐述剩余价值形成的实际过程,从而说明了这一过程,而这是他的任何一个前人都没有做到的;因而,他确定了资本自身内部的区别,这个区别是洛贝尔图斯和资产阶级经济学家都完全不可能做出的,但是这个区别提供了一把解决经济学上最复杂的问题的钥匙,关于这一点,第二卷又是一个最令人信服的证明,以后我们会知道,第三卷更是这样。马克思还进一步研究了剩余价值本身,发现了它的两种形式,即绝对剩余价值和相对剩余价值,并且证明,这两种形式在资本主义生产的历史发展中起了不同的然而都是决定性的作用。他根据剩余价值理论,阐明了我们现在才具有的第一个合理的工资理论,第一次指出了资本主义积累史的各个基本特征,并说明了资本主义积累的历史趋势。

而洛贝尔图斯呢?他读了这一切之后……发现他自

己已经更简单得多、更明了得多地指出了剩余价值是从哪里产生的,最后,还发现这一切虽然适用于"今日的资本形式",即适用于历史地存在的资本,然而不适用于"资本概念",即不适用于洛贝尔图斯先生关于资本的乌托邦观念。这完全和至死坚持燃素,而不想对氧气有所理解的老普利斯特列一样。只是普利斯特列确实是最早析出氧气的人,而洛贝尔图斯在他的剩余价值中,或者更确切些说,在他的"租"中,只是重新发现了一种陈词滥调。但马克思和拉瓦锡的做法相反,他不屑于说,剩余价值存在的事实是他最早发现的。①

这段卓越的论述可以归纳为以下几点:

(1) 普利斯特列和舍勒在燃素说完全处于支配地位的时候"析"出了一种奇怪的气体。普利斯特列把这种气体叫做无燃素气体,舍勒则把这种气体叫做火气。实际上,这就是后来人们称作氧气的气体。但是恩格斯写道:"**他们只是析出了氧气,但甚至不知道自己所析出的是什么**",也就是说,他们没有掌握氧气的**概念**。因此,"**这种本来可以推翻全部燃素说观点并使化学发生革命的元素,在他们手中没有能结出果实**"。为什么说没有能结出果实,为什么说他们是盲目的呢?因为**他们为"既有的"燃素说"范畴所束缚"**,因为他们不是把氧气看做是一个问题,而是仅仅把它看做是"**一个答案**"。

---

① 参见《马克思恩格斯全集》(第24卷),北京:人民出版社1972年版,第20—23页。

(2) 相反，拉瓦锡"**根据这个新事实研究了整个燃素说化学**"，"**这样，他才使过去在燃素说形式上倒立着的全部化学正立过来了**"。在别人认为已有答案的地方，他看到了问题。因此，如果说普利斯特列和舍勒"**析**"出了氧气，那么是拉瓦锡独自**发现**了氧气并赋予它以概念。

马克思和斯密、李嘉图的关系，正如拉瓦锡同普利斯特列、舍勒的关系一样。的确是他**发现**了剩余价值，而他的先驱者仅仅是**析出**了剩余价值。

这个简单的类比以及表达这个类比所使用的术语为我们研究马克思的著作以及恩格斯的认识论洞察力开辟了广阔的前景。要想理解马克思，就必须把他放到学者中去，并把我们应用于其他学者例如拉瓦锡的认识论概念和历史概念应用到他的科学著作中去。这样，马克思就成为可以同伽利略和拉瓦锡相比的科学奠基人。此外，为了理解马克思的著作同他的前人的著作的关系，为了理解使马克思同他的先驱者区别开来的**断裂**或**变异**的性质，我们必须研究其他科学创始者的著作，因为他们和自己的先驱者同样作了决裂。因此，对马克思的理解，对他的发现的机制以及对奠定他的科学基础的认识论断裂的性质的理解，需要借助科学史一般理论的概念，因为这种一般理论可以使我们思考这些**理论事实**的本质。这种一般理论只是一种设想或者已经部分地形成了实体，这是一回事；而这种理论**对于研究马克思是绝对不可缺少的**，又是另一回事。恩格斯通过他的做法为我们指明的道路是我们无论如何必须遵循的道路：这正是马克思在建立历史科学的活动本身中建立哲学所遵循的道路。

恩格斯的这段论述具有更多的意义。他用独创的术语为我们提供了断裂概念的理论雏形。断裂就是变异，由此一门新的科学在不同于旧的意识形态总问题的新的总问题基础上建立起来了。但是最令人赞叹的是，恩格斯说一门"**倒立着的**"科学"**正立过来**"，用以表示总问题变异的理论或**断裂**的理论。这些话我们是非常熟悉的。马克思在《资本论》德文第二版跋中说过同样的话，**说明他如何使黑格尔辩证法从唯心主义状态过渡到唯物主义状态**。马克思用以说明他同黑格尔关系的这些话在马克思主义中至今占有举足轻重的地位。但是马克思和恩格斯两个人的提法是多么不同啊！前者是隐晦的，而后者则是明确的。在所有的经典著作中，恩格斯的这个提法第一次，也可能是唯一的一次对马克思的提法作了明确的解释。在恩格斯的这段论述中，"**使倒立着的全部化学正立过来**"的含义是毫不含糊的，那就是**改变**理论基础，**改变**化学的理论总问题，用新的理论总问题来代替旧的理论总问题。这就是著名的"**正立过来**"的含义。这不过是个具体的形象，并不具有概念的含义和严格性。马克思的目的仅仅是通过这个形象指出这里**存在着**开创整个科学的总问题的变异。

（3）恩格斯的确为我们阐明了理论史上的一个事件的形式条件之一：确切地说，就是**理论革命**。我们看到，只有建立起认识史上出现的理论**事件**或**事实**的概念，理论革命的概念，才能够建立认识史。同样，只有建立并说明历史事实、事件的概念，革命的概念等等，才能思考政治史或经济史。由于马克思，我们出现在最重要的历史断裂处。

这不仅是历史科学史的断裂，而且是哲学史或者更确切地说是**总理论**史的断裂：这个断裂（它使我们能够解决知识史的分期问题）本身就是这一**理论事件**即马克思在历史科学和哲学中所建立的总问题的革命。这个事件全部或部分地没有被人们察觉，这个理论革命的全部后果还需要**一定的时间**才会被人们感觉到，它在可见的思想史中受到了令人难以置信的压制，这一切都是无关紧要的。这个事件毕竟发生了，这个断裂毕竟发生了。由此而产生的历史正在正式的历史下面为自己开辟一条地下通道："老鼹鼠，挖得好！"总有一天，正式的思想史将落后于这个历史。而当正式的思想史觉察到这一点的时候，就已经迟了，除非它从理论上认识这个事件并从中得出结论。

恩格斯还向我们指出了这场革命的另一个方面，即那些经历这场革命的人千方百计地**去否定它**。老普利斯特列"至死坚持燃素，而不想对氧气有所理解"，这是因为他像斯密和李嘉图一样坚持**现存的思想体系**，不愿意对新发现已与之决裂的理论总问题提出疑问。[32]我使用**理论总问题**这个术语，只是为了赋予恩格斯对我们所**说**的话以一个名称（即一个概念）。恩格斯把以前当做**答案**的东西**作为问题提出来**，从而既概括了对旧理论的批判，又概括了新理论的建立。这也正是马克思自己在著名的工资篇中所表达的观点。他在考察古典政治经济学为什么能够用必需的生活资料的价值来决定工资，从而找到和得出正确的结论时写道："这样，它就不知不觉地**变换了场所**，用劳动力的价值代替了迄今为止一直是它研究的明显对象的劳动的价值……这种分析得出的结果不是解决了在出发点上提出的问题,而是完全改变了它的用语。"① 这里我们再一次看到"正立过来"所包含的内容。这个"场所的变换"同"术语的改变"以及作为阐明问题和提出**问题**的根据的理论基础的变换是一个意思。这里我们还看到,"正立过来","重新用脚站立起来","变换场所","改变问题的术语"也是一个意思,是指影响基本理论结构本身的唯一的、同一变化,由此一切问题就用新理论的术语并在新理论的领域中提出。如果说一门科学的理论在其历史的某一既定时刻只不过是这门科学向自己对象提出某一类**问题的理论母胚**,如果说伴随着新的基本理论的出现,知识世界中必然会出现一种对对象提出问题,从而得出新的答案的新的有机方式,那么,改变理论基础就是改变**理论总问题**。在谈到斯密和李嘉图在工资**问题**上的观点时,恩格斯写道:"**这个问题这样来理解,实际上是无法解决的。它由马克思正确地提出,因而得到了解答。**"② 马克思**正确地提出**了问题,这个结果并不是偶然的,相反,这是一种新的理论即以正确的形式提出问题的体系的结果,是一种新的总问题的结果。任何理论就其本质来说都是一个总问题,都是提出有关理论对象的全部问题的理论的、系统的母胚。

(4) 恩格斯的这段论述还包含着更多的内容。它提出了这样的思想:现实、新的事实例如剩余价值的存在,不

---

① 〔德〕马克思:《资本论》(根据作者修订的法文版第一卷翻译),北京:中国社会科学出版社1983年版,第556—557页。

② 《马克思恩格斯全集》(第24卷),北京:人民出版社1972年版,第24页。

能归结为"**简单地确认一种经济事实**",相反,这是一个引起整个经济学发生革命并使"**全部资本主义生产**"变得可以理解的事实。因此,马克思的发现涉及的并不是一个主观的总问题(考察既定事实的单纯方法问题,纯属主观上的"观点"的改变)。马克思的发现是同提出整个有关对象的全部问题的理论母胚的改变相关的,因此它涉及的是**对象的现实性**即**对象的客观定义**。提出对象的定义问题,也就是提出新的理论总问题所涉及的**新的对象**的不同定义的问题。在一门科学的变革史上,理论总问题的任何改变都是同对象的定义的改变,从而同理论的**对象**本身的可以确定的差别相关联的。

我在得出上述结论的时候,是否比恩格斯更前进了一步呢?回答既是肯定的又是否定的。我作**否定的**回答,是因为恩格斯不仅涉及了燃素说概念体系,指出它在拉瓦锡之前决定了整个问题的提法,从而决定了所有相应答案的含义;同时也涉及了李嘉图的概念体系,他指出,马克思不得不首先"**批判李嘉图的价值理论本身**"。我作**肯定的**回答,是因为虽然恩格斯对这个理论事件即这场科学革命的分析是非常深刻的,但是他没有以同样的魄力**从理论的对象的角度**来思考这场革命的后果。在对恩格斯来说是非常清楚的这个问题上,我们可以指出他的概念是含混不清的,而所有这些含混不清都可以归结为经验主义地把认识对象和现实对象混为一谈。显然,恩格斯担心,如果他没有经验主义理论的保护(这种保护是虚幻的)而去冒险,他就会失去业已宣布的认识对象和现实对象之间的**现实**同一性为他提供的保证。他在理解自己实际上已经说出的东西上遇到了困难，而这些东西是科学史每一步都向他证明了的：一种认识的产生过程必然要通过它的（概念的）对象的不断的演变才能够实现；这个演变同认识史是一致的，其结果必然要产生同**现实对象**相联系的**新的认识**（新的认识对象），而对现实对象的认识又随着认识对象的改变而深化。正如马克思深刻指出的那样，人们认识或者深入认识的**现实对象**在与之有关的认识过程之前或之后始终不变（参见 1857 年《〈政治经济学批判〉导言》），因此，现实对象是认识过程的绝对依据，对现实对象的认识的深化要通过**理论加工**来完成，而这种理论加工则必然要对**认识对象**发生影响，因为这个加工仅仅同认识对象有关。列宁完全理解这个科学实践的基本条件，因此这个问题成为《唯物主义和经验批判主义》的重要论题之一：**对现实对象的认识随着认识对象的不断变化而不断深化**。认识对象的这种变化可以具有不同的形式：连续的、不明显的，或者相反，断断续续的和显著的。当一门已经牢固地建立起来的科学平稳地发展的时候，（认识）对象的变化就表现为连续和渐进的形式。对象的变化使我们在对象中看到了以前**根本看不到的**"新的方面"。在这种情况下，对象就同一幅尚有许多地方未标明、而人们正在探索的地区的地图一样：这些地区内的空白被标上新的具体的、确切的地方，但是人们已经知道的这个地区的总轮廓并没有改变。因此，我们可以跟随马克思，对他所确定的对象进行系统的研究。我们从中一定能够获得新的详细的情况，"看到"我们以前所不能看到的东西，不过我们是在对象的内部看到这些东西的，这个对象的结构不会被我们的研究结果推翻，而是相反会得到我们的研究结果的肯定。在一门科学发展的**关键**时期，情况则大不相同了。当理论总问题真正**变换**了的时候，理论**对象**也必然发生相应变化，不仅仅是对象的"某些方面"、它的结构的细节发生了变化，而且对象的结构本身发生了变化。这时人们看到的是对象的新的结构，这个结构与旧的结构的差别如此之大，以致人们完全有理由说，一个**新的对象**出现了。从19世纪初到今天的数学史或现代物理学史都经历了很多这一类的变化。这就更加证明了，当新的科学产生的时候，也就是当新的科学从意识形态领域中分离出来、同意识形态相决裂而产生的时候，这种理论的"脱离"必然要引起理论总问题的革命性变化和理论**对象**的彻底改变。在这种情况下，我们说发生了**革命**，发生了质的飞跃和**对象的结构本身**的变化是非常恰当的。[33] 新的对象同旧的意识形态对象虽然还保留着某种联系，我们在新的对象身上还可以看到同时属于旧的对象的**某些要素**，但是这些要素的含义改变了，因为新的**结构**已经赋予这些要素以自己的含义。这些体现在个别要素上的表面上的相似之处可能会产生出一种错误的肤浅观点：否定结构对构成对象要素的含义的作用。同样，体现在个别要素上的技术上的相似之处使人们错误地把当代资本主义和社会主义这两种完全不同的结构归结为同一个范畴（"工业社会"）。实际上，我们在把新的科学同它由以产生的意识形态区分开的断裂中看到，理论革命对理论的对象产生了深刻的影响，使理论的对象同时发生革命，成为真正的**新的对象**。这种**对象**的变化以及相应的总问题的变化都应该成为严格的认识论研究的对象。由于新的总问题和新的对象的确立是通过唯一的、同一的运动完成的,对这个双重变化的研究实际上只不过是唯一的和同一的研究。这种研究属于思考知识形式的历史以及产生这些形式的机制的学科,这门学科就是哲学。

由此,我们接近了我们要讨论的问题:马克思在《资本论》中确立的经济理论的**对象本身**是什么?《资本论》的对象是什么?把马克思的对象同他的先驱者的对象区别开来的特殊差别是什么?

七、政治经济学的对象

为了回答政治经济学的对象问题,我们**直接**引用《资本论》的副标题:《政治经济学批判》。如果我们提出的观点是正确的,那么,"批判"政治经济学并不是意味着批判和纠正现有的这门学科的某些不确切之处或者某些细节问题,也不是弥补空缺,填补空白,把内容已经十分广泛的研究继续下去。"批判政治经济学"意味着提出一个同政治经济学**相对立**的新的总问题和新的对象,也就是把政治经济学的**对象**本身作为一个问题提出来。但是,政治经济学作为政治经济学,是通过它的对象获得规定的,因此,从一个与旧的对象相对立的新的对象出发的批判,可以是对政治经济学的存在本身的批判。因此,马克思的政治经济学批判只有对政治经济学本身提出问题,对政治经济学的独立的理论要求以及它为了发展成为理论而在社会现实中进行的"切割"提出问题,才能对政治经济学的对象提出问题。因此,马克思的政治经济学批判是彻底的:它不仅对政治经济学的对象提出问题,而且**对政治经济学本身提出问题,作为自己的批判对象**。为了说明这一论点的彻底性,我们可以说,不管政治经济学**宣称**自己如何,在马克思看来,它没有任何存在的权利:如果说这样的政治经济学不应该存在,这是指的**权利**而不是指的事实。

如果情况确实如此,那我们就可以理解把马克思不仅同他的先驱者、他的批判者以及某些拥护者,而且同在他之后的"经济学家"区别开来的误解。这种误解既简单又荒唐。说它简单,是因为经济学家们靠政治经济学的存在要求为生,而这种要求使政治经济学失去任何存在的权利;说它荒唐,是因为马克思从政治经济学的无权存在的状况中得出的结果是一本叫做《资本论》的巨著,而《资本论》从开头到结尾又**一直**在谈论政治经济学。

因此,我们应该对一些必不可少的细节进行详细的研究,并通过这些细节之间的严格的联系逐步地揭示这些细节。我们要首先指出,政治经济学的存在要求是它的对象的性质、从而它的**对象的规定**决定的,这是理解这些细节所不可缺少的前提。政治经济学以"经济事实"领域为自己的对象,把这些经济事实看做明明白白的事实:绝对既定的存在,把这种存在看做"自身存在"的,并没有说明这些存在。马克思对政治经济学要求的否定就是对这种明明白白的"既定存在"的否定,因为实际上,政治经济学武断地把这种"既定存在"**规定**为自己的对象并宣称这个对象是**自身存在的**。马克思的全部批评就是针对这个对象,就是针对这个对象的所谓"既定"对象的形态，因为政治经济学的要求不过是它的**既定的**对象的要求的镜子式的反映。马克思对政治经济学的"既定的"对象提出问题，他向对象、对象的性质和对象的范围、从而向对象存在的领域提出问题，因为一种理论思考其对象的**形态**不仅涉及这一对象的性质，而且涉及对象的存在领域的情况和范围。为了说明这一点，我们引用斯宾诺莎的一个著名论点：首先我们可以说，不存在像政治经济学那样的"结论"的科学："结论"的科学不是科学，因为它实际上否定了它的"前提"，它实际上只是虚构（《第一类》）。结论的科学只是前提科学的结果和产物。但是，一旦假定这种前提科学的存在，**所谓的**结论科学（《第一类》）就在实际上被看做是虚构和幻想，因为它随着它的要求和它的对象的消失而消失了。在马克思那里**大致**也是这种情况。如果说政治经济学不能自为地存在，那是因为它的对象不是自为地存在的对象，它的对象不是它的概念的对象，或者说，它的概念是一个不相应的对象的概念。只有存在政治经济学的前提的科学，或者不如说，只有存在它的概念的理论，政治经济学才能存在。但是，一旦存在这种理论，政治经济学的要求也就在这种政治经济学中消失了，因为这是一个虚幻的要求。从这一概略的说明中，我们暂时可以得出两个结论。如果《政治经济学批判》具有我们所说的意义，那么它必须同时是**这样一个对象的真正概念的建立**，这个对象概念是古典政治经济学在其虚幻的要求中所追求的目的。这种对象的真正概念的建立会产生出马克思针对政治经济学而提出的新的对象概念。如果说，要理解《资本论》，完全取决于这样一个新的对象的概念的建立，那么，那些阅读《资本论》而不能在其中找到这一概念，或者说不能把一切同这一概念联系起来的人，就会陷入误解和迷雾：只注意到不可见的原因的"结果"，只注意到这样一种经济学的幻想物，这种经济学离他们如此之近，就像离"第一类认识"二百步远的太阳一样，而这种经济学离他们如此之近，又恰恰是因为它处在离他们无限遥远的地方。

在我们进行分析以前先提出这一点已经足够了。我们的分析将这样进行：为了得出马克思的对象的不同规定，我们首先迂回地分析政治经济学的对象，这一分析通过政治经济学的结构特征将为我们指出马克思为建立自己的对象而抛弃的那个对象的原型（A），而对这一对象的各范畴的批判通过马克思的理论实践则会为我们指明构成马克思的对象的正面的概念（B）。这样，我们就可以规定这一对象并从它的规定中得出某些重要的结论。

A. 政治经济学的对象的结构

这里的问题不在于详细考察古典政治经济学理论，更不在于详细考察现代政治经济学理论，以便从中得出它们虽然自身并没有思考但在它们的理论实践中却涉及的那个**对象**的规定[34]。我在这里只提出构成政治经济学对象的**理论结构**的最一般的概念：这一分析主要涉及古典政治经济学（斯密、李嘉图）的对象，但它并不限于政治经济学的古典形式，因为今天的许多经济学家的著作仍然包含着同一些基本的**理论**范畴。基于这种思想，我认为可以把 A. 拉朗德的《哲学辞典》里提出的定义①当做基本的理论导线。尽管这些定义前后不一致，也不够精确，甚至"平庸乏味"，但对我们来说并不是没有意义的。我们可以认为，这些定义不仅说明了有共同的理论基础，同时也说明了这一共同基础所赋予的含义有可能一致也有可能不一致。

《拉朗德辞典》对政治经济学下的定义是："**以认识现象以及（在这些现象的性质包含着这一可能性的情况下）说明财富分配的规律，并且在这些现象同分配现象联系在一起的范围内说明财富的生产和消费的规律为对象的科学。在财富这个词的技术意义上，人们称一切可以使用的东西为财富。**"（《拉朗德辞典》第1卷第187页）拉朗德接着引证了纪德、西米安、卡尔门等人提出的定义，把**分配**的概念提到了首位。把政治经济学的定义扩及生产、分配和消费三个领域，这是从古典作家、特别是从萨伊那里继承下来的传统。谈到生产和消费，拉朗德指出，它们"**只是从某一方面来说是经济的。把它们放在它们的总体中来看，它们包含着许多与政治经济学格格不入的概念，其中有许多与生产有关的概念是从工艺学、人种学、伦理科学借用来的。政治经济学研究生产和消费；但只是在生产和消费同分配有联系、作为原因和结果的情况下才研究它们**"。

现在我们把这个概略的定义当做政治经济学的最一般的基础，并从**理论**的角度出发，考察一下政治经济学就其对象的结构而言包含什么内容。

---

① A.拉朗德的《哲学辞典》搜集了关于政治经济学的各种定义。——译者注

(1）政治经济学首先包含着一定领域内的"经济的"事实和现象，这一领域具有**同质领域**的属性。领域以及充满这一领域从而构成这一领域的现象，是**既定的**，也就是说，是可以直接看到并观察到的，因此，要理解它们并不取决于先于它们的概念的理论构成。这个同质的领域是一定的空间，其不同的规定即经济事实和现象，由于它们的存在领域的同质性，是可以比较的，是**可以很精确地计量的**，因而是**可以表现为量**的东西。因此，一切经济事实就本质来说是可以计量的。这就是古典经济学的最大的原则，确切地说，这是马克思所批评的第一个重要观点。在马克思看来，斯密和李嘉图最大的错误是牺牲价值形式的分析，只考察价值量："**作为量的价值吸引了他们的注意**"①。现代经济学家尽管各自的观点不同，都站在古典经济学家一边，指责马克思在他的理论中制造了"非职能的"概念，也就是说，排除了这些概念的对象例如剩余价值的尺度。但是，这种指责却反过来指向了提出这种指责的人，因为马克思为剩余价值的"发展的形式"（利润、地租、利息）规定并使用了尺度。如果说剩余价值不可计量，那恰恰是因为它是它的各种本身可以计量的形式的**概念**。这个简单的区别改变了一切：于是政治经济学现象的同质的、平面的空间就不再是单纯的**既定的存在**，因为这个空间要求提出自己的**概念**，也就是提出那样一些条件和界限的规定，这些条件和界限使得有可能把现象当做同质的、因而是可以计量的。我们只指出这一差别，但是不应忘

---

① 〔德〕马克思：《资本论》（根据作者修订的法文版第一卷翻译），北京：中国社会科学出版社 1983 年版，第 50 页。

记，现代政治经济学只承认 A.马歇尔所说的"可以计量的"事实，完全忠实于古典经济学家的经验主义的"量的"传统。

（2）但是，关于经济事实的这个经验实证主义观点并不像想象的那样"简单"。我在这里说的是关于它的现象的平面空间的"平庸见解"。如果这个同质空间不归结到它的概念的深度，那么它就会归结为外在于它自己的平面、**在理论上保证这个平面的存在并且作为这个平面的基础的世界**。经济现象的同质空间包含着进行生产、分配、得到收入并消费的**人**的世界中的一定关系。这是政治经济学对象的第二个理论内含。这个内含并不像在斯密和李嘉图的著作中那样始终是可见的，它可能是潜在的，不能直接由经济学表述出来。但这个内含对于政治经济学的对象的结构来说并不因此就不重要。政治经济学把经济事实归结为作为经济事实的本源的人的主体的需要（或"效用"）。因此，政治经济学倾向于把交换价值归结为使用价值，并把使用价值（用古典经济学的术语来说是"财富"）归结为人的需要。因此，F.西米安（引自拉朗德）说："**一个现象从哪方面来说是经济的？我宁愿像近代经济学家那样把物质需要的满足看做是中心概念，而不是通过考察财富（这是从法国传统中因袭下来的经典术语，但这个用语并不是完美无缺的）来规定这种现象**"（《拉朗德辞典》第 1 卷第 188 页）。西米安的错误在于把他的要求当做一个创新，而他的说明不过是重复了古典经济学家的说明：他在人和人的需要的背后提出了人作为经济现象的**主体**的理论职能。

这就是说，古典经济学只能在"**天真的**"**人本学**的条件下认为经济事实属于同质空间，即这些经济事实的实证性和可计量性的空间，因为这种人本学把经济主体和他们的需要当做经济客体被生产、分配、获取并消费的一切行为的基础。黑格尔对这种"天真的"人本学和经济现象的**统一**提出了一个哲学概念，并用一个著名的术语即"**需要范围**"或与政治社会不同的"**市民社会**"[35]来表示这一概念。在需要范围这一概念中，经济事实在其经济本质上被看做是以被"需要"所束缚的人的主体为基础，因而是以经济人（l´homo oeconomicus）为基础，而经济人本身也是（可见的，可以观察到的）既定的存在。因此，可计量的经济事实的实证主义的同质领域是建立在主体世界的基础上的，这个世界的生产者主体的活动在分工中的目的和结果是生产出满足这些有需要的主体的消费品。因此，主体作为有需要的主体，是作为使用价值的生产者、商品的交换者和使用价值的消费者承担主体的活动的。因此，经济现象领域在其原因和目的上都是建立在被人的需要规定为经济主体的人的主体的总体的基础上的。**因此，政治经济学固有的理论结构就把既定现象的同质空间与那种把它的空间的各种现象的经济性质建立在人即有需要的主体（经济人的既定存在）基础上的意识形态人本学直接联系在一起了。**

我们更详细地考察这一点。我们谈到了**既定的经济事实**或**现象**的**同质空间**。在这里，在这种既定存在后面，我们发现了这种既定存在的存在所不可缺少的既定的人的主体的世界。因此，第一种既定的存在是虚幻的既定存在，或者不如说，它无论如何是**由**这种本身是既定存在的人本学所决定的既定的存在，正是这种人本学并且实际上也只是这种人本学使得有可能把政治经济学领域中的各种现象宣布为**经济的**：这些现象是经济的，因为它们是人的主体的**需要**的结果（在某种程度上是无中介的或者"有中介的"），总之，撇开人有理性（动物式的）、健谈（动物式的）、会笑这些性质不谈，撇开人的政治的、伦理的和宗教的性质不谈，是使人成为有**需要**的主体（经济人）的一切东西的结果。正是（人的主体的）需要决定了经济学中的**经济**。因此，这种人本学悄然地把经济现象的同质领域的**既定存在**作为**经济的**既定存在赋予了我们。但是，如果仔细加以考察，从严格意义上说，正是这个"施予的"人本学才是绝对的既定存在，我们无须乞灵上帝来建立这种既定存在，也就是说把这种存在归结为自身产生的既定存在即上帝的既定存在。现在我们可以清楚地看到，仅仅是由于藏在幕后的"施予的"意识形态，既定的存在才得以在事实的舞台上出现。因为我们没有清算这种意识形态，所以它可以把它想要给我们的东西给予我们。我们把我们已经清楚地看到的东西放在一边。如果我们不向幕后去看，我们就看不到意识形态的这种"施予"的动作。这个动作消失在既定存在中，正如整个劳动消失在它的产品中一样。我们是意识形态的观众，也就是说，它的乞丐。

事情还不止于此。这个支撑经济现象空间并使人们可能把这些经济现象看做经济现象的人本学在经济现象中又以其他的进一步的形式重新出现，其中某些形式是为人们所熟悉的。古典政治经济学之所以能够成为幸运的天条，成为从重农学派经过斯密到萨伊的经济的和谐，是因为它的潜在的人本学的伦理的和宗教的属性被直接反映到经济现象的空间上。人本学同样也出现在资产阶级自由派的乐观主义中，出现在马克思不断抨击的李嘉图的社会主义注释家们所作的伦理抗议中。人本学的内容在不断变化，但是人本学始终存在，同样，它的作用和出现的领域也始终存在。这种潜在的人本学还以例如经济"理性""最优化""充分就业"或需要经济学、"人的"经济学等模糊不清的概念出现在现代政治经济学家的某些神话中。作为经济现象的原始基础，这种人本学也出现在关于这些经济现象的含义即它们的**目的**的说明中。因此，经济现象的既定的同质空间从原因和目的两个方面被人本学紧紧束缚住了。

如果说人本学表面上**没有出现**在现象本身的直接现实中，那么这是因为它处在原因和目的之间的空间中，同时也因为它具有一种无非是不断重复的普遍性。既然所有主体都同样是有需要的主体，人们在考虑主体的作用时就可以把这些主体的整体排除在外，因为这些主体的普遍性反映在主体的需要的作用规律的普遍性中。这一点很自然地驱使政治经济学要求把经济现象看做是对过去的、现在的和未来的一切社会形式都是绝对的东西。马克思发现的古典学派对虚幻永恒性的偏好**从政治上说**根源于他们希望资产阶级生产方式永久化，这一点在某些人身上例如在斯密、萨伊等人身上表现得特别明显。但是这也可能出自另一个比资产阶级更古老的、存在于另一个历史时代的原因。这个原因是非政治的，但却是**理**

论的，这就是悄然决定政治经济学对象结构的人本学所产生的理论影响。李嘉图无疑就属于这种情况，他清楚地知道，资产阶级的时代终将结束，他已经从它的经济机制中看到了这个命运，但是他仍然大声疾呼，资产阶级时代是永恒的。

在对政治经济学对象结构的分析中，我们是否应该超越既定的经济现象的同质领域和潜在的人本学之间的职能的统一并说明以自身的特殊联系构成这种统一的基础的前提即理论的（哲学的）概念呢？如果我们超越这种统一并说明这些前提和概念，我们就会面临诸如既定存在、主体、原因、目的、顺序等哲学基本概念以及类似直线性因果关系和目的论因果关系之间的联系。我们应该对所有这些概念进行详细的分析，以便揭示出它们在政治经济学舞台上所起的作用。不过这会使我们远离我们讨论的题目，而且我们以后还会看到马克思时而摆脱这些概念，时而又赋予这些概念以完全不同的作用，那时我们再回过头来研究这一问题。

八、马克思的批判

马克思抛弃了关于既定经济现象的同质领域的实证观念，同时也抛弃了作为这种观念基础的关于经济人（等等）的意识形态人本学。马克思在抛弃这两者的统一的同时也抛弃了政治经济学对象的结构本身。

首先我们来看一看**古典人本学**在马克思著作中的命运。为此我们有必要巡视一下经济"空间"的三大领域：消费、分配、生产，以便了解人本学概念在这些领域中所占据的**理论**地位。

A. 消费

我们先从**消费**开始，看起来，这是人本学直接关心的事情，因为它提出了关于人的"需要"的概念。但是，马克思在1857年《〈政治经济学批判〉导言》中指出，如果我们把经济需要和经济主体的"人的本质"联系起来，我们就不能给经济需要下精确的定义。消费确实是**双重的**。它包括一定社会的人的**个人消费**，同时也包括**生产性消费**，这种生产消费——从需要这个概念的广泛意义来说——可以规定为满足生产需要的消费，它包括：生产"对象"（原材料、对原材料进行加工后的劳动产品）以及生产所必不可少的生产手段（工具、机器等等），因此，消费的很大部分直接并且仅仅同生产本身有关。所以说，这部分生产消费不是为了满足个人的需要，而是为了使生产条件能够得到再生产，或者是简单再生产，或者是扩大再生产。在这一论证的基础上，马克思作出了两个极其重要的区分，这是古典政治经济学所没有做的。这就是**不变资本**和**可变资本**的区分以及生产的两个部类即**第一部类**和**第二部类**的区分。第一部类的目的是在简单或扩大的基础上再生产出生产的条件，第二部类的目的是生产个人消费的物品。这两个部类之间的比例是由生产**结构**来确定的，而生产结构的参与直接是为了决定这样一部分使用价值的性质和数量，这部分使用价值不进入为了需要的消费，而是仅仅进入生产本身。马克思的这一发现在价值**实现**理论、资本主义积累过程以及由此而引出的一切规律中起着重要的作用。这是马克思同斯密不断进行的争论的焦点，这一争论在《资本论》第二、三卷中曾多次出现，列宁对民粹派及其先师"浪漫主义"经济学家西斯蒙第的批判也是这一争论的反映[36]。

但是这一区分不能解决所有的问题。虽然生产的"需要"完全摆脱了人本学的规定，但是仍然有一部分产品被个人消费，满足个人的"需要"。但是我们看到，马克思的分析在这里同样动摇了人本学的理论要求。马克思不仅明确地指出这些"需要"是历史的，而不是绝对的既定存在，而且还特别指出，这些需要只有在"有支付能力"的前提下，才能作为经济的需要得到承认。只有起到经济作用的需要才是在经济上能够得到满足的需要。这些需要并不是由一般的人的本质来决定，而是由支付能力即个人支配的收入水平以及可支配的产品的**性质**来决定的，而这些产品又是一定时期的生产技术能力的结果。生产形式对个人需要的规定则更进一步了，因为生产不仅生产一定的消费资料（使用价值），而且生产它们的**消费方式**，甚至生产对这些产品的欲望（参见《马克思恩格斯全集》（第12卷），北京：人民出版社1962年版，第742、743页）。换句话说，个人消费本身表面上虽然把使用价值和需要直接联系起来（因此，个人消费似乎完全属于人本学，虽然它被历史化了），但它一方面使我们注意到了生产的技术能力（**生产力**水平），另一方面注意到了决定收入的分配（剩余价值和工资的分配形式）的**生产的社会关系**。这第二个方面又使我们看到人分成**社会各个阶级**，而这些阶级在这种情况下就成了生产过程的"真正主体"（我们假定可以使用"主体"这一术语）。这样确定下来的"需要"同人本学基础的直接关系就变成纯粹神秘的东西了，或者反过来说，人本学的概念只有在考虑到这些"需要"的经济的（非人本主义的）规定的情况下才是可能的。这些需要具有双重的**结构**规定而不再具有人本主义的规定：在第一部类和第二部类之间分配产品的规定以及赋予需要以内容和含义的规定（生产力和生产关系的关系的结构）。因此，这个概念排除了古典人本学在经济学中所起的基础作用。

B. 分配

除了生产以外，分配也是需要的规定的重要因素，因此我们要来看看这个新的范畴。分配同样表现为两个方面。它不仅是收入的分配（这种分配可以归结为生产关系），而且是生产过程所生产出来的使用价值的分配。但是我们知道，这些使用价值包括第一部类的产品或生产资料以及第二部类的产品或消费资料。第二部类的产品同个人的收入相交换，因而取决于个人的收入，取决于收入的分配即第一次分配；第一部类的产品即生产资料是用来再生产生产条件的，它们不同收入相交换，而直接在生产资料的所有者之间（这是《资本论》第二卷关于实现的图式所表示的结果），即在垄断生产资料的资本家阶级的成员之间进行分配。因此，在使用价值的分配背后显示出了另一种分配：人分成各个社会阶级。

> 照最浅薄的理解，分配表现为产品的分配，因此它仿佛离开生产很远，对生产是独立的。但是，在分配是产品的分配之前，它是（1）生产工具的分配，（2）社会成员在各类生产之间的分配（个人从属于一定的生产关系）——**这是上述同一关系的进一步规定**。产品的分配显然是这种分配的结果。这种分配包含在生产过程本身中并且决定生产的结构。①

在这两种场合，收入的分配以及消费资料和生产资料的分配标志着社会成员在不同阶级之间的分配，因而我们涉及了生产**关系**，涉及了**生产**本身。

这些范畴乍一看似乎要求在理论上应用关于经济人的人本学，并且由于这个原因而使人本学获得了一种基础的外观，因此，对这些范畴的研究可以产生下述双重后果：（1）人本学不复存在，因为它不再起基础的作用（规定经济本身的作用、规定经济的"主体"的作用）。经济现象的"平面空间"不再同时是人的主体的存在的人本学空间；（2）对消费和分配的分析必然导致经济的真正规定即**生产**，与此相关的是，这种理论的深入在我们面前表现为经济现象领域的转变：一种新的结构，即在决定经济现象的"**生产关系**"的支配下思考经济现象的结构代替了旧的同质的"平面空间"。

在第二个结果中，我们必须承认马克思的一个基本论点：**生产**支配消费和分配，而不是相反。我们常常可以看到，马

---

① 参见《马克思恩格斯全集》（第12卷），北京：人民出版社1962年版，第746页。

克思的全部发现可以被还原为这个基本论点及其结论。

但是，这种"还原"遇到了小小的困难。上述发现可以追溯到重农学派，而李嘉图这位"主要是研究生产的"经济学家（马克思语）则赋予这种发现以系统的形式。李嘉图确实宣布了生产对分配和消费的支配地位。我们甚至应该像马克思在1857年《〈政治经济学批判〉导言》中所做的那样进一步承认，如果李嘉图断言分配是政治经济学固有的对象，那么他是指分配中涉及生产当事人划分为各个社会阶级的方面（参见《马克思恩格斯全集》（第12卷），北京：人民出版社1962年版，第746页）。然而，我们在这里还必须把马克思关于剩余价值的论述运用到李嘉图身上。李嘉图指出了达到对剩余价值现实的认识的一切外在征候，但是他总是在利润、地租和利息的形式上谈论剩余价值，也就是说用不同于剩余价值概念的其他概念来谈论剩余价值。同样，李嘉图也指出了达到对生产关系存在的认识的一切外在征候，但是他却仅仅在收入分配和产品分配的形式上来谈论这个问题，因此他没有得出这些关系的**概念**。这里涉及的仅仅是透过伪装识别一种事实的存在，因此，用来称呼这一事实的一个或几个名词是否是不恰当的概念，这一点是无关紧要的。正因为如此，马克思能够在直接的替代性阅读中，把他的先驱者的**语言**翻译出来，在李嘉图使用利润这个名词的地方使用了**剩余价值**，在李嘉图使用收入分配这个词的地方使用了**生产关系**一词。如果涉及的问题仅仅是一种存在的名称，那么一切都好办，我们只要改变名词，用事物本来的名称称呼事物就可以了。但是当问题涉及由这种假象而产生的理论结论时，事情就变得格外严重了，因为这个名词在这里表示一个概念，如果这个概念用的不恰当或者缺少了，就会产生严重的理论后果，而不管我们所涉及的著作家是否承认这一点（例如李嘉图就在这些矛盾上遭到挫折）。在这种情况下，我们要说明的是，用一个不确切的名词来歪曲现实的假象化是第二性的假象化，也就是用一个充当理论职能的名词来歪曲概念的假象化。在这种情况下，术语的改变可以是总问题和对象的改变的真正标志。但是从整个过程来看，马克思似乎把自己的工作分成了两个部分。一方面马克思满足于对自己先驱者的著作进行替代性阅读，他在这方面表现得很"宽厚"（恩格斯语），这种宽厚态度总是使他过多地把自己的发现归功于先驱者，实际上把"生产者"看做是"发现者"，另一方面，马克思在不同场合，在涉及他的先驱者生产出来的事实的概念含义时，对他们由于自己的盲目性而得出的理论结论表现出了严厉的态度。当马克思极其严厉地批判斯密或李嘉图没有从剩余价值的各种存在形式中区分出剩余价值的时候，他实际上是指责他们没有赋予他们所"生产出来"的事实以**概念**。因此我们可以清楚地看到，这个简单的名词的"省略"实际上是一个**概念**的空缺，因为一个概念的出现或空缺决定着一系列的理论结论。这反过来说明了一个"名词"的空缺对"包含"这种空缺的理论所产生的后果。在这里，一个"名词"的空缺就是**另一个概念**的出现，换句话说，如果有人认为只需在李嘉图的表述中恢复一个空缺的"名词"，那么他就有可能误解了这个空缺的**概念**的内容，他就会把李嘉图的概念本身归结为单纯的

"名词"。我们应该在这种概念和名词的错误等同（认为建立一个概念不过是恢复了一个名词；认为李嘉图的概念不过是一些名词）中来寻找原因，弄清马克思为什么一方面赞扬他的先驱者们的发现（尽管他们往往只是"生产"而并没有"发现"），另一方面又激烈地批判他们从自己的发现中草率得出的理论结论。现在我必须详细地谈一谈这个问题，以便理解马克思下述论断的含义：

> 正因为如此力求在一定的社会结构中来理解现代生产并且主要是研究生产的经济学家李嘉图，不是把生产而是把分配说成现代经济学的本题。①

"这一原因" 的意思是：

> 他**本能地**把分配形式看成是**一定社会中的生产当事人的确定关系的**最确切的表现。②

这里所说的"一定社会中的生产当事人的确定关系的最确切的表现"就是指**生产关系**。马克思并不是以"直觉的"或者说"无意识"的形式，而是以**概念**及其结论的形式来研究生产关系的，他消灭了古典经济学的对象，从而消灭了政

---

① 《马克思恩格斯全集》（第12卷），北京：人民出版社1962年版，第747页。
② 《马克思恩格斯全集》（第12卷），北京：人民出版社1962年版，第746页。

治经济学这门科学本身。

马克思的特殊贡献并不在于他肯定和指出了生产的支配地位（李嘉图已经以自己的方式做到了这一点），而在于他改造了**生产概念**，并赋予这一概念以完全不同于旧概念所表示的对象的对象。

C. 生产

在马克思看来，一切生产都具有两个不可分割的要素：**劳动过程**，即人对自然材料的加工，以便使其成为使用价值；**生产**的社会**关系**，劳动过程就是在其支配下进行的。我们逐一地考察这两点：劳动过程（a）和生产关系（b）。

（a）劳动过程：

劳动过程的分析涉及生产的**物质条件**和技术条件。

> 劳动过程……是以生产使用价值、使外在物适合于需要为目的的活动，是人和自然之间的物质变换的一般条件，是人类生活的自然必然性，因此与它的任何社会形式无关，倒不如说是一切社会形式所共有的。①

这个过程归结为三个简单要素的结合：1. 人本身的活动或劳动本身；2. 劳动对象；3. 劳动资料。因此，劳动过程就是人的劳动力按照相应的（技术）规则，使用一定的劳动工具把劳动**对象**（原材料，已经加工过的材料或未加工过的

---

① 〔德〕马克思：《资本论》（根据作者修订的法文版第一卷翻译），北京：中国社会科学出版社1983年版，第172页。

原料）加工成有用产品时的耗费。

从这个分析中，我们可以得出**两个基本特点**：劳动过程条件的**物质**性质；**生产资料**在劳动过程中的支配作用。现在我们分别考察这两个基本特点：劳动过程条件的**物质**性质；**生产资料**在劳动过程中的支配作用。

第一个特点：劳动力的一切生产性耗费在其过程中要以**物质**条件为前提，而所有这些物质条件可以全部归结为自然（未经加工的自然或人类活动加工过的自然）的存在。马克思写道："劳动首先是人和自然之间的过程，是人以自身的活动来引起、调整和控制人和自然之间的物质变换的过程。人自身作为一种自然力与自然物质相对立。"因此他断言，物质自然转化为产品的过程，从而作为物质机制的劳动过程，是由自然和工艺的物质规律来支配的。劳动力也是这种机制的组成部分。物质条件对劳动**过程**的支配排斥了一切关于人的劳动是纯粹的创造的"人道主义"观念。我们知道，这种唯心主义并非是一种神话，它统治了政治经济学本身，并因此而统治了庸俗社会主义的各种经济乌托邦思想，例如蒲鲁东的人民银行计划、格雷的"劳动券"以及"哥达纲领"。"哥达纲领"在开头就写道：

"劳动是一切财富和一切文化的源泉"。

对此，马克思回答道：

> 劳动不是一切财富的源泉。自然界和劳动一样也是使用价值（而物质财富本来就是由使用价值构成的!）的源泉，劳动本身不过是一种自然力的表现，即人的劳

动力的表现。上面那句话在一切儿童识字课本里都可以找到,但是这句话只是在它包含着劳动具备了相应的对象和资料这层意思的时候才是正确的。然而,一个社会主义的纲领不应当容许这种资产阶级的说法,对那些唯一使这种说法具有意义的**条件**避而不谈……资产者有很充分的理由给劳动加上一种**超自然的创造力**。①

这种乌托邦主义使斯密以及在这方面追随他的一切乌托邦主义者在经济学概念中没有明确地**把劳动过程的物质条件再生产的必然性表述为**这一过程存在的必要条件,因此,他们也就把包含在任何生产过程中的生产力的**现实的**物质因素(劳动对象、工具和原料)撇开了(所以斯密的政治经济学缺少**再生产**的理论,而再生产理论是一切生产理论所不可缺少的)。正是这种关于劳动的唯心主义使马克思在《1844年经济学哲学手稿》中把斯密称为"现代政治经济学的路德",因为斯密把一切财富(一切使用价值)**仅仅**归结为人的**劳动**;同时还把斯密和黑格尔在理论上联系起来,因为前者把全部政治经济学归结为劳动的主体性,而后者则"把劳动理解为人的本质"。马克思在《资本论》中同这种关于劳动的唯心主义决裂了,他思考了一切劳动过程的物质条件的概念并建立了这些物质条件的**经济存在形式**的概念,他作出了对于资本主义生产方式具有决定性意义的区分,即区分出不变资本和可变资本以及生产的第

---

① 《马克思恩格斯全集》(第19卷),北京:人民出版社1963年版,第15页。

一部类和第二部类。

我们从这个简单的例子可以看到在经济分析的领域本身中，仅仅由于**经济分析的对象概念这一思想**，而产生的理论的和实践的后果。马克思认为生产的物质条件这一现实属于生产的概念，仅此一点就可以使他在经济分析领域本身中产生出经济"运行的"概念（不变资本和可变资本、第一部类和第二部类），而这些概念则把经济分析的顺序和性质完全颠倒过来了。经济分析的对象的概念不是超经济的概念，而是理解经济对象本身的性质所必不可少的经济概念的结构的概念：不变资本和可变资本、第一部类和第二部类这些经济概念在经济分析领域中只不过是**劳动过程的物质条件**概念的经济规定。因此，对象的概念直接存在于直接"运行"的经济概念之中。但是如果没有这个对象的概念，这些经济概念就不能产生，我们就无法摆脱斯密的经济唯心主义而继续受到意识形态的各种诱惑。

这一点是至关重要的，因为它表明，仅仅认为经济而在经济中又是生产，支配社会存在的一切领域还不是马克思主义者。人们可以赞同这一论点而同时又宣扬关于经济和生产的唯心主义观点，声称劳动既是"人的本质"又是政治经济学的本质，总之，宣扬关于劳动和"劳动文明"等人本主义的意识形态。相反，马克思的唯物主义是以经济生产的唯物主义观念为前提的，也就是说，是以阐明劳动过程中的不可或缺的物质条件为前提的。这是我所引证的马克思致恩格斯的一封信中所包含的马克思的一个说明的直接应用。马克思在这封信中明确指出，他不同于他的先驱者，他赋予"**使用**

价值这个范畴"以完全不同的意义。正是在这一点上,那些把马克思主义说成是"劳动的哲学"的各种解释,无论是伦理学派、人格主义学派还是存在主义学派的解释都搁浅了。尤其是萨特的被动实践论,因为这一理论缺乏劳动过程的物质条件的形态概念。斯密已经把劳动过程的现实物质条件归结为过去的劳动,因此他把劳动过程的存在在一定时刻所要求的物质条件的**现实性**分解到无限的向后推论中,分解到前人**劳动**的**非现实性**中,分解到对这些劳动的回忆(黑格尔在他的"回忆"理论中似乎确认了这一观点)中。同样萨特则把**现实物质条件**(这些条件的结构性结合支配着整个实际劳动,支配着整个使原料成为有用产品的现实的加工)分解到一种对先前的实践的哲学回忆中,而这种实践本身与另一种或其他的先前的实践相对而言又是后来的实践,这样依此类推,萨特把这些物质条件一直分解到原始主体的实践中。在经济学家斯密那里,这种观念的分解在经济本身的领域中引起了严重的理论后果;在萨特那里,这种观念的分解直接升华为他的明确的哲学"真理":关于主体的人本学。这种人本学在斯密那里是隐蔽的,而在萨特那里则采取了关于自由的哲学的公开形式。

第二个特点:对劳动过程的分析本身证明了"**劳动资料**"的支配作用。

> 劳动资料的使用和创造……是**人类劳动独有的**特征。因此,富兰克林给人下的定义是《a toolmaking animal》,制造工具的动物。骨化石的结构对于认识已经

绝迹的动物的机体有重要的意义,古代劳动资料的遗骸对于研究已经消亡的社会经济形态也有同样重要的意义。各种经济时代的区别,不在于生产什么,而在于怎样生产,用什么劳动资料生产。劳动资料不仅是劳动者发展的测量器,而且是劳动借以进行的社会关系的指示器。①

因此,在劳动过程的三个构成要素(对象、资料、劳动力)中,有一个起支配作用的要素,这就是**劳动资料**。正是这一要素使我们能够在各个经济时代共有的劳动过程中识别和确定区分它的各种基本形式的特殊差别。正是"劳动资料"决定着我们所考察的劳动过程的典型形式:因为"劳动资料"可以确定经济生产过程中处于加工过程的外在自然物的"被加工的方式",所以它决定着**生产方式**,决定着马克思主义分析(无论是经济的还是历史)的基本范畴,同时它还决定着生产劳动的**生产率**的发展程度。因此,关于各种劳动过程中的可以观察的、恰当的区别的概念,使我们不仅能够"划分历史时期",而且首先是使我们建立起历史的概念,这个概念就是**生产方式**的概念,这一概念从我们考察的角度来说,是建立在劳动资料的质的差别的基础之上的,也就是说建立在劳动资料的生产率基础之上的。难道还需要指出劳动资料这一起支配作用的概念与生产率这一经济"运行"概念之间存在着直接的联系吗?难道还需要指出,古典经济学

---

① 〔德〕马克思:《资本论》(根据作者修订的法文版第一卷翻译),北京:中国社会科学出版社1983年版,第168页。

正如马克思所批评的那样，从来就没有提出和说明这个生产率概念，而它对历史的否定就是同缺少**生产方式**的概念相联系的吗？[37]

马克思生产了生产方式这一关键性概念，因此他能够说明生产对自然物质加工的不同水平、"人与自然"之间统一的不同方式以及这种统一的各个发展阶段。但是，由于马克思同时向我们揭示了考察生产的**物质条件**的理论意义，生产方式的概念也就向我们揭示了另一个起支配作用的、同"人—自然"的统一的发展阶段相应的现实：**生产关系**：

> 劳动资料不仅是劳动者发展的测量器，而且是劳动借以进行的社会关系的指示器……

由此我们可以看到，人—自然统一的发展阶段所表示的这种统一同时也就是人—自然的关系与生产借以进行的**社会关系**的统一。因此，生产方式概念是这种双重的统一的统一概念。

（b）**生产关系**

现在我们来研究生产过程的**新的**条件。生产过程的**物质条件**表现出人和自然发生的关系的特殊性质，在研究了这些物质条件之后，我们再来研究生产过程的**社会条件**，即**生产的社会关系**。这些新的条件涉及的是体现为生产当事人和生产的**物质资料**之间关系的这些当事人之间关系的特殊型式。这个确切的说明是至关重要的，因为**生产的社会关系在任何意义上都不能还原为简单的人与人之间的关系，不能还原为**

仅仅涉及人的关系，因而不能还原为一个普遍模式，即**主体间的相互关系**的各种转化形式（承认、威望、斗争、统治和奴役等等）。在马克思那里，生产的社会关系表现的并不是**单独的人**而是生产过程的**当事人**和生产过程的**物质条件**的特殊的"结合"。我之所以强调这一点，同朗西埃对马克思的某些术语的分析不无关系，因为从仍然具有青年马克思人本主义哲学特征的术语出发，朗西埃的分析难免把人与人之间的关系同物与物之间的关系在字面上对立起来。实际上，**生产关系**必然包含着人与物的关系，因为生产关系中的人与人之间的关系恰恰是由生产过程中的人与物质要素的关系来规定的。

马克思是怎样思考这些关系的呢？他把这些关系看做是"分配"还是"结合"呢？马克思在 1857 年《〈政治经济学批判〉导言》中谈到分配时写道：

> 照最浅薄的理解，分配表现为产品的分配，因此它仿佛离开生产很远，对生产是独立的。但是，在分配是产品的分配之前，它是（1）生产工具的分配，（2）社会成员在各类生产之间的分配（个人从属于一定的生产关系）——这是上述同一关系的进一步规定。这种分配包含在生产过程本身中并且决定**生产的结构**，产品的分配显然只是这种分配的结果。如果在考察生产时把包含在其中的这种分配撇开，生产显然是一个空洞的抽象；反过来说，有了这种本来构成生产的一个要素的分配，产品的分配自然也就确定了……生产必须从生产工具的

一定的**分配**出发……①

这种分配就是指生产资料按照生产资料和生产当事人之间确定的某种关系对生产当事人的某种**归属**。从形式上看，这种分配和归属可以被理解为一定数量的要素，即一定数量的生产资料和一定数量的生产当事人之间按照一定的方式实现的结合。

马克思自己是这样表述的：

> 不论生产的社会形式如何，劳动者和生产资料始终是生产的因素。但是，二者在彼此分离的情况下只在可能性上是生产因素。凡要进行生产，就必须使它们结合起来。实行这种结合的**特殊方式和方法**，使社会结构区分为各个不同的经济时期。②

在另一处可能是最重要的地方，马克思在谈到封建生产方式时写道：

> 从直接生产者身上榨取无酬剩余劳动的独特经济形式，决定着统治和从属的关系，这种关系是直接从生产本身产生的，而又对生产发生决定性的反作用。但是，

---

① 《马克思恩格斯全集》（第 12 卷），北京：人民出版社 1962 年版，第 746、747 页。

② 《马克思恩格斯全集》（第 24 卷），北京：人民出版社 1972 年版，第 44 页。

这种由生产关系本身产生的经济制度的全部结构，以及它的独特的政治结构，都是建立在上述的经济形式上的。任何时候，我们总是要在生产条件的所有者同直接生产者的直接关系——这种关系的任何形式总是自然地同劳动方式和劳动社会生产力的一定的发展阶段相适应——当中，为整个社会结构，从而也为主权和依附关系的政治形式，总之，为任何当时的独特的国家形式，找出最深的秘密，找出隐蔽的基础。①

这段论述使我们透过迄今为止彼此对立的两个要素（生产当事人和生产资料），看到一些最重要的区别。从生产资料来说，我们已经看到了生产对象例如土地（土地在资本主义以前的一切生产方式中**直接**起着支配的作用）和生产工具之间的区别。从生产**当事人**方面来说，除了劳动者和劳动力的区别以外，我们还可以看到生产的**直接当事人**（马克思的术语）同其他在一般生产过程中作为生产资料所有者的人的重要区别，前者的劳动力在生产过程中被投入使用，而后者在一般生产过程中则不能被看做是直接劳动者或当事人，因为他们的劳动力在生产过程中并没有得到使用。我们只有把这些不同的要素，劳动力、直接劳动者、主人或非直接劳动者、生产对象、生产工具等结合起来，**联系**起来，才能界定在人类历史上已经存在过和可能存在的**生产方式**。这种把预先存在的一定要素联系起来的做法会使人想起这是一种**组合**，

---

① 《马克思恩格斯全集》（第 25 卷），北京：人民出版社 1974 年版，第 891、892 页。

如果在这些不同的结合中起作用的各种关系的极其特殊的性质不能明确地规定这种组合并限定其领域,就会产生这种情况。我们只有把这些不同的要素结合起来,才能够得到各种不同的生产方式,但是我们必须使用各种特殊的**结合方式**,而这些特殊的结合方式也只有在组合**结果**(这个结果就是现实生产)的特性中才具有意义。这些特殊的结合方式包括:**所有权**、**占有**、**支配**、**享受**、**共同体**等等。把各种特殊的关系应用于现实存在的要素的不同的分配,就会产生数量有限的形态,即一定生产方式的生产关系。这些生产关系支配着各类生产当事人集团同生产对象和生产工具结成的关系,由此同时把生产当事人划分为在生产过程中占有一定地位的各个职能集团。因此,生产当事人之间的关系根源于他们同生产资料(对象、工具)保持的典型关系,根源于他们被划分为不同的、由生产结构依照他们同生产资料的关系确定的职能集团。

我在这里不能对"结合"的概念及其不同形式进行理论分析。这个问题请读者参看巴里巴尔的文章。但是,很清楚,这个"结合"概念的理论性质可以为先前以**批判**的形式提出的关于**马克思主义不是历史主义**的论断提供依据,因为马克思主义的历史观是以这种"结合"的各种形式会发生变化的原理为基础的。我只是想强调这些生产关系的特殊性质,这些生产关系可以从**两个方面**来考察。

在我刚才援引的那段话中,我们已经看到马克思证明了,现实存在的诸要素的某种结合形式必然包含着为使这种结合得到保证所必不可少的某种统治和从属的形式,即社会的某种**政治**结构。我们正是在构成生产当事人和生产资料的联系方式的结合中,在财产[38]、占有、支配等关系中看到政治"结构"的必然性及其形式的基础的。这些联系型式依照它们是否将生产当事人划分为直接劳动者和主人而使政治组织的存在成为**必要**(阶级社会)或**多余**(无阶级社会),而政治组织存在的目的就在于使这些由物质力量(国家的力量)和精神力量(意识形态的力量)决定的联系型式能够为自己开辟道路并存在下去。由此我们可以看到,某些生产关系是以法和政治的以及意识形态的**上层建筑**的存在作为自身存在的前提的。我们可以看到,这种上层建筑为什么必然是**特殊的**(因为这种上层建筑是和要求它的生产关系相关联的)。我们也可以看到,另一些生产关系并不要求政治的上层建筑而只要求意识形态的上层建筑(无阶级社会)。最后,我们可以看到,我们所考察的生产关系的性质不仅要求或不要求某种形式的上层建筑,而且还决定着社会整体的某一层次的**作用程度**。不管上述结论如何,总而言之,就生产关系来说,我们可以得出这样的结论:生产关系把它所要求的上层建筑看做是它自身存在的条件。因此,如果我们撇开作为生产关系自身存在条件的特殊的上层建筑,就不能在生产关系的概念中思考生产关系。关于这一点,我们只举一个例子。例如我们可以清楚地看到,在对资本主义的生产关系(生产资料所有者和雇佣工人的分离)借以**存在**的劳动力的买和卖进行分析的时候,为了能够理解分析的对象,直接要以使劳动力的买者(资本家)和卖者(雇佣工人)成为法的主体的**形式上的法的关系**为前提,因而要以整个政治的和意识形态的上层建筑为前提。这种政治的和意识形态的上层建筑维持和包容了那些扮演各自的角色的经济当事人,使其中少数剥削者成为生产资料的所有者,大多数人则成为剩余价值的生产者。因此,我们所考察的社会的整个上层建筑以一种特殊的方式包含和体现在生产关系之中,即包含和体现在由于生产资料和经济职能在各类特定的生产当事人之间的分配而形成的固定结构之中。同样可以说,如果生产关系的结构规定着经济本身,那么,一定的生产方式的生产关系的概念的规定必然要通过社会的各个层次及其固有的联系的型式(即作用型式)的整体概念的规定才能够完成。

这里涉及的决不是形式上的要求,而是决定**经济**本身的定义的绝对的理论前提。我们只要看到这个定义在涉及资本主义生产方式以外的生产方式时所引起的大量问题,就可以明确这种要求的决定性意义:马克思经常说,那些在资本主义社会中被掩盖了的东西在封建社会或原始社会中却是一目了然的,但是正是在这些社会中,我们清楚地看到**经济不是一目了然的!**同样,也正是在这些社会中,我们**清楚地看到**社会结构的各个层次的作用程度也**不是一目了然的!**当人类学家和民族学家想要探寻经济因素,却碰上亲族关系、宗教制度等等时,他们"知道"该遵循什么;当中世纪史专家试图在"经济学"中寻找历史上起主导作用的决定因素,最终却在政治和宗教中发现了这种决定因素时,他们"知道"该遵循什么。[39]在所有这些场合,都不能**直接**看到经济,都不存在原始的经济"既定存在",正像在任何一个层次都不存在直接"既定的"作用一样。在所有这些场合,经济的确证是通过**自身概念的建立**来达到的，而自身概念的建立又以整体结构的各个层次的特殊的存在和联系的规定为前提，因为这些层次必然包含在我们考察的生产方式的结构之中。建立经济的概念就是把它作为一种生产方式的结构的层次、要素或领域严格地规定下来。因此，也就是确定经济在这个结构中固有的**位置**、**范围**和**界限**。如果我们借用柏拉图的古老形象，就是在整体结构中，根据整体自身固有的各层次之间的联系，**不把这种联系搞错**，正确地"划分"出经济的领域。对"既定存在"的"划分"或者经验主义的划分总是把联系搞错，恰恰是因为这种划分把作为它的基础的意识形态的任意的联系和划分应用于"现实"。只有掌握正确的划分和联系，从而建立它们的概念，才能够有正确的划分和联系。换一种说法，我们不可能把原始社会中明显地和"经济"无关的这样那样的**事实**，这样那样的**实践活动**（如由亲族礼仪、宗教礼仪或"波得拉契"① 比赛中人群间的相互关系所产生的实践活动）看做是**严格意义上的经济**的事实和实践活动，除非我们预先建立起了社会整体结构划分为这些不同的实践活动或层次的概念，**发现**了这些不同的实践活动或层次在整体结构中固有的意义，从这些实践活动的令人困惑不解的差异性中识别出了经济实践的**领域**及其结构和形态。可以说，现代民族学和人类学所遇到的困难，大部分来源于它们在处理（描述性的）民族志"事实"和"材料"时没有从理论上注意建立它们研究对象的概念：这种疏忽注定了它们要把

---

① "波得拉契"（potlatch）是美洲印第安人的一种互赠礼物的宗教节日。——译者注

那些对它们来说实际上规定着经济的范畴，也就是现代经济学的而且本身往往是经验主义的范畴应用到民族学的现实上去。光是这一点就增加了许多迷雾。如果我们在这里也紧跟马克思的话，那么我们绕道原始社会等等转这么一个大圈，只是为了从这些社会中清楚地看到我们这个社会向我们掩盖着的东西，也就是说为了从这些社会中**清楚地看到**经济和其他任何现实（政治的、意识形态的等等）一样**从来都不是一目了然的**，都不是和"既定存在"一致的。这一点对资本主义生产方式来说更为"明显"，因为我们知道，资本主义生产方式是**拜物教**对经济领域影响最甚的生产方式。尽管资本主义生产的世界向我们提供了经济的"既定存在"的大量"事实"，而且正是由于这种被拜物教化了的"事实"所具有的"大量"性质，我们只有通过建立经济的概念，也就是说，只有明确经济领域在整体结构中所占据的**位置**，明确存在于这一领域和其他领域（法和政治的以及意识形态的上层建筑）之间的联系，明确其他领域在经济领域本身中**出现**（或作用）的程度，我们才能理解经济的实质。同时，这个要求也可以被直接认为是积极的理论要求：它也可以被忽略，那时它就会以自身的后果表现出来。这些后果可能是理论上的（矛盾、说明的极限），也可能是实践上的（例如社会主义的、甚至资本主义的计划化在技术上遇到的困难）。以上就是我们能够概括地从马克思**用生产关系**决定经济这一事实中得出的第一个结论。

第二个结论也是同样重要的。如果说生产关系今后将作为一个区域性**结构本身处于**社会整体结构之中，那么这个区域性结构由于它的**结构**性质也是使我们感兴趣的。这里我们可以看到，人类学理论的幻象消失了，同时，**既定**的经济现象的同质空间的幻象也消失了。经济不仅在社会整体的总结构中作为一个有结构的领域占据着自己的位置，而且在自己的位置上，在自己的（相对）独立的领域内，经济也是作为**区域性结构**执行职能并作为区域性结构来决定自己的各个要素的。这里我们又看到了本书其他几篇论文的研究成果：生产关系的结构决定生产当事人所占有的**地位**和所担负的**职能**，而生产当事人只有在他们是这些职能的"承担者"的范围内才是这些地位的占有者。因此，真正的"主体"（即构成过程的主体）并不是这些地位的占有者和职能的执行者。同一切表面现象相反，真正的主体不是天真的人类学的"既定存在"的"事实"，不是"具体的个体"，"现实的人"，而是**这些地位和职能的规定和分配**。所以说，**真正的"主体"是这些规定者和分配者：生产关系**（以及政治的和意识形态的社会关系）。但是，由于这是一些"关系"，我们不能把它们设想为**主体**的范畴。如果任何人偶然想要把这些生产关系还原为人与人之间的关系，即还原为**"人的关系"**，他就是在亵渎马克思的思想，因为只要我们对马克思的少数模糊不清的提法持真正的批判态度，我们就可以看到，马克思极其深刻地指出，生产**关系**（以及政治的和意识形态的社会关系）不能还原为任何人类学意义上的主体间的关系——因为生产关系只是在生产客体和生产当事人所占有和"承担"的关系、地位以及职能的特殊分配结构中把当事人和客体结合起来。

这样，我们就进一步弄清了马克思的对象**概念**怎样把他和他的先驱者们彻底区分开来，以及为什么对他的批评远远没有击中目标。对生产概念的思考，也就是对生产条件的统一即生产方式的概念的思考。对生产方式的思考，不仅是对生产的物质条件，也是对生产的社会条件的思考。无论何种情况，都是要产生出这样一种概念，这种概念对经济学家们从他们的对象概念出发制定的经济"运行"（我是故意使用这个词的，因为经济学家们常常使用它）概念的规定起支配作用。我们知道，在资本主义生产方式中，在经济现实本身中表现了资本主义生产关系的事实的，是**剩余价值的概念**。资本主义生产的物质条件和社会条件的统一是由可变资本和剩余价值生产之间的直接关系表现的。剩余价值不是一个可计量的现实，那是由于它不是物，而是一种关系的概念，即生产的社会结构的概念，是**仅仅在其"结果"**（我们将在下面说明的结果）中可以看到的和可以计量的存在的概念。剩余价值仅仅存在于其结果之中，并不意味着通过它的某一特定的结果就可以理解它的全部：因为假如这一点可以成立的话，那么剩余价值就必须**完全出现在**自身的结果之中。但是剩余价值只是在自身**特定**的不出现中作为结构在自身的结果中出现的。它只是在整体中，在自身结果的整体运动中，在马克思所谓的"自身存在形式的发展了的整体中"出现的。这一点是由剩余价值的性质本身决定的：剩余价值是存在于生产过程的当事人和生产资料之间的关系，是从过程的发展及其存在的总体上支配过程的结构本身。生产**对象**如土地、矿山、煤炭、棉花，**生产手段**如工具、机器等等都是"**物**"或可以看到的、可以确定的、可以计量的现实：它们不是**结构**。生产关系是结构。平庸的经济学家尽可以很仔细地观察价格、交换、工资、利润、地租等所有"可以计量的"经济"事实"，他们在经济事实的层面上将"看不到"任何**结构**，正像牛顿以前的"物理学家"不能在落体中"看到"引力定律或者拉瓦锡以前的化学家不能在"脱燃素的"空气中"看到"氧一样。自然，正如在牛顿以前人们"看到"落体一样，在马克思以前人们也"看到"了少数人对大多数人的"剥削"。但是这种剥削的经济"形式"的概念，生产关系的经济存在的概念，由这种**结构**统治和决定整个政治经济学领域的概念，当时并没有获得它们的理论存在。即使斯密和李嘉图在地租和利润的"事实"中"生产"了剩余价值的"事实"，他们也仍然是停留在黑暗之中而不知道自己所"生产"的东西为何物，因为他们不懂得在剩余价值的事实的概念中思考这个事实，也不懂得从这个事实中得出理论的结论。他们远远不能**思考**这个事实，因为无论是他们还是他们那个时代的整个文化根本不曾设想过一个"事实"可以是一种"结合"**关系**的存在，一种复杂的、和整个生产方式共存的关系的存在，而这种"结合"关系的存在支配着整个生产方式的现在、危机和未来并作为整个生产方式的结构的规律决定着整个经济现实，直至可以看到的经验现象的细节——虽然这种经验现象明显得令人目眩，它们仍然是**人们所看不到的**。

九、马克思的巨大的理论革命

现在我们可以回过来分析过去，以便对马克思和他的先驱者、他的**对象**和这些先驱者的**对象**之间的区别作出评价。

从现在开始，我们可以不再谈人本学的问题。人本学在政治经济学中的任务就是要（通过关于经济的理论）来论证经济现象的**经济**性质，同时论证这些经济现象**在既定存在的同质空间**的存在。去掉人本学的"既定存在"，剩下的就是这个使我们感兴趣的空间。现在这个空间不再能够从人本学方面得到证明，那么它的存在会发生什么变化呢？人本学的消失会对它产生什么影响呢？

政治经济学把经济现象思考为从平面空间产生的，在这个空间里，直接的机械因果关系居统治地位，因此某种特定的结果是同原因客体即另一个现象联系在一起的，而这种结果的内在必然性只能在一种既定存在的序列中得到理解。这个空间的同质性、它的平面性质、它的作为既定存在的属性、它的直线性因果关系，所有这些理论规定在其体系上构成了这样一个理论总问题结构，也就是说，构成了理解它的对象并且同时向它提出（由这个总问题本身规定的）关于它自己的存在的问题的特定方式，即提前规定好答案形式（度的模式）的方式，总之，这是一种经验主义的总问题。当然，马克思的理论同这种观点是完全对立的。这种对立不是指马克思的理论是这种观点的颠倒。马克思的理论是完全不同的东西，在理论上同这种观点毫不相干，因此是同这种观点的彻底决裂。马克思通过**他的概念**来规定经济的时候（我们暂时用空间的比喻来说明他的思想），他不是在同质的平面空间的无限性中，而是在区域结构所规定的、并且是总的结构的组成部分的特定**领域**中来说明经济现象的。因此他是把经济现象看做是一个复杂和深刻的空间，而这个空间又是另一个复杂而深刻的空间的组成部分。现在我们抛开这个空间比喻，因为它的作用在刚才那个对比中已经发挥完了。实际上，问题的关键就在于这种深刻性或者更严格地说，这种**复杂性**。用经济现象的概念来说明经济现象就是用这种复杂性概念，也就是用生产方式的（**总**）**结构**概念来说明经济现象。因为总结构决定（区域）**结构**，而这个区域结构作为经济学的对象构成并决定着处于整体结构的特定位置的这一特定区域的现象。从严格意义的经济学角度来看，构成和决定经济学对象结构的是**下述结构**，即生产力和生产关系的统一。这个**结构**的概念不能在生产方式的总结构概念范围之外来说明。

马克思基本理论概念的简单确立，即这些概念在理论叙述的统一中的确立直接产生了某些重要后果。

第一，经济不可能具备（直接可以看到的，可以观察到的）**既定存在**的性质，因为它的确证要求经济结构的概念，而经济结构的概念又要求生产方式结构（它的各个层次以及各个层次之间的特殊联系）的概念，因为它的确证要以它的**概念**的构成为前提。必须为**每一种生产方式**建立经济概念，正像必须为生产方式的每个其他"层次"如政治和意识形态等等建立概念一样。因此整个经济科学就像一切其他科学一样也取决于它的对象的概念的建立。在这种条件下，经济理论和历史理论之间根本不存在矛盾。相反，经济理论是从属于历史理论的一个区域。当然，这里指的不是历史主义或经验主义意义上的历史理论，而是我们在前面已经概述过的这种历史理论[40]。任何没有制定自己对象的概念却企求在可以看得见的历史现象的"领域"中直接"读出"这种概念的"历史"，不管它愿意不愿意，都会打上经验主义的印记，同这种历史一样，任何没有构成自己的对象而直接走向"事物本身"即走向"具体"、"既定存在"的政治经济学，不管它愿意不愿意，都会陷入经验主义的意识形态，经常会受到它的真正的"对象"即它自身目的（不管这种目的是古典自由主义的理想，还是社会主义的"人道主义"劳动的理想）的再现的威胁。

第二，如果经济现象的"领域"不再具有无限平面的**同质性**，那么它的对象理所当然不再在所有场合是同质的，因而不再能够以同一尺度进行比较和**计量**。但是，计量、数学方法及其特有的模型应用的可能性并没有因此而被排除出经济领域。这种可能性现在注定要取决于可计量的对象的领域和界限的概念规定，也要取决于其他数学手段（例如经济计量学或其他公式）可以应用的领域和界限。数学公式只能从属于概念公式而存在。因此，政治经济学同经验主义乃至形式主义的分界线也就是（理论）对象概念和"具体"对象以及把握具体对象所用的数学公式的分界线。

这个原则的实践后果是显而易见的，例如它们在解决计划的"技术"问题时表现出来了。这种解决乐于把只是产生于对象概念的不出现即产生于经济经验主义的问题当做真正的"技术问题"。那些知识阶层的"技术官僚"津津乐道于这种混淆，对此争论不休，但是一个根本不存在或是错误地提出的问题是永远无法得到解决的。

第三，如果经济现象不再是那种平面空间而是深刻的和复杂的空间，如果经济现象由它们的**复杂性**（也就是它们的结构）决定，那么就不再可以把直线性因果关系概念应用于这些经济现象。这样，就需要另一个概念来说明这种因果关系的新形式，这种新形式是政治经济学对象的新的规定所要求的，是政治经济学对象的复杂性，也就是它的特殊规定即**结构的规定**所要求的。

这第三个结论特别值得我们注意，因为它会把我们引导到一个全新的理论领域。对象不能通过它的可以直接看到和感觉到的现象来规定，对象必须迂回地通过它的概念来把握，这已经是老生常谈了。至少这是古典哲学在某种程度上对现代科学的全部历史的思考所告诉我们的，尽管这种思考是在超验的（笛卡儿）、先验的（康德、胡塞尔）或者"客观"唯心主义（黑格尔）等经验主义基础上进行的。毫无疑问，我们必须作出巨大的理论努力，才能够克服上升为"认识论"并且统治西方哲学的各种形式的经验主义，以便同它的主体（我思）和客体的总问题以及主体和客体的一切变化形式决裂。但是，尽管所有这些哲学的意识形态的经验主义很固执，但我们仍然可以从所有这些意识形态中"隐约地感觉到"现实科学的理论实践迫使它们接受的这样一种现实必然性，也就是说，现实对象的认识无须通过与"具体"的直接接触，而是通过这种对象

（指认认识对象）的**概念**的生产即**理论**可能性的绝对条件来实现的。**从形式上说**，如果马克思要求我们为了建立政治经济学理论而生产出经济概念，如果他要求我们通过**对象的概念**来规定这一对象的数学化的有效范围、界限和条件，那么马克思要求我们做的恰恰是同西方批判哲学的全部唯心主义—经验主义传统决裂，而决不是同现实科学实践决裂。相反，马克思正是在一个新的领域重新提出了他的要求，而这些要求很早以来就是向已经实现其独立性的科学的实践提出的。如果说这些要求往往要受到过去和现在都统治着经济科学的、深深地打着经验主义意识形态印记的实践的阻碍，那么这无疑是因为这门"科学"太年轻，也因为"经济科学"首当其冲地要受到意识形态的压力。社会科学不像数学科学那样纯洁，霍布斯就曾指出，几何学把人们联结起来，社会科学把人们分开。"经济科学"是历史上重大政治斗争的角逐场所。

我们的第三个结论和要求的情况完全不同，它使我们必须把经济现象看做由（区域）**结构决定**的，而区域结构本身又是由生产方式的**（总）结构**决定的。这个要求向马克思提出的问题，不仅仅是**科学**问题，即属于（一定）科学（政治经济学、历史）的理论实践问题，而且是理论问题或哲学问题，因为这个问题显然涉及概念和概念体系的产生，由此必然影响到现有的科学性和（理论）理性的形式，这些形式在一定的时刻决定着**总理论**本身，也就是决定着哲学对象。[41]这个问题实际上涉及历史理论和政治经济学理论的严格表述所不可缺少的理论（哲学）概念的产生：**尚未以概念形式存**

在的一个不可缺少的哲学概念的产生。

如果我们现在提出这样的看法，即认为任何新的科学的产生必然会提出这类理论（哲学）问题，也许为时过早，但恩格斯就是这样看的。如果我们考察数学在希腊的产生，伽利略物理学以及微积分、化学、生物学等等建立以来所发生的事情，那么我们就完全有理由相信这一点。在上述许多情况下，我们都会看到一种引人注目的现象：哲学思考对基本的科学发现的"**再把握**"以及**新的理性形式**通过哲学的产生（继公元前4世纪和5世纪的数学家的发现之后出现了柏拉图，继伽利略之后出现了笛卡儿，莱布尼茨同微积分的出现，等等）。这种哲学的"再把握"以及新的理论概念通过哲学的这种产生，解决了那些即使没有被明确提出，至少也以"实践状态"包含在上述伟大科学发现中的**理论问题**，并标志着总理论的历史即哲学史的各个大的阶段。但是，某些科学学科（心理生理学、心理学等等）看起来能够通过现有的理性形式的简单扩大建立起来，或者说，**自认为建立起来**。这就意味着，不是**任何**一种科学的建立都能够**在实际上**引起总理论的革命。我们至少可以这样推断，引起总理论革命的是这样一种科学的建立，这种科学的建立的任务是**在实际上**改变存在于总理论中的总问题，以便思考它的对象，因为哲学能够在总理论中通过提出新的理性形式（科学性、必然性等等），思考由于这一科学的出现而引起的变革，因而哲学以其存在标志着决定性的划分即总理论史的革命。

如果我们记住我们在另一个地方谈到的关于在哲学上产生这种新的理性所需要的时期，也就是记住某些理论革命要受到的历史束缚,那么,马克思恰恰为我们提供了这一方面的范例。马克思由于彻底改变了政治经济学的对象而提出的认识论问题可以表述如下:**通过何种概念人们可以思考新的决定类型,也就是刚才论证的由区域结构决定这一区域的现象**?更一般地说,**用何种概念和何种概念体系人们可以思考结构的各个要素、这些要素之间的结构关系以及这些关系的一切后果由这一结构的作用决定**?进一步说,**用何种概念和通过何种概念体系人们可以思考从属的结构由支配的结构决定**?或者说,**如何说明结构的因果性概念**?

这个简单的理论问题本身可以归结为马克思的巨大的科学发现:历史理论的发现,政治经济学的发现,《资本论》的发现。但是这个问题把这种发现概括为以"实践形式"**包含**在马克思的科学发现中的巨大理论问题,也就是马克思在他的著作中"在实践上"所研究的问题。他写作他的科学著作就是为了对这一问题作出回答,但没有在具有同样严格意义的哲学著作中生产出这一问题的**概念**。

这个简单的问题是一个新的意想不到的问题,以致它包含着有可能推翻关于因果性的一切古典理论的要素,或者包含着有可能使人对它产生误解、忽视它、在它产生之前就把它埋葬的要素。

极其概括地说,古典哲学(现有的总理论)大体具有两个对作用问题进行思考的概念体系。笛卡儿的机械论体系,这个体系把因果性归结为**传递的**、分析的作用:这种作用除非以异常的扭曲为代价(我们在笛卡儿的"心理学"和生物学中可以看到这种情况),否则就不能用于思考整体对它的各个要素的作用。但是我们还有第二个体系，这个体系被设想出来完全是为了说明整体对它的各个要素的作用：莱布尼茨的**表现**概念。正是这一模式完全支配着黑格尔的思想。但是黑格尔在原则上假定他所谈到的整体可以归结为唯一的内在性原则，也就是归结为**内在本质**，因而整体的各个要素仅仅是内在本质的现象表现形式。由于本质的内在原则存在于整体的每一个点上，人们在每一时刻都可以书写直接相应的等式：**某一要素**（黑格尔著作中的经济、政治、法律、文学、宗教等等要素）等于**整体的内在本质**。我们在这里就有了一个使我们能够思考整体对它的每一个要素的作用的模式。但是这个有关内在本质—外在现象的范畴为了能够在所有的地方和所有的时刻被用于属于上述整体的每一个现象，**它要以某种整体的性质为前提，也就是要以精神整体的这种性质为前提，在这种精神整体中，每一个要素作为"整体的组成部分"都是整个整体的表现**。换句话说，我们在莱布尼茨和黑格尔著作中看到了整体对它的各个要素或它的各个组成部分的作用这一范畴，但是整体在他们那里绝对不是结构。

如果整体被看做**结构**，也就是被看做具有完全不同于精神整体的统一类型的统一类型，那么问题就完全不同了：我们不仅不能用分析的和传递的因果关系这一范畴来思考结构对各个要素的决定作用，而且**不能用现象所固有的内在本质的普遍表现因果关系这一范畴来思考这种决定作用**。如果我们提出思考整体的结构对整体的各个要素的决定作用，这就是提出一个理论上最困难的全新的问题，因为我们还没有掌握解决这一问题的哲学概念。斯宾诺莎提出了这一问题并作出了初步的解决，他是唯一具有这种空前勇气的理论家，但是我们知道，历史使他隐没在黑暗之中，我们只是通过马克思（然而他对斯宾诺莎并不了解）才隐约看出他的真实面目。

我在这里以最一般的形式重新提出基本的戏剧性的理论问题。关于这个理论问题，前面的叙述已经给我们提供了一个确切的概念。我说这是一个基本问题，因为很显然，当代理论（精神分析学、语言学以及其他学科，如生物学，甚至还包括物理学）通过其他道路最终必然会遇到这个问题，但却没有意识到，马克思早在它以前就在真正意义上"生产"了这一理论问题。我说这是一个**戏剧性**理论问题，因为马克思**"生产"了这一问题，但是没有把它作为问题提出来**。他在没有掌握这一问题的概念的情况下，力图在实践上解决这一问题。他虽然表现出非凡的机智，但仍然没有完全避免堕入前人的那些与这一问题的提出和解决大相径庭的公式。我们在《导言》中可以看到，马克思力图用一些术语来说明这个问题，也就是力图找出这些术语：

> 在一切社会形式中都有一种一定的生产支配着其他一切生产的地位和影响，因而它的关系也支配着其他一切关系的地位和影响。这是一种普照的光，一切其他色彩都隐没其中，它使它们的特点变了样。这是一种特殊的以太，它决定着它里面显露出来的一切存在的比重。①

---

① 《马克思恩格斯全集》（第12卷），北京：人民出版社1962年版，第757页。

这段文字涉及的问题是：某些从属的生产结构由起支配作用的生产结构决定，从而一种结构由另一种结构决定，也就是说，从属结构的要素由起支配作用因而起决定作用的结构决定。我以前力图用**超决定**概念说明这一现象，这种超决定概念是从精神分析学借用来的。我们可以设想，这种分析性概念被转移到马克思的理论并不是一种任意的借用，而是一种必然的借用，**因为在这两种场合所涉及的都是同一个理论问题：用何种概念来思考一个要素和一种结构由另一种结构决定的问题**。马克思注意到了这个问题并试图用比喻来说明这个问题，例如他用普照的光即以太作比喻，一切物体，一种特殊的结构对对象的地位、作用和关系（用马克思的术语来说，就是关系、关系的地位和影响）以及对这些对象的特点和比重的支配作用所引起的一系列变化都沐浴在这种普照的光中。这个问题在马克思的著作中始终现实地存在着，我们前面关于马克思的术语和思维形式的严格分析已经表明了这一点。这个问题完全可以用"表现"这一马克思的全部价值理论的关键性认识论概念来概括。这一问题的目的恰恰是说明结构通过它的**作用**表现出来的**存在**方式，从而说明结构因果性本身。

我们单独提出"表现"这一概念，并不是因为它是马克思用来思考结构作用的唯一概念：只要读一读《资本论》的前30页就可以看到，马克思为了说明**在他之前没有被思考过的**这一特殊现实，他使用了许多具有比喻性的术语。我们强调这一概念，是因为这一概念比喻性最少，而又最接近于马克思在既表示空缺又表示存在即结构通过其作用表现出来的存在时所设想的概念。

这一点对于避免堕入（哪怕是无意地堕入）关于**经济对象的古典概念**，避免认为马克思关于经济对象的概念**由非经济结构从外部决定**，是非常重要的。结构不是**外在于**经济现象的这样一种本质，这种本质会改变经济现象的外观、形式和关系，会作为空缺的原因对经济现象发生作用。这里说本质是空缺的原因，是因为**原因外在于经济现象**。在结构对它的作用的"替代性因果关系"[42]中的原因的空缺，不是结构与经济现象相比而言的外在性的结果，相反，**是结构作为结构内在于它的作用中的存在形式本身**。这里包含的意思是，作用不是外在于结构的，作用不是结构会**打上自己的印记**的那些预先存在的对象、要素、空间。相反，结构内在于它的作用，是内在于它的作用的原因。用斯宾诺莎的话来说，**全部结构的存在在于它的作用**，总之，结构只是它自己的要素的特殊的结合，除了结构的作用，它什么也不是。

这一具体说明对于认识马克思在发现这一现实以及寻找表述这一现实的术语时所采用的有时是奇特的形式，是非常重要的。为了理解这一奇特的形式，我们有必要指出，结构对于它的作用来说的外在性可以理解为纯粹的外在性，也可以理解为**内在性**，唯一的前提是，这种外在性或者这种内在性应该**作为不同于结构的作用**的东西被提出来。这种区别在马克思的著作中经常采取古典的形式，即内在和外在的区别，事物的"内在本质"和事物的现象"外观"的区别，事物的"内在"关系、事物的"内在联系"和同一些事物的外在关系、外在联系的区别。然而我们知道，这种对立原则上可以归结为关于本质和现象的古典的区别，也就是可以归结为这样一个区别，这一区别把存在本身和现实本身的内在的东西即它的概念**置于存在本身之中，置于现实本身之中**，从而把存在和现实本身同具体现象的"外观"相对立，这一区别把不是属于这一现实对象的区别即层次或者各个部分的差别移入**现实对象本身之中**，因为这里涉及的是把这一现实的概念和认识同作为现存对象的现实区分开来的区别。我们知道，这种对立在马克思的著作中可以归结为这样一个明显的道理：**如果本质与现象没有差别，如果本质的内在与非本质或现象的外在没有差别，那就不需要科学了**。① 我们同样知道，这一独特的论述可以从马克思的全部论述中得到印证。马克思的这些论述向我们展示了概念的发展即**从抽象向具体的过渡，也就是原则上抽象的本质内在性向可见的、可感觉的外在具体规定的过渡**，归根结底就是第一卷向第三卷的过渡。一切含混不清的论证都是因为混淆了被思维的具体（马克思在《导言》中把被思维的具体同现实具体完全区分开来）和这一现实具体。因此，《资本论》第三卷的具体即对地租、利润和利息的**认识**，像任何认识一样，实际上**不是经验具体而是概念**，因而仍然是抽象：这就是我可以和应该称为"**一般性Ⅲ**"的东西。我这样说是为了指出，这仍然是思维的产物，

---

① 见《马克思恩格斯全集》（第25卷），北京：人民出版社1974年版，第923页："如果事物的表现形式和事物的本质会直接合而为一，一切科学就成为多余的了。"这不过是重复古典政治思考中的老生常谈："如果人的感情和理性没有区别，那么一切政治就成为多余的了。"

是对经验存在的**认识**，而不是这种经验**存在**本身。这样我们就可以得出严格的结论：从《资本论》第一卷到第三卷**的过渡不是从思维抽象向现实具体的过渡，不是认识所不可缺少的思维抽象向经验具体的过渡**。从《资本论》第一卷到第三卷，我们从未离开过抽象、认识、"思维和理解的产物"，**我们从未离开过概念**。我们只是在认识的抽象内部，从结构概念和结构的最一般的作用的概念过渡到结构的特殊作用的概念。我们从来没有跨越把概念的"发展"或特殊化同事物的发展和特殊化区分开来的绝对不可逾越的界限，理由是，**这个界限理所当然是不可逾越的，因为它不是界限，它不可能是界限，因为它不是存在于事物的概念抽象和这一事物的经验具体之间的共同的同质的空间(精神或现实)**，只有这种同质空间才使我们有权利使用界限这一概念。

如果说我在这里强调了这一模糊不清的问题，那么这是为了表明，当马克思不得不在真正反思的概念中思考他自己**生产**出来的认识论问题时，他面临着何等的困难。这个认识论问题是，**如何在理论上说明结构对它的各个要素的作用**。这个困难产生了后果。我曾经指出，马克思以前的理论思考大体上提供了两种对作用问题进行思考的模式：一种模式是伽利略和笛卡儿的传递因果关系，另一种模式是黑格尔从莱布尼茨那里因袭的表现因果关系。由于所使用的概念含混不清，这两种模式很容易在**本质—现象**这一对概念的古典对立中发现共同的基础。这些概念的含混不清是显而易见的：**本质**实际上会引导出现象，但与此同时也会悄悄地引导出非本质。现象实际上会引导出它所表现的本质，但同时也会悄悄地引导出某种似乎是经验主体的东西，引导出感知，从而引导出可能的经验主体的经验感情。因此很容易在现实本身中积累这些含混不清的规定并在**现实本身中肯定**这样一种区别，这种区别只有作为**外在于现实**的区别才有意义，因为它把现实和对现实的认识区别开来了。马克思在寻找概念，以便思考结构对它的各个要素的作用这一独特的现实时，常常使用（这几乎是不可避免的）**本质和现象这一对古典概念**，因而不得不肯定这些含混不清的概念并且在现实的"**内在和外在**""**现实运动和现象运动**""**内在本质**"和主体所感知和掌握的具体现象规定的形式上，把**对现实的认识和这一现实本身之间的认识论差别移入现实之中**。这一点对科学的概念并非没有影响，当马克思谈到他的先驱者发现和遗漏的概念或者谈到把他同他的先驱者区别开来的概念时，人们可以清楚地看到这一点。

但是这一模糊不清的问题同样对于解释马克思所说的"**拜物教**"现象产生了后果。人们指出，拜物教不是起源于经济过程当事人的幻想或感知的主观现象，因此不能把拜物教归结为经济主体由于自身在过程中的地位和结构中的位置所产生的**主观作用**。但是，马克思的许多著作向我们指出，**拜物教**是一种仅仅同"意识"有关的"**表象**"和幻想。这些著作指出，过程的现实的内在的运动，在同一些主体的"意识"的拜物教形式中"**表现为**"表面的运动形式。而马克思的另一些著作却肯定说，这种表象不是主观的，相反完全是客观的。"意识"的"幻想"和感知的"幻想"本身是第二位的，因此在结构上应该同这种纯粹客观的"幻想"区分开。我们在这里可以最清楚地看到，在必然是矛盾的运动中，马克思在那些与自己的对象不一致的有关概念中左冲右突，一会儿接受这些概念，一会儿抛弃这些概念。

但是马克思往往要根据这些矛盾的思想来为他所说的话辩护：于是他生产出那些同自己的对象相一致的概念，但这一切是在一瞬间完成的。他没有从理论上系统分析他所生产的东西，没有思考这种东西以便把它纳入他的分析的整体，例如他在研究利润率时写道：

> 实际上，$\dfrac{m}{C}$这个比率表示全部预付资本的增殖程度；这就是说，按照剩余价值的概念上的、内在的联系和性质来说，这个比率表示可变资本的变动量和全部预付资本量之间的关系。①

马克思在这一段以及其他各段论述中，毫不含糊地"实践"了这一真理：**内在性**无非是"概念"，内在性不是现象的**现实的**"内在"，而是对现象的认识。如果情况是这样，那么马克思所研究的现实就不再表现为具有**两个层次**即内在和外在的**现实**，因为内在等同于纯本质，外在等同于现象，而现象时而是纯主观的即"意识"的情感，时而是不纯的，因为它与本质格格不入或者说是非本质。**如果说"内在"**是

---

① 《马克思恩格斯全集》（第 25 卷），北京：人民出版社 1974 年版，第 54 页。

概念，那么"外在"只能是概念的具体化，就像整体的结构的作用只能是结构的存在本身一样。例如马克思在谈到地租时指出：

> 为了科学地分析地租，即土地所有权在资本主义生产方式基础上的独立的特有的经济形式，摆脱一切使地租歪曲和混杂的附属物，**纯粹地**考察地租，是很重要的；另一方面，为了理解土地所有权的实际影响，甚至为了**从理论上了解**同地租**概念和性质**相矛盾但仍然表现为**地租的存在方式的大量事实**，认识造成这种理论混乱的因素，也是同样重要的。①

这里我们可以看到马克思赋予他的分析的两重性。他分析了资本主义地租的纯粹形式，而这种纯粹形式无非就是资本主义地租的概念。马克思把这种纯粹性一方面思考为概念的纯粹形式，另一方面思考为概念的规定本身。与此同时，他把这种纯粹性思考为与**经验的非纯粹性**相区别的东西。但是马克思在进一步说明中又把这种经验的非纯粹性思考为地租本身概念的"各种存在形式"即地租本身概念的各种理论规定。在第二种理解中，我们摆脱了纯粹本质和非纯粹现象之间的经验主义区别。我们抛弃了关于纯粹性的经验主义观念，这种纯粹性不过是经验的**纯净化**（经验被剥离）的结果。我们实际上把纯粹性思考为**概念的纯粹性**，思考为与自

---

① 《马克思恩格斯全集》（第25卷），北京：人民出版社1974年版，第704页。

身的对象相一致的认识的纯粹性,而把这一概念的各种规定思考为对地租的各种存在方式的实际认识。很清楚,这种说法本身就取消了内在和外在的区别并用概念和现实的区别,或者说(认识)对象和现实对象的区别取而代之。但是,如果我们认真看待这种必然的取代,那么我们就会达到科学实践及其对象的概念,而这种概念与经验主义毫无共同之处。

马克思在 1857 年《〈政治经济学批判〉导言》中明确地阐述了关于科学实践这一全新概念的原则。但是,说明这一概念是一回事,在关于结构对它的各个要素的作用的概念的生产这一前所未有的理论问题中应用这一概念则是另一回事。马克思使用"表现"一词来**实际应用**这一概念,并且用沐浴在以太中的各个对象的特殊比重和色彩的变化来描述这个概念。在马克思的分析中,这一概念有时在他用一种新的但却是非常准确的语言(比喻性语言)进行论述的某些段落中直接表现出来。这种比喻性语言中的比喻实际上已经是**比较完备的概念**,但是这些概念作为概念也许还有待我们去理解、掌握和发展。因此,马克思总是把资本主义体系看做**机制**、**机械**、**机器体系**、**装置**或者看做**"社会物质变换"**的体系。在所有这些场合,内在和外在的区别消失了,同样,现象的"内在"联系和现象的外在混乱之间的对立也消失了。现在摆在我们面前的,是彻底摆脱了现象的主观性和本质的内在性的经验主义二律背反的一个新的形象、几乎全新的概念,是一个新的客观体系,是一个在其最具体的规定上由它的**装置**和**机器体系**的规律、由它的概念的各种具体形式决定的客观体系。这使我们想起"表现"这一高度征候性术语,并把它同"机器体系"联系起来考察,把它看做机器体系通过它的作用表现出来的存在本身,看做一出戏剧的舞台指挥的存在方式,而这出戏剧就是舞台、台词和演员的统一。这出戏的观众之所以偶然地成为观众,只是因为他们首先是被动的演员,受到台词和角色的束缚;他们不可能是台词和角色的作者,因为从本质上看,这是**一出没有作者的戏剧**。

这里难道还需要作更多的说明吗?马克思不断努力,打破现有总理论的客观界限,以便创造出能够思考他的科学发现向哲学提出的问题。马克思的不断努力和他的一次又一次的失败是他在我们之前很久单独地经历的理论戏剧的组成部分。我们只是根据我们时代的某些迹象开始模糊地意识到,**他的问题也就是我们的问题**,而且在长时期内是我们的问题,这一问题支配着我们的未来。由于孤独,他在自己的周围寻找同盟者和支持者。谁能责备他求助于黑格尔?我们应该感谢马克思,由于他,我们没有成为孤独者。我们的孤独只是因为我们没有弄懂马克思所说的话。我们必须在我们以及一切认为超过马克思的人们中间谴责这种无知。我在这里指的仅仅是那些最杰出的人物,但他们也只是处于马克思发现和开辟的领域的边缘。我们甚至要感谢马克思使我们看到了他的弱点、空缺和疏忽:这些弱点、空缺和疏忽有助于说明他的伟大,因为我们只能在重新开始他的逝世所中断的叙述时,才能提到它们。我们知道《资本论》第三卷是怎样结束的:一个标题《**社会各阶级**》,只有二十行,然后就是沉默。

注　释

〔1〕基于一些极其深刻的原因，实际上往往是那些不是职业哲学家的**政治**活动家和**政治**领袖懂得从哲学家的角度阅读和理解《资本论》。列宁就是最出色的榜样。他对《资本论》的**哲学的**理解使得他的经济和政治的分析的深刻性、严格性和尖锐性达到无与伦比的程度。在列宁的形象中，他耐心、细微、深入研究马克思伟大理论著作的一面往往被他伟大政治领袖的一面掩盖住了。他在社会活动早期（1905年革命前几年）写出许多深刻的研究《资本论》理论的难题的文章不是偶然的。对《资本论》十年的研究和思考使他获得了这一无与伦比的**理论修养**，而这一理论修养又使他具有俄国和国际工人运动领袖的超人的政治智慧。正因为如此，列宁的经济和政治著作（不仅是他的著作而且还有他的历史的事业）都具有这样的理论和哲学的价值：我们可以从中研究**行动中**的、"实践"状态的**马克思主义哲学**，即成为政治、政治行动、政治分析和政治决策的马克思主义哲学。列宁使他的无与伦比的**理论修养和哲学修养变成了政治**。

〔2〕这种沉默是有代价的。请读者阅读一下罗森塔尔的著作《〈资本论〉中的辩证法问题》的第7章，尤其是**回避**"好的"抽象与"坏的"抽象区别问题的章节（第304、305页；第325—327页）。这一用词同"概括"一样含糊不清，读者完全可以想象在马克思主义哲学中这个用

以思考（实际上是不思考）科学抽象的性质的用语的命运。这种**听不出来的**沉默的代价是诱发了经验主义。

〔3〕 请读者不要误解**这种沉默**的含义。它是一种特定的表述的组成部分。这种表述的目的不在于阐述马克思主义哲学原则和发生认识史理论的原则，而是要确定研究政治经济学所必不可少的**方法论原则**。这样，马克思就使自己处于一个已经建立的知识体系之中，而并不向自己提出它的**产生**的问题。正因为如此，他**在这一节论述的范围内**能够把斯密和李嘉图的抽象看做是与某种现实相一致的"好的抽象"，同时对产生古典政治经济学的极其复杂的条件保持沉默：他可以把认识古典总问题领域的产生过程这个问题搁置起来，在这个领域中，古典政治经济学的对象成为这样一种对象，这种对象使古典政治经济学通过认识这一对象能够把握部分现实，虽然这种把握仍然被意识形态统治着。这一节关于方法论的论述引导我们提出建立与马克思主义哲学相一致的发生认识理论的要求。这是**我们**的要求，但是只要我们注意到这一节论述在理论上是未完成的（马克思恰好在这一点上保持了沉默），同时注意到马克思新的历史理论的**哲学意义**（尤其要注意这种理论**促使我们思考**意识形态的实践以及科学的实践同其他实践的联系，思考这些实践的有机的和互相区别的历史），我们就会认识到，正是由于马克思，我们才产生了这样的要求。总之，我们可以用两种方法来看待这一节中的沉默：或者把它看做是一种**自发产生的**沉默，因为它的内容就是居统治地位的经

验主义的抽象理论；或者把它看做是一个界限和一个问题。这里所说的**界限**是指马克思的思想所达到的极限。但是这个界限并没有使我们局限于旧的经验主义哲学的领域，而是为我们开辟了一个新的领域。这里所说的**问题**是，这个新领域的性质究竟是什么？我们现在对知识的历史已经进行了相当充分的研究，我们可以沿着与经验主义完全不同的道路去研究这个问题。对于这种关键性的研究，马克思本人已经提出了基本原则（结构以及各种实践的相互联系）。那么，对沉默或理论空白的意识形态研究和科学研究的区别是什么呢？第一种研究使我们陷入意识形态的**封闭和圈子**里，而第二种研究则为我们打开了科学的**大门**。通过这个确切的实例我们可以看到意识形态对整个科学工作的威胁。意识形态不仅在科学缺乏严格性的地方而且在目前研究所达到的**极限**的地方乘虚而入。哲学活动恰恰在这里可以介入科学的生活领域本身，从理论上警惕和保卫科学的大门不受意识形态封闭性的侵犯。当然这里有一个条件，那就是这里所说的并不是一般的开放和关闭，而是**由历史决定的这种开放和关闭的典型的结构**。列宁在《唯物主义和经验批判主义》中多次强调这种绝对的基本存在，它是马克思主义哲学的特殊职能。

[4] 可以说，黑格尔的哲学就是一种"思辨的经验主义"（费尔巴哈）。

[5] 参见《保卫马克思》马斯佩罗出版社1973年版第85页及以下各页，第161页及以下各页。（参见〔法〕路

易·阿尔都塞:《保卫马克思》,顾良译,北京:商务印书馆 2010 年版,第 76—120 页、第 153—214 页。——编者注)

[6] 为了避免任何误解,我要补充说明,这一批判是针对隐蔽的经验主义的。目前流行的关于"历时性"的**折中**概念的用法就受到这种经验主义的严重影响。我们的批判显然不是指历史转化的**事实**,例如一种生产方式向另一种生产方式的过渡。如果用"历时性"来**说明**这个事实(结构的现实转化的事实),那么由此只是说明了历史本身(它从来就不是纯粹静止的)或者通过历史的内在的区别说明了那些**可以看到的**转化。但是当人们思考这些转化概念时,人们就不是处在现实("历时性")而是处在认识之中。在这种认识中,**现实**的"历时性"本身涉及的是我们刚才谈到的关于概念及其"形式的发展"的认识论的辩证法。关于这一点,参见巴里巴尔的文章。

[7] **不存在的问题**可以引起巨大的理论上的努力并生产出严格程度不同的解答,而这些解答同它们的对象一样都是虚幻的。我们在康德那里可以觉察到这一点。他的哲学大部分可以被理解为有可能存在**无客体"科学"**(形而上学、宇宙学、理性心理学)的理论。人们或许没有心思去阅读康德的著作,那么人们可以直接询问那些无对象"科学"的生产者,例如神学家、大多数社会心理学家或某些"心理学家"等。此外我要补充说明,在某些情况下,由于理论环境和意识形态环境,这些"无对象

科学"在它们的所谓"客体"的理论的形成中可以占有或产生出现存理性的理论**形式**：例如在中世纪，神学**毫无疑问**占有和形成了现存的理论**形式**。

[8] 葛兰西："不，机械的力量在历史上从来不能起决定作用：是人，是意识和思想赋予外部现象以形式并最终取得胜利……人的顽强意志取代了自然规律，取代了那些所谓的学者提出的事物的必然发展过程。"

[9] 关于这个问题，必须对马克思使用的典型的比喻系统地进行研究，并研究这些比喻在一个中心周围的扩大，这些比喻应该围绕着这个中心**旋转**，但不能用自己的特有名称即概念的名称来称呼它。

[10] 这种间隔的事实及其必然性并不是马克思特有的，而是一切科学的建立过程以及任何一般的科学生产所特有的。对它们的研究是发生认识史理论和理论史的组成部分，我们在这里又一次认识到这一研究的必要性。

[11] 诚然，这种看法并没有什么错误，但是如果把这种界限同"历史"直接联系起来，那么这里仍然只是提出了历史的**意识形态**概念。

[12] 葛兰西《历史唯物主义和贝奈戴托·克罗齐的哲学》爱诺迪出版社第159页。

[13] 我是在《保卫马克思》中规定的意义上使用这个词的。参见《保卫马克思》第254页及以下各页。（参见〔法〕路易·阿尔都塞：《保卫马克思》，顾良译，北京：商务印书馆2010年版，第240—246页。——编者注）

[14] "假使采纳贝奈戴托·克罗齐所表述的宗教的定义,即宗教是已成为生活准则(不是指书本意义上的,而是指体现在实际生活中的生活准则)的世界观,那么大部分人就是哲学家,因为他们在进行实践工作,而在这些实践工作中……已经包含有一定的世界观,一定的哲学。"(《历史唯物主义问题》第21页)

"但是这里提出了在已经成为一种文化运动、'宗教'和'信仰'即产生出实践行动和意志并作为理论前提包含在这种实践行动和意志之中的任何一种世界观、任何一种哲学(我们可以把这种世界观、这种哲学称为'意识形态',不过要赋予'意识形态'这一术语以其最高的含义,即隐蔽地包含在艺术、法律、经济活动里面,包含在一切个人的和集体的生活表现里面的世界观的含义)的一个基本问题,即整个社会集团利用这种意识形态达到团结和联合的问题。"(同上,第7页)

这里需要指出,关于意识形态"隐蔽地"包含在艺术、法律、经济活动里面,包含在"一切个人的和集体的生活表现"里面的观点同黑格尔的观点是十分接近的。

[15] "所有的人都是哲学家"。(《历史唯物主义问题》第3页)

"因为我们的活动始终是**政治的**活动,能不能说,每个人的真正哲学完全包含在他的政治里面呢?……因此,不能把哲学同政治分开,不仅如此,甚至可以

说,世界观的选择和批判也是一种政治行为。"(同上,第6页)

"如果说任何哲学必定是一定社会的**表现**,那么它必然对社会起反作用并决定某些积极的和消极的结果,它所起的这种反作用的限度就是衡量它的历史意义的尺度,因为它不是个人'苦心钻研的成果'而是'历史事实'。"(同上,第23、24页)

"历史和哲学的同一性是唯物主义固有的……德国无产阶级是德国古典哲学的继承者这一命题恰恰包含了历史和哲学的同一性……"(同上,第217页并参见第230—234页)

[16] 在这个意义上理解的"历史主义"的概念**所包含的内容**在马克思主义中有确切的名称,这就是理论与实践相结合的问题,更确切地说就是马克思主义理论同工人运动相结合的问题。

[17]《历史唯物主义问题》第8、9页。

[18] 参见,例如:"实践哲学肯定地说是来源于内在论的现实观,但条件是,这种现实观不能有任何思辨的味道并被归结为纯粹的历史,历史性或纯粹的人道主义……不仅实践哲学与内在论联系在一起,而且实践哲学也与主观的现实观联系在一起,只要它把主观的现实观颠倒过来,即把它解释成历史事实,解释成某个社会集团的历史主观性,解释成表现为哲学'思辨'现象的真正现实,这种真正的现实不过是一种实践活动,不过是具体的社会内容的形式和引导整个社会形

成一个道德的统一体的方法。"(《历史唯物主义问题》第 191 页)

再比如:"如果说在事件的永恒发展中确定各种概念是必要的,否则就无法理解现实,那么同样而且是绝对不可缺少的是,必须确定和指出,运动中的现实和现实概念虽然**在逻辑上**可以区分开来,但是**在历史上**必须把它们当做不可分割的整体理解。"(同上,第 216 页)

在第一段文字中,波格丹诺夫历史主义的影响是显而易见的;在第二段话中,我们可以看到一切历史主义的思辨的经验主义观点:概念与**现实**(历史)对象的同一。

[19] 参见葛兰西在《历史唯物主义问题》(第 54—57 页)中关于科学问题的令人惊异的论述。

"实际上,科学也是一种上层建筑,一种意识形态。"(第 56 页)还可以参见第 162 页。

[20] 《历史唯物主义问题》第 160 页。

[21] 关于中介的概念,参见本书《从〈资本论〉到马克思的哲学》第 18 节。

[22] 我们甚至可以在葛兰西的著作(《历史唯物主义问题》第 197 页)中看到萨特区分哲学和意识形态所使用的固有的术语。

[23] 我们可以看到,相同的结构上的原因所产生的相反**后果**:我们完全可以说,在萨特那里,马克思主义的历史科学**变成了哲学**。

〔24〕参见葛兰西对布哈林教科书的批判以及科雷蒂著作中的若干地方。

〔25〕《历史唯物主义问题》第133页。

〔26〕刚才我谈到了萨特哲学所特有的本源问题。萨特是在用笛卡儿、康德、胡塞尔和黑格尔的概念思考。但是他的最深刻的思想可能来自波利策（虽然这种比较显得十分矛盾）和柏格森。波利策是现代的费尔巴哈。他的《心理学基础批判》是以**具体的**心理学的名义对**思辨的**心理学进行批判。萨特虽然把波利策的论述看做是"哲学空论"，但他没有脱离波利策的影响。当萨特的历史主义把教条马克思主义的"整体"即抽象颠倒为**具体的**主观性理论时，萨特也在其他场合、针对其他**对象重复使用**了"**颠倒**"一词。这个词从费尔巴哈到青年马克思和波利策只是在它的批判的外观下**保留**了同一个总问题。

〔27〕这种偷偷摸摸的做法在一切关于马克思主义的人道主义的解释中都是常见的。

〔28〕参见《新批判》第164期和以后各期。

〔29〕这个例子可以同征候、口误、笔误或梦幻即弗洛伊德的"愿望的满足"相类比。

〔30〕参见《资本论》（根据作者修订的法文版第一卷翻译），北京：中国社会科学出版社1983年版，第17页。马克思在这里谈到了他所"创造的新的术语"。

〔31〕这篇著作是极为出色甚至是典范的。恩格斯在认识论上的非凡洞察力，完全改变了我们在其他场合所得到

的关于他的概念。我们还会有机会来说明恩格斯的理论天才。他远远不是人们在把他和马克思相比较时所认为的二流的解释者。(这段引文是《马克思恩格斯全集》(第23卷),北京:人民出版社1972年版,第34—35页。文中的着重号为作者所加。——译者)

[32] 无论在知识史上还是在社会史上都有这样的情况,总有一些人,"他们什么也没有学到,什么也没有忘记",特别是对于他们亲身经历的事情更是如此。

[33] 这里有一个很好的例子。弗洛伊德的"对象"同他的先驱者的心理学的或哲学的意识形态的"对象"相比是一个全新的对象。弗洛伊德的对象是**无意识**,它同现代心理学的各种流派的对象毫不相干,尽管现代心理学各流派的对象多得不计其数!我们甚至可以认为,一切新的学科的首要任务就在于**思考**它所**发现**的新的对象的特殊差别,把新的对象同旧的对象严格区分开来并建立思考这种对象所必要的、特殊的概念。一门新的科学必须通过这种基本的理论工作才能在巨大的斗争中获得真正的独立地位。

[34] 关于现代理论,我们读一读 M.戈德里埃的著名文章《经济人本学的对象和方法》(载于《人》1965年10月号)是不无裨益的。

[35] "市民社会"这个在马克思的成熟著作中出现的、经常被葛兰西用来指**经济**存在领域的概念是模糊不清的,因而应该把它从马克思主义理论的语汇中剔除出去,或者指出这个概念不能用来说明和政治相对立的经济,

而只能说明和公众相对立的"私人",即说明法和法的、政治的意识形态对经济产生的综合**作用**。

[36] 我要指出的是,对马克思的这些内容丰富的批判进行研究(这里,我还不能做这件事)是非常有意义的。这使我们一方面看到在这一重要问题上,马克思同斯密有什么区别,另一方面看到马克思是**怎样以及在什么地方确定这一重要区别的**,看到马克思是怎样说明斯密的支配整个现代经济学的"荒谬的教条"由以产生的、令人难以置信的"**差错**"、"**盲目性**"、"**误解**"和"**疏忽**"的,从而看到马克思为什么感到有必要三番五次地进行这种批判,似乎以往的批判总不彻底似的。我们从中还可以发现从认识论观点出发得出的恰当的结论,例如,斯密的"**严重差错**"是由于他**仅仅考察单个的资本家**,从而离开**整体**考察经济主体,把他们看做是总过程的最后的主体。换句话说,我们可以发现人本学意识形态的直接作用,由此发现**它的决定性的存在**。[参见《马克思恩格斯全集》(第24卷第9章,第14章;第25卷第49章;第26卷第1分册第3章)。——译者注]

[37] 关于本章中仅仅概括地论述的所有问题,参见艾蒂安·巴里巴尔的文章,特别是他对**生产力**概念的重要分析。

[38] 这里需要说明一下。马克思使用"财产"这个词可能使人们以为生产关系和法的关系是**同一回事**。实际上,法并不是生产关系。生产关系属于经济基础,而法则

属于上层建筑。

[39] 参见戈德里埃《经济人类学的对象和方法》一文，载于《人》1965年10月号。

[40] 参见"四、古典经济学的缺陷"和"五、马克思主义不是历史主义"。

[41] 参见本书《从〈资本论〉到马克思的哲学》第14节。

[42] J.A.米勒为了说明J.拉康在弗洛伊德的著作中指出的因果性形式所使用的术语。

关于历史唯物主义的基本概念

艾蒂安·巴里巴尔 著　李其庆　冯文光 译

前几篇论文已经表述了这样的思想，即在马克思的著作中包含着关于历史的总的科学理论。这些论文尤其指出了这样一点，即在这个理论的形成中，马克思建立的"生产方式"这一中心概念具有整个历史哲学传统断裂的认识论作用。这是因为就这个概念的一般性而言，它无论是同教条主义的唯心主义原则还是同经验主义的唯心主义原则都毫不相容，从而逐步地把整个关于社会和历史的总问题颠倒过来了。

如果情况确实是这样，我们知道，这是因为马克思的"历史唯物主义"不仅向我们提供了科学的历史认识的要素（例如局限于"市民"社会历史的经济和政治方面的要素），而且从根本上说，向我们提供了抽象的科学。因此，"生产方式"的概念以及和它直接相联系的概念就表现为基本的抽象概念，这些概念的有效性本身不局限于某个社会阶段或某个社会类型，相反，对某个社会阶段或某个社会类型的具体认识要取决于这些概念。因此，十分重要的是要从这些概念所包含的一般性出发来说明这些概念，实际上也就是要提出自马克思以来历史科学一直悬而未决的某些问题。

但是阿尔都塞在他的论文中指出,抽象历史理论的明确表述(因而认识)会有许多困难和含混不清的地方。他提出了造成这种情况的历史的和哲学的原因。马克思的理论可以实现这样的悖论,即一方面历史本身当做不变的对象,从而开创了对历史的科学认识,另一方面在任何地方都没有提出关于这个历史的恰当的、对自身进行反思的概念。首先我想对这一点作一些具体说明,这些说明可以把我们直接引导到我们讨论的特殊问题上去。

如果说这种理论表述没有出现过,那是不确切的。马克思的好几篇著作,例如《德意志意识形态》的第一部分(这部著作已经包含了关于"生产"的全新的定义),搜集在《政治经济学批判大纲》[1]中的《资本论》的预备性手稿,特别是《政治经济学批判序言》(传统的马克思主义不断对这篇文章的术语作出评论),都引人注目地勾出了这一理论的轮廓。这些著作有很强的一般性、探索性和概括性。这些著作的层次结构是十分明确的,论断是斩钉截铁的,说明是简短的,所下的定义也是十分简练的。很不凑巧,这种不凑巧实际上是一种真正的历史的必然性,关于历史理论的仅有的原则性论述,就像关于方法问题的主要论述(1857年《〈政治经济学批判〉导言》)一样,都是这种类型的,而且大部分都是未完成的手稿,马克思有意识地没有发表这些著作。在这种情况下,马克思的某些读者,撇开他们的批判的恶意不谈,也会不无理由地提出这样的问题:"马克思究竟是在什么地方提出他的历史观呢?"

我们知道,年轻的列宁在《什么是人民之友》[2]中回答了这个问题：这个理论到处可见，不过是以两种形式出现的；《政治经济学批判序言》提出了"历史唯物主义的假设"；《资本论》应用了这一假设并以资本主义社会形态为例，证明了这一假设。正是这些概念使列宁提出了对于我们来说具有决定性意义的说明：在"历史唯物主义"这个用语中"唯物主义"仅仅意味着科学，这个用语严格地讲就是"历史科学"的同义语。但是这些概念同时是科学的经验主义甚至是实用主义理论的有机组成部分。列宁的这篇文章完全是这种科学的应用（假设/证明）。但是现在让我们用另外一种说法来重新描述这一运动。

实际上，如果我们仔细阅读《政治经济学批判序言》，那么我们就会看到，这篇文章并没有向我们提供假设的形式，而是明确地提出答案的形式，因此，我们必须重新确立和这个答案相对应的问题。

让我们拿马克思1852年3月5日致魏德迈的信为例。这篇文章非常著名，是一篇纲领性文献，我们已经指出了它的意义，马克思在这封信中谈到了他的新贡献："无论是发现现代社会中有阶级存在或发现各阶级间的斗争，都不是我的功劳。在我以前很久，资产阶级的历史学家就已叙述过阶级斗争的历史发展，资产阶级的经济学家也已对各个阶级作过经济上的分析。我的新贡献就是证明了下列几点：（1）阶级的存在仅仅同生产发展的一定历史阶段相联系……"①

这里我们再一次看到了马克思在思考他的"新的贡献"，

---

① 《马克思恩格斯全集》（第28卷），北京：人民出版社1973年版，第509页。

也就是说，他的断裂、他的科学性时所采用的典型的方法：同古典主义划定界限。正如存在着经济古典主义（英国的）一样，也存在着历史的古典主义，其代表人物就是19世纪初的法国历史学家（梯叶里、基佐）和德国历史学家（尼布尔）。他们的终点恰恰是马克思的起点。历史的认识以其最完备的形式指出了一系列的阶级斗争所构成的、理性化了的"文明"、"政治制度"、"历史事件"和"文化"的更替。这些阶级斗争的一般形式可列举如下：奴隶和自由民、贵族和平民、农奴和封建领主、行会师傅和帮工、地主和资产者、资产者和无产者等。《共产党宣言》开头那句名言"到目前为止的一切社会的历史都是阶级斗争的历史"，反映了历史留给我们的、但本身又是认识活动的结果的这一事实。这句话并不是马克思的理论的开端，它是马克思的理论的前导，是对马克思所要加工的原料的概括。

这个观点是十分重要的，因为它可以使我们进一步明确地提出在马克思的《政治经济学批判序言》里已经包含了的问题：历史是阶级斗争的历史这一论断在什么样的条件下，才是科学的？也可以这样提出问题：这里指的是哪些阶级？它们之间的斗争又是什么？

如果我们研究《序言》正文本身，那么我们确实能够在其中看到有关社会形态和它对经济基础或它的社会结构之间的关系的论述，对生产方式的研究正是对这种关系的解剖。第一种形式的阶级"矛盾"就是在社会形态中产生的。马克思用斗争、战争、对立一类的术语来说明这种矛盾，这种矛盾"有时是公开的，有时是隐蔽的"，"总而言之，就是压迫者和被压迫者"的矛盾（引自《共产党宣言》）。这种矛盾在本质上是同第二种形式的"矛盾"相联系的，但是马克思总是十分注意把这第二种形式的矛盾同第一种形式的矛盾区别开来。这种区别首先表现在术语上。马克思称第二种形式的矛盾为"对抗"，"不是指个人意义上的对抗"，也就是说，不是指人与人之间的斗争而是指对抗的结构。这种对抗的结构是经济基础内在的、一定的生产方式所特有的结构。用以表达它的术语则是"生产力水平"，"生产关系"。正是生产力和生产关系之间的对抗所引起的革命的断裂，决定着一种生产方式的过渡（"经济社会形态的渐进的时代"），从而决定着整个社会形态的转化。马克思从自己这方面来说只限于研究这种经济结构的内在"对抗"的相对独立的领域。

但是，严格地说，确定这一领域是不可能的，因为规定这一领域的术语尚未有明确的含义。如果根据其中对某些术语的描述性质或者马克思对这些术语的直接的简单的说明，就认为这些术语存在于直接的经验中并已经具有了明确的意义，那就大错特错了。相反，这些术语是马克思创造的（他强调指出，特别是在使用"市民社会"这一术语时强调指出，这个创造所使用的全部原料是哲学和经济学的传统形成的），它们的含义极不明确，因此，在没有掌握这些术语的定义的情况下（马克思在其他地方给这些术语下了定义），把它们运用于社会学实际分析时就遇到了很大的困难。在这种情况下，人们很自然地从资产阶级经验社会学的角度出发，把这些术语说成是矛盾的、不合逻辑的、不一致的，或者毫不费力地把它们同另一些术语，诸如技术、经济、制度、人的关系等混同起来。

我们进一步阅读这篇著作,就会得出使历史成为科学的两个原则:分期的原则以及社会结构中不同实践的联系的原则。前者可以说是历时性原则,后者则是同时性原则。实践的联系的原则就是"一致性关系"的结构或机制。在这种结构或机制中,社会形态表现为有不同平面(还可以称为层次、实践)所构成的整体。马克思提出了三个层次:经济基础、法的和政治的上层建筑、社会意识形态。至于分期,就是按照历史上各个经济结构的时代来划分历史。这两个原则从两个不同的方面都可以归结为实践的连续性。这里我们撇开原始社会的问题不谈(也就是说,撇开马克思思考社会起源的方式问题不谈,因为他在《序言》以及在《共产党宣言》中都没有提到这个问题),首先,我们可以归纳出一切社会结构共有的、绝对不变的要素(经济基础、法的和政治的形态、意识形态);其次是时期的分割,以非连续性即暂时不变的各种结构状态来取代历史的连续性;这些结构状态会由于突变(革命)发生变化,但是,引起这种突变的对抗只有通过不变性本身,即通过矛盾双方的连续性才能够得到说明。

这些结构状态就是各种生产方式,社会的历史可以归结为生产方式的非连续性的更替。

现在我们必须提出这些概念的理论意义问题。所有这些概念都是实证的概念吗?整个文章是否在我刚才谈到对科学抽象方面具有理论认识的同质的内容?例如葛兰西的观点就是这样,他认为这是一篇最确切地阐明"实践哲学"的文章。

相反，我认为这篇文章在理论实践本身中具有人们所说的实践概念整体的意义[3]。

换句话说，一方面这篇文章提出的概念的表述尚依赖于正要被取代的总问题，另一方面，这些概念指出了我们应该在什么地方提出并解决在旧的总问题中出现的新问题，尽管还没有能够在概念上思考这个地方。

我将以分期的概念作为主要例子来说明这个特点。分期的概念完全属于传统的历史概念，马克思在这里对这种传统的历史概念提出了问题。这个概念就是连续性中的非连续性概念，它切割了时间的直线，同时揭示出我们又可能在独立的整体范围内来理解历史现象（在这种一般的形式中，不管人们研究的是"文明"还是在"各种事件"背后的"结构"，问题都不会改变）。因此，分期的概念使这样一个问题具有了自己的理论形式，这个问题是历史学家们在自己的实践中绝不能回避的，而这个问题本身不会给他们带来理论的答案和明确的理论方法论。本文后面将要谈到造成这种情况的深刻的原因。显然，"正确的切割"问题同样是马克思的这几篇著作中经常遇到的问题。如果我们能够做到正确的切割，那么在时间的长河中不断展开的历史就可以理解为本质的连续性和从属的运动之间的关系。这个总问题必然包括的各个问题并不会因为人们力图要区分的是经济结构或者是时代（"路易十四的时代"）而在本质上有所不同。这种提法的好处在于它不断提醒我们，这些问题不得不接受时间的直线性强加给它们的条件，也就是说，不得不把一切非连续性都转化为时间的非连续性。例如在现代经济史中，关于长期和短期的划分，即完全建立在时间的直线性基础上的划分，成了历史概念化的主要工具。人们竭力把长时期的现象同短时期的现象区别开来并说明后者是如何包含在前者之中并由前者来决定的。这样就产生了两个永远无法解决的难题。第一个难题就是历史事件的概念问题。因为历史事件概念只能用唯一的短暂性（突然性）的标准去衡量，所以它们几乎必然地被局限于政治事件的范围内。第二个难题就在于无法做出截然的划分。

马克思显然确切意识到了这两个困难。因此他提出了新的划分时期的标准，提出了正确的切割方法，这样划分时期是最恰当的，对于这些时期，我们不能说因为它们是人为的就必然是独断的[4]，但是这些时期是符合社会历史现实的本来面目的。事实上，如果我们必须接受关于认识论断裂的概念，那么我们就应该说，我们所选择的标准（按照经济结构划分时期）的性质本身已经包含了问题提法的彻底变革。马克思告诉我们：不应该从艺术、政治、科学、法等方面，而应该从经济科学方面去划分人类历史。但是我们可以清楚地看到，这个概念的理论内容、它的创新之处、规定它的不同特点的东西并不存在于它和其他一切分期所共有的、普遍形式之中，而存在于它对问题的特殊回答之中。

因此，我们在思考马克思在这里向我们提出他的理论的形式时必须思考这一形式的全部认识论的特点。马克思特有的分期概念的理论特殊性仅仅在于这个概念是对一个属于旧的总问题的问题的特殊的回答，而这个问题对科学的确立并不具有决定性意义。这种情况必然决定了马克思在这一领域内不能证明自己的特殊回答的正确性——这个回答在旧的总问题中确实是不能证明的，——可能就是这个原因，我们谈到的这篇著作是简短和武断的。这种情况还必然决定了马克思不能提出关于这种分期的真正的理论概念，因为这个概念必须是这样一个分期方法概念，唯有这个概念能够消除以时间的线性概念以及对这种线性概念的研究为基础的旧的总问题。

我们关于分期概念的论述当然也适用于那些在《序言》中表示经济基础（我们看到，经济基础是由一些新的、特殊的，尚未界定的概念：生产力、生产关系、生产方式来表示的）以外的社会结构的不同层次的概念。这些概念以及表示它们的对象的固有的联系的术语（"适应"、"竖立其上"）是极其模糊的，它们虽然丰富了马克思主义关于意识形态和上层建筑问题的整个思考，但是它们的作用仅仅是表示马克思暂时不去研究的东西。这些概念并不是对这些层次以及它们相互关系的认识，而仅仅是一个实践的标志点（显然这是从理论实践的意义上讲的）。这个标志点开辟了经济结构领域，马克思现在要在这个经济结构领域的相对独立性中对它展开研究。但是为了使这个标志点能够确立，必须假定某些理论条件，这些理论条件才是这个标志点的真正含义：经济结构按照其概念的新的定义具有相对的独立性，这种独立性使我们能够把它界定为独立的研究领域；层次的多元性从本质上说是一切社会结构的属性（但是我们认为这些层次的数量、名称以及表示它们之间关系的术语是需要加以重新研究的问题）；社会科学所研究的问题就是这些层次之间的关系的变化形式问题。[5]

最后，这些论述也同样适用于关于"人"的概念，即"人"是整个过程的承担者的概念。直截了当地说，支配本文以后部分的原则就是批判阅读的原则，我希望读者能够赞同这一原则：在没有弄清"人"这个术语在包含它的理论结构中的概念职能之前，不要对这样一个术语的含义抱有成见，因为这个术语的理论含义完全取决于这个职能。"人"这个词的"明确性"、"透明性"（这里指尘世间有血有肉之躯的人）、它的表面上的平淡无奇是最危险的陷阱，我们则应力求摆脱这些险境。我们必须或者把"人"这个概念置于和建立在它所从属的理论体系的必然性中，或者扬弃人的外在躯体，从而用另一个存在物来代替它，否则我们不应该感到满足。我们应该把《序言》中的提法（"人们在自己生活的社会生产中发生一定的……关系……他们的物质生产力……不是人们的意识决定人们的存在……人们借以意识到这个冲突……的意识形态的形式……"）同《德意志意识形态》、《哲学的贫困》以及某些书信中的提法［特别是恩格斯致布洛赫书信中的提法："我们（＝人们）自己创造着我们的历史，但是第一，我们是在十分确定的前提和条件下进行创造的……"①］进行比较。所有这些提法都是关于人们是在先

---

① 《马克思恩格斯全集》（第37卷），北京：人民出版社1971年版，第461页。

前条件的基础上创造历史这一思想的母胚。但是,这里的"人们"又指什么呢?对《序言》的初次阅读即"天真"的阅读会给我们这样的印象,似乎这里的"人们"首先是以经济生产活动为中介,历史地改变社会结构这一过程的当事人。我们必须认识到,人们在生产自己生存的物质资料的同时也生产着他们在其中进行生产的社会关系。这些社会关系或者被保持或者被变革。其次,这里的"人们"又是社会结构中相互联系的各种实践的现实的(具体的)承担者:这种联系正是由共同参与生产过程的、作为法的和意识的主体的人发生的联系。这个概念的重要意义可以用它在理论中所起的结构凝聚作用来衡量。但是这个概念同时属于若干不相容的概念体系:理论的和非理论的,意识形态的和非意识形态的概念体系。因此,这个概念就显得模糊不清了。在这种情况下,"人"的概念成了论述滑向哲学的或庸俗的意识形态领域的真正的起点。在这里,认识论的任务就在于确定"人"这个概念的含义,防止论述滑向哲学的或意识形态的领域。

  既然这些概念即处在尚不平衡的总问题中的实践概念、符号概念(分期、适应、各种实践之间的联系、人)的性质是模糊不清的,那么我们就面临着一个十分必要的任务。我想着手这项工作,明确地说,就是要把这些"实践的"概念改变为马克思主义历史理论的理论概念,使这些概念摆脱目前的理论形式,从而使它们在理论上适合它们的实际内容。随着仅仅表现旧的意识形态总问题要求的概念的彻底消失,在马克思探索的领域本身就出现了空白和缺口。这些空白和缺口要求产生新的理论概念并使之成为可能，因为从最抽象的意义上来说，马克思的著作的未完成形式给我们留下了广阔的余地，这是它的科学性质所产生的必然结果。

虽然《政治经济学批判序言》中的理论概念具有对某种分析的预示和概括（或分析的"结果"）的性质，但是不能说《资本论》单纯就是这种分析的"证明"或应用。《资本论》按其表述的必然顺序就是这些理论概念，至少是这些概念中的某些概念的产生、构成和确定的过程。我们把"生产方式"作为主要分析对象，就是因为马克思自己在论述中把资本主义生产方式的概念当做《资本论》的理论对象。

一、关于生产方式的分期

为了重新确立生产方式的概念，我从表面上最外在的、形式的规定入手，并力求不断地充实这些规定。为此，我先回到历史理论的最重要的问题，即断裂问题，正确地切割的问题。马克思在他的著作中给我们作了一系列的说明，这些说明都有一个共同的形式，它们的开头总是这样："正是……决定了生产的历史时期"，或者"正是……的特殊方式决定了生产的历史方式"，接下去还有几种提法，我们把它们加以比较，是有启发意义的，因为这些提法虽然是等同的，但是这种等同并不是同义反复。换句话说，我们可以从这些对同一个问题（这个问题从根本上说是由比较的方法决定的）的等同的回答中提炼出识别生产方式（目前对我们来说，生产方式这个术语仍然仅仅是一个名词，即马克思特有的表示分期单位的名词）的标准的规定，即说明每一种生产方式的概念的恰当的差别的规定。在阐明这样的差别以后，我们又将面临第二个任务，这就是要说明这些差别借以表现出来的整体的特点。[6]

1. 生产方式

在德语中"生产方式"这个词和它在法语中相应的词比较，完全保留了方式这个词的简单的、原来的意义即做事情的方式、方法（德语中相应的术语是同源词"Art und Weise"）的意义。这个说明直接向我们提示了我们所面临的分析类型是描述性分析。这种分析把形式或性质分离出来，因此，"生产方式"中的"方式"首先是和我们在《资本论》的分析中所遇到的其他"方式"在同一个意义上使用的：

交换方式："人们在货币经济和信用经济这两个范畴上强调的并且作为特征提出的，不是经济，即生产过程本身，而是不同生产当事人或生产者之间的同经济相适应的交易方式。"①

流通方式："决定一部分投在生产资料上的资本价值具有固定资本性质的，只是这个价值的独特的流通方式。这种特别的流通方式，是由劳动资料把它的价值转移到产品中去，或者说，在生产过程中充当价值形成要素的特殊方式产生的。而这种方式本身，又是由劳动资料在劳动过程中执行职能的

---

① 《马克思恩格斯全集》（第24卷），北京：人民出版社1972年版，第133页。

特殊方式产生的。"①

消费方式："所谓必不可少的需要的范围，和满足这些需要的方式一样，本身是历史的产物。"②

我们还可以举出其他"经济"和非经济方面的例子。

我们从"生产方式"这一术语的描述和比较的特点中可以看出，这个术语除了它的一般性倾向外，最初并没有给我们提供一个确定它的应用范围的依据。我们将看到，资本主义生产方式如何从狭义的使用机器的工业生产方式逐步扩展到各个产业部门：

> 对于由必要劳动变成剩余劳动而生产剩余价值来说，资本只是占有历史上遗留下来的或者说现存形态的劳动过程，并且只延长它的持续时间，就绝对不够了。必须变革劳动过程的技术条件和社会条件，从而变革生产方式本身，以提高劳动生产率，通过提高劳动生产率来降低劳动力的价值，从而缩短再生产劳动力价值所必要的工作日部分。③

在这段话的前面，马克思作出下述定义："生产条件的革命"就是"改变劳动资料或劳动方法，或同时改变这

---

① 《马克思恩格斯全集》（第24卷），北京：人民出版社1972年版，第179页。

② 《马克思恩格斯全集》（第23卷），北京：人民出版社1972年版，第194页。

③ 《马克思恩格斯全集》（第23卷），北京：人民出版社1972年版，第350页。

两者。"

这些描述过程、方式、方法、形式的术语只有通过它们所排斥的东西才能表现出它们的含义。首先是量的尺度。因而劳动的生产率,这种生产率相对地决定满足生产者需要的必要劳动量和剩余劳动量,在每个历史时期都取决于劳动过程的某种形式,也就是说,取决于某些工具(劳动资料)与劳动组织形式(这种形式可以是非组织的,例如个体者可以单独地使用工具,以获得具有实际用途的产品)之间的关系。其次,这些术语排斥了对人们进行加工或被加工的对象的物质属性的考虑,因为这种属性只同用自己的特殊的工艺生产特殊的使用价值的各个生产的社会分工部门的性质有关。关于这个问题,马克思早在1857年《〈政治经济学批判〉导言》中就写道:"政治经济学并不是工艺学",这里的工艺学是指这个术语在19世纪初获得的含义说的。马克思在《资本论》第一卷《机器和大工业》一章中说明了这个术语的历史的起源。这两个否定性的规定包含在《劳动过程》一章中:

> 骨化石的结构对于认识已经绝迹的动物的机体有重要的意义,古代劳动资料的遗骸对于研究已经消亡的社会经济形态也有同样重要的意义。各种经济时代的区别,不在于生产什么,而在于怎样生产,用什么劳动资料生产。劳动资料不仅是劳动者发展的测量器,而且是劳动者借以进行的社会关系的指示器。①

---

① 〔德〕马克思:《资本论》(根据作者修订的法文版第一卷翻译),北京:中国社会科学出版社1983年版,第168页。

显然，要想让劳动资料成为社会关系的"指示器"，对劳动资料的分析必须是这样一种分析类型，这种分析类型既不是以劳动资料的效能作为尺度，也不是对劳动资料的各个要素的工艺描述。否则我们就会重犯蒲鲁东的错误，他把机器看做是生产关系。

我们可以把这种分析叫做不同的形式规定，把一种"方式"叫做形式的体系，用来表示必然进入我们所要考察的过程的各个要素的总体的变化状况。我要在下面论证的这一定义适用于一切方式，并且每次运用都要求两个前提：通过我们所考察的过程表现出来的位置（或职能）的排列；能够区分占据这些位置的形式的恰当的标准的规定。例如拿刚才举过的关于流通方式的例子来说，我们看到，这个标准就在于劳动资料把自身的价值全部地或者在若干生产期间内一部分一部分地转移到产品上去这个事实。同时，我们从这个标准中还可以得到马克思用来表示生产过程的要素的概念：职能、因素。但是我们在排列这些位置的时候，势必要涉及另一种"方式"即"生产方式"本身。如果说流通方式并不是一个相对独立、具有自身稳定性的过程，那么生产方式则完全不同，它具有这种稳定性。

2. 形式体系的要素

现在我们来说明严格意义的生产方式的各个要素。这里我们必须把马克思若干互相补充的著作加以比较并作出说明，我们希望以后的论述将证明这些说明是站得住脚的。

首先我们来看一看《资本论》第二卷中的一段论述，这

段论述是极为明确的:

> 不论生产的社会形式如何,劳动者和生产资料始终是生产的因素。但是,二者在彼此分离的情况下只在可能性上是生产因素。凡要进行生产,就必须使它们结合起来。实行这种结合的特殊方式和方法,使社会结构区分为各个不同的经济时期。①

我们所要寻找的要素,有两个在这里被指出来了:
(1) 劳动者(劳动力);
(2) 生产资料。
马克思接着指出:

> 在当前考察的场合,自由工人和他的生产资料的分离,是既定的出发点,并且我们已经看到,二者在资本家手中是怎样和在什么条件下结合起来的——就是作为它的资本的生产的存在方式结合起来的。②

在这里我们首先发现了第三个要素,像前面两个要素一样,这个要素也同样可以称之为"因素":
(3) 非劳动者,即占有剩余劳动的人。马克思在别的地

---

① 《马克思恩格斯全集》(第24卷),北京:人民出版社1972年版,第44页。

② 《马克思恩格斯全集》(第24卷),北京:人民出版社1972年版,第44页。

方把他们称作"大私有者阶级"的代表。这里指的就是资本家。此外，我们还可以看到一个性质完全不同的要素，我们可以把它称之为前几个要素之间的关系，这种关系具有两种互相排斥的意义：分离、占有。

如果我们把分析这篇著作所得出的结论同马克思的另一些著作，主要是在前面引用过的马克思未发表的手稿《资本主义生产以前的各种形式》以及《资本论》第三卷《资本主义地租的起源》一章中的论述加以比较，我们就会发现同一些要素以及关于它们的结合的全部描述。在这些地方，劳动者被明确为直接生产者；财产关系本身被分成若干种复杂的形式，尤其是"占有"（使用、享受）和"财产"（严格意义上的财产）的二元化。

但是这些著作的主要意义在于它们迫使我们把不同于第一种关系的第二种关系，即互相结合的各"因素"之间的第二种关系引到结构中来。这一点是极其重要的，因为它完全支配着对结构的理解。因此，我们必须从马克思的论述本身出发，力求对这第二种关系的性质作出极其明确的规定。这种关系同马克思用不同的术语所表述的生产者在劳动过程中对生产资料的现实的、物质的占有，或者简单地说，人对自然的占有是一致的。

这里必须明确两点：

①这种关系不同于前一种关系；

②这里涉及的是前面所列举的各个要素之间的关系。

对第一点的说明是困难的，因为马克思在我上面提到的著作（特别是《资本主义生产以前的各种形式》）中所使用的有关术语是相对变动的。马克思使用了一系列实际上意义相同的术语（Aneignung、Besitz、Benutzung 等）来表示生产者同他的生产资料的全部关系。这种术语的变动实际上表明马克思很难明确区分这两种关系，我们以后再来说明这种困难。不过，现在我们举出一个《资本论》第一卷《绝对剩余价值和相对剩余价值》一章中的例子。我们在相隔一页的地方看到"占有"这个术语的两种不同用法。这两种用法显然具有不同的含义，它们分别属于我上面提到的两种关系：

"当他（劳动者）为了自己的生活目的对自然物实行个人占有时，他是自己支配自己的。后来他成为被支配者"；

"资本占有这部分剩余劳动"。

这里的第二个"占有"所表示的是我们最初遇到的所有权关系，它表明资本主义生产方式的前提：资本是一切生产资料和劳动的占有者，从而是整个产品的占有者。

而第一个"占有"则不表现所有权关系，它属于对马克思所说的"劳动过程"的分析，或者更确切地说，马克思把对劳动过程的分析看做是对生产方式的分析的组成部分了。在这里，马克思没有让作为占有者的资本家出场，他只是提到了劳动者、劳动资料和劳动对象。

根据这种区分，现在我们来重新阅读关于劳动过程的那一章，马克思写道：

> 劳动过程，就它是资本家消费劳动力的过程来说，显示出两个特殊现象。
>
> 工人在资本家的监督下劳动……

其次，产品是资本家的所有物，而不是直接生产者工人的所有物。①

从资本主义生产方式的这两种特殊现象中，我们恰恰可以再一次看到在资本主义生产方式中具有特殊形式的这两种关系。

从所有权的角度来看，劳动过程是资本家购买的物之间的活动："这个活动的产品归他所有，正像他的酒窖内发酵的产品归他所有一样"。

在资本主义生产方式中，生产过程是这样一种过程：个人的劳动无法推动唯一可以行使生产资料职能的社会的生产资料。资本家的"监督"是劳动过程中技术上不可缺少的要素，没有这种监督，劳动就不具备使自己成为社会劳动，也就是说成为对社会有用并得到社会承认的必不可少的合目的性。资本主义生产方式固有的合目的性包含着合作以及监督职能和执行职能的划分。这种合目的性就是我所说的第二种关系的一种形式。现在它可以被规定为直接劳动者推动社会的生产资料的能力。在《资本论》中，马克思规定了这种关系的几种形式：直接生产者的自主性以及生产者的互相依附的各种形式（合作等等）。

我们已经看到，认识到这第二种关系的概念的独立性，认识到它不同于第一种关系即"所有权"关系，这是理解马克思《资本论》的许多重要论点的关键。其中最主要的论点

---

① 《马克思恩格斯全集》（第23卷），北京：人民出版社1972年版，第209—210页。

是资本家作为劳动力的剥削者（"所有权"）和生产的组织者（"实际占有"）的双重职能。马克思在《协作》、《分工和工场手工业》以及《机器和大工业》（第一卷）各章中都阐明了这种双重职能。这种双重职能是人们所说的生产分工（"技术"分工、"社会"分工）的二重性的标志，同时它也是这两种分工互相依存或交叉的标志，而这种互相依存或交叉本身则反映了我所区分的这两种关系都属于唯一的"结合"，即属于唯一的生产方式的结构。

因此，这两种关系的区分最终可以使我们理解结合的复杂性之所在。这种复杂性表明了和黑格尔的整体相对立的马克思的整体的特点。当结构的复杂性概念被引进时[7]，它所指的是整个社会结构的复杂性，它表现为许多既互相联系又具有相对独立性的层次。我们现在可以看到，生产本身是一个复杂的整体，也就是说，在任何地方都没有简单的整体，我们可以赋予这种复杂性以确切的含义：整体的各个要素不是一次，而是被两种不同的关系联系在一起。因此，马克思所说的结合不是一切生产的各个"因素"之间的简单关系，而是这两种关系的关系以及它们之间相互依存的关系。

现在我们可以把一切生产方式的各个要素，形式分析中的各个不变因素列表如下：

（1）劳动者；
（2）生产资料；
　　——①劳动对象；
　　——②劳动资料；

(3) 非劳动者

A. —— 所有权关系；

B. ——现实的或物质的占有关系。

马克思在某些历史的回顾性著作中思考这两种关系的区别时遇到了困难，这是因为这两种关系在资本主义生产方式中具有特殊的形式，它们确实都具有"分离"的特点：

劳动者同一切生产资料相"分离"，他没有任何财产（除了他的劳动力以外）；同时劳动者作为人类个体又同单独推动社会劳动资料的任何能力相"分离"，劳动者失去了职业的技能，他的职业技能不再同劳动资料的性质相一致，正如马克思所说的那样，劳动不再是"劳动者的属性"。在真正的资本主义生产方式中，这两种"分离"、两种剥夺重合在一起，体现为"自由"劳动者同确立为资本主义的生产资料之间的对立，直至劳动者本人也成为资本的要素。因此，马克思经常把这两种分离混同为一个概念：劳动者同劳动条件相分离的概念。马克思在通过以前的生产方式对资本主义生产方式的各个要素的构成历史所进行的一切历史考察中，都以这一概念为指导线索。这就说明了马克思在区分这两种关系时所遇到的困难。这一点明显地表现在他在论述《资本主义生产方式以前的各种形式》时，对术语的使用犹豫不定。实际上，这两种关系同源、它们在形式上重合仅仅是资本主义结构的特点，而不是资本主义以前的生产方式的特点。马克思只是在假象的、开创历史的"天然共同体"中才重新发现了这两种关系的同形现象。但是相反，这两种关系中的任何一种关系在那时都表现为劳动者和生产资料的结合和相互依存的形式：一方面可以说是生物学意义上的集体的财产即土地，另一方面是生物学意义上的劳动的自然性（土地是"人的实验场"，劳动对象和劳动手段没有区别）。

但是，当我们在分析生产方式的这种双重关系的结果时，也就是说，在分析"直接生产过程"作为劳动过程以及（在资本主义形态中）作为价值增殖过程（这两个过程的区别是第一卷第七章①研究的对象）的双重性质时，一切困难以及马克思术语中的含混不清都消失了。

这些要素按照一切生产方式的结构所共有的这两种关系形成各种不同的结合，我们根据这些不同的结合可以重新建立各种不同的生产方式。这就是说，我们可以阐明从理论上认识这些生产方式的"前提"，而这些前提不过是它们的历史存在的条件的概念。从某种意义上说，我们还可以用这种方法产生出从未以独立的形式存在过的、从严格意义上说不属于"分期"的生产方式，例如马克思所说的"商品生产方式"（拥有自己的生产资料，不经过协作就推动这些生产资料的个体小生产者的集合）或者还有仅仅能够预见其一般条件的生产方式如社会主义的生产方式。我们最后就可以得出由同一些"因素"结合成的不同生产方式的各种形式的比较表。

但是，这里所涉及的并不是严格意义上的组合，也就是说，不是只改变各个因素的地位以及它们之间的关系，而不改变它们的性质的那种结合形式。在本文的第二部分，我们

---

① 指《资本论》第1卷法文版第7章。——译者注

将要说明这个比较表，不过，在此之前，我们完全可以从已经确立的论述中得出某些有关生产过程的形式"最终决定"社会结构这种性质的结论。这些结论将证明我在引证《政治经济学批判序言》时说过的话：马克思提出的关于分期的新的原则使历史学家们的总问题发生了彻底的变革。

3．最终决定

由于一种双重的必然性，资本主义生产方式是这样一种生产方式：在这种生产方式中，经济最容易被看做是历史的"动力"，同时这种"经济"的本质又从根本上遭到误解（在马克思所说的"拜物教"中就是这样）。因此我们看到，马克思关于"经济最终决定"这个问题的最初的说明总是同时和拜物教问题联系在一起的。在《资本论》的《商品拜物教》《资本主义地租的起源》《三位一体的公式》等章节中，我们都可以看到这样的说明。马克思在这些说明中，用经济是社会关系的体系的真正定义取代了把这种"经济"看做是物与物之间的关系的错误概念。与此同时，他提出了这样的思想，资本主义生产方式是唯一的剥削（剩余劳动的榨取）形式，即把生产中的各个阶级联系起来的社会关系的特殊形式，被物与物本身关系的形式"神秘化"和"拜物教化"了的特殊形式。这个论点是从对商品的论证中直接得出的结论：社会关系构成了商品的现实性，对这种关系的认识可以使我们看清拜物教。这种关系就是已经变为生产关系的商品关系，即资本主义生产方式加以普遍化了的商品关系。因此，我们不能通过任意的"物"而只能通过资本主义关系下的这种物来揭示("人"的)社会关系。[8]

马克思在这里反驳了对《政治经济学批判序言》的总的论点,即关于经济最终决定这个一般观念的指责。我们只有把"经济"看做是我们在上面说明的那些关系的结构才能够理解马克思的批驳:

> 可是据上述报纸说,这个观点固然适用于物质利益占统治地位的现今世界,但却不适用于天主教占统治地位的中世纪,也不适用于政治占统治地位的雅典和罗马。首先,居然有人以为这些关于中世纪和古代世界的老生常谈还会有人不知道,这真是令人惊奇。很明白,中世纪不能靠天主教生活,古代世界不能靠政治生活。相反,当时的经济条件表明,为什么在中世纪天主教起着主要作用,而在古代世界政治起着主要作用。例如,只要对罗马共和国的历史稍微有点了解,就会知道,地产的历史构成罗马共和国的秘史。另一方面,人人都知道,堂吉诃德由于相信游侠生活可以同任何社会经济形式并存而付出了代价。①

因此,首先我们可以进一步明确前面关于拜物教的论述:马克思论点并不意味着在那些与资本主义不同的生产方式中,社会关系的结构对当事人来说是一目了然的。"拜物教"并不是不存在于这些生产方式中,而是转移(到天主教和政治

---

① 〔德〕马克思:《资本论》(根据作者修订的法文版第一卷翻译),北京:中国社会科学出版社1983年版,第61页。

等等上去）了。马克思的某些论述使我们对这一点深信不疑。例如在《资本主义生产以前的各种形式》这篇著作的一开头，马克思在谈到"原始共同体"时写道：

> 土地是一个大实验场，是一个武库，既提供劳动资料，又提供劳动材料，还提供共同体居住的地方，即共同体的基础。人类素朴天真地把土地看做共同体的财产，而且是在活劳动中生产并再生产自身的共同体的财产。每一个单个的人，只有作为这个共同体的一个肢体，作为这个共同体的成员，才能把自己看成所有者或占有者。通过劳动过程而实现的实际占有是在这样一些前提下进行的，这些前提本身并不是劳动的产物，而是表现为劳动的自然的或神授的前提。①

换句话说，与非商品生产中直接生产者同他的产品的关系一目了然的特点相对应的，是这种"素朴天真"的特殊形式。在这种特殊的形式中，共同体的存在，即某种亲属关系或某种政治组织的形式表现为"自然的或神授的"，它们并不属于特殊的生产方式的结构。

但是，马克思由于缺乏历史材料只是作了简略论述的这一问题，从根本上说显然是同最终决定问题相联系的。实际上，"神秘性"并不在于经济（物质生产方式）本身，而在于社会结构各个层次中的这样一个层次，这个层次按照生产

---

① 《马克思恩格斯全集》（第 46 卷上册），北京：人民出版社 1979 年版，第 472 页。

方式的性质被决定了要占据决定的位置即最终层次的位置。

这样，我们就明白了，相似的原因可以产生相似的结果。这里我们可以赋予这种提法以明确的含义，就是说，当同一个层次总是占据决定的位置的时候，就会在当事人的关系中出现类似"拜物教"的现象。我们引用《资本主义生产以前的各种形式》中关于"亚细亚"生产方式的这段话来说明这个问题是恰如其分的：

> 在大多数亚细亚的基本形式中，凌驾于所有这一切小的共同体之上的总合的统一体表现为更高的所有者或唯一的所有者，实际的公社却只不过表现为世袭的占有者。因为这种统一体是实际的所有者，并且是公共财产的真正前提，所以统一体本身能够表现为一种凌驾于这许多实际的单个共同体之上的特殊东西，而在这些单个的共同体中，每一个单个的人在事实上失去了财产，或者说，财产……对这单个的人来说是间接的财产，因为这种财产，是由作为这许多共同体之父的专制君主所体现的统一总体，通过这些单个的公社而赐予他的。因此，剩余产品（其实，这在立法上被规定为通过劳动而实际占有的成果）不言而喻地属于这个最高的统一体。①

这里的"不言而喻"是在严格意义上使用的。我们应该注意到，在其他生产方式例如封建的生产方式中，"剩余产

---

① 《马克思恩格斯全集》（第46卷上册），北京：人民出版社1979年版，第473页。

品"并不是"不言而喻地"属于统治阶级的代表。相反，我们会看到，封建生产方式明确要求某种更进一步的东西，这就是政治关系，这种政治的关系或者表现为"纯粹的"暴力的形式，或者表现为经过装饰和改良的法的形式。相反，在"亚细亚"生产方式和资本主义生产方式这两种生产方式中，尽管它们无论在年代上还是在地理位置上都相隔甚远，而且这两种生产方式中彼此发生关系的当事人也各不相同（前者是国家和共同体，后者是资本家和雇用工人），但是，由于存在着生产过程职能的相同的直接决定作用，出现了相同的拜物教的结果：产品不言而喻地属于最高统一体，因为它表现为这个统一体的事业。马克思接着写道：

> 在这种情况下，那些通过劳动而实际占有的公共条件，如在亚细亚各民族中起过非常重要作用的灌溉渠道，以及交通工具等等，就表现为更高的统一体，即高居于各小公社之上的专制政府的事业。①

马克思在《资本论》的《协作》一章中，又重新说明了这一点。他把亚细亚专制制度的形式同资本主义的专制制度的形式，即把完成劳动过程（对劳动对象的实际占有）必不可少的监督和领导职能以及生产资料的所有权职能集中在同一个人手里的形式作了系统的比较：

---

① 《马克思恩格斯全集》（第46卷上册），北京：人民出版社1979年版，第474页。

因为劳动的社会生产力不费资本分文，另一方面，又因为雇用工人只有当他的劳动属于资本时才能发挥这种生产力，所以劳动的社会生产力好像是资本天然具有的生产力，是资本内在的生产力。古代亚洲人、埃及人、伊特剌斯坎人等等的庞大建筑，显示了简单协作的巨大作用……亚洲和埃及的国王或伊特剌斯坎的神权政治统治者等等的这种权力，在现代社会已经转到单个资本家或者通过合资公司、股份公司而结合起来的资本家手里。①

因此，我们完全有理由在亚细亚的专制制度中去寻找同资本主义生产方式中的表现形式相似的形式。正是这种形式在资本主义生产方式中"使一切劳动的能力表现为资本的能力，就像商品的一切价值形式都表现为货币形式一样"。我们的论证实际上是以这两种生产方式中两种"结合"关系的相似性，即两种分工关系的相似性（如前所述）为基础的。

但是，尤其应该指出的是，这些论述包含了这样的意思：社会结构的各个层次具有我所分析过的严格意义上的生产方式的那种"方式"的结构。换句话说，这些层次本身表现为复杂的、特殊的结合形式，因此，它们体现了特殊的社会关系。这些特殊的社会关系同生产的社会关系一样，都不是当事人的主体间的相互关系，它们取决于我们所考察的过程的

---

① 〔德〕马克思：《资本论》（根据作者修订的法文版第一卷翻译），北京：中国社会科学出版社1983年版，第335—336页。

职能。这就是我们所说的严格意义的政治社会关系或意识形态的社会关系。我们将用特殊的、恰当的标准逐一分析这些结合方式。

因此，我们所要研究的问题可以归结如下：一定时代起决定作用的层次在社会结构中是怎样被规定的，也就是说，构成生产方式的结构的各个要素的特殊结合方式是怎样决定社会结构中的最终决定地位的，还可以说，一种特殊的生产方式是怎样决定结构的各个层次之间的关系，最终也就是说，是怎样决定这个结构的各个层次的相互联结（这就是阿尔都塞所说的生产方式的母胚作用）的？

为了至少对这个问题作一个原则性的回答，我设想了一种情况，这种情况不是一种理想的情况而是一种简化了的情况，即把社会结构简化为两个不同的层次即"经济"层次和"政治"层次的相互联结。这一设想使我又可能进一步研究马克思就地租问题对封建生产方式和资本主义生产方式进行比较时所作的某些论述。

关于封建地租的最简单的形式即劳动地租（徭役），马克思写道：

> 在直接劳动者仍然是他自己生活资料生产上必要的生产资料和劳动条件的"所有者"的一切形式内，财产关系必然同时表现为直接的统治和从属的关系，因而直接生产者是作为不自由的人出现的；这种不自由，可以从实行徭役劳动的农奴制减轻到单纯的代役租。在这里，按照假定，直接生产者还占有自己的生产资料，即他实

521

现自己的劳动和生产自己的生活资料所必需的物质的劳动条件；他独立地经营他的农业和与农业结合在一起的农村家庭工业……①

在这些条件下，要能够为名义上的地主从小农身上榨取剩余劳动，就只有通过超经济的强制，而不管这种强制是采取什么形式……所以这里必须有人身的依附关系，必须有不管什么程度的人身不自由和人身作为土地的附属物对土地的依附，必须有真正的依附农制度……

从直接生产者身上榨取无酬剩余劳动的独特经济形式，决定着统治和从属的关系，这种关系是直接从生产本身产生的，而又对生产发生决定性的反作用。但是，这种由生产关系本身产生的经济制度的全部结构，以及它的独特的政治结构，都是建立在上述的经济形式上的。任何时候，我们总是要在生产条件的所有者同直接生产者的直接关系——这种关系的任何形式总是自然地同劳动方式和劳动社会生产力的一定的发展阶段相适应——当中，为整个社会结构，从而也为主权和依附关系的政治形式，总之，为任何当时的独特的国家形式，找出最深的秘密，找出隐蔽的基础……

关于劳动地租这个最简单的和最原始的地租形式，有一点是非常明显的：在这里，地租是剩余价值的原始形式，并且和剩余价值是一致的。但是，剩余价值和别人的无酬劳动的一致性在这里不需要加以分析，因为这

---

① 《马克思恩格斯全集》（第25卷），北京：人民出版社1974年版，第890页。

种一致性依然是以它的可以看出的明显的形式存在着，直接生产者为自己的劳动和他为地主的劳动在空间和时间上还是分开的，他为地主的劳动直接出现在为另一个人进行的强制劳动的野蛮形式上。①

这段话（我改变了原文的顺序）包含四个要点：

（1）提出了新的分期原则：在这里"使一个历史时代同另一个历史时代相区分的东西"就是生产方式决定社会结构的方式，也就是社会结构的各个层次之间的联结方式。就概念的含义来说，马克思所说的社会结构的各个层次之间的联结方式同前面的规定是一致的。

（2）封建生产方式同资本主义生产方式在社会关系方面的差别（所有权/对生产资料的占有）所包含的劳动同剩余劳动关系的特殊差别：在资本主义生产方式中，劳动同剩余劳动在"空间和时间"上是一致的，是同时进行的；而在封建生产方式中，情况则完全不同。

（3）劳动过程和剩余劳动过程的不一致性必然造成"超经济的强制"的干预，只有在这种情况下，剩余劳动才能够在实际上完成。

（4）这些超经济强制采取统治/奴役的封建关系形式。

我认为，我们可以从这段话中得出若干结论。

首先，马克思告诉我们，剩余价值在封建生产方式中是具体可见的，但是我们只有在资本主义生产方式中才能够认

---

① 《马克思恩格斯全集》（第25卷），北京：人民出版社1974年版，第890—892页。

识剩余价值的实质。剩余价值在资本主义生产方式中是隐蔽的，因此我们必须进行"分析"。剩余价值是地地道道的资本主义生产方式的范畴。我们只有在对"价值增殖过程"，即对以增加交换价值为目的的生产过程（交换价值同时作为价值形态被普遍化了）的分析中，才能够理解这个范畴的含义。

马克思这样说的根据是，剩余价值并不像利润、地租、利息一样，是一种"形式"。剩余价值就是剩余劳动。资本主义生产中的这种对剩余劳动的特殊剥削方式，即最终说来收入的构成方式（分配方式）从而阶级的构成方式形成了利润、利息和资本主义地租，即马克思所说的剩余价值的"转化形式"。在资本主义生产方式中，阶级斗争的形式首先表现在生产过程的一般形式之中，表现为一定界限内的力量的对抗，而这些界限（工作日界限、工资界限、利润及其分割的界限）就是在生产过程中直接被规定下来并得到分析的。

换句话说，如果我们要考察一定社会的阶级关系的结构，而前面我们已经说过，这个社会是通过一定的榨取剩余劳动的方式同其他社会相区别的，那么，我们首先就要考察这个社会特有的"转化形式"。[9]

这段话中谈到的封建生产方式和资本主义生产方式之间的具有特征意义的差别——必要劳动和剩余劳动的一致性和非一致性问题也是马克思《资本论》单独对资本主义生产方式所作的全部分析的基本点，这绝不是一种巧合。这种一致性就是劳动过程和价值增殖过程的一致性的另一种表达。用来说明价值增殖过程的可变资本和不变资本之间的区分总是同劳动过程固有的劳动力和生产资料之间的区分相联系的。我们可以用《资本论》中的许多例子来说明，分析的进程是怎样要求运用这种联系（特别是对周转的分析）的。正是工人的劳动推动了生产资料，在物质上使原料转化为产品，也正是这种劳动把生产资料和被消费掉的原料的价值转移到产品上去，同时生产出一种新的价值，这个价值的一部分——仅仅是一部分——等于劳动力的价值。因此，表示这种一致性的生产过程的二重性质，最终必然归结为"活"劳动的二重性质。

我们很容易看到，在马克思所描述的情况中，即在封建的生产形式中，这两种形式的一致性都不存在：不仅劳动和剩余劳动在"时间和空间"上是分开的，而且如果我们回过来考察封建生产方式中的价值范畴，那么我们将看到，无论是劳动还是剩余劳动，这两种形式都不是真正意义的价值增殖过程。

换句话说：

——在资本主义生产方式中，劳动和剩余劳动的过程"在时间和空间上"是一致的，这是生产方式（经济层次）的内在特性。这种一致性本身就是资本主义生产方式固有的生产过程的各个因素之间结合的形式，即所有权和实际占有这两种关系的形式所产生的结果。而这个社会结构中的相应的"转化形式"，即各阶级之间的关系的形式都是直接的经济形式（利润、地租、工资、利息），这意味着，在这一领域中，国家是不起干预作用的。

——在封建的生产方式中,劳动和剩余劳动这两个过程"在时间和空间上"是分离的。这也同样是生产方式(经济层次)的内在特性,是这种生产方式固有的结合形式(在这里,所有权关系是以"占有"和"所有权"的双重形式出现的)所产生的结果。在这种情况下,如果没有"超经济的"原因,没有"统治和奴役的关系",剩余劳动就不可能被榨取。因此,我们在对封建生产方式中的"转化形式"本身进行分析以前就可以得出结论说,这些形式并不单独是经济基础的转化形式,而且也是"统治和奴役关系"的转化形式。它们不是直接的经济的转化形式,而是直接的政治和经济的不可分离的转化形式。[10] 最后,这也意味着,不同的生产方式不是由同质的要素结合成的,因而不允许根据诸如"经济"、"法"、"政治"来作出不同的划分和定义。今天,历史学家和民族学家经常去证实这一发现的结果,不过它们在理论上都往往是盲目的。

现在我们可以明白,为什么这个政治没有作为政治被意识到,为什么甚至在政治由于表现为生产方式本身的一个前提或者以"纯粹"暴力的形式或者以法的形式占据决定地位的时候,也没有意识到自身的相对独立性。我们知道,关于政治的这种相对独立性的思想是后来才出现的,它是地地道道的"资产阶级的"思想。

我认为,我们可以从这段最详尽的论述中,得出马克思明确提出的关于经济最终决定的定义的原则。在各种不同的结构中,经济是起决定作用的,因为它决定着社会结构各个层次中占据决定地位的那个层次。这里不是简单的关系,而是结构性的因果关系。在资本主义生产方式中,经济本身占据着这个位置,但在每一种生产方式中,我们都必须对"转化形式"进行分析。这里,我仅仅提出用这一观点重读一下《家庭、私有制和国家的起源》开头几页。恩格斯在这里表述的思想是对马克思的一般性提法的一种"修正":

> 根据唯物主义观点,历史中的决定性因素,归根结蒂是直接生活的生产和再生产。但是,生产本身又有两种。一方面是生活资料即食物、衣服、住房以及为此所必需的工具的生产;另一方面是人类自身的生产,即种的繁衍。一定时代和一定地区内的人们生活于其下的社会制度,受着两种生产的制约:一方面受劳动的发展阶段的制约,另一方面受家庭的发展阶段的制约。劳动愈不发展,劳动产品的数量、从而社会的财富愈受限制,社会制度就愈是在较大程度上受血族关系的支配。①

这段论述是令人吃惊的,它不仅放肆地玩弄"生产"这一术语,并且把生产力发展的技术模式强加在表现为繁衍后代的社会关系的亲族关系的形式上。我们或许应该说明一下(许多马克思主义的人类学者力图这样去做),在某些"原始的"或"自行延续的"社会中,生产方式怎样决定社会结构的各层次之间的某种联结关系,而在这种社会结构中,亲族关系又决定着经济基础的转化形式。[11]

---

① 《马克思恩格斯全集》(第21卷),北京:人民出版社1965年版,第29—30页。

二、结构的各个要素及其历史

一切生产方式都是这样一些要素（始终是同一些要素）的结合，这些要素如果不按照特定的方式彼此发生联系就只是非现实的，这一规定本身以及在这个基础上按照各种结合的变化原则来划分各种生产方式的时期的可能性本身，都值得我们注意。这种规定和可能性实际上反映了马克思主义生产（因而社会）史理论的彻底的反进化论性质。一切都是同19世纪占统治地位的意识形态相矛盾的，而从编年史的角度看，马克思正是属于这个历史的和进化的世纪。我们以后会更清楚地看到，马克思的概念并不是要反映、再现和仿造历史，而是要产生出对历史的认识：这些概念是结构的概念，正是这些结构决定了历史的结果。

因此，这里既不存在形式的渐进的变异运动，也不存在具有命定"逻辑"的发展线索。马克思清楚地告诉我们，一切生产方式都是历史的环节，他并没有说，这些环节的关系是一个环节从另一个环节中产生出来的关系。相反，马克思的基本概念的定义方式排除了这种简便的答案。他在我们引证过的1857年《〈政治经济学批判〉导言》中写道："有些规定是最新时代和最古时代共有的"（例如，协作和某些指挥和簿记的形式是"亚细亚"生产方式和继其他生产方式之后的资本主义生产方式共有的）。这样，编年史同各种形式的内在发展的规律的同一性就被破坏了，而这种同一性正是进化论和关于"扬弃"的一切历史主义的根基。马克思所要说明的是，不同生产方式的划分必然地、充分地建立在少数始终是同一些要素之间的关系的变化基础之上。因此，对这些关系以及涉及这些关系的术语的说明形成了对历史唯物主义的基本理论概念及某些一般概念的表述。这些概念是马克思论述的恰当的出发点，体现了《资本论》的科学方法论的特点，并赋予马克思的理论以论证的形式，可以说，直接依赖于生产力、生产资料、所有权等概念来说明的这种变化的特定形式，始终是《资本论》经济论证的必要前提。

然而这里涉及的是"结构主义"吗？难道人们会冒着同当前非科学的意识形态混淆的风险，提出结构主义，以便纠正传统的倾向于进化论和历史主义的阅读吗？马克思所分析的"结合"虽然是通过特定要素的变化而得出的"同时性"关系的体系，但是，在这种组合中，变化的仅仅是各个要素的地位及其相互关系，而不是这些要素的性质，这种性质不仅从属于整体体系，而且也是无关紧要的，因此我们可以把它撇开而直接构成体系。于是人们提出有可能建立一种关于生产方式的先验的科学，即建立一种可能的生产方式的科学，这些可能的生产方式通过偶然的机遇或最优原则在现实、具体的历史中或者得到实现或者不能得到实现。但是，如果说历史唯物主义能够是我们预见甚至重新建立"潜在的"生产方式（例如人们所说的"简单商品生产方式"），这些生产方式从未在历史上占统治地位，从来只是以扭曲的形式存在着，那么这里所说的是我们将在以后根据现存生产方式的变化来说明的另一种方法。把结合的科学当做组合所要求的前提是：结合的各个"因素"就是我列举的概念本身,这些概念直接表示一种结构的各个组成部分,一种历史的各个原子。实际上,正如我概括地指出的那样,这些概念只是间接的表示结构的各个组成部分,必须通过我所说的"对形式的差别的分析"才能够确定劳动力、所有权、"实际的占有"等等所采取的历史形式。这些概念仅仅表示人们所说的历史分析的合理性。正是"组合"因而假组合的这种性质说明了为什么存在着历史科学的一般概念,却从来不存在一般的历史。

为了说明这种合理性的作用,现在我们回过来比较详细地谈谈某些关于两种不同"关系"即"结合"的各个组成部分的两种联结关系的定义问题。我们分别考察这两种关系,以便能够看清它们各自对要素("因素")的定义产生的影响。为了弄清楚马克思所说的生产过程结构的根据,为了使各个因素的结合能够在实际上说明有机统一体,而不至于成为单纯的对并列关系的描述,我们的详细说明是十分必要的。

1. 什么是"所有权"?

我们把生产方式的"结合"所体现的第一种关系叫做"所有权"关系或剩余劳动的占有关系。我们确实看到,马克思往往用生产资料的所有权形式,从而用这种所有权形式所决定的社会产品的占有方式来规定某种历史生产方式(特别是资本主义生产方式)的特殊生产关系。这一规定作为原理是为大家所熟知的。但是要想弄清这个规定在结构上的确切职能,还必须作一些说明。

在上一章里，我着重指出了两种占有概念之间的差别。其中每一个概念都表现了任何生产方式都具有的双重生产过程的一个方面，从而说明了构成生产的各个"因素"的结合的两种关系中的一个关系。但是，重新运用马克思的许多说明把这里唯一与我们有关的生产关系本身和它的"法的表现"区别开来也是同样重要的，因为从这种"法的表现"的相对独立性来考察，它并不属于生产的结构。在这种情况下，我们必须把我们看做"所有权"的关系同所有权的法律明确地区别开来。这一分析对于确定经济结构与同样是"区域的"结构的"法的和政治的形式"的结构相对而言的独立程度，从而对于着手分析社会形态内部各区域结构或各层次之间的互相联结关系具有极其重要的意义。

从理论概念史的角度来看，我们在这里同样涉及了一个具有决定性意义的问题。阿尔都塞已经指出，马克思主义关于"社会关系"的概念是，社会关系并不表现为主体间相互关系的形式，而是表现为既赋予人同时也赋予物以必要职能的关系。阿尔都塞说明了为什么这一概念标志着与整个古典哲学，特别是与黑格尔的决裂。还应该补充一点，马克思把他从古典经济学家那里借用过来的黑格尔"市民社会"概念，看做是他的发现即理论改造的起点。这一概念既包括了分工和交换的经济体系，也包括了私法的领域。这里便产生了"经济"意义上的占有同法的所有权的直接的同一性。因此，如果说后者是前者的"表现"，那么这里涉及的就是一种必然一致的表现或一种重叠。

特别有意义的是，马克思关于区分社会生产关系同它的法的表现的某些极其明确的论述恰恰涉及了划分经济基础和上层建筑的可能性。显然,如果不把社会生产关系同它的法的表现区别开来,那么经济基础和上层建筑的划分则是不可理解的。例如马克思在分析资本主义地租的产生时写道:

> 虽然(在封建生产方式中)直接生产者不是所有者,而只是占有者,并且他的全部剩余劳动实际上依照法律都属于土地所有者,可是在这种关系下,负有徭役义务的人或农奴竟能有财产和——相对地说——财富的独立发展,有些历史学家对此表示惊异。但是,很清楚,在这种社会生产关系以及与之相适应的生产方式所借以建立的自然形成的不发达的状态中,传统必然起着非常重要的作用。其次,很清楚,在这里,并且到处都一样,社会上占统治地位的那部分人的利益,总是要把现状作为法律加以神圣化,并且要把习惯和传统对现状造成的各种限制,用法律固定下来。撇开其他一切情况不说,只要现状的基础即作为现状的基础的关系的不断再生产,随着时间的推移,取得了有规则的和有秩序的形式,这种情况就会自然产生;并且,这种规则和秩序本身,对任何要摆脱单纯的偶然性或任意性而取得社会的固定性和独立性的生产方式来说,是一个必不可少的要素。这种规则和秩序,正好是一种生产方式的社会固定的形式,因而是它相对地摆脱了单纯偶然性和单纯任意性的形式。在生产过程以及与之相适应的社会关系的停滞状态中,一种生产方式所以能取得这个形式,只是由于它本身的

反复的再生产……①

在法和表现为一种潜在的法或退化的法的"传统"之间存在的这种差别或不一致，实际上表现了法和经济关系（个体生产者必然支配着他自己的一小块土地）之间的差别和不一致。这正是一种生产方式的形成时期的特点，即一种生产方式向另一种生产方式过渡时期的特点。马克思在分析工业资本主义历史初期的工厂法，即规定对雇佣劳力进行"正常"剥削的条件立法时，也对同样的情况作了引人注目的说明。

这种差别或者更确切地说，这种由于法同生产关系的不一致而在法的内部引起的矛盾之所以能够存在，是因为法不同于生产关系，而且就分析的顺序来说，它同生产关系相比只能居第二位。如果我们把马克思强调"资产阶级"所有权特殊性的论述[12]同强调（罗马的）所有权的法的形式在编年史上先于唯一使生产资料私人所有权普遍化的资本主义生产方式的论述加以比较，上述观点就更加明确了。关于这个问题，我们还可以参看前面引用过的《资本主义生产以前的形式》（这段论述从它的对象和术语来看，法的色彩非常浓厚）或者恩格斯致考茨基的信：

> 罗马法是简单商品生产即资本主义前的商品生产的完善的法，但是它也包含着资本主义时期的大多数法权

---

① 《马克思恩格斯全集》（第25卷），北京：人民出版社1974年版，第893—894页。

关系。因此,这正是我们的市民在他们兴起时期所需要,而在当地的习惯法中找不到的。①

这种对照使我们回过头来更加看清楚前面引证的关于地租的起源的论述。它向我们指出,"传统"和"法"之间的差别问题不能被解释为法是从经济关系中产生的理论。因为在历史中虽然存在着从习惯向法的过渡,但这不是一种连续性,相反是一种断裂,是法的变化,或者更确切地说,是法的性质的变化,这种变化是通过被废弃的旧法(罗马法)的复活实现的。因此,这种表面上在法和经济关系的联系中起主要作用的再现就不再是这种发生过程的要素,不再是由于自身在时间上的延续而能够说明法典化上层建筑的形成的要素。这种再现必然有完全不同的作用,它要求我们对一切生产方式共有的再生产的各种职能进行理论分析,我们稍后还要谈到这些职能。经济关系的再生产向我们指出的是,法对经济关系体系本身的必然作用以及法所从属的结构条件,而不是法的层次本身在社会形态中的产生。

这里问题首先在于很难把生产关系同它的"法的表现"明确区别开来,在于"表现"这个概念本身并不意味着两个异质的层次的简单重叠,而是它们之间的联系。总之,这个困难是由经济关系和法的形式之间的可能的差距引起的。所有这些前提条件并非是偶然的,它们说明了我们在这里必须遵循的研究方法(马克思本人,特别是在关于资本主义以前的生产方式的论述中向我们指出了这一研究方法。这些论述

---

① 《资本论书信集》,北京:人民出版社 1976 年版,第 437 页。

与其说是系统的表述，毋宁说是一种研究）。这种方法就是要研究隐藏在法的形式后面的生产关系，或者更确切地说就是要研究隐藏在法和生产的具有次要意义的统一性后面的生产关系，必须消除这种表面的统一性。只有这种方法才能够使我们有可能作出理论的划分并说明马克思赋予法的形式的矛盾的职能。这些法的形式是必然的，又是"非理性的"，它们既表现和用法律条文确认了每种生产方式以自己特有的方式决定的经济现实，同时又掩盖了这种经济现实。因此，我们是在采用一种逆退的推理方法，目的仍然是为了确定从法的形式出发否定地表现出来的距离或差别，不过这次是在自身完全处于同一时代的体系（一种完全确定了的生产方式，此处指资本主义生产方式）内部来确定这种距离或差别的。由此产生了一个术语方面的困难，因为用以表达生产关系的概念从所有权这个概念开始就已经成为把经济和法混淆在一起的概念。那么，就所有权在相对独立的生产结构内部形成体系并在逻辑上先于被考察的社会固有的所有权的法的体系而言，"所有权"是什么呢？这是我们在涉及资本主义时也必须研究的问题。

单是对资本主义生产方式的经济结构同与之相适应的法的关系的分析本身就要求一种全面的研究。因此，这里我只满足于提出某些基本论点。我的论证过程可以归纳如下：

（1）从直接生产过程到社会产品的流通和分配的资本主义生产方式的整个经济结构以法的体系的存在为前提。这个体系的基本要素就是所有权和契约法。经济结构的每个要素，特别是直接生产过程的各个要素：生产资料所有者、生产资料（"资本"）、"自由"劳动者以及在法律上被称为契约的这一过程本身在这个体系的范围内都获得了法的性质。

（2）我们这里涉及的法的体系（当然不是整个历史的法的体系）的特点就是这个体系的抽象的普遍性的特点。这里指的是，这个体系把能够承担体系职能的具体的存在简单地划分为两种范畴：人的范畴和物的范畴。从法的角度来看，这两种范畴并没有适当的区别。所有权关系专指人与物（或者被称作人的东西与被称作物的东西）之间的关系；契约关系则专指人与人之间的关系。在法律上，人与人是没有差别的，每个人都可以成为所有者和契约签订人，同样，物与物之间在法律上也没有差别，它们都可以成为财产，不管它们是劳动资料还是消费资料，也不管它们的用途如何。

（3）法的体系的这种普遍性，从严格意义上说，反映了另一种普遍性，一种属于经济结构的普遍性，即商品交换的普遍性。我们知道，这种商品交换的普遍性只有在资本主义生产方式的基础上才能够实现（但是商品交换以及它所包含的各种形式早就先于资本主义生产方式而存在了）。只有在资本主义生产方式的基础上，经济结构的各个要素才能够全部分割为商品（包括劳动力）和交换者（包括直接生产者）。这两个范畴同法的体系所规定的范畴（人和物）是一致的。

因此，关于资本主义生产方式同它的运行所要求的法的体系之间关系的一般问题在历史上和理论上都取决于另一个问题，即直接生产过程的经济结构同商品流通的经济之间的关系问题。在生产过程的分析中，"商品范畴"的出现是必不可少的，这一点说明了为什么相应的法的范畴的出现也是必不可少的。

（4）属于资本主义生产方式结构的生产的社会关系可以从它们的法的表现出发，通过比较和揭示它们之间的一系列差别而得到说明。

第一，"所有权法"具有普遍性的特点，也就是说，在被占有的物及其用途上不存在任何差别。从生产过程的结构的角度来看，唯一有意义的所有权就是对生产资料的所有权，这里的意思正如马克思经常说过的那样，就是生产资料必须同"活"劳动结合在一起被生产地消费掉，而不是被贮藏起来或是非生产地消费掉。法律上的所有权是某种消费的权利〔一般地说就是指"使用和滥用"的权利，即个人消费、生产地消费或转让（交换），或"挥霍浪费"的权利〕，经济上的生产资料所有权却不是这样一种"权利"，而是一种由生产资料的物质性质以及它们作为攫取剩余劳动的手段同劳动过程条件的一致性所决定的生产地消费生产资料的权利。这种权利不能归结为权利，而应该像阿尔都塞指出的那样，归结为生产资料的分配（特别是数量和质量上的恰当的集中）。经济关系的基础不是"物"（从而商品）的无差别的性质，而是人们可以按照个人消费要素与生产消费要素的对立以及劳动力与生产资料的对立来分析的物的有差别的性质（我们在对整个社会再生产的各部门的分析中还可以看到这种差别体系）。这样，我们就可以把社会生产关系同所有权法之间的差别看做是"生产资料的所有权"扩大或延伸到"所有权一般"的运动，看做是生产结构所要求的各种区分的扬弃。

第二，生产资料所有者（资本家）同雇佣劳动者之间确立的关系在法律上是一种特殊形式的契约即劳动契约。这种关系确立的前提是，劳动必须在法律上被看做是一种交换，从而劳动力必须在法律上被看做是一种"商品"或物。这里需要指出的是，在上述关系的概念中，劳动力转化为商品以及劳动契约的确立完全与消费劳动力的劳动的性质无关。因此，雇佣劳动的法律形式同样是一种既包括生产劳动，即生产剩余价值的转型劳动，也包括其他通常称为"服务"的劳动的普遍形式。但是，只有生产劳动才能够决定生产关系，而生产劳动一般是不能由雇主同雇佣劳动者的关系即"人与人"的关系来规定的。生产劳动要求考虑它置身于其中的经济领域（作为剩余价值源泉的直接生产领域），从而考虑劳动及其对象的物质性质，考虑与它相结合的劳动资料的性质。刚才我们谈到，生产资料的所有权在人与物的法的关系的形式中表现为通过对生产资料的占有而实现的对"活"劳动的权力（只有生产资料才能赋予这样的权力），同样，作为生产结构内在关系的雇佣劳动在雇佣劳动契约的法的形式中表现为通过对生产劳动的占有而实现的对生产资料的权力（只有生产劳动才能赋予这样的权力，也就是说，决定合适的而不是任意的消费）。这样，我们就可以把作为社会生产关系的雇佣劳动同劳动法的差别，看做是与前述形式相似的扩大和延伸的运动。

由此我们可以得出两个极其重要的结论：

（1）从法（当然这里指的是资本主义生产方式所体现的法）的角度来看，所有权关系即"人"与"物"的关系，同契约关系即"人"与"人"的关系是两种不同的形式（虽然它们是以同一范畴体系为基础的)。但是从经济结构的角度来看，情况就完全不同了，生产资料所有权同雇佣生产劳动规定的是唯一的关系即唯一的生产关系，从我们刚才所作的两个分析中可以直接得出这样的结论。

（2）这一社会关系不具有法的性质，虽然基于一些同资本主义生产方式的性质本身有关的原因，我们不得不（不得不这样做的首先是马克思）从法律范畴出发，用法律范畴特有的术语来说明这种关系，因此，这种社会关系不能由同一些具体的实体来承担。法的关系是普遍的和抽象的，是一般的"人"和"物"之间的关系。正是法的体系结构规定了它的承担者是同物相对立的个体（人）。同样，生产资料是通过它在生产过程中的作用成为经济结构关系的承担者的，而这个关系（与所有权和契约相反）只有在涉及社会阶级或社会阶级的代表而不是个体时才能够得到规定。因此，资本家阶级和无产阶级不能先于社会生产关系而得到规定，相反，正是社会生产关系的规定体现了被规定为阶级的"承担者"的职能。

但是，一个阶级不能像个体在法律上是所有权主体那样成为所有权的主体，也不能成为契约的一方或"他方"。我们在这里涉及的不是客体对它的主体的内在或主体间的相互承认，而是生产资料，从而整个资本、整个社会产品的不断分配的机制（正如马克思在《资本论》第三卷倒数第二章《分配关系和生产关系》中指出的那样）。阶级不是这一机制的主体而是承担者，这些阶级的具体特征（它们的收入类型，内部的各个阶层，它们与社会结构不同层次的关系）是这一机制的结果。因此，生产的经济关系表现为按职能划分的所有者阶级、生产资料、被剥削的生产者阶级三者之间的关系。马克思在《资本论》第一卷第七篇《资本积累》的分析中着重说明了这一点。马克思在这一篇指出了资本主义生产机制怎样通过生产地消费生产资料和工人的劳动力生产了劳动对资本的从属，把资本家变成积累的工具，资本的官吏。这种关系丝毫不包含个体的成分，因此不是一种"契约"而是一条"看不见的线"，它把劳动者同资本家阶级、资本家同工人阶级联系在一起。① 因此，生产资料的分配所决定的社会关系就表现为一个阶级的每个个体同整个对立的阶级之间的必然的关系。

2. 生产力（手工业和机器）

我在分析《政治经济学批判序言》时指出了马克思著作中有着系统联系的一般概念。在这些概念中，没有一个概念像生产力或者更确切地说生产力水平（或发展程度）这一概念那样具有表面的简单性，而在实际上却包含着许多难题。这个概念的表述本身直接引出了两个后果。这两个后果是对马克思的理论产生根本性误解的根源，而且可以说它们是很难避免的。首先，一谈到生产"力"，人们可能立刻会想到这样一系列概念："生产力是人口、机器、科学等等"；同时人们还会想到，生产力的"发展"具有累进的、新的生产力的叠加或者某些生产力被另一些更"强大的"生产

---

① 《马克思恩格斯全集》（第 23 卷），北京：人民出版社 1972 年版，第 629、633—634 页。

力取代（手工工具被机器取代）的形式。这样，我们就得出了关于"发展水平"或"发展程度"的解释。这里涉及的发展是一种直线式的、累进的发展，是一种近似生物学意义的连续性。而且从字面上看，这种解释是不言自明的，因此它具有很大的诱惑力。在这种情况下，如果我们不采用"质变"理论、"量变向质变过渡的理论"，也就是说，不采用同时考虑运动总结构的描述运动状态的理论，怎么能说明总理论中明确包含的历史的非连续性呢？我们又怎么能够摆脱关于历史运动的机械论呢？而在这种理论看来，"辩证法"不过是其他层次与作为衡量它们的尺度的生产力发展之间的时间上的间隔和迟后，这种间隔和迟后则按一定周期被消除和得到调整。

上述这种列举生产力的方式很快就遇到了巨大的困难，这就是当我们为了把马克思的概念同"事实"的描述直接保持一致而必须集合"各个要素"的时候，我们就遇到了所要集合的各个要素是不同质的情况。因此，资产阶级对马克思提出批判，他们指出，生产力最终说来，不仅包括技术工具，而且还包括旨在改善和取代这些工具的科学知识的应用以及科学本身；不仅包括劳动力人口，而且还包括这个人口的技术习惯和文化习惯，历史（旧的生产方式的历史）以及工业心理学和社会学越来越清楚地表明了这些习惯的"根深蒂固的性质"以及它们的历史的和社会学的复杂性；不仅包括技术，而且还包括劳动组织甚至社会和政治组织（"计划化"就是这方面的一个突出例子）等等。这些困难并不是偶然的，它们说明我们很难把马克思的概念同社会学的范畴协调起来，因为社会学的方法是列举和集合各个层次，这些层次例如工艺学、经济学、法学、社会学、心理学、政治学等，而社会学在列举这些层次的基础上建立起自己的历史的分类（传统社会和工业社会、自由社会和中央集权制社会等）。不仅如此，这些困难还表明了马克思的概念同这类范畴在形式上的重要区别，表明了生产力概念与前面罗列的生产力毫不相干，因此，我们必须弄清这一概念的真正含义。

我们首先注意到马克思的提法本身。既然这里的"水平"、"程度"可能表示一种至少是潜在的尺度，一种衡量增长的尺度，那么人们就可以认为它们能够规定生产力的本质特征，从而把生产力规定为一种特殊的历史生产方式。众所周知，劳动生产率即劳动力的发展在几个世纪的先前生产方式中提高的程度还赶不上在几十年的工业资本主义中提高的程度，但是，"生产关系"法的和政治的形式的变化都保持着大致差不多的速度。至于劳动手段（工具）即马克思所说的"人类劳动力发展的指示器"的发展变化，情况也是如此。每当这种"水平"在经济分析中起直接作用时，马克思则明确地使用劳动生产力、劳动力的生产率的说法。

这是因为实际上"生产力"并不是物（后面我们还要研究这一问题）。如果生产力是物，那么生产力的运输、进口问题相反地对于资产阶级社会学（某些属于文化的心理学问题除外）比对马克思来说更容易解决，因为马克思的理论把某种生产力同某一类型的社会（由自身社会关系决定的社会）的相关关系看做是必然的联系。如果我们消除了生产力这一术语所造成的字面上的幻象，就可以看到，"生产力"的最有意义的方面不是它们的罗列或构成，而是它们发展的速度或步伐，因为这一速度同生产关系的性质和生产方式的结构是直接联系的。马克思在《资本论》以及《共产党宣言》的那几段名言中并没有说资本主义第一次并一劳永逸地解放了生产力，而是说资本主义把特定的发展类型强加给生产力，这种发展的速度和步伐是资本主义特有的，是由资本主义积累过程的形式所决定的。这一速度同某一时刻所达到的水平相比更好地描述了某种生产方式的特点：

> 因此，对资本来说，劳动生产力提高的规律不是无条件适用的。对资本来说，不是在活劳动一般地得到节约的时候，而是只有在活劳动中节约下来的有酬部分大于过去劳动的追加部分的时候，这种生产力才提高了……①

但是，从理论角度来说，"生产力"也是生产方式内部的某种形式的关系，换句话说，它本身也是生产关系。这种生产关系正是我在构成"结合"的结构的各种关系中引进同一些要素（生产资料、直接生产者和非劳动者即资本主义生产方式中的非雇佣劳动者）之间的"所有权"关系、"实际占有"关系时所要说明的一种关系。现在我要通过《资本论》有关章节中对相对剩余价值形成方法的分析来说明这里

---

① 《马克思恩格斯全集》（第25卷），北京：人民出版社1974年版，第292页。

涉及的是一种关系，更严格地说，是一种生产关系。同时我们也可以更清楚地看到什么是对形式的差别分析。

马克思在《资本论》第一卷中用三章篇幅（法译本第一卷第13—15章）进行了这种分析，这三章所论述的问题是工场手工业和大工业中的协作形式以及从前一种形式向后一种形式的过渡即"工业革命"。但是，我们只有参看第一卷第七章关于劳动过程的定义以及作为由这一定义引出的结论的第十六章《绝对剩余价值和相对剩余价值》才能理解这一发展。

从工场手工业向大工业的过渡开始了马克思所说的资本主义的"特殊生产方式"或劳动对资本的"实际从属"。换句话说，大工业构成了我们所涉及的关系的形成，这种关系的形成是资本主义生产方式的有机组成部分：

> 资本起初是在历史上既有的技术条件下使劳动服从自己的。因此，它并没有直接改变生产方式。所以我们上面所考察的、单靠延长工作日这种形式的剩余价值的生产，看来是与生产方式本身的任何变化无关的。①
>
> 相对剩余价值的生产使劳动的技术过程和社会组织发生根本的革命。因此，相对剩余价值的生产以特殊的资本主义的生产方式为前提；这种生产方式连同它的方法、手段和条件本身，最初是在劳动形式上隶属于资本的基础上自发地产生和发展的。劳动对资本的这种形式

---

① 《马克思恩格斯全集》（第23卷），北京：人民出版社1972年版，第344页。

上的隶属,又让位于劳动对资本的实际上的隶属。①

我们在下面所作的考察不过是对这两段话的说明。

通过形式从属和"实际"从属的差别,我们首先可以看到,在结构的各个要素的形成中存在着编年史的间隔:作为"社会关系"的资本,也就是说,生产资料的资本主义所有权先于并独立于"实际"从属,即我们所涉及的关系(实际占有)的与资本主义生产方式相一致的特殊形式。对这种间隔以及对一般的这类间隔的可能性的说明可以使我们得出关于从一种生产方式向另一种生产方式过渡形式的理论。我们暂时不去研究这个理论。我只提出注意下述一点:简单的、纯粹编年史的间隔与我们研究的理论无关;生产方式概念由以产生的"同时性"完全取消了时间性这一因素,从而把历史理论中关于时代的一切机械思维的形式都排除了(按照这一理论,在编年史表上同位的东西就属于同一时代)。不仅在生产资料的资本主义所有权的出现和"工业革命"之间存在着间隔,而且工业革命在不同的生产部门之间也存在着间隔。我们所研究的理论把这第二种间隔也取消了。最后,在同一部门内,工业革命表现为手工劳动不断被"机械"劳动所取代,而取代的速度则取决于结构的和行情发展的经济必然性,因此,这里作为我们的对象的这种过渡就表现为马克思所说的严格意义的趋势,也就是说,表现为资本主义生产方式的结构的所有权:资本主义生产方式中的"劳动力"的

---

① 《马克思恩格斯全集》(第23卷),北京:人民出版社1972年版,第557页。

本质就是不断地由手工劳动向机械劳动过渡。

现在我们来说明一下，从工场手工业向大工业的过渡指的是什么。

工场手工业和大工业都是劳动者（直接生产者）之间的协作形式，而这种协作只有在他们都从属于同时雇用他们的资本的情况下才是可能的。因此，工场手工业和大工业就构成了人们所说的生产的组织机构，建立了"集体劳动者"：以交付最终有用产品（不管这种有用产品是生产地消费还是由个人消费）为特点的劳动过程要求按照特殊的组织形式组织起来的许多劳动者的参与。在这一点上，工场手工业和大工业都是同个体手工业相对立的。但是真正的断裂并不在这里。

任何协作的形式既可以是简单的，也可以是复杂的：在简单协作中，劳动者和操作都是并列的，"工人们互相补充，做同一或同种工作"。这种协作形式至今仍然可以见到，特别是在农业部门。在行会师傅的手工作坊里，帮工们的劳动往往表现为简单的协作。在工场手工业的原始形式中，情况也是如此，这种形式不过是把手工业者集合在同一个劳动场所之中。相反，复杂的协作则是紧密联系、互相交错的劳动。每个工人所进行的连续的或同时的操作都是互相补充的，只有他们的整体才能提供完成的产品。这种协作形式（在某些部门，例如冶金部门，这种形式是非常古老的）是工场手工业分工的本质：工人们分头完成同一劳动（直至18世纪，人们仍把这种劳动称作"共同的事业"、"共同的工作"）。

当然,这种分工可以有不同的起源。它可以是真正的分工,即同一行业的复杂操作分别由专门从事局部劳动的不同劳动者来完成;也可以是不同行业的联合,这些行业隶属于同一有用产品的生产,在联合中彼此协作,因此在后来变成了各种局部劳动。马克思分析的这两个例子(制针工场手工业、马车工场手工业)是由产品的物质属性决定的,但是这种形成过程却消失在同一形式的分工这一结果之中。分工的基本原理是各种局部操作可以作为"人手"[13]来完成。我们以后还要谈到这一原理的重要作用。

工场手工业的好处产生于合理化,由于合理化,每一局部操作有可能成为独立的操作,工人有可能专业化,从而有可能改良动作和工具、提高速度等等,因此,必须使这种专业化在实际上成为可能,使每一个尽量简单的操作能够个体化。因此,我们在手工业和工场手工业之间看到的不是断裂而是连续性:工场手工业分工表现为手工业固有的专业化的分析性运动的继续,这一运动同时涉及技术操作的改进以及工人劳动力的心理和物理特点。这不过是同一发展的两个方面。

事实上,工场手工业只是使手工业的显著特点即劳动力和劳动手段的统一达到了极端。一方面,劳动手段(工具)必须适合人的机体;另一方面,一个工具在一个不会使用它的人手中就不再是工具:工具的实际使用要求工人具有由体力和智力的品质构成的整体和一定的文化传统(对材料、技巧乃至行业的秘密的经验认识等等)。因此,手工业同学徒制是紧密联系的。在工业革命以前,"技术"就是劳动手段或工具与通过学徒和传授培养出来使用它们的工人相结合的整体。技术基本上是个人的,虽然劳动组织是集体的。工场手工业保留了这些属性并把它们推向极端:局部劳动从一开始就表现出来的缺陷恰恰起源于工场手工业严格地保持着技术过程同人类学过程的一致,前者产生的是与越来越多、越来越不相同的材料和产品,从而与越来越个体化(越来越专一)的劳动工具相适应的越来越多样化的操作,后者则使个人的能力越来越专门化。工具和工人反映了唯一和同一的运动。

这种直接的统一的主要后果就是马克思所说的"人手成为社会生产的调节原则"。这就是说,工场手工业中的协作使工人发生关系,而且仅仅是以生产资料为中介使他们发生这种关系。如果我们考察"生产机体"的构成在完成各项工作所使用的工人的比例数方面所必须服从的制约,这一事实就表现得十分明显了。这里的制约表现为这些不同的工作要由劳动力的性质来决定。人们必须经验地确定分工中最合适的手工操作的数量以及固定在每一项局部工作上的工人的数量,以便使每一个人都能够不断地"工作"。这样组合起来的整体只要失去了其中的某一部分就会陷于瘫痪,正如一个手工业者由于某种原因不能完成生产他的产品所要求的某一操作就会中断他的劳动过程一样。

机器体系代替了作为工具的载体的人力,也就是取消了人的力量同劳动对象的直接接触,从而完全改变了劳动者和生产资料之间的关系。从此以后,劳动对象的造型不再取决于劳动力通过文化获得的素质,而是在生产工具的形式以及这些工具执行职能的机制中已经被预先规定了。尽可能全部用机器的操作来代替手工操作成了劳动组织的基本原则。机器工具是生产组织不依赖于人类劳动力的素质，因而完全分开的劳动资料和劳动者获得了不同的发展形式。先前的关系反过来了：以前是工具必须适应人的机体，现在是人的机体必须适应工具。

这种分离使得有可能构成一种完全不同类型的统一体，劳动资料和劳动对象的统一体。马克思指出，机器工具使得有可能构成一个"不依赖工人本身的客观骨骼"[①]。现在，生产机体不再是一定数量的工人的联合，而是可以接受任何工人的机器的总体。从现在起，"技术"成了某些原料和劳动工具在人们认识到它们的物理属性的基础上被结合在一起的整体，是这些原料和劳动工具作为体系所拥有的各种属性的整体。生产过程被孤立地看做是劳动的自然过程；在劳动过程的各个要素内部，它构成了一个相对孤立的分支整体。这个统一体表现为技术的出现，也就是自然科学被应用于生产技术。但是，这种应用只有在劳动过程中生产资料（劳动资料和劳动对象）的客观统一体这一现有的基础上才有可能。

因此，集体劳动者获得了被马克思称为"社会化劳动"的规定。如果不把特殊的劳动过程看做是局部劳动过程，社会生产整体的一个要素，那么就不可能说明局部劳动过程（结果是特定的有用产品）实际上所要求的条件的总体。这就是说，在对特殊劳动过程的分析中（在对特殊劳动过程的

[①] 《马克思恩格斯全集》（第23卷），北京：人民出版社1972年版，第406页。

技术划分所进行的分析中）必须加入生产知识的智力劳动，因为这种特殊劳动过程是智力劳动所生产的知识的应用。在协作中，有些劳动者不出现在劳动现场。至于智力劳动的产品即科学从资本主义的观点来看是不花费分文的要素（情况并非完全如此），并表现为社会的贡物，那么，这是在分析劳动过程时并没有出现的另一个问题。实际也存在着这样的趋势，也就是各个手工工场和各个工厂的整体，不管财产的分配如何，都力图成为智力劳动产品的应用和实验的场所，这就是马克思所说的"大规模的实践经验"：

> 只有结合工人的经验，才能发现并且指出……怎样用最简便的方法来应用已有的发现，在理论的应用即把它应用于生产过程时候，需要克服哪些实际障碍等等。①

因此我们可以看到，结合的各个要素之间的关系的变化引起了这些要素本身的性质的变化。现在，与生产资料统一体发生关系的这个"集体工人"已完全不同于与另一些劳动资料形成具有特征的手工工场和工场手工业劳动统一体的工人，成了完全不同的个体。同样，"生产劳动者"规定的载体也发生了变化：

产品从个体生产者的直接产品转化为社会产品，转化为总体工人即结合劳动人员的共同产品。总体工人的各个成员较直接地或者较间接地作用于劳动对象。因此，随着劳动过

---

① 《马克思恩格斯全集》（第25卷），北京：人民出版社1974年版，第120页。

程本身的协作性质的发展,生产劳动和它的承担者即生产工人的概念也必然扩大。为了从事生产劳动,现在不一定要亲自动手,只要成为总体工人的一个器官,完成他所属的某一种职能就够了。上面从物质生产性质本身中得出的关于生产劳动的最初的定义,对于作为整体来看的总体工人始终是正确的。但是对于总体工人中的每一单个成员来说,就不再适用了。[14]

因此,在我们的所谓的组合中,我们在不同的组合形式中发现的实际上并不是同一些"具体的"要素。这些要素的特点不再仅仅由它们所处的地点来规定,而是表现为结构所产生的每一次都不同的结果,也就是说,表现为构成生产方式的结合所产生的每一次都不同的结果。我以这种关系作为例子,因为这种关系在《资本论》的分析中完全得到了说明,但是也很清楚,这类分析也可以应用于所有权形式,不过不是法律意义上的所有权,而是作为法律形式的基础并以法律形式为自己的形式的生产关系意义上的所有权。马克思在《资本主义地租的产生》(《资本论》第三卷)和《资本主义生产以前的各种形式》(《政治经济学批判大纲》)对此作了说明,他在"所有权"和"占有"之间作了形式区分。马克思的这些阐述足以表明,我们在这里遇见的形式同马克思在论述实际占有时所阐明的形式一样复杂。[15]

3. 发展和位移

在从我们的这一分析中得出进一步的结论之前,我们必须阐明这种分析是如何完全取决于劳动过程定义所包含的形式区别的标准的。

> 劳动过程的简单要素是：有目的的活动或劳动本身，劳动对象和劳动资料。①

通常人们在马克思关于工业革命的分析中所着重注意的是不同于对同一"现象"的其他解释的观点，即技术变革和社会变革的根源不在于采用新的能源（蒸汽机）以取代人作为动力，而是采用工具机以取代使用工具的人。但是，人们往往并没有停留在这种独特的理论表述上，因为这种理论表述已经包含在劳动过程的定义之中了。工业革命（从工场手工业向大工业的过渡）完全可以借助这些概念被规定为这些概念之间的关系由于劳动资料的变位而发生的变化。根据我在前面总结马克思的观点时关于这种变化所作的论述，我们可以把它看做是劳动过程的两种"物质存在形式"的位移[16]：

——劳动资料和劳动力的统一；

——劳动资料和劳动对象的统一；

在每一种场合，这三个要素之间的关系的形式所具有的特征，是以拥有自己的统一和相对独立性的分支整体的名称为标志的。

——劳动对象 ⎫
——劳动资料 ⎬ 机器的统一技术

---

① 《马克思恩格斯全集》（第23卷），北京：人民出版社1972年版，第202页。

——劳动力 ｝ 手工业（和工场手工业）的统一手工技艺
（"活动"）

同样很清楚，劳动过程定义的三个概念与经验主义描述的抽象（主体、客体、"中介"）毫无关系，这种经验主义描述在区分其他要素时总是可以换一个形式再一次被应用。这三个要素不是分析这两个相继的关系形式的结果，相反是使这种分析成为可能的要素。

因此，从一种形式向另一种形式的运动完全可以这样分析：它不是一个结构的简单解体（劳动者和劳动资料的分离），而是一个结构向另一个结构的转化。它也不是从无中产生出一个结构，而且是全新的结构（在一个唯一具有物理学意义上的相互作用的体系内劳动对象和劳动资料的统一）或者也不能说这个结构是由于"科学"和"技术"这两个抽象的东西的汇合而偶然出现的：因为它们都是已经发生变化的劳动过程的形式。资本主义机器大工业是新的生产力体系的最初的例子，这种新的体系既不是绝对的终结也不是绝对的起源，而是整个体系的改组，是对自然、对"生产力"的实际占有关系的改组。

但同时很清楚，这种形式变换完全不能分析为发展的直线运动，分析为血统关系的延续。在手工业和工场手工业之间存在着这类血统关系的延续，因为我们已经看到，从与我们有关的角度来说，工场手工业可以被看做是手工业所固有的运动的继续，工场手工业保存着手工业的全部特征。但是，机器取代工具和受过教育的、专业化的劳动力的整体，并不是这一整体发展的结果。它只是简单的占有了同一位置。它用另一种体系代替了先前的体系：连续性不存在于各个要素或各个个体之间，而是存在于各种职能之间，我们可以用位移这个一般性术语来表示这种转化类型。

我想在这里说一点并非是偶然的题外话，比较一下这种思维类型和弗洛伊德在关于《性欲史》的著作特别是《关于性理论的三篇论文》中所遵循的十分有趣而且令人感到十分惊异的方法。相似之处足以表明完全有必要进行这种比较，而且，如果我们想到：马克思和弗洛伊德所处的意识形态环境十分相似，他们必须在这些意识形态环境中，并且为了反对这些意识形态环境，建立他们的理论，而且有时还要用这些意识形态的概念本身来建立他们的理论，那么这种比较也许就显得更为必要了。进化论在历史科学和"心理学"中同样占有强大的统治地位。弗洛伊德在三篇论文中所使用的术语是心理学进化论的表现，同样，马克思所使用的术语如生产力的"水平"、生产力的"发展阶段"是历史进化论的表现（在《政治经济学批判序言》中，马克思谈到了现存的社会关系为"新的和更高的"关系所取代）。因此，我在这里感兴趣的不是心理分析对象和历史唯物主义对象之间的联系（因为这一点没有任何模糊不清的地方），而是有可能揭示马克思的理论著作和弗洛伊德的理论著作之间的认识论上的相似之处。

一方面，我们确实在弗洛伊德的这些论著中看到了整个关于里比多（性欲）发展阶段的生物学或近似生物学的理论，看到了关于"胚胎"（其发展构成了连续的阶段）的先天组织和后天性质的总问题。我们看到了发展及其中介阶段的理论。这个理论又使我们看到了关于发展停滞在一个阶段或退化到这个阶段（退化从来都只是停滞的显露）的病理理论。

但是另一方面，同真正的进化论相比较，即使弗洛伊德使用的术语相同，我们却可以发现完全不同的东西。

我们以下面这段论述为例：

> 一个困难但又不能回避的问题是，根据什么来确定儿童的性的表现。在我看来，精神分析说明的连锁现象表明，婴孩的吸吮就是性行为，我们可以从中研究儿童的性欲的基本特征。[17]

这里我们可以看到弗洛伊德在这一研究中普遍使用的推理，他把追求快感的一系列组织看做是性欲本身的依次相继的形式。"这一发展的结果是我们通常说的成年人的正常的性生活"（在《精神分析引论》的论述中，这个链条更为复杂，因为弗洛伊德在他的定义中同时使用了儿童的性欲和成人的"非正常"性欲，因此，这一发展的结果或者是"正常的"性欲，或者是性倒错或神经病，性倒错和神经病在"非正常的结果"中占有同样的位置）。矛盾的是，这一发展的起源是"性"特征最不明显的阶段。事实上，这些阶段只是由于弗洛伊德的分析揭示了它们的相同作用才获得了"性的"特征。它们远不是一种连续性，它们的依次相继可以被分析为一系列的位移：性觉区，即一定的里比多组织中具有性"作用"的身体部分（弗洛伊德认为，几乎身体的所有部分都具有这种作用)的位移;最初"承担"性欲的生物学功能的位移;从弗洛伊德所说的无所指对象(这是一种特殊的对象形态),一直到性爱的对象的性冲动对象的位移。同每一个这样的位移相对应的是弗洛伊德所说的各个"局部冲动"即综合性冲动的各个要素之间的关系变化。

> 后来我们观察到,我们只有以多种因素的相关作用为前提,才能对迄今为止我们所研究过的一定数量的性倒错现象进行比较。如果我们对它们进行分析,就会发现它们的性质是复杂的。这就会使我们认识到,性冲动本身并不是一个简单的既定存在,它是由各种要素组成的。在性倒错的场合中,这些要素发生了分离。临床观察使我们发现了一些新的组合……[18]

每一个这样的变化都是综合性冲动的一个组织系统,这个系统包含了"局部冲动"(准生殖组织或生殖组织——生殖性觉区居首要地位)之间的支配和等级关系。[19]

弗洛伊德这几页论述中的推理使用了一系列概念,这些概念与个体进化论及其生物学模式毫不相干。这些推理必须同时回答两个问题:发展的形式是什么?发展的主体是什么,什么发展了?[20]这些推理似乎都离不开作为分析对象的关于"性欲"的定义(弗洛伊德不断同反对性欲概念的这种"扩大"的意见作斗争,这种意见把性欲概念的"扩大"和"生殖的"性活动向青春期以前的时期的延伸这两件事混为一谈)。性欲似乎最终可以简单地定义为我们上面分析的"位移"形式的相继更替。凡是构成局部性冲动组织的要素都具有性的性质,而局部性冲动的变化最后都会达到生殖组织。

我们之所以能够对位移进行分析,是因为我们有一整套理论概念,这些理论概念所起的作用类似于我们在分析实际占有("劳动力")关系形式时给劳动过程下定义所使用的概念即活动、对象、劳动资料的作用。弗洛伊德在《关于性理论的三篇论文》中系统地使用了这些概念,在《性欲及其命运》这篇论文中又系统地说明了这些概念。这些概念是:性欲的起源、冲动、对象和目的。当然,这里涉及的并不是弗洛伊德的概念和马克思的概念的一致性,而是它们共同的分析类型,从而涉及这些概念在方法中的作用的同一性。

这样,我们或许能够回过头来说明马克思的著作提出的问题,特别是说明马克思在提出我上面提到的关系时所遇到的困难,也就是说,在把"生产力水平"思考为结合内部的关系,即思考为生产关系或生产资料所有权形式[21]时所遇到的困难。

我们在列举生产力,例如在自然和人之间划分的生产力时,也会遇到这个困难。

同样,弗洛伊德的这些论著中也包含着试图把上面的分析所描述的性冲动与生物学领域、心理学领域联系起来的论述。弗洛伊德最后把性冲动规定为生物学和心理学之间的界限,他甚至在性冲动的"起源"中确定了这种模糊性("我们可以把性冲动的起源理解为发生在身体某一器官或某一部分中的肉体的过程,身体的这一器官或这一部分所受到的刺激在心灵生活中则表现为冲动。我们不知道这一过程是否总是具有化学性质……对性冲动起源的研究不再属于心理学的领域,虽然性冲动的肉体的来源或起源对心理学来说是一个实实在在的决定性因素,性冲动在心灵生活中,只是通过它的目的才被我们认识的。"[22])因此,在形式分析中,本来意义的生物学的东西始终是不存在的,我们要寻找的"界限"严格地讲也是找不到的。但是应该补充说,从另一个方面来看,心理学的东西同样是不存在的:在心理学的传统观念中,心理学因素只有通过它与生物学的东西的对立和比较才能够得到规定。由于本来意义的生物学的东西消失了,心理学的东西也就变成了与自己不同的另外的东西,即弗洛伊德所说的"心灵"。这里我们涉及了一系列领域的变化和位移,弗洛伊德明确地思考了它们之间的联系,他在《精神分析引论》一书中写道:

> 大多数人把"意识"和"心灵"混为一谈,而我们则不得不扩大"心灵"概念并承认非意识的心灵的存在。同样,某些人在"性"与"生育"或者更直接地说"生殖"之间确立同一性,而我们则必须承认非"生殖的"、与生育毫不相干的"性"的存在。人们所说的同一性只表现在形式上,因此并没有深刻的理由。

我们只需补充一点:这种"扩大"无论就其内容来说还是就其论证的理论表述的性质来说,实际上是一个全新的定义。

同样,生产力分析中的"自然"也是如此。因为马克思写道:"劳动首先是发生在人和自然之间的行为。在这一行为中,人自身作为一种自然力与自然相对立",如果说自然充当着社会要素的角色,那么这似乎同样是正确的。从这个意义上看,本来意义上的"自然"也是不存在的。

只要关于"生产力"的马克思主义分析系统地包含在生产方式的规定中,也就是说,只要它不是生产或"生产手段"的"技术"方面的简单的列举和描述,而是生产的"技术的"社会关系的变化形式的规定,那么,从传统的理论分工来看,它就会产生我们在弗洛伊德的著作中看到的同样的位移和断裂的结果。这个断裂的结果标志着一门新的学科的出现,这门新学科建立了自己的对象并为这个对象规定了一个在此之前已经被不同的学科占领并因而被它们完全忽视了的领域。在作为科学理论学科的历史唯物主义领域中,对生产力的分析阐明了人类的各种制度和实践的"社会的"结构赖以建立的条件和基础,但它不是一个技术的或地理学的预先存在,也不是一个强加于历史的重要而又外在的界限,相反,它内在于生产方式的社会结构的规定("生产方式"的任何规定如果不包括作为它的标志的生产力的规定,就不能被看做是完全的),从而完全改变了"社会的"一词的含义。

但是,我们看到,这里还有进一步的相似之处,这个相似之处一直延伸到马克思和弗洛伊德规定的历史对象的类型。弗洛伊德所说的"性"并不是性冲动组织标明的发展的主体,各个性冲动组织严格地讲也不是相互作用产生的,同样,我们在马克思的分析中涉及的也仅仅是结合本身及其形式。因此,对于马克思我们同样可以说,发展的主体仅仅是劳动组织的形式的相继更替以及这种相继更替产生的位移所规定的东西。这就准确地反映了马克思的对象建立的理论的而非经验的特点。

4. 历史与各个历史，历史个性的某些形式

这个分析得出了对历史理论来说是极其重要的结论。我们是否可以问，我们在分析这两个相继的形式时得出的结果是什么，也就是说，我们可以提出这样的问题：这个结果是否可以称作"历史"？显然，这个定义只有在我们能够同时确定这个历史的对象时才是有意义的。无论是用一个概念或者是用一个简单的名称确定历史的对象，都不可能得出历史一般，而总是得出某件事的历史。

但是应该指出，直到最近为止，历史学家们都普遍地回避了这样一件必须做的事情，这就是回避对这个对象问题做出理论的回答。以马克·布洛赫对"历史科学"的考察为例，我们可以看到，他的全部努力只是为了建立一种方法论。自从人们指出历史学家的研究对象不可能是"过去"，也不可能是时间的任何纯粹的规定以后，规定这一对象的努力就显得十分困难了："关于本来意义的过去可以成为科学的对象的想法本身就是荒谬的。"依照这个否定的但又是完全令人信服的结论（虽然哲学家们未必会从中得出结果），这些努力（例如布洛赫的努力）就始终不过是它们所涉及的科学的这样一个不完全的规定，这个不完全的规定把对象问题抛到了"人，或者不如说，人们"这个总体的无限性之中并把认识仅仅说成是方法的某种总汇。我们现在不去分析最终由

这个不完全的规定所产生的经验主义，但是我们应该指出，这个在理论上被回避的问题，在实践中每时每刻都必然被解决。正因为如此，我们才有了政治史、制度史、思想史、科学史、经济史等等。

从这个角度出发，我们就真正可以把前面的分析所涉及的对象规定为"劳动"，我们还可以说，这里涉及的是劳动的历史或这个历史的某个环节。

但是我们同时看到，马克思的分析对人们通常所说的"劳动史"或"技术史"实质上采取论战的态度。这些历史是存在的，它们获得了对象，而不是建立了对象，这些对象尽管自身会发生变化，但被认为在本质上保持着某种同一性。这些历史必须有一个"主体"把它们自身统一起来，它们在技术和劳动中找到了这个主体，不过技术在这里被看做是事实（甚至是"文明的事实"）而劳动则被看做是文明的"行为"。说它们获得了这些对象，就等于说，这些对象建立的要素外在于历史学家的理论实践本身，而属于其他理论的实践或非理论的实践。从理论实践的观点来看，对象的建立表现为对象的确定，表现为对另一种实践的关系，因此，对象的建立只有从同时参与所有这些实践（历史学家的理论实践以及政治实践、经济实践、意识形态实践）的人们作为人的同一性观点出发才是可能的。因此，对另一种实践的关系也只能是复杂的历史的统一体的作用，只能是这些不同实践的历史联系的作用，不过这种关系必须按原样呈现出来，在时代的意识形态享有特权的地方非批判地反映出来。但是我们同时看到，这些历史是一种矛盾的论述（它自称是地地道道的批判），因为这个论述在建立自身的对象时要取决于一种非批判的活动，因此，这些历史的概念化以及它们的论述性质必然要遇到尚未解决的问题：这些获得的对象的相互界限以及局部历史与其他历史、总体的历史的关系问题。正如维拉尔在谈到经济史时所说过的那样，这些历史从描述自身对象的变化和运动转向把这个运动引入比它们在纯粹状态（"纯"经济学，"纯"技术等等）中考察的对象更为广泛的现实，引入作为人的关系的总和并能说明这种变化的现实。这些历史发现它们的对象改变了，这个对象有历史，因为不是这个对象的东西也改变了。因此，看来整个历史的构成问题就是它的对象同历史一般，也就是同其他历史对象之间的关系问题。而当这些历史决心克服经验主义的时候，它们是这样解决这个问题的：或者是通过揭示总体的、无差别的关系，因而最终达到"时代精神"的理论，达到"历史的心理学"（参见例如弗朗卡斯特尔关于造型艺术史的著作以及 I. 麦尔松的理论）；或者是把一种结构完全还原成另一种结构，因而这后一种结构表现为绝对的依据，就像各种译文的原文一样（参见例如卢卡奇和他的门徒哥尔多曼关于文学史的著作）。

当我说马克思的分析对这种历史实践采取论战态度的时候，这并不是说，它取消了局部历史与一般历史之间的关系问题，而这个问题又必须得到解决，以便人们能够严格地谈论"历史"。相反，马克思的分析表明，这个问题只有在历史真正建立而不是获得自身对象的情况下才能够解决。从这个意义上说，马克思使用的分析这一术语同弗洛伊德在他的著作中谈到的"个别历史的分析"恰恰具有相同的含义。弗洛伊德的分析生产了它的对象（性欲、里比多）的新的规定，也就是说，弗洛伊德说明了对象的形态的变化这一历史现实，从而真正建立了对象，同样，马克思的分析建立了它的对象的相继在生产方式的结构中占有特定位置的形式的历史，从而建立了它的对象（"生产力"）。

因此，马克思的方法在规定局部历史对象时完全排除了"关系"问题，完全排除了经验地确定理论认识对象的问题，或者说意识形态地确定科学认识对象的问题。事实上，这个规定现在完全取决于这样一些理论概念，这些概念使得有可能对一种关系的各个相继的形式以及这种关系所从属的生产方式的结构进行特殊的分析。"劳动"表现为生产方法等各个要素之间的关系，因而作为历史的对象，它的建立完全取决于对生产方式结构的再认识。我们可以把这个说明普遍化，说某一个结合的要素都可能具有一种"历史"的方式，但却是这样一种历史，这种历史的主体是找不到的。一切局部历史的真正主体就是各个要素和它们之间的关系所从属的结合，即某种不是主体的东西。从这个意义上可以说，作为科学的历史即理论的历史的首要问题，就是对人们要分析的各个要素所从属的结合作出规定，也就是说，要对具有相对独立性的领域，例如马克思所说的生产过程及其方式这一类领域的结构作出规定。

事实上，这个前提性的规定同时也就提供了局部对象的规定以及局部对象同其他对象的联系的规定。这就是说，通过社会形态的一个层次的结构达到的对这一层次的认识包含着在理论上认识这一层次与其他层次的联系的可能性。在这种情况下，这个问题就表现为其他层次在我们所分析的这一层次的历史上起干预作用的方式问题。前面的分析也在这一方面为我们提供了一个极好的例子：科学在生产中的应用，也就是说，（经济）生产与另一种实践即自然科学的理论实践的联系。马克思在研究节约不变资本以提高利润率的手段时写道：

> 劳动生产力在某一生产部门，例如铁、煤炭、机器、建筑等等部门的发展本身，部分地又取决于智力生产方面的进步，特别是自然科学及其应用方面的进步。

这段论述决不可理解为"智力生产"是严格意义的经济生产的一个部门，它的意思是，智力生产通过自身的可以被引进的产品在（严格意义的）生产方式的历史中起到了干预的作用。只有我在上面所做的关于生产方式内部各个要素的位移的分析才能够说明这种干预产生的原因和形式。这个分析减弱了人们关于古代和中世纪工艺"陈旧"的疑问，因为科学在生产中的应用并不取决于这门科学的"可能性"，而取决于作为特定生产方式的结合的一个有机组成部分的劳动过程的转化，取决于我所说的劳动资料与劳动对象的统一这个体系的建立。因此，我们不仅必须在生产方式本身的分析中去寻找说明生产方式与其他实践的关系的条件，而且这个关系的规定还取决于说明生产方式本身结构的同一些理论概念。在生产方式中，其他实践的特殊形式本身是不存在的，这些实践在生产方式中以自身的特殊产品发生干预作用，而发生这种作用的条件，或者更确切地说，马克思所说的界限则表现了生产方式的现实本质（在关于阶级斗争的政治实践与经济结构的关系中，我们将更详细地看到这一点）。这也就是马克思在谈到相对剩余价值的生产和原始积累的（政治）"方法"时所使用的"方法"这一概念的含义。可以说，在马克思那里，这一概念总是表示一种实践在另一种实践所规定的条件下的干预，即两种实践的联系。

根据这个模式，我们除了要求生产方式的历史以外，还可以要求其对象有待于建立的其他历史。一切这样的历史都是不可能的：历史研究虽然没有明确地提出对象的建立问题，但通过经济史、思想史、心理史等的争论已经开始意识到这一点。这些历史的对象的规定取决于社会形态的各个相对独立的层次的规定，取决于这样一些概念的创造，这些概念就像在规定生产方式的场合一样，都用结合的结构来规定这些层次中的每一个层次。可以预见，这个定义将永远是一个有争议的规定，这就是说，它只有摧毁那种从明明白白的"事实"中得到好处的意识形态的分类和切割，才能够建立自身的对象，一些人例如福柯所作的努力就是范例。我们可以认为（但是我们会因此而陷入推测），意识形态史，特别是哲学史并不是一个体系的历史，而是构成各个总问题的各个概念的历史，因此，重新建立这些概念的同时性结合是可能的。这里我请读者参阅阿尔都塞关于人本主义总问题（费尔巴哈和青年马克思都属于这一总问题）和一般哲学史的论著。同样，文学史也不是"文学作品"的历史，而是另一个特殊对象的历史,这个特殊对象则是与意识形态的东西(意识形态的东西本身就已经是一种社会关系)的某种关系。在这种情况下,正如比埃尔·马什莱所说的那样,我们涉及的是由一种复杂的结合所规定的对象,我们必须分析这种复杂结合的各种形式。这里做的显然仅仅是概括性的说明。

如果说,这确实就是马克思的分析方法所包含的历史理论,那么,我们就可以生产一个属于这一理论的新概念,我把这个概念称作历史个性的差别形式。我们在马克思的分析的例子中看到,"生产力"关系的两个相继的形式包含着历史个性的两种不同形式。我们在马克思的分析的例子中还可以看到,"生产力"关系的两个相继的形式包含着作为这个关系第一个要素的"劳动者"的个性的两种不同形式(以及生产资料的两种不同形式)。在第一种场合,推动生产资料的能力属于(通常意义的)个体,它是这些生产资料的个人占有;在第二种场合,同一种能力仅仅属于"集体劳动者",它就是马克思所说的生产资料的"社会"占有,因此,资本主义所发展的生产力建立了对任何个体都不适用的标准。另一方面,这个历史的差别同我们考察的结合是紧密联系在一起的,也就是说,它仅仅涉及生产实践。我们可以说,每一个相对独立的实践都产生着与它相适应的历史个体的形式。这个论证产生的结果是完全改变了"人"这个概念的含义,而我们已经看到,这个结果正是《政治经济学批判序言》整个结构的基础。我们现在可以说,这些人,就他们的理论性质而言,并不是许多著名的话中所说的那种具体的人,他们也不"创造历史"。对每一个实践和这个实践的转化来说,他们是个性的各种不同形式，我们可以根据这个实践的结合的结构来规定这些形式。正如阿尔都塞所说的那样，在社会结构中存在着不同时间，其中任何时间都不是共同的基本时间的反映，基于同样的理由，即人们所说的马克思整体的复杂性，在社会结构中也存在着政治、经济、意识形态的个性的各种不同形式，这些形式并不由同样的个体来承担，因此，它们有着相对独立的、特有的历史。

马克思还提出了各个个性形式对生产过程或生产"方式"的结构的从属关系这一概念。他用术语本身说明了这个认识论事实，即在关于"结合"的分析中，我们不涉及具体的人，而仅仅涉及在结构中完成某种特定职能的人：劳动力的承担者（关于劳动过程，在对分析起决定作用的理论概念的表述中，我们看到，马克思没有说"人"或"主体"，而是说"有目的的活动"，即与生产方式的准则相一致的活动；资本的代表）。

马克思系统地使用了承担者这一术语来指这些个体。人在理论中只是表现为结构所包含的关系的承担者，而他们的个性的各个形式则表现为结构的特定的作用。

我们似乎可以借用相关性这一术语来说明马克思主义理论的这个特点，我们可以说，社会结构的每一个相对独立的实践都应该按照固有的相关性去分析，因为这个实践所结合的各个要素的同一化就取决于这种相关性，但是，如果认为以不同的方式被规定的各个要素会在具体的个体的统一性中保持一致，从而这些具体的个体会表现为整个社会联系的局部的、缩小的再现，那是毫无道理的。相反，这个关于共同的承担者的要求是心理学意识形态的产物,正如线性时间是历史的意识形态的产物一样。这种意识形态是整个关于中介的总问题的基础。这个总问题力图再次把具体的个体、心理学意识形态的主体看做是许多越来越向外扩展、直至经济关系的结构,并构成一系列等级层次的规定体系的中心点或"交点"。这里我们看到了莱布尼茨已经完善地表述的思想的现代形式,他说,每一个处于特定发展阶段上的特殊实体,特别是精神,都以一种特殊的方式表现了整个宇宙:

> 精神……在自身中,以某种方式表现和集中了整体,因此我们可以说,精神是部分的总和。

同样,如果说人是每一个社会实践结构中特定职能的共同承担者,那么,他们就在自身中"以某种方式表现和集中了"整个社会结构,也就是说,他们是中心点,从这个中心点出发,我们就有可能认识这些实践在整体结构中的联系。同时,这些实践中的每一个实践实际上都以意识形态的人——主体即意识为中心点。这样,"社会关系"就不是这些实践的结构(个体不过是这一结构的作用)的表现,而是这些中心点的多重性的产物了,这就是说,"社会关系"具有实践的主体间相互关系的结构。

我们看到,马克思的整个分析排除了这种可能性。他的分析使我们想到的不是中心点的多重性,而是中心点的彻底的空缺。在社会结构中相互联系的各种特殊的实践在它们自已规定历史个性的各个形式（这些形式对它们来说完全是相对的）之前就已经被它们的结合的关系规定了。

三、关于再生产

我以上所做的全部论述，只是根据马克思在分析资本主义生产方式时所使用的"生产方式"概念对这一概念做了界定。我概略地叙述了人们所说的这个概念固有的最初的理论作用：我力图在马克思的论述中把握其功能的全部术语，都只是同这个最初的定义联系起来时才获得它们的含义；因此这些术语在论证中的出现表现为生产方式定义所包含的"前提条件"的作用的延长；这些术语自身包含的思考历史方式的变化（这些变化同时具有从意识形态向科学过渡的意义）都不过是唯一的理论事件，即把生产方式概念引入传统的关于分期的总问题所产生的作用。

但是，如果我们仅仅停留于此，那么我们就会遇到一个困难，我在前面谈到历史学家们通常使用的"局部的历史"这个概念时，就提到了这一点。我强调指出：这些历史不是从理论的说明出发去建立它们的对象，而是把已经建立的现成的对象当做自己的对象，因此这些历史所遇到的障碍是如何确定它们的对象在历史对象的总体中的位置的问题。所有的理论叙述（那些自称是理论的叙述）都认为这个对象的位置的确定问题已经解决了，而且是通过一种与作为这一对象的存在和稳定性的根据的、或多或少是明明白白的事实联系在一起的非理论活动解决的。因此，这种位置的确定最终表现为一种向人们指明世界上各种对象的动作，接下去人们的任务就是在理论叙述中去处理代表这些对象的概念。但是，我们都知道，这一动作仅仅在表面上才是无辜的。实际上他受意识形态的左右，正是这种意识形态既支配着把世界划分为各种对象，又支配着对这些对象的"认识"。我们在其他地方也把这种现象称作意识形态的暗示的性质。自从一门科学在论战中同先前的对象决裂从而划分和建立了不同的对象的时候起，我们就认识到了这一点。

现在我们又遇到了同样的难题。许多例子告诉我们，这个难题并不是无中生有的。我们掌握了生产方式这个理论概念，确切地说，我们是以认识一种特殊的生产方式形式掌握这个概念的；因为我们看到，这个概念只是以特殊的形式存在。但是，显然我们还需要了解其他事情，需要了解在什么时候、什么地方"应用"这个概念，需要了解哪些社会在它们的哪一个历史阶段上具有资本主义的生产方式。实际上，整个分期问题的中心在于，仅仅提出每一种生产方式的"前提条件"就对取决于这种生产方式的结构的作用进行理论分析是不够的，我们还必须根据这些作用建立实际的历史，直截了当地说，就是建立起代表这些在不同的地方相继更替的不同生产方式的现实的历史，即我们的历史。我们真正认识，即从理论上了解了什么是资本主义生产方式，但是，我们同时也要了解这种认识究竟是对1840年英国的认识还是对1965年法国的认识，或者是其他的认识。这是一个识别和判断的问题：我们在表面上需要一些规则，以便在经验中确定那些从属于资本主义生产方式概念的对象。正是这种表面上的需要产生了经验主义的解释，也就是把理论实践解释为创立"模式"的实践。这种模式实践认为，整个《资本论》的理论就是对一种"模式"的特性的研究，这些特性对任何生产都有效，任何生产都是结构的一种"典范"或"范例"。在这种模式的意识形态中，各种范例的同一，实际的包摄，不管这种同一化采取何种复杂的形式，无论怎么说都是一个实用主义的过程，是一个动作（我的意思是说，即使这种同一化不是一下子完成的，而是通过一系列局部的同一化完成的，通过这些局部的同一化，人们发现了结构的各个要素以及结构的特殊的作用）。这样一个过程，就其本质来讲是非理论的，因为它并不取决于概念，而取决于完成同一化的人的特性，这些特性可以说是心理上的，即使这里说的是学者的意识。康德就曾经说过，善于判断是一种天赋，它是不可能学到的，而判断的根据（对于理论来说）则是一种奥秘。

这种在实际过程中使理论的实践服从非理论的手腕的做法至少已经以否定的形式即反面的形式体现在马克思自己在说明《资本论》的对象的某些论述中。这里我仅限于引证几段人们多次评论过的论述。马克思告诉我们应该在"理想的平均形式"上研究资本主义生产方式。这不仅意味着我们在研究总结构的时候应该把"特殊"的作用、"偶然"的情况或"表面"的特征抽象掉，而且还意味着我们研究的结构不应该是特殊的、一时一地的结构。马克思在《资本论》中引证的著名的英国的例子就是这个意思：

我要在本书研究的，是资本主义生产方式以及和它相适应的生产关系和交换关系。到现在为止，这种生产方式的典型地点是英国。因此，我在理论阐述上主要用英国作为例证。但是，如果德国读者看到英国工农业工人所处的境况而伪善地耸耸肩膀，或者以德国的情况远不是那样坏而乐观地自我安慰，那我就要大声地对他说：这正是说的阁下的事情！①

　　我们必须在严格意义上理解这段话并指出，理论对象本身就是一种特定的抽象层次上的理论对象。我们在《资本论》中看到的是生产方式，生产关系和交换关系，而不是英国或德国（关于英国的例子在马克思主义中的理论命运，从范例的作用直至列宁根据马克思本人的某些政治性著作赋予英国的例子的例外作用②，我们可以写出整整一部历史）。马克思的某些著作可以使我们更深入一步并得出结论说，对英国例子的分析不仅在原则上与它所涉及的各个国家历史上的例子无关，而且同它所涉及的各种扩大的关系也无关。对英国例子的分析是对建立起资本主义生产结构所支配的市场的一切经济制度的特性的研究：

　　　　这里我们把出口贸易撇开不说。一个国家借助出口贸易可以使奢侈品转化为生产资料或生活资料，或者相

---

① 《马克思恩格斯全集》（第 23 卷），北京：人民出版社 1972 年版，第 8 页。
② 参见列宁：《左派幼稚病》。

反。为了在纯粹的状态下对我们的研究对象进行考察，避免次要情况的干扰，我们在这里必须把整个贸易世界看做一个国家，并且假定资本主义生产已经到处确立并占据了一切产业部门。①

任何生产方式的情况都是如此。因此，马克思在"地租的起源"一章中分析各种不同生产方式的土地所有权相继更替的形式时又概括了这些认识论上的说明，他写道：

> 不过，这并不妨碍相同的经济基础——按主要条件来说相同——可以由于无数不同的经验的事实，自然条件，种族关系，各种从外部发生作用的历史影响等等，而在现象上显示出无穷无尽的变异和程度差别，这些变异和程度差别只有通过对这些经验所提供的事实进行分析才可以理解。②

这段论述以及其他许多论述都清楚地说明了我在上面谈到的理论实用主义。如果我们严格地按照字义来阅读这段论述，那么，我们完全有理由认为，对与生产方式的结构相一致的"主要条件"的研究具有理论研究的性质，而对经验条件的分析则是一种经验的分析。

---

① 《马克思恩格斯全集》（第23卷），北京：人民出版社1972年版，第637页。

② 《马克思恩格斯全集》（第25卷），北京：人民出版社1974年版，第892页。

实际上,马克思在这里思考的就是我们在本章开头所要说明的活动。我已经指出,历史科学的最初的运动就是:要克服历史的连续性,因为在这种连续性的基础上不可能出现明显的"断裂";要把历史建立为一门非连续的生产方式的科学,一门变化的科学。马克思思考了这一运动,把历史的连续性当做一种现实的联系,当做一种与历史的现实的联系重新建立起来,而把非连续性当做概念一般的属性。因此,确定对象(生产方式的科学就是这个对象的科学)的问题并不是在理论内部提出的,因为理论只是生产模式,这个问题是在理论的边缘提出来的,或者更确切地说,这个问题迫使我们设想理论有一个边缘,而一位认识主体就处于这个边缘上。"这里是罗陀斯,就在这里跳罢!",这个认识主体必须放弃理论分析并且用"经验"分析,即通过确定真正从属于被揭示的规律的现实对象来补充理论分析。因此,这在实际上完全就是这样一个问题,即把所有能够实现具有"无穷无尽的变异和程度差别"的模式的例子集中起来,并说明一种生产方式向另一种生产方式的过渡,即说明在什么地方应该使用同一个生产方式的概念,在什么地方应该依次地使用两种生产方式的概念。但是,上述两种情况,无论其中哪一种,都存在着在经验上无法取消的残留物(归根到底,我们可以观察到一个明显的事实:一方面,就理论规定而言,资本主义生产方式是劳动者和生产资料之间的某种关系体系,而另一方面,就这种生产方式的定位而言,它是"我们的生产方式")。但是,如果我们坚持停留在理论叙述的领域,决不超越这一领域,那么,这种残留物实际上就表现为空白,表现为某种应该被思考，但是仅仅靠"生产方式"这个理论概念而又绝对不可能被思考的东西。

我有意识地做出这个极端的结论并引证了说明这一结论的论述，我撇开了《资本论》中一切关于一种生产方式向另一种生产方式过渡的分析，即关于定位问题的解答，或者更确切地说，就是关于资本主义生产方式的形成及其解体的分析。我这样做的目的是预先强调指出，我们实际上非常需要一个同生产方式概念在理论上并列的第二概念。这个概念可以同样是抽象的。这样我们就可以建立一个关于生产方式相继更替的历史理论。我们需要这样一个概念是因为到目前为止所阐述的概念恰恰把生产方式的相继更替问题弃之一边。但是，我们只有说明了生产方式的各种形式的特殊性，说明了把任何结合的各种要素，诸如劳动者、生产资料、非劳动者等等联系在一起的特殊的结合，才能够说明什么是生产方式。为了不至于产生任何偏见，我们必须指出，如果历史唯物主义仅仅归结为生产方式这个唯一的概念，那么它就不可能在同样的理论水平上思考一种结合向另一种结合的过渡。

因此，我们必须阅读马克思所有关于生产方式的形成和解体的分析，才能够找到这个第二概念，这个概念有时显而易见，有时却需要我们从他的分析中阐释出来。但是，我们不能把这些分析当做单纯的描述。当然，马克思的论述也有一些含混不清的地方，因此，我们在他的某些术语中也可以读出"模式"理论，这就是说，我们在这些地方会遇到更多的困难。

如果我们重新阅读《资本论》并试图读出从一种生产方式向另一种生产方式过渡的理论,那么我们首先就会发现一个类似历史连续性的概念,这就是再生产的概念。再生产理论似乎包含了三重联系或三重连续性:

——各个不同的经济主体之间的联系,具体地说,就是各个单个资本之间的联系。这些单个资本实际上构成了一个"相互交错"的统一体或统一的运动,资本再生产研究的就是这种相互交织、相互交错的运动:

> 但是,各个单个资本的循环是相互交错的,是互为前提、互为条件的,而且正是在这种交错中形成社会总资本的运动。①

因此,我们只有运用抽象才能够理解单个资本的运动。这种抽象是扭曲的,因为整体的运动要比简单的总和复杂得多。

——社会结构的各个不同层次的联系,因为再生产包含着生产过程的非经济条件,特别是法律条件的连续性。马克思在《资本论》《地租的起源》一章中指出了生产过程的重复即再生产对与现实生产关系相一致的法律制度所产生的简单的作用:

> 社会上占统治地位的那部分人的利益,总是要把现

---

① 《马克思恩格斯全集》(第24卷),北京:人民出版社1972年版,第392页。

状作为法律加以神圣化，并要把习惯和传统对现状造成的各种限制，用法律固定下来。撇开其他一切情况不说，只要现状的基础即作为现状的基础的关系的不断再生产，随着时间的推移，取得了有规则的和有秩序的形式，这种情况就会自然产生；并且，这种规则和秩序本身，对任何要摆脱单纯的偶然性或任意性而取得社会的固定性和独立性的生产方式来说，是一个必不可少的要素。这种规则和秩序，正好是一种生产方式的社会固定的形式，因而是它相对地摆脱了单纯偶然性和单纯任意性的形式。在生产过程以及与之相适应的社会关系的停滞状态中，一种生产方式所以能取得这个形式，只是由于它本身的反复的再生产。如果一种生产方式持续一个时期，那么，它就会作为习惯和传统固定下来，最后被作为明文的法律加以神圣化。①

——最后，再生产保证了生产相继的连续性本身，而这是其他一切的基础。生产不能停顿，它的必要的连续性体现在它的要素的同一性中，这些要素从一个生产过程走出来又进入另一个生产过程：本身被生产出来的生产资料，以一定的方式分配产品和生产资料的劳动者和非劳动者。生产要素的物质性是这种连续性的基础，而再生产概念则表现了这种连续性的特殊形式，因为这个概念包含了物质的不同的（有差别的）规定。通过我在上面谈到的每一个方面，再生产概

---

① 《马克思恩格斯全集》（第25卷），北京：人民出版社1974年版，第894页。

念只是表现了体现"连续的"历史的结构的独一无二的丰富性。罗莎·卢森堡在她的《资本积累》一书的开头写道：

> 生产的有规律的重复是有规律的消费的基础和总条件，从而也是表现为各种历史形式的人类社会文化存在的基础和总条件。从这个意义上说，再生产概念包含了历史—文化的因素。

因此，关于再生产的分析似乎真正推动了迄今为止仅仅在静态形式上考察的东西，从而把各个孤立的层次联结起来；因为现在再生产表现为生产的一般条件的连续性的一般形式，而这些条件最终包括社会结构整体，所以再生产也必须是这些条件变化以及构成新的结构的形式。正因为如此，现在我要谈一谈再生产这个概念所包含的新的内容。

1. "简单"再生产的作用

在马克思关于"再生产"的连篇论述中，我们可以看到，马克思在论述资本主义生产方式特有的再生产即资本主义积累（剩余价值资本化）以及这种再生产的特有条件之前，总要先论述一下"简单再生产"。马克思把这种简单再生产称作"一种抽象"或者"一种奇怪的假定"[①]。对此我们可以做出多种解释。

我们可以认为这是一种叙述的方法，在这里，"简单"

[①] 《马克思恩格斯全集》（第24卷），北京：人民出版社1972年版，第438页。

再生产仅仅是一种"简化"。在《资本论》第二卷关于再生产的公式即关于涉及各个不同生产部类之间的交换的再生产条件的论述中,这种简化的意义尤为明显。它可以让我们在以不等式的形式来表现各种关系的一般形式之前先以等式的形式来表现这种一般形式。这样,推动整个社会资本积累的不平衡或比例失衡就可以通过与简单平衡形式的比较而得到理解。

我们还可以认为,对简单再生产的研究是对一种特殊情况的研究,从某一方面来看也可以说,这种特殊情况比一般情况更为简单。但是,这里的问题就不仅仅是叙述方法:我们必须对在资本积累暂时停止的某一时期内仍然保持生产的某些资本的再生产运动进行认识。

最后,我们还可以认为,对简单再生产的研究是对扩大再生产的一个在任何情况下都不可缺少的部分的研究。资本化剩余价值的比重不管有多大,它都是仅仅保持现有资本的自动进行的资本化过程以外的追加部分。资本化剩余价值的量是可变的,这个量至少在表面上取决于资本家的创新。我们在考察一定量资本的时候,简单再生产是不可改变的,否则,资本家随着资本量的减少也就不成其为资本家了。因此,对简单再生产本身的研究具有重要意义(马克思写道:"只要有积累,简单再生产总是积累的一部分,所以,可以就简单再生产本身进行考察,它是积累的一个现实因素"①)只有在此之后才能对积累或扩大再生产进行研究,把它作为简

---

① 《马克思恩格斯全集》(第24卷),北京:人民出版社1972年版,第438页。

单再生产的补充。我们还应该进一步指出，这个补充是不能任意加上去的，它必须服从由资本的技术构成决定的量的条件。它在实际的运动过程中可以是间断的，相反，简单再生产则是独立的、持续不断的和自动的。

所有这些解释都不是错误的，而且它们相互之间也并非是不相容的。但是这些解释却为一种不同的解释留下了空白，这种解释对我们来说要比其他解释更有意义。诚然，马克思在《资本论》中，一开始就通过资本积累的形式，或者更确切地说（因为这里说的再生产既包括"简单"再生产也包括"扩大"再生产）通过产品资本化的形式向我们说明了再生产的概念，从而一开始就使我们置身于量的总问题之中。这里涉及的是分析资本家或全体资本家实现它们的实际目标的条件，它们的目标是：扩大生产规模，也就是说扩大剥削规模或扩大占有的剩余价值量。这样，至少在原则上就假定了在简单再生产和扩大再生产之间进行实际选择的可能性。但是，事实上我们知道，同时我们也会看到，这个选择是虚幻的、虚假的，当我们考察整个资本的时候，这种选择就成为一种虚构的选择。根本不存在什么选择，只存在着扩大再生产的现实条件。马克思告诉我们，简单再生产的假定同资本主义生产是不相容的，"虽然这并不排斥在10—11年的产业周期中某一年的生产总额往往小于前一年的生产总额，以致和前一年比较，连简单再生产也没有"[①]。这就清楚地告诉我们，简单再生产

---

① 《马克思恩格斯全集》（第24卷），北京：人民出版社1972年版，第589页。

同积累在概念上的差别并不是指积累的量的变化,因为这些变化取决于各种不同情况(马克思分析了这些情况),它们是资本主义积累的一般规律作用的结果。

> 既然一方面,在资本主义基础上,没有任何积累或规模扩大的再生产,是一种奇怪的假定,另一方面,生产条件在不同的年份不是绝对不变的(而假定它们是不变的)……年产品的价值可以减少,而使用价值量不变;年产品的价值可以不变,而使用价值量减少;价值量和再生产的使用价值量也可以同时减少。这一切就在于,再生产不是在比以前更有利的情况下进行,就是在更困难的情况下进行。后者可能造成的结果,是出现一个不完备的——有缺陷的——再生产。这一切都只能涉及再生产的不同要素的量的方面,但不涉及它们作为进行再生产的资本或作为再生产出来的收入在总过程中所起的作用。①

如果在积累的过程中出现了"简单"再生产的情况,例如 I (V+m) = IIC(从经济学角度来看,这并不是一种均衡状态的表现,而是危机的表现),那么这种情况也仅仅是一种情况,一种巧合,而不具有任何特殊的理论意义。如果我们考察个别资本的再生产,不管是扩大的、简单的,甚至连简单再生产都谈不上的再生产,也不管个别资本的再生产

---

① 《马克思恩格斯全集》(第24卷),北京:人民出版社1972年版,第438页。

的积累速度高于、等于或低于社会资本总体的积累速度,情况都是如此。这些不同并不能引出概念上的差别,正如不同的商品价格永远只是价格,一件商品真正"按照它的价值"出售只能是一种巧合。而且,这种巧合不能归入一般的规则,也就是说不能计量,因为在商品交换中,被评价的仅仅是价格而不是价值。在以上两种场合中,马克思都以"暂时的假定"("商品的价格与其价值一致","再生产的条件不变",这一假定后来被排除了)的良好形式来说明结构的两个层次之间,或者更确切地说,结构与其作用之间在概念上的重要区别。假定"不变的条件"并不是对作用的分析,而是对条件本身的分析。

因此,我们要寻找关于再生产的双重分析的另一种解释。我们可以在马克思的一系列有关论述中看到这种解释:

> 这个关于固定资本的例子……那在他们看来倒是有点新奇的。[1]

这种理想的"正常"生产,显然是一种生产概念中的生产,是马克思在《资本论》中研究的生产。他告诉我们,应该把这种生产看做"标准"或者"理想的平均数"。因此,"简单再生产"首先是对一切再生产形式的一般条件的分析,其次才是一种表述的简化或是对我们刚才看到的一种不具有理论意义的特殊情况的研究,才是对资本化的价值以及它的

---

[1] 《马克思恩格斯全集》(第24卷),北京:人民出版社1972年版,第527页。

各个不同部分的起源的量的分析。"简单再生产"首先是对我们在上面分析过的一种生产方式的"资本主义形式"意义上的再生产过程的"形式"的说明,其次才是对各个不同生产部门之间的数学意义上的关系的一般形式的说明。

这才是马克思关于"简单再生产"的最初论述。马克思是从刚才分析过的直接生产过程的简单重复这一再生产的定义出发的,他写道:

> 虽然简单再生产只是生产过程在原来规模上的重复,但是这种重复或连续性,赋予这个过程以某些新的特征,或者不如说,消除它仅仅作为孤立过程所具有的虚假特征。①

因此,简单再生产的本质特征并不在于剩余价值没有部分地资本化而是全部非生产地消费掉了,而是在于通过消除幻觉揭示了本质,这种重复的意义就在于反过来说明了"最初"的生产过程的性质(马克思在"资本主义生产以前的各种形式"这一手稿中写道:"资本的真正的性质只是在第二个周期结束时才表现出来")。

但是,"重复"的观点本身包含了一种产生幻觉的可能性,从而使我们看不到马克思对这一问题的思路。马克思是想通过资本的连续不断的"过程"来研究资本,弄清资本在"第一个"生产周期以后,开始经历"第二个"周期时所发

---

① 《马克思恩格斯全集》(第 23 卷),北京:人民出版社 1972 年版,第 622 页。

生的事情。因此,再生产不是表现为对生产过程本身的各项规定的认识,而是表现为一种生产的连续性,一种对生产分析的补充。这样,对资本的分析也就表现为对一个客体即资本的命运的跟踪:在再生产的场合,这个资本与其他资本在市场相遇,它的运动自由被取消了(它不能按随心所欲的比例扩大,因为它遇到了其他资本的竞争)。显然,社会资本的运动并不是各个单个资本的运动的总和,而是一种特殊的、复杂的、被称为"互相交错"的运动。这就是罗莎·卢森堡的著作《资本和积累》一开头从字面上阅读马克思论述("严格地说,再生产只是重复……")出发,向我们提出的应该遵循的道路。她要研究的是再生产与生产相比所包含的新的条件。相反,我们上面引证的马克思的那段话告诉我们,这里涉及的条件是相同的。这些条件首先是不言自明的(但是在生产当事人眼中,它们被颠倒和歪曲了,具有了"虚假的特征"。它们在马克思关于"直接"生产过程的论述中以"假定"或"前提条件"形式出现)。

但实际上,这是一个比简单重复更为复杂的活动。在马克思的论述中,简单再生产一开始就同对社会生产的总体的考察分不开,而造成假象(这种假象是研究直接生产过程时产生的,它也是资本家和工人的"想象")的运动既是一种"重复",也是向作为整体的资本的过渡:

> 只要我们考察的不是单个资本家和单个工人,而是资本家阶级和工人阶级,不是孤立的商品生产过程,而是在社会范围内不断进行的资本主义生产过程,那情况

就不同了。①

《资本论》第二卷的分析明确而又详细地指出了，对重复（即连续不断的生产周期）的分析以及对作为生产总体形式的资本的分析是如何相互依存的。但是，这个统一性在这里已经出现了。马克思两次以否定的态度说明了"孤立的生产过程"的特点，其一指出了"孤立的生产过程"并不是一种重复；其二指出了"孤立的生产过程"是一个个体所表现出来的事实。更确切地说，"孤立的过程"这种说法是分两次说明同一种东西。一旦消除了孤立，那么也就谈不到一个过程或者说一个主体、一个由手段和目的构成的有意识的结构。正如马克思在1857年《〈政治经济学批判〉导言》所说的那样："把社会当做一个唯一的主体来考察……这是从错误的——思辨的观点出发的考察"。因此，在这种分析中谈不到对再生产过程进行研究，谈不到在实际上和想象中"更新"生产过程。

这种分析方法从原则上说就是《1857年政治经济学批判导言》在对各种生产方式进行比较分析的同时建立的分析方法。这里涉及的不再是根据历史的材料来鉴别"生产关系"与"生产力"的"结合"的各种不同类型，而是像马克思所说的那样，研究"一定社会阶段的生产的一般规定"，也就是说，研究一定同时性中的社会生产的总体与它的各种特殊形式（分支）之间的关系。现在，"总体"这个概念对我们

---

① 《马克思恩格斯全集》（第23卷），北京：人民出版社1972年版，第627—628页。

来说已经很清楚了，因为对一系列周期中的生产的"重复"、生产的连续性的分析取决于对整个生产或作为整体的生产的分析。但是，这种整体化仅仅存在于一定时刻的社会分工的现实中，而不可能存在于各个资本的个别的经历中。马克思说，关于再生产的分析研究的仅仅是社会生产的结果（"如果我们考察社会资本……在一年内执行职能的结果"[①]），就是指的这个意思。众所周知，这个结果就是整个生产及其在各个不同部门的分配。因此，说明这一结果的方法不是根据外在的共同时间选择某一时刻对生产的不同部门、不同资本的运动进行的，因而在原则上以及在它的实际的实现中要取决于这一运动的切割，而是这样一种方法，这种方法把各个资本特有的运动、单个生产部门的生产的运动完全撇在一边，把它们毫无保留地取消。从第一卷关于简单再生产的一般分析直到第二卷关于再生产公式的系统分析，马克思都把全部再生产的分析建立在把"依次相继"转变为"同时性"的基础上。下述情况在表面上荒谬而在实际上却是合理的：生产运动的连续性通过分析同时的相互依存关系的体系而获得了概念，因为各个单个资本的周期的依次相继及其相互交错是由这个体系决定的，在这一"结果"中，产生这一结果的运动必然被遗忘，起源"消失了"[②]。

  从孤立的过程、直接生产过程到重复、社会资本总体的

  [①]《马克思恩格斯全集》（第24卷），北京：人民出版社1972年版，第435页。

  [②]《马克思恩格斯全集》（第24卷），北京：人民出版社1972年版，第127页。

过渡，到生产过程的结果的过渡，是在一切运动的虚幻的同时性中建立起来的，更确切地说，用马克思的理论比喻，就是在一个虚幻的平面空间中建立起来的，在这一空间中，一切运动都被取消了，生产过程的各个环节与它们之间的相互依存的关系同时反映出来。马克思在《资本论》第一卷关于简单再生产一章中第一次描述了这个过渡的运动。

2. 社会关系的再生产

现在我们就来列举在这一方法中消失的"虚假的特征"。首先消失的是一般生产的各个"环节"的分离和相对独立的假象：真正意义上的生产与流通的分离；生产与个人消费的分离；生产与生产资料和消费资料的分配的分离。如果我们考察一个"孤立的生产过程"，或者甚至考察许多这样的孤立的"过程"，那么我们就会看到，所有这些环节似乎都属于生产以外的领域（这是马克思经常使用的术语）。流通属于市场，在市场上出现的商品已"脱离"生产，但是完全不能肯定能否在实际上被出售。个人的消费是流通领域本身以外的私人的活动：

> 可见，工人的生产消费和个人消费是完全不同的。在前一种情况下，工人起资本动力的作用，属于资本家；在后一种情况下，他属于自己，在生产过程以外执行生活职能。前者的结果是资本家的生存，后者的结果是工人自己的生存。[①]

[①]《马克思恩格斯全集》（第23卷），北京：人民出版社1972年版，第627页。

生产资料和消费资料的分配或者表现为生产的偶然的起因,或者表现为收入(然后进入消费领域)。

> 先导的行为是流通行为:劳动力的买和卖。这种行为本身又是建立在先于社会产品的分配并作为其前提的生产要素的分配的基础上的,也就是建立在作为工人的商品的劳动力和作为非工人的财产的生产资料相互分离的基础上的。①

关于再生产的分析指出,这些环节并不具有相对独立性,也不遵循特殊的规律,它们是由生产的规律来决定的。如果我们在社会资本的整体的结果中考察这一整体,那么我们就会看到,流通领域作为"领域"消失了,因为一切交换都已经由各生产部门的分工以及它们生产的物质属性预先决定了。工人和资本家的个人消费也已经由整个社会资本生产的消费资料的性质和数量预先决定了。一部分年产品"本来就是供生产消费之用的",而另一部分本来就是供个人消费之用的。个人消费波动的界限取决于资本内部的构成,这一界限在任何时候都是确定的。

> 工人的个人消费,不论在工场、工厂等以内或以外,在劳动过程以内或以外进行,都是资本生产和再生产的一个要素,正像擦洗机器,不论在劳动过程中或劳动过

---

① 《马克思恩格斯全集》(第24卷),北京:人民出版社1972年版,第428页。

程的一定间歇进行，总是生产和再生产的一个要素一样。①

总之，生产资料和消费资料的分配或者各种不同要素的分配都不再是一种偶然的状态：工人一旦消费了他的工资的等价物，工人走出生产过程就像他进入生产过程时一样没有财产，而资本家也同他进入生产过程时一样，是又包含了新的生产资料的劳动产品的所有者。生产不断地决定着同样的分配。

显然，资本主义生产方式决定着流通、消费和分配方式。更一般地说，关于再生产的分析说明了，任何生产方式都决定着自己的流通、分配和消费方式，把它们看做自己的整体的同样多的各个环节。

其次，关于再生产的分析还消除了有关生产过程的"开端"的假象、工人和资本家之间每次都重新订立"自由"契约的假象、把可变资本变成资本家对劳动者的预付（记在产品的账上，也就是说，记在生产过程的"费用"的账上）的假象。总之，关于再生产的分析完全消除了把工人和资本家在市场上作为劳动力的卖者和买者的对立当做一种"偶然的事情"的假象。再生产使人们看到了把雇佣劳动同资本家阶级联系在一起的"看不见的线"。

资本主义生产过程在本身的进行中，再生产出劳动

---

① 《马克思恩格斯全集》（第23卷），北京：人民出版社1972年版，第628页。

力和劳动条件的分离……它不断迫使工人为了生活而出卖自己的劳动力,同时不断使资本家能够为了发财致富而购买劳动力。现在资本家和工人作为买者和卖者在市场上相对立,已经不再是偶然的事情了。过程本身必定把工人不断地当做自己劳动力的卖者投回商品市场,同时又把工人自己的产品不断地变成资本家的购买手段。实际上,工人在把自己出卖给资本家以前,就已经属于资本了。①

与此同时,再生产也消除了资本主义生产仅仅遵循商品生产规律即等价交换原则的假象。劳动力的每一次买和卖都是这种形式的交易,但是资本主义生产的整个运动都表现为资本家阶级不断地、不等价地占有工人阶级创造的一部分产品的运动。这一运动既没有开端,也没有终结(契约的法律结构,确切地说,有限期的"契约"是这一运动不断出现分割的标志),这就是说,不存在各个生产要素相遇的孤立的结构。生产的各个要素,就我们从再生产的分析中所获得的关于它们的概念而言,是不需要相遇的,因为它们始终是结合在一起的。

因此,简单再生产消除了生产过程所具有的孤立过程的假象本身。在这一过程中,当事人是一些个体,它们在特定的条件下加工物品,后来这些条件迫使他们把这些物品变成资本家的商品和剩余价值。在这一假象中,个体保持着自己

---

① 《马克思恩格斯全集》(第23卷),北京:人民出版社1972年版,第633—634页。

的同一性，同样，资本也表现为一笔通过连续的生产过程而保存下来的价值。[23]

反过来说，这些物质要素，现在以它们的物质性质的特殊形式，以这些自然财产在所有生产部门和构成这些生产部门的所有资本中的不同分配的形式，表现为社会再生产过程的条件。因此，再生产揭示了这样一点：物在生产当事人手中不断转换但不被生产当事人所觉察，而如果人们把生产过程看做个体的过程，那么，人们也不可能觉察到这一点。同样，这些个体也在改变，实际上它们只是各个阶级的代表。但是，这些阶级显然不是个体的总和，个体的总和不会引起任何变化：不管人们把多少个个体加在一起，人们也无法由此组成一个阶级。阶级是生产的整个过程的各种职能。阶级并不是生产过程的主体，相反，它们是由这些主体的形式来决定的。

我们正是在《资本论》第一卷关于再生产的各章中找到了所有的典型人物，马克思通过这些人物要我们把握的是结构的承担者及生产过程当事人的存在方式。在再生产这个舞台上，一切事物都"暴露"出来，并彻底改变了面貌。所有的个体都戴着自己的面具前进（"某个人之所以扮演资本家的经济角色，只是由于他的货币不断地执行资本的职能。"①）：他们也不过是一些面具。

马克思的这些分析向我们说明了一种生产概念向另一种生产概念过渡（但这种过渡是断裂，是彻底的革新）的运

---

① 《马克思恩格斯全集》（第13卷），北京：人民出版社1962年版，第621页。

动。前一种生产概念是作为过程即一个或几个主体的客体化的生产的概念,后一种生产概念是无主体的生产概念,它反过来又把某些阶级规定为自己的各种职能。关于这一运动马克思曾经回顾魁奈的功绩,向他表示敬意(在他那里"无数单个的流通行为,从一开始就被综合成为它们的具有社会特征的大量运动,——几个巨大的、职能上确定的、经济的社会阶级之间的流通"①),这一运动在资本主义生产方式中被典范地完成了,但是它在原则上也适用于任何生产方式。同标志着古典哲学先验传统的归纳和构成运动相反,这一运动一下子就实现了扩大,这种扩大排除了一切把生产当做主体的行为,当做主体的实践的"我思"的可能性。这一运动包含一种可能性(我在这里只能指出这种可能性),由此可以叙述关于生产一般的新的哲学概念。

我们可以把前面的所有论述归纳如下:再生产在同一运动中更替和改变了物品,但是却永远保存了关系。这些关系显然就是马克思说的"社会关系",正是这些关系被描绘和"显现"在我所说的虚幻的空间上。[24]这也是马克思本人使用的术语:

> 劳动的这种自然能力表现为合并劳动的资本所固有的自我保存的能力,正像劳动的社会生产力表现为资本的属性,资本家对剩余劳动的不断占有表现为资本的不断自行增殖一样。劳动的一切力量都显现为资

---

① 《马克思恩格斯全集》(第24卷),北京:人民出版社1972年版,第398页。

本的力量，正像商品价值的一切形式都显现为货币的形式一样。①

这里揭示的关系都是相互联系的，例如，所有制关系和现实占有关系（"生产力"）就结合成一个复杂的统一体。这些关系把过去相互分离的"要素"（生产、流通、分配、消费）包括在一个必要的和完全的统一体之中。同样，这些关系也包含在直接生产过程的分析中出现的、为了使这一过程能够按照人们描述的形式完成所必不可少的"前提"和"条件"：例如在资本主义生产中，经济层次的独立性或者与商品交换形式相一致的法律形式，也就是说，社会结构的各个不同层次之间的某种形式的一致。这就是人们所说的、在再生产的分析中出现的结构的"稳定性"。我们同样可以说，生产和再生产这一组概念在马克思那里包含了生产方式的分析所涉及的结构的定义。

在再生产的分析所建立的领域中，生产并不是物的生产而是社会关系的生产和保存。马克思在"简单再生产"一章结尾处写道：

> 可见，把资本主义生产过程联系起来考察，或作为再生产过程来考察，它不仅生产商品，不仅生产剩余价值，而且还生产和再生产资本关系本身：一方面是资本

---

① 《马克思恩格斯全集》（第23卷），北京：人民出版社1972年版，第666页。

家，另一方面是雇用工人。①

马克思在全书结尾，确定各阶级同各种不同形式的收入的关系时又重复了这一说法：

> 另一方面，如果说资本主义生产方式以生产条件的这种一定的社会形式为前提，那么，它会不断地把这种形式再生产出来。它不仅生产出物质的产品，而且不断地再生产出产品在其中生产出来的那种生产关系，因而也不断地再生产出相应的分配关系。②

对任何生产方式来说，都是如此。每一种生产方式都不断地再生产出作为它的运行前提的生产的社会关系。马克思在"资本主义生产以前的各种形式"这篇手稿（这一次没有说"不仅"生产出物质的产品……）中把社会关系的生产和再生产看做生产的唯一的结果。

> 因此，财产最初意味着（在亚细亚的、斯拉夫的、古代的、日耳曼的所有制形式中就是这样），劳动的（进行生产的）主体（或再生产自身的主体）把自己的生产或再生产的条件看做是自己的东西。因此，它也将

---

① 《马克思恩格斯全集》（第23卷），北京：人民出版社1972年版，第634页。
② 《马克思恩格斯全集》（第25卷），北京：人民出版社1974年版，第994页。

依照这种生产的条件而具有种种不同的形式。生产本身的目的是在生产者的这些客观存在条件中并连同这些客观存在条件一起把生产者再生产出来。①

这种双重"生产"的含义是什么呢？

首先我们可以看到，这种双重的"生产"为我们理解马克思的某些说法提供了钥匙，这些说法被匆匆忙忙地当做了历史唯物主义的基本命题。但是，由于这些说法中出现的某些术语缺乏完整的定义，因此便产生了相当不同的阅读。例如，在我开始提到的《政治经济学批判》序言中有这样的话："人们在自己生活的社会生产中发生一定的、必然的、不以他们的意志为转移的关系……所以人类始终只提出自己能够解决的任务"；再比如，恩格斯致布洛赫的信中有这样的话："我们自己创造着我们的历史，但是第一，我们是在十分确定的前提和条件下进行创造的……"的确，在这里，关于历史唯物主义的全部哲学说明是：如果我们从字面上来理解这种双重的"生产"，也就是说，如果我们认为生产过程同样地既改变或保存了加工对象又改变或保存了这些加工对象所承担的社会关系，如果我们用"实践"这个唯一的概念把这两者结合在一起，那么，我们就为"人创造历史"这思想提供了有力的论据。只有从生产实践这个统一的唯一概念出发，"人创造历史"这种提法才具有理论意义，才能够直接成为理论命题（而不仅仅是反对机械唯物主义决定论

---

① 《马克思恩格斯全集》（第46卷上册），北京：人民出版社1979年版，第496页。

的意识形态斗争的一个要素)。但是这个概念实际上属于生产和实践的人本学观点,这种观点恰恰是以作为"具体的个体"(特别是以群众的形式出现)的"人"为中心的。这些"人"生产、再生产或改变了他们先前的生产的条件。从这种活动来看,生产关系的强制的必然性仅仅表现为"人"的活动的对象已经具有的形式限制了创造新形式的可能性。社会关系的必然性不过是先前的生产活动必然给后继的生产活动留下一定的生产条件。

但是,前面关于再生产的分析向我们指出,应该从两个不同的方面来理解这种双重的"生产":从字面上来理解双重"生产"的统一性这个术语,恰恰会再生产出这样的假象,即生产过程是封闭在它的前面和后面的生产过程的规定中的孤立过程。这是一个孤立的过程,因为它与其他生产过程的联系是由线性时间连续性的结构来支撑的,在这种结构中是不可能发生中断的(而在关于再生产的概念分析中,我们看到,这些联系是由空间的结构来支撑的)。只有"物的生产"才能被思考为这样一种活动,因为这种生产在"原料"和"最终产品"的规定中,差不多已经包含了这种活动的概念;但是社会关系的生产应该说是物和个体通过社会关系的生产,在这种生产中,社会关系决定了个体在一种特殊的形式中从事生产,而物则被生产出来。因此,社会关系的生产是社会生产过程的各个职能的规定,是一个无主体的过程。在再生产领域中,这些职能不是人,产品也不是物。因此,(再)生产即作为概念的社会生产在严格意义上并不生产社会关系,因为它只有在这些社会关系的条件下才有可能进行；另一方面，它不再生产商品，因为它生产的物在后来从它所处的经济关系体系获得了某种社会性质，因为它生产的产品在后来同其他物和人"发生了关系"。生产仅仅生产了（总是已经）获得某种性质的物，它仅仅生产了关系的指示器。

因此，马克思的说法（"生产过程不仅生产了物质产品，而且也生产了社会关系"）并不意味着一种结合而是意味着一种分离：这里或者涉及物的生产，或者涉及生产的社会关系的（再）生产。这是两个概念："假象"的概念和生产方式的结构的有效性概念。同物的生产相反，社会关系的生产不从属于前一个生产过程和后一个生产过程、"最初"生产过程和"第二个"生产过程的规定。马克思写道："一切社会生产过程同时是再生产过程。生产的条件也就是再生产的条件"，同时也是再生产再生产出来的条件，因为（一定形式的）"最初"生产过程始终和已经是再生产过程。在生产的概念中，不存在"最初"生产过程。因此，必须改变所有关于物的生产的规定：在社会关系的生产中，作为最初生产的条件而出现的东西实际上同样决定着所有其他的生产。

> 这个属于流通的交易，即劳动力的卖和买，不仅引出生产过程，而且也不言自明地决定生产过程的独特的性质。①

---

① 《马克思恩格斯全集》（第24卷），北京：人民出版社1972年版，第427页。

因此，再生产的概念不仅是结构的"稳定性"概念，而且也是这一结构的持久性必然地为生产运动规定的概念。这就是最初的要素在体系的运行中的持久性概念，从而也就是生产的必要条件概念，而这些条件并不是生产创造的。这就是马克思所说的生产方式的永久性：

> 工人的这种不断再生产或永久化是资本主义生产的必不可少的条件。①

四、过渡理论的要素

现在我们研究上面提出的问题，即一种生产方式向另一种生产方式过渡的问题。关于再生产的分析似乎只是为这一问题的理论解答设置了障碍。实际上，它却使我们能够用确切的术语提出问题，因为它使过渡理论必须有两个条件。

首先，任何社会生产都是再生产，即我们已经说明的意义上的社会关系的生产。一切社会生产都从属于有结构的社会关系，因此，决不能把一种生产方式向另一种生产方式的过渡理解为两个受到结构作用的支配的、各自有特定概念的"时期"之间的非理性的间隙。这种过渡，无论它是多么短暂，都不可能是非结构的环节。过渡本身是从属于一个有待揭示的结构的运动。这样，我们就可以赋予马克思的这些说

---

① 《马克思恩格斯全集》（第23卷），北京：人民出版社1972年版，第627页。

明（再生产表现了生产的连续性，因为它绝不可能停止）以确定的含义，马克思时常把这些说明当做"显而易见的事实"，"连小孩都知道的事情"（"工人在任何时候都不可能靠'空气'来生存"，"任何一个民族，如果停止劳动，不用说一年，就是几个星期，也要灭亡"——1868年7月11日致库格曼的信）。这些说明的意思是，再生产的不变结构绝不可能消失，它在每一种生产方式中都采取一种特殊的形式（维持劳动的基金的存在，也就是说，必要劳动和剩余劳动之间的划分；产品划分为生产资料和生活资料，马克思把这种划分称作本源的划分或自然规律的表现等等），因此，这些说明意味着过渡形式本身就是这个一般结构的"（特殊）表现形式"：这些过渡形式本身就是生产方式。因此，这些过渡形式包含着一切生产方式共有的条件，特别是包含着生产关系的复杂性、社会实践的各个不同层次之间的一致性的某种形式（我将试图说明这种形式）。关于再生产的分析表明，如果我们能够提出属于两种生产方式之间的过渡时期的生产方式的概念，那么，各种生产方式也就不再处于时间和空间的不确定状况；如果我们能够在理论上说明这些生产方式是如何依次相继的，也就是说，如果我们能够在这些生产方式的概念上认识它们依次相继的各个环节，那么，它们的定位问题就解决了。

但是，从另一方面（第二个结论）来说，从一种生产方式向另一种生产方式的过渡，例如从资本主义向社会主义的过渡并不是结构通过自己的作用发生的变化，也就是说，并不是任何从量向质的过渡。这个结论是从我在分析再生产

（物的生产和社会关系的"生产"）时指出的"生产"这个术语的双重含义中得出的。如果认为结构可以通过它本身的作用而发生转变，就是混淆了对结构来说显然不能用同一种方法来分析的两种运动：一方面是结构的作用本身，结构的作用在资本主义生产方式中采取了积累规律的特殊形式；这一运动从属于结构，它只有在结构不变的条件下才能够进行；在资本主义生产方式中，它同资本主义社会关系的"永久的"再生产是一致的。相反，解体的运动在其概念上并不从属于相同的"前提条件"，这显然是完全不同类型的运动，因为它把结构当做改造的对象。这种概念上的差别表明，凡是用"辩证逻辑"能够很好地解决问题的地方，马克思却固执地坚持非辩证的逻辑原理（当然，这里指的是黑格尔的非辩证逻辑的原理）：我们认识到本质上有区别的东西，绝不会变成同一过程。从更广泛的意义上说，（从一种生产方式向另一种生产方式）过渡的概念绝不可能成为（一个概念向另一个同它有内在区别的）概念的过渡。

但是，我们知道，马克思在一篇论述中，把生产关系的转变说成是否定之否定的辩证过程。这篇文章就是《资本主义积累的历史趋势》①，它把马克思关于资本主义生产方式的起源（"原始积累"）、它的特有的积累运动、它的终结即马克思在这里以及在第三卷中所说的"趋势"的分析集中在一篇扼要的论述中，但是，我却不得不根据马克思在《资本论》中对这些要素所做的总体分析来对它们分别地加以论

---

① 《马克思恩格斯全集》（第23卷），北京：人民出版社1972年版，第829页。

述。不过，我想首先说明这篇文章的引人注目的形式，因为这个形式本身已经确定了某些结论。

从原则上说，马克思在这篇论述中所使用的推理，包含了两个具有相同性质的过渡。第一个过渡是从以个人劳动为基础的生产资料的个人私有制（"多数人的小财产"）向建立在以剥削他人的劳动为基础的生产资料的资本主义私有制（"少数人的大财产"）的过渡。第一个过渡就是第一次剥夺。第二个过渡是从资本主义所有制向建立在资本主义时代的成果即协作以及包含土地在内的一切生产资料的公共占有为基础的个人所有制的过渡。第二个过渡就是第二次剥夺。

这两次相继的否定具有共同的形式。这意味着马克思关于原始积累（起源）的分析同他的关于资本主义生产方式的趋势即历史未来的分析在原则上是相像的。但是我们会看到，这些分析在《资本论》中实际上是有显著差别的：关于原始积累的分析相对地独立于本来意义上的生产方式的分析，甚至有些像经济理论著作中的一块"描述性"历史的飞地（关于这种对比请参见前面阿尔都塞的文章），相反，关于生产方式历史趋势的分析都表现为资本生产方式分析的一个要素，表现为对结构的内在作用的展开。这后一种分析告诉我们，（资本主义）生产方式由于它固有的"矛盾"即它的结构的作用，"自身"会发生演变。

但是，在《资本主义生产方式的历史趋势》这篇论述中，两种演变都归结为第二种类型的演变，而这篇论述却是关于原始积累形式分析的总结，因此，这就更使人感到吃惊了。资本主义生产方式在下面引证的话中表现为结构自发发展的结果。

"这种自理的独立的小生产者的生产制度……自己就会产生出使它自身解体的物质手段"①，这些物质手段包含在它自身的矛盾（它阻碍生产的发展）之中。

这第二个运动、"这种剥夺是通过资本主义生产的内在规律的作用进行的，这些规律会导致资本的积聚……劳动的社会化和劳动的物质资料的集中已经达到了它们的资本主义外壳不能再容纳它们的地步……资本主义生产本身由于自然变化的必然性，造成了对自身的否定"②。

这两段话概述了马克思关于资本主义生产方式的形成和解体的分析，因而能够提供我们所要寻找的过渡概念本身。因此，我们应该把这些话同马克思的分析本身加以比较。但是这些分析的表面的差别不应该凌驾于《资本主义积累的历史趋势》这篇文章通过"否定之否定"的形式确立的统一性之上，相反，应该缩小这种差别，以便使我们能够提出过渡的概念。当然，这不是说一种生产方式向另一种生产方式的所有过渡都具有相同的概念：每一个过渡概念就像生产方式本身的概念一样都是特定的。但是，由于一切历史的生产方式都表现为同一性质的结合的形式，因此，历史的过渡也应该具有同一理论性质的概念。前面这篇论述确确实实包含了

---

① 〔德〕马克思：《资本论》（根据作者修订的法文版第一卷翻译），北京：中国社会科学出版社1983年版，第826页。

② 〔德〕马克思：《资本论》（根据作者修订的法文版第一卷翻译），北京：中国社会科学出版社1983年版，第826页。

这一点，虽然它另外提出，这种性质就是内在的辩证扬弃的性质。现在我们就来一一考察这些"过渡"。

1. 原始积累：前史

马克思关于"所谓原始积累"的各章论述是对再生产研究所产生的问题的解答，这个问题曾经暂时被撇开了。资本积累的运动仅仅由于可以被资本化的剩余价值的存在才是可能的。这个剩余价值本身只能是前一个生产过程的结果，以此似乎可以无穷无尽地类推下去。但是，在既定的技术条件下，作为资本执行职能的最低价值量以及它作为可变资本和不变资本的划分也是既定的，并且是榨取剩余价值的任何过程的条件。因此，这个最初资本的生产就构成了一个界限，对这一界限的超越只能由纯粹的资本主义积累规律的作用来解释。

但是，实际上问题并不仅仅在于价值量的计量。再生产的运动不仅仅是可以资本化的剩余价值的不断的源泉，它包含着资本主义社会关系的连续性，它只有在资本主义社会关系的条件下才是可能的。因此，原始积累问题也同时涉及资本主义社会关系的形成。

古典经济学中的原始积累的神话的特点是对资本主义生产形式以及与这种生产形式相适应的交换形式和法的形式的追溯投影：古典经济学宣称最初的最低限度的资本是未来的资本家从他的劳动产品中节省出来，然后又以工资和生产资料形式预付的，从而赋予等价交换规律和建立在合法占有全部生产要素基础上的产品所有制规律以一种追溯合法性。追溯投影并不是在假定个人生产的情况下区分必要劳动和剩余劳动，进而区分工资和利润（因为按照一般的惯例，这些区分可以用于非资本主义生产方式，把这些生产方式中的产品区分为若干部分，甚至可以用于无剥削的生产方式，把这些生产方式中的产品区分为若干部分，但这些部分并不构成不同阶级的收入，例如马克思在第三卷《关于地租的起源》中就应用了这种习惯做法）；追溯投影恰恰是这样一种思想，即资本的形成和发展属于受共同的普遍规律支配的唯一运动。因此，在阅读的绝对可逆性中，关于原始积累的资产阶级神话的基础就是：资本通过潜在地已经是资本主义的私人生产所固有的运动而形成，资本的自动产生。更确切地说，整个资本的运动（积累的运动）因此就表现为一种记忆：对一个初始时期的记忆，在这一时期中，资本家通过个人的劳动和节约获得了永久地占有他人的剩余劳动产品的可能性。这种记忆被记载在资产阶级所有权的法的形式中，这种形式使劳动产品的占有永远建立在生产资料的先前的所有制基础之上：

> 最初，在我们看来，所有权似乎是以自己的劳动为基础的。至少我们应当承认这样的假定，因为互相对立的仅仅是权利平等的商品所有者，占有别人商品的手段只能是让渡自己的商品，而自己的商品又只能是由劳动创造的。现在，所有权对于资本家来说，表现为占有别人无酬劳动或产品的权利，而对于工人来说，则表现为不能占有自己的产品。所有权和劳动的分离，成了似乎

是一个以它们的同一性为出发点的规律的必然结果。[1]

如果我们接受古典经济学的观点,那么,我们就必须同时保留这个"占有规律"的两个方面:一方面是对所有的人都平等的商品权利(以及这个权利由于它要保持自身的稳定性而提出的个人劳动假设);另一方面则是体现资本主义积累过程本质的不平等交换。生产方式的记忆,即与目前的过程具有同质起源的连续不断的存在,就记录在这两种形式的永恒的空间中。

我们知道,这是一个神话。马克思努力证明,从历史上看,事情并非如此。他同时指出,这个神话的"辩护"作用就在于它表现了资本主义经济范畴的永恒性。我要求大家记住马克思的这一研究,以便使大家注意到这一研究的极其引人注目的形式。

在关于"原始积累"(我们保留了名称,但是它现在却表示一个完全不同的过程)的研究中,我们同时涉及了历史和前史。我们说涉及了历史,就是说,我们发现了关于原始资本的资产阶级理论不过是一种神话,一种追溯的构造,更确切地说,不过是表现为"占有规律"并建立在资本主义生产结构基础上的现实结构的反映。因此,很显然,被记载在这个占有规律中的"记忆"纯粹是虚幻的,它把现实情况用过去的形式表现出来,而这种情况的现实的过去却具有一种完全不同的形式,因而有待于我们去分析。对原始积累的研

---

[1] 《马克思恩格斯全集》(第23卷),北京:人民出版社1972年版,第640页。

究就是要用历史来取代这种记忆,关于前史的研究向我们揭示了资本起源的另一个世界。在这里,对资本发展规律的认识对我们来说没有任何用处,因为我们涉及另一个不受同一些条件支配的完全不同过程。这样便在资本(资本主义的社会关系)的形成历史与资本本身的历史之间出现了一个彻底的断裂,一个在理论中反映出来的断裂。因此,关于资本主义起源的现实历史不仅不同于起源的神话,而且由于它的条件和说明的原则还不同于在我们面前表现为资本的历史的东西。它是前史或者说是另一个时代的历史。

但是,这些规定本身对我们来说并不是模糊不清或神秘莫测的,因为我们知道,这另一个时代,确切地说,就是另一种生产方式。按照马克思的历史分析,我们把它叫做封建的生产方式,但是我们并不因此而肯定生产方式的任何必然的、唯一的依次相继的规律,因为如果说"生产方式"概念的性质就是一种变化了的结合的性质,那么,在"生产方式"的概念中还没有任何东西可以使我们能够立即肯定这样一个规律。我们看到,在资本起源的历史中承认有一个现实的前史,这就同时提出了这个前史与封建生产方式的历史的关系。而封建生产方式的历史同资本主义生产方式的历史一样,是可以通过它的结构的概念被认识的。换言之,我们应该提出这样的问题:这个前史同封建生产方式的历史是否是同一的或者单纯是依附于它的,甚至是不同的。马克思把这个问题的全部条件归纳如下:

> 因此,在资本主义制度的基础上,生产者和生产资

料彻底分离了。一旦资本主义制度建立起来,这种分离就以不断扩大的规模再生产出来;但是这种分离是资本主义制度的基础,因此,没有这种分离,资本主义制度就不可能建立起来。因此,至少局部地说,只是在生产者被剥夺了它们用以实现自己劳动的生产资料,这些生产资料为既是生产者又是商人的人所占有并被用于从他人的劳动中获利时,资本主义制度才诞生。把劳动同它的外在条件分离开来的历史运动,这就是因属于资产阶级世界的史前时代而被称作"原始"积累的秘密。

资本主义社会的经济结构是从封建社会的经济结构中产生的。后者的解体使前者的要素得到解放。①

马克思曾以同样的方式多次提出这一问题,在《资本论》中,除第一卷第八篇(《原始积累篇》)以外,第三卷《关于商人资本的历史考察》、《资本主义以前的状态》和《资本主义地租的产生》各章也提出了这一问题,因此我们必须把这些论述集中起来,才能够分析它们的内容。我们可以看到,这种分散的状况并不是偶然的。马克思称第八篇专门论述原始积累并以此为题的论述为"草稿",关于这一问题,我们可以参见其他不同的预备性手稿,特别是我们已经引证过的《资本主义生产方式以前的各种形式》。

所有这些研究都具有一种共同的追溯形式。但是我们必须明确指出这种追溯形式的含义,因为我们刚刚批判过

---

① 《马克思恩格斯全集》(第23卷),北京:人民出版社1972年版,第783页。

关于原始积累的资产阶级神话的追溯投影的形式。从前面的论述可以清楚地看到,关于原始积累的研究是以分析资本主义结构时已经区分出来的同一些要素为线索的。在这里,这些要素在"劳动者和生产资料的彻底分离"这一要点下集中起来了。这一分析之所以是追溯性的,并不是因为它把资本主义结构本身投影到过去上,把恰恰应该加以解释的东西当做了前提,而是因为这一分析取决于对运动结果的认识。正是在这种条件下,这一分析摆脱了经验主义,摆脱了仅仅是出现在资本主义发展以前的各种事件的罗列。这一分析从一种结构的本质关系出发摆脱了的庸俗的描述,而这种结构又是"现实的"结构(我指的是目前正在运行的资本主义体系的结构)。因此,关于原始积累的分析,从严格意义上说,不过是构成资本主义生产方式结构的各个要素的系谱。这一运动在《资本主义以前的各种形式》这篇论述的结构中表现得尤为明显。这一运动取决于以下两个概念的作用:从资本主义生产方式的结构出发来思考的这一生产方式的前提条件的概念;这些前提条件借以实现的历史条件的概念。这篇论述中描述的各种生产方式的简史与其说是这些生产方式依次相继或转换的真正的历史,毋宁说是对劳动者同他的生产资料分离以及资本作为可支配的价值额形成道路的历史探索。

  因此,对原始积累的分析就是一种片断的分析,因为这个系谱不是从总的结果出发,而是分别地、一个要素一个要素地完成的。尤其应该指出的是,这一分析分别考察了构成资本主义结构的两个主要的因素,即"自由"劳动者(生产者与生产资料分离的历史）和资本（高利贷资本、商人资本等等的历史）的形成。在这种情况下，关于原始积累的分析就不会也绝不可能同其结构已经被认识的先前的某一种或各种生产方式的历史保持一致。在这一分析中，资本主义结构中的两个要素所具有的不可分割的统一性被取消了，取而代之的并不是属于先前的生产方式的相似的统一性。因此，马克思写道："资本主义的经济制度是从封建的经济制度的母胎中产生的。后者的解体使前者的构成要素得到解放。"后者的解体，也就是说，它的结构的必然发展，与前者的构成在概念上并不是同一的。过渡并不是在结构领域内被思考，而是在要素领域内被思考的。这种形式说明了为什么我们所涉及的不是理论意义上的真正的历史（因为我们知道，这样的历史只有在思考各个要素对结构的依存关系的情况下才能够建立起来），但是这种形式却使我们发现了一个极其重要的事实：资本主义结构的各个不同要素的形成的相对独立性以及这种形成的历史道路的多样性。

资本主义生产结构形成的两个必不可少的要素都有各自相对独立的历史。在《资本主义生产以前的各种形式》一文中，马克思概略地叙述了劳动者与生产资料分离的历史，然后他写道：

> 一方面，要找到劳动者作为自由工人，作为失去客观条件的、纯粹主观的劳动能力，来同作为它的非财产，作为他人的财产，作为自己存在的价值，作为资本的客观生产条件相对立，所需要的历史前提便是这样。另一

方面，要问：工人要找到与自己相对立的资本，需要什么样的条件呢？①

我们应该说得更明确一些：为了使工人找到以货币资本形式出现的、与自己相对立的资本，马克思过渡到第二个要素即以货币资本形式出现的资本的形成史。马克思在《资本论》分别论述商人资本和生息资本的各章之后，也就是说，在资本主义结构内部对构成结构所必不可少的各个要素进行了分析之后，又重新谈到了这第二个要素的系谱。劳动者与生产资料分离的历史并没有为我们提供货币资本（"现在要问：资本家最初是从哪里来的呢？因为对农村居民的剥夺只是直接地产生了大土地所有者。"②），而从货币资本方面来说，它的历史也没有为我们提供"自由"劳动者（马克思在《资本论》中谈到商人资本③和金融资本④时，两次说明了这一点），马克思在《资本主义生产以前的各种形式》中写道：

> 仅仅有了货币财富，甚至它取得某种统治地位，还不足以使它转化为资本。否则，古代罗马、拜占庭等等

---

① 《马克思恩格斯全集》（第30卷），北京：人民出版社1995年版，第492页。

② 《马克思恩格斯全集》（第23卷），北京：人民出版社1972年版，第811页。

③ 《马克思恩格斯全集》（第25卷），北京：人民出版社1974年版，第338页。

④ 《马克思恩格斯全集》（第25卷），北京：人民出版社1974年版，第674—675页。

就会以自由劳动和资本来结束自己的历史了,或者确切些说,就会以此开始新的历史了。在那里,旧的所有制关系的解体,也是与货币财富——商业等等——的发展相联系的。但是,这种解体事实上不是导致工业的发展,而是导致乡村对城市的统治……资本的原始形成只不过是这样发生的:作为货币财富而存在的价值,由于先前的生产方式解体的历史过程,一方面能买到劳动的客观条件,另一方面也能用货币从已经自由的工人那里换到活劳动本身。所有这一切因素都已具备了。它们的分离本身是一个历史过程,解体过程,正是这一过程使货币能够转化为资本。①

换句话说,由资本主义结构结合在一起的各个要素都有着不同的和独立的起源,形成自由劳动者和流动财富的并不是唯一的和同一的运动。相反,在马克思分析的例子中,自由劳动者主要是通过土地结构的变化而形成的,而财富的形成则是商人资本和金融资本的结果,其运动发生在这些结构之外,在"社会边缘"或"社会空隙"之中。

因此,资本主义结构形成以后所具有的统一性不会出现在资本主义结构之前。只要关于生产方式前史的研究采取系谱的形式,也就是说,这种研究在它所提出的问题中明确而又严格地坚持依存于已经建立的结构的各个要素,依存于对这些要素的识别,而这种识别又要求结构在它的复杂的统一

---

① 《马克思恩格斯全集》(第30卷),北京:人民出版社1995年版,第501页。

体中被承认为结构,那么,前史就绝不可能成为结构的单纯的追溯投影。为此只需要有:这些要素(它们是从它们的结合的结果出发被确认的要素)之间的相遇以及被严格地思考;必须借以在其中思考这些要素自身的历史的历史领域(这一领域在其概念上与这一结果无关,因为它是由另一种生产方式的结构决定的)。在这个由先前的生产方式建立的历史领域中,构成系谱的各个要素仅仅处于一种"边缘的"即不确定的状况之中。把生产方式说成是各种不同的结合,就等于说,生产方式改变了依存关系的秩序,使结构(理论的对象)中某些要素从统治地位过渡到历史上的从属地位。我并不认为总问题因此获得了完善的形式并使我们接近问题的答案,但是这样至少使我们能够用马克思分析原始积累的方式把总问题阐释出来,同时又明确地堵塞了通往意识形态的所有道路。

仅此一点我们就可以引出另一个结论:以系谱形式进行的关于原始积累的分析同结构形成过程的基本特征是一致的。这个基本特征就是结构的各个要素的形成、发展到能够结合起来构成(一种生产方式的)结构并从属于这个结构,成为结构的作用(例如,商人资本和金融资本的形式只是在资本主义生产方式的"新的基础"上,才成为严格意义的资本形式[1])的历史道路的多样性。

我们还可以用上面提到过的术语来说明这一特征:同一系列前提与若干系列的历史条件相一致。我们这里涉及的问

---

[1] 《马克思恩格斯全集》(第25卷),北京:人民出版社1974年版,第365—366、674—675页。

题特别重要,因为马克思无论怎样小心谨慎,他在《资本论》第一卷中所做的分析都可能引起对这个问题的误解。很明确,马克思的分析是对欧洲,其中主要是英国历史上出现的原始积累的某些形式、某些"方法"的分析。马克思在1881年3月8日致维·伊·查苏利奇的信(我们应该阅读这封信的各篇草稿)中十分清楚地阐述了这一点。因此,结构的形成过程是多元的过程,所有这些过程都导致相同的结果。每一个过程的特点取决于该过程所处的历史领域的结构,即现存的生产方式的结构。我们必须把马克思根据英国的范例所描述的原始积累的"方法"同当时占统治地位的生产方式(封建的生产方式)的特殊性质,特别是系统地利用超经济的(法律的、政治的、军事的)权力(我在上面已经简单叙述了这种权力是怎样在封建生产方式的特殊性之中确立起来的)的情况联系起来。更为概括的说法就是,转换过程的结果取决于历史环境的性质,取决于现存的生产方式,马克思在论述商人资本时指出了这一点。① 他在《资本主义生产以前的各种形式》一文中描述了自由劳动者的三种不同的构成形式(生产者与生产资料分离的形式),这三种形式构成了不同的历史过程,它们同先前的特殊的所有制形式相一致并被称为三种不同形式的"否定"。② 稍后,马克思在《资本论》中又使用了这种叙述方法,他描述了货币资本的三种不

---

① 《马克思恩格斯全集》(第25卷),北京:人民出版社1974年版,第370页。

② 《马克思恩格斯全集》(第30卷),北京:人民出版社1995年版,第494页。

同的构成形式（显然，它们与前面提到的形式之间并不存在完全对应的一致关系）：

> 可见，这里发生了三重过渡：第一，是商人直接成为工业家；在各种以商业为基础的行业，特别是奢侈品工业中情形就是这样；这种工业连同原料和工人一起都是由商人从外国输入的，例如在十五世纪，从君士坦丁堡向意大利输入。第二，是商人把小老板变成自己的中间人，或者也直接向独立生产者购买；他在名义上使这种生产者独立，并且使他的生产方式保持不变。第三，是产业家成为商人，并直接为商业进行大规模生产。①

（这里还应该补充说明高利贷的各种形式，这些形式构成了生息资本的前史和资本形成诸过程中的一个过程）。

马克思把资本形成过程的相对独立性和历史的多样性集中起来用一句话来表示：结构的形成是一种"发现"；资本主义生产方式是通过"发现"它的结构所要结合的现成要素而形成的（《资本主义生产以前的各种形式》）。显然，这一发现决非出自偶然。它意味着资本主义生产方式的形成与这一形成所需要、"发现"和"结合"的要素的来源和起源完全无关。这样，我所描述的推理的运动就无法形成一个封闭的圆圈，系谱没有把结构同结构形成史结合在一起，而是把结构同结构的前史分离了。旧的结构本身并没有自动地发生

---

① 《马克思恩格斯全集》（第25卷），北京：人民出版社1974年版，第375页。

演变,相反,它作为旧的结构完全"消失"了("总之,在资本家和工人出现的地方,行会制度、师傅、帮工就消失了")。因此,关于原始积累的分析使我们面临着以记忆的完全不出现为特征的历史(由于记忆不过是历史在某些先定的领域例如意识形态、甚至法中的反思,因此这样的记忆是最不真实的)。

2. 生产方式的趋势和矛盾

我在这里暂时把关于原始积累的分析搁置起来,虽然我们还没有从中得出全部结论。我们现在研究第二个要素,即资本主义生产方式(我们把这种生产方式当做范例)的解体这一要素。这第二个分析涉及马克思的所有关于资本主义生产方式的历史趋势、它的矛盾的特殊运动、包含在它的结构的必然性中的对抗的发展以及在这种生产方式中出现的新的社会生产组织的要求的论述。虽然如我指出的那样,这两个分析实际上具有性质相同的对象(从一种生产方式向另一种生产方式的过渡),《资本主义生产方式的历史趋势》充分说明了这种对象的同一性,但是,很明显,马克思的这两个分析是不同的。这一区别不仅表现在表述形式上(一方面,就原始积累而言,历史研究内容广泛而又详尽,但论述缺乏完整性,也明显地缺乏系统性;另一方面,就资本主义的解体而言,只是一些同资本主义生产方式的分析有机地联系在一起的概括性的预见),而且这一区别还表现了两个互为补充的理论条件:一方面,我们鉴别了各个要素,因为我们必须排除它们的系谱,但是我们还没有从概念上认识产生这一系谱的历史领域（先前的生产方式的结构）；另一方面，我们又只是对这一历史领域（资本主义生产方式本身）有了认识。因此，在我们提出一个完整的总问题之前，我们还必须进行第二个预备性阅读。

我们首先可以在马克思所分析的社会总资本领域中的若干"运动"之间建立一种严格的理论等值关系。这些"运动"是：资本（生产资料所有权）的积聚；（通过应用科学和发展合作而实现的）生产力的社会化；资本主义社会关系向所有生产部门的扩展以及世界市场的形成；产业后备军（相对过剩人口）的形成；平均利润率不断地下降。资本主义积累的"历史趋势"原则上同马克思在《资本论》第三卷中分析的"趋势规律"即马克思所说的"资本主义生产的现实趋势"是一致的。关于这一点，他写道：

> 一般利润率日趋下降的趋势，只是劳动的社会生产力日益发展在资本主义生产方式下所特有的表现……资本主义生产方式的本质证明了一种不言而喻的必然性：在资本主义生产方式的发展中，一般的平均的剩余价值率必然表现为不断下降的一般利润率。[①]

实际上，平均利润率下降趋势不过是资本平均有机构成提高的直接结果，也就是花费在生产资料上的不变资本与花费在劳动力上的可变资本相对而言增加的直接结果，它反映

---

① 《马克思恩格斯全集》（第25卷），北京：人民出版社1974年版，第237页。

了积累的固有的运动。我们说，这些运动具有理论的等值关系，就是说，它们是同一趋势的不同的表现形式。这些表现形式被分离开来并分别地加以说明，仅仅是出于《资本论》的表述（论证）顺序的需要。它们的分离并不表示它们之间有依次相继的关系。从概念体系的角度来看，我们所涉及的是结构分析的同一个运动。

这个运动就是马克思所说的资本主义生产方式固有矛盾的发展。马克思最初把这种矛盾概括为社会生产力的社会化（这种社会化规定了生产力在资本主义生产方式中的发展）与生产关系的性质（生产资料的私人占有制）之间的矛盾。这一矛盾在资本主义生产方式固有的形式中又被规定为生产的价值量、从而利润的增加与利润率下降之间的矛盾。但是，在资本主义的生产方式中，对利润的追求是生产发展的唯一动力。

但是，这是一种什么运动呢？我们似乎可以把它定义为体系的动态，而对于构成生产方式结构的复杂的结合的分析则属于静态。这一组概念确实可以使我们能够说明仅仅取决于结构的内在联系因而是这个结构的作用的运动，即结构在时间中的存在。对这一运动的认识所包含的概念仅仅是我们所考察的历史生产方式固有的形式中的生产概念和再生产概念。因此，"矛盾"并不是别的什么东西，而是结构本身。正如马克思所说，它是"内在于"结构的。反过来说，矛盾自身又包含着一种动态：矛盾只有在结构的时间存在中才表现为矛盾，才能够产生矛盾的作用。因此，马克思说的完全正确，矛盾是在资本主义的历史运动中获得发展的。

因此，我们可以这样来提出我们应该考察的问题：结构的动态是否同时——在同一"时间"——是它的历史？换句话说，这个运动是否同时是向资本主义历史未来发展的运动？（更广泛地说，这个运动是否同时是向我们考察的生产方式的未来发展的运动？因为每一种生产方式都包含着它特殊的"矛盾"，也就是说，都具有"表现劳动的社会生产力发展的特殊方式"）。既然静态同动态的关系使我们能够把矛盾的发展看做是产生结构作用的运动本身，那么我们是否也可以把这种关系看做是它被扬弃的"动力"呢？我们所要寻找的这个动态和这个历史之间的同一性（或差别）显然就是概念的同一性，这种同一性不能满足于单纯的经验的暂时性从事实出发提供的巧合。如果矛盾的发展被载入依次相继的编年史中，那么，它直接就是这个历史。既然相反，我们要建立的是两个概念的关系，那么马克思的著作就会要求我们在这里必须从最明确的概念（结构发展的动态）出发，以便达到或试图达到另一个概念（结构发展的历史未来）。

如果我们要更明确地规定马克思所理解的"矛盾"的性质以及他所理解的生产方式的"趋势"，那么，马克思的反复说明就会使我们遇到结构同它的作用之间的关系问题。马克思把"趋势"规定为作用的限制、减弱、延缓和改变。"趋势"是这样一种规律，"它的绝对的实现被起反作用的各种情况所阻碍、延缓和减弱"[1]，它的作用甚至被起反作用的

---

[1] 《马克思恩格斯全集》（第25卷），北京：人民出版社1974年版，第261页。

各种原因抵消。① 因此,趋势的特点首先表现为规律的空缺,不过这种空缺是由于外界情况的阻挠所引起的外在的空缺,而这些外界情况并不取决于规律本身,其根源(目前)也不能得到解释。起相反作用的各种原因的外在性本身已足以说明这些原因的特殊作用纯粹是消极的,因为它们干预的结果不是改变规律本身的结果,改变规律作用的性质,而是仅仅改变了这些作用发生的时间表。因此,我们可以把趋势简单地规定为只是在长时期内才可以实现的东西,同时把延缓的原因规定为仅仅是掩盖发展过程的本质的所有经验的情况。因此,马克思写道:"这个规律只是作为一种趋势发生作用;它的作用,只有在一定情况下,并且经过一个长的时期,才会清楚地显示出来。"②

然而,这一定义并不能令人满意,因为它的经验主义和机械论的特点恰恰是马克思所批判的经济学家特别是李嘉图所具有的那种特点。人们对所谓的独立的"要素"进行研究,正是因为人们不能在结构的统一性中找到这些要素的共同的起源,这种研究属于政治经济学"通俗的"或"庸俗的"一面。同时,它也否定马克思系统地使用趋势这一术语来说明生产的规律本身或者取决于生产结构的生产运动的规律。马克思在《资本论》第一版序言中写道:

---

① 《马克思恩格斯全集》(第25卷),北京:人民出版社1974年版,第258页。

② 《马克思恩格斯全集》(第25卷),北京:人民出版社1974年版,第266页。

> 问题本身并不在于资本主义生产的自然规律所引起的社会对抗的发展程度的高低。问题在于这些规律本身，在于这些以铁的必然性发生作用并且正在实现的趋势。①

马克思在第一卷说明相对剩余价值生产的规律时还写道：

> 在这里我们把这个总结果看成好像是每个个别场合的直接结果和直接目的。当一个资本家提高劳动生产率来使例如衬衫便宜的时候，他决不是必然抱有以此降低劳动力的价值，并因而缩短工作日中工人为自己劳动的部分的目的；但是只要他最终促成这个结果，他也就促成一般剩余价值率的提高。必然把资本的一般的、必然的趋势同这种趋势的表现形式区别开来。
>
> 我们这里不考察资本主义生产的内在趋势怎样表现为个别资本的运动，怎样作为竞争的强制规律发生作用，从而怎样迫使资本家把它当做自己行动的动机。②

这里马克思显然不是把外在情况对规律的限制看做"趋势"，因为这些情况必然属于"外表"或"表面"现象的领域，而是把独立于任何外在情况的规律本身看做"趋势"。如果马克思这里使用的术语是严格的，那么我们就可以认为，

---

① 《马克思恩格斯全集》（第23卷），北京：人民出版社1972年版，第8页。
② 《马克思恩格斯全集》（第23卷），北京：人民出版社1972年版，第351—352页。

生产发展的规律（它表现为利润率下降等等）受到外在的限制仅仅是最初的表象。

但是如果我们逐一地的考察这些阻碍"趋势"实现的原因，那么我们就会看到，所有的原因或者是结构的直接的作用，或者由结构决定，因为结构规定着这些原因的作用发生变化的界限。属于第一种情况的有剥削强度的提高、现有资本的贬值、相对过剩人口以及相对过剩人口在比较不发达的生产部门的沉淀、生产规模的扩大（以及国外市场的开发）；属于第二种情况的是工资减少到低于自己的价值。但是，所有作为结构的直接作用的原因都具有一个特点，这就是它们的二重性：所有阻挠规律发生作用的原因同时也是使规律产生作用的原因：

> 因为使剩余价值率提高（甚至延长劳动时间也是大工业的一个结果）的同一些原因，趋向于使一定量资本所使用的劳动力减少，所以同一些原因趋向于使利润率降低，同时又使这种降低的运动延缓下来。①

同样，现有资本的贬值也同劳动生产率的提高联系在一起，劳动生产率的提高使不变资本要素的价格降低从而阻止不变资本价值与它的物质规模以同一比例增长。一般说来，如果考察的是整个社会资本，那么我们可以看到"引起一般

---

① 《马克思恩格斯全集》（第25卷），北京：人民出版社1974年版，第261页。

利润率下降的同一些原因,又会产生反作用"①。这一点是至关重要的,因为它可以使我们确立这样一点:发展的规律被归结为趋势状态并不是外在于这个规律、仅仅影响到这些原因发生作用的时间表的规定,而是这些原因发生作用的内在的规定。这些起相反作用的原因的作用,即规律本身的作用并不是资本主义生产的历史作用的延缓,而是对产生的特殊节拍的规定。这一规定只是对劳动生产力的"自由的"、"无限的"提高(导致资本有机构成提高和利润率降低)这种非历史的绝对而言,才是消极的(表现为"限制"等)。这里我要再一次指出,关于结构固有的作用方式的定义(这一定义包含了把起相反作用的原因归结为表面的外在性)是同考察"只是作为总资本的一个部分"的社会资本(这是第一卷和第二卷前半部分的理论支柱),也就是说,是同考察处于理论"同时性"(我在《关于再生产》一章中已谈到这种同时性)中的资本相联系的。马克思关于一般平均利润率的存在及其水平的全部论证都建立在这个同时性的基础之上。在这个同时性中,一部分一部分地求得单个资本的总和从定义上说是可能的。如果人们必须提出这样的问题:为了使不变资本价值同相应的可变资本价值相对而言不致增长,生产资料价格应以何种比例下降,那么我们是无法确定这样一条规律的。在(我所引证过的)某些论述中,"阻挠一般利润率下降的原因"的不纯净理论性质表明马克思在确切地思考这种"同时性"时遇到了困难,因为对这种同时性的确切思考

---

① 《马克思恩格斯全集》(第25卷),北京:人民出版社1974年版,第266页。

所涉及的问题是结构的发展规律。但是马克思事实上还是做到了自圆其说，因为正是利润率下降的趋势引起了资本的竞争，也就是真正实现利润平均化和形成一般利润率的机制。①（与此同时，竞争的地位明确了并被限定在一定范围内，马克思把竞争机制的分析从资本一般的分析中排除出来，因为竞争就像对某种商品的市场价格所起的作用一样，只是保证平均化，而没有确定平均化的水平）。因此，结构按照趋势的发展，也就是说，不仅仅（机械地）包括产生作用，而且按特殊的节拍产生作用的规律，意味着内在于结构的特殊时间性定义属于结构分析本身。

现在我们就可以明白，为什么说趋势是"矛盾的"，同时我们也可以说明马克思的矛盾的真正性质。马克思把相互矛盾的术语规定为同一原因所产生的矛盾的作用：

> 劳动的社会生产力的同一发展，在资本主义生产方式的发展中，一方面表现为利润率不断下降的趋势，另一方面表现为所占有的剩余价值或利润的绝对量的不断增加；结果，可变资本和利润的相对减少总的说来是同二者的绝对增加相适应的。我们讲过，这种双重的作用，只是在总资本的增加比利润率的下降更为迅速的时候才能表现出来……说利润量决定于两个因素，一是利润率，二是按这个利润率所使用的资本的量，这只是同义反复。因此，说利润量有可能不管利润率下降而同时增加，这

---

① 参见《马克思恩格斯全集》（第25卷），北京：人民出版社1974年版，第285页。

> 也只是同义反复的另一种表现，无助于我们前进一步……但是，如果使利润率下降的同一些原因，也会促进积累，即促进追加资本的形成，如果每个追加资本都会推动追加劳动，并且生产追加剩余价值；另一方面，如果单是利润率的下降就包含不变资本从而全部旧资本已经增加这一事实，那么，这整个过程就不再是神秘的了……①

（上面所说的利润率的下降由于生产规模的扩大而延缓，和这里所说积累量由于利润率的下降而相对减少，显然是一回事。）这个极其重要的定义既批驳了关于矛盾的经验主义思想（马克思把这种思想同李嘉图的名字联系起来），又指出了矛盾的作用的界限。古典经济学的经验主义仅仅是在"平静的共存状态"中发现了矛盾的术语，也就是说，在不同现象的相对独立性中，例如在相反地由矛盾的这一趋势或另一趋势所支配的依次相继的发展"阶段"的相对独立性中发现了矛盾的术语。相反，马克思却生产了两个矛盾的术语的统一性的理论概念（在这里，他把这种概念称之为"结合"：利润率的下降趋势是同剩余价值率从而劳动剥削程度提高的趋势结合在一起的），也就是说，马克思生产出这样一种认识，即矛盾的基础在（资本主义生产）结构的性质之中。古典经济学从独立的"要素"出发进行推理。这些独立"要素"之间的相互作用"可以"产生某种结果。因此，全部

---

① 《马克思恩格斯全集》（第 25 卷），北京：人民出版社 1974 年版，第 248—250 页。

问题就在于计量这些变化并把这些变化经验地同其他变化联系起来（这同样适用于商品的价格，如果商品的价值取决于某些要素例如工资、平均利润等等的变化，那就也同样适用于商品的价值）。而在马克思那里，规律（或趋势）并不是作用的量的变化的规律，而是作用本身产生的规律。规律根据作用可能变化的界限来确定这些作用，而这些作用则不取决于这种变化（这同样适用于工资、工作日、价格以及剩余价值分割成的各个不同部分）；只有这些界限才被规定为结构的作用，因此这些界限先于变化，而不是变化所产生的平均的合力。在这里，矛盾是通过同一原因产生矛盾的规律，而不是通过它的结果（积累水平）的变化展现在我们面前的。

但是这一定义同时包含了矛盾作用的界限即矛盾从属于原因（结构）这一情况。矛盾仅仅发生于作用之间，但是原因本身却不能分割，我们不能用对立的术语去分析原因。因此，矛盾并不是本源的，而是派生的。作用是由一系列特殊的矛盾组成的，但是产生这些作用的过程决不是矛盾的。利润量（从而积累量）的增加同利润率（从而积累的速度本身）的下降是资本推动的生产资料量增加这个唯一运动的表现。因此，在对原因的认识中，人们只是发现了矛盾的表象。马克思说道："这个规律，我指的是两个仅仅表面矛盾的事物之间的内在的和必然的联系。"这种内在的和必然的联系规定了结构作用产生的规律，从而排除了逻辑的矛盾。从这个观点出发，"双重作用"不过是规律的"两个方面"。特别引人注目的是，马克思为了说明结构的某些作用之间的矛盾的派生性质和从属性质，使用了《资本论》开头在说明商品的表面上的

"形容语"矛盾时所使用的相同术语。从这些作用本身来说，它们表现了一个简单的矛盾（字面上的矛盾，人口的相对过剩和生产的相对过剩等），这个矛盾又划分为若干矛盾的方面或局部的矛盾。但这些矛盾的方面和局部矛盾并不因此而成为一种超决定，它们只是对积累量起相反的作用。

正如产生矛盾的原因本身并不矛盾一样，矛盾的结构总是某种平衡，即使这种平衡是通过危机而实现的。因此，我们可以看到，矛盾在结构的运动中具有同竞争相同的性质：它既不决定自己的趋势，也不决定自己的界限，它只是局部的、派生的现象，其作用已经被结构本身预先决定了：

> 这些不同的影响，时而主要是在空间上并行地发生作用，时而主要是在时间上相继地发生作用；各种互相对抗的要素之间的冲突周期性地在危机中表现出来。危机永远只是现有矛盾的暂时的暴力的解决，永远只是使已经破坏的平衡得到瞬间恢复的暴力的爆发……
>
> 现有资本的周期贬值，这个为资本主义生产方式所固有的、阻碍利润率下降并通过新资本的形成来加速资本价值的积累的手段，会扰乱资本流通过程和再生产过程借以进行的现有关系，从而引起生产过程的突然停滞和危机……
>
> 已经发生的生产停滞，为生产在资本主义界限内以后的扩大准备好了条件。这样周期将重新通过。①

---

① 《马克思恩格斯全集》（第25卷），北京：人民出版社1974年版，第277—284页。

因此，矛盾的这个唯一内在的结果完全是经济结构所固有的，它不是倾向于克服矛盾，而是使矛盾的条件永久化。这个唯一的结果便是资本主义生产方式的周期（危机是周期性的，因为社会总资本的再生产取决于固定资本的周转。但是人们可以形象地说：危机表现为这样一种周期，在这种周期中，整个生产方式在不动的运动中运动）。

马克思还指出，危机使生产方式的界限[25]明显了：

> 资本主义生产总是竭力克服它所固有的这些限制，但是它用来克服这些限制的手段，只是使这些限制以更大的规模重新出现在它的面前。
>
> 资本主义生产的真正限制是资本自身……①

因此，生产方式的运动（它的动态）所趋向的"界限"并不是一个要达到的梯度或极限。趋势之所以不能超越这些界限，是因为这些界限内在于趋势，而作为这样的界限是永远达不到的。这些界限随着趋势的运动而运动，它们同那些使趋势成为一种"单纯的"趋势的原因是一致的，也就是说，它们同时是趋势的实际可能性的条件。说资本主义生产方式有内在的界限，无非是说，生产方式并不是"一般的生产方式"，而是限定的、确指的生产方式：

> 资本主义生产方式在生产力的发展中遇到一种同财

---

① 《马克思恩格斯全集》（第25卷），北京：人民出版社1974年版，第278页。

富生产本身无关的限制；而这种特有的限制证明了资本主义生产方式的局限性和它的仅仅历史的、过渡的性质；证明了它不是财富生产的绝对的生产方式，反而在一定阶段上同财富的进一步发展发生冲突。①

（财富这一术语在所有地方都应该被看做是使用价值的严格意义上的同义语。）

因此，这些界限也就是我们在趋势的规定中已经谈到其作用的那些界限：财富本身的生产方式是不存在的，也就是说，只存在着取决于生产方式性质的、一定的生产力发展类型。劳动生产率的提高受到生产关系性质的限制，因为正是生产关系使劳动生产率成为生产相对剩余价值的手段。而剩余价值本身的榨取又受到劳动生产率的限制（在工作日变化的界限内，必要劳动和剩余劳动的比例在每一时刻都是由这种劳动生产率决定的）。因此，我们这里看到的不是矛盾，而是生产方式的复杂性。我在本文开头就把这种复杂性规定为生产方式的双重关系（"生产力"，生产资料所有制关系）。生产方式的内在界限无非就是两种关系中一种关系成为另一种关系的界限，也就是这两种关系互相"一致"或者生产力"实际从属"于生产关系的形式。

但是，如果说生产方式的界限是内在的，那么，这些界限就只能规定它们所肯定的东西，而不能规定它们所否定的东西（即通过"绝对生产方式"或"财富本身"的生产方式

---

① 《马克思恩格斯全集》（第25卷），北京：人民出版社1974年版，第270页。

概念体现出来的、其他一切具有自己内在界限的生产方式的可能性）。这些界限只是在这个意义上才包含着向另一种生产方式的过渡（现存生产方式的历史的、过渡的性质），它们证明了一种生产方式的终结和另一种生产方式的开端，但是它们绝对不包含着另一种生产方式的界限。既然界限就在于生产方式的复杂结构内部的两种关系的"一致性"，那么，扬弃这些界限的运动也必然包含着对一致性的扬弃。

但是，同样明显的是，界限的转化并不仅仅属于动态的时间。事实上，如果说内在于生产结构的作用本身并没有对界限构成威胁（例如危机便是"资本主义生产借以自发地排除有时为自己设置的障碍的机制"），那么，这些作用可以是外在于生产结构的另一种结果的一个条件（"物质基础"）。马克思在他的论述中附带说明了这另一种结果。他指出，生产的运动通过生产的积聚和无产阶级的增加生产了资本主义社会阶级斗争所采取的特殊形式的条件之一。但是对这个斗争以及这个斗争所包含的社会政治关系的分析不属于生产结构研究的范围。因此，对界限转化的分析要求关于经济结构、阶级斗争以及它们在社会结构中的联系的不同时间的理论。正如阿尔都塞在他的《保卫马克思》一书中所作的关于矛盾与超决定的研究中指出的那样，理解这些不同的时间如何能够在一种形势的统一体中结合起来（例如，危机在其他条件都具备的情况下，如何能够成为实现生产结构的革命的转化的机会），也取决于这个理论。

3. 动态与历史

前面所分析的仍然是总问题的相互分离的要素,但是,只有在这个总问题中,才有可能从理论上思考一种生产方式向另一种生产方式的过渡。我们只有把到目前为止所阐述的概念(历史、系谱、同时性——历时性、动态、趋势)相互联系起来并分别说明它们各自的对象,才能够真正地提出这个总问题,也就是说,生产出我们必须回答的诸问题的统一体。

所有这些概念,在很大程度上还是描述性的,只要它们还没有被联系起来,就仍然是描述性的,因此它们在我们面前表现为历史时间的概念化。阿尔都塞在前面的一篇论述中指出,在任何历史理论(无论是科学的,还是意识形态的)中,在这个理论所固有的历史概念的结构(这个结构取决于这个理论所固有的社会整体概念的结构)与这个历史理论借以思考"变化""运动""事件",以及更广泛意义上的属于它的对象的"现象"的暂时性概念之间都存在着严格的、必然的相关关系。虽然这样的历史理论本身往往是不存在的,它被反思的形式是非理论的即经验主义的,但是这并不能推翻我们的论证。在上述情况下,暂时性的结构纯粹是居统治地位的意识形态提供的结构,它从未在它作为前提条件的职能中被反思。我们甚至看到,在黑格尔那里,历史的暂时性结构,从体系的联系角度来看,从属于黑格尔的简单的、表现的整体的结构,它不过是把经验主义意识形态的时代概念形式当做自己的形式,同时赋予这个形式以自己的概念和理论基础。

我们还看到，这个时间形式不仅是连续的线性，而且还必然是时间的唯一性。我们说时代是唯一的，这是因为它的存在具有同时代性的结构，因为所有被证明具有编年史的同时性的要素必然被规定为同一个现实整体的要素，必然属于同一个历史。这里必须指出，在这个意识形态的观念中，人们从时间本身的形式过渡到了与这一时间形式有关的历史对象的规定。因此，这个时间的顺序和延续过程总是先于把现象说成是"在时间中展开的"现象，从而是历史的现象的一切规定。对时间顺序或延续过程的实际评价必然要联系或参照某些对象的暂时性，但是，这些对象的可能性形式始终是既定的。事实上，人们是在一个圆圈中运动，因为人们所接受的时间结构不过是对社会整体的感知或意识形态的理解的结果。但是，先于各种"历史"现象在时间中获得定位的这种"实际从属"的运动本身并没有在作为它的前提的时间的表现中被思考。因此，人们可以很简便地在历史的规定中去发现（实际上是重新发现）这个时间所要求的结构。正是由于这一运动，历史对象被规定为事件，这个事件甚至在受到怀疑时也是现实存在，也就是说，不仅认为存在着事件，即不仅存在着"短"时期的现象，而且还存在着非事件，即长期的、永久的事件（人们错误地把它们称作"结构"）。

在这种情况下，如果我们想到马克思从一开始就在其中思考他的理论活动的总问题（这个总问题不仅仅属于他），即分期的总问题，我们就会从中得出许多结论。如果我们仅仅在这个总问题的框架内提出从一种生产方式向另一种生产方式的过渡问题，我们就不能摆脱唯一的线性时间形式：我们不得不在平等的基础上思考每一种生产方式的结构的作用和过渡现象，把它们置于唯一的时间中，把这个唯一的时间当做一切可能的历史规定所共有的框架或承担者。我们在分析对生产方式的作用和一种生产方式向另一种生产方式过渡时无权在这两种分析的原则或方法上做出区别，因为这些作用和过渡都是在这个时间框架中依次相继或同时发生的。我们只能根据这个时间"结构"的诸规定来区分各种运动：长期的运动、短期的运动、连续的运动、间断的运动等，因此，分期的时间就是一个没有真正可能的差别的时间：插入历史序列过程，例如插入一种生产方式向另一种生产方式过渡期间的补充规定就同这个时间结构的诸规定一样属于同一时间，它们产生的运动是共同的。

对马克思著作的肤浅的阅读将使我们无法消除这种幻觉的形式，因为这种阅读满足于把《资本论》分析所包含的各种不同"时间"当做时间一般的描述的方面或从属的规定。在这种情况下，人们就会试图实现一种基础性的操作，这种操作的可能性已经包含在关于时间的意识形态理论之中，这就是把各种不同的时间相互穿插起来。人们可以把阶段的时间（劳动时间、生产时间、流通时间）插入周期（资本的周期过程）；这些周期本身由于资本的各个不同要素的周转速度不同必然成为复杂的周期，周期的周期，但是就其总体来说，这些周期又可以插入资本主义再生产（积累）的一般运动。马克思继西斯蒙第之后把这种运动描述为螺旋形运动，这种"螺旋形运动"最终表现为一种总趋势、一种生产方式向另一种生产方式的过渡即生产方式的相继更替和分期的趋向。在这样的阅读中，各种不同"时间"的衔接及其在形式上的承接显然不存在原则上的困难，因为这种可能性已经包含在作为所有这些运动的基础的时间一般的唯一性之中。唯一的困难是在识别这些阶段和预见它们的过渡时所遇到的应用上的困难。

在这种阅读——我使用这样的字眼，人们会看到，并非是单纯的论战手法——中，最明显的事实是，这一阅读必然意味着，时间的每个"要素"被同时思考为相互穿插的所有中介时间的规定，而不管这个规定是直接的，或者相反，单纯是间接的。如果我们立即把这个推论进行到底，那么我们就可以在严格意义上，从这个概念出发，把工人耗费其劳动力的既定时间规定为某种社会劳动量、生产过程（资本在其中以生产资本的形式存在）的周期的要素、社会资本再生产（资本主义积累）的要素，最后还可以规定为资本主义生产方式的历史（这个历史总是趋于变化，不管这种变化还是多么遥远）的要素。

只有在这种意识形态阅读的基础上，才有可能把马克思主义关于经济结构的整个理论归结为一种动态。人们试图把马克思同古典经济学以及现代经济学进行比较，于是便把它们放在同一的基础上，为它们规定了同一的"经济"对象，这样，人们就可以使用"动态"这个概念，把马克思说成是政治经济学的"动态"理论的倡导者之一，甚至是主要倡导者。为此，人们指出，在古典经济学和新古典经济学中，存在着一种经济均衡的思想，即经济结构关系的"静态"的思想;相反,在马克思那里,对均衡的研究从来不过是一个暂时的、仅仅具有方法论意义的要素,一种叙述的简化;马克思分析的基本对象就是经济结构演化的时间,这个时间被分解为相继更替的要素,它们是资本的不同的"时间":

> 马克思主义研究的特殊对象即资本主义生产,必然表现为动态过程。《资本论》第一卷的对象就是资本积累。静态均衡的概念显然是描述这种现象的不适当的、先验的概念。资本的"简单再生产"就已经是一个时间的过程;但是,这不过是第一次抽象。体系的特点恰恰在于"扩大规模的再生产"、资本的增长及其质的不断的变化、剩余价值的积累。各种不同形式的危机表现为体系的慢性病,而不是偶然事件。因此,经济现实的总的情况完全是动态的。[26]

在这种解释中,资本主义体系的动态本身表现为"确证经济规律的相对性质和演化性质"的一个要素和一个局部情况,我们在这里完全可以找到我在上面概略叙述过的各种时间互相插入的结构。在这里,历史概念和动态概念变成了同源词,一个是通俗的,即历史概念;另一个是学术的,即动态概念,因为第二个概念十分确切地表达了从结构出发对历史运动所作的规定。在这种情况下,还可以把第三个术语,即历时性同这两个术语归为一类,但是,这个术语并没有提供任何新的认识,它只是表达了唯一的、线性暂时性形式,这种形式已经包含在前两个术语的同一化中。

但是实际上，对马克思的这种阅读完全不了解《资本论》理论中暂时性概念和历史概念的构成方式。这些概念可以在通常的意义上，即意识形态的意义上使用或不言明地使用，例如在我们作为研究出发点的《政治经济学批判序言》中就是如此。这些概念在这篇序言中的作用仅仅是发现和说明在其结构上尚未被思考的理论领域。但是在《资本论》的分析中，正如关于原始积累的研究以及关于生产方式的趋势研究所指出的那样，这些概念是分别地、有差别地生产出来的。这些概念的统一不能在既定的时间一般这个概念中作为前提被假定，而是必须从初始差异性出发建立起来，因为这种初始差异性反映着所分析的整体的复杂性。根据这一点，我们可以概括地说明马克思提出统一问题时所使用的方法，这就是把个别资本的不同周期统一于社会总资本复杂周期的方法：这个统一必须作为一种"交错"建立起来，而这种交错的性质起先是不确定的。对此，马克思写道：

> 因此，社会总资本——单个资本在社会总资本中只是独立执行职能的组成部分——的各个不同组成部分在流通过程中怎样互相补偿的问题（无论说的是资本还是剩余价值），不能从商品流通的简单的形态变化的交错得到说明，这种交错是资本流通行为和其他一切商品流通所共有的，这里需要用另一种研究方式。在这个问题上，直到现在为止，人们还是满足于使用一些空洞的词句，只要仔细分析一下，这些词句不过是包含一些不确定的观念，这些观念只是从一切商品流通所具有的形态

变化交错中套用来的。①

我们知道，这"另一种研究方式"本身就是对社会总资本再生产的分析，这种研究方式导致了矛盾的结果，即各个不同社会生产部门之间关系的同时性结构，在这一结构中，周期固有的形式完全消失了。但是，只有这种研究方式使我们能够思考不同的个别生产周期的交错。同样，历史分析的各个不同"时间"既取决于社会关系的持续性，又包含着社会关系的演变，因此这些"时间"的统一起先也是不确定的：它必须通过"另一种研究方法"建立起来。

这样，时间概念和历史概念之间的理论依存关系同前一种形式相比就是颠倒的，而前一种形式则属于经验主义的或黑格尔的历史，或者属于以隐蔽的形式重新引入经验主义或黑格尔主义的《资本论》的阅读。不是历史的结构依存于时间的结构，而是暂时性的结构依存于历史的结构。暂时性的诸结构及其特殊的差别在历史概念构成过程中是作为历史概念的对象的必要的规定被生产出来的。因此，暂时性及其不同形式的规定显然是必要的，同样，思考各种不同运动和不同时间的关系（衔接）的必要性对理论来说也成为一种基本的必要性。

在马克思的理论中，关于时间的综合概念永远不可能是一个前提，而只能是一个结果。这篇论文前面所作的分析在一定程度上使我们能够把这一结果提前，并对上面混淆了的

---

① 《马克思恩格斯全集》（第24卷），北京：人民出版社1972年版，第132页。

概念做出有差别的规定。我们已经看到，对属于一定生产方式并构成其结构的各种关系的分析，必须被思考为一种理论"同时性"的构成。这就是马克思在再生产概念中对资本主义生产方式所思考的东西。对生产方式结构所固有的一切作用的分析也必然属于这种同时性。而历时性观念则用来表示一种生产方式向另一种生产方式过渡的时间，即由构成结构的双重联系的生产关系的更替和转化所规定的时间。因此，关于原始积累的分析所包含的"系谱"就表现为历时性分析的要素。这样，《资本论》关于原始积累的各章及其他部分，不管在理论上的完成程度如何，它们之间在总问题和方法上的区别就可以成立了。这个区别超越了单纯的外表或文字形式的区别。这个区别是严格区分"同时性"和"历时性"的结果。关于这一点，在前面的论述中，还可以看到另一个例子（我在后面还要谈到这个例子）：在我分析资本主义生产方式固有的两种关系（所有权、"实际占有"）以及这两种关系之间的关系的时候，我们可以看到，在这两种形式的构成中存在着"时间间隔"：所有权的资本主义形式（"资本主义的生产关系"）在时间上先于实际占有的资本主义形式（"资本主义的生产力"）。马克思在区分劳动对资本的"形式从属"和"实际从属"时思考了这一间隔。但是我已经指出，在关于生产方式的结构的同时性分析中，这个时间间隔却消失了，因而与这一理论无关。事实上，这种完全消失的间隔只能在历时性的理论中被思考。它构成了适用于历时性分析的问题（这里应该指出，"历时性的分析"、"历时性的理论"这样的术语并不十分严格，最好说，"关于历时性的分析或理论"），因为如果按我说的意义去理解同时性和历时性这两个术语，那么，"历时性的理论"这个术语严格地说就没有任何意义。任何理论，就它表述的是一个概念规定的系统的整体而言，都是同时性的。阿尔都塞在先前的一篇论述中批判了从各个对象的相互关系或同一对象的各个方面出发对同时性和历时性所作的区分，他指出，这一区分实际上再现了经验主义（和黑格尔）的时间结构，在这一结构中，历时性不过是现实存在（同时性）的生成。很清楚，我在这里使用这两个术语的情况并非如此，因为同时性并不是自身同时代的现实的现实存在，而是理论分析的现实存在，在这种理论分析中，它的所有规定都是既定的。因此，这个定义排除了这两个概念的任何相互关系，其中一个概念表示思维过程的结构，另一个概念表示相对独立的特殊分析对象，只是从广义上来说是对象的认识。

  从生产方式的同时性分析这方面来说，它包含了对许多不同职能的"时间"概念的说明。但是，所有这些时间并不因此而直接、立即成为历时的概念。事实上，这些概念并不是从整个历史运动出发建立的，它们完全独立于这个运动，而且它们彼此之间也是独立的。例如，计量生产出来的价值的社会劳动时间就是根据社会必要劳动和非社会必要劳动的区分建立的，而这种区分每一时刻都取决于劳动生产率以及社会劳动在各个生产部门分配的比例。因此，社会劳动时间与可以用经验证明的、工人劳动的时间是完全不一致的。同样，资本周转的周期时间（这个时间有不同的环节如生产时间、流通时间）及其固有的作用（货币资本的不断产生、利润率的变动）是根据资本的形态变化以及固定资本和流动资本的区分建立的。

最后，我们还可以看到另一个同样的情况：对资本主义生产方式趋势的分析生产了生产力的发展从属于资本积累的概念，从而生产了资本主义生产方式中的生产力发展固有的暂时性概念。只有这个运动才称得上是我提出的动态，即结构内在的发展运动。这种运动完全由结构（积累的运动）决定并按照结构所决定的固有的节律和速度进行，它的方向是必然的、不可逆转的，它不断地、在不同的规模上保留（再生产）结构的属性。资本主义积累固有的节律体现为危机的周期，而它的速度则表现为生产力发展的"界限"。这种发展正如马克思所说，既是加速的又是减速的，因此，这种界限也就是结构中相互联系的两种关系（"生产力"、资本主义生产关系）之间的相互的限制。运动的必然方向就是不变资本相对可变资本的增长（生产资料生产相对消费资料生产的增长）。结构属性的保留在市场扩大的运动中表现得尤为明显。各个资本家或全体资本家所使用的方法之一就是扩大市场的范围（通过外贸）以阻止利润率的下降：

> 这个内部矛盾力图用扩大生产的外部范围的办法求得解决。但是生产力越发展，它就越和消费关系的狭隘基础发生冲突。①

---

① 《马克思恩格斯全集》（第25卷），北京：人民出版社1974年版，第273页。

在这种"外部的"冒险活动中，资本主义生产总是遇到它内在的、自身的界限，也就是说，它永远被自身固有的结构所决定。

资本主义生产的某一部门或所有部门的"年代"只有在这种动态的"时间"中才能够得到规定。这个年代是根据不变资本和可变资本的比例，即按照资本内部的有机构成来计量的：

> 不言而喻，资本主义生产的年代越久，所有资本家积累的货币总量也就越大，从而每年新生产的金加进这个总量中去的比例也就越小……①

这一点是非常重要的，因为它表明，只有在动态的"时间"——我说过，它并不直接就是历史的时间[27]——中，才有可能确定和评价发展的加速或延缓，因为只有在这种内在地规定好方向的时间内，发展的历史的不均等才能被思考为简单的时间的间隔：

> 一个国家中各个相继发展的阶段的情况是这样，不同国家中同时并存的不同发展阶段的情况也是这样。在前一种资本构成作为平均构成的不发达国家，一般利润率 $=66\frac{2}{3}\%$，而在后一种资本构成作为平均构成的高度

---

① 《马克思恩格斯全集》（第24卷），北京：人民出版社1972年版，第532页。

发达的国家，一般利润率＝20％。两个国家的利润率差别，可以由于下述情况而消失，甚至颠倒过来：在比较不发达的国家里，劳动的生产效率比较低……工人必须用他的大部分时间来再生产它自己的生活资料或它的价值，而用小部分时间来生产剩余价值，提供较少的剩余劳动。①

在这里还不能根据这种不同的时间规定以及对动态时间和一般历史时间的区分对"不发达国家"的现实的总问题（这是容易发生理论混乱的地方）得出什么结论；但是前面的论述至少使我们预先认识到了这些结论的重要意义。

这个动态（趋势）的时间同前面提到的时间一样，是在生产方式的同时性分析中被规定的。动态与历时性之间的区分是严格的，动态不能表现为历时性领域中的规定，因为它在这一领域中不符合马克思分析的形式。我们借用分析"无历史"社会（这个术语严格地讲没有任何意义，它指的是动态以不发展这种特殊形式出现的社会结构，例如马克思在《资本论》中谈到的印度公社）的悖论很容易说明这种区别：这些社会与正在进入资本主义（通过征服、殖民化或各种商业关系形式）的"西方"社会相遇这一事件显然属于这些社会的历时性，因为它决定了——突然地或者缓慢地——这些社会的生产方式的转变，但是，这一事件决不属于这些社会的动态。这些社会历史上的这一事件发生在它们的历时性时

---

① 《马克思恩格斯全集》（第25卷），北京：人民出版社1974年版，第239页。

间中,而不是发生在它们的动态时间中。这一界限说明了这两种时间在概念上的差别以及思考它们之间联系的必要性。

因此,我们最终必须根据这些不同的概念来确定历史的概念:我们是否应该把历史概念同使人想起关于分期的旧的总问题的历时性概念等同起来?能否说历史就是把分析一种生产结构向另一种生产结构的过渡方式作为自己的基本理论问题的这种历时性?答案显然是否定的,因为这个旧的总问题现在已经改变了。它不再由"切割"线性时间的必然性来规定,而这种切割要以这种相应的时间的先验存在为前提。现在的问题是要在过渡时期的特殊形式以及这些形式的变化中对过渡时期的本质进行理论思考。因此,严格意义上的"分期"问题被扬弃了,或者毋宁说,它不再属于科学论证的环节,不再属于马克思所说的叙述的顺序(只有叙述才是科学)。分期本身至多不过是研究的环节,即预先考证理论材料及其解说的环节。因此,历史的概念与任何一个特殊的环节都不是同一的,因为这些特殊的环节在理论中被生产出来是为了思考时间的不同形式。非特殊的历史概念一般就是构成历史理论(历史唯物主义)的问题,它表明这种总体的理论就是不同历史时间的联系以及这种联系的变化的问题之所在。这种联系与各种时间相互穿插的简单模式毫不相干。它把各种巧合不是看做事实而是看做问题,例如,一种生产方式向另一种生产方式的过渡就表现为经济结构的各种时间、各个阶级的政治斗争的各种时间、意识形态等的各种时间等等的汇合或合流的环节。问题在于揭示这些时间中的每一个时间,例如生产方式的"趋势"的时间,是如何变成历史时间的。

但是，如果说历史的一般概念的作用是表示构成历史理论的问题，那么，这个概念就同前面所提到的概念相反，不属于历史的理论。事实上，正如"生命"的概念不是生物学的概念一样，历史的概念也不是历史理论的概念。这些概念仅仅属于这两门科学的认识论，而作为"实践的"概念，它们也仅仅属于学者指定和标明这一实践领域的实践。

4. 过渡阶段的特点

我在这里只能概略地论述一下属于"历时性"的几个概念，这些概念却使我们能够思考一种生产方式向另一种生产方式过渡的时期的性质。事实上，我们看到，马克思对历史理论第二个要素所做的理论工作远远比不上对第一个要素所做的理论工作。在这一点上，我的目的仅仅在于证明已经取得的结果。

关于原始积累的分析虽然属于历时性研究的领域，但是它本身却不属于过渡（向资本主义过渡）时期的规定。事实上，关于原始积累即关于资本主义生产方式起源的分析是一个要素一个要素地建立起来的系谱，这个系谱深入到了过渡时期，但是它也同样深入到了先前的生产方式。因此，我们可以从原始积累的分析中借用来的初步规定，应该同另一种分析联系起来，这另一种分析不是资本主义生产方式起源的分析，而是这一生产方式的开端的分析，从而不是一个要素一个要素地，而是从整个结构的角度出发进行的。在关于工场手工业的研究中，我们可以看到这种关于开端的分析的明显的例证。过渡的形式本身确实必然是生产方式。

这篇论著的第一部分把工场手工业看做是实际占有关系的某种形式即"生产力"的某种形式。我把资本主义生产结构确立过程中资本主义所有权关系形成与资本主义特殊生产力形成之间的时间间隔问题撇开了。正如我指出的那样，这个问题不属于对生产方式结构的研究。然而，这个时间间隔却是作为过渡形式的工场手工业的本质。马克思用来表示这种间隔的概念是（劳动对资本的）"实际从属"和"形式从属"。"形式从属"以为商人资本家从事家庭劳动的形式为开端，以工业革命为结束，它贯穿了马克思所说的"工场手工业"的整个历史。

在大工业的"实际从属"中，劳动者从属于资本是被双重决定的：一方面，劳动者不占有为自己从事劳动的物质资料（生产资料所有权）；另一方面，"生产力"的形式使劳动者丧失了在有组织、有监督的协作劳动过程之外单独地推动社会生产资料的能力。这种双重决定说明了构成生产方式复杂结构的两种关系形式中的同源现象。这两种关系都可以被说明为劳动者与生产资料的"分离"，这就是说，它们以同样的方式把它们的"承担者"分开了，它们为劳动者、生产资料和非劳动者规定了各种相互一致的个性形式。与生产资料保持绝对非所有关系的劳动者在生产过程中构成一个能够推动大工业的"社会化"生产资料的"集体劳动者"，从而在实际上占有自然（劳动对象）。因此，在这里我们又以"实际从属"的名义看到了马克思在《政治经济学批判序言》中所说的生产关系与生产力水平的"一致性"。现在我们能够确切说明应该如何理解"一致性"这一术语的含义。具有同源的这两种关系都属于同一层次，构成生产结构的复杂性，因此，这种"一致性"不可能是一个关系被另一个关系（生产力形式被生产关系形式）反映或再生产出来的关系：不是两个关系中的一个关系"从属"于另一个关系，而是劳动从属于资本；当这种从属被双重决定的时候，它就是"实际的"。因此，一致性完全在于生产结构的"承担者"的唯一划分之中，在于我在上面所说的这两种关系的相互限制之中。我们同时可以看到，这种一致性就其本质来说，与社会结构各层次之间的任何"一致性"都完全不同。它建立在特殊层次（生产）的结构之中并完全取决于这个结构。

相反，在"形式从属"中，劳动者从属于资本是劳动者完全丧失生产资料所有权决定的，而不是仍然按照行业原则组织起来的生产力形式决定的。每个劳动者重返自己行业的可能性并没有排除。因此，马克思说，劳动者对资本的从属在这里仍然是"偶然的"：

> 在资本的开始阶段，它对劳动的指挥具有纯粹形式的性质和几乎是偶然的性质。这时，工人之所以在资本的命令下劳动，只是因为工人把自己的劳动力卖给了资本；他之所以为资本劳动，只是因为它没有为自己进行劳动所需的物质资料。[①]

---

① 参见《马克思恩格斯全集》（第 23 卷），北京：人民出版社 1972 年版，第 367 页。

但是，直接劳动者丧失生产资料所有权本身并不是"偶然的"，它是原始积累历史过程的结果。在这种情况下，从严格意义上说，并不存在两种关系形式的同源性。在工场手工业中，生产资料继续由严格意义上的个体来推动，虽然它们的局部产品必须组装起来才能在市场上成为有用物品。因此，可以说，生产方式的"复杂性"形式既可以是生产力和生产关系这两种关系的一致性，也可以是它们的不一致性。在不一致性形式，例如工场手工业那样的过渡阶段的形式中，两种关系之间的关系不再采取相互限制的形式，而成为一种关系由于另一种关系的作用而发生的转化。关于工场手工业和工业革命的全部分析说明了这一点，在这一分析中，生产关系的资本主义性质（以相对剩余价值形式创造剩余价值的必要性）决定和支配了生产力向自己的特殊的资本主义形式（工业革命表现为超越任何预先规定的量的界限生产相对剩余价值的方法）的过渡。这种特殊的复杂性的"再生产"就是一种关系对另一种关系产生作用的再生产。

因此，我们可以看到，在一致性或者不一致性的场合中，两种关系的关系从来都不能用相互换位或相互反映（甚至是歪曲的反映）的术语来分析，而只能用作用或作用方式的术语来分析。在一致性的场合中，我们涉及的是两种关系作用的相互限制；在非一致性的场合中，我们涉及的是，一种关系由于另一种关系的作用而发生的转化：

"个别人手中的资本的最低限额现在表现为完全不同的样子；它是个别的和分散的劳动转化为社会劳动和结合劳动所必

需的财富的积聚；它是生产方式将发生变化的物质基础"①（这里的生产方式应理解为狭义的"生产力的形式"）。

因此，人们有时所说的生产力和生产关系之间的"一致性规律"，最好应该按照 Ch. 贝特兰提议的那样，称作"生产关系与生产力性质的必然的一致性或不一致性规律"。这就是说，"一致性规律"固有的对象是生产结构内部作用的规定以及这种规定变化的方式，而不是仅仅作为机械因果关系的表现的关系。

社会结构各个层次之间的"一致性"方式，更确切地说，这些层次之间的联系方式正是取决于生产结构的这种内在一致性的形式。在前面的论述中，我们已经看到这些层次之间的联系有两种形式：一种是在社会结构中起决定作用的"最终层次"的规定，而最终层次的规定要取决于我们考察的生产方式所固有的结合；另一种是资本固有的生产力形式以及科学在生产力历史上起干预作用的方式，也就是规定一种实践的作用可以改变另一种相对独立于它的实践的界限。因此，科学在经济生产实践中的干预方式是由"生产力"（劳动资料与劳动对象的统一）特有的新的形式决定的。一致性的特殊形式取决于两种实践（生产实践、理论实践）的结构，它在这里采取的是科学在经济结构所决定的条件中的应用形式。

我们可以把相对独立的两个层次之间的这种关系型式加以普遍化，例如在经济实践与表现为阶级斗争形式、法律形

---

① 《马克思恩格斯全集》（第 23 卷），北京：人民出版社 1972 年版，第 367 页。

式、国家形式的政治实践之间的关系中，我们也可以看到这种型式。在这里，马克思的说明更为明确，尽管《资本论》本身并不包含阶级斗争理论、法律理论和国家理论。在这里的分析中，一致性同样是被看做是一种实践在另一种实践规定的界限内的干预方式。例如阶级斗争在经济结构所规定的界限内的干预方式就是这样：在《工作日》和《工资》各章中，马克思指出，这些量的变动在结构中并不是既定的，而要取决于纯粹的力量对比，但是这种变动只发生在结构中的某些固定的界限之内，因此，它具有一种仅仅是相对的独立性。马克思以工厂法为例所分析的法律和国家在经济实践中的干预，也属于这种情况。国家的干预是双重地规定的，既受到这种干预的普遍性形式（这是由法律的特殊结构决定的）的规定，又受到这种干预的后果（经济实践本身的必然性决定了这种后果，例如关于家庭和教育的法律规定了儿童劳动等）的规定。

因此，在这种情况下，我们同样看不到社会结构的各个不同层次之间的换位、反映或单纯的表现的关系。它们之间的"一致性"只能在它们的相对独立性及其固有的结构的基础上，作为一种实践在另一种实践中的干预体系来思考（我这里显然只是指出了理论问题的所在，并不是生产一种认识）。这些干预属于我刚才所说的那种干预型式，因此就它们的原则来说，是不可逆转的。法律在经济实践中的干预形式并不等同于经济实践在法的实践中的干预形式，也就是说，并不等同于经济实践所决定的变化恰恰由于法律的系统性（这种系统性本身就构成了一种内在的"界限"体系）而对法律体系可能产生的作用。同样,阶级斗争显然也不能归结为关于工资和工作日的斗争,因为这种斗争仅仅是一个环节(在工人阶级政治实践中,把这一环节加以独立化并仅仅考察这一环节,正是"经济主义"的特点,"经济主义"主张把社会结构的所有非经济的层次归结为单纯的反映、换位或经济基础的现象)。因此,各个层次的"一致性"并不是简单的关系,而是各种干预的复杂整体。

我们已经对国家、法律和政治力量在已经建立的生产方式和过渡阶段中的干预作用做了专门的分析,在此基础上,我们现在可以回过来再谈谈一种生产方式向另一种生产方式过渡的问题。这种专门的分析不言明地包含在关于原始积累的《工厂法》和《血腥的立法》的分析中。原始积累向我们指出的不是生产方式的界限所决定的干预,而是表现为各种不同形式的政治实践的干预,这种干预的结果是改变和确定生产方式的界限:

> 新兴的资产阶级不能没有不断的国家干预;它利用这种干预来"规定"工资,即把工资强制地限制在适当水平,延长工作日并使劳动者本身处于所需要的从属状态。这是原始积累的一个重要因素。①
> (资本主义时代开创的这些原始积累的方法)一部分是以使用暴力为基础的,但所有这些方法都毫无例外地利用了国家权力,也就是利用集中的有组织的社会暴

---

① 《马克思恩格斯全集》(第23卷),北京:人民出版社1972年版,第806页。

力，来大力促进从封建经济制度向资本主义经济制度的转变并缩短过渡时期。暴力是每一个临产的旧社会的助产婆。暴力就是一种经济动因。①

在过渡时期，法律形式和国家政治形式不再像以往那样同经济结构保持一致（同生产结构固有的界限相联系），而是同它产生了间隔。关于原始积累的分析和作为经济动因的暴力都证明了法律和国家形式先于资本主义经济结构形式。人们在解释这种间隔时说，这里，一致性再一次在我们面前表现为各个不同层次之间的不一致性形式。在过渡时期，存在着"不一致性"，这是因为政治实践的干预方式不是保持界限并在这些界限的规定内产生作用，而是移动和改变了这些界限。因此，不存在各个层次一致性的普遍形式，而只有变化的形式，这些形式取决于一个层次与另一个层次（以及经济层次）相对独立的程度以及它们相互干预的方式。

我极其概括地结束这些说明，我要指出的是，关于经济结构各个层次之间的间隔理论以及不一致形式的理论只有以两种生产方式的结构为双重依据（本文开头已说明它的含义），才能够成立。例如，在工场手工业的场合中，不一致性的规定取决于个性形式的规定，而这些个性形式一方面由手工业规定，另一方面又由资本主义的生产资料所有制规定。同样，对法律先于资本主义经济结构的理解也要求认识先前的生产方式的政治实践结构以及资本主义结构诸要素。暴力

---

① 《马克思恩格斯全集》（第23卷），北京：人民出版社1972年版，第819页。

的应用以及由国家和法律的干预调节的暴力的应用则取决于封建社会中的政治层次的形式和作用。

因此,过渡时期的特点是这些不一致的形式,与此同时也就是多种生产方式的共存。例如,工场手工业不仅从它的生产力性质的角度来看是手工业的继续,而且它还要求手工业在某些生产部门永久化,甚至让手工业同它一起发展。工场手工业从来就不是一种生产方式,它的统一是两种生产方式的共存与等级体系。相反,大工业却迅速地从一个部门扩展到所有部门。因此,过渡时期的各种关系和层次的间隔不过是反映了在唯一的"同时性"中的两种(或更多)生产方式的共存以及一种生产方式对另一种生产方式的优势。这就证明了,历时性问题也必须在理论"同时性"的总问题中被思考:一种生产方式向另一种生产方式的过渡和过渡形式问题是比生产方式本身的同时性更为普遍的同时性问题,它包括了许多体系以及它们之间的关系(按照列宁的说法,在俄国向社会主义过渡的初期,由五种生产方式共存,这些生产方式的发展不平衡,构成一个占统治地位的等级体系)。马克思只是概括地分析了这些统治的关系,从而为他的后继者开辟了一个重要的研究领域。

※ ※ ※

人们看到,我们的论述导致了一些开放的问题,它的意图也仅仅是指出和生产一些开放的问题,对于这些问题,如果我们没有新的、深入的研究,就不可能得到解答。如果我们认为我们所思考的《资本论》的确建立了一门新的学科,也就是说，开辟了一个新的科学研究领域，那么我们就只能得出这样的结论。同意识形态领域的结构的封闭性相反，这种开放性是科学领域所特有的。如果说我们的论述有什么意义的话，这个意义就在于最大限度地说明建立和开辟这一领域的总问题；承认、识别和提出马克思已经提出和解决了的问题，从而最终在这一成果即马克思的分析概念和分析形式中揭示出一切使我们能够识别和提出新问题的东西。这些新的问题在业已解决的问题的分析中已经形成并出现在马克思已经探索的领域的地平线上。这个领域的开放性与这些有待解决的问题的存在是统一的。

我想补充说明一点，我们仅仅从阅读《资本论》这部一百年前的著作出发提出的某些问题甚至在今天能够同某些当代经济和政治实践问题直接联系起来，这不是偶然的。在理论实践问题中进行争论的从来都只是其他实践的问题，不过其他实践的问题和任务在理论实践问题争论中具有了理论问题固有的形式，也就是说，具有了生产出使人们能够认识它们的概念的形式。

注　　释

[1]《政治经济学批评大纲》（1857—1858年手稿），迪茨出版社1953年柏林版。尤其是手稿中的"资本主义生产以前的形式"这一部分。这里引用时把这一部分的标题简化为"先前的形式"，页码仍为德文页码（第375—413页）。

〔2〕《什么是"人民之友"以及他们如何攻击社会民主主义者》，载于《列宁全集》第1卷。

〔3〕阿尔都塞：《关于"现实人道主义"的补充说明》，载于《保卫马克思》马斯佩罗出版社1965年版，第253—258页。（参见〔法〕路易·阿尔都塞：《保卫马克思》，顾良译，北京：商务印书馆2010年版，第240—246页。——编者注）

〔4〕"人为的，然而并非是独断的。"我在这里直接引用奥古斯特·孔德在《实证哲学教程》（第1课，第1卷第24页）中谈到科学划分为若干分支时所说的话。关于一门学科被"切割"为不同阶段的问题也是如此："要想说明这场革命的确切的原因是不可能的……这场革命在不断进行，而且愈演愈烈……但是应该确定一个时代，以避免思想上的混乱"（同上书，第10页）。因此，巴孔、笛卡儿、伽利略规定了从物理学向实证科学的过渡，从此开始了一个实证主义占主导地位的阶段。孔德是迄今为止在科学的分类和三个阶段的规律的双重联系中对下述总的理论问题做出最严密思考的思想家，这个问题就是：构成一种分工的不同实践彼此之间是如何发生联系的。这种联系又是怎样随着这些实践的变化而变化的（《断裂》）。

〔5〕这里我们要指出一个阅读方面的严重困难，这个困难不仅涉及《序言》而且涉及《资本论》：马克思使用的"社会形态"这一术语可以是一个经验概念，表示一个具体分析的对象即一种存在，例如1860年的英国、

1870年的法国、1917年的俄国等；时而又是一个代替"社会"这个意识形态概念的抽象概念，表示历史科学的对象，即建立在一定生产方式基础上的各个层次的整体。这种含混不清首先掩盖了没有明确解决的关于科学理论和概念的哲学问题以及把一门抽象的科学的理论对象思考为现存的事实的简单"模式"的经验主义倾向（关于这一点，参见前面阿尔都塞的文章）；其次，这种含混不清也掩盖了历史唯物主义本身的客观的缺陷。这种缺陷只能归因于历史唯物主义发展的不可避免的渐进的性质。《资本论》阐述了资本主义生产方式的抽象理论，但是没有涉及对具体的社会形态的分析，这些具体的社会形态通常包含着若干不同的生产方式，我们应该对这些生产方式的共同存在及其等级顺序的规律进行研究。这个问题仅仅是隐约地、部分地包含在关于地租的分析（《资本论》第三卷）中，而又实际存在于马克思的历史和政治著作（《路易·波拿巴的雾月十八日》等）中。只是列宁的《俄国资本主义的发展》以及他的社会主义过渡时期的著作才开始从理论上研究这一问题。

我们还要指出，这篇草稿在制定说明社会形态各个层次之间关系的概念方面是不充分的，这是因为（消极的原因）在马克思主义的文献中，社会形态同它的经济基础（经济基础本身往往是同某种生产方式联系着的）经常被混为一谈，当代许多关于非资本主义或前资本主义生产方式的争论证明了这一点。

〔6〕分期在被看做各种纯粹意义上的生产方式本身的分期时首先赋予历史理论以一定的形式。因此马克思对他的定义的各个要素的说明大部分都是比较性的说明。但是在这个描述性的说明（人们在不同的历史生产方式中的生产各不相同，资本主义不能包括经济关系的普遍性质）后面，我们可以看到使我们有可能在结构方面进行比较的东西，这就是对"生产一般"的"共同性质"的不变规定的研究。生产一般在历史上并不存在，但一切历史的生产方式都是它的变化形式（参见1857年《〈政治经济学批判〉导言》）。

〔7〕阿尔都塞：《保卫马克思》关于唯物辩证法一章。（参见〔法〕路易·阿尔都塞：《保卫马克思》，顾良译，北京：商务印书馆2010年版，第153—214页。——编者注）

〔8〕在这里，我不想研究"拜物教"理论，即直接包含在经济结构中的意识形态作用的理论，也不想详细考察马克思关于这一理论的论述。我只想抓住并利用马克思在把拜物教问题同经济在不同社会形态中的地位问题明确联系在一起时所作的说明。

〔9〕首先，因为从理论顺序来说，始终应该从"最终决定"因素开始，原因是问题的名称本身是由这一因素决定的。

〔10〕关于封建的生产方式，P.维拉尔写道："总的说来，增长的基础似乎是对荒地的占有，是劳动投资而不是资本投资。在这里，占有者阶级从生产中提取的财产是从法律上而不是从经济上得到保证的。"关于这一点，我们还要补充说明一种带有普遍性的看法：在资本主

义之外，很难找到明显的经济危机。

[11] 关于这个问题，可以参见C.I.梅雅索的著作：《论自行延续社会中的经济现象》，载于《非洲研究笔记》1960年第4期。

[12] 例如："在每个历史时代中所有权以各种不同的方式、在完全不同的社会关系下面发展着。因此，给资产阶级的所有权下定义不外是把资产阶级生产的全部社会关系描述一番。要想把所有权作为一种独立的关系、一种特殊的范畴、一种抽象的和永恒的观念来下定义，这只能是形而上学或法学的幻想"。[《马克思恩格斯全集》（第4卷），北京：人民出版社1958年版，第180页]

[13] 这里显然应该使用"人手"的一般概念，而不仅仅指手的作用，虽然手是起支配作用的器官。我们把这一概念扩大到整个心理和生理机体的劳动。同样，我们不应该把作为机器体系的机器看做是狭义的机器。

[14] 《马克思恩格斯全集》（第23卷），北京：人民出版社1972年版，第556页。在《资本论》中，在这一规定之后还有第二个规定，即"生产劳动者"的定义在资本主义生产方式中局限于雇佣劳动者，这种劳动者对资本家来说就是预付的可变资本。这两种相反的运动（扩大和缩小）并不互相排斥或互相矛盾。这两种相反的运动中的每一种运动与生产方式内部的两种关系中的一种关系相一致，更确切地说，就两种关系中的每一种关系在资本主义生产方式中所采取的特殊形式而

言，与一个要素（直接劳动者）的规定相一致。因此，在我们所研究的关系中，具有实际上推动社会生产资料的能力的要素（劳动者）不仅由雇佣劳动者和非雇佣劳动者（智力劳动者）构成，而且也由执行监督和组织这些技术职能的资本家本人所构成。在以后分析资本主义生产方式中生产力发展的这种特殊类型和生产方式的历史趋势时，我们还会论述这种双重的运动（扩大和缩小）。

[15] 生产资料所有权的职能可以由个人、集体、集体的现实代表或虚拟代表等来完成。这种职能可以表现为唯一的形式或者相反表现为"所有权"和"占有"的双重形式等。

[16] "劳动资料取得机器这种物质存在方式，要求以自然力来代替人力，以自觉应用自然科学来代替从经验中得出的成规。"[《马克思恩格斯全集》（第 23 卷），北京：人民出版社 1972 年版，第 423 页]

[17]《关于性欲理论的三篇论文》，加里玛尔出版社 1962 年版，第 73 页。

[18]《关于性欲理论的三篇论文》，加里玛尔出版社 1962 年版，第 49 页。

[19] 参见《关于性欲理论的三篇论文》，加里玛尔出版社 1962 年版，第 94 页及其以下各页。

[20] 事实上，人们必然会对一切发展理论提出这些问题，尤其是在发展理论的起源领域即生物学（无论涉及的是个体还是物种）中提出这些问题。达尔文革命可以

说在发展理论史上以新的形式提出了这些问题,从而引出了新的回答(物种的"进化",而不是个体的发展)。关于这一点,有人写道:"首先,这样的发展应该理解为单个的、确指的个体的发展。在19世纪中叶,人们大概很难把握发展的主体(正在发展的东西)。这个胚胎学变化中的不变量既不能(例如通过发展),也不能(例如通过成长)化为成熟的结构……对达尔文的宇宙来说,除了瞬时的(生态学等等的)虚假的统一体以外,只存在一种连续过程中几乎被还原为无限小的统一体:连续序列的统一体,它既是系谱意义(一切物种都有同一的起源)上的统一体,也是近似数学意义(最小的基本变量)上的统一体。它可以用来解释组织类型和组织机构的相对稳定性。它不是历史的基质或基础,而只是历史的结果"(G.康季莱姆等:《从发展到进化》第2卷1962年版)。在弗洛伊德(和马克思)的虚假的发展中,我们甚至还没有看到这个最小值,我们涉及的是预先存在的统一体即胚胎或起源的完全的空缺。

[21] 阿尔都塞提出"生产的技术关系"这一术语十分清楚地说明了这一特点,不过应该记住,"关系"一词本身就包含了社会性质。

[22] 参见《元心理学》法译本第35页。

[23] "资本家认为,他所消费的是别人无酬劳动的产品即剩余价值,而保存了原资本价值,但这种看法绝对不能改变事实。经过若干年以后,资本家占有的资本价值

就等于他在这若干年不付等价物而占有的剩余价值额,而他所消费的价值额就等于原有资本价值。诚然,他手中握有一笔数量没有改变的资本,而且其中一部分如厂房、机器等,在他开始经营的时候就已经存在。但是,这里问题在于资本的价值,而不在于资本的物质组成部分"(《马克思恩格斯全集》(第23卷),北京:人民出版社1972年版,第625页)。

[24] 马克思在《资本论》第一卷中分析了他所说的"社会资本中的一个独立部分",这个抽象的对象,因而从社会关系的概念上(而不是从这些关系的所有作用上)说明了这些关系。显然,正如埃斯塔布雷所指出的那样,我们不能把"社会资本中的一个独立部分"理解为具有资本主义形式的现实的公司或企业,而应该把它理解为一种虚拟的、必然是生产性的资本。不过这一资本要能够完成历史上由各种不同类型的"资本"(商业资本、生息资本等等)承担的所有职能。社会资本的分工是一种本质属性,因此我们可以用一个资本来代表资本。

第二卷第三篇(整个社会资本的生产和流通)关于再生产的分析确立了再生产的公式,因而使经济分析获得它的数学形式。从社会关系的方面来说,只有这一把社会总产品的质的和量的构成放到变化的条件中去分析才说明了保证社会关系的再生产的机制。但是这些结构条件并不是资本主义生产方式特有的。就理论形式来说,它们并不是涉及生产过程的社会形式、产品形式("价值")、社会产品的流通型式("交换")、承担这一流通的具体空间("市场")。关于这个问题,参见 Ch. 贝特兰最近发表的各种著作以及他在《计划化问题》上发表的批判性意见。

〔25〕这种界限不能与上面提到的变化的界限混为一谈。

〔26〕G.格朗热:《经济学方法论》,第98页。

〔27〕当然,甚至也不能成为经济史的时间,如果这里的历史是指生产方式的经济基础的相对独立的历史。这主要有两个原因:第一,这样的历史只同现实、具体的社会形态有关,因此,它研究的始终是多种生产方式统治的经济结构。它涉及的不是对各个孤立的生产方式的理论分析所决定的"趋势",而是多种趋势的合成作用。这个庞大的问题不属于我们目前分析的领域,在下一节(关于"过渡的阶段")中,也只是对这一问题进行局部的研究。第二,我们这里所说的生产"年代"显然没有编年史的性质,它并不表示资本主义生产的年代,因为这个年代是从属于资本主义生产方式的许多经济领域(或"市场")之间比较的结果,其意义取决于资本有机构成的不均等对各地区或各部门所产生的作用。如果做细致的分析,那么,我们将涉及平均的有机构成或者不同生产部门资本有机构成的比较分析:在这种情况下,我们将研究竞争的资本之间有机构成的不均等所包含的统治作用和不均等发展作用。显然,这不是我们这里所要研究的对象。我只是指出这种可能性。

《资本论》大纲介绍

罗杰·埃斯塔布雷 著　刘文玲 译

为什么思考《资本论》的大纲？这难道不是一部应该直接呈现其各部衔接情况的著作吗？所以，似乎只需要阅读以下目录就行了。但是《资本论》是一部很难阅读的著作，从书中提到的概念和结构组织来看，它是一部很新的著作。因此，可以预料到读者首先遇到的问题将出自《资本论》的创新性。

——一种可能是：读者根据事先了解（就是说以先前形成的成见为模式）的与马克思思想有关的结构为导向阅读《资本论》的结构。他按照各卷的划分来阅读：第一卷：《资本生产的发展》；第三卷：《资本生产的整体过程》，从而做出黑格尔式顺序的结论。这是误读的主要原因，我们在后面会证明这一点。

——另一种可能是："急于追求结论，渴望知道一般原则同他们直接关心的问题的联系。"[①]（卡尔·马克思，1872年3月18日给出版人拉沙特尔的信，《资本论》，社会出版

[①] 〔德〕马克思：《马克思恩格斯全集》（第43卷），北京：人民出版社2016年版，第13页。

社，卷 1，第 43—44 页①），按照早已形成的成见模式，试图寻找马克思关于他早已知晓与《资本论》相近的"现代"学科（社会学、政治经济学）要说的话。他按照自己关注的顺序指定阅读顺序，"从模式到模式"，尽管是表象，但他忽略的正是马克思著作的创新性，因为决定关注秩序的科学不能事先诞生，否则就不是新科学。

我们准备了马克思本人的两段话来阅读《资本论》，根据它真正的连接关系和分段来组织安排阅读。第一篇文章选自《资本论》第三卷（社会出版社第六卷，第 47 页）。因为这篇文章让读者很难与著作本身联系起来，所以我们将它与另一篇取自 1857 年《〈政治经济学批判〉导言》（社会出版社，第 163—164 页）的文章进行对照。

1.《资本论》的文章（第三卷）及其困难

以下是相关文本：

> 在第一册中，我们研究的是资本主义生产过程本身作为直接生产过程考察时呈现的各种现象，而撇开了这个过程以外的各种情况引起的一切次要影响。但是，这个直接的生产过程并没有结束资本的生活过程。在现实世界里，它还要由流通过程来补充，而流通过程则是第二册研究的对象。在第二册中，特别是在把流通过程作

---

① 正文中的页码均指《资本论》社会出版社法文版。——编者注

为社会再生产过程的中介来考察的第三篇中指出：资本主义生产过程，就整体来看，是生产过程和流通过程的统一。至于这个第三册的内容，它不能是对于这个统一的一般的考察。相反地，这一册要揭示和说明**资本运动过程作为整体考察时**所产生的各种具体形式。资本在其现实运动中就是以这些具体形式互相对立的，对这些具体形式来说，资本在直接生产过程中采取的形态和在流通过程中采取的形态，只是表现为特殊的要素。因此，我们在本册中将阐明的资本的各种形态，〔我们可以说〕同资本在社会表面上，在各种资本的互相作用中，在竞争中，以及在生产当事人自己的通常意识中所表现出来的形式，是一步一步地接近了。①

这篇文章，因为基本上是遵循了《资本论》本身第三部分的内容，所以表面上看很清晰，但尽管如此，依然很难读懂。"〔**我们可以说**〕……在社会表面上"（因**此可以换种说法**，如果从简单的比喻到严格的概念没有什么困难的话，这就意味着我们**应该**这么做）这个表达方式清楚地表明了马克思本人在科学地阐述自己科学方式时遇到的客观障碍。因此，这篇文章至少引发两种阅读方式，但这两种阅读方式都无法严肃认真地意识到马克思真正的思想顺序。

---

① 〔德〕马克思：《马克思恩格斯全集》（第46卷），北京：人民出版社2003年版，第29—30页。

(1) 第一种不恰当的阅读:

从第一卷到第三卷,是从抽象到实在的过程。这种阐释是桑巴特和施密特第一次提出的(见恩格斯对《资本论》第三卷的补论,社会出版社第六卷,第30页,对二人理论的批判),他们认为,价值规律,即第一卷的研究对象,是一个"逻辑事实"或者说一个"必然的虚构"[1]。在这种情况下,第三卷的出现,就像以逻辑事实或者"必然的虚构"方式研究具体(我们的理解是:实在)经济过程。对《资本论》大纲的这种阐释可以利用我们前面提到的第三卷的文章,**条件是强调以下重点词语:**

> 在第一册中,我们研究的是资本主义生产过程本身作为直接生产过程考察时呈现的各种现象,而撇开了这个过程以外的各种情况引起的一切次要影响。但是,这个直接的生产过程并没有结束资本的生活过程。**在现实世界里**,它还要由流通过程来补充,而流通过程则是第二册研究的对象。在第二册中,特别是在把流通过程作为社会再生产过程的中介来考察的第三篇中指出:资本主义生产过程,就整体来看,是生产过程和流通过程的统一。至于这个第三册的内容,它不能是对于这个统一的一般的考察。相反地,这一册要揭示和说明资本运动过程作为整体考察时所产生的**各种具体形式**。资本在其**现实运动**中就是以这些**具体形式**互相对立的,对这些具体形式来说,资本在直接生产过程中采取的形态和在流

通过程中采取的形态,只是表现为特殊的要素。因此,我们在本册中将阐明的**资本的各种形态**,同资本在**社会表面上,在各种资本的互相作用中,在竞争中,以及在生产当事人自己的通常意识中所表现出来的形式,是一步一步地接近了**。①

这样,第一卷和第二卷(但是第二卷没有第一卷那么明显)将是,也只能是,研究现实所必需的抽象概念的集合;对美国社会学家来说,是运算概念;对计量经济学家来说,是模型;对马克斯·韦伯来说,是理想模式(types idéaux)。[2]这些抽象概念,或者说现实的临时简化,只有当它们可以清晰阐明具体事物,也就是说,它们简化概括的现实的时候才有效。同样,一个理想类型、模型、运算概念在现实当中从来没有直接表现出来,有效运动在于准确识别现实与纲要(能够构建第二个纲要,或者明确表达第一个纲要)之间的**差异**(écarts)。

一些事实证明了这种用于《资本论》的解释:

价值规律不是用来直接应用的:在价值(提纲、抽象)和价格(具体、现实)之间具有差异,在剩余价值率(抽象、提纲)和利润率(具体、现实)之间具有差异。而且,在《资本论》当中,出现提纲的地方在第一卷;出现差异的地方,在第三卷。所以,第一卷是抽象的场域,第三卷是实在的论述,因为整部《资本论》是抽象向现实"一步一步接

---

① 〔德〕马克思:《马克思恩格斯全集》(第46卷),北京:人民出版社2003年版,第29—30页。

近"的运动。

这样的观念是以一种不可接受的科学经验论理论为前提，在目前的情况下，这一理论反过来在《资本论》当中引起难以理解的断裂：因为，在现实模式上将理论生产与现实联系在一起纯粹是一种错觉。考察形成理论的现实与为了形成差异理论的初期理论结果[3]之间的**差异**并不够。理论遵循一个完全是"逻辑的"秩序，这是客体规律构建的秩序。而且，剩余价值率以及利润率的概念基本上是同一**类型**：它们都是理论生产。它们只能在生产内部以理论关系为基础显现出来：因为首先必须要制定剩余价值范畴才能制定利润范畴，但是后者拥有更加丰富的内容，因为它意味着除剩余价值概念之外还与其他概念之间存在关系。

我们可以从这个批判当中汲取一个完全负面的但却非常重要的教训：在《资本论》的框架中，抽象/现实的经验论区别没有告诉我们任何东西。相对于第一卷而言，我们可以在第三卷中认识到更多资本主义现实中很容易识别的现象，如果这种说法大致正确的话，那是因为这一说法涉及的是结果，而不是方法结构。另外，这种说法也只是大致正确：因为作为一种认识，它会导致人们忽略有关工作日斗争的工人运动理论，这是历史现实当中很容易发现的现象，这一理论在第一卷的开始就已经提出；最后，它导致《资本论》一个任意武断的版本（七星社丛书）的出现，那是马科斯米里安·吕贝编著的，他把这些文本放在第一卷的最后，将其简化成一种次要理论，沦为抽象纲要（通过现实）的具体证明。

(2) 第二种不恰当的阅读:

从第一卷到第三卷,是从**微观**经济到**宏观**经济的过程,也就是从**真正简单**的抽象**模式**到**真正复杂**的抽象**模式**的过程[莫里斯·郭德烈在一篇题为《卡尔·马克思〈资本论〉的方法结构》(载自1960年6月出版的《经济与政治》)的重要文章中所维护的理论]。[4]

在《资本论》大纲的这种解释当中,前面提到的抽象/实在之间的对立不断地变得清晰明朗;因为这一对立在每一卷中都依据以下图解做介绍:

	第一卷, 第二卷,第1和2篇	第二卷,第2篇 第三卷
现实	企业	所有企业
理论	企业模式	整体模式

这一解读比以往更加严格地使用了"**模式**"的观念,在这种情况下,它依然不适合它的阅读对象。(所有《资本论》的阅读都有可能不合适,就像完全**不适合使用**"**模式**"的**经验概念**一样。)因此出现一个奇怪的结果:理论不再具有任何自主程序,而像一系列的图解,其顺序是**由现实本身规定的**。非常巧合的是,现实遵从理论,因为人们可以从中辨别到一个简单的实在物(企业)和一个复杂的实在物(企业真实的整体)。人们从简单实在物开始,到复杂实在物结束。

严格地说,要放弃《资本论》大纲这个观念只需要:a) 将它与《〈政治经济学批判〉导言》的一段话进行对比。在段话中,马克思为明确自己的方法,将现实过程和思想过程完全区别开（社会出版社，第165—166页）；b) 更新基本前提条件，也就是人们无法解释的事实的存在，现实与理论之间**预先建立的和谐**。的确，《资本论》第三卷的文章也可以证明这种解读是正确的，但条件是强调以下重点词语：

> 在第一册中，我们研究的是资本主义生产过程本身作为**直接生产过程**考察时呈现的各种现象，而撇开了这个过程以外的各种情况引起的一切次要影响。但是，这个直接的生产过程并没有结束资本的产过程。在现实世界里，它还要由流通过程**来补充**，而流通过程则是第二册研究的对象。在第二册中，特别是在把流通过程作为**社会再生产过程**的中介来考察的第三篇中指出：资本主义生产过程，**就整体来看**，是生产过程和流通过程的统一。至于这个第三册的内容，它不能是对于这个统一的一般的考察。相反地，这一册要揭示和说明**资本运动过程作为整体考察**[5]时所产生的各种具体形式。资本在其现实运动中就是以这些具体形式互相对立的，对这些具体形式来说，**资本在直接生产过程中采取的形态和在流通过程中采取的形态，只是表现为特殊的要素**。因此，我们在本册中将阐明的资本的各种形态，同资本在社会表面上，**在各种资本的互相作用中**，在**竞争**中，以及在生产当事人自己的通常意识中所表现出来的形式，是一步一步地接近了。①

---

① 〔德〕马克思：《马克思恩格斯全集》（第46卷），北京：人民出版社2003年版，第29—30页。

因此，郭德烈的解读是可行的。我们还要补充的是，如果我们坚持《资本论》中连续使用的现实过程要素的话，那么通过思想过程，它能够取得一种类似的证明。所以，第一卷中的例子是孤立的企业（这一点非常重要，除了工资理论、产业后备军理论），而第三卷却引进了所有资本家、证券交易所、银行等等。我们暂时放下案例概念，因为很显然，一个理论根据自己的理论需求选择它的案例，不是由起案例作用的现实过程要素决定的。假设在第一卷中，作为例子，所涉及的问题是孤立的企业，那么郭德烈没有解释的是：

（1）这是什么理论原因造成的？除非假设孤立的企业同时是真实的单一和理论上的单一（但这是多么偶然?），这引导我们提到第二问题。

（2）马克思采用孤立企业的例子，只是因为在第一卷当中，这个例子足以说明思想过程。因为如果需要考虑在一个确定的时期当中，一个具体企业的真实运动的话，那就应该不仅提及整部《资本论》，而且还要以《资本论》提供的理论为基础制定新的理论。

之所以没有进行这样的解读，那是因为有两个原因，我们将简单地阐述一下：首先，第一卷的研究对象不是**企业**；其次，如果想不遗余力地保留"**模式**"这个观念来讨论《资本论》中思想与现实之间的关系的话，这有点类似接受了数学家规定的观念，而不是计量经济学家使用的观念：这就相当于说颠覆了其意义。

第一卷中的问题根本不在于**企业**，而是一个理论上明确规定的客体,也就是"社会资本中的一个独立部分"① (une parcelle du capital social promue à l'autonomie) (《资本论》第二卷,社会出版社第五卷,第9页,第三卷,社会出版社第六卷,第54页)。所以,如果社会资本的这一部分必须获得独立性,那它与真实企业就不是等价物,众人也都知道,真正的企业有足够的自主性,根本不需要等着马克思来获得自主性。所以,这只是理论禀赋,或者说是理论客体的理论分工的结果,因此赋予了理论上的自主性。我们尽量阐明这一过程的理论框架。

还有就是"模式"问题:说到企业模式,这不是解释《资本论》的结构,而是阐明第一卷的教学法(也就是说,一种可能的教学法)。原因如下:假设理论能够阐明这个事实,即:理论提供的对象就是"社会资本中的一个独立部分",也就是说,它已经规定了对象的性质和规律。那么,一个理论教育家有可能转向现实教育过程,采用类似的话语说:"您们知道 X……请不要考虑他的个人喜好、他的政治支持。您们知道他非常富有。不要考虑他投机商的天赋,假设没有各种危机,没有物价上涨,总之,假设所有一切其他条件(除了我刚刚说的理论形式)都是平等的。我们考虑 X……他持有一定数量的金钱,在一定时候将金钱兑换成生产资料。我同样可以举 Y 和 Z 为例。理论规定,只有在这些条件下,我们自己就可以对现实当中从中产生概念的客体的对应物产生一种想法。我们先放下 X……的问题,回到我们

---

① 〔德〕马克思:《马克思恩格斯全集》(第45卷),北京:人民出版社2003年版,第392页。

的客体上来，因为我们要讨论的是客体，而不是 X……"

模式是什么？就是真实的纲要。它只有在伪科学（pseudoscience）中才有效，它唯一关注的就是近似地表现真实，从而能够经历一些实践操作。因为，说纲要就是在说划分（découpage），说划分就是在说划分原则，说划分原则，或者说理论的人，基本上省去了纲要，或者不建立理论，仅满意于纲要，因为他真正的满足点在别处。这就是普通计量经济学中"模式"的**实践**功能。我们也可以说，一个模式就是理论客体的形象，是人们在现实当中让其遵循理论条件而描绘出来的形象：这有点类似于[6]数学家的理论。如果人们想不遗余力地利用它来讨论《资本论》的话，我们可以说：个人企业是成为第一卷理论的研究对象可能的模式之一。但是却不能说：第一卷的研究对象是企业模式。我们认为已经确立了：

（1）《资本论》每个过程当中确切的例子。（这些是模式。它们具有一个教学目的。）

（2）以例子的特征为基础不能够理解每一过程的秩序（《资本论》不是一个连续的模式。）

结论：

我们研究的这段文本存在一定问题性，因为它引起人们对《资本论》结构的误读。我们在后面会考察这篇文章造成误读的确切程度。无论如何，由于这篇文章的存在，我们已经能够了解：

——《资本论》的顺序完全是一个理论顺序：即不是从抽

象到现实的顺序,也不是从简单现实到复杂现实的顺序;

——纲要/现实的关系既不阐明《资本论》的顺序,也不阐明《资本论》每一个阶段的顺序;

——如果是顺序是完全理论性的,那它只能取决于研究对象的形式概念;

——因为《资本论》的研究对象是确定的生产方式,所以《资本论》的顺序应该基本上取决于生产方式的形式概念。

为此,我们暂时放弃我们刚刚以相反意见评论的这段艰涩的文本,我们开始考察1857年《〈政治经济学批判〉导言》中的一段(社会出版社,第163—164页),这一段恰恰是关于如何规定生产方式形式概念的问题。

一、马克思本人对《资本论》的介绍

2. 我们现在来考察1857年《〈政治经济学批判〉导言》(社会出版社,第163—164页)中的文章

正如我们所知,马克思在1857年《〈政治经济学批判〉导言》中早已预示了《资本论》的结果,他之所以放弃发表这篇文章,也许是因为担心人们把他的预示当作结果,当作完全设计好的、论证过的结果来看待。这就是说,一定要谨慎阅读这篇文章,同时也意味着,当他提前设计《资本论》的研究对象时,他已经为我们提前准备了《资本论》的结构,这就是介绍大纲的目的。

我们先阅读一下这段文字。

我们得到的结论并不是说,生产、分配、交换、消费是同一的东西,而是说,它们构成一个总体的各个环节,一个统一体内部的差别。生产既支配着与其他要素相对而言的生产自身,也支配着其他要素。过程总是从生产重新开始。交换和消费不能是起支配作用的东西,这是不言而喻的。分配,作为产品的分配,也是这样。而作为生产要素的分配,它本身就是生产的一个要素。因此,**一定的生产决定一定的消费、分配、交换和这些不同要素相互间的一定关系**。当然,生产就其单方面形式来说也决定于其他要素。例如,当市场扩大,即交换范围扩大时,生产的规模也就增大,生产也就分得更细。随着分配的变动,例如,随着资本的积聚,随着城乡人口的不同的分配等等,生产也就发生变动。最后,消费的需要决定着生产。不同要素之间存在着相互作用。每一个有机整体都是这样。①

就我们讨论的话题,这段文字提醒我们注意以下几点:

(1) 它证实了**所有生产方式**("经推理过的抽象概念"或者说政治经济学研究对象的形式概念)是不同要素的一个**复杂结构**,其中一个要素占**主导地位**(关于有主导要素的复杂结构的概念,参见路易·阿尔都塞的文章《论唯物主义辩证法》,载《保卫马克思》),那就是生产。

根据这段文字,这个主导地位有两种形态:一方面,生

---

① 〔德〕马克思:《马克思恩格斯全集》(第30卷),北京:人民出版社1995年版,第40—41页。

产方式是各种不同要素的同一体，生产方式（从**广义**上说）在这里被定义成经济实践的集合；另一方面，生产过程（从**狭义**上说），也就是作为自然给定物或者已经被加工制造过的东西转变成满足一定社会需求的最终产品的过程，在这个整体内部归根结底是决定性要素。

（2）如果这就是生产方式的形式概念的话，那么对一定生产方式的研究就应该从决定系统（生产方式作为狭义的生产过程，或者前面阐述的《资本论》第三卷的文章中提到的**直接过程**）研究开始，只能通过决定者和被决定者的统一理论来完成，也就是说，通过广义上的生产方式理论，或确切地说，通过完整意义上的生产方式理论来完成。

（3）起点和终点遵循以下图解被规定下来：

	交换	
	分配	消费
生产		生产
起点		终点

每个过程也是如此：在相对于直接生产过程而言的规定要素特性上，在它们对这一过程产生相互决定的时候，应该避开结构的规定要素理论。

人们极有可能发现，这一方法纲要（几乎）非常适合《资本论》。

开始：狭义上的资本主义生产方式理论，或资本主义生产直接过程，第一卷。

终点：结构不同要素统一体理论，或完整意义上的资本主义生产方式理论，第三卷。

间接过程在这里被简化成一个统一体：在它的特性中考

察流通，然后在它的统一体中研究狭义的生产过程。这是第二卷的对象。这种不恰当性构成一个明显的难题。我们后面会讨论。

（4）虽然这个问题很重要，但是我们不应该隐瞒另一个问题：如果说《资本论》的顺序和1857年《〈政治经济学批判〉导言》中确定的生产方式的概念具有相关性的话，那唯一的原因就是这一形式概念是对《资本论》当中一定生产方式科学研究结果的预测。因此，1857年《〈政治经济学批判〉导言》的文章相对于《资本论》的结构来说只具有教学方面的优势。虽然《〈政治经济学批判〉导言》可以使人们统览这个结构（也不是完全错误的），但它既不能创建这个结构，也不能完整地呈现这个结构。

（5）1857年《〈政治经济学批判〉导言》的文章不能为《资本论》的组织结构**奠定基础**。

我们考察的那段文字是以这样的方式开始的："我们得到的结论……"。它被介绍成一项理论工作的结果。这项理论工作完全是一个特例，它的有效性极其狭小：那是一个**漫长的论证过程**。因此，马克思从古典政治经济学的结果出发，将其置于严密的批判之下（生产＝自然；分配＝社会；交换，消费＝个性化）。与这个论题相反，马克思提出范畴的区分均位于同一整体内部（社会问题；这是一个相当模糊的概念）。他同时证明，它们之间只有在同一领域内部才有可能产生差异。最后，他指出统一体对前面确定的两个范畴的主导。因此，推理就是对这一论题的批判性考察，对它的修订是通过让读者对经济问题有一个更开阔的认识来实施的。前面提到的文章是结果,它的理论工作不是按照科学顺序构建的,而是按照传统修辞的规律构建的。"自明之理":"交换和消费是不能发挥支配作用的东西,那是自明之理。分配,作为产品的分配,也是这样。"这很好地证明了马克思的真正理性,也就是真正理论工作是在别处:确切地说,在《资本论》当中。因此,《资本论》重要的一面在于自己组织结构的科学有效性的验证,在《〈政治经济学批判〉导言》这里只是以博学的修辞式讨论方式被**加以证实**。

(6) 1857年《〈政治经济学批判〉导言》的文章不能完全阐述《资本论》的组织结构。

如果说阐述展开的形式整体上看不十分严格,或者只具有片面严格性,那它的结果——生产方式形式概念的定义——必然只是一个近似结果。因此,"每一个**有机整体**都是这样"的隐喻固然明确指明了《资本论》应该发展的结果,但却无法让人们认识到这一点。

结论:

这篇文章正如它原来的样子,带着一种教学引导必然具有的局限性,即:教学法更适合于消解重要错误而不是确立真理,提醒我们:

1)《资本论》的组织结构不是从特殊到整体,或者从抽象到现实的方法结构,而是一种从决定因素到被决定因素直到决定的完整体系的方法结构。

2)《资本论》的组织结构不可能完全是线性的:证明组织结构的循环比喻和具体例子足以说明,在一个相互确定的体系当中形成决定因素的理论，应该将被决定因素的理论降低到最低限度，这一理论或者可以让人暂时理解这些要素，或者取消它们的有效性。

3) 只有在《资本论》当中才能从严格意义上明白前两条教训。

二、《资本论》的各种衔接

应该转向《资本论》这部著作本身来研究：很显然，我们的目的不是为了说明做一种归纳可能符合1857年《〈政治经济学批判〉导言》所确定的顺序，我们的问题不是归纳《资本论》这部著作。换句话说，我们是以已经知晓《资本论》的理论内容为前提，而且关于内容，我们完全依赖于目前有关这部著作的所有解释。我们只是打算清晰地标注《资本论》的主要段落划分，解释这些分段隐含的逻辑衔接，总之，就是确定《资本论》结构中各部分的理论功能。我们决定不盲目的顺从《资本论》书中各个章节表现出来的过于清晰的衔接，因为我们的目的不是重复现有衔接，而是对此加以解释。

为了阐述方便，我们按照逻辑重要性划分了三个主要衔接（articulation），分别命名为"衔接Ⅰ"，"衔接Ⅱ"，"衔接Ⅲ"[7]。我们将只对它们做规定性描述，而不是论证。

为了证明我们的阐述顺序，首先要指出的是，"衔接Ⅰ"和"衔接Ⅲ"的问题不大，也就是说，很容易阐明它们安排的各个要素的理论功能，但对"衔接Ⅱ"却并非如此。其实,不仅它的理论意义不是很清晰,而且这部分划分的确切位置也是值得探讨的。

"衔接 I"是**第一卷第二篇和第三篇之间过渡**划分决定的两个理论要素的集合(一部分是第一卷的第一二篇;另一部分是整部《资本论》)。

"衔接 II"是**第二卷和第三卷之间过渡**划分(我们在后面会修改这个分段的地方)决定的两个理论要素的集合(一部分是第一二卷;另一部分是第三卷)。

"衔接 III"是**第一卷和第二卷之间**的划分决定的两个理论要素的集合(一部分是第一卷;另一部分是第二卷)。

我们从"衔接 I"和"衔接 III"开始考察,同时考察"衔接 I"和"衔接 III"决定的理论要素内部的一些次级衔接。由于没有"衔接 II"就无法研究"衔接 III",我们暂时以1857年《〈政治经济学批判〉导言》为基础来确定它的功能("衔接 II"将生产方式研究分成两部分,一部分是以决定性要素为基础的结构要素研究,另一部分是决定的完整体系研究),我们假设段落的划分就在那里,就在它似乎应该在的地方(即第二卷和第三卷之间)。

1. 衔接 I 的研究

当《资本论》第一卷的第一篇和第二篇完成起主导性功能,阐明整部著作的思想过程时,就应该将它们完全分离开:正是在这两篇中马克思完成了理论转变,使其既遵循资本主义(或者说资产阶级社会、工业社会、我们的社会,等等)坚持的一般论述又遵循普通经济学家坚持的论述,并将这一意识形态的论述转变成**科学问题**。这意味着，正如路易·阿尔都塞所提出的（《保卫马克思》）：

——问题的提出（总问题）（la formulation du problème）

——确定立场位置（la définition du lieu de sa position）

——决定"立场"结构（la détermination de la structure de sa position）

也就是说，通过提出问题获取概念。

我们的意思不是说，《资本论》的整个思想过程完全是按照潜在模式表达、定位、构成的，而是说，在前两篇展开的由概论 II 转变的关于"我们的社会"的概论 I 以不可逆转的方式决定了概念 III 的生产过程。[8]

我们简单地说明一下。在前两篇，马克思遵循相同结构的逻辑方法，它包含以下两个步骤：

——**第一步**：马克思从剩余价值，比如 $A' = A + \Delta A$（《资本论》，第一卷，第 155 页①）的（资本主义社会的，比如"庞大的商品堆积"）名称定义（《资本论》，第一卷，第 52 页②）出发，这一定义不言自明，其构成成分均出自流通领域。

——**第二步**：根据这一名称定义，马克思在**分析**和**提出问题**的范围，也就是在流通领域中对其进行检验[9]。检验结果指出了矛盾，这不是从讨论主要矛盾和次要矛盾的意思上说，

---

① 〔德〕马克思：《马克思恩格斯全集》（第 43 卷），北京：人民出版社 2016 年版，第 148 页。

② 〔德〕马克思：《马克思恩格斯全集》（第 43 卷），北京：人民出版社 2016 年版，第 27 页。

就像产生理论的客体特性那样，而是从另一意义上说，即提问在它规定的范围内只能阐述它的客体难以理解和不可能协调的关系。换句话说，如果这些关系可以理解也可以协调的话，那么**这些不言自明的现象就会变成问题**。

——**第三步**：我们一会儿再描述。

——**第四步**：为了更容易理解和协调前面**提出**的矛盾关系，马克思提出调换问题**位置**的必要性：**社会平均劳动**（travail social moyen）和**劳动力**（force de travail）这两个概念，就像通过消费生产价值的商品一样，只有一个理论功能，那就是证明移位的必要性。事实上，虽然这两个概念指明了问题解决的原由，但它们在这个范围内无法成为解决方案，因为以它们被提出来的理论形式，它们只能成为一个问题。这一移位可以按照以下方式来表述：为了以科学的方法在流通领域内提出问题，应该在社会平均劳动和劳动力的概念能够完全展开的领域内部提出问题，这个领域就是生产领域。为了解决这个问题，应该首先制定这个领域的完整概念。

要想严格地从第二步过渡到第四步，就必须制定提出问题的可能性的条件理论，也就是说**货币**理论——这样能够使人们不将提问表现出的矛盾归咎于提问本身，因此也就不能成为解决问题的理由；这样也是为了让提问本身遵循它所陈述的矛盾。如此一来，货币理论就成为这个问题理论移位（前两个部分的基本理论操作）当中决定性的一步，因为这个理论不仅阐明了流通中的客体，而且还阐明了流通领域中的形式条件，因此，对这一领域产生作用的所有规律都遵循可能性条件，该理论在流通本身的层面上是不可能产生的。

现在可以解释衔接 I 的理论基础，也就是说，对于《资本论》整体思想过程，我们可以确定《资本论》的前两篇在怎样的广度和界限上起到主导性作用。《资本论》的整体思想过程由前两篇决定，这是因为前两篇通过将经验事实转化成具有严格提问和确定位置的方式为其客体提供了科学雏形——或者说，以科学雏形展现了客体。另外，这一转化过程实现的条件如同这一过程规定解决措施的早期结构一样。实际上，它在两个领域当中既确立了**连接必要性**又确立了**决定关系**。从这一点看，思想过程既接受了初期理论目标（考虑连接）又接受了关于方法（首先建立限定理论，然后建立被限制理论）的一般指示。如此建立起来的便是衔接 III 的一般结构。

但是这一研究得出的结果是，第一篇和第二篇关于整个思想过程的决定性作用**极其有限**。因为前两篇规定了衔接 III 的一般结构，而衔接 III 从**理论**角度上看是一个**次要的衔接**。在我们所注释的所有文献当中被马克思看作是基本衔接的是衔接 II。而且，这一衔接在前两篇中根本没有做任何规定：因为在这两篇当中，我们没有找到简单/复杂，个体/整体，抽象/现实的问题，而这些问题正是马克思及其注释者们试图建立衔接 II 的东西。也就是说，如果前两篇决定了整部《资本论》的思想过程，那么**这一决定性是有问题的**，因为它既没有直接规定整个过程内容也没有规定过程的整体结构。换句话说，如果从整部《资本论》的角度看，前两篇起了决定性作用的话，这并不是因为这两篇在萌芽状态含有潜在性形式的所有问题，而仅仅是在问题解决过程（在前两篇接受了一般结构,即衔接 III)当中产生了衔接 II 的问题。因此,我们可以规定前两篇决定整部《资本论》的明确界限:这种决定性作用是**间接决定**,或者只是**最后的**决定性作用,因为假如在提问、位置和结构由问题的解决办法来决定(其条件是理论可能性)的条件下,衔接 II 的问题**取决于**前两篇提出的问题的话,那么问题**无论如何都不是前两篇的发展**。没有什么能够更加清晰地区别《资本论》的组织结构与黑格尔的顺序,黑格尔在他的《精神现象学》序言中已经做出了明确的规定:"但对于知识而言,目标就像进程的顺序一样,都是必然已经确定下来的。当知识达到目标,它就不再有超出自身的必要,在那个地方,概念与对象契合,对象也与概念契合。"① 这一定义反过来意味着如果术语没有包括在原始的非知识当中,如果自从承认了这种非知识开始,"(绝对)因为它作为一个自在且自为的存在原本就陪伴着我们,而且这是它的愿望"② 的话,将不会有任何知识。同样,**感觉的确定性**不仅决定了整部《精神现象学》,而且也决定了这个整体性的布局,也就是这一布局的图形序列,而《资本论》的第一二篇决定了思想过程,而不是这一过程的整体或者复杂结构。这是因为决定对黑格尔和马克思来说不是同一个意思:对黑格尔来说,首先的即为原始的;而对马克思来说,首先的就是开始。原始在预示的时候起决定作用,而起决定作用

---

① 〔德〕黑格尔:《精神现象学》,先刚译,北京:人民出版社 2013 年版,第 52 页。
② 〔德〕黑格尔:《精神现象学》,先刚译,北京:人民出版社 2013 年版,第 48 页。

的开始只决定了第一个具体表现，其他表现是依赖第一个具体表现而存在的，条件是它们通过一种理论连接与第一个具体表现联系在一起，而且后者确实具有特殊的决定性作用，但是依赖并不意味着重复[10]，也就是人们不能忽略的一点是：所有新的具体表现是一种全新的形象。[11]

2. 衔接 III 的研究

关于衔接 III 划分的两部分的理论功能可以表述为**补充性关系**[12]。因此，马克思在第三卷第一篇中做了介绍，我们在开始也做了阐述："在第一卷中，我们研究的是**资本主义生产过程**本身作为直接生产过程考察时呈现的各种现象，……它还要由**流通过程**来补充，而流通过程则是第二卷研究的对象。"要想形成补充性关系，两个互为补充的理论性因素就必须以解决有关同一理论客体的同一问题为目的。情况正是如此。唯一的问题，也就是说是关于价值和剩余价值的问题，它的解决办法只在前两卷的末尾才完成，而这一问题是在第一卷的第一二篇中提出的。第一卷和第二卷中为了完全解决这个问题建立了理论客体的规律，这一理论客体就是"社会资本中的一个独立部分"（《资本论》第五卷，第 9 页）。也就是第一卷第 155 页中列出的可以以命名列式表达的客体：所有能够进入到流通领域中运动的客体都属于社会资本中的一个独立部分，它通过交换的一般等价规律来表示，如：$A' = A + \Delta A$。从形式角度看，"**部分**"（fraction）的概念是定义的推论：根据列式（其场合是流通领域）的逻辑规律，社会资本只是也仅仅是其各部分的总和（从这个理论层面看，

"社会资本被看作是一个整体"这句话不具有任何确切的指定意义)。从这个理论层面看,"独立"这个概念只表明理论客体与从中提取的具体模式之间的差异,因为稍微对个别现实资本进行观察就足以证明它的实际自主性完全是相对的[13]。就这样,从理论上确定了衔接 III 安排的两个理论成分之间的互补性,因为第一卷和第二卷提出同一客体的整个规律,解决了第一卷中第一二篇提出的问题。**互补性**这个概念唯一没有解决的问题是第二卷第三篇中提出的理论地位的问题:这一篇在引进一些新的概念和一个新的问题时,提出理论客体的规律,这一理论客体是一个**新对象**。既然互补性概念在规定衔接 III 所划分的统一体时表现出充分的严格性,那么我们暂时不考虑第二卷第三篇的问题,因为这一篇涉及到这一统一体及其概念问题。

虽然衔接 III 所划分的统一体应该被看作是补充关系,但这并不意味着两个理论成分处于同一层面。阐述的顺序,比如从第一卷到第二卷的过渡,意味着两个成分之间的理论等级。它可以这样来阐述:如果没有第一卷中确立的整套规律,那么就不可能制定也不可能证明第二卷中任何一种理论规律。但反过来却不尽然,尽管后面我们会看到一些表面现象。关于这一点的完整证明只能通过考察第一卷中客体规律的产生来完成。这样一来,我们就可以提出下面双重证据:一方面,这一观念是在前两篇中确立的,只有生产才能让人了解流通的一般规律以及资本流通的特殊规律;另一方面,假如我们仔细考察第二卷中提出的整套客体新规律,这些规律被简化为三个周期通过流通归于生产本身的话,我们就会很容易证实这一点，即：所有用于阐述这些规律的概念无一例外地（包括周期这个概念）在第一卷中都做了规定。反过来也就是说，生产规律规定了流通规律。这还不是全部。马克思在第二卷第一篇第四、五章中证明，生产规律和流通规律之间的互补性是由生产规律决定的[14]。从这一点看，我们可以很容易地解决第二卷第三篇提出的问题：马克思在提出社会资本的再生产过程决定了生产过程和流通过程的统一的时候，是否**概述**了第二卷第一篇第四五章中提出的论证？然而，这一方法并非恰当：实际上，在第二卷第三篇当中，**三个周期以及三个周期的统一已经不是问题了**；对马克思来说，这个问题已经解决了，它实际上是通过生产过程规律解决的。第一卷和第二卷提出的规律互补性理论早已完全形成。另外，在第三篇中，对象和问题发生了变化。无论从哪个角度来看，第三篇和第二卷的其余部分之间的关系不是**重复阐述**的关系。

因此，在两个互补性理论要素之间，衔接 III 规定了单一决定顺序。但是，第二卷提出的新规律不是对前面提出的规律的简单补充：它们是对前面提出的规律的修改。第二卷第二篇（《资本周转》）从这一修改中汲取极其重要的推论，而这一修改的一般模式可以被看作是用复杂周期的结构时间来代替简单周期的结构时间。可是，承认在两套规律当中，既存在单一决定关系又存在一系列（即使是部分的）相互修改的关系，这似乎是矛盾的。的确，人文科学的（黑格尔式）辩证主义良知很容易摆脱这一错误步伐，可以将逻辑矛盾归咎于客体矛盾，将逻辑混乱转化成辩证方法，辩证法接受了关于混乱的模糊讨论的定义，作为一切相互决定的陈述[15]。同样，由被决定规律来修改决定规律，这在马克思的思想当中具有另一种严密性。如果说决定规律能够由它所规定的规律来决定的话，那是因为这些规律所确立的关系具有一定**有效界限**，它们规定了界限，在界限内部，它们才可以被决定。**被决定规律对决定规律的修改**在创建规律具体模型的时候极其重要，这些修改是**在界限内部完成的**。长期保留货币资本而不是将货币资本全部转换成生产资料的必要性，这对扩大再生产规律，对它确定的内部界限提出了一个新的规定，即它根本不能改变规律本身。因此，1857年《〈政治经济学批判〉导言》指出："一定的生产决定一定的消费、分配、交换和**这些不同要素相互间的一定关系**〔bestimmte Verhältnisse dieser verschiedenen Momente zueinander〕。当然，生产就其**单方面形式**来说也决定于其他要素。"① （社会出版社，第164页），《资本论》接受了这段文字中的严格论证和列式。

因为衔接 III 的理论基础是确定的，这一衔接安排的理论要素之间的功能也是固定的，因此很适合研究决定理论要素的衔接，即第一卷。

3．第一卷的衔接的研究

第一卷将"社会资本中的一个独立部分"置于**生产**领域当中，从而制定了它的主导性规律。尽管这个概念具有直接具体的意义，尽管流通/生产之间的对立具有直接具体的意义，马克思还是从中提出了科学概念，不仅适合特殊生产模

---

① 〔德〕马克思：《马克思恩格斯全集》（第30卷），北京：人民出版社1995年版，第40页。

式的理论研究，而且适合所有生产模式的理论研究。为科学地规定研究理论场域所必需的基本概念是"劳动过程"概念，其基本要素在考察的一开始（第一卷，第三篇，第八章）就做了规定，但其他要素只在第一卷制定特殊客体规律必要时才被提出，但这一点并不影响它们在逻辑上属于同一类型的要素；它们是第一卷的概论 I。因为埃蒂安·巴里巴尔在本书中已经完成了一项重要工作，明确规定了这一类型的所有概念，我将以已知含义为前提。如果我们暂且不论第一卷第八篇"原始积累"提出的特殊问题的话，我们就可以区别第一卷中两个次级衔接，我们把它们分别称为次级衔接 a 和次级衔接 b，它们按照以下方式划分文本：

——次级衔接 a 通过分段划分两个部分：一是第三到六篇构成的整体；二是第七篇构成的整体；

——次级衔接 b 通过分段划分了第三篇和由第四五六篇构成的整体；这些要素在《资本论》中已经有了一个名称，我们可以按照以下方式命名：

——次级衔接 a：剩余价值生产/资本积累；

——次级衔接 b：绝对剩余价值生产/相对剩余价值生产。

正如我们所见，马克思是根据设计的理论结果而决定名称的，因为用作名称的概念没有任何含义，它们只是资本主义生产方式范畴。同样，它们也不能阐明这些结果的设计模式。鉴于我们要讨论的是这一设计，所以我们从规定第一卷理论场域的概念，即从一般劳动过程出发对两个次级衔接分配的理论要素进行命名。这样我们就有以下名称：

次级衔接 a：资本主义劳动过程研究/资本主义劳动过程条件再生产研究；

次级衔接 b：资本主义生产关系研究/资本主义生产力组织研究。

我们在后面会解释这些简单的命名。这些命名足以证明恩格斯1885年为第二卷写的序言中提到的，即《资本论》的新颖性。也就是说，它的科学特性不在于关于资本主义社会的几点新主张，而主要在于**资本主义生产的科学过程**。

次级衔接 a 根据对所有生产模式都有价值的一种理论必要性组织安排资本主义生产过程研究，也就是"**社会资本中的一个独立部分**"的基本规律生产，这种理论必要性就是：所有生产过程都应该重新生产它自己的条件。这意味着生产过程不仅要再生产它的**要素**（对象、手段、工人），而且还要再生产其要素的**双重组合**，将其规定为生产特殊关系和生产力特殊体系。因此，次级衔接在它两个理论要素当中规定了**单一决定性关系**，比如：生产规律的完整制定以生产过程结构的完整制定为前提，但这却不是相互的；还规定了**互补性关系**，比如：资本主义劳动过程理论只能是作用于生产和再生产的整体规律。

相对于生产规律的再生产规律理论补充于资本主义劳动过程的**特殊结构时间的制定**。实际上，在生产规律制定当中，时间作为工作日的量化时间和作为劳动量化标准，只是被当作一个结构要素来看。在再生产规律当中，它作为**结构本身一个规律出现**。时间这个概念由以下特性决定：它既是**一个简单周期时段**，如遵循唯一原则的各个时期的重复和延续时序,又是一个**不可逆转的时段**,如各个时期的时序不能被干扰,否则会变得难以理解。简单积累以及**扩大积累遵循第一个条件**,但只有表现资本主义劳动过程特性的扩大积累才**遵循两个条件**。马克思补充时间概念不是模型话语的新"参数",也不是流行话语的新"层面";它的概念出自结构规律,确切地说,一方面出自剩余价值和资本之间的关系;另一方面出自生产力的特殊组织。这个概念一旦产生,它就修改了前期建立的关系,使其遵循新的条件,尤其是制定一个基本的倾向性规律,即:资本有机构成的转变规律(相对于**不变资本**的**可变资本**的逐渐减少规律)。

这样,次级衔接 a 的理论基础就得以完整的解释。然而,还是要消除一个有可能因为我们的列式产生的歧义:

次级衔接 a {原则 生产 再生产
结果 结构规律 结构规律
一般性 无时间性的 时间性的}

与"共时性/历时性"列式之间的相近性而产生的模糊问题。关于后一个列式,阿尔都塞在阐述马克思的概念时已经说明了它的普遍不恰当性[16]。从这个具体事例我们可以很容易地考察这种不恰当性:一方面,共时性/历时性这对概念在它的日常使用中意味着**结构**和**时间性**的**划分**,因为同时性足以规定结构,而历时性只对结构在时间当中变化的结果负责。根据我们刚刚的论证,很显然,**持久性的结构规律和暂时性的结构规律是同等的**,具有同样的名称,均为结构规律,它们是第一卷的研究对象,因此,作为一个复合多样的整体的复合理论成分,它们也同样具有**共时性**。[17]另一方面,相应地,"共时性/历时性"的对立是以一个简单空白的时间为前提,为进入其中的人呈现了它的结构,目的是要看清实际发生的事情,除了在一张纸上留下痕迹以外,不需要其他任何设计。在第一卷却并非如此,原因自不必说,因为自一个时间规律被设想为一个结构规律时起,就应该提出时间这个概念,由此来规定结构概念。

(1) 次级衔接 b 的研究

这一次级衔接是《资本论》中最明显的衔接之一,因为它依靠马克思主义最著名的两个概念:生产关系/劳动力。实际上,第一卷的理论研究对象正是遵循这一对概念的区别,同时提出了以下问题:**任何一个劳动过程中,各种要素之间应该如何合并,才能使劳动既是符合特定人类需求的最终对象的产物,又是资本增值过程?** 在次级衔接 b 所决定的两个部分当中,合并的要素是一样的,也就是劳动对象、劳动手段、直接劳动者和非劳动者。从一部分到另一部分,一直是作为合并手段的**关系**在发生变化:在第一部分,基本关系是**财产权关系**;在第二部分,基本关系是**所有权关系**。不难看出,在次级衔接 b 的第一部分和第二部分之间存在一种补充关系。我们也知道,生产力与生产关系之间的关系尽管是相互的,但其前提是一个重要的决定因素,即:生产力。然而,在这里,这种关系似乎只是在搅乱事情:因为马克思是从生产关系开始展开阐述的。的确,我们可以说,如果充分起因与整个结果是相等的话,那就应该首先标明整个结果然后去寻找充分原因,**认识根据**(*ratio cognoscendi*)遵循——常见的事例——**存在根据**（ratio essendi）的反顺序。但是，这一关系并没有明确阐明次级衔接 b 分配的规律的互补性，因为第一卷研究的对象和处理生产力/生产关系之间关系的那些著名文本所研究的对象**不同**：当这些著名文本模糊、笼统、说教的时候，它们陈述了经济史的发展规律；当这些文本比较清晰的时候，它们不过是可以帮助我们科学地研究不同生产方式的共存规律，研究一种生产方式到另一种生产方式的转换规律[18]。生产力和生产关系之间的关系，当它在陈述从一种生产方式到另一种生产方式的转换规律时，**就是**马克思主义理论自主理论领域的事了；而当它确立作为特殊劳动过程的特殊生产方式，也就是说基本上确立生产方式的**定义**（这是第一卷的研究对象）时，是**另一回事**，那是马克思主义理论的另一个自主领域，从理论上讲是先行的。将生产力和生产关系结合在那几篇著名文章的理论领域当中，还有将它们结合在第一卷的理论领域当中，这两种关系之间可以没有任何关联。因此，需要考虑这样一种可能性（也就是忘记那些著名的文本）来思考次级衔接 b 所决定的两个理论要素之间的关系。资本主义劳动过程一方面是作为特殊的生产关系，另一方面作为生产力组织的特殊制度，为了严格规定关于这一过程的规律之间的互补性，我们将要考察这两部分之间的连接。

第一部分仅仅陈述了资本主义生产过程的科学定义以及由定义引导出来的规律。要将劳动过程定义为资本主义，也就是说生产剩余价值，无论从其他关系（尤其是生产力组织）的角度来看如何，只需满足以下条件：

(1) 各个要素通过买卖来合成：因此**财产权**关系具有决

定性；

（2）完成这一合成的操作者是非劳动者；

（3）非劳动者以其价值从直接劳动者购买的不是他的劳动，而是他的劳动力。

以上这些条件规定了**资本主义生产关系**，这是资本和雇佣劳动的关系；可以让我们从构成要素思考剩余价值问题，在资本内部区分两个功能要素，确立将剩余价值和工作日结合起来的关系界限。这种关系一旦确立，那么必须考察相同要素之间新结合形式的问题（在这个层面上尚未解决）是什么？这一问题不是**历史范畴**的问题，因为这不是在寻找各个结合要素的起源；因此也不是要确立机器也许在其中会起到原因作用的成因顺序。未解决的问题与刚解决的问题是同一种类型，也就是以可以设想的结构为基础规定资本主义生产过程。这个问题是这样的：在非劳动者和直接劳动者之间如何能够确立一种既具有剥削（作为剩余价值的剩余劳动）又具有自由（劳动力的买卖）性质的关系？次级衔接 b 的第二部分的研究对象就是解决这个问题，同时阐明相同要素的另一种结合对于规定资本主义生产过程为什么是必要的。这种新结合关系到劳动的技术分工，或者生产力的某种组织：因为基本范畴是**所有权**范畴，这意味着**分离**[19]。它可以设置以下解决方案：资本主义生产关系以技术组织为前提，正如直接劳动者不再是生产资料**所有者**，也就是说是与生产资料**分离**的。这是劳动过程问题，比如生产要素不再是孤立的生产者，而是集体劳动者，又比如技术性调节要素不再是直接劳动者，而是整个生产资料。这样一来，自由/剥削的问题就解决了：从一个社会的生产力是根据这一结构组织起来那一刻起，劳动者只有出售自己的劳动力才能够以有效的方式来使用自己的劳动力，因为劳动力只有在双重条件下才有用，一是与另一种力量结合；二是依据过程（劳动手段）的决定性条件实施。只有资本家（劳动条件即对象和生产资料的所有者）才能实施这样的合成。[20]

我们目前正在确定次级衔接 b 分配的两个理论要素之间的关系功能。它们的对象是一样的，即：将直接劳动过程**定义**为资本主义过程。其结果为：是关于生产关系和生产力的规律**统一规定**了直接劳动过程为**资本主义生产方式**。正是以**定义**的理论功能也是以这唯一功能为基础来思考规律的两个整体的统一以及一个整体先于另一整体的问题。两个整体是统一的，如果没有第二个整体就不能完整解读第一个整体。关于这一点，我们在前面已经做了论述。这一补充性可以这样来论述：资本主义生产方式作为直接劳动过程，是出自结构规律两个整体统一的复合结构统一体。正是在理论制定当中**两个整体的统一**这一重要性决定了一个整体**先于**另一个整体。换句话说，资本主义生产方式只能作为生产关系和生产力规律统一体来定义，这一统一体也只能以生产关系规律为基础以特殊形式被限定下来。

我们可以按照下列图示来表示：

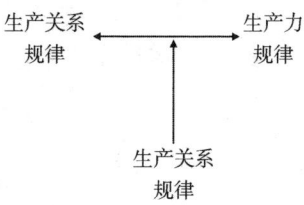

这样，在不产生任何矛盾的情况下，在次级衔接 b 的两个部分当中建立一种补充关系和一种单一的决定顺序。我们很容易看到，在第四篇的文本当中，马克思解释这样一个问题，即具有劳动过程特征的技术分工形式是由生产关系决定的特定结构中的状态规定的，其普遍理论意义在第三卷第二十三章（社会出版社，第七卷，第 51—52 页）的文本中做了很好地规定：

> 只要资本家的劳动不是由单纯作为资本主义生产过程的那种生产过程引起，因而这种劳动并不随着资本的消失而自行消失；只要这种劳动不只限于剥削他人劳动这个职能；从而，只要这种劳动是由作为社会劳动的劳动的形式引起，由许多人为达到共同结果而形成的结合和协作引起，它就同资本完全无关，就像这个形式本身一旦把资本主义的外壳炸毁，就同资本完全无关一样。说这种劳动作为资本主义的劳动，作为资本家的职能是必要的，这无非意味着，庸俗经济学家不能设想各种在资本主义生产方式内部发展起来的形式竟能够离开并且摆脱它们的对立的、资本主义的性质。①

这意味着，为了避免这种无能之状，需要确定资本主义生产内部发展的形式，作为生产关系和生产力社会化组织的统一体，其基础就是资本主义制度当中赋予它们"矛盾特

---

① 〔德〕马克思：《马克思恩格斯全集》（第 46 卷），北京：人民出版社 2003 年版，第 434 页。

性"的东西，也就是**生产关系**。除此之外，再没有更好的办法来规定次级衔接 b 的理论功能。

（2）第八篇："原始积累"的问题

有一点也许会让人感到奇怪，那就是在对第一卷的各种衔接研究当中，我们没有考虑最著名的一篇文章，那就是第八篇"原始积累"。这并非是因为我们忽略了它的重要性，而是因为这篇文章的重要性属于另外一个理论层面。事实上，如果没有这篇文章的话，作为直接生产过程的资本主义生产方式的定义（也就是说，作用于资本主义生产方式的整体规律）将会被完美地制定完成。另外，这也是第七篇的前提，其（自主）功能在于将第一卷的理论结果转化成理论另一领域的科学问题：实际上，以第一卷的研究结果为基础，确立结构主要要素的谱系，而不是历史，与此同时，为从一种生产方式过渡到另一种生产方式，确切地说，从封建生产方式过渡到资本主义生产方式理论提出一个明确的问题。应该强调指出的是，这个明确的问题并不能代替这个理论，即把"原始积累"当作资本主义过渡理论反过来按照以下模式来设想资本主义，也就是各种要素根据一个结构的组合自主发展。维拉尔（Pierre Vilar）[21]在他的一个方法论辨析当中指出："原始积累"仅限于介绍这一现象的**主要**符号，从一种生产方式过渡到另一种生产方式的理论应该制定规律，因此是决定论。由于《资本论》的目标是不制定这样一个理论，无论它的结果如何，人们总会明白为什么在确立和解释《资本论》的逻辑衔接时会附带提到"原始积累"。

4. 衔接 II 的研究

我们剩下要做的考察，是考察衔接 II[22]，是迄今为止最精巧的研究，就像第三卷相关文本所显示的那样。关于这一研究提出的问题，我们将试图提出一种解决方案，没有别的意图，只是提出一些关于一个困难点的讨论内容。

（1）对衔接 II 提出的几点难解之处的新研究

根据前期的结果，我们可以更加明确衔接 II 提出的问题，也就是说，不是像在解释第三卷文本（社会出版社，第六卷，第 47 页）时我们做的那样通过相关文本来提出问题，而是以我们已知的关于《资本论》结构为基础提出问题。

第一个难解之处在于第三卷未完成这一特性，这是衔接 II 最基本的理论要素。在我们看来，这些疑点并不重要，因为如果说正是因为第三卷未完成影响了其连贯性，那么这些疑点就变得重要，甚至无法解决。然而，事实并非如此：第三卷的结构非常严谨，两部分划分非常清晰，第一部分制定了利润率规律（第一篇到第三篇），第二部分制定了利润分配规律（第四篇到第七篇）。然而，不存在无组织（无论是隐含的还是明确的）原则的结构。因此，如果想要知道为什么或者怎么样导致第三卷没有完成（这不是我们研究的问题），只要第三卷的**组织原则**没有确定（这是我们研究的问题），那么构想后面的内容就没有任何意义。为了能够阐明这个原则，我们就要确定什么才能够使第三卷成为**一篇完成的文章，尽管它没有写完**，我们可以在衔接 II 中确定它的理论功能。

很显然,正是这个原则提出了重要问题。然而,这一原则在马克思阐述的文本中,也就是在第三卷中没有明确提出,他的阐述令人产生一些**误解**,也就是说,在1857年《〈政治经济学批判〉导言》中,从理论上没有明确提出这一原则。但是有一件事却是肯定的,那就是:一方面这个原则是存在的,另一方面,这个原则只能以马克思主义特殊术语加以陈述。在尝试说明这个问题之前,我们将根据对前几卷的研究得出的结果重新思考这两篇文章提出的疑点。

前面考察过的第三卷的文本可以适合于一种我们未曾考虑的阅读方式,因为这种阅读方式(尽管实际上已经引导注释者的阅读)还没有引起注释者的注意。衔接II让我们以黑格尔的模式从对实际结构的研究走向对结构表象的研究,也就是按照自在/自为的模式。这种阅读可以紧扣以下词汇:

> 在第一卷中,我们研究的是**资本主义生产过程本身**作为直接生产过程考察时呈现的各种现象,〔……〕我们在本卷(第三卷)中将要阐明的资本的各种形式,同资本在社会表面上,〔……〕所**表现**出来的形式,是一步一步地接近了。

事实上,我们已经说明第一卷和第二卷如何构建一个自在自足的资本主义生产方式基本结构的"思想具体物"(concretum-de-pensée)。不过,第三卷有大量的基础文本,旨在阐明生产者根据它们在结构中的地位以结构本身为基础产生的各种"**幻觉**",也就是说,第三卷的所有客观规律只具有一个功能,那就是在结构当中建立幻想者—被幻想地位从而确立他们的幻想的真实性[23]。如果说这一解读并不恰当的话,那是因为它没有考虑这一事实,即:利润率或者利润分配的趋降规律很显然是结构规律,是新规律,应该考虑这一可能性;也就是说,要规定衔接 II 的问题如何同"**一般生产者本身**"的**幻觉**结合起来的。

明确规定第三卷中规律的**新特性**、规律的**对象**,这是阐明第三卷组织原则需要解决的第二个问题。当然,关于这一新研究对象 1857 年《〈政治经济学批判〉导言》能够为我们提供一种想法,即:从第一卷和第二卷到第三卷,我们是从对复杂结构的**要素**(它们相互决定)研究到**结构本身**(作为复杂的决定性体系)**的规律**研究过渡的。因此,第一卷和第二卷当中的理论,当它能够阐述"**社会资本中的一个独立部分**"规律的时候,现在就应该制定作为整体的社会资本规律。第三卷将要建立新的规律,因为世人皆知,整体是另外一回事,远不止各部分的总和,因为自从涂尔干以来,这一知识被称为**格式塔理论**(Gestalt-théorie),所有人类科学以此模式来预判它的研究对象。这并不是说 1857 年《〈政治经济学批判〉导言》的预测一定是一种偏见,这仅仅说明,为规定第三卷新的研究对象以及它与第一卷研究对象之间的关系,其术语过于模糊。当然,这是整体问题,**但是哪种类型的整体**?人们如果还没有弄清这一整体特殊性问题,就有可能陷于微观经济学和宏观经济学的错误当中,难以理解第三卷中建立起来的一个基本规律,即利润率下降趋势的规律。

这一规律首先意味着总和范畴当中的整体与部分之间的关系。或者是社会资本（CS），（V/C）就是有机构成；或者是独立的部分（Fc_1, Fc_2, Fc_3, $\cdots Fc_n$），（V_1/C_1, V_2/C_2, V_3/C_3, $\cdots V_n/C_n$）就是各自的有机构成。很显然，因为

$$CS = Fc_1 + Fc_2 + Fc_3 + \cdots Fc_n$$

$$V/C = V_1 + V_2 + \cdots V_n / C_1 + C_2 + \cdots C_n$$

因此，如果我们可以阐述社会资本每一部分关于$V_1/C_1 \cdots\cdots V_n/C_n$的趋向规律的话，那么通过整体当中简单的社会资本递加，整个社会资本的趋势性规律也将同样适用。不过这是利润率规律制定的一个要素。正如我们所见，第一二卷与第三卷之间的联系既不是建立在部分与整体的对应性基础上（第三卷的规律是新的），也不是建立在没有其他决定因素就从组成部分到"有机整体"的质性飞跃上。

阐述衔接 II，就是努力解释马克思主义的一个关系，它在前期分析当中以一种不恰当的方式将**自在和自为的关系**陈述出来，作为**要素与整体之间的关系**陈述出来。自此，这些考虑，加上关于第二卷遇到的问题，足以转移《资本论》各书结构之间衔接的划分。在确切的衔接点处，研究的对象发生变化，从"社会资本中的一个独立部分"规律变成我们暂时可以称之为资本"**交错**"或者作为整体的社会资本规律研究，我们还不清楚为什么，**这一衔接点不在第三卷的开始，而在第二卷第三篇：**

（第二卷：我们补充一点，如同第一卷一样）但是在第一篇和第二篇，我们考察的，始终只是单个资本，

只是社会资本中一个独立部分的运动。

但是，各个单个资本的循环是互相交错的，是互为前提、互为条件的，而且正是在这种交错中形成社会总资本的运动。①（第二卷第三篇引言，第五卷，第9页）

这就是为什么在第三卷的文本（社会出版社，第六卷，第47页）中，马克思会赋予这一篇特殊的地位（"尤其在第三篇"）和关注，从而阐述第三卷与这一篇建立起来的"统一体"之间的关系：马克思指出，第三卷的目的不是"在这统一体上做一般性的展开"。如果不是继续产生相关概念，即规律的话，那么还有什么其他目的呢？因此，我们提出以下划分来研究衔接 II：

第一卷，第二卷第一、二篇/第二卷第三篇，第三卷。

（2）解决方法

如果在衔接 II 分配的两个要素之间存在一个决定性关系的话，那应该很容易识别。很显然，马克思不是为了在他前期的研究当中增加整体性的"维度"提出"整体""交错""作为整体资本"的理论。产生新规律的必要性只能以旧规律的不充分性为基础，不是因为旧规律没有穷尽实际过程，而是因为就规律没有成为完整的规律。因此，在第一二卷中一定存在一个**未制定**（non élaboré）但却准确**考量**（mesuré）出来的理论领域，在这一层面上，思想过程需要保持中立以

---

① 〔德〕马克思：《马克思恩格斯全集》（第45卷），北京：人民出版社2003年版，第392页。

此建立研究对象的规律。因此，在第一二卷中应该存在第三卷科学研究对象的基本理论，以问题的形式或思想体系的形式表现出来。这一基础理论一方面能够暂时替代第三卷的科学研究对象，另一方面能够证明其理论必要性。我们要在第一二卷中寻找的正是这个未开发却准确测量出来的理论领域。

三、第一卷和第二卷中未制定却准确考量的理论领域及其名称："竞争"

第一二卷中没有深入研究的领域却在这两本书当中主导了第二卷的第三篇和第三卷内容的必然性。这个领域有一个名称，这个名称不是让人**认识**（connaissance）这个领域，而是划定了**考察**（reconnaissance）这个领域的界限；这个名称在空白处指定了一个新的理论领域的空缺联系；这个名称即**竞争**（concurrence）。根据两段文字，我们将说明在第一二卷中这个概念拒绝思考的问题以及它指明需要思考的问题。

我们先看一下这两段文字：

第一卷，第三篇，第十章：

"不过总的说来，这也并不取决于个别资本家的善意或恶意。自由竞争使资本主义生产的内在规律作为外在的强制规律对每个资本家起作用。"[①]（社会出版社，第一卷，第265页。）

第一卷，第七篇，第二十四章：

[①] 〔德〕马克思：《马克思恩格斯全集》（第42卷），北京：人民出版社2016年版，第268—269页。

"资本主义生产的发展,使投入工业企业的资本有不断增长的必要,而竞争使资本主义生产方式的内在规律作为外在的强制规律支配着每一个资本家。竞争迫使他不断扩大自己的资本来维持自己的资本,而他扩大资本只能靠累进的积累。"① (社会出版社,第三卷,第32页。)

我们先简单地确定一下这两段文字的地位:第一段文字借用考察资本家的话语形式完成工作日和利润之间关系的研究;第二段文字位于总体阐述再生产原则(剩余价值转化成资本)及再生产形式研究之间。

这两段文字首先陈述了一个**幻觉**,涉及马克思在第一二卷中建立其理论的一个考察对象。在这里,马克思的研究对象就是构建"资本主义生产"的"规律";这一建构的科学形式让马克思写下了"资本主义生产的**内在**规律",这里"内在"意味着"那些具有内在规律相互提供的对象的东西",或者"作为对象本身结构规律的东西",而不是"这个对象的经验规律"或者"另一对象人为地给它带来的规律"。如果在结构当中,我们单独考虑个别资本家的地位的话,那么"内在规律"就规定了资本家的行为本质,因为在一个劳动过程当中,正是"内在规律"规定了个人行为作为资本主义行为。不过,从个别资本家的角度看,**内在规律看起来像是外在强制规律,以竞争规律的形式展现出来**。资本家通过

---

① 〔德〕马克思:《马克思恩格斯全集》(第44卷),北京:人民出版社2001年版,第683页。

马克思提出的这些规律的联系想到竞争，但即使赋予这些规律以外在必然性，资本家依然无法识别其真正含义。**竞争首先是一种幻觉的陈述**，也就是说，是一种骗人的形式，结构把这种形式当成占据一定地位的东西。因此，所有关于竞争的讨论都是意识形态的讨论。

这就是说，我们不可能（从逻辑上说）限制上面两段文字的意义以及它们的理论功能，仅看到**同样规律**的科学形式和意识形态形式之间的差异。从某种意义上说，马克思在第一二卷中进行的科学讨论和他关于竞争的意识形态方面的讨论，两者之间的关系是一种反驳关系："内在规律"理论是**"真理是检验它自身和谬误的试金石"**（verum index sui et falsi），是关于被当作"外在强制规律"的这些规律的意识形态讨论的"试金石"。当资本家把工作日的限制完全作为受竞争决定的限制时，他就没有抓住重点，以生产价值的劳动时间和生产劳动力价值的劳动时间之间的关系为基础，对工作日的限制进行科学限定，这就证明这种谬差。但资本家将资本有机构成的倾向性调整当作竞争强制要求他做出节制行为时，他也没有抓住重点，资本主义生产过程条件再生产的科学生产证明了这一谬差。但是，从另一种意义上说，马克思的理论话语把关于竞争的意识形态讨论当作建立内在规律本身一种临时理论可能性的条件来使用。因此，"外在强制规律"不仅仅是第一二卷中"内在规律"的另一个名称，一个意识形态方面的名称；它同时也是准备制定第一二卷内在规律整个必然规律的**临时**名称，然而，在第一二卷中，除了在意识形态话语当中它们被赋予的这种名称之外再无其他名称能够给它们定性了。实际上，在关于**工作日**的那段文字当中，虽然"竞争"没有解释劳动力和劳动之间的关系，但却解释了（或者临时代替解释）"内在规律"固定的局限内部这种关系的变化。最重要的是，竞争的意识形态概念在制定再生产内在规律当中所占据的理论位置（上引第二段文字）。因此，虽然关于资本主义积累的规律建构，**关于这些规律的结构及其在第一二卷结构中的地位**，与竞争没有任何关系，但是，**解释这样一个事实**，即：扩大再生产而不是简单再生产是资本主义再生产的特殊形式，在第一卷中的理论地位仅仅是关于竞争这段文字所确立的地位。

资本主义生产的发展，使投入工业企业的资本有不断增长的必要，而**竞争**使资本主义生产方式的内在规律作为外在的强制规律支配着每一个资本家。**竞争迫使他不断扩大自己的资本来维持自己的资本**，而他扩大资本只能靠累进的积累。①

很显然，这段文字不仅以自由竞争的名义谨慎地安排了"社会资本中的一个独立部分"再生产规律的另一个名称，而且同时安排了**整体实际规定性**，为了集合所有研究"社会资本中的一个独立部分"的条件，应该在规范整体实际规定之前考虑这个问题，而暂时来看，也只能采用意识形态这些不恰当的术语来考虑了。

---

① 〔德〕马克思：《马克思恩格斯全集》（第44卷），北京：人民出版社2001年版，第683页。

现在我们可以确定第一二卷中竞争这个概念完成的确切理论功能。严格来说，这一功能与出现在《资本论》前两篇"资产阶级社会、积累、财富、商品"整个意识形态中的功能一样。整个"资产阶级社会、积累、财富、商品"构建了一个整体陈述，有必要将其转化成问题，从而为《资本论》提供早期科学形式的研究对象，同样，"自由"的意识形态理念就是整个实际规定性的意识形态陈述，也应该将其转化成问题，为《资本论》提供完整形式的理论研究对象。这还不是全部。在整个第一二卷中，通过"内在规律"和"外在强制规律"的对比，对竞争概念的批判，其类型恰恰是第一卷前两篇通过商品意识形态概念进行的批判。这是一种**分析性批判**：马克思在制定"社会资本中的一个独立部分"规律的时候，以**竞争**的名义指明整个实际规定性，将其划分为两部分：一方面是那些**不需要在这一概念下识别的规定性**，它们构成了第一二卷的整体规律；另一方面是依然需要这一概念来安排但尚未为人知的规定性。这样一来，竞争这个混合概念在第一二卷中最终被**决定性地简化**，类似于马克思在第一二篇中对**商品**这个概念的处理一样。确切地说，竞争的概念暂时省略了理论，它的空白理论场只具有严格的局限性。

我们来考察一下资本主义劳动过程结构的内在规律生产对这一空白理论场规定的局限性：

（1）**竞争**不指明建立这一结构所有必需的概念；

（2）**竞争**既不指明循环和生产之间的关系，也不指明在这种关系当中循环规律，比如"市场规律"所谓的特点，甚至在打乱这种决定关系的时候，也不指明循环规律对生产规律的相对有效性。

因此，如果我们想把竞争的概念当作实际理论场域的意识形态指数的话，那么就一般用于建立竞争场域（循环，市场规律）的理论场来说，竞争这个概念还应该有一个**新的表达场所**（nouveau lieu de formulation），从而放弃在这个场所当中，在日常的意识形态话语中的整体解释功能。因此，以能够临时测定自身有效性的整个实际规定性为基础，我们可以为这个空白理论场提供一个新的场所。这就是能够将竞争的意识形态概念转化成新理论研究对象的新场所：指明竞争这个词恰恰是**作用于资本主义各种生产过程共存的所有规律**。因此我们可以为衔接 II 所分配的两个理论要素做出以下定义：一方面，资本主义生产方式理论就是具体劳动过程；另一方面，资本主义生产方式理论就是各种直接劳动过程的共存规律。我们下面就要解决这些表达方式提出的问题。

从现在开始，我们就可以解决迄今为止尚未解决的问题。

(1) 马克思在第三卷的文本中力求论证这一衔接，这让人感觉从第一二卷过渡到第三卷与生产要素本身的"幻觉"理论过渡过程有关。第三卷科学地制定了一个领域，这个领域首先只能通过**竞争的意识形态**概念加以测定，在这种情况下，**第三卷的目的不是建立一般的幻觉理论**，也就是说，不是从自在结构过渡到自为结构；但很明显的是，其中一个目的就是为了最终消除**一定的幻觉**，"**竞争的幻觉**"，也就是说，要完整地解释第二卷第三篇和第三卷中理论领域的意识形态概念与这个领域相对应的研究对象的科学概念之间的区别。

（2）虽然我们还不能解释衔接 II 分配的两个理论要素之间的互补关系，但我们已经证明**存在这种互补性的必然性**，这一点，我们不能以微观经济学和宏观经济学之间的区别、以抽象和现实之间的区别或者以部分和整体之间的区别为基础加以证明。

四、衔接 II 第二部分研究对象的规定—研究对象与其预测之间的关系

马克思在 1857 年《〈政治经济学批判〉导言》中已经隐约让人看到，生产方式理论应该通过对决定性的完整体系的研究来完成。为了说明衔接 II，在介绍资本主义生产方式理论与直接劳动过程共存关系理论之间的区别的同时，我们有可能放弃在《资本论》中寻找 1857 年《〈政治经济学批判〉导言》中要实现的远大理想。这没有关系：如果说这些愿望没有直接实现的话，那是因为它们被详细做了规定，因为它们采用了纯粹马克思主义形式呈现出来。

现在让我们更好地确定一下第二卷第三篇和第三卷研究的新对象。马克思认为，所有社会构成都是由生产方式决定的，也就是说，由决定性劳动过程结构（在资本主义生产方式情况下，这是第一二卷的研究对象）和劳动过程中的特殊关系结构（在资本主义生产方式情况下，这是第二卷第三篇和第三卷的研究对象）决定的。为了以一般方式指明劳动过程中的特殊关系结构，马克思采用"劳动的社会分工"（生产领域和部门分工）这个概念。为避免歧义，我们更喜欢使

用"社会劳动分工"（division du travail social）这一说法，保留"劳动社会分工"这个概念中相当于"生产社会关系"的功能，同时保留"劳动技术分工"这个概念中所有合作劳动过程中生产力的组织。马克思的首要创新性在于根据"劳动过程"的概念提出"社会劳动分工"和"社会生产分工"的概念。因此，他没有将劳动过程看作是一个经验性事实，一个可以通过建立在交换需求基础上的人类学解释或者建立在社会发展差异基础上的有机论解释加以论证的事实。

这样，我们就可以回到1857年《〈政治经济学批判〉导言》上。决定经济实践完整结构的是作用于生产方式的所有规律，也就是说，不仅是特殊劳动过程的结构规律，而且还是劳动过程间特殊关系的结构规律。因此，这是与整个经济实践结构研究和完整意义上的生产方式规律研究一样的唯一对象。但是，第三卷的研究对象及其在1857年《〈政治经济学批判〉导言》中的预测之间的联系只能通过研究第二卷第三篇和第三卷之间的次级衔接才能够明显表现出来。

五、衔接 II 第二部分的次级衔接研究

在衔接 II 的第二部分当中，我们可以发现以以下方式呈现的两个基本次级衔接：

第一卷，第二卷第一、二篇 / 第二卷，第三篇

衔接 II

次级衔接 1　第二卷第三篇，第三卷第一、二、三篇 / 第三卷第四、五、六、七篇

次级衔接 2　第二卷第三篇／第三卷第一、二、三篇

次级衔接 1 分了两部分，一部分是第二卷第三篇和第三卷第一、二、三篇；另一部分是第三卷的第四、五、六、七篇，其功能是制定**补充规律**。整个补充规律规定了**整个资本主义生产方式的基本规律作为特殊结构劳动过程中社会劳动分工的特殊规律，因此，整个资本主义经济活动的基本规律就是具有不同要素特征（流通、分配、消费）的衔接**。在我们研究的领域中，这一规律第一次以科学形式被表述出来，构成第一、二卷的**未思考**部分，它就是**价值规律**。

因此，**次级衔接 2** 的两个理论要素之间的互补性非常清楚。但因此存在一个事实，这一互补性有可能变得模糊，那就是：马克思根据利润率规律的陈述，建立了生产价格和商品价值之间的区别。这一事实有可能使我们失去判断力，将第二卷的第三篇和第三卷的前三篇放在同一个合集来看：第一个合集由第一、二卷构成，涉及剩余价值和价值领域；第二个合集是第三卷，涉及利润和价格领域。这样一来，我们也许会忘记，在第三卷前三篇中，**那完全是价值规律的问题**，而在第一、二卷中，撇开第二卷第三篇不谈，这一规律还只是一个**假设**，还没有**作为理论被提出来**。生产价格的观念只是价值本身规律的理论结果。实际上，为了消除一切混乱，我们可以暂时将价值规律表述为调整社会必要劳动和生产价格之间关系的规律，遵循马克思所写的（社会出版社，第六卷，第 176 页）："如果把社会当作一切生产部门的总体来看，社会本身所生产的商品的生产价格的总和等于它们的价

值的总和。"① 这样，次级衔接 2 的两个要素之间的互补关系就被规定下来，因为这是在两个时刻制定同一研究对象（资本主义生产方式特有的社会劳动分工）的同一规律（价值规律）的问题。

剩下就是要考虑划分这一决定的两个时刻的理论原则。根据第二卷第三篇的结果和第三卷前三篇的**结果**，我们可以确立以下划分：价值规律首先被表述为**平衡规律**，然后被表述为资本主义社会劳动分工的**动力规律**。因此，在第二卷第三篇中，价值规律是各个生产部门间劳动按比例分配的资本主义特有形式，**在所有生产方式当中**，构成社会生产和再生产的存在条件。通过第一二产业间的商品交换形成比例关系，在这种关系当中归纳总结出第二卷第三篇的理论关系，又在这一关系当中基本上形成了社会劳动分工。但是这一静态规律的表述不是完整形式下的价值规律。因此，马克思做了如下解释（社会出版社，第六卷，第 269 页）：

> 在资本主义生产内部，**各个生产部门之间的平衡表现为由不平衡形成的一个不断的过程**，因为在这里，全部生产的联系是作为盲目的规律强加于生产当事人，而不是作为由他们的集体的理性所把握、从而受这种理性支配的规律来使生产过程服从于他们的共同的控制。②

---

① 〔德〕马克思：《马克思恩格斯全集》（第 46 卷），北京：人民出版社 2003 年版，第 179 页。

② 〔德〕马克思：《马克思恩格斯全集》（第 46 卷），北京：人民出版社 2003 年版，第 286 页。

或者说，虽然第二卷第三篇规定了比例性制定的标准（社会劳动分工的**静力学**），但它并不能决定不变调整机制（社会劳动分工的**动力学**）。是整个资本主义社会劳动分工的静力学和动力学——当然，静力学和动力学是同步的——构成了**价值规律**。这就是从第二卷第三篇开始马克思没有引入"价值规律"这个术语的原因，因为**社会劳动分工的静力学只是制定规律的理论环节**。因此，从理论结果来说，次级衔接2（第二卷第3篇/第三卷第1、2、3篇）的两个要素的相对理论功能就这样被确定下来。

然而，这仅仅是两个要素相对功能的一个初期规定，因为我们要整理的不是结果的互补性，而是在主导结果转化时决定次级衔接2的原则。这一次级衔接的问题应该从第二卷第3篇和第三卷第1、2、3篇的理论对象的形式概念出发加以考虑，也就是**特殊社会劳动分工**[24]。社会劳动分工的概念不是像关于宏观经济学的一般讨论那样根据经验规定的，而是根据生产方式作为特殊劳动过程这个概念以科学的方式决定的。方法如下：如果社会生产分成独立生产部门的话，那么在这些独立部门当中就应该存在一种比例性关系，每一个独立劳动过程都能够在其他生产结果中找到它再生产的条件。因此，对每种生产方式来说，比例性关系制定的术语都是由劳动过程的特殊结构决定的。另外，资本主义劳动过程是一个双重过程：一是拥有特殊物质条件的使用价值的生产过程；二是资本增值过程。从以下图表来看，次级衔接2的原则正体现在这一根本区别当中：

次级衔接 2

	第二卷第三篇	第三卷第一、二、三篇
对象	作用于资本主义社会劳动分工比例性的规律	
原则	使用价值生产过程中	资本增值过程中
结果	比例性静力学	比例性动力学
一般结果	价值规律	

为了证明是劳动过程结构决定社会劳动分工的研究,我们仅限于第二卷第三篇的研究。我们知道,这一篇考察的分工将社会生产分成两个部门——一个是生产手段生产部门,另一个是消费手段生产部门。因此,分工的概念是建立在资本主义劳动过程分为过程条件(对象+手段)和劳动力这个特殊划分基础上。为了将这一说明延伸到次级衔接 2 的第二部分,我们先看一下马克思的这段文字(社会出版社,第六卷,第 191 页):

> 全部困难是由这样一个事实产生的:商品不只是当作商品来交换,而是当作资本的产品来交换。这些资本要求从剩余价值的总量中,分到和它们各自的量成比例的一份,或者在它们的量相等时,要求分到相等的一份。一定资本在一定时间内生产的商品的总价格,应该满足这种要求。①

---

① 〔德〕马克思:《马克思恩格斯全集》(第 46 卷),北京:人民出版社 2003 年版,第 196 页。

也就是说，特殊社会劳动分工的静力学和动力学都是根据可以考虑劳动过程的概念来决定的。

现在存在一个问题，它将主导资本主义经济活动的规律的生产分成两个明显的理论时刻，而这个问题被规定为以劳动过程规律为基础的社会劳动分工规律的生产，因此，现在就应该确定次级衔接 1 的原则。

1. 次级衔接 1 的研究

我们还记得，次级衔接 1 是将衔接 III 第二部分分成两个不同理论要素的衔接，即：一方面是第二卷第三篇和第三卷前三篇的集合；另一方面是第三卷后四篇的集合。另外，我们还记得这一衔接的问题从一般形式来看很清楚：首先建立主导性规律，然后建立同一对象的决定规律，因为资本主义经济活动就像一个依次衔接的系统，社会劳动分工规律占据着优势特征。

然而，当我们离开普遍性的领域，试图以严格的方式（就像我们在做这项研究整个过程中所做的那样）规定将次级衔接 1 的两个理论要素结合在一起的互补性类型时，我们遇到了巨大的困难。每一次当我们规定两个理论要素的互补性时，我们都力求证明，每个要素都构成**同一对象**规律生产过程中的一个环节。另外，虽然我们证明了第二卷第三篇以及第四卷第一至三篇的对象就是资本主义社会劳动分工，但是似乎第三卷第四到八篇的对象**不再是同一个对象了**。当然，很显然，**利润分配规律和收入理论**是根据社会劳动分工规律形成的。但是，它们似乎属于另外一个领域，很难察觉其整体性，如同第三卷难以完成一样。也许，如果我们想在最后这几章提出一个已知规律的具体模式的话，那么这个模式将施用于现实领域，与第三卷前三篇规律模式是一样的，那就是：国家财务。但是，我们不能根据一个理论研究对象的应用领域来对它的性质下最终结论。而且，如果我们不能解决这个问题的话，这将会让人对我们刚刚提出的《资本论》大纲的解释产生质疑。因为，两者当中：

——或者第二卷第三篇和第三卷构成的理论整体是一个相互衔接的理论场，将它提出的同一对象规律分成主导性规律和被限定规律；

——或者在第三卷第三篇之后，应该规定一个新的划分，确定《资本论》新的重要衔接。**但是，我们无法确定第四篇开始的理论所指的新对象**，总之，因为第三卷没有完成，这让规定这一新对象的工作变得极其随意冒险。

因此，有必要证明选择第一个术语的有效性。我们将采用以下方法来论证：

——首先，我们将试图确定为什么第二卷第三篇和第一卷第一至三篇中表述的基本规律是**不完全**规律；
——其次，我们将研究为什么说后面几篇所制定的规律，其理论目标是对前面基本规律的**补充**；
——最后，我们将以严格的方式规定价值规律以及补充规律的对象。

a) 很容易在生产过程共存机制当中找出不是由价值基本规律单一决定的部分。作为社会劳动分工体系的静力学，价值规律可以建立这样一个机制，即：等价交换通过市场媒介成为社会劳动按比例分配的特殊的资本主义过程。作为同一体系的动力学，价值规律又可以一一对应地决定产生市场理论的基本范畴，也就是**生产价格**。这是从一系列中间关系（资本竞争，平均利润率的制定）的角度说的，正是因为这些关系，我们可以说**生产价格总和**（生产成本 + 平均利润）等于**价值总和**。然而，市场规律没有被简化成价值规律的对应规定性。因为，在这一规律规定的范围内，平均交换水平（市场价值）以及一种商品相对于这一水平的交换差（**市场价格**）受古典政治经济学所规定的供求关系（**严格意义上的竞争**）浮动所影响。另外，因为总是存在供求之间的平衡关系，在**价值规律**规定的范围当中考虑价格和市场价值的波动，这反过来就是要确定规定平衡**水平**的规律。关于这一点，马克思表述得非常清楚（社会出版社，第六卷，第209页）：

> 供求以价值转化为市场价值为前提；当供求在资本主义基础上发生的时，当商品是资本的产品的时候，供求以资本主义生产过程为前提，因而以和单纯的商品买卖完全不同的复杂化了的关系为前提。这里问题已经不是由商品的价值到价格的形式上的转化，即不是单纯的形式变化，而是市场价格同市场价值，进而同生产价格

的一定的量的偏离。在简单的买和卖上，只要有商品生产者自身互相对立就行了。如果作进一步的分析，**供求还以不同的阶级和阶层的存在为前提，这些阶级和阶层在自己中间分配社会的总收入，把它当作收入来消费，因此造成那种由收入形成的需求**；另一方面，为了理解那种由生产者自身互相造成的供求，就需要弄清资本主义生产过程的全貌。①

就我们讨论的问题来看，这段文字是基础，因为它以问题的形式，根据价值规律（也是因为价值规律），阐述了第三卷最后几篇（书写出来的和还没有书写出来的）的大纲。

b) 主题是把**社会阶级**的概念当作社会消费主体提出来。这个概念的提出因为第三卷未能完成而被中断，很显然，如果第三卷第七篇开始的研究作为特殊社会消费规律理论完成的话，那么第三卷也将是如此。为了提出阶级的概念，**就应该同时提出阶层**（subdivisions de classe）的概念。因此，以**生产关系**为基础的规定性是不够的；应该以分配关系为基础来确定这个概念，条件是**分配关系**与**生产关系**相互衔接。这就是第四到六篇的理论目标。我们仅仅感到奇怪的是，以生产关系为基础的资本家阶级概念的间接提出（通过分配关系的中介）对工人阶级没有任何价值，因此，工人阶级这个概念可以被当作与生产关系有直接联系的消费主体。问题就出在这里，因为虽然作为生产范畴的工资决定作为分配范畴的

---

① 〔德〕马克思：《马克思恩格斯全集》（第46卷），北京：人民出版社2003年版，第216—217页。

工资，但是两个范畴相互并不覆盖，因为为了完成上面文本所确定的理论目标（社会出版社，第六卷，第209页），马克思不得不考虑两个工人阶级的区别：一个工人阶级是在工资范畴下参与社会收入的分配，作为这个阶级本身，包括了所有劳动过程中必要的生产和非生产劳动者；另一个工人阶级是在工资/剩余价值或雇佣劳动/资本家这两级关系中由作为生产范畴的工资决定的，作为这个阶级本身，只包括生产劳动者。很显然，社会消费理论以由分配关系决定的工人阶级的完整概念为前提，而分配关系本身又由生产关系决定。关于这一点，因为《资本论》没有完成，使我们面对一个**空白**。

c）我们现在可以确定次级衔接1的理论原则，同时明确指出第二卷第三篇和第三卷的共同研究对象，指出这一对象的规律生产被分配成两个要素的原则。

第二卷第三篇和第三卷的共同对象，正是第三卷的题目**"整个资本主义生产过程"**。这一表述方式可以详细加以说明：建立"整个资本主义生产过程"理论，就是建立在生产的不同领域和部门分配社会劳动的理论。这种分配具有复杂的决定性结构。但是，重要的是要指出，马克思在《资本论》中提出这个复杂的决定性结构的概念，它不能够再根据1857年《〈政治经济学批判〉导言》中预测的概念来思考。因此，整个资本主义生产过程规律的提出不是根据1857年《〈政治经济学批判〉导言》整体环节衔接起来的，不是从主导性环节研究（生产，其规律就是价值规律）过渡到次级时刻（它们首先被认为是为了自身然后才与主导时刻结合）研究的。这里没有研究分配和消费，因为需要研究政治经济学的传统范畴。**只有在分配和消费可以决定社会劳动在生产的不同领域和部分进行分配的规律的时候才研究分配和消费**。因此，分配的基本规律基本上由各领域和部门劳动过程的特殊结构所决定，也就是价值规律，它只在某些范围内部对应地决定劳动生产过程结构；这些范围内部的浮动研究**需要**对分配和消费进行研究，它只是分配规律的补充性和附属性规定。次级衔接 1 不是建立在一般生产方式的概念之上，根据它的各个"环节"，到处都可以找到同样的名称，在同一次序当中可以阐述任何一种被研究的生产方式。它是建立在资本主义生产方式中社会劳动分配的特殊结构基础上：次级衔接 1 的第一部分致力于结构的主导性研究，或者价值规律研究；第二部分致力于次级整体研究，关于这一点，马克思准确地确定了它的地位，开始理论研究，但是对于它的命名却有些冒进，因为它的理论制定是不完整的。

六、衔接 II 的定义

衔接 II 将资本主义生产方式研究分成特殊劳动过程理论和社会劳动特殊分配理论。这两个要素是互补的，条件是社会劳动分配只能根据特殊社会劳动过程来规定；而且，要建立特殊劳动过程理论，就必须让意识形态的概念（**竞争**）取代未确立的分配理论。当然，**互补性**不等于**意义不清**（équivoque），也就是说，不等于决定的完全对等。虽然利润率的下降趋势回过来（rétrospectivement）解释了由"竞争"

所解释的事实，即：扩大再生产是短期结构规律，但它依然没有对这一**概念**做出任何明确规定。相反，价值规律作为社会劳动分配的比例性静力学和动力学，如果没有生产过程的结构性规律的话，将完全无法明确表达出来。因此，在衔接 II 的两个理论要素中一定存在一种单一决定关系，其基础就是：在所有生产方式理论当中，理论上的决定性要素就是**生产过程结构的概念**，这不是因为在整个过程框架中，正如 1857 年《〈政治经济学批判〉导言》所阐述的那样，生产领域一直是主导领域，而是**因为整个过程结构的概念只能以生产过程结构的概念为基础才能产生**。因此，在第一二篇中，问题的偏移为《资本论》提供了第一个科学形式的对象，却在**最后**决定了我们刚刚考虑的衔接 II，尽管这个问题既没有清楚地也没有隐含地表述出其原则。如果说这个起点具有决定性意义，而不是一个原始的预设的话，那是因为从理论上说，它在所有生产方式理论、在特殊生产过程结构概念的制定当中具有主导性地位。

七、结论

这篇文章的目的只是为了整理一下《资本论》中各个衔接，确定各衔接的原则。这项介绍性工作自然的深入在于提出一种方法理念，可以为思想过程提供我们描述的结构。我们只是想说，在这项基本的理论任务中，我们的意图不是在这里解决提出的问题。另外，在对马克思关于《资本论》大纲介绍的文字做注释时，我们已经发现，这个问题虽然基础，但要恰当地提出这个问题很困难，这有一部分缘自马克思自己对他的方法的论述。

因此，我们从马克思自己提出《资本论》组织概念的一篇文章（社会出版社，第七卷，第47页）开始研究。无论这篇文章的意义何在，从中产生的《资本论》组织概念与其对象（整个《资本论》实际衔接）都并不相符。在总结当中，我们就思考一个问题，就是在什么情况下，概念与对象的不相符合是这篇文章固有的问题，而不仅仅是带有偏见的注释者附着在这篇文字上的问题。

为此，只要证明这一点就足够了，那就是关于这篇文章的所有解释（从个体到整体，从本质到现象，从微观经济到宏观经济）与它们的研究对象相矛盾，彼此之间是矛盾的，这些现象只有在将这些矛盾和解释与对象真正概念进行实际对比时才表现出来。除了这一条件，它们还具有思想体系范畴内的真正一致性，或者确切地说，是黑格尔思想体系范畴内的一致性。而且这种思想体系的一致性也是马克思文本的统一原则。

我们看到的基本衔接——隐含的——以及所有注释都是建立在深层/表层这一对立基础上的。所以，我们可以很容易根据这一对立关系建立《资本论》大纲的各种不同解释。

		深层	表层
抽象/现实		本质	现象
微观经济	宏观经济	原子	分子
逻辑结果		简单	复杂

要找到隐藏在**表层**喻义背后的黑格尔问题，只需阅读一

下**表层**与"生产要素本身的一般意识"之间的一致性就可以了,因此也只需恢复深层缺失的比喻所代表的东西就可以了,因为这只不过是结构的无意识存在(être-non-conscient),结构**本身**(en soi):"在第一卷中,我们研究的是资本主义生产过程**本身**作为直接生产过程考察时呈现的各种现象……"黑格尔从自在(en-soi)到自为(pour-soi)的转变很好地反映了结构无意识存在,结构**本身**这一事实,因为这就是从抽象到具体,从个体到整体,从本质到现象的转化。

第三卷的文章(社会出版社,第六卷,第47页)**基本是模棱两可,含糊不清**,可以从以下角度来看:它是对一个**非黑格尔式对象**(《资本论》的组织结构)做的**黑格式表述方式**;只有通过潜在方式参考黑格尔的思想才能阐述这篇文章**各种表述的一致性**;没有什么可以将黑格尔阐述的原则与马克思阐述的原则进行对比,即使是进行表面的对比。

我们尤其证明了,《资本论》中的任何一个环节都不能根据辩证的方法来设想,在黑格尔思想体系中,辩证法的理论功能是进行理论转换或**过渡**:《资本论》中的任何一个衔接或次级衔接都无法用"扬弃"(Aufhebung)、"矛盾统一体"或"相互决定"这些词语来理解。

在总结当中,我们可以提出这样一个问题:马克思局限于一种旧话语体系却要阐述一种新方法,那么他遵循的**阐述方法**的新颖性表现在什么地方?为了考察这种方法的特殊差异,马克思为什么一直称之为**辩证法**,而黑格尔所有将这一概念转换成明确概念的语言内涵,都不能够真正解释马克思的阐述顺序?

注 释

[1] 恩格斯完全意识到必然的虚构（价值规律）/现实研究（利润理论）之间的对立引起《资本论》中无法论证的理论断裂，在这篇文章中试图重建《资本论》的统一。但是，他没有证明价值规律/和利润理论是同一类型的理论生产，反而以一个历史证据为基础，仅限于确立它们同样是**真实**的。事实上，所有采用的论据令人质疑，尤其是价值规律应用于一些生产模式，这些模式仅仅是附带地商人模式，这一应用产生的问题远比解决的问题要多。恩格斯的文章最终要解释的是，《资本论》中的经济范畴是按照它们在历史当中起主导性的顺序阐述的，也就是说，是按照马克思清晰地证明其不恰当性的顺序阐述的（1857年《〈政治经济学批判〉导言》，社会出版社，第171页）。

[2] 马克斯·韦伯认为，人文科学中的概念生产在于积累所有特定现象与一系列同类现象之间的区别差异（能够测量这些差异的场域统一，基于行为者根据**自己的价值观角度出发所建立的视角**），因为差异性的个体统一能够感受到"理解"。这就是韦伯在《新教伦理与资本主义精神》的序言中为建构资本主义事业的理想模式而进行的工作。一方面人们不知道如何有意识地利用模式创立者提出的隐含问题，同时，面对同样的现实，也不知道清晰地与马克思的观念相区分。实际上，如果说思考现

实现象就是构建现象大纲的话，那么就应该拥有简化的原则（因为真实现象不遵从划分，或者说不随意遵从划分）：科学不提供这样的原则，如果说它应该划分或者简化原则的话，那么它应该从外部获取这种原则。这个外部，对于量子经济学家来说，一般是由价值（这个词的本意）和生产更多利润的必要性构建的；对于韦伯来说，它是由所有价值（从一种崇高但更加模糊的意思上说）构成的。无论哪种情况，将科学构想成现实的简化过程本身就自动消除了一切问题。韦伯及其继承者，比如雷蒙·阿隆（Raymond Aron）的最大贡献在于他们清醒地意识到这一先决条件。没有什么能够将纲要科学与马克思主义对立起来。韦伯在《新教伦理与资本主义精神》的序言中收集了资本主义事业的各种偏差，说明作为所有偏差的统一体，我们应该很好理解某种类型的理性，因为它就是我们的，我们当然承认马克思在《资本论》中讨论的现实问题，我们也接受韦伯的阐述（因为它们无一例外地借用了马克思的思想）；在这些阐述当中，我们不能承认马克思提出的作为同一客体规律的理论关系。马克思与韦伯之间的区别，是马克思主义方法的科学性。这并不意味着韦伯的方法不能产生任何科学概念；这仅仅意味着一种科学方法，尤其是马克思的科学方法，不可能是韦伯的方法。

[3] 这"细微地表达"了我们刚刚以提纲的形式说的。卢卡奇在他的《理性的毁灭》（*la Destruction de la Raison*）中以《教授们喜爱的细微表达》（*les nuances chères aux*

professeurs）为题嘲笑这种表达。这种嘲讽没有任何意义，除非人们同时摒弃所有简化的做法，认为它不具有科学性，或者说，人们从根本上将这些表达与作者对立起来。

〔4〕 在重新考察郭德烈对这一阐释的反驳时，我们才重新了解这些题目。当马克思主义者更加关注马克思理论的（科学或政治）应用的时候，郭德烈一个人开始提出《资本论》的方法问题。郭德烈本人修正了他早期关于价值和价格关系的方法（载自《思想》杂志），认为这两个范畴的关系不再以微观经济/宏观经济的区别为基础来思考，而是以相关逻辑的简单性和复杂性来思想。这一见解从大体上与我们这里展开的观念相符。

〔5〕 这里读者强调的部分与马克思自己强调的一样。

〔6〕 因为问题仅是阐明一种教学法，它与所教授的理论只保持一种必要的类似关系，以此可以分辨出一种教学法如何在阐述问题时搞错它所教授的对象的规律，它本身的规律——我们根据罗伯特·布兰切（Robert Blanché）的一部杰出的通俗著作《公理体系》（*L'Axiomatique*）（《哲学入门》丛书，法国大学出版社）来定义"模式"（第38页）："如果我们找到很多价值体系，满足公设陈述的整体关系，那么在给出各种不同具体解释的同时，我们总可以在多种现实中做出选择。一个公理的这些具体实现被称为它的模式。"

〔7〕 这里的"**衔接**"（*articulation*）指的是位于**断裂**（*coupure*）两侧的两个理论要素的结构性整体。

﹝8﹞ 路易·阿尔都塞,《保卫马克思》。

﹝9﹞ 关于这些观念,参阅本书中皮埃尔·马舍莱《〈资本论〉的阐述过程》。

﹝10﹞ 原始,开始,重复:我们借用了乔治·康吉莱姆的这些概念。关于康吉莱姆著作当中这些概念的确切含义以及它们对科学史的重要性,参阅皮埃尔·马舍莱《乔治·康吉莱姆的科学哲学》,载自《思想》杂志,1964 年 2 月,第 113 期。

﹝11﹞ 我们将黑格尔的形象概念"应用于"(plaquons)马克思的著作上,只是为了考量两种思想过程的差距,并不是期待这一概念能够用于这一考量之外的其他事物上。

﹝12﹞ 衔接 III 是第一卷和第二卷中间的断裂决定的整个理论成分(一方面是第一卷,另一方面是第二卷)。

﹝13﹞ 这里既不是指企业的实际自主性,也不是指相对于整体经济实际过程而言的实际依赖性。

﹝14﹞ 实际上,马克思证明,三个周期的共存是不可能的,除非在三个错开的生产空间,只有通过价值的抽象化,也就是由生产决定的范畴才可以考虑这种共存理论。

﹝15﹞ 如果说,从应用的角度讲,这种循环论证,对它的阐述者来说如同是辩证法的高度提炼,但却对它的应用却不甚明确,然而,在黑格尔的**对立统一观念**当中,它却有严格的基础,黑格尔的观念预先假设了矛盾的统一性**就是**同一本源体的原始划分。正如我们所见,无论是黑格尔的理论还是它的盲目应用都不适合思考生产规律和流通规律之间的关系,然而,这种循环看起来却十分适合。

[16] 参阅《资本论》第二卷。

[17] 参阅路易·阿尔都塞,第二卷序言及第一卷。

[18] 第一种类型表现在两个文本中,一个是《哲学的贫困》,讨论了手工磨和蒸汽磨的问题;二是《〈政治经济学批判〉序言》,讨论了生产力发展程度和现实社会结构之间的关联问题。第二种类型是《〈政治经济学批判〉序言》中的一部分,马克思试图从生产力的发展开始思考经济革命理论。关于这些问题,参阅艾蒂安·巴里巴尔的文章。

[19] 关于所有权和分离的概念,参阅艾蒂安·巴里巴尔的文章。

[20] 如果我们不考虑次级衔接 b 第二部分的**历史**方面的话会显得有些奇怪。那是因为这个历史性只是**论证的工具**:阐述手工制造业过渡特性的必要概念就是那些用于思考自由/剩余劳动问题解决办法的概念。如果人们想要在第五章的文本中阅读到有关资本主义制度变化规律的阐述的话,那将大错特错。保尔·芒图(Paul Mantoux)认为可以在这一点上推翻马克思的观念,因为手工制造业,即使在英国,也没有总是甚至没有经常在大工业之前发生。但是,马克思在他的论证当中从历史角度所能证实的,是手工业制造的每一次存在只是一个过渡阶段。其原因在于生产关系和生产力制度之间的部分不恰当性。要证明这一点,就应该提出

生产力制度非经验性概念，这就是第一卷第四篇的基本研究对象。

[21] 维拉尔（P. Vilar）：《历史的社会哲学史》，载《思想》杂志，第118期，第76页："这种方法就是以连续三种方式来考虑所有历史现象：首先将历史现象**作为征兆**（signe）来考虑，从而进行观察和分析；然后将其**作为结果**来考虑，回顾过往；最后**作为原因**来考虑，展现未来。"

[22] 我们还记得，衔接 II 是由第二卷和第三卷之间的过渡划分决定的两个理论要素的集合（一方面是第一、二卷，另一方面是第三卷）。

[23] 关于这几点，请参阅雅克·朗西埃报告的最后一部分。

[24] 从我们刚才定义的意义上来说，这个词语改变了马克思"劳动社会分工"的说法。